Référence Complète

C++

Herbert Schildt

McGraw Hill
SBORNE

First
Interactive

Référence Complète C++
C++: The Complete Reference Third Edition
Édition d'origine copyright 1998, par The McGraw-Hill Companies. Tous droits réservés.
2600 Tenth Street
Berkeley, California 94710
U.S.A.

Édition française publiée en accord avec Osborne/McGraw-Hill par :

© **Éditions First Interactive, 2002**
33, avenue de la République
75011 PARIS – France
Tél. 01 40 21 46 46
Fax 01 40 21 46 20
E-mail : firstinfo@efirst.com
Internet : www.efirst.com

ISBN : 2-84427-286-X
Dépôt légal : 1er trimestre 2002

L'auteur

Herbert Schildt est le plus grand auteur du monde dans le domaine de la programmation. Il fait autorité pour les langages C, C++ et Java, et excelle en programmation Windows. Ses ouvrages consacrés à la programmation se sont vendus à plus de trois millions d'exemplaires dans le monde et ont été traduits dans toutes les principales langues. Il est l'auteur de nombreux best-sellers, notamment *Java 2 : A Beginner's Guide*, *Java 2 Programmers Reference*, *Windows 2000 Programming from the Ground Up* et, dans la collection « Référence Complète », *Java* et *C++*. H. Schildt est titulaire d'une maîtrise en informatique obtenue à l'Université de l'Illinois.

Traduction et adaptation

Yolaine Rochetaing
Nicolas Grégoire
Romain Larpent

VUE D'ENSEMBLE

PARTIE III — BIBLIOTHÈQUE DE FONCTIONS STANDARD

TABLE DES MATIÈRES

Présentation

PARTIE I C : BASE DE C++

1 Vue d'ensemble de C

2 Expressions

3 Instructions

4 Tableaux et chaînes de caractères

5 Pointeurs

6 Fonctions

7 Structures, unions, énumérations et types définis par l'utilisateur

8 E/S console

9 E/S fichier

10 Directives de préprocesseur et commentaires

PARTIE II \ C++

11 Vue d'ensemble de C++

12 Classes et objets

13 Tableaux, pointeurs et opérateurs d'allocation dynamique

14 Surcharge de fonctions, constructeurs par copie et arguments par défaut

15 Surcharge d'opérateur

16 Héritage

17 Fonctions virtuelles et polymorphisme

18 Templates

19 Traitement des exceptions

20 Bases du système d'E/S en C++

21 E/S de fichier en C++

22 Identification dynamique des types et opérateurs de transtypage

23 Espaces de nommage, fonctions de conversion et autres propriétés avancées

24 Introduction à la bibliothèque standard

PARTIE III BIBLIOTHÈQUE DE FONCTIONS STANDARD

25 Fonctions d'entrées/sorties héritées du C

26 Fonctions relatives aux chaînes et aux caractères

27 Fonctions mathématiques

28 Fonctions relatives à l'heure, aux dates et aux paramètres régionaux

29 Fonctions d'allocation dynamique

30 Autres fonctions utiles

31 Fonctions relatives aux caractères longs

PARTIE IV \ BIBLIOTHÈQUE DE CLASSES STANDARD

32 Classes C++ standards d'E/S

33 Classes conteneurs de la STL

34 Algorithmes de la STL

35 Itérateurs, allocateurs et objets fonctions de la STL

36 Classe String

37 Classes numériques

38 Gestion d'erreurs et classes diverses

PARTIE V   EXEMPLES D'APPLICATIONS EN C++

39 Intégration de nouvelles classes : une classe string personnalisée

40 Interpréteur d'expressions algébriques orienté objet

Présentation

Ce livre, première édition française de *Référence complète C++*, correspond en fait à la troisième version de l'ouvrage anglais. Depuis la seconde édition, de nombreuses modifications ont été apportées au langage C++ mais le fait le plus important reste sans aucun doute sa standardisation. En novembre 1997, le comité ANSI/ISO, responsable de cette tâche, a publié le *Standard international du C++*, marquant ainsi la fin d'un long processus, parfois jalonné de controverses. Membre du comité ANSI/ISO, l'auteur a participé à ce travail en étant lui-même impliqué dans chacun des débats. Pour parachever le travail de ce comité, un dialogue par e-mail a été établi à travers le monde, pour mêler aux discussions professionnels et utilisateurs expérimentés, afin d'adopter les solutions les plus justes possibles. Au final, bien que le travail ait pris plus de temps que l'on pouvait l'imaginer, le résultat obtenu méritait la peine et les efforts consentis : il existe maintenant un standard pour ce qui constitue, de l'avis général, le langage de programmation le plus important du monde.

Plusieurs fonctionnalités ont également été ajoutées lors du processus de standardisation ; certaines sont relativement modestes, tandis que d'autres, telles que la STL (*Standard Template Library*), ont un impact significatif et vont probablement modifier pour les années à venir notre façon de programmer. Ces ajouts ont pour conséquence de perfectionner le C++ et d'étendre ses domaines d'applications. Ainsi, par exemple, grâce à l'ajout de la bibliothèque de fonctions numériques, le langage C++ est désormais plus adapté pour les traitements mathématiques.

Cet ouvrage présente, bien entendu, à la fois le travail de standardisation effectué par le comité ANSI/ISO et les nouvelles fonctionnalités ajoutées lors de ce processus.

Contenu de l'ouvrage

Ce livre couvre en détail tous les aspects du langage C++, y compris ses fondements : le langage C.

L'ouvrage est divisé en cinq parties :

- C – base de C++
- C++
- Bibliothèque de fonctions standard
- Bibliothèque de classes standard
- Exemples d'applications en C++

La partie I fournit une étude rapide du sous-ensemble C du langage C++. Comme la plupart des lecteurs le savent, le C est la matrice du langage C++. C'est donc le sous-ensemble C qui définit les caractéristiques fondamentales du C++, entre autres les boucles **for** et les instructions **if**. Il définit également la nature essentielle des structures, des pointeurs et des fonctions du C++. Dans la mesure où la plupart des lecteurs sont déjà familiarisés et compétents dans ce langage, l'étude du sous-ensemble C est entrepris séparément dans la partie I ; cela évite aux programmeurs expérimentés d'être noyés dans des informations qu'ils connaissent déjà. Au contraire, ils peuvent se diriger directement vers les sections de l'ouvrage concernant les fonctionnalités inédites du C++.

La partie II examine les extensions et les améliorations qui ont été apportées au C par le C++. Cela inclut les aspects orientés objets tels que les classes, les constructeurs, les destructeurs et les templates. Cette partie couvre ensuite les formes de constructions qui caractérisent le plus le C++.

La partie III décrit la bibliothèque de fonctions standard et la partie IV étudie la bibliothèque de classes standard, y compris la bibliothèque standard STL (*Standard Template Library*). Enfin, dans la partie V sont présentés deux exemples d'applications C++ et de programmation orientée objet.

Un livre pour tous les programmeurs

Cette référence C++ est conçue pour tous les programmeurs, quel que soit leur niveau d'expérience. Il suppose toutefois que le lecteur soit en mesure de créer un programme simple. Si vous étudiez actuellement le C++, cet ouvrage complètera parfaitement n'importe quel tutorial C++ et apportera toutes les réponses à vos questions spécifiques. Les programmeurs expérimentés en C++ y trouveront quant à eux les descriptions de toutes les nouvelles fonctionnalités apportées par le *Standard International*.

Si vous utilisez Windows

Si vous travaillez sous Windows, vous avez choisi le bon langage. En effet, le langage C++ s'adapte parfaitement à la programmation sous Windows. Cependant, aucun des exemples de programmes cités dans l'ouvrage ne sont des programmes spécifiques à Windows. Ils sont au contraire destinés à s'exécuter sur la console. La raison en est simple : les programmes Windows sont, par nature, larges et complexes. N'importe quel squelette de programme Windows implique 50 à 70 lignes de code. Écrire des programmes Windows présentant les fonctionnalités du C++ aurait nécessité des centaines de lignes pour chacune d'elles. Présenté simplement, l'environnement Windows n'est pas approprié pour examiner les caractéristiques d'un langage de programmation. Néanmoins, vous pouvez utiliser un compilateur fondé sur Windows pour compiler les programmes de ce livre ; il se chargera de créer automatiquement une session console pour les exécuter.

N'oubliez pas : le code est disponible sur le Web

Les codes sources des exemples cités dans cet ouvrage sont disponibles sur le site des Éditions First Interactive, à l'adresse **www.efirst.com**. Le téléchargement de ces fichiers vous évitera le travail fastidieux de saisie de tous les exercices.

PARTIE 1

C : base de C++

D ans cet ouvrage, les deux premières parties sont consacrées à la description exhaustive du langage de programmation C++. L'une porte sur ses similitudes avec C, ce qui est couramment désigné par *sous-ensemble C*. L'autre concerne ses spécificités.

Comme vous le savez peut-être, C++ est fondé sur C. En réalité, il inclut C dans son intégralité (hormis des cas d'importance secondaire, le code de tout programme en C reste donc le même en C++). Grâce à plusieurs ajouts, le dérivé de C prend en charge la programmation orientée objet (POO). Toutefois, les similitudes entre les deux langages demeurent. La « norme ANSI/ISO » constitue pour cette raison un *document de base* pour le standard international propre au C++. En conséquence, la compréhension de C++ passe par la maîtrise de C.

Dans cette *Référence complète*, la subdivision du langage C++ en deux, soit son sous-ensemble C et ses spécificités, offre trois grands avantages.

1. La frontière entre C et C++ est bien délimitée.

2. Les lecteurs déjà familiarisés avec C peuvent aisément trouver les renseignements propres à C++.

3. Un espace est disponible pour traiter des caractéristiques de C++ se rapportant principalement au sous-ensemble C.

Il est important de percevoir la ligne de démarcation entre les deux langages, car ceux-ci sont largement employés. À cet égard, vous serez vraisemblablement appelé à produire ou à vérifier des lignes de code écrites en C et d'autres en C++. Pour travailler sur les premières, vous aurez besoin de connaître la frontière entre le C et le C++. De nombreux programmeurs en C++ devront occasionnellement se limiter au sous-ensemble C, notamment pour la programmation de systèmes intégrés et pour la maintenance d'applications existantes. La distinction entre les deux langages fait en tout état de cause partie des compétences nécessaires à un expert de premier ordre en C++.

Il est également précieux d'avoir assimilé C lors d'opérations de conversion de code en C++. Pour assurer un résultat professionnel, des connaissances solides en C se révèlent indispensables. Ainsi, sans une maîtrise parfaite de son système d'entrée/sortie, il est impossible de transformer efficacement un programme à forte utilisation d'E/S en C++.

Néanmoins, vous appartenez sans doute à un public averti. Si vous êtes programmeur rompu au langage C, la section qui lui est réservée facilite et accélère la recherche de renseignements sur les spécificités de C++. En effet, vous n'aurez pas à parcourir une masse d'informations déjà connues. À travers la partie I, toute différence mineure entre C et C++ est naturellement indiquée. Par ailleurs, la séparation entre le sous-ensemble C et les caractéristiques de programmation orientée objet vous permettra de bien vous concentrer sur ces aspects plus avancés de C++, puisque tous les principes fondamentaux auront déjà été traités.

Bien que C++ contienne C dans son intégralité, les propriétés de ce dernier ne servent pas toutes régulièrement à écrire des programmes de « style C++ ». Ainsi, le système d'E/S du C reste présent malgré la version orientée objet de C++. Le préprocesseur est un autre exemple : il se révèle extrêmement important pour C, alors qu'il l'est à un degré moindre dans le cas de C++. L'étude de plusieurs de ces différences dans la partie I évite de surcharger la suite.

Important. Le sous-ensemble C décrit dans cette subdivision constitue le noyau de C++ et la base à laquelle se sont rajoutées des caractéristiques de programmation orientée objet. Applicables, tous les aspects exposés ici concernent C++.

CHAPITRE 1

Vue d'ensemble de C

Appréhender le langage C++ revient à saisir les impératifs qui ont poussé à le créer, les idées qui l'ont façonné, et l'héritage dont il a bénéficié. En conséquence, l'histoire de C++ commence par celle de C, source essentielle d'où il a dérivé. Sous cet angle large, vous remonterez au point de départ de C, et donc de C++, dans ce chapitre. Une vue d'ensemble de C y est présentée : ses origines, ses applications et ses principes fondamentaux.

Origines de C

Dennis Ritchie, concepteur du C, mit en pratique ce langage pour la première fois sur un DEC PDP-11 fonctionnant sous le système d'exploitation Unix. Le C résulta du développement de BCPL par Martin Richards. Ken Thompson s'inspira de ce langage plus ancien pour en créer un autre, dénommé B. Ce dernier évolua vers le C dans les années 70.

Pendant longtemps, le modèle livré avec la version 5 du système Unix représenta la norme *de facto* de C. Elle fut d'abord décrite par Brian Kernighan et Dennis Ritchie dans *The C Programming Language* (Englewood Cliffs, N.J. : Prentice-Hall, 1978). Pendant l'été de 1983, un comité fut ensuite établi pour définir définitivement le langage C dans une « norme ANSI ». Ce processus prit un temps anormalement long : six ans. En décembre 1989, la norme de C fut finalement adoptée par l'ANSI (*American National Standards Institute*). Quant à ses premiers exemplaires, ils devinrent disponibles au début de 1990. Le modèle fut également approuvé par l'ISO (*International Standards Organization*). C'est pourquoi il est maintenant appelé « norme ANSI/ISO du langage C ». Par simplicité, le modèle, qui constitue la base sur laquelle s'appuie C++, sera désigné par « norme de C » dans cet ouvrage. Actuellement, tous les principaux compilateurs en C/C++ s'y conforment.

C : langage intermédiaire

C est souvent associé à un langage *intermédiaire*. Cela ne signifie pas qu'il est moins puissant, plus difficile à maîtriser ou moins développé qu'un langage de haut niveau comme BASIC ou Pascal. Cela n'implique pas davantage qu'il a les points négatifs des langages d'assemblage et les problèmes qui leur sont liés. Le C est plutôt considéré comme un langage intermédiaire parce qu'il allie les meilleurs éléments des langages de haut niveau avec la gestion et la souplesse de ceux d'assemblage. Le tableau 1-1 montre où il se situe dans la gamme de langages de programmation.

En tant que langage intermédiaire, le C permet le traitement des éléments de base avec lesquels l'ordinateur fonctionne : les bits, les octets et les adresses. Malgré cela, le code en C se révèle très portable. La *portabilité* signifie qu'un logiciel écrit pour un type d'ordinateur ou de système d'exploitation est facile à adapter sur un autre. Par exemple, si un programme destiné à DOS peut aisément être converti pour s'exécuter sous Windows, il est considéré portable.

Niveau le plus haut	Ada
	Modula-2
	Pascal
	COBOL
	FORTRAN
	BASIC
Niveau intermédiaire	Java
	C++
	C
	FORTH
Niveau le plus bas	Macro-assembleur
	Assembleur

Tableau 1-1   Place de C dans la gamme de langages de programmation

Tous les langages de programmation de haut niveau prennent en charge des *types de données*. Chacun de ces types détermine un groupe de valeurs et un ensemble d'opérations réalisables sur une variable qui les stocke. En général, les données sont de type entier, caractère ou réel. Bien que le C intègre cinq types de base, il n'est pas considéré fortement typé, contrairement à Pascal et à Ada. Il permet pratiquement toutes les conversions de types. Ainsi, vous pouvez mélanger librement un type caractère et un type entier dans une expression.

À la différence d'un langage de haut niveau, le C effectue peu de vérifications lors de la phase d'exécution. Ainsi, il ne s'assure pas d'éventuels dépassements des limites d'un tableau. La responsabilité d'une telle vérification est confiée au programmeur.

Dans le même esprit, le C ne réclame pas une compatibilité stricte entre le type d'un paramètre et celui d'un argument. Comme vous le savez peut-être d'après d'autres expériences de programmation, un langage de haut niveau exige normalement que le type d'un argument soit plus ou moins identique à celui du paramètre qui le reçoit. Cependant, tel n'est pas le cas pour C. Ce langage accepte plutôt n'importe quel type d'argument, à condition qu'il puisse logiquement être transformé en celui du paramètre. Pour cela, il offre toutes les conversions automatiques.

Le C est particulier dans le sens où il permet de traiter directement les bits, les octets, les mots et les pointeurs. En conséquence, il convient bien à la programmation au niveau du système, puisque ces opérations y sont courantes.

Un autre aspect important de C réside dans le nombre de ses mots clés ou de commandes du langage. Il en comporte seulement 32 (27 provenant de la norme *de facto* de Brian Kernighan et Dennis Ritchie, et cinq ajoutés par le comité de normalisation de l'ANSI). D'habitude, les langages de haut niveau en possèdent bien plus. À titre de comparaison, considérez que la plupart des versions de BASIC contiennent largement plus de 100 mots clés !

C : langage structuré

Dans votre pratique, vous avez peut-être rencontré l'expression « à structure de blocs », concernant un langage de programmation. Certes, elle ne s'applique pas à proprement parler au C ; mais, en général, ce langage est qualifié simplement de « structuré ». En effet, beaucoup de similitudes existent entre C et d'autres langages structurés comme ALGOL, Pascal et Modula-2.

Note. Un langage à structure de blocs permet de déclarer des procédures ou des fonctions au sein d'autres. En C, la création de fonctions imbriquées n'est pas autorisée. C'est pourquoi il ne peut pas être officiellement désigné par « langage à structure de blocs » du point de vue technique (à l'instar du C++).

La spécificité d'un langage structuré est la *modularité* du code et des données. Il s'agit de sa capacité à fractionner toutes les informations et instructions nécessaires pour accomplir une tâche précise, et à les cacher au reste du programme. Un moyen de coder de manière modulaire consiste à se servir de sous-programmes contenant des variables locales. Grâce à ces variables temporaires, vous pouvez écrire des sous-programmes dont les effets locaux ne se répercutent pas sur d'autres parties du programme. Cette capacité facilite beaucoup le partage de segments de code entre différents programmes. En cas de développement de fonctions « modulaires », il suffit de connaître leur rôle, et non leur mode de fonctionnement. N'oubliez pas que l'abus de variables globales, connues à travers l'ensemble du programme, peut entraîner des bogues, consécutifs à des effets secondaires non désirés (quiconque a programmé en BASIC standard a bien conscience de ce problème).

Note. En C++, le concept de modularité est grandement développé. En particulier, un fragment de programme peut permettre de contrôler rigoureusement l'accès des autres parties.

Un langage structuré offre une gamme de possibilités de programmation. Il prend directement en charge plusieurs éléments de boucles comme **while**, **do-while** et **for**. Quant à l'emploi de **goto** interdit ou déconseillé, il ne correspond pas à la gestion habituelle de l'exécution (contrairement au cas du BASIC standard ou du FORTRAN classique). Dans un langage structuré, vous pouvez placer des instructions partout sur une ligne. En matière de champs, vous n'avez pas à observer de règles strictes (ce qui est inexact pour certaines versions moins récentes de FORTRAN).

Voici quelques exemples de langages, structurés ou non.

Langages non structurés	Langages structurés
FORTRAN	Pascal
BASIC	Ada
COBOL	Java
	C++
	C
	Modula-2

Les langages structurés ont tendance à être modernes. En réalité, ceux qui ne le sont pas sont voués au dépérissement. Actuellement, peu de programmeurs visant la qualité envisageraient le recours à un langage non structuré.

Note. Des efforts ont été consentis pour ajouter des caractéristiques de programmation structurée à des langages plus anciens. BASIC en constitue l'un des principaux exemples. Toutefois, ces langages ne peuvent jamais être complètement corrigés, car ils n'ont pas été conçus pour être structurés.

En C, la principale composante structurelle est la fonction (sous-programme autonome). Dans un tel élément de base, se déroule l'activité du programme. Une fonction permet de définir et de programmer séparément des tâches particulières, grâce à la modularité. Après en avoir créé une, vous pouvez compter sur l'absence d'effets secondaires dans d'autres parties du programme, lors de son fonctionnement correct dans diverses situations. L'aptitude à écrire des fonctions autonomes se révèle cruciale pour empêcher un code d'influer accidentellement sur un autre, dans des projets de grande envergure.

Un moyen supplémentaire de structurer et de « rendre modulaire » le code en C consiste à se servir de blocs. Chacun est considéré comme une unité contenant un groupe d'instructions, réunies de manière logique. En C, vous créez un *bloc de code* en plaçant une suite d'instructions entre une accolade d'ouverture et une de fermeture, comme l'illustrent les lignes suivantes :

```
if (x < 10) {
printf("Trop petit. Réessayez.\n");
scanf("%d", &x);
}
```

Dans cet exemple, les deux lignes de code placées après **if** sont exécutées si x est inférieur à 10. Ces deux instructions comprises entre accolades représentent un bloc de code. Si l'une est exécutée, l'autre doit l'être également, car elles constituent une unité logique. Les blocs de codes permettent de réaliser de nombreux algorithmes avec clarté, élégance et efficacité. Par ailleurs, ils aident le programmeur à mieux conceptualiser la vraie nature de l'algorithme en cours.

C : langage pour programmeurs

De façon surprenante, les langages de programmation ne sont pas tous destinés aux programmeurs. Considérez BASIC et COBOL. Ce dernier n'a par exemple pas été prévu pour faciliter le travail du programmeur, améliorer la fiabilité du code généré ou même la vitesse d'écriture. COBOL fut plutôt conçu pour permettre aux personnes ne sachant pas programmer de comprendre un programme en le lisant (même si cela s'avère très peu probable). Quant au BASIC, il fut essentiellement créé pour donner le moyen au même public de résoudre des problèmes relativement simples.

En revanche, le C a été imaginé et testé par des programmeurs de métier, qui sont intervenus dans la conception du langage. Le résultat final correspond donc à leurs souhaits : peu de restrictions, peu de sujets de plainte, des structures de blocs, des fonctions autonomes et un ensemble compact de mots clés. Grâce à C, vous pouvez presque obtenir l'efficacité du code assembleur allié avec la structure d'ALGOL ou de Modula-2. En conséquence, il n'est pas étonnant que les langages C et C++ se révèlent les plus populaires parmi les experts de premier ordre.

La possibilité de remplacer souvent un langage d'assemblage par C est le facteur principal ayant contribué à cette popularité. Dans un langage d'assemblage, vous recourez à la représentation symbolique du code binaire que l'ordinateur exécute directement. Chaque opération est associée à une tâche unique. Bien qu'un langage d'assemblage offre aux programmeurs la possibilité d'accomplir des tâches avec un maximum de souplesse et d'efficacité, il est bien connu pour sa difficulté en matière de développement et de débogage d'un programme. Étant donné qu'un langage de ce type est non structuré, le programme final a tendance à s'enchevêtrer avec des sauts, des appels et des indices en désordre. Cette absence de structure rend les programmes difficiles à déchiffrer, à améliorer et à vérifier. Peut-être plus important encore, les routines écrites dans un langage d'assemblage ne sont pas portables sur des machines possédant des processeurs différents.

Quant au C, il a d'abord été utilisé pour la programmation dite « système ». Celle-ci permet de concevoir un programme s'intégrant ou interférant avec le système d'exploitation d'un ordinateur. Voici des exemples de *programmes systèmes* selon l'expression courante.

- Systèmes d'exploitation
- Interpréteurs
- Éditeurs
- Compilateurs
- Utilitaires de fichiers

- Dispositifs d'amélioration du rendement
- Programmes en temps réel

De nombreux développeurs ont ensuite commencé à programmer en C, pour accomplir toutes leurs tâches, profitant de la portabilité et de l'efficacité de ce langage, qui gagna en popularité. La création de C a entraîné un changement radical très attendu dans les langages de programmation. Bien entendu, C++ a prolongé cette tradition.

Avec l'avènement de C++, certains misèrent sur la disparition du langage C. Tel n'a pas été le cas. En premier lieu, tous les programmes n'exigent pas le recours aux caractéristiques de programmation orientée objet fournies par C++. Ainsi, les applications telles que les systèmes intégrés sont encore programmées en C. En second lieu, beaucoup de programmes en C toujours en fonctionnement nécessitent encore d'être améliorés et vérifiés. Tant que le sous-ensemble de C++ représentera son plus grand legs, C restera un langage « vivant », largement utilisé, pendant de nombreuses années.

Structure d'un programme en C

C se compose de mots clés associés à une syntaxe formelle. Dans sa version originale, 27 ont été définis. Cinq autres ont ensuite été ajoutés par le comité de l'ANSI : **enum**, **const**, **signed**, **void** et **volatile**. Bien entendu, ces 32 mots clés, répertoriés dans le tableau 1-2, font partie du langage C++.

auto	double	int	struct
break	else	long	switch
case	enum	register	typedef
char	extern	return	union
const	float	short	unsigned
continue	for	signed	void
default	goto	sizeof	volatile
do	if	static	while

Tableau 1-2   32 mots clés définis dans la norme de C

Plusieurs mots clés supplémentaires, exploitant mieux l'environnement opérationnel, ont été inclus dans de nombreux compilateurs. Ils ont notamment servi à gérer l'organisation de la mémoire des processeurs 8086, à prendre en charge la programmation entre langages, et à accéder aux signaux d'interruption.

Voici une liste non exhaustive de mots clés supplémentaires couramment employés :

asm	_cs	_ds	_es
_ss	cdecl	far	huge
interrupt	near	pascal	

Votre compilateur offre peut-être d'autres possibilités d'extension pour l'aider à profiter davantage de son environnement spécifique.

En C et en C++, tous les mots clés s'écrivent en minuscule. En raison de la différence entre les minuscules et les majuscules, **ELSE** n'équivaut pas à **else**. Par ailleurs, vous ne pouvez pas changer le rôle d'un mot clé en l'employant pour désigner un nom de variable ou de fonction.

Tous les programmes en C consistent en une ou plusieurs fonctions. La seule fonction obligatoire est la première, invocable au début de l'exécution d'un programme : **main( )**. Dans un code bien écrit en C, le contenu de **main( )** donne un aperçu des activités du programme *via* les appels de fonctions. Bien que **main( )** ne soit pas un mot clé, considérez-le comme tel. Ne tentez pas par exemple d'attribuer son nom à une variable, au risque de compliquer l'analyse du compilateur.

La structure générale d'un programme en C est illustrée dans la figure 1-1, où **f1( )**, **f2( )** et **fN( )** représentent des fonctions définies par l'utilisateur.

Bibliothèque et éditeur de liens

Du point de vue technique, vous pouvez écrire un programme utile et fonctionnel se composant uniquement de vos instructions en C ou en C++. Néanmoins, le cas est assez rare. En effet, ni le C ni le C++ ne fournissent de mots clés permettant d'exécuter les tâches suivantes : la gestion des caractères, les calculs numériques de niveau élevé ou les opérations d'entrée/sortie (E/S). En conséquence, la plupart des programmes comprennent des appels à diverses fonctions de la *bibliothèque standard*.

Tous les compilateurs en C++ sont livrés avec une bibliothèque standard de fonctions, accomplissant les tâches nécessaires les plus courantes. Dans la norme de C++, il est spécifié un minimum de fonctions prises en charge par tous les compilateurs. Toutefois, votre compilateur en contiendra probablement de nombreuses autres. Ainsi, il inclura vraisemblablement quelques fonctions graphiques, malgré leur absence dans la bibliothèque standard.

La bibliothèque standard de C++ peut se diviser en deux : une partie pour les fonctions et une autre pour les classes. La première est héritée du langage C. Comme C++ prend complètement en charge la bibliothèque de fonctions définie dans la norme de C, vous pouvez recourir à tout son contenu dans vos programmes en C++.

```
déclarations globales
type-de-retour main(énumération de paramètres)
{
    suite d'instructions
}
type-de-retour f1(énumération de paramètres)
{
    suite d'instructions
}
type-de-retour f2(énumération de paramètres)
{
    suite d'instructions
}
    .
    .
    .
type-de-retour fN(énumération de paramètres)
{
    suite d'instructions
}
```

Figure 1-1 Structure générale d'un programme en C

Outre la bibliothèque standard de fonctions, C++ possède sa propre bibliothèque de classes. Cette dernière fournit des routines orientées objets, utilisables par vos programmes. Il existe également une bibliothèque de modèles standard (*Standard Template Library* ou STL). Celle-ci offre des solutions toutes faites, adaptées à une gamme de problèmes de programmation. La bibliothèque de modèles standard et celle de classes seront traitées plus loin dans cet ouvrage. Quant à la bibliothèque standard de fonctions, elle est la seule à être définie également par C, d'où son application dans la partie I.

Les réalisateurs de votre compilateur ont déjà écrit la plupart des fonctions universelles dont vous vous servirez. Lorsque vous invoquez une fonction ne faisant pas partie de votre programme, le compilateur « garde en mémoire » son nom. Ultérieurement, l'éditeur de liens associe votre code au code objet existant déjà dans la bibliothèque standard. Pour ce processus, appelé *édition de liens*, certains compilateurs utilisent leur propre éditeur de liens, et non la version standard livrée avec le système d'exploitation.

Les fonctions de la bibliothèque se présentent sous forme translatable. En d'autres termes, les adresses en mémoire pour les différentes instructions en code machine n'ont pas été définies de manière absolue : seules les informations relatives aux écarts avec les adresses de base sont conservées. Lorsque votre programme est associé aux fonctions de la bibliothèque, ces écarts servent à calculer des adresses courantes. Ce processus de translation est décrit plus en détail dans plusieurs manuels et ouvrages techniques. Toutefois, vous n'avez pas besoin d'explications supplémentaires pour programmer en C++.

La plupart des fonctions nécessaires pour écrire vos programmes se trouvent dans la bibliothèque standard. Elles constituent des éléments de base que vous combinez. Si vous écrivez une fonction réutilisable, vous pouvez la placer également dans une bibliothèque.

Compilation séparée

Un petit programme tient souvent dans un seul fichier source. Cependant, plus un programme s'allonge, plus le temps de compilation augmente (ce qui ne convient pas à des esprits vifs). En C/C++, vous pouvez donc répartir le contenu d'un programme dans plusieurs fichiers, que vous compilez séparément. Des liens sont ensuite établis entre tous les fichiers compilés, en plus de ceux qui concernent la bibliothèque, pour former le code objet complet. L'avantage de la compilation séparée réside dans l'inutilité de compiler à nouveau intégralement le programme en cas de changement de code dans un des fichiers. En conséquence, un temps considérable est gagné, sauf pour les projets les plus simples. Pour traiter un programme multifichier, reportez-vous à la documentation utilisateur de votre compilateur en C/C++.

Distinction entre .C et .CPP

Dans la partie I de cet ouvrage, les programmes sont naturellement valables pour C et C++. Ils peuvent être compilés respectivement à l'aide d'un compilateur en C ou en C++. En conséquence, si vous êtes appelé à écrire en C, les programmes de la partie I sont à même de servir d'exemples. D'habitude, ils ont l'extension .C, alors que les programmes en C++ portent .CPP. Grâce à l'extension de fichier, un compilateur en C++ détermine le type de programme en cours de traitement. Cela revêt de l'importance, car tout programme dont l'extension est .C ou .CPP est censé identifier respectivement un code en C ou en C++. Sauf indication contraire, vous pouvez utiliser l'une des deux extensions pour les programmes de la partie I. En revanche, ceux du reste de l'ouvrage réclameront .CPP.

Un dernier point : bien que C soit un sous-ensemble de C++, des différences mineures existent entre les deux langages. Dans certains cas, vous devrez donc peut-être compiler un programme en C comme tel, en vous servant de l'extension .C. Chaque fois que nécessaire, une remarque apparaîtra.

CHAPITRE 2

Expressions

C e chapitre vous présente un des composants de base des langages C et C++ : les expressions. Comme vous le constaterez par la suite, les expressions en C/C++ sont considérablement plus générales et plus puissantes que celles de la plupart des autres langages de programmation. Une expression est formée à partir des unités indivisibles suivantes : les opérateurs et les données. Ces dernières peuvent être représentées soit par des variables, soit par des constantes. À l'instar des autres langages de programmation, C/C++ prend en charge plusieurs types de données. Il fournit également un grand nombre d'opérateurs.

Cinq types de données primitifs

En C, il existe cinq types de données, dont dérivent les autres : **char** (caractère), **int** (entier), **float** (nombre à virgule flottante en simple précision), **double** (nombre à virgule flottante en double précision) et **void** (sans valeur). Pour chacun, la taille et l'intervalle de valeurs peuvent varier selon les processeurs et les compilateurs. Cependant, la taille d'un caractère est toujours d'1 octet. Celle d'un entier correspond généralement à la longueur d'un mot dans l'environnement d'exécution d'un programme. Elle est par, exemple, de 16 bits sous DOS et sous Windows 3.1 (environnements de 16 bits) et de 32 bits sous Windows NT (environnement de 32 bits). Toutefois, si vous désirez rendre votre programme portable sur des environnements différents, ne faites pas de supposition concernant la taille d'un entier. Il est important de comprendre qu'en C/C++, seul un *intervalle minimal* de valeurs est précisé pour un type de données et qu'une taille précise en octet n'est pas stipulée.

Note. En plus des cinq types primitifs de C, C++ compte **bool** et **wchar_t**. Ces derniers sont traités dans la partie II.

Les nombres à virgule flottante sont codés sur un nombre d'octet dépendant de la manière dont ils sont implémentés. Les entiers ont communément la taille d'un mot sur une machine hôte. Les valeurs de type **char** permettent, quant à elles, de prendre en charge le jeu de caractères de la norme ASCII. Les caractères n'étant pas inclus dans ce jeu sont gérés différemment en fonction des compilateurs.

Concernant les types **float** et **double**, les plages de valeurs, assez larges quoi qu'il arrive, dépendent de la méthode employée pour représenter les nombres à virgule flottante. Selon la norme de C, elles vont au moins de 1E-37 à 1E+37. Pour chacun de ces deux types, le nombre minimal de chiffres après la virgule apparaît dans le tableau 2-1.

Note. Les auteurs de la norme de C++ n'ont déterminé ni taille approximative ni intervalle minimal pour les types primitifs. Ces derniers doivent simplement satisfaire à certaines exigences. Ainsi, selon la norme de C++, une valeur de type **int** a « la taille naturelle qu'implique l'architecture de l'environnement d'exécution ». Dans tous les cas, elle est supérieure ou égale à l'un des nombres de l'intervalle minimal spécifié par la norme de C. Ses propriétés sont décrites, via un compilateur en C++, dans l'en-tête **<climits>**.

Type	Taille approximative en bits	Nombre minimal
char	8	Entre -127 et 127
unsigned char	8	Entre 0 et 255
signed char	8	Entre -127 et 127
int	16 ou 32	Entre -32 767 et 32 767
unsigned int	16 ou 32	Entre 0 et 65 535
signed int	16 ou 32	Comme **int**
short int	16	Entre -32 767 et 32 767
unsigned short int	16	Entre 0 et 65 535
signed short int	16	Comme **short int**
long int	32	Entre -2 147 483 647 et 2 147 483 647
signed long int	32	Comme **long int**
unsigned long int	32	Entre 0 et 4 294 967 295
float	32	Six chiffres après la virgule
double	64	Dix chiffres après la virgule
long double	80	Dix chiffres après la virgule

Tableau 2-1   Tous les types de données définis dans la norme ANSI/ISO du langage C

Le type **void** permet soit de créer des pointeurs génériques, soit de déclarer explicitement qu'une fonction ne retourne aucune valeur. Ces deux applications sont traitées dans des chapitres ultérieurs.

Modificateurs de types primitifs

Plusieurs modificateurs peuvent précéder les types de données de base, hormis **void**. Énumérés dans la liste suivante, ils permettent de changer les caractéristiques de base en vue d'une meilleure adaptation à diverses situations :

> signed (signé)
> unsigned (non signé)
> long (long)
> short (court)

Vous pouvez appliquer les modificateurs **signed**, **short**, **long** et **unsigned** au type entier, **unsigned**, ainsi que **signed** aux caractères et **long** à **double**. Le tableau 2-1 présente non seulement toutes les combinaisons valables de types de données, mais également leur intervalle minimal et leur taille approximative en bits (ces valeurs concernent également les implémentations généralement valables en C++). Rappelez-vous que le tableau montre l'*intervalle minimal* spécifié dans la norme de C/C++ pour ces types, et non la plage réellement implémentée. Ainsi, un entier est au moins compris entre -32 768 et 32 767 sur des ordinateurs permettant de calculer le complément à deux (ce qui est le cas de pratiquement tous).

L'application de **signed** à un entier est autorisée mais redondante. En effet, la déclaration d'un entier par défaut implique l'existence d'un nombre signé. L'utilisation la plus importante de **signed** consiste à modifier **char** dans les implémentations où **char** est non signé par défaut.

Un entier signé se distingue d'un entier non signé par le mode d'interprétation du bit de poids fort. Dans le cas d'un entier signé, le compilateur génère du code selon l'hypothèse suivante : le bit de poids fort sert de *bit de signe*. Si ce dernier est 0 ou 1, le nombre est respectivement positif ou négatif.

En général, les nombres négatifs sont représentés à l'aide du *complément à deux*. Selon cette approche, vous inversez tous les bits du nombre, hormis le bit de signe. Ensuite, vous ajoutez 1 au résultat, et vous fixez le bit de signe à 1.

Les entiers signés jouent un rôle important dans de nombreux algorithmes, mais la valeur de leur borne supérieure est deux fois moindre que celle des entiers non signés. Prenez la représentation binaire de 32 767 :

        0 1 1 1 1 1 1 1   1 1 1 1 1 1 1 1

Si vous fixiez le bit de poids fort à 1, le nombre vaudrait -1 en base 10. En revanche, avec ce changement, un nombre déclaré **unsigned int** deviendrait 65 535.

Identificateurs

En C/C++, les *identificateurs* correspondent aux noms des variables, des fonctions, des étiquettes ou de plusieurs autres objets définis par l'utilisateur. Composés d'un ou de plusieurs caractères, ils doivent commencer par une lettre ou par un trait de soulignement.

Les caractères suivants sont obligatoirement des lettres, des chiffres ou des traits de soulignement. À titre d'exemple, voici des identificateurs corrects ou non.

Corrects	Incorrects
Compteur	1compteur
test23	bonjour!
solde_eleve	solde...eleve

En C, les identificateurs peuvent avoir une longueur quelconque. Néanmoins, tous les caractères ne se révèlent pas forcément significatifs. Au moins les six premiers le sont si un processus d'édition de liens externes s'applique aux identificateurs. Ces derniers, désignés par « *noms externes* », incluent les noms des fonctions et des variables globales partagées entre fichiers. Si les identificateurs ne sont pas utilisés dans un processus d'édition de liens externes, au moins les 31 premiers caractères sont significatifs. Les identificateurs de ce type, appelés « *noms internes* », comprennent par exemple le nom d'une variable locale. En C++, au moins les 1 024 premiers caractères d'un identificateur de longueur non limitée se révèlent significatifs. Cette différence peut revêtir de l'importance si vous convertissez en C++ un programme écrit en C.

Dans un identificateur, les majuscules se distinguent des minuscules. En conséquence, **compteur**, **Compteur** et **COMPTEUR** ne sont pas considérés comme une même entité.

Ni un mot clé de C ou de C++, ni le nom d'une fonction appartenant à la bibliothèque de C ou de C++, ne doivent servir d'identificateurs.

Variables

Comme vous le savez probablement, une *variable* désigne un emplacement de mémoire servant à stocker une valeur susceptible d'être modifiée par le programme. Avant utilisation, toutes les variables doivent être déclarées selon la syntaxe suivante :

type liste_de_variables;

Pour cela, vous remplacez *type* par un type de données obligatoirement valable et tout modificateur nécessaire. Par ailleurs, vous changez *liste_de_variables* en un ou plusieurs identificateurs, séparés par des virgules. Voici quelques exemples de déclarations :

```
int i,j,l;
short int si;
unsigned int ui;
double balance, profit, loss;
```

Rappelez-vous que le nom d'une variable en C/C++ n'a rien de commun avec son type.

Lieu de déclaration des variables

Les variables sont essentiellement déclarées au sein des fonctions, dans la définition de leurs paramètres ou hors de celle-ci. Il s'agit respectivement des variables locales, des paramètres formels et des variables globales.

Variables locales

L'adjectif « locales » qualifie les variables déclarées au sein d'une fonction. Dans certaines documentations sur C/C++, il est remplacé par « *automatiques* ». Dans cet ouvrage, le premier est employé ; il est de fait le plus courant. Les variables locales peuvent uniquement s'appliquer aux instructions du bloc où elles sont déclarées. En d'autres termes, elles sont inconnues à l'extérieur de leur propre bloc de code. Rappelez-vous que les accolades d'ouverture et de fermeture délimitent un bloc de code.

Les variables locales existent seulement lors de l'exécution de leur bloc de déclaration. Elles sont créées à ce moment, et détruites à la fin.

Pour déclarer des variables locales, la fonction constitue le bloc de code le plus couramment utilisé. Considérez par exemple les deux fonctions suivantes :

```
void func1(void)
{
  int x;

  x = 10;
}

void func2(void)
{
  int x;

  x = -199;
}
```

Une variable **x** de type entier est déclarée dans **func1( )**, et une autre dans **func2( )**. La première n'a ni effet sur la deuxième, ni rapport avec elle. En effet, chaque variable **x** est connue seulement dans le bloc de code où elle est déclarée.

Pour déclarer les variables locales, le mot clé **auto** du langage C est utilisable. Cependant, il ne sert pratiquement jamais, puisque toutes les variables non globales sont censées être de type **auto** par défaut. Il n'est donc pas employé dans les exemples de cet ouvrage (le mot clef **auto** fut à l'origine inclus dans le langage C pour permettre une compatibilité au niveau du code source avec le langage B qui le précédait. Son utilisation a été dérivée pour permettre de rendre compatible C et C++).

Pour des raisons de commodité, et par habitude, la plupart des programmeurs déclarent l'ensemble des variables, dans une fonction, immédiatement après l'accolade d'ouverture et avant toute autre instruction. Le bloc défini par une fonction constitue simplement un cas particulier. En effet, vous pouvez déclarer des variables locales dans n'importe quel bloc de code. Par exemple :

```
void f(void)
{
  int t;
  scanf("%d%*c", &t);

  if(t==1) {
    char s[80];  /* Cette variable n'est créée
                    qu'au début de ce bloc. */
    printf("Entrez un nom :");
    gets(s);
    /* Accomplir une action... */
  }
}
```

Dans ce cas, la variable locale **s** est créée au début du bloc de code relatif à **if**, et détruite à la fin. Elle n'est strictement connue qu'au sein de ce bloc. Ailleurs, même dans les autres parties de la fonction la contenant, vous ne pouvez pas faire référence à **s**.

Sa déclaration au sein d'un bloc conditionnel offre l'avantage de ne lui allouer de la mémoire qu'en cas de nécessité. En effet, une variable locale n'existe pas avant l'accès à son bloc. Vous pourriez avoir à vous en préoccuper si vous écriviez un code pour un contrôleur spécialisé, dont la RAM serait difficile à obtenir (par exemple, pour un ouvre-porte de garage réagissant à un code numérique de sécurité).

Le recours à un même bloc de code pour la déclaration et l'utilisation d'une variable favorise également l'absence d'effets secondaires indésirables. Comme une variable locale n'existe pas hors du bloc où elle est déclarée, elle ne peut pas être modifiée accidentellement.

Une différence importante entre C et C++ réside dans sa localisation. En C, vous devez déclarer toutes les variables locales au début du bloc où vous les définissez, et avant toute instruction (« action »). Ainsi, la fonction suivante est erronée si elle est traitée par un compilateur en C.

```
/* Cette fonction, tout à fait acceptable en
   C++, est erronée si elle est compilée comme
   un programme en C.
*/
```

```
void f(void)
{
  int i;

  i = 10;

  int j;  /* Cette ligne entraînera une erreur. */

  j = 20;
}
```

En revanche, cette fonction se révèle parfaitement valable en C++. Dans ce cas, des variables locales peuvent en effet être définies partout dans le programme (la partie II traite en détail de la déclaration de variables en C++).

Comme elles durent le temps de l'exécution de leur bloc, elles perdent leur contenu à la sortie de celui-ci. Ne l'oubliez surtout pas lors de l'appel d'une fonction. Les variables locales de la fonction sont créées à ce stade, et détruites au retour au programme appelant. Elles se révèlent donc incapables de conserver leur valeur entre les appels (grâce au modificateur **static**, vous pouvez néanmoins donner des instructions au compilateur pour la garder).

Sauf indication contraire, les variables locales sont stockées dans la pile. Le fait que la pile soit une zone de mémoire dynamique justifie en général l'incapacité de ces variables à conserver leur valeur d'un appel de fonction à un autre. Grâce à l'initialisation, vous pouvez attribuer une valeur connue à une variable locale. Cette affectation se produit à chaque accès au bloc de code de la variable. Ainsi, le programme suivant permet d'afficher dix fois le nombre 10.

```
#include <stdio.h>

void f(void);

int main(void)
{
  int i;

  for(i=0; i<10; i++)  f();

  return 0;
}

void f(void)
{
  int j = 10;

  printf("%d ", j);

  j++;  /* Cette ligne n'a pas d'effet durable. */
}
```

Paramètres

Si vous avez à vous servir d'arguments dans une fonction, vous devez déclarer des variables acceptant leurs valeurs. De telles variables sont désignées par « *paramètres* » de la fonction. Leur activité ressemble à celle de toute autre variable locale dans une fonction. Quant à leur déclaration, elle se produit après le nom de la fonction et à l'intérieur des parenthèses, comme le montre le fragment de programme suivant.

```
/* Si c fait partie de la chaîne s, retourner 1, sinon 0. */
int is_in(char *s, char c)
{
  while(*s)
    if(*s==c) return 1;
    else s++;

  return 0;
}
```

La fonction **is_in( )** comporte deux paramètres : **s** et **c**. Elle retourne 1 si la chaîne **s** contient le caractère spécifié dans **c**, et 0 dans le cas contraire.

Vous devez indiquer le type de ces paramètres en les déclarant selon le dernier exemple. Dans la fonction, vous pouvez ensuite les utiliser comme des variables locales ordinaires. N'oubliez pas que cette assimilation entraîne leur nature dynamique et leur destruction à la fin de la fonction.

À l'instar des variables locales, il est possible d'affecter une valeur à un paramètre d'une fonction, ou de l'utiliser dans une expression valable. Même s'ils reçoivent la valeur des arguments transmis à la fonction, ils sont utilisables comme toute autre variable locale.

Variables globales

Les *variables globales*, contrairement à celles qualifiées de « locales », sont connues dans le programme entier, et peuvent servir à n'importe quel fragment de code. Elles conservent en outre leur valeur tout au long de l'exécution du programme. Vous créez des variables globales en les déclarant hors des fonctions. Vous pouvez ensuite y faire référence dans une expression quelconque, sans tenir compte du bloc de code auquel elles appartiennent.

Dans le programme suivant, la déclaration de la variable **count** se produit hors de toutes les fonctions, préalablement à **main( )**. Certes, vous auriez pu l'effectuer partout, sauf dans une fonction, avant de recourir à **count** pour la première fois, mais il vaut mieux généralement déclarer des variables globales en haut du programme.

```
#include <stdio.h>
int count;  /* La variable count est globale. */

void func1(void);

void func2(void);

int main(void)
{
  count = 100;
  func1();

  return 0;
}

void func1(void)
{
  int temp;

  temp = count;
  func2();
  printf("Compteur = %d", count); /* Afficher 100 */
}

void func2(void)
{
  int count;

  for(count=1; count<10; count++)
    putchar('.');
}
```

Examinez attentivement ce programme. Remarquez que vous ne déclarez pas **count** dans **main( )** et **func1( )** pour utiliser la variable dans les fonctions. En revanche, vous réalisez cette opération à l'intérieur de **func2( )**. Dans ce dernier cas, la portée de **count** est locale. Dans le bloc de déclaration de la variable locale, aucun renvoi à **count** n'influe sur la variable globale de même nom. Ce fonctionnement peut se révéler parfois commode, mais entraîner, en cas d'oubli, des réactions étranges d'un programme apparemment correct.

En matière de stockage, les variables globales disposent d'une zone de mémoire morte, que le compilateur leur réserve. Elles revêtent de l'importance au cas où les mêmes données interviennent dans de nombreuses fonctions. Cependant, les variables globales inutiles sont à éviter. Elles occupent de la mémoire durant l'exécution entière du programme, au lieu de n'en mobiliser que lorsqu'elles se révèlent nécessaires. Par ailleurs, le recours à une variable globale à la place d'une variable locale acceptable rend une fonction moins générale, car dépendant d'un élément défini obligatoirement hors de son bloc.

Finalement, l'emploi d'un grand nombre de variables globales peut occasionner des erreurs dans un programme, en raison d'effets secondaires ni connus, ni souhaités. Lors du développement d'un programme long, le changement accidentel de la valeur d'une variable utilisée à un autre endroit du code constitue un problème majeur. Cette difficulté peut survenir en C/C++ si vous abusez de variables globales.

Modificateurs d'accès

Deux qualificatifs permettent de gérer l'accès à des variables ou leur changement : **const** et **volatile**. Ces modificateurs d'accès doivent précéder les modificateurs de types et les noms de types concernés. En anglais, ils sont également désignés sous le nom de « *cv-qualifiers* » (littéralement, « qualificatifs cv »).

const

Pour les variables de type **const**, le compilateur utilise la mémoire ROM (*Read Only Memory*). Non susceptibles d'être changées par le programme, elles peuvent par contre recevoir une valeur initiale. Ainsi,

```
const int a=10;
```

crée une variable de type entier, portant le nom « **a** », et ayant une valeur initiale fixée à 10. Même si inaltérable par votre programme, elle peut être impliquée dans d'autres types d'expressions. Par ailleurs, une variable de type **const** prend une valeur soit après une initialisation explicite soit par des moyens matériels.

Le qualificatif **const** peut servir à empêcher une fonction de modifier les objets pointés par les arguments. En d'autres termes, lorsqu'une fonction reçoit un pointeur, elle n'est plus en mesure de changer la variable désignée si vous spécifiez **const** dans la déclaration de paramètres. À titre d'exemple, la fonction **sp_to_dash** du programme suivant permet d'afficher un trait d'union à la place de chaque espace de son argument de type chaîne. "Ceci est un test." devient donc "Ceci-est-un-test." L'utilisation de **const** dans la déclaration de paramètres garantit l'impossibilité pour le code de la fonction à modifier l'objet pointé par le paramètre.

```
#include <stdio.h>

void sp_to_dash(const char *str);

int main(void)
```

```
{
  sp_to_dash("Ceci est un test.");

  return 0;
}
void sp_to_dash(const char *str)
{
  while(*str) {
    if(*str== ' ') printf("%c", '-');
    else printf("%c", *str);
    str++;
  }
}
```

Si vous écriviez **sp_to_dash( )** en cherchant à changer la chaîne comme ci-dessous, vous seriez informé d'une erreur à la compilation.

```
/* Ce code est erroné. */
void sp_to_dash(const char *str)
{
  while(*str) {
    if(*str==' ') *str = '-'; /* Irréalisable : str
                                  est de type const. */
    printf("%c", *str);
    str++;
  }
}
```

const apparaît dans la déclaration de paramètres de nombreuses fonctions de la bibliothèque standard. La fonction **strlen( )**, qui en fait partie, a par exemple pour prototype :

size_t strlen(const char *str);

Le qualificatif **const** offre une garantie : il empêche **strlen( )** de modifier la chaîne pointée par str. En général, lorsqu'une fonction de la bibliothèque standard ne nécessite pas le changement d'un objet désigné par un argument d'appel, elle est déclarée avec **const**.

Ce qualificatif permet également de vérifier qu'un programme ne modifie pas de variables. Rappelez-vous qu'un élément extérieur à votre programme peut influer sur une variable de type **const**. Ainsi, un périphérique est susceptible de fixer sa valeur. En déclarant une variable avec **const**, vous pouvez prouver que toute modification est due à des événements extérieurs.

volatile

Le modificateur **volatile** signale au compilateur l'éventualité d'un changement de valeur d'une variable, sans indication explicite dans le programme. À titre d'exemple, l'adresse d'une variable globale peut être transmise à la routine de l'horloge système, et utilisée pour obtenir le temps réel du système. Dans ce cas, la valeur de la variable est modifiée sans instructions claires d'affectation dans le programme, ce qui revêt de l'importance. En effet, la plupart des compilateurs en C/C++ optimisent automatiquement certaines expressions en considérant que les éléments situés à droite d'une expression d'affectation restent inchangés et qu'en conséquence, la valeur d'une variable pourrait ne pas être réexaminée à chaque fois qu'elle est référencée. Certains compilateurs modifient en outre l'ordre d'évaluation d'une expression lors du processus de compilation. Pour éviter ces changements, servez-vous du modificateur **volatile**.

Vous pouvez également l'allier avec **const**, comme l'illustre la déclaration ci-dessous. Celle-ci éliminerait le risque d'effets secondaires accidentels si 0x30 était censé être la valeur d'un port que seules les conditions extérieures modifient.

```
const volatile char *port = (const volatile char *) 0x30;
```

Spécificateurs de classes de stockage

C prend en charge quatre spécificateurs de classes de stockage :

> extern
> static
> register
> auto

Ils indiquent au compilateur la manière de stocker la variable concernée. Voici leur place :

> spécificateur_de_classe_de_stockage type nom_de_la_variable;

Remarquez qu'ils précèdent le reste de la déclaration de la variable.

Note. C++ comporte un autre spécificateur de classe de stockage : **mutable**. Celui-ci est décrit dans la partie II.

extern

Comme C/C++ permet à des modules distincts d'un programme long d'être compilés séparément et liés entre eux, un moyen doit permettre d'obtenir des variables globales connues dans tous les fichiers. Bien que C vous autorise techniquement à définir une variable globale plusieurs fois, cette opération n'est pas conforme aux règles de l'art (et susceptible d'occasionner des difficultés lors de l'édition de liens). Plus important encore, vous pouvez définir une variable globale *seulement une fois* en C++. Comment l'annoncer alors dans tous les fichiers du programme ?

La solution de ce problème réside dans la distinction entre la *déclaration* et la *définition* d'une variable. La première permet de déclarer le nom et le type d'une variable.

Fichier 1	Fichier 2
```int x, y;```	```extern int x, y;```
```char ch;```	```extern char ch;```
```int main(void)```	```void func22(void)```
```{```	```{```
```/* … */```	```x = y / 10;```
```}```	```}```
```void func1(void)```	```void func23(void)```
```{```	```{```
```x = 123```	```y = 10;```
```}```	```}```

Figure 2-1   Utilisation de variables globales dans des modules compilés séparément

Quant à la définition, elle entraîne l'allocation de la mémoire. Dans la plupart des cas, déclarer une variable revient à la définir. Toutefois, en faisant précéder son nom du spécificateur **extern**, vous êtes en mesure de la déclarer sans la définir. Dans un programme multifichier, vous pouvez donc déclarer toutes les variables globales dans un fichier, et employer **extern** dans un autre, comme l'illustre la figure 2-1.

Dans le fichier 2, la liste des variables globales a été copiée à partir du fichier 1. Par ailleurs, le spécificateur **extern** a été ajouté aux déclarations. Il indique au compilateur que le type et le nom des variables à sa suite ont été définis autre part. En d'autres termes, il lui communique ces informations sans recréer véritablement un emplacement pour les variables globales. Lors de l'édition de liens entre les deux modules, tous les renvois aux variables externes sont déterminés.

Dans le code, le mot clé **extern** suit la syntaxe ci-dessous :

    extern *liste_de_variables*;

Vous pouvez parfois le rencontrer à l'intérieur d'une fonction. Cette option s'applique à une variable globale, comme le montre l'exemple suivant :

```
int first, last;   /* Définition globale de
                      first et de last */

main(void)
{
  extern int first;  /* Utilisation optionnelle de la
                        déclaration de type extern */

  .
  .
  .
}
```

Bien que cette déclaration de type **extern** soit autorisée, elle ne se révèle pas nécessaire. Si le compilateur repère une variable non déclarée dans le bloc en cours de traitement, il vérifie le contenu des autres parties délimitées par des accolades. En l'absence de correspondance, il scrute les variables globales. Si un rapport est établi avec l'une d'entre elles, celle-ci est censée servir de référence.

En C++, le spécificateur **extern** joue un autre rôle. Celui-ci est décrit dans la partie II.

static

Les variables de type **static** restent inchangées au sein de leur fonction ou fichier. À l'extérieur, elles ne sont pas connues, contrairement aux variables globales. En revanche, elles conservent leur valeur d'un appel à un autre. Cette caractéristique se révèle très utile pour créer des fonctions généralisées et des bibliothèques de fonctions susceptibles de servir à d'autres programmeurs. Les effets de **static** diffèrent suivant la portée des variables.

Variables locales de type static

Associée au modificateur **static**, une variable locale obtient du compilateur un emplacement permanent. Sur le plan du stockage, elle se distingue principalement d'une variable globale par sa portée. En effet, elle reste seulement connue dans son bloc de déclaration mais, contrairement à une variable locale sans **static**, elle garde sa valeur d'un appel de fonction à un autre.

Lors de la création de fonctions autonomes, les variables locales associées à **static** revêtent une importance considérable, car plusieurs types de routines doivent conserver une valeur d'un appel à un autre. Si elles n'étaient pas acceptées, des variables globales s'imposeraient, ce qui ouvrirait la voie à d'éventuels effets secondaires. Prenez une fonction illustrant l'efficacité d'une variable locale de type **static** : un programme concernant des séries de nombres, et générant une valeur selon la précédente.

Vous pourriez vous servir d'une variable globale pour stocker cette valeur. Toutefois, à chaque utilisation de la fonction dans le programme, vous auriez à la déclarer, et vérifier l'absence d'un conflit avec toute autre variable globale déjà présente. La meilleure solution consiste à employer **static** dans la déclaration de la variable stockant le nombre créé, comme le montre le fragment de code ci-dessous :

```
int series(void)
{
  static int series_num;
  series_num = series_num+23;
  return series_num;
}
```

Dans cet exemple, **series_num** continue à exister, contrairement à une variable locale normale, créée et détruite d'un appel à un autre. Sans la déclarer globale, vous êtes donc en mesure d'obtenir, à chaque appel de **series( )**, un nouvel élément de la série en fonction du nombre précédent.

Par ailleurs, vous pouvez attribuer une valeur d'initialisation à une variable locale de type **static**. Cette valeur est affectée seulement une fois (au lancement du programme) et non à chaque accès au bloc de code (contrairement au cas des variables locales normales). Ainsi, cette version de **series( )** initialise **series_num** à 100 :

```
int series(void)
{
  static int series_num = 100;

  series_num = series_num+23;
  return series_num;
}
```

Dans l'état actuel de la fonction, la série commence toujours par 123. Contrairement à certaines applications, la plupart des générateurs de séries nécessitent toutefois une valeur initiale définie par l'utilisateur. Un moyen de fournir un tel point de départ consiste à rendre la variable **series_num** globale, avant de laisser l'utilisateur choisir. Cependant, **static** avait pour objet d'éviter la définition d'une variable globale normale, d'où sa seconde application.

Variables globales de type static

En associant une variable globale au spécificateur **static**, vous chargez le compilateur de limiter sa portée au fichier renfermant sa déclaration. Malgré sa nature globale, la variable n'existe donc pas pour les routines des autres fichiers, incapables de modifier directement sa valeur. Dans les rares cas où une variable locale de type **static** ne convient pas, vous pouvez constituer un petit fichier avec les fonctions nécessaires à la variable globale de type **static**, le compiler séparément, et l'utiliser sans craindre d'effets secondaires.

En guise d'illustration, le code du générateur précédent a été réécrit pour faire débuter la série par une graine, *via* l'appel d'une seconde fonction nommée **series_start( )**. Le fichier entier dans lequel figurent **series ( )**, **series_start( )** et **series_num** est présenté ci-dessous :

```
/* Tout doit se trouver dans un
fichier (seul de préférence). */

static int series_num;
void series_start(int seed);
int series(void);

int series(void)
{
  series_num = series_num+23;
  return series_num;
}

/* Initialiser series_num */
void series_start(int seed)
{
  series_num = seed;
}
```

L'appel de **series_start( )** avec une valeur entière sert à initialiser la variable **series_num** du générateur. L'appel ultérieur de **series( )** génère l'élément suivant de la série.

À titre de rappel, les variables locales de type **static** et les variables globales de type **static** sont connues respectivement et exclusivement dans le bloc où elles sont déclarées, et dans le fichier où elles sont situées. Si vous placez **series( )** et **series_start( )** dans une bibliothèque, vous pouvez recourir à elles sans faire toutefois de renvoi à la variable **series_num**, cachée du reste du code. En réalité, vous êtes même en mesure de déclarer et d'utiliser une variable de nom identique dans votre programme mais, naturellement, dans un autre fichier. Le modificateur **static** permet essentiellement d'éviter des effets secondaires indésirables sur les variables connues seulement dans les fonctions où elles se révèlent nécessaires.

Lorsque vous tentez de gérer un programme extrêmement long et complexe, un grand avantage des variables de type **static** consiste à cacher des parties à d'autres.

Note. C++ permet toujours d'employer **static** comme ci-dessus, mais cette approche n'est pas recommandée pour de nouveaux programmes. Vous devriez plutôt recourir à un espace de noms. Celui-ci est décrit dans la partie II.

register

Au départ, **register** concernait uniquement les variables de type **int**, **char** ou pointeur. Dans la norme de C, la définition de ce spécificateur de classe de stockage fut cependant étendue, dans l'objectif de l'appliquer à tout type de variable.

Grâce à **register**, vous pouviez demander au compilateur de conserver la valeur d'une variable dans le registre du processeur, plutôt qu'à son emplacement normal en mémoire. Les opérations s'effectuaient donc bien plus rapidement. En effet, une variable de type **register**, véritablement stockée dans le processeur, ne nécessitait pas d'accès mémoire pour déterminer ou modifier sa valeur.

Par la suite, la définition de **register** a été fortement étendue. Actuellement, elle peut viser tout type de variable. Dans la norme de C, il est simplement spécifié « un accès à l'objet aussi rapide que possible ». En C++, **register** donne une « indication destinée à la mise en œuvre : l'objet ainsi déclaré sera très utilisé ». Dans la pratique, les caractères et les entiers continuent à être stockés dans les registres du processeur. De tels emplacements ne peuvent évidemment pas contenir de plus grands objets, comme les tableaux. Toutefois, ces derniers sont toujours susceptibles de recevoir un traitement préférentiel de la part du compilateur. En fonction de sa mise en œuvre et de son environnement opérationnel, le compilateur en C/C++ peut gérer les variables de type **register** de toute manière jugée appropriée par son réalisateur. Du point de vue technique, il est en réalité autorisé à ignorer complètement le spécificateur **register**, et à ne pas l'appliquer aux variables concernées. Cependant, le cas se produit rarement.

Vous pouvez seulement associer **register** aux variables locales et aux paramètres d'une fonction. La fonction suivante, qui calcule le résultat de m^e pour les entiers, vise à illustrer l'emploi de ce spécificateur non applicable aux variables globales :

```
int int_pwr(register int m,  register int e)
{
  register int temp;

  temp = 1;

  for(; e; e--) temp = temp * m;
  return temp;
}
```

Dans cet exemple, les variables **e**, **m** et **temp** sont déclarées **register**, car toutes sont utilisées dans la boucle. Leur optimisation en matière de vitesse les rend idéales à gérer ou à employer dans les boucles. En général, les variables de type **register** sont mises à un endroit où elles se révéleront les plus utiles. Il s'agit souvent d'un emplacement où de nombreux renvois seront effectués à une même variable. Cela revêt de l'importance, car vous pouvez déclarer un nombre quelconque de variables de type **register** mais, concernant la vitesse d'accès, vous n'obtiendrez pas une optimisation similaire pour toutes.

À l'intérieur d'un seul bloc de code, leur quantité est déterminée par l'environnement et la mise en œuvre spécifique de C/C++. Vous n'avez pas à vous préoccuper de leur nombre, car le compilateur les transforme automatiquement en variables de type non **register** une fois la limite atteinte. Cela garantit la portabilité du code dans une vaste gamme de processeurs.

En général, les registres du processeur sont capables de contenir au moins deux variables de type **register** appartenant à la catégorie **char** ou **int**. En raison des différences considérables entre les environnements, consultez le manuel d'utilisation de votre compilateur pour déterminer si vous pouvez optimiser votre programme d'une autre manière.

C ne permet pas de découvrir l'adresse d'une variable de type **register** à l'aide de l'opérateur **&**, traité ultérieurement dans ce chapitre. En effet, la valeur pourrait être stockée dans un registre du processeur habituellement non adressable. La restriction, qui paraît donc logique, ne s'applique pas à C++. Toutefois, le fait de prendre l'adresse peut empêcher l'optimisation complète d'une variable de type **register**.

En pratique, **register** continue généralement à influer significativement sur le type entier ou caractère uniquement, malgré sa définition plus large. En conséquence, vous ne devriez probablement pas compter sur des améliorations sensibles de la vitesse pour d'autres types de variables.

Initialisation des variables

Lorsque vous déclarez une variable, vous pouvez lui attribuer une valeur en plaçant celle-ci après le signe égal qui suit son nom. L'initialisation suit donc la syntaxe suivante :

type nom_de_la_variable = valeur;

Voici quelques exemples :

```
char ch = 'a';
int first = 0;
float balance = 123.23;
```

À l'instar des variables globales, les variables locales de type **static** sont initialisées seulement au lancement du programme. Sans **static**, elles sont initialisées à chaque accès à leur bloc de déclaration. Avant la première affectation, leur valeur est inconnue, alors que celles des variables globales et des variables locales de type **static** sont automatiquement fixées à zéro.

Constantes

Les *constantes*, également appelées *littéraux*, se rapportent à des valeurs déterminées non modifiables par le programme. Elles peuvent être de n'importe quel type de données primitif. Leur représentation en dépend.

Les constantes de type caractère sont encadrées par des apostrophes (par exemple, 'a' et '%'). En C et en C++, des caractères longs, codés sur 16 bits existent (principalement utilisés dans des environnements de langue non anglaise). Pour spécifier une constante relative à ce jeu étendu, employez le préfixe **L**, comme le montre le code suivant :

```
wchar_t wc;
wc = L'A';
```

Dans ce cas, **wc** reçoit la constante équivalant à A. Son type, **wchar_t**, est celui des caractères longs. En C, ce type de données est défini dans un fichier d'en-tête et ne correspond pas à un type de base alors qu'il en est un en C++.

Concernant les constantes de type entier, elles sont spécifiées en tant que nombres sans partie fractionnaire. Il s'agit par exemple de 10 et de -100. Quant aux constantes réelles, elles nécessitent le signe décimal, suivi de la partie fractionnaire. Tel est le cas de 11.123. Pour ces nombres à virgule flottante, C/C++ accepte également la notation scientifique.

Deux types en virgule flottante existent : **float** et **double**. Grâce aux modificateurs de types, plusieurs variantes de types primitifs peuvent en outre être créées. Par défaut, le compilateur fait correspondre une constante numérique avec le plus petit type de données compatible. Dans l'hypothèse d'entiers de 16 bits, 10 est donc de type **int** par défaut, alors que 103,000 est de type **long**. Même si, pour la valeur 10, pouvait convenir le type caractère, le compilateur ne franchirait pas la limite entre types. Seules les constantes réelles, censées être de type **double**, constituent l'exception à cette règle du plus petit type.

Pour la plupart de vos programmes, les valeurs par défaut conviendront. Grâce à un suffixe, vous pouvez cependant préciser le type de constante numérique exactement souhaité. Si un nombre à virgule flottante est suivi d'un F, **float** s'applique ; s'il précède un L, le type devient **long double**. Pour un entier, les suffixes U et L signifient respectivement **unsigned** et **long**. Voici quelques exemples.

Type de données	Exemples de constantes
int	1 123 21000 -234
long int	35000L -34L
unsigned int	10000U 987U 40000U

Type de données	Exemples de constantes
float	123.23F 4.34e-3F
double	123.23 1.0 -0.9876324
long double	1001.2L

Constantes octales ou hexadécimales

Il est parfois plus aisé de recourir à la numération à base 8 plutôt qu'à base 10 (système standard). Dans la première, qualifiée par l'adjectif « *octale* », sont définis les chiffres de 0 à 7. Ainsi, 10 en base 8 correspond à 8 en base 10. De même, le système de numération « *hexadécimale* » se révèle quelquefois plus facile. Dans ce cas, vous vous servez des chiffres de 1 à 9 et, pour représenter les nombres décimaux de 10 à 15, s'y ajoutent des lettres de A à F. De cette manière, 10 en base 16 équivaut à 16 en base 10. Pour spécifier des constantes entières, C/C++ permet de recourir aux deux systèmes de numération non standard, en raison de leur emploi fréquent. La constante octale commence par 0. Quant à la constante hexadécimale, elle doit se composer de 0x, puis du nombre en base 16. Voici quelques exemples :

```
int oct = 012;    /* Correspond à 10 en base 10 */
int hex = 0x80;   /* Équivaut à 128 en base 10 */
```

Constantes de type chaîne

C et C++ prennent en charge un autre type de constante : la *chaîne*. Celle-ci consiste en un ensemble de caractères placés entre guillemets. Ainsi, vous avez rencontré la chaîne "Ceci est un test." D'autres exemples ont été présentés dans les instructions **printf( )** des fragments de programmes précédents. Bien que C permette de définir de telles constantes, il ne comporte pas officiellement de type chaîne applicable à des données (en revanche, C++ dispose de la classe **string**).

Ne confondez pas les chaînes avec les caractères. Prenez par exemple "a" et 'a'. Il s'agit respectivement d'une chaîne d'une seule lettre et d'une constante de type caractère unique. Cette dernière se distingue par les apostrophes qui l'encadrent.

Constantes de type caractère spécial

Les apostrophes fonctionnent souvent pour les caractères d'impression. Cependant, ces derniers se révèlent parfois impossibles à représenter dans une chaîne *via* les touches habituelles, comme le retour chariot. Pour cette raison, C/C++ comporte des *caractères spéciaux* introduits après une barre oblique inverse. Également désignés par « *séquences d'échappement* », ils sont présentés dans le tableau 2-2 pour vous aider à les définir comme constantes. Vous devriez les préférer à leur équivalent en ASCII, pour favoriser la portabilité de votre code.

En guise d'illustration, le programme suivant saute une ligne, introduit une tabulation, puis affiche la chaîne "Ceci est un test."

```c
#include <stdio.h>

int main(void)
{
  printf("\n\tCeci est un test.");

  return 0;
}
```

Caractère	Signification
\b	Espace arrière
\f	Saut de page
\n	Saut de ligne
\r	Retour chariot
\t	Tabulation horizontale
\"	Guillemet
\'	Apostrophe
\0	null
\\	Barre oblique inverse
\v	Tabulation verticale
\a	Alerte
\?	Point d'interrogation
\N	Constante octale (N étant une constante octale)
\xN	Constante hexadécimale (N étant une constante hexadécimale)

Tableau 2-2 Caractères spéciaux d'impression

Opérateurs

C/C++ abonde en opérateurs prédéfinis. En réalité, il met davantage l'accent sur ces éléments que la plupart des langages de programmation. Parmi eux, figurent des opérateurs arithmétiques, relationnels, logiques, bit à bit ou spéciaux. Ces derniers, qui sont secondaires, permettent d'accomplir des tâches particulières.

Opérateur d'affectation

L'opérateur d'affectation représente une instruction particulière pour la plupart des langages de programmation (comme Pascal, Basic et Fortran). Contrairement à ces derniers, C accepte un tel élément dans toute expression valable. Dans le code, l'opérateur d'affectation suit la syntaxe ci-dessous :

> *nom_de_la_variable = expression*;

Dans ce cas, l'expression peut se révéler aussi simple qu'une constante unique, ou aussi complexe que nécessaire. Pour indiquer l'affectation, vous vous servez d'un seul signe égal (et non de l'élément := de Pascal ou de Modula-2). À gauche, la *cible* doit être une variable ou un pointeur. Il ne doit s'agir ni d'une fonction ni d'une constante.

Dans les documentations sur C/C++, et dans les messages d'erreurs du compilateur, vous rencontrerez souvent les deux termes suivants : « lvalue » et « rvalue ». En bref, le premier correspond à un objet quelconque pouvant se trouver dans la partie gauche d'une instruction d'affectation. En pratique, « *lvalue* » veut dire « variable ». Quant au terme « *rvalue* », il se rapporte à la partie droite d'une affectation, et signifie simplement « la valeur d'une expression ».

Conversion de type dans une instruction d'affectation

Lorsque vous mélangez une variable d'un type avec celle d'un autre type, une *conversion de type* se produit. Dans une instruction d'affectation, la règle de conversion de type se révèle facile : comme vous le constaterez à travers le code suivant, le type de la valeur de l'expression (à droite du signe égal) devient celui de la variable cible (à gauche).

```
int x;
char ch;
float f;

void func(void)
{
  ch = x;    /* Ligne 1 */
  x = f;     /* Ligne 2 */
  f = ch;    /* Ligne 3 */
  f = x;     /* Ligne 4 */
}
```

La ligne 1 entraîne la suppression des bits de poids fort de la variable entière **x** pour n'attribuer que les 8 bits de poids faible à **ch**. Si **x** est compris entre 0 et 255, **ch** a la même valeur. Dans le cas contraire, la valeur de **ch** reflète seulement les bits de poids faible de **x**. À la ligne 2, **x** reçoit la partie non fractionnaire de **f**. Quant aux lignes 3 et 4, elles donnent lieu chacune à une conversion en nombre à virgule flottante, *via* **f**. La première garde les 8 bits stockés dans **ch**, alors que la dernière concerne une valeur entière.

Lors de la conversion d'un entier en caractère, ou d'un entier long en entier, un nombre approprié de bits de poids fort est élagué. Dans de nombreux environnements de 16 bits, cela signifie que 8 et 16 bits sont respectivement perdus. Dans ceux de 32 bits, 24 bits sont détruits lors du changement d'un entier en caractère, et 16 bits disparaissent lors de la transformation d'un entier en entier court.

La conversion de type dans une instruction d'affectation est récapitulée dans le tableau 2-3. Rappelez-vous qu'un changement comme celui d'un **int** en **float** ou d'un **float** en **double** n'apporte ni précision ni exactitude. De telles conversions influent seulement sur la forme sous laquelle la valeur est représentée. Par ailleurs, lors du changement en **int** ou en **float**, certains compilateurs considèrent toujours la valeur quelconque d'une variable de type **char** comme étant positive. D'autres l'analysent comme étant négative si elle est supérieure à 127 au moment d'une conversion. D'une façon générale, vous devriez recourir aux variables de type **char** pour les caractères et, si nécessaire, à celles de type **int**, **short int** ou **signed char**, pour éviter d'éventuels problèmes de portabilité.

Si une conversion n'est pas présentée dans le tableau 2-3, passez simplement par une ou plusieurs étapes intermédiaires. Pour changer par exemple **double** en **int**, transformez **double** en **float**, puis **float** en **int**.

Affectation multiple

À travers l'affectation multiple, C/C++ permet, dans une instruction unique, de fixer de nombreuses variables à la même valeur. Ainsi, le fragment de programme ci-dessous attribue 0 à **x**, **y** et **z**.

```
x = y = z = 0;
```

Type de la cible	Type de l'expression	Perte éventuelle d'informations
signed char	char	Si la valeur est supérieure à 127 (cible négative)
char	short int	8 bits de poids fort
char	int (16 bits)	8 bits de poids fort

Tableau 2-3 Résultat des conversions courantes de types

Type de la cible	Type de l'expression	Perte éventuelle d'informations
char	int (32 bits)	24 bits de poids fort
char	long int	24 bits de poids fort
short int	int (16 bits)	Aucune
short int	int (32 bits)	16 bits de poids fort
int (16 bits)	long int	16 bits de poids fort
int (32 bits)	long int	Aucune
int	float	Partie fractionnaire et peut-être davantage
float	double	Précision (résultat arrondi)
double	long double	Précision (résultat arrondi)

Tableau 2-3   Résultat des conversions courantes de types *(suite)*

En général, les programmeurs professionnels affectent des valeurs courantes à des variables grâce à cette méthode.

Opérateurs arithmétiques

Le tableau 2-4 renferme la liste des opérateurs arithmétiques en C/C++. Parmi eux, figurent +, -, * et /. Ces opérateurs, fonctionnant de façon analogue dans la plupart des langages de programmation, concernent presque tous les types de données prédéfinis. Lorsque / est appliqué à un entier ou à un caractère, le reste est tronqué. Ainsi, la division entière de 5/2 produit 2.

Vous pouvez obtenir le reste grâce à l'opérateur modulo (%). Le fonctionnement de ce dernier est similaire en C/C++ et dans d'autres langages. Toutefois, vous ne pouvez pas l'utiliser avec des valeurs à virgule flottante. Pour illustrer le %, voici un fragment de code :

```
int x, y;

x = 5;
y = 2;

printf("%d ", x/y);   /* Afficher 2 */
printf("%d ", x%y);   /* Afficher 1 (reste de
                         la division entière) */
```

```
x = 1;
y = 2;

printf("%d %d", x/y, x%y); /* Afficher 0 1 */
```

La dernière ligne affiche 0 et 1, car la division entière de 1/2 produit 0, avec 1 comme reste.

Quant au moins unaire, il multiplie son opérande par -1. En d'autres termes, le nombre qu'il précède change de signe.

Opérateur d'incrémentation ou de décrémentation

C/C++ comprend deux opérateurs utiles, qui n'existent généralement pas dans les autres langages de programmation : celui d'incrémentation (++) et celui de décrémentation (--). Le premier ajoute 1 à son opérande, et le second retranche la même valeur du sien. En d'autres termes :

```
x = x+1;
```

est égal à :

```
++x;
```

et

```
x = x-1;
```

équivaut à :

```
x--;
```

L'opérateur d'incrémentation et celui de décrémentation peuvent soit précéder (préfixer) l'opérande, soit le suivre (suffixer). Par exemple :

```
x = x+1;
```

peut être écrit :

```
++x;
```

ou :

```
x++;
```

Cependant, l'emploi de la forme préfixée dans une expression diffère de celle suffixée. Lorsqu'un opérande suit **++** ou **--**, sa valeur est prise pour être utilisée dans l'expression après incrémentation ou décrémentation.

Opérateur	Action
-	Soustraction ou changement de signe
+	Addition
*	Multiplication
/	Division
%	Opération modulo
--	Décrémentation
++	Incrémentation

Tableau 2-4 Opérateurs arithmétiques

S'il précède un tel opérateur, sa valeur est obtenue avant incrémentation ou décrémentation. Ainsi, les lignes :

```
x = 10;
y = ++x;
```

fixent **y** à 11. En revanche, si vous écrivez le code :

```
x = 10;
y = x++;
```

10 est affecté à **y**. Dans les deux cas, **x** est fixée à 11. La différence réside dans le moment où intervient l'affectation.

En matière d'incrémentation et de décrémentation, la plupart des compilateurs en C/C++ créent un code objet très rapide, efficace et meilleur que l'équivalent généré à l'aide de l'instruction d'affectation. Pour cette raison, vous devriez recourir à ++ et -- dans la mesure du possible.

Leur ordre de priorité, et celui des autres opérateurs arithmétiques, sont présentés ci-dessous.

Niveau le plus élevé	++ --
	- (moins unaire)
	* / %
Niveau le plus bas	+ -

En cas de degré identique, le compilateur analyse les opérateurs de gauche à droite. Pour modifier l'ordre d'évaluation, vous pouvez naturellement employer des parenthèses. Celles-ci opèrent de manière similaire en C/C++ et dans pratiquement tous les autres langages de programmation. Elles confèrent un degré de priorité plus élevé à une ou plusieurs opérations.

Opérateurs relationnels ou logiques

Associé à « opérateur », l'adjectif « relationnel » fait référence au rapport possible entre valeurs. Quant au qualificatif « logique », il se rapporte à la manière dont cette relation peut être établie. Comme les *opérateurs relationnels* et les *opérateurs logiques* fonctionnent souvent ensemble, ils sont traités dans une même section.

Leur concept sous-jacent est lié à la valeur de vérité : **true** (vrai) et **false** (faux). En effet, les expressions contenant des opérateurs relationnels ou logiques retournent 1 pour vrai et 0 pour faux. En C, zéro correspond à « false » et toute autre valeur à « true ».

Quant à C++, il prend entièrement en charge ce concept de valeurs de vérité vrai et faux, fondées sur l'absence ou la présence de zéro. Dans ce langage, sont en outre définis **bool** (type de données) ainsi que **true** et **false** (constantes booléennes). En C++, zéro est automatiquement converti en **false** et toute autre valeur en **true**. Inversement, **false** change en 0 et **true** en 1. En C++, l'une des constantes booléennes résulte d'une opération relationnelle ou logique ; mais, sur ce point, la distinction entre ce langage et C est surtout théorique, en raison de la conversion automatique.

Le tableau 2-5 fournit les opérateurs relationnels, ainsi que les opérateurs logiques. Pour ces derniers, la table de vérité est présentée ci-dessous avec 0 et 1.

p	q	p && q	p || q	!p
0	0	0	0	1
0	1	0	1	1
1	1	1	1	0
1	0	0	1	0

Les opérateurs relationnels ou logiques se révèlent moins prioritaires que les opérateurs arithmétiques. Selon cette règle d'évaluation, une expression telle que $10 > 1+12$ équivaut à $10 > (1+12)$, et produit naturellement un résultat faux.

Dans une même expression, vous pouvez combiner plusieurs opérations, comme le montre :

    10>5 && !(10<9) || 3<=4

Dans ce cas, le résultat est vrai.

Opérateurs relationnels

Opérateur	Signification
>	Supérieur à
>=	Supérieur ou égal à
<	Inférieur à
<=	Inférieur ou égal à
==	Égal à
!=	Différent de

Opérateurs logiques

Opérateur	Action
&&	Opération ET
||	Opération OU
!	Opération NON (négation logique)

Tableau 2-5   Opérateurs relationnels ou logiques

Parmi les opérateurs logiques de C et de C++, manque XOR (OU exclusif). Cependant, vous pouvez facilement créer une fonction qui accomplit la tâche correspondante, en combinant ceux qui sont définis. Le résultat d'une opération OU exclusif est vrai si seul un des deux opérandes l'est. Dans le programme suivant, il est obtenu à partir des deux arguments de la fonction **xor( )**, laquelle le retourne.

```
#include <stdio.h>

int xor(int a, int b);

int main(void)
{
  printf("%d", xor(1, 0));
  printf("%d", xor(1, 1));
  printf("%d", xor(0, 1));
  printf("%d", xor(0, 0));

  return 0;
}

/* Effectuer une opération XOR logique
   grâce à deux arguments */
int xor(int a, int b)
```

```
{
  return (a ¦¦ b) && !(a && b);
}
```

Quant au tableau suivant, il montre le degré de priorité des opérateurs relationnels et des opérateurs logiques.

Niveau le plus élevé   !

> >= < <=

== !=

&&

Niveau le plus bas ||

Pour modifier l'ordre « naturel » d'évaluation d'une expression relationnelle et/ou logique, vous pouvez suivre la même règle que celle appliquée à une expression arithmétique, en employant des parenthèses. Ainsi, le résultat de :

!0 && 0 || 0

est faux. En revanche, il devient vrai si vous ajoutez des parenthèses à cette expression, selon le modèle suivant :

!(0&&0)||0

Rappelez-vous que toutes les expressions relationnelles ou logiques produisent un résultat vrai ou faux. En conséquence, le fragment de code ci-dessous, qui est correct, affiche le chiffre 1.

```
int x;

x = 100;
printf("%d", x>10);
```

Opérateurs de traitement de bits

Contrairement à beaucoup de langages, C/C++ permet d'utiliser les opérateurs bit-à-bit. Le C ayant été mis au point pour remplacer les langages d'assemblage, il avait besoin de supporter les opérations faites en assembleur et notamment les opérations bits-à-bits. Ces opérations consistent à l'analyse, à l'affectation ou au décalage de bits composant un octet ou un mot. Les *opérations bit-à-bit* concernent les types **int**, **char** et leurs variantes, et ne s'appliquent pas à **float**, **double**, **long double**, **void**, **bool** ou à d'autres types plus complexes. Par ailleurs, elles s'effectuent sur chaque bit de l'opérande, grâce aux opérateurs répertoriés dans le tableau 2-6.

Opérateur	Action
&	Opération ET
|	Opération OU
^	Opération OU exclusif (XOR)
~	Opération NON (complémentation à un)
>>	Décalage à droite
<<	Décalage à gauche

Tableau 2-6 Opérateurs de traitement de bits

Les opérateurs ET, OU et NON fonctionnent selon la table de vérité de leur équivalent logique, mais ils traitent les bits un par un. Celle d'un OU exclusif est présentée ci-dessous :

p	q	p^q
0	0	0
1	0	1
1	1	0
0	1	1

Comme l'indique le tableau, le résultat d'une opération OU exclusif est vrai si seul un des opérandes l'est. Dans les autres cas, il est faux.

Les traitements bit-à-bit sont souvent utilisés dans des programmes de gestion de périphériques (pilotes), tels les programmes concernant les modems, les lecteurs de disques ou les imprimantes. En effet, ces opérations permettent d'appliquer un masque et de récupérer la valeur de certains bits comme celui de parité (le bit de parité permet de garantir que le reste des bits de l'octet sont restés inchangés ; il s'agit généralement du bit de poids fort de chaque octet).

Considérez l'opérateur ET bit-à-bit comme un moyen d'effacer un bit. Pour cela, le bit résultant est fixé à 0 si le bit d'au moins un des opérandes a la valeur 0. Ainsi, la fonction suivante lit un caractère à partir du port d'un modem, et met le bit de parité à 0 :

```
char get_char_from_modem(void)
{
  char ch;

  ch = read_modem(); /* Obtenir un caractère à partir
                        du port d'un modem */
  return(ch & 127);
}
```

L'expression **ch & 127** signifie qu'une opération ET est effectuée sur les bits de **ch** et ceux constituant le nombre 127. Dans le résultat final, 0 est attribué au huitième bit de **ch**. Cette position indique souvent la parité. Le huitième bit est fixé à 0 lorsqu'il est associé, *via* **&**, au 0 d'un octet, dont les sept bits suivants ont la valeur 1. Dans l'exemple suivant, supposez que **ch** ait reçu le caractère « A » avec un bit de parité positionné à 1.

Bit de parité
↓

11000001	« A » avec un bit de parité positionné à 1 (contenu de **ch**)
01111111	127 en base deux
&_____	Opérateur ET bit à bit
01000001	« A » sans bit de parité

En tant que contraire de **&**, l'opérateur **|** peut servir à déterminer un bit. Si le bit d'au moins un des opérandes a la valeur 1, le bit résultant est fixé à 1. En guise d'illustration, voici le calcul de 128 | 3 :

10000000	128 en base deux
00000011	3 en base deux
|_____	Opérateur OU bit à bit
10000011	Résultat

Quant à l'opérateur OU exclusif, abrégé en XOR, il peut être utilisé pour fixer un bit si et seulement si les bits comparés sont différents. À titre d'exemple, prenez 127 ^ 120 :

01111111	127 en base deux
01111000	120 en base deux
^_____	Opérateur XOR bit à bit
00000111	Résultat

N'oubliez pas que les opérateurs logiques, à l'instar des opérateurs relationnels, produisent toujours un résultat vrai ou faux, alors que les équivalents bit à bit peuvent fournir toute valeur conforme au traitement spécifique. Contrairement aux premiers, les derniers sont donc susceptibles de procurer des valeurs autres que 0 et 1.

Parmi les opérateurs bit à bit, figurent également >> et <<. Ceux-ci déplacent tous les bits d'une variable selon la direction indiquée. Pour un décalage à droite, l'instruction suit la syntaxe ci-dessous :

variable >> nombre de positions binaires

Pour un déplacement vers la gauche, elle devient :

variable << nombre de positions binaires

Ces opérations entraînent parallèlement la disparition de bits à l'une des extrémités, et l'apparition de zéros à l'autre (dans le cas d'un déplacement d'un entier négatif vers la droite, l'introduction d'un 1 vise à conserver le bit de signe). Rappelez-vous qu'un décalage ne correspond pas à une rotation. En conséquence, les bits disparus ne réapparaissent pas à l'autre extrémité. Ils sont perdus.

Le décalage de bits peut se révéler très utile pour lire des informations d'états, et décoder des données d'entrée à partir d'un périphérique (un convertisseur N/A en constitue un exemple). Il permet également d'effectuer rapidement des calculs sur des entiers. En effet, un décalage visible à droite et un déplacement visible vers la gauche entraînent respectivement la division et la multiplication d'un nombre par deux, comme le montre le tableau 2-7. Quant au programme suivant, il illustre l'emploi des opérateurs de décalage :

```c
/* Exemple de décalage de bits */
#include <stdio.h>

int main(void)
{
  unsigned int i;
  int j;

  i = 1;

  /* Déplacements vers la gauche */
  for(j=0; j<4; j++) {
    i = i << 1;  /* Avancer i d'un rang visible à gauche
                    revient à multiplier la valeur par 2 */
    printf("Décalage à gauche %d : %d\n", j, i);
  }

  /* Déplacements vers la droite */
  for(j=0; j<4; j++) {
    i = i >> 1;  /* Reculer i d'un rang visible à droite
                    revient à diviser la valeur par 2 */
    printf("Décalage à droite %d : %d\n", j, i);
  }

  return 0;
}
```

unsigned char x;	x après exécution de chaque instruction	valeur de x
x = 7;	00000111	7
x = x<<1;	00001110	14
x = x<<3;	01110000	112
x = x<<2;	11000000	192
x = x>>1;	01100000	96
x = x>>2;	00011000	24

Tableau 2-7　Multiplication et division à l'aide des opérateurs de décalage

* Chaque décalage visible à gauche entraîne la multiplication de la valeur par 2. Après x=x << 2; remarquez la perte d'information, due à la disparition d'un bit à l'une des extrémités (au rang 9).

** Chaque déplacement visible vers la droite permet de diviser la valeur par 2. Notez que les calculs ultérieurs à la disparition ne rétablissent pas le bit perdu.

Examinez maintenant ~. Cet opérateur calcule le complément à 1 et entraîne le changement d'état de tous les bits de son opérande. En d'autres termes, chaque valeur 0 et chaque chiffre 1 deviennent respectivement 1 et 0.

Cette inversion constitue l'une des méthodes les plus simples pour rendre inintelligibles tous les octets d'un fichier disque. Les opérateurs bit à bit sont souvent utilisés dans les routines de chiffrement. Dans l'exemple suivant, un complément à un est appliqué à un octet.

Octet initial	00101100	
Après la première complémentation	11010011	Identique
Après la seconde	00101100	

Remarquez qu'en appliquant de manière consécutive deux opérations de compléments vous retombez sur la valeur de départ. En conséquence, la première sert à obtenir la version codée d'un octet, et la seconde déchiffre cette représentation.

Pour coder un caractère, vous pourriez utiliser la fonction **encode( )** ci-dessous.

```
/* Fonction de chiffrement simple */
char encode(char ch)
{

  return(~ch); /* Appliquer un complément à un */
}
```

Bien entendu, il serait très facile de déchiffrer un fichier fondé sur **encode( )** !

Opérateur conditionnel

L'opérateur conditionnel de C/C++, **? :**, se révèle très puissant et pratique. Il remplace certaines instructions de la structure « if-then-else » (« si-alors-sinon »). Cet opérateur ternaire suit la syntaxe ci-dessous (remarquez l'emploi et l'emplacement des deux-points) :

expression1 ? expression2 : expression3;

Si *expression1* est vraie, l'expression contenant **? :** prend la valeur résultante d'*expression2*, sinon celle d'*expression3*. Dans l'exemple suivant :

```
x = 10;

y = x>9 ? 100 : 200;
```

y est fixée à 100. Si **x** avait été inférieure à 9, **y** aurait reçu la valeur 200. Pour obtenir le même résultat *via* **if-else**, vous pourriez écrire le code de la manière suivante :

```
x = 10;

if(x>9) y = 100;
else y = 200;
```

L'opérateur **? :**, relativement aux autres instructions conditionnelles, est traité de façon plus détaillée dans le chapitre 3.

Opérateurs pour pointeurs

Un pointeur est l'adresse mémoire d'un objet. Pour stocker le pointeur d'un objet de type déterminé, vous déclarez spécifiquement une *variable pointeur*. La connaissance de l'adresse d'une variable peut se révéler d'un grand secours dans certains types de routines. Cependant, les pointeurs jouent trois rôles principaux en C/C++. D'abord, ils peuvent fournir un moyen rapide de renvoyer aux éléments d'un tableau. Ensuite, ils permettent aux fonctions de modifier leurs paramètres d'appel. Finalement, ils prennent en charge des listes chaînées, et d'autres structures de données dynamiques. Bien que le chapitre 5 leur soit exclusivement consacré, cette section couvre brièvement les deux opérateurs utilisés pour traiter les pointeurs.

Le premier, **&**, est un opérateur unaire, qui retourne l'adresse mémoire de son opérande (rappelez-vous qu'un opérateur unaire exige un seul opérande). Ainsi :

```
m = &count;
```

place l'adresse mémoire de la variable **count** dans **m**. Cette adresse fournit l'emplacement de la variable dans l'ordinateur. Elle n'a rien de commun avec la valeur de **count**. Étant donné que vous pouvez considérer **&** comme voulant dire « l'adresse de », l'instruction d'affectation précédente signifie « **m** reçoit l'adresse de **count** ».

Pour mieux la comprendre, supposez que la variable **count** se situe à l'emplacement 2000, et qu'elle contienne 100. Après l'affectation précédente, la valeur de **m** devient 2000.

Pour compléter le traitement des pointeurs *via* **&**, vous pouvez vous servir d'un second opérateur unaire : *. Celui-ci retourne la valeur de la variable dont l'emplacement est indiqué après l'opérateur. Si **m** contient par exemple l'adresse mémoire de la variable **count**,

```
q = *m;
```

place la valeur de **count** dans **q**. Actuellement, **q** a celle de 100, car ce nombre est stocké à l'emplacement 2000, soit à l'adresse mémoire conservée dans **m**. Si vous considériez * comme signifiant « à l'adresse », vous pourriez lire l'instruction ainsi : « **q** reçoit la valeur à l'adresse indiquée par **m** ».

Malheureusement, le symbole de multiplication et celui « à l'adresse » sont identiques (*). Il en va de même pour la représentation de l'opérateur ET bit à bit et celle de « l'adresse de » la variable (**&**). Ces opérateurs n'ont aucun lien entre eux. Ceux destinés aux pointeurs sont plus prioritaires que les opérateurs arithmétiques (hormis le moins unaire de même niveau).

En mettant * devant le nom d'une variable qui renferme une adresse mémoire, vous indiquez au compilateur qu'elle stocke un pointeur. Pour déclarer par exemple un pointeur désignant la variable **ch** avec un pointeur dirigé vers un caractère, écrivez :

```
char *ch;
```

Dans ce cas, **ch** n'est pas un caractère, mais un pointeur de caractères, ce qui se révèle très différent. Le type de données attribué à un élément pointé, ici **char**, s'appelle le *type de base* du pointeur. Cependant, la variable pointeur elle-même stocke l'adresse d'un objet ayant ce type primitif. Un pointeur quelconque a donc une taille suffisante pour contenir une adresse, comme la détermine l'architecture de l'ordinateur en fonctionnement. Rappelez-vous toutefois qu'il doit uniquement pointer vers des données ayant son type primitif.

Dans la même instruction de déclaration, vous pouvez combiner des variables avec ou sans pointeur. Ainsi :

```
int x, *y, count;
```

permet de déclarer **x** et **count** comme entiers, et **y** comme pointeur d'entiers. Quant au programme suivant, il place la valeur 10 dans une variable nommée **target**, *via* les opérateurs * et &.

```
#include <stdio.h>

int main(void)
{
  int target, source;
  int *m;

  source = 10;
  m = &source;
  target = *m;

  printf("%d", target);

  return 0;
}
```

Conformément aux prévisions, il affiche 10 à l'écran.

Opérateur de compilation

Utilisé lors de la compilation, **sizeof** est un opérateur unaire qui retourne une taille en octets concernant la variable ou le type spécifié en paramètre. Dans l'hypothèse où des entiers et des valeurs à virgule flottante en double précision font respectivement 4 et 8 octets, le code :

```
double f;

printf("%d ", sizeof f);
printf("%d", sizeof(int));
```

affiche **8 4**.

Pour calculer la taille d'un type, rappelez-vous que vous devez mettre son nom entre parenthèses. Celles-ci ne se révèlent pas nécessaires pour le nom d'une variable, mais elles n'ont aucun effet néfaste si vous les employez.

Du point de vue technique, la valeur retournée par **sizeof** est de type **size_t**. Ce type particulier, défini en C/C++ à l'aide de **typedef**, correspond approximativement à un type entier non signé. En pratique, vous pouvez toutefois considérer la valeur de **sizeof** comme appartenant à cette catégorie.

L'opérateur **sizeof** contribue essentiellement à rendre portable un code qui dépend de la taille des types de données prédéfinis. Imaginez par exemple une base de données nécessitant le stockage de six valeurs entières par fiche. Pour atteindre l'objectif de portabilité, vous devez laisser **sizeof** déterminer la taille actuelle d'un entier, sans opérer vous-même un choix en la matière. Ainsi, vous pourriez utiliser la routine suivante pour placer une fiche dans un fichier disque :

```
/* Placer 6 entiers dans un fichier disque */
void put_rec(int rec[6], FILE *fp)
{
  int len;

  len = fwrite(rec, sizeof(int)*6, 1, fp);
  if(len != 1) printf("Erreur d\'écriture");
}
```

Sans apporter de changements au code ci-dessus, vous pouvez faire compiler et fonctionner **put_rect( )** correctement dans tous les environnements, y compris ceux de 16 ou 32 bits.

Un dernier point : la valeur résultant de l'évaluation de **sizeof** au moment de la compilation est considérée comme une constante dans le programme.

Opérateur virgule

L'opérateur virgule lie plusieurs expressions. La partie à sa gauche est toujours évaluée comme étant vide (**void**). En conséquence, la valeur de l'expression à sa droite devient celle de l'ensemble des opérandes, séparés par des virgules. Ainsi :

```
x = (y=3, y+1);
```

affecte d'abord 3 à **y**, puis 4 à **x**. Les parenthèses se révèlent nécessaires, car le niveau de priorité de l'opérateur d'affection est plus élevé que celui de la virgule.

La virgule entraîne essentiellement une succession d'opérations. Lorsque vous l'appliquez à la partie droite de l'instruction d'affectation, la valeur fixée correspond à celle de la dernière expression de la liste des opérandes séparés par des virgules.

L'opérateur virgule a pratiquement la même signification que celle du mot « et » employé en français courant, comme dans la phrase « Faites ceci, ceci et cela ».

Opérateur point ou flèche

En C, les opérateurs représentés par un point ou une flèche permettent d'accéder à des éléments individuels de structures et d'unions. Les *structures* et les *unions* ont des composants de différents types de données, dont l'ensemble forme un *agrégat*. Vous pouvez y faire référence en employant un nom unique (consultez le chapitre 7). En C++, le point et la flèche sont également utilisés pour accéder aux éléments d'une classe.

Le premier sert à travailler directement avec une structure ou une union. Quant à la flèche, elle est employée en présence d'un pointeur de structure ou d'union. Si vous disposiez du fragment :

```
struct employee
{
  char name[80];
  int age;
  float wage;
} emp;

struct employee *p = &emp; /* Adresse d'emp dans p */
```

vous écririez le code suivant pour affecter la valeur 123.23 à l'élément **wage** de la structure **emp** :

```
emp.wage = 123.23;
```

À l'aide d'un pointeur vers **emp**, vous présenteriez ainsi l'affectation équivalente :

```
p->wage = 123.23;
```

Opérateur crochets ou parenthèses

Les parenthèses sont des opérateurs qui élèvent la priorité des opérations qu'elles encadrent. Quant aux crochets, ils procèdent à l'indexation de tableaux (traités en détail au chapitre 4). Une expression entre crochets fournit un repère dans un tableau donné. Par exemple :

```
#include <stdio.h>
char s[80];

int main(void)
{
  s[3] = 'X';
  printf("%c", s[3]);

  return 0;
}
```

Cela affecte d'abord la valeur **'X'** au quatrième élément du tableau **s** (rappelez-vous que tous les indices des tableaux commencent par 0). Cet élément est ensuite affiché.

Tableau récapitulatif des opérateurs par ordre de priorité

Le tableau 2-8 renferme la liste de tous les opérateurs de C, classés selon leur ordre de priorité. Notez que leur associativité va de gauche à droite, généralement. Cependant, le sens est de droite à gauche pour **?** : et les opérateurs unaires (*****, **&** et -).

Niveau le plus élevé	() [] – >.
	! ~ ++ -- (type) * & sizeof
	* / %
	+ -
	<< >>
	< <= > >=
	== !=
	&
	^
	|
	&&
	||
	? :
	= += -= *= /= etc.
Niveau le plus bas	,

Tableau 2-8   Ordre de priorité des opérateurs de C

Note. Quelques opérateurs supplémentaires, détaillés dans la partie II, existent en C++.

Expressions

En C/C++, toutes les combinaisons valables d'opérateurs, de constantes et de variables forment des *expressions*. La plupart ont tendance à suivre les règles générales d'algèbre, d'où l'habitude à tenir celles-ci pour certaines. Néanmoins, les expressions présentent quelques aspects se rapportant à C et à C++ en particulier.

Ordre d'évaluation

Ni C ni C++ ne permettent de spécifier l'ordre d'évaluation des sous-expressions. En conséquence, le compilateur est capable de changer l'arrangement en vue de rendre un code plus optimal. Cette possibilité implique cependant un manque total de fiabilité dans l'ordre d'évaluation. Ainsi, l'expression :

```
x = f1() + f2();
```

ne garantit pas que **f1( )** sera exécutée avant **f2( )**.

Conversion de type dans une expression

En cas de différence, le compilateur attribue un même type aux constantes et aux variables d'une expression. Pour ces conversions, il prend le type de l'opérande le plus grand. Cette « *promotion de types* » s'effectue en deux étapes. D'abord, le compilateur élève automatiquement toutes les valeurs de type **char** et **short int** à **int** (« *promotion en entiers* »). Ensuite, il accomplit les conversions en analysant les opérations une par une, comme le décrit l'algorithme suivant.

> SI le type d'un opérande est **long double**
>   l'autre change en **long double**
> SINON, SI le type d'un opérande est **double**,
>   l'autre devient **double**
> SINON, SI le type d'un opérande est **float**
>   l'autre est converti en **float**
> SINON, SI le type d'un opérande est **unsigned long**
>   l'autre est transformé en **unsigned long**
> SINON, SI le type d'un opérande est **long**
>   l'autre change en **long**
> SINON, SI le type d'un opérande est **unsigned int**
>   l'autre devient **unsigned int**

Un autre cas particulier existe : si le changement de **unsigned int** en **long** se révèle impossible, le type des deux opérandes est converti en **unsigned long**.

Une fois ces règles appliquées, chaque paire d'opérandes et le résultat de l'opération correspondante sont de même type.

Considérez par exemple les conversions de types présentées dans la figure 2-2. D'abord, le caractère **ch** devient un entier. Ensuite, le résultat de **ch/i** est converti en **double**, car **f*d** est de ce type. Celui de **f+i** produit **float** à cause de **f**. Quant au résultat final, il est de type **double**.

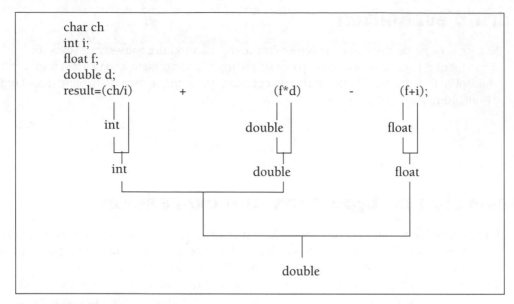

Figure 2-2   Un exemple de conversions de types

Transtypage

Vous pouvez obliger une expression à avoir un type particulier, grâce au transtypage. Dans cet objectif, suivez la syntaxe :

(type) expression

sachant que *type* représente un type de données valable. Ainsi, pour vous assurer de l'application de **float** à l'expression **x/2**, écrivez :

```
(float) x/2
```

Du point de vue technique, *(type)*, ici **(float)**, constitue un opérateur. Il a le même degré de priorité que les opérateurs unaires dont il fait partie.

Bien que le transtypage ne serve pas beaucoup à la programmation, il peut se révéler très utile en cas de besoin. Dans le programme suivant, supposez par exemple que vous vouliez utiliser un entier pour un contrôle de boucle, alors que le calcul nécessite une partie fractionnaire :

```
#include <stdio.h>

int main(void) /* Afficher i et i/2 avec les
                  parties fractionnaires */
```

```
{
  int i;

  for(i=1; i<=100; ++i)
    printf("%d / 2 est : %f\n", i, (float) i /2);

  return 0;
}
```

Sans (**float**), vous auriez limité le calcul à une division entière. Avec cet opérateur de transtypage, vous garantissez l'affichage de la partie fractionnaire du résultat.

Note. C++ offre quatre nouveaux opérateurs de transtypage comme **const_cast** et **static_cast**. Ceux-ci sont traités dans la partie II.

Tabulations, espaces et parenthèses

Vous pouvez ajouter des tabulations et des espaces à des expressions, pour faciliter leur compréhension. Par exemple :

```
x=10/y~(127/x);
```

équivaut à :

```
x = 10 / y ~(127/x);
```

Par ailleurs, des parenthèses redondantes ou supplémentaires n'entraînent pas d'erreurs. Elles ne ralentissent pas non plus l'exécution d'une expression. Vous devriez utiliser les parenthèses pour clarifier l'ordre exact d'évaluation dans votre esprit et pour les autres. En guise d'illustration, déterminez laquelle des deux expressions suivantes est la plus aisée à comprendre :

```
x = y/3-34*temp+127;
```

```
x = (y/3) - (34*temp) + 127;
```

Raccourcis d'affectation

Une variante de l'instruction d'affectation existe. Parfois désignée par « *raccourci d'affectation* », elle simplifie le codage d'un certain type d'opération. Ainsi :

```
x = x+10;
```

peut être remplacée par :

```
x += 10;
```

Grâce à l'opérateur +=, le compilateur affecte la valeur de **x** plus 10 à la variable.

Ce raccourci fonctionne pour tous les opérateurs binaires (ceux exigeant deux opérandes). En général, les instructions telles que :

variable = variable opérateur expression

peuvent être reformulées ainsi :

variable opérateur = expression

Pour prendre un autre exemple :

```
x = x-100;
```

équivaut à :

```
x -= 100;
```

Vous devriez vous familiariser avec ces raccourcis de notation très appréciés dans les programmes en C/C++ par les professionnels.

CHAPITRE 3

Instructions

C e chapitre traite des *instructions*. Dans leur sens le plus général, elles désignent les parties opérationnelles d'un programme. En d'autres termes, les instructions permettent de mener des actions. En C/C++, elles se répartissent en six catégories.

- Sélection
- Itération
- Saut
- Étiquette
- Expression
- Bloc

Parmi les instructions « de sélection », figurent **if** et **switch** (souvent qualifiées de *conditionnelles)*. Celles d'itération, couramment appelées *instructions de boucles*, sont **while**, **for** et **do-while**. Quant aux instructions de saut, elles comptent parmi elles **break**, **continue**, **goto** et **return**. Le quatrième groupe comporte les instructions **case** et **default**, employées avec **switch**, ainsi que l'étiquette, que nous traiterons dans la section consacrée à **goto**. Le groupe suivant se rapporte à des instructions constituées d'une expression valable. Le dernier inclut des instructions de blocs. Celles-ci sont également qualifiées de *composées*, et représentent simplement des blocs de code (rappelez-vous que ceux-ci sont délimités par des accolades { et }).

Note. C++ offre en outre les instructions de déclaration et les blocs de **try** (lors du traitement d'exceptions). Ces deux catégories supplémentaires sont traitées dans la partie II.

Comme beaucoup d'instructions s'appuient sur le résultat d'un test conditionnel, ce chapitre débute par la révision du concept de valeur de vérité des variables, soit vrai ou faux.

True et false en C et en C++

De nombreuses instructions de C/C++ dépendent d'une expression conditionnelle. Celle-ci détermine une façon d'agir. Son évaluation produit un résultat soit vrai, soit faux. En C, zéro correspond à « false », et toute autre valeur, même négative, à « true ». Une telle approche permet de coder très efficacement une vaste gamme de routines.

En C++, il est parfaitement possible d'appliquer cette définition de vrai et de faux fondée sur l'absence ou la présence de zéro. Cependant, il existe un type booléen, **bool,** ayant seulement pour valeur **true** ou **false**. Selon l'explication fournie dans le chapitre 2, zéro se transforme automatiquement en **false**, et toute autre valeur en **true**. Inversement, **false** change en 0 et **true** en 1. En conséquence, C et C++ ne diffèrent pas ici sur le plan pratique même si, techniquement, l'expression gérant une instruction conditionnelle est de type **bool**.

Instructions de sélection

C/C++ prend en charge deux instructions de sélection : **if** et **switch**. Dans certaines circonstances, l'opérateur **? :** peut remplacer **if**.

Instruction if

L'instruction **if** répond à la syntaxe suivante :

if *(expression) instruction*;
else *instruction*;

Dans ce cas, la clause **else** est facultative. Quant à *instruction*, elle peut se révéler unique, multiple (sous forme d'un bloc) ou absente (dans l'hypothèse d'un énoncé vide).

Si la valeur d'*expression* diffère de 0, *instruction* est exécutée en tant que cible d'**if**, sinon comme celle d'**else**. Rappelez-vous que l'action porte soit sur le code lié à **if**, soit sur celui associé à **else** (jamais sur les deux).

En C, l'instruction conditionnelle gérant **if** doit fournir un résultat scalaire. Il s'agit d'un entier, d'un caractère, d'un pointeur ou d'un nombre à virgule flottante. En C++, une *grandeur scalaire* peut également être de type **bool**. Pour gérer une instruction conditionnelle, l'emploi d'un nombre à virgule flottante est rare, car il altère considérablement la vitesse d'exécution (une opération concernant un nombre à virgule flottante nécessite plusieurs instructions, alors que celle se rapportant à un entier ou à un caractère en implique relativement peu).

À titre d'exemple, examinez ci-dessous le programme impliquant un **if**. Il permet de jouer à une version très simple du « nombre magique ». Dans cet objectif, il affiche le message ** **Oui.** ** lorsque l'utilisateur devine un nombre magique. Ce dernier provient d'un générateur standard de nombres aléatoires : **rand( )**. Une telle fonction retourne au hasard un nombre compris entre 0 et **RAND_MAX** (valeur entière supérieure ou égale à 32767). Notez qu'elle exige la présence du fichier d'en-tête **stdlib.h** (dans un programme en C++, le nouvel en-tête **<cstdlib>** peut également servir).

```
/* Programme 1 sur le nombre magique */
#include <stdio.h>
#include <stdlib.h>
```

```
int main(void)
{

  int magic; /* Nombre magique */

  int guess; /* Supposition de l'utilisateur */

  magic = rand(); /* Générer le nombre magique */

  printf("Quel est le nombre magique \? ");
  scanf("%d", &guess);

  if(guess == magic) printf("** Oui. **");

  return 0;
}
```

La version suivante, qui permet de développer le programme sur le nombre magique, illustre l'emploi de l'instruction **else**. Celle-ci entraîne l'affichage d'un message en cas de mauvaise réponse.

```
/* Programme 2 sur le nombre magique */
#include <stdio.h>
#include <stdlib.h>

int main(void)
{
  int magic; /* Nombre magique */
  int guess; /* Supposition de l'utilisateur */

  magic = rand(); /* Générer le nombre magique */

  printf("Quel est le nombre magique \? ");
  scanf("%d", &guess);

  if(guess == magic) printf("** Oui. **");
  else printf("Non. ");

  return 0;
}
```

Instruction if imbriquée

Une instruction **if** imbriquée constitue la cible d'une autre instruction **if** ou d'un **else**. En programmation, elle se révèle très courante. Dans le bloc la contenant, **else** se rapporte toujours à l'instruction **if** la plus proche si cette dernière n'est pas déjà associée à une instruction **else**. En guise d'illustration, prenez le programme suivant :

```
if(i)
{

  if(j) instruction 1;
  if(k) instruction 2;
  else  instruction 3; /* Cette instruction else
                          est associée à if(k). */
}

else instruction 4; /* Celle ci-contre est liée à if(i). */
```

Dans cet exemple, la dernière instruction **else** n'est pas associée à **if(j)** mais à **if(i)**. En effet, elle ne se situe pas dans le bloc auquel appartient **if(j)**. L'instruction **else** qui y figure est liée à l'instruction **if** la plus proche, soit à **if(k)**.

Selon sa norme, C doit prendre en charge au moins 15 niveaux d'imbrications. Dans la pratique, la plupart des compilateurs en acceptent bien davantage. Plus important encore, la norme de C++ offre au moins 256 niveaux d'**if** dans un programme. Cependant, quelques-uns suffisent généralement. Par ailleurs, leur présence en excès peut compliquer l'interprétation d'un algorithme.

Pour améliorer davantage le programme sur le nombre magique, vous pouvez vous servir d'une instruction **if** imbriquée, en renvoyant des remarques au joueur sur une mauvaise réponse.

```
/* Programme 3 sur le nombre magique */
#include <stdio.h>
#include <stdlib.h>

int main(void)
{

  int magic; /* Nombre magique */
  int guess; /* Supposition de l'utilisateur */

  magic = rand(); /* Obtenir un nombre aléatoire */

  printf("Quel est le nombre magique \? ");
```

```
  scanf("%d", &guess);

  if (guess == magic) {
    printf("** Oui. **");
    printf("%d est le nombre magique.\n", magic);
  }
  else {
    printf("Non, ");
    if(guess > magic) printf("votre valeur est supérieure.\n");
    else printf("votre valeur est inférieure.\n");
  }
  return 0;
}
```

Structure if-else-if

En programmation, la *structure if-else-if* se révèle courante. En raison de son apparence, les anglophones la qualifient parfois de *staircase* (en escalier). En effet, elle suit la syntaxe suivante :

> if (*expression*) *instruction*;
> else
> > if (*expression*) *instruction*;
> > else
> > > if (*expression*) *instruction*;
> > > .
> > > .
> > > .
> > > else *instruction*;

L'évaluation des expressions s'effectue du haut vers le bas. Dès qu'une condition est remplie, l'instruction correspondante est exécutée, et le reste de la structure est ignoré. Si aucun test ne fournit un résultat vrai, l'action est aiguillée sur l'instruction **else** finale et, en l'absence de cette dernière, rien ne se produit.

Bien que le décalage de la structure « if-else-if » précédente soit techniquement correct, il peut conduire à un retrait trop important. Pour cette raison, elle apparaît généralement ainsi :

> if (*expression*)
> > *instruction*;
> else if (*expression*)
> > *instruction*;
> else if (*expression*)
> > *instruction*;

.
.
.
else
    instruction;

Une fois réécrit avec une structure « if-else-if », le programme sur le nombre magique devient le suivant.

```
/* Programme 4 sur le nombre magique */
#include <stdio.h>
#include <stdlib.h>

int main(void)
{
  int magic; /* Nombre magique */
  int guess; /* Supposition de l'utilisateur */

  magic = rand(); /* Générer le nombre magique */

  printf("Quel est le nombre magique \? ");
  scanf("%d", &guess);

  if(guess == magic) {
    printf("** Oui. **");
    printf("%d est le nombre magique.", magic);
  }
  else if(guess > magic)
    printf("Non, votre valeur est supérieure.");
  else printf("Non, votre valeur est inférieure.");

  return 0;
}
```

Option ? :

Vous pouvez vous servir de l'opérateur **?** : pour remplacer la structure générale.

    if(*condition*) *expression*;

    else *expression*;

Cela est vrai à condition que la cible du **if** et celle du **else** constituent des expressions uniques, et non d'autres instructions.

L'opérateur **?** : est qualifié de *ternaire* car il nécessite trois opérandes. Il suit la syntaxe ci-dessous (remarquez l'emploi et l'emplacement des deux-points) :

> *expression1 ? expression2 : expression3*;

Si *expression1* est vraie, l'expression contenant **?** : prend la valeur résultante *d'expression2*, sinon celle *d'expression3*. Considérez par exemple :

```
x = 10;
y = x>9 ? 100 : 200;
```

Dans ce cas, 100 est affecté à **y**. Si la valeur de **x** avait été inférieure à 9, **y** aurait été fixée à 200. Une fois réécrit avec « if-else », le code deviendrait :

```
x = 10;
if(x>9) y = 100;
else y = 200;
```

Dans le programme suivant, l'opérateur **?** : permet d'élever au carré une valeur entière saisie par l'utilisateur. Celle-ci conserve cependant son signe (le carré de 10 est égal à 100 et celui de -10 à -100).

```
#include <stdio.h>

int main(void)
{

  int isqrd, i;

  printf("Entrez un nombre : ");
  scanf("%d", &i);

  isqrd = i>0 ? i*i : -(i*i);

  printf("Le carré de %d est : %d.", i, isqrd);

  return 0;
}
```

Le recours à l'opérateur **?** : en remplacement de la structure « if-else » trouve des utilités autres que dans des affectations. Rappelez-vous que toutes les fonctions, hormis celles déclarées **void**, peuvent retourner une valeur. Lorsque le nom d'une fonction est invoqué, cela entraîne l'exécution de celle-ci et la détermination éventuelle de sa valeur de retour. Grâce à l'opérateur conditionnel, vous pouvez donc introduire un ou plusieurs appels de fonctions dans les expressions constituant les opérandes de **?** :.

Voici un exemple :

```
#include <stdio.h>

int f1(int n);
int f2(void);
int main(void)
{
  int t;

  printf("Entrez un nombre : ");
  scanf("%d", &t);

  /* Afficher le message approprié */
  t ? f1(t) + f2() : printf("Zéro a été tapé.\n");

  return 0;
}

int f1(int n)
{
  printf("%d ", n);
  return 0;
}

int f2(void)
{
  printf("a été entré.\n");
  return 0;
}
```

Ici, la saisie d'un zéro déclenche l'appel de la fonction **printf( )**, et l'affichage du message « **Zéro a été tapé** ». Si vous tapez un nombre différent, vous lancez l'exécution de **f1( )** et de **f2( )**. Notez ici l'abandon de la valeur de l'expression contenant **? :**. En effet, son affectation se révèle inutile.

Soyez prévenu du fait que certains compilateurs en C++ changent l'ordre d'évaluation d'une expression, pour tenter d'optimiser le code objet, ce qui pourrait entraîner une séquence indésirable lors de l'exécution des fonctions constituant les opérandes de **? :**.

En faisant appel à cet opérateur, vous pouvez encore une fois réécrire le programme sur le nombre magique.

```
/* Programme 5 sur le nombre magique */
#include <stdio.h>
#include <stdlib.h>

int main(void)
{
  int magic;
  int guess;
  magic = rand(); /* Générer le nombre magique */

  printf("Quel est le nombre magique \? ");
  scanf("%d", &guess);

  if(guess == magic) {
    printf("** Oui. ** ");
    printf("%d est le nombre magique.", magic);
  }
  else
    guess > magic ? printf("Supérieur.") : printf("Inférieur.");

  return 0;
}
```

Dans ce cas, l'opérateur **? :** permet d'afficher le message approprié au résultat du test **guess >
magic**.

Expression conditionnelle

Parfois, les débutants en C/C++ sont perturbés par le fait que n'importe quelle expression
valable permet de gérer **if** ou **? :**. En d'autres termes, ils ne sont pas limités aux expressions
nécessitant des opérateurs relationnels ou logiques (contrairement au cas des langages
comme Basic ou Pascal). L'expression doit simplement produire un résultat soit « faux »
(zéro), soit « vrai » (toute autre valeur). Prenez par exemple le programme suivant, qui
affiche le quotient de deux entiers saisis au clavier. Il met en œuvre une instruction **if**, gérée
par le second nombre, pour éviter une erreur de division par zéro.

```
/* Diviser le premier nombre par le second */

#include <stdio.h>

int main(void)
{
  int a, b;
```

```
    printf("Entrez deux nombres : ");
    scanf("%d%d", &a, &b);

    if(b) printf("%d\n", a/b);
    else printf("Impossible de diviser par zéro.\n");

    return 0;
}
```

Si **b** vaut 0, la condition testée par l'instruction **if** est considérée fausse, et l'instruction **else** est exécutée. Dans le cas contraire, la condition est vraie et la division est réalisée.

Un autre point : en plus d'être considérée comme étant de mauvais style, écrite ainsi :

```
if(b != 0) printf("%d\n", a/b);
```

l'instruction **if** est redondante, et potentiellement inefficace. Étant donné que la seule valeur de **b** suffit pour gérer **if**, vérifier de surcroît qu'elle est différente de 0 est inefficace.

Instruction switch

C/C++ comporte une instruction de sélection à branchement multiple : **switch**. Celle-ci compare successivement la valeur d'une expression à celle des constantes de type entier ou caractère. Lorsqu'une égalité est établie, les instructions associées à la constante correspondante sont exécutées. Voici la syntaxe de **switch** :

switch (*expression*) {
  case *constante1:*
    séquence d'instructions
    break;
  case *constante2:*
    séquence d'instructions
    break;
  case *constante3:*
    séquence d'instructions
    break;
  .
  .
  .

  default
    séquence d'instructions
  }

La valeur d'*expression* doit être de type caractère ou entier. Par exemple, *expression* ne peut pas être un nombre à virgule flottante. La valeur d'*expression* est examinée par rapport à celle des constantes spécifiées dans les instructions **case** (les unes après les autres) et lorsqu'il y a égalité entre les deux valeurs, la séquence associée à l'instruction **case** correspondante est exécutée jusqu'à l'instruction **break**, ou jusqu'à la fin de l'instruction **switch**. Si aucun test d'égalité ne renvoie vrai, la séquence suivant l'instruction optionnelle **default** est exécutée et, en son absence, rien ne se produit.

Selon la norme de C, une instruction **switch** peut contenir autant que 257 instructions **case**. Dans la norme de C++, il est recommandé d'en prendre *au moins* 16 384 en charge. Dans la pratique, vous souhaiterez réduire leur nombre pour plus d'efficacité. Bien que **case** soit une instruction étiquetée, elle ne peut pas avoir d'existence propre en dehors de **switch**.

Quant à **break**, elle compte parmi les instructions de saut de C/C++. Vous pouvez l'employer non seulement dans **switch**, mais également dans les boucles (consultez la section sur « Instructions itératives »). Dans le premier cas, le programme « saute » à la ligne de code suivant l'instruction **switch**.

Concernant **switch**, il convient de connaître trois points importants.

● La différence entre **switch** et **if** réside dans l'analyse. La première peut seulement tester l'égalité, tandis que la seconde peut évaluer tout type d'expression relationnelle ou logique.

● Dans la même instruction **switch**, deux constantes d'une instruction **case** ne peuvent pas avoir de valeur identique. Naturellement, deux valeurs peuvent être égales lorsqu'une instruction **switch** est imbriquée dans une autre.

● Si les constantes de type caractère sont utilisées dans **switch**, elles sont automatiquement converties en entiers.

L'instruction **switch** sert souvent au traitement des commandes du clavier pour opérer par exemple un choix dans un menu. Comme l'illustre le programme suivant, la fonction **menu( )** affiche le menu d'un vérificateur d'orthographe, et invoque les procédures appropriées :

```
void menu(void)
{
  char ch;

  printf("1. Vérifier l'orthographe\n");
  printf("2. Corriger les fautes d'orthographe\n");
  printf("3. Afficher les fautes d'orthographe\n");
  printf("Taper sur n\'importe quelle autre touche pour continuer\n");
  printf("     Faire votre choix : ");
```

```
  ch = getchar(); /* Lire l'option saisie au clavier */

  switch(ch) {
    case '1':
      check_spelling();
      break;
    case '2':
      correct_errors();
      break;
    case '3':
      display_errors();
      break;
    default :
      printf("Aucune sélection");
  }
}
```

Dans **switch**, les instructions **break** sont techniquement facultatives. Elles mettent un terme à la séquence d'instructions associée à chaque constante. En leur absence, l'exécution se poursuit dans les instructions **case** suivantes, jusqu'à une instruction **break** ou jusqu'à la fin de **switch**. En guise d'illustration, la fonction ci-dessous simplifie le code destiné à un pilote de périphérique grâce aux « renvois » réalisables avec **case**.

```
/* Traiter une valeur */
void inp_handler(int i)
{
  int flag;

  flag = -1;

  switch(i) {
    case 1:  /* Ces instructions case ont la */
    case 2:  /* même séquence d'instructions. */
    case 3:
      flag = 0;
      break;
    case 4:
      flag = 1;
    case 5:
      error(flag);
      break;
    default:
      process(i);
  }
}
```

Ce code montre deux aspects de **switch**. En premier lieu, **case** peut être dépourvue d'une séquence d'instructions. Lorsque le cas se présente, l'ordinateur passe simplement à l'instruction **case** suivante. Dans l'exemple ci-dessus, les trois premières instructions **case** exécutent chacune la même séquence :

```
flag = 0;
break;
```

En second lieu, l'exécution d'une séquence se poursuit dans l'instruction **case** suivante en l'absence de **break**. Si **i** correspond à 4, 1 est affecté à **flag**, puis l'appel d'**error(flag)** se produit car il n'existe pas de **break** à la fin de **case** 4. Si 5 avait été appliqué à **i**, **error(flag)** aurait été invoquée avec une valeur de drapeau égale à -1 et non à 1.

En l'absence de **break**, cette possibilité de faire fonctionner des instructions **case** ensemble empêche la répétition inutile d'instructions, ce qui rend le code plus efficace.

Instruction switch imbriquée

L'instruction **switch** peut faire partie de la séquence d'instructions d'une autre. Même si cette instruction imbriquée, et celle la contenant, renferment des constantes de même valeur au niveau de certaines instructions **case**, aucun conflit ne survient. En guise d'illustration, le fragment de code suivant se révèle tout à fait acceptable :

```
switch(x) {
  case 1:
    switch(y) {
      case 0: printf("Erreur de division par zéro\n");
              break;
      case 1: process(x,y);
    }
    break;
  case 2:
    .
    .
    .
```

Instructions itératives

En C/C++ et dans d'autres langages de programmation modernes, les instructions d'itération, également qualifiées *de boucles*, permettent de répéter l'exécution d'un ensemble d'instructions jusqu'à ce qu'une condition donnée soit remplie. Cette dernière peut être prédéterminée (dans une boucle **for** par exemple) ou évolutive (dans les boucles **while**, **do-while**, *etc.*).

Boucle for

La conception générale de la boucle **for** est représentée d'une manière ou d'une autre dans tous les langages procéduraux. En C/C++, elle offre toutefois une souplesse inattendue et une certaine puissance.

Voici sa syntaxe :

> for(*initialisation*; *condition*; *incrémentation*) *instruction*;

Il s'agit de la plus courante, mais de nombreuses variantes existent. Dans ce cas, *initialisation* correspond à une instruction d'affectation servant à initialiser une variable de boucle, et *condition* à une expression relationnelle déterminant la fin de l'itération. Quant à *incrémentation*, elle définit le mode de changement de cette variable à chaque répétition de boucle. Ces trois parties principales doivent être séparées par des points-virgules. La boucle **for** continue à fonctionner tant que la condition demeure vraie. Lorsque cette dernière devient fausse, l'exécution du programme passe à l'instruction placée après la boucle **for**.

Dans le code ci-dessous, la boucle **for** vise à afficher les nombres de 1 à 100 à l'écran :

```c
#include <stdio.h>

int main(void)
{

  int x;

  for(x=1; x <= 100; x++) printf("%d ", x);

  return 0;
}
```

Dans la boucle, la valeur de **x** est initialement fixée à 1, puis comparée à 100. Comme elle est inférieure à 100, elle entraîne l'appel de **printf( )** et la répétition de la boucle, d'où l'augmentation de la valeur de **x** d'une unité et le renouvellement du test. Si la valeur de **x** reste inférieure ou égale à 100, **printf( )** est invoquée. Ce processus recommence jusqu'à ce qu'elle devienne supérieure à 100 (point de sortie de la boucle). Dans cet exemple, **x** constitue la variable de boucle qui est modifiée et vérifiée à chaque répétition de la boucle.

La boucle **for** suivante illustre l'itération de plusieurs instructions :

```c
for(x=100; x != 65; x -= 5) {
  z = x*x;
  printf("Le carré de %d est %f.", x, z);
}
```

La multiplication de **x** par elle-même et l'appel de **printf( )** sont effectués jusqu'à ce que x atteigne 65. Notez que la boucle donne une *suite décroissante* : **x** est initialisée à 100, puis sa valeur est diminuée de 5 à chaque itération.

Dans les boucles **for**, le test conditionnel est toujours réalisé à leur début. En conséquence, l'exécution du code de la boucle n'a jamais lieu si la condition de départ est fausse. Par exemple, dans :

```
x = 10;
for(y=10; y!=x; ++y) printf("%d", y);
printf("%d", y);  /* Seule cette instruction
                     printf() est exécutée */
```

la boucle ne sera jamais réalisée, car **x** et **y** sont égaux à son accès. Le résultat faux de l'expression conditionnelle empêche l'exécution du corps et de la partie « incrémentation » de la boucle. En conséquence, **y** vaut toujours 10, et le fragment génère uniquement l'affichage d'un 10 à l'écran.

Variantes de la boucle for

Précédemment, la description portait sur la forme la plus courante de la boucle **for**. Toutefois, plusieurs variantes, permettant d'améliorer sa puissance, sa souplesse et son applicabilité à certains cas de programmation, sont acceptées.

Dans l'une des variantes les plus fréquentes, la virgule est utilisée pour autoriser deux ou plusieurs variables à gérer conjointement la boucle (à titre de rappel du chapitre 2, cet opérateur sert à lier plusieurs expressions, de façon analogue au français courant comme dans « Fais ceci, ceci et ceci »). Ainsi, les variables **x** et **y**, qui gèrent la boucle suivante, sont initialisées dans **for** :

```
for(x=0, y=0; x+y<10; ++x) {
  y = getchar();
  y = y - '0'; /* Soustraire 0 en code ASCII d'y */
    .
    .
    .
}
```

Les virgules séparent les deux instructions d'initialisation. À chaque itération, **x** est incrémentée et la valeur de **y** est déterminée par la saisie clavier. Pour mettre fin à la boucle, **x** et **y** doivent avoir une valeur appropriée. Même si y est fixée *via* la saisie clavier, elle doit être initialisée à 0, pour que sa valeur soit définie avant la première évaluation de l'expression conditionnelle (autrement, elle pourrait stocker 10, ce qui produirait un résultat faux dans le test conditionnel, empêchant l'exécution de la boucle).

La fonction **converge( )**, présentée ci-dessous, montre le mode de fonctionnement d'une boucle incluant plusieurs variables. Elle copie le contenu d'une chaîne dans une autre, en partant du caractère de chaque extrémité et en convergeant vers le milieu.

```c
/* Mode de fonctionnement d'une boucle
   contenant plusieurs variables */
#include <stdio.h>
#include <string.h>

void converge(char *targ, char *src);

int main(void)
{
  char target[80] = "XXXXXXXXXXXXXXXXXXXXXXXXXXXXXXXX";
  converge(target, "Ceci est un test de converge().");
  printf("Chaîne finale : %s\n", target);

  return 0;
}

/* Cette fonction copie une chaîne dans une autre.
   Elle prend les caractères en partant de chaque
   extrémité et en convergeant vers le milieu. */
void converge(char *targ, char *src)
{
  int i, j;

  printf("%s\n", targ);
  for(i=0, j=strlen(src); i<=j; i++, j--) {
    targ[i] = src[i];
    targ[j] = src[j];
    printf("%s\n", targ);
  }
}
```

Voici ce que génère le programme :

```
XXXXXXXXXXXXXXXXXXXXXXXXXXXXXXXX
CXXXXXXXXXXXXXXXXXXXXXXXXXXXXXXX
CeXXXXXXXXXXXXXXXXXXXXXXXXXXXXXX.
CecXXXXXXXXXXXXXXXXXXXXXXXXXXXX).
CeciXXXXXXXXXXXXXXXXXXXXXXXXXX().
Ceci XXXXXXXXXXXXXXXXXXXXXXXXe().
Ceci eXXXXXXXXXXXXXXXXXXXXXge().
Ceci esXXXXXXXXXXXXXXXXXXrge().
```

```
Ceci estXXXXXXXXXXXXXXXXerge().
Ceci est XXXXXXXXXXXXXXverge().
Ceci est uXXXXXXXXXXXXnverge().
Ceci est unXXXXXXXXXXonverge().
Ceci est un XXXXXXXXconverge().
Ceci est un tXXXXXX converge().
Ceci est un teXXXXe converge().
Ceci est un tesXXde converge().
Ceci est un test de converge().

Chaîne finale : Ceci est un test de converge().
```

Dans **converge( )**, la boucle **for** se sert des variables **i** et **j** pour indexer la chaîne à partir des extrémités opposées. Au moment de l'itération, la valeur de **i** augmente et celle de **j** diminue. Lorsque la première devient supérieure à la dernière, la boucle s'arrête, ce qui garantit la copie de tous les caractères.

L'expression conditionnelle n'a pas à entraîner la comparaison de la variable de boucle avec une valeur cible. En réalité, elle peut être relationnelle ou logique, ce qui implique la possibilité d'examiner plusieurs conditions d'aboutissement éventuelles.

Ainsi, vous pourriez vous servir de la fonction suivante pour faire entrer un utilisateur dans un système distant, *via* un mot de passe. Dans cet objectif, vous lui permettriez trois essais de saisie. La boucle se termine après trois tentatives infructueuses de l'utilisateur, ou s'il fournit le mot de passe correct.

```
void sign_on(void)
{
  char str[20];
  int x;

  for(x=0; x<3 && strcmp(str, "motdepasse"); ++x) {
    printf("Veuillez saisir le mot de passe :");
    gets(str);
  }

  if(x==3) return;
  /* Sinon faire entrer l'utilisateur... */
}
```

Cette fonction contient **strcmp( )**. Cette dernière, qui appartient à la bibliothèque standard de fonctions, compare deux chaînes, et retourne 0 en cas d'égalité.

Rappelez-vous que chacune des trois parties de la boucle **for** peut être constituée de n'importe quelle expression valable. En fait, celle-ci n'intervient pas nécessairement dans les parties. Avec cette idée en tête, considérez l'exemple ci-dessous :

```c
#include <stdio.h>

int sqrnum(int num);
int readnum(void);
int prompt(void);

int main(void)
{
  int t;

  for(prompt(); t=readnum(); prompt())
    sqrnum(t);

  return 0;
}

int prompt(void)
{
  printf("Entrez un nombre : ");
  return 0;
}

int readnum(void)
{
  int t;

  scanf("%d", &t);
  return t;
}

int sqrnum(int num)
{
  printf("%d\n", num*num);
  return num*num;
}
```

Examinez attentivement la boucle **for** dans **main( )**. Remarquez que chacune de ses parties se compose d'appels de fonctions guidant l'utilisateur, ou lisant un nombre saisi au clavier. Si la valeur saisie est 0, la boucle se termine, car l'expression conditionnelle se révèle fausse. Dans le cas contraire, le nombre est élevé au carré. En conséquence, les parties « initialisation » et « incrémentation » de cette boucle **for** jouent un rôle non traditionnel, mais tout à fait valable.

Les trois composants définissant une boucle (que sont l'instruction d'initialisation, la condition et l'incrémentation) ne sont pas tous simultanément nécessaires. En réalité, vous n'avez pas besoin de placer une expression dans chacune des parties (les expressions étant facultatives). Prenez par exemple la boucle suivante, qui fonctionne jusqu'à ce que l'utilisateur tape 123 :

```
for(x=0; x!=123; ) scanf("%d", &x);
```

Remarquez que la partie « incrémentation » de la définition de **for** est vide. À chaque itération, un test est donc effectué sur **x**, pour déterminer si elle vaut 123 ; mais aucune action supplémentaire n'a lieu. Si vous tapez 123 au clavier, la condition devient cependant fausse et la boucle s'arrête.

L'initialisation de la variable de boucle peut se produire en dehors de **for**, ce qui arrive le plus souvent lorsque sa condition de départ doit être déterminée par une méthode complexe, comme celle ci-dessous :

```
gets(s); /* Placer une chaîne dans s */
if(*s) x = strlen(s); /* Obtenir la longueur de la chaîne */
else x = 10;

for( ; x<10; ) {
  printf("%d", x);
  ++x;
}
```

La partie « initialisation » a été laissée vide. Par ailleurs x a reçu une valeur de départ avant l'accès à la boucle.

Boucle infinie

Bien que vous puissiez recourir à n'importe quelle instruction itérative pour créer une boucle infinie, **for** est traditionnellement utilisée à cette fin. Comme aucune des trois expressions formant la boucle **for** ne se révèle indispensable, vous êtes en mesure de réaliser une boucle sans fin en omettant l'expression conditionnelle :

```
for( ; ; ) printf("Cette boucle fonctionnera continuellement.\n");
```

Lorsque l'expression conditionnelle est absente, elle est censée être vraie. Concernant l'initialisation et l'incrémentation, vous pouvez avoir une expression, mais les programmeurs en C++ emploient plus couramment l'élément **for(;;)** pour indiquer une boucle infinie.

En réalité, l'élément **for(;;)** ne garantit pas le caractère infini, car l'apparition de **break** à un endroit quelconque du corps d'une boucle arrête celle-ci immédiatement (**break** est détaillée plus loin dans ce chapitre). La gestion de l'exécution reprend alors à la ligne suivant la boucle, comme le montre le code ci-dessous :

```
ch = '\0';

for( ; ; ) {
  ch = getchar();     /* Obtenir un caractère */
  if(ch=='A') break; /* Sortir de la boucle */
}


printf("Vous avez tapé un A.");
```

Cette boucle fonctionnera jusqu'à ce que l'utilisateur tape un A au clavier.

Boucle for sans corps

Une instruction peut être vide. Il en va donc de même pour le corps de **for** ou de toute autre boucle. Vous pouvez en profiter pour améliorer l'efficacité de certains algorithmes, et créer des boucles à action différée.

En programmation, la suppression d'espaces à partir d'un flux d'entrée constitue une tâche courante. Ainsi, une base de données peut accepter la requête suivante : "affichage de tous les soldes inférieurs à 400". Elle doit recevoir séparément chaque terme sans espace avant. Autrement dit, le processeur d'entrée de la base de données reconnaît "**affichage**" et non " **affichage**". La boucle ci-dessous indique un moyen d'y parvenir. Dans la chaîne pointée par **str**, elle occulte en effet les espaces avant.

```
for( ; *str == ' '; str++) ;
```

Comme vous pouvez le constater, cette boucle n'a pas de corps. Elle n'a pas non plus besoin d'en posséder.

Les boucles *à action différée* sont souvent exploitées dans les programmes. Le code suivant montre comment en créer une à l'aide de **for** :

```
for(t=0; t<SOME_VALUE; t++) ;
```

Boucle while

La deuxième boucle disponible en C/C++ est **while**, laquelle suit la syntaxe suivante :

> **while**(*condition*) *instruction*;

Dans ce cas, *instruction* correspond à un énoncé vide, à une instruction unique ou à un bloc. Concernant *condition*, il peut s'agir d'une expression quelconque. Tant qu'elle produit un résultat vrai, c'est-à-dire une valeur différente de zéro, la boucle se répète. Lorsque la condition devient fausse, l'exécution du programme reprend à la ligne de code située immédiatement après la boucle.

Ainsi, la routine suivante de lecture des saisies au clavier exécute simplement une boucle jusqu'à ce que l'utilisateur tape un A.

```c
char wait_for_char(void)
{
  char ch;

  ch = '\0';  /* Initialiser ch */
  while(ch != 'A') ch = getchar();
  return ch;
}
```

D'abord, **ch** est initialisée à **null**. En tant que variable locale, elle a une valeur inconnue avant l'exécution de **wait_for_char( )**. Ensuite, la boucle **while** vérifie si **ch** diffère de **A**. En raison de l'initialisation de **ch** à **null**, le test produit un résultat vrai, et la boucle commence. Chaque fois que vous appuyez sur une touche, la condition est de nouveau examinée. Une fois que vous tapez un A, elle devient fausse, puisque **ch** vaut alors **A**. La boucle s'arrête en conséquence.

À l'instar de **for**, la boucle **while** analyse la condition de vérification en haut de la boucle, ce qui signifie que son corps n'est pas exécuté si la condition de départ est fausse. Grâce à cette caractéristique, il peut ne plus se révéler nécessaire d'effectuer un test conditionnel à part, avant la réalisation de la boucle. La fonction **pad( )** l'illustre bien. Elle ajoute des espaces à la fin d'une chaîne, dont la longueur atteint ainsi une valeur prédéterminée. Si la chaîne a déjà la longueur souhaitée, elle n'accomplit pas cette opération.

```c
#include <stdio.h>
#include <string.h>

void pad(char *s, int length);

int main(void)
{
  char str[80];

  strcpy(str, "Ceci est un test.");
  pad(str, 40);
  printf("%d", strlen(str));
```

```
    return 0;
}

/* Ajouter des espaces à la fin d'une chaîne */
void pad(char *s, int length)
{
  int l;

  l = strlen(s); /* Obtenir sa longueur */

  while(l<length) {
    s[l] = ' '; /* Insérer un espace */
    l++;
  }
  s[l]= '\0'; /* Les chaînes doivent se terminer par NUL */
}
```

Les deux arguments de **pad( )** sont **s** (pointeur de la chaîne à allonger) et **length** (nombre minimal de caractères pour **s**). Si la longueur de la chaîne **s** est déjà supérieure ou égale à **length**, le code de la boucle **while** n'est pas exécuté. Dans le cas contraire, **pad( )** ajoute le nombre d'espaces requis. Quant à la fonction **strlen( )** appartenant à la bibliothèque standard, elle retourne la longueur de la chaîne.

Si plusieurs conditions séparées doivent mettre fin à une boucle **while**, une variable unique constitue généralement l'expression conditionnelle. La valeur de cette variable est fixée à différents endroits de la boucle. Prenez l'exemple suivant :

```
void func1(void)
{
  int working;

  working = 1; /* Équivaut à une valeur vraie */

  while(working) {
    working = process1();
    if(working)
      working = process2();
    if(working)
      working = process3();
  }
}
```

Chacune des trois routines peut retourner une valeur fausse, et entraîner la sortie de la boucle.

Par ailleurs, aucune instruction ne se révèle nécessaire dans le corps de **while**. Ainsi,

```
while((ch=getchar()) != 'A') ;
```

exécute simplement une boucle jusqu'à ce que l'utilisateur tape un A. Si vous n'êtes pas à l'aise avec la réalisation de l'affectation dans l'expression conditionnelle de **while**, rappelez-vous que le signe égal est seulement un opérateur évaluant l'opérande à sa droite.

Boucle do-while

Alors que **for** et **while** effectuent un test en haut de la boucle, **do-while** vérifie sa condition en bas. En conséquence, son exécution se produit toujours au moins une fois. Quant à sa syntaxe, elle correspond à la suivante :

do {

   instruction;

} while(*condition*);

En présence d'une instruction unique, les accolades ne se révèlent pas nécessaires pour le compilateur. Toutefois, elles servent habituellement à éviter que vous confondiez **do-while** avec **while**. La première se répète tant que *condition* reste vraie.

Dans l'exemple ci-dessous, elle lit des nombres à partir du clavier, jusqu'à ce qu'elle en trouve un inférieur ou égal à 100 :

```
do {
  scanf("%d", &num);
} while(num > 100);
```

La boucle **do-while** s'applique peut-être le plus couramment à une fonction de sélection sur menu. Lorsqu'une réponse valable est fournie par l'utilisateur, elle est retournée en tant que valeur de la fonction. En cas d'erreur, la demande est renouvelée. En guise d'illustration, le code suivant présente une version améliorée du menu du vérificateur d'orthographe, développé auparavant dans ce chapitre.

```
void menu(void)
{
  char ch;

  printf("1. Vérifier l'orthographe\n");
  printf("2. Corriger les fautes d'orthographe\n");
  printf("3. Afficher les fautes d'orthographe\n");
  printf("     Faire votre choix : ");
```

```
  do {
    ch = getchar(); /* Lire l'option saisie au clavier */
    switch(ch) {
      case '1':
        check_spelling();
        break;
      case '2':
        correct_errors();
        break;
      case '3':
        display_errors();
        break;
    }
  } while(ch!='1' && ch!='2' && ch!='3');
}
```

Dans ce cas, la boucle **do-while** se révèle un bon choix. En effet, vous souhaiterez toujours que la fonction d'un menu soit exécutée au moins une fois. Après l'affichage des options, le programme réalise une boucle jusqu'à une sélection valable.

Déclaration de variables dans des instructions de sélection ou d'itération

En C++ et non en C, il est possible de déclarer une variable soit dans l'expression conditionnelle d'un **if**, d'un **switch** ou d'un **while**, soit dans la partie « initialisation » d'un **for**. La portée d'une telle variable se limite au code géré par l'une de ces instructions. Ainsi, une variable déclarée dans la partie « initialisation » de **for** sera locale au niveau de cette boucle, comme l'illustre le code ci-dessous.

```
/* Dans la boucle for, i est locale.
   En dehors, j est connue. */
int j;
for(int i = 0; i<10; i++)
  j = i * i;

/* i = 10; // Erreur : i est ignorée à ce niveau ! */
```

Dans ce cas, **i** est déclarée dans la partie « initialisation » de **for**. Elle est utilisée pour gérer cette boucle. En dehors, elle est inconnue.

Comme une telle variable ne se révèle souvent nécessaire qu'à la boucle **for** correspondante, sa déclaration dans la partie « initialisation » devient une pratique courante. Rappelez-vous cependant que C ne la prend pas en charge.

Astuce. Une variable déclarée dans la partie « initialisation » de **for** n'a pas toujours été locale. Au départ, elle était disponible après **for**. Sa portée a toutefois été restreinte dans la norme de C++.

Si votre compilateur se conforme tout à fait à la norme de C++, vous pouvez également déclarer une variable dans une expression conditionnelle quelconque, comme celle employée par **if** ou **while**. Ainsi, le fragment :

```
if(int x = 20) {
  x = x - y;
  if(x>10) y = 0;
}
```

déclare **x** et lui affecte 20, valeur vraie entraînant l'exécution de la cible d'**if**. Comme la portée d'une variable déclarée dans une instruction conditionnelle se limite au bloc de code que cette dernière gère, **x** est inconnue en dehors de **if**. À dire vrai, tous les programmeurs ne croient pas qu'une telle déclaration fasse partie des règles de l'art, d'où l'abandon de cette technique dans cet ouvrage.

Instructions de saut

C/C++ comporte quatre instructions de saut inconditionnel : **return**, **goto**, **break** et **continue**. Dans un programme, vous pouvez utiliser les deux premières partout, et recourir aux autres conjointement avec une instruction de boucle quelconque. Selon les indications données précédemment dans ce chapitre, vous êtes également en mesure d'employer **break** avec **switch**.

Instruction return

L'instruction **return** sert à revenir d'une fonction. Elle est classée dans la catégorie des instructions de saut, car elle entraîne la reprise de l'exécution au point de départ de l'appel, *via* un bond en arrière. Par ailleurs, l'instruction **return** peut être associée à une valeur. Cette dernière devient alors la valeur de retour de la fonction. En C, une fonction non déclarée **void** n'a pas techniquement à en renvoyer une. Si aucune précision n'est apportée, une valeur parasite est retournée. En C++, une fonction non déclarée **void** *doit* en revanche renvoyer une valeur. Si une fonction est définie de manière à retourner une résultat, son instruction **return** doit donc être associée à une valeur (même en C, le véritable retour d'une valeur fait partie des règles de l'art dans ce dernier cas).

La syntaxe de l'instruction **return** est :

> return *expression;*

expression ne figure que si la fonction est déclarée de manière à renvoyer un résultat. Sa valeur devient alors celle de retour de la fonction.

Une fonction peut comporter autant d'instructions **return** que vous le souhaitez. Cependant, son exécution s'arrête au premier **return** rencontré. Son } entraîne également le retour au point de son appel. Cette accolade de fermeture équivaut à une instruction **return** sans valeur spécifiée. Si cela se produit dans une fonction déclarée non **void**, la valeur de retour de la fonction est indéfinie.

Une fonction déclarée **void** ne doit pas contenir une instruction **return** déterminant une valeur. Comme une telle fonction n'a pas de valeur de retour, il est logique que ses instructions **return** ne puissent rien renvoyer.

Pour plus de renseignements sur **return**, consultez le chapitre 6.

Instruction goto

Comme C/C++ abonde en structures de contrôle, et permet une gestion complémentaire *via* **break** et **continue**, **goto** se révèle peu utile. Sa tendance à rendre le code incompréhensible constitue le souci principal de la plupart des programmeurs. Bien que l'instruction **goto** soit passée de mode depuis quelques années, elle se révèle parfois utile. Exploitée judicieusement, elle peut représenter un avantage plutôt qu'un besoin, dans de rares situations de programmation comme le saut d'un ensemble de boucles à haut niveau d'imbrication. En dehors de cette section, l'instruction **goto** n'est pas employée.

Pour opérer, elle exige une *étiquette* (identificateur valable suivi de deux-points). Une instruction **goto** doit en outre figurer dans la même fonction que celle de l'étiquette dont elle se sert (vous ne pouvez pas sauter d'une fonction à une autre). Sa syntaxe est la suivante :

> goto *étiquette;*
> .
> .
> .
> *étiquette:*

Dans ce cas, *étiquette* correspond à n'importe quelle étiquette valable, placée avant ou après **goto**. Grâce à cette instruction, vous pourriez créer une boucle à exécuter 100 fois, comme le montre l'exemple ci-dessous :

```
x = 1;
loop1:
  x++;
  if(x<100) goto loop1;
```

Instruction break

L'instruction **break** a deux applications. L'une sert à mettre un terme à **case** dans **switch** (consultez la section correspondante dans ce chapitre). L'autre permet d'arrêter immédiatement une boucle en outrepassant son traditionnel test conditionnel.

Dans ce dernier cas, la gestion de l'exécution reprend à l'instruction suivant la boucle. Ainsi,

```
#include <stdio.h>

int main(void)
{
  int t;

  for(t=0; t<100; t++) {
    printf("%d ", t);
    if(t==10) break;
  }

  return 0;
}
```

affiche les valeurs de 0 à 10 à l'écran. Ensuite, **break** entraîne la sortie immédiate de la boucle, sans tenir compte du test conditionnel **t<100**.

Les programmeurs se servent souvent de cette instruction dans les boucles où une condition spéciale permet de déclencher un arrêt immédiat. Une saisie peut par exemple mettre fin à l'exécution de la fonction **look_up( )** ci-dessous :

```
void look_up(char *name)
{
  do {
    /* Chercher des noms... */
    if(kbhit()) break;
  } while(!found);
  /* Traiter la correspondance */
}
```

Si vous n'appuyez pas sur une touche, **kbhit( )** retourne 0, sinon une autre valeur. En raison des différences considérables entre les environnements de traitement, cette fonction n'est définie ni dans la norme de C, ni dans celle de C++. Néanmoins, votre compilateur en fournit très probablement une (peut-être sous un nom légèrement différent).

L'instruction **break**, quant à elle, entraîne seulement la sortie de la boucle la plus en retrait. Ainsi,

```
for(t=0; t<100; ++t) {
  count = 1;
```

```
  for(;;) {
    printf("%d ", count);
    count++;
    if(count==10) break;
  }
}
```

affiche 100 fois les valeurs de 1 à 10 à l'écran. À chaque **break** rencontrée pendant l'exécution, les commandes sont de nouveau passées à la boucle **for** externe.

Utilisée dans **switch**, **break** influe seulement sur son contenant, et non sur la boucle éventuelle à laquelle appartiendrait cette instruction **switch**.

Fonction exit( )

Bien qu'**exit**( ) ne constitue pas une instruction de gestion de l'exécution, une digression courte sur cette fonction convient ici. En plus d'être en mesure de sortir d'une boucle, vous pouvez en effet quitter un programme grâce à **exit**( ). Cette fonction, qui fait partie de la bibliothèque standard, entraîne l'arrêt immédiat du programme entier, et le retour au système d'exploitation. Voici sa syntaxe :

void exit (int *code_de_retour*);

La valeur de *code_de_retour* est destinée au processus appelant, soit habituellement au système d'exploitation. Elle correspond à zéro pour marquer généralement la fin normale d'un programme et à un autre argument pour indiquer une erreur. Concernant le code de retour d'**exit**( ), vous pouvez également recourir aux macros **EXIT_SUCCESS** et **EXIT_FAILURE**. Cette fonction exige le fichier **stdlib.h**. Dans un code en C++, le nouvel en-tête **<cstdlib>** peut également servir.

Les programmeurs emploient fréquemment **exit**( ) lorsqu'une condition obligatoire pour l'exécution n'est pas remplie. Imaginez par exemple un jeu de réalité virtuelle nécessitant un adaptateur graphique particulier. Sa fonction **main**( ) pourrait apparaître ainsi :

```
#include <stdlib.h>

int main(void)
{
   if(!virtual_graphics()) exit(1);
   play();
   /* ... */
}
/* ... */
```

La fonction **virtual_graphics** est définie par l'utilisateur. Si l'adaptateur figure dans le système, elle retourne une valeur vraie, sinon fausse. Dans ce dernier cas, le programme s'arrête.

Prenez un autre exemple. Dans la version suivante de **menu( )**, **exit( )** permet de quitter le programme et de retourner au système d'exploitation :

```
void menu(void)
{
  char ch;

  printf("1. Vérifier l'orthographe\n");
  printf("2. Corriger les fautes d'orthographe\n");
  printf("3. Afficher les fautes d'orthographe\n");
  printf("4. Quitter\n");
  printf("      Faire votre choix : ");

  do {
    ch = getchar(); /* Lire l'option saisie au clavier */
      switch(ch) {
        case '1':
          check_spelling();
          break;
        case '2':
          correct_errors();
          break;
        case '3':
          display_errors();
          break;
        case '4':
          exit(0); /* Retourner au système d'exploitation */
      }
  } while(ch!='1' && ch!='2' && ch!='3');
}
```

Instruction continue

L'instruction **continue** fonctionne un peu comme **break**. Au lieu de provoquer la fin de la boucle, elle déclenche l'itération suivante en sautant toute ligne intermédiaire. Dans le cas de **for**, **continue** entraîne l'exécution des parties « condition » et « incrémentation ». Concernant les boucles **while** et **do-while**, l'exécution du programme va directement effectuer les tests conditionnels. Prenez par exemple le programme suivant, qui compte le nombre d'espaces dans une chaîne saisie par l'utilisateur.

```
/* Compter les espaces */
#include <stdio.h>

int main(void)
{
  char s[80], *str;
  int space;

  printf("Entrez une chaîne : ");
  gets(s);
  str = s;

  for(space=0; *str; str++) {
    if(*str != ' ') continue;
    space++;
  }
  printf("%d espace(s)\n", space);

  return 0;
}
```

Chaque caractère est examiné. S'il ne s'agit pas d'un espace, **continue** provoque une nouvelle itération de **for**. Dans le cas contraire, **space** est incrémentée.

Comme le montre l'exemple suivant, vous pouvez recourir à **continue** pour accélérer la sortie d'une boucle en déclenchant le test conditionnel plus tôt :

```
void code(void)
{
  char done, ch;

  done = 0;
  while(!done) {
    ch = getchar();
    if(ch=='$') {
      done = 1;
      continue;
    }
    putchar(ch+1); /* Décaler les lettres de l'alphabet
                      d'une position */
  }
}
```

Cette fonction code un message en décalant d'une position tous les caractères tapés. Ainsi, **A** devient **B**. Lorsque vous tapez $, vous mettez fin à la fonction. Alors, des données ne sortent plus car, *via* le test conditionnel activé par **continue**, **done** se révèle vraie et la boucle s'arrête.

Instructions d'expressions

Dans le chapitre 2, les expressions ont été traitées en détail. Toutefois, quelques points particuliers sont mentionnés ici. Rappelez-vous qu'une instruction d'expression est simplement une expression valable, suivie d'un point-virgule, comme l'illustrent les fragments ci-dessous :

```
func();   /* Appel d'une fonction */
a = b+c;  /* Instruction d'affectation */
b+f();    /* Instruction valable mais étrange */
;         /* Énoncé vide */
```

La première instruction d'expression exécute un appel de fonction. La deuxième réalise une affectation. Bien qu'étrange, la troisième reste évaluée par le compilateur en C++, car la fonction **f( )** est susceptible d'accomplir une tâche nécessaire. Quant au dernier exemple, il montre qu'une instruction peut être vide (parfois appelée *instruction nulle*).

Instructions de blocs

Les instructions de blocs, également désignées par *instructions composées*, correspondent simplement à des instructions liées, dont l'ensemble est considéré comme une unité. Leur rapport est logique. Quant à leur bloc, il commence par { et termine par l'accolade } correspondante. Les programmeurs utilisent le plus souvent les instructions de blocs pour créer la cible multiple d'une autre instruction comme **if**. Cependant, vous pouvez les placer partout où vous mettriez toute autre instruction. Ainsi, le code suivant en C/C++ est tout à fait valable (bien qu'inhabituel).

```
#include <stdio.h>

int main(void)
{
  int i;

  {  /* Instruction de bloc */
    i = 120;
    printf("%d", i);
  }

  return 0;
}
```

CHAPITRE 4

Tableaux et chaînes de caractères

U n *tableau* est un ensemble de variables d'un même type, auxquelles vous faites référence par le biais d'un même nom. Vous accédez à un de ses éléments particuliers grâce à l'indice associé. En C/C++, tous les tableaux se composent d'emplacements de mémoire contiguë. L'adresse la plus basse correspond au premier élément, et la plus haute au dernier. Par ailleurs, les tableaux peuvent avoir une ou plusieurs dimensions. Les tableaux les plus communs correspondent en fait aux *chaînes de caractères terminées par* **null**, qui contiennent simplement des caractères suivis de **null**.

Les tableaux et les pointeurs sont étroitement liés. En conséquence, une discussion sur les uns aborde inévitablement les autres. Dans ce chapitre, l'accent est mis sur les tableaux et, dans le suivant, sur les pointeurs. Vous devez lire les deux pour comprendre parfaitement ces éléments incontournables.

Tableaux à une dimension

La déclaration d'un tableau à une dimension suit la syntaxe ci-dessous :

> *type nom_de_la_variable*[*taille*];

Comme celle des autres variables, elle doit être explicite, pour permettre au compilateur d'allouer de l'espace mémoire à un tableau. Ce dernier présente deux caractéristiques : *taille* (nombre de ses éléments) et *type* (type de base de ses constituants). Pour déclarer par exemple un tableau de 100 éléments, l'appeler **balance** et lui attribuer le type **double**, voici l'instruction adéquate :

```
double balance[100];
```

L'accès à un élément s'effectue *via* l'indexation. Pour cela, mettez le repère entre crochets, et placez-le après le nom du tableau. Ainsi :

```
balance[3] = 12.23;
```

fixe la valeur de l'élément d'indice 3 de **balance** à 12.23.

Dans tous les tableaux de C/C++, 0 constitue le premier indice. Lorsque vous écrivez :

```
char p[10];
```

vous déclarez un tableau de caractères comportant dix éléments allant de **p[0]** à **p[9]**. En guise d'illustration, le programme suivant permet de saisir les valeurs de 0 à 99 dans un tableau d'entiers :

```
#include <stdio.h>

int main(void)
{
  int x[100]; /* Déclarer un tableau de 100 entiers */
  int t;

  /* Charger les valeurs de 0 à 99 dans x */
  for(t=0; t<100; ++t) x[t] = t;

  /* Afficher le contenu de x */
  for(t=0; t<100; ++t) printf("%d ", x[t]);

  return 0;
}
```

La quantité d'octets nécessaire pour stocker un tableau dépend directement du type de ses valeurs et de sa taille. Pour un tableau à une dimension, vous obtenez le total grâce au calcul ci-dessous :

nombre total d'octets = sizeof(type de base) x taille du tableau

C/C++ ne fournit aucun moyen de vérifier les limites d'un tableau. Vous pourriez alors écraser le contenu du tableau à chaque extrémité, introduire les données d'une autre variable en mémoire, ou même dans le code. En tant que programmeur, il vous incombe donc de veiller au contrôle des limites si nécessaire. À titre d'exemple, examinez le code suivant. Malgré l'absence d'erreur à la compilation, il est incorrect, car la boucle **for** donne lieu à un dépassement des limites de **count**.

```
int count[10], i;

/* Cette boucle entraîne le dépassement
   des limites de count */
for(i=0; i<100; i++) count[i] = i;
```

Les tableaux à une dimension sont essentiellement des suites de données de même type, stockées dans des emplacements de mémoire contigus, et classées selon des indices. Ainsi, avec le premier élément situé à l'emplacement mémoire d'adresse 1000, le tableau **a** déclaré à l'aide de :

```
char a[7];
```

apparaît en mémoire comme ci-dessous.

Élément	a[0]	a[1]	a[2]	a [3]	a[4]	a[5]	a[6]
Adresse	1000	1001	1002	1003	1004	1005	1006

Figure 4-1   Tableau de sept caractères débutant à l'emplacement 1000

Création d'un pointeur de tableau

Vous pouvez créer un pointeur dirigé vers le premier élément d'un tableau en spécifiant simplement le nom de ce dernier, sans indice. Étant donné :

```
int sample[10];
```

cette opération est réalisable grâce au nom **sample**. Pour cela, vous affectez l'adresse du premier élément de **sample** à **p** :

```
int *p;
int sample[10];

p = sample;
```

Vous pouvez également indiquer l'adresse du premier élément du tableau à l'aide de l'opérateur **&**. Ainsi, **sample** et **&sample[0]** font référence au même objet. Toutefois, vous ne rencontrerez pratiquement jamais **&sample[0]** dans les programmes écrits en C++ par des professionnels.

Transmission d'un tableau unidimensionnel à une fonction

En C/C++, un tableau entier ne peut pas servir d'argument à une fonction. Cependant, vous êtes en mesure de passer un pointeur à une fonction en spécifiant le nom du tableau, sans indice. Grâce au fragment de programme suivant, vous transmettez par exemple l'adresse du tableau unidimensionnel **i** à la fonction **func1( )** :

```
int main(void)
{
  int i[10];

  func1(i);
  .
  .
  .
}
```

Si une fonction reçoit un tableau à une dimension, son paramètre formel peut être déclaré comme :

```
/* pointeur */
void func1(int *x)
{
   .
     .
       .
}
```

comme :

```
/* tableau dimensionné */
void func1(int x[10])
{
   .
     .
       .
}
```

ou comme :

```
/* tableau non dimensionné */
void func1(int x[])
{
     .
       .
         .
}
```

Les trois méthodes de déclaration aboutissent à des résultats similaires, car chacune indique la future réception d'un pointeur d'entiers. Dans la première, vous utilisez véritablement un pointeur. Dans la deuxième, vous employez la déclaration standard d'un tableau. Dans la dernière, vous recourez à une version modifiée de la déclaration, en spécifiant simplement qu'un tableau de type **int** et d'une certaine longueur doit être transmis. Comme vous pouvez le constater, la longueur d'un tableau n'importe pas pour la fonction, car aucune vérification de limites n'est effectuée en C/C++. En réalité :

```
void func1(int x[32])
{
     .
       .
         .
}
```

fonctionne également pour le compilateur, car celui-ci génère du code destiné à la réception d'un pointeur dans **func1( )** (en fait, il ne crée pas de tableau de 32 éléments).

Chaînes terminées par null

La chaîne de caractères est de loin l'application la plus courante d'un tableau à une dimension. Deux types existent en C++. Le premier est la *chaîne terminée par null* qui est la forme héritée du langage C, d'où l'appelation « *chaîne de C* ». Celle-ci correspond à un tableau de caractères suivis de 0. Une telle chaîne contient donc des caractères terminés par **null**. Ce type, qui est le seul défini en C, reste le plus largement employé. Le second type, propre à C++, s'appelle **string**. Il s'agit d'une classe qui fournit une approche orientée objet du traitement des chaînes. Elle est décrite dans un chapitre ultérieur, alors que le premier type est examiné ici.

Lorsque vous déclarez un tableau de caractères renfermant une chaîne de C, vous avez besoin de compter **null** parmi ses éléments. Ainsi, pour stocker une chaîne de 10 caractères dans un tableau nommé **str**, vous écririez :

```
char str[11];
```

Cela ménagerait de la place pour le dernier élément implicite de la chaîne qu'est le caractère **null**.

Lorsque vous vous servez d'une constante entre guillemets dans votre programme, vous créez une chaîne terminée par **null**. Une *constante de type chaîne* correspond à une suite de caractères entre guillemets. Par exemple :

    "Hé bonjour"

Vous n'avez pas besoin d'ajouter **null** vous-même à la fin des constantes de type chaîne (le compilateur effectue automatiquement cette opération à votre place).

C/C++ prennent en charge une vaste gamme de fonctions de traitement de chaînes terminées par **null**. Les plus courantes sont les suivantes.

Nom	Fonction
strcpy(*s1*, *s2*)	Copie *s2* dans *s1*
strcat(*s1*, *s2*)	Concatène *s2* à *s1*
strlen(*s1*)	Retourne la longueur de *s1*
strcmp(*s1*, *s2*)	Renvoie 0 si *s1* et *s2* sont identiques, une valeur inférieure si *s1*<*s2*, ou une valeur supérieure si *s1*>*s2*

Nom	Fonction
strchr(*s1*, *ch*)	Retourne un pointeur de la première occurrence de *ch* dans *s1*
strstr(*s1*, *s2*)	Renvoie un pointeur de la première occurrence de *s2* dans *s1*

Concernant ces fonctions, vous utilisez **string.h**, fichier d'en-tête standard (dans les programmes en C++, vous pouvez également recourir au nouvel en-tête **<cstring>**). L'emploi de ces fonctions pour chaînes est illustré à travers le programme suivant :

```
#include <stdio.h>
#include <string.h>

int main(void)
{
  char s1[80], s2[80];

  gets(s1);
  gets(s2);

  printf("Les chaînes ont respectivement");
  printf("une longueur égale à :");
  printf("%d %d\n", strlen(s1), strlen(s2));

  if(!strcmp(s1, s2)) printf("Elles sont identiques\n");

  strcat(s1, s2);
  printf("%s\n", s1);

  strcpy(s1, "Ceci est un test\n");
  printf(s1);
  if(strchr("Bonjour", 'o')) printf("Bonjour contient o\n");
  if(strstr("Hé bonjour", "Hé")) printf("\"Hé\" trouvé");

  return 0;
}
```

Si vous saisissez les chaînes "Bonjour" et "Bonjour" lors de l'exécution de ce programme, vous obtiendrez le résultat suivant.

```
Les chaînes ont respectivement une longueur égale à : 7 7
Elles sont identiques
BonjourBonjour
Ceci est un test
Bonjour contient o
"Hé" trouvé
```

Rappelez-vous que **strcmp( )** retourne un résultat faux si les chaînes sont identiques. Assurez-vous de la présence de l'opérateur ! pour inverser la condition selon le dernier exemple, en cas de test d'égalité.

Bien qu'une classe **string** soit maintenant définie en C++, les chaînes terminées par **null** continuent à être largement employées dans les programmes existants. Elles le resteront probablement, car elles offrent un haut niveau d'efficacité et une gestion détaillée des opérations sur des chaînes pour le programmeur. Cependant, pour de nombreuses tâches simples de traitement de chaînes, la classe **string** de C++ fournit une option pratique.

Tableaux à deux dimensions

C/C++ prend en charge des tableaux à plusieurs dimensions. Ceux à deux dimensions constituent la forme la plus simple et correspondent en fait à des tableaux de tableaux à une dimension. Pour déclarer un tableau à deux dimension de taille 10 sur 20, contenant des entiers et nommé **d**, vous écririez :

```
int d[10][20];
```

Faites bien attention à cette déclaration. Dans d'autres langages de programmation, les dimensions du tableau sont séparées par une virgule. En C/C++, elles sont en revanche mises entre crochets.

De même, pour accéder au point (1, 2) de **d**, vous vous serviriez de :

```
d[1][2]
```

Quant au code suivant, il permet de charger les valeurs de 1 à 12 dans un tableau à deux dimensions, et de les afficher ligne par ligne.

```
#include <stdio.h>

int main(void)
{
  int t, i, num[3][4];

  for(t=0; t<3; ++t)
    for(i=0; i<4; ++i)
      num[t][i] = (t*4)+i+1;
```

```
/* Afficher maintenant les valeurs */
for(t=0; t<3; ++t) {
  for(i=0; i<4; ++i)
    printf("%3d ", num[t][i]);
  printf("\n");
}

return 0;
}
```

Dans cet exemple, **num[0][0]**, **num[0][1]**, **num[0][2]** (…) et **num[2][3]** valent respectivement 1, 2, 3 (…) et 12. Vous pouvez visualiser le tableau **num** selon la présentation suivante :

num [t] [i]

	0	1	2	3
0	1	2	3	4
1	5	6	7	8
2	9	10	11	12

Les tableaux à deux dimensions sont conservés dans une matrice, où le premier indice détermine la ligne et le second la colonne. Le repère le plus à droite change donc plus rapidement que celui le plus à gauche, lorsque l'accès aux éléments du tableau s'effectue selon l'ordre où ils sont véritablement stockés. Pour une représentation graphique du tableau à deux dimensions en mémoire, reportez-vous à la figure 4-2.

Dans le cas d'un tableau à deux dimensions, la formule suivante fournit le nombre d'octets nécessaires pour le conserver :

octets = valeur du premier indice x valeur du second indice x sizeof(type de base)

Supposez qu'un tableau d'entiers de 4 octets ait deux dimensions (ici, 10 sur 5). Il disposerait de :

10 x 5 x 4

soit de 200 octets alloués.

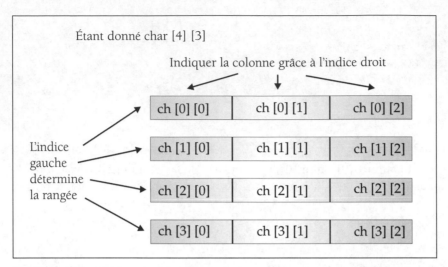

Tableau 4-2 Tableau à deux dimensions en mémoire

Lorsque vous utilisez un tableau à deux dimensions comme argument d'une fonction, vous ne transmettez en réalité que le pointeur du premier élément. Toutefois, le paramètre recevant un tel tableau doit au moins définir la valeur de la dimension la plus à droite. Si vous le souhaitez, vous pouvez spécifier celle la plus à gauche. Cependant, elle ne se révèle pas nécessaire, contrairement à la dimension la plus à droite. Dans ce dernier cas, le compilateur doit en effet connaître la longueur de chaque ligne pour indexer le tableau correctement. Prenez par exemple une fonction recevant un tableau d'entiers à deux dimensions (ici, 10 sur 10). Voici sa déclaration :

```
void func1(int x[][10])
{
    .
    .
    .
}
```

Le compilateur doit être informé de la valeur de la dimension de droite, pour exécuter correctement dans la fonction des expressions telles que :

```
x[2][4]
```

Si le compilateur ne connaît pas la longueur des lignes, il ne peut pas déterminer le début de la troisième.

Considérez maintenant le petit programme ci-dessous. Il contient un tableau à deux dimensions, destiné à stocker la note de chaque étudiant de la classe d'un professeur.

Ce dernier est censé avoir trois classes et un maximum de 30 étudiants par groupe. Pour accéder au tableau **grade**, remarquez le moyen employé par chacune des fonctions suivantes.

```c
/* Base de données simple contenant
   la note des étudiants */
#include <stdio.h>
#include <ctype.h>
#include <stdlib.h>

#define CLASSES  3
#define GRADES  30

int grade[CLASSES][GRADES];

void enter_grades(void);
int get_grade(int num);
void disp_grades(int g[][GRADES]);

int main(void)
{
  char ch, str[80];

  for(;;) {
    do {
      printf("(E)ntrez des notes\n");
      printf("(C)ommuniquez des notes\n");
      printf("(Q)uitter\n");
      gets(str);
      ch = toupper(*str);
    } while(ch!='E' && ch!='C' && ch!='Q');

    switch(ch) {
      case 'E':
        enter_grades();
        break;
      case 'C':
        disp_grades(grade);
        break;
      case 'Q':
        exit(0);
    }
  }
}
```

```
  return 0;
}

/* Entrer la note de l'étudiant */
void enter_grades(void)
{
  int t, i;

  for(t=0; t<CLASSES; t++) {
    printf("Classe # %d :\n", t+1);
    for(i=0; i<GRADES; ++i)
      grade[t][i] = get_grade(i);
  }
}

/* Lire une note */
int get_grade(int num)
{
  char s[80];

  printf("Entrez la note de l\'étudiant # %d :\n", num+1);
  gets(s);
  return(atoi(s));
}

/* Afficher les notes */
void disp_grades(int g[][GRADES])
{
  int t, i;

  for(t=0; t<CLASSES; ++t) {
    printf("Classe # %d\n", t+1);
    for(i=0; i<GRADES; ++i)
      printf("Étudiant #%d : %d\n", i+1, g[t][i]);
  }
}
```

Tableaux de chaînes

En programmation, il est assez fréquent d'utiliser un tableau de chaînes. Par exemple, un programme destiné à enregistrer une entrée dans une base de données est susceptible de comparer la commande utilisateur tapée avec l'ensemble des commandes valables stockées dans un tableau. Pour créer un tableau contenant des chaînes terminées par un caractère **null**, définissez un tableau de caractères à deux dimensions. L'indice gauche détermine le nombre de chaînes, et le repère droit indique la longueur maximale de chacune. Dans le code suivant, vous déclarez un tableau de 30 chaînes, avec chacune une longueur maximale de 79 caractères :

```
char str_array[30][80];
```

L'accès à une chaîne particulière se révèle facile. Il suffit de spécifier l'indice gauche. Ainsi, l'instruction suivante invoque **gets( )** avec la troisième chaîne de **str_array** :

```
gets(str_array[2]);
```

Sur le plan pratique, l'instruction précédente équivaut à :

```
gets(&str_array[2][0]);
```

Mais la première forme est beaucoup plus courante dans les programmes écrits en C/C++ par des professionnels.

Pour mieux comprendre le fonctionnement d'un tableau de chaînes, étudiez celui qui sert de base à un éditeur de textes très simple dans le petit programme suivant.

```
/* Éditeur de texte très simple */
#include <stdio.h>

#define MAX 100
#define LEN 80

char text[MAX][LEN];

int main(void)
{
  register int t, i, j;

  printf("Insérez une ligne vierge pour sortir\n");

  for(t=0; t<MAX; t++) {
    printf("%d : ", t);
    gets(text[t]);
    if(!*text[t]) break; /* Quitter sur une ligne vierge */
  }

  for(i=0; i<t; i++) {
    for(j=0; text[i][j]; j++) putchar(text[i][j]);
    putchar('\n');
  }

  return 0;
}
```

Ce programme introduit du texte jusqu'à ce que l'utilisateur insère une ligne vierge. Ensuite, caractère par caractère, il réaffiche chaque ligne.

Tableaux à plusieurs dimensions

C/C++ accepte des tableaux à plus de deux dimensions. Leur limite éventuelle est déterminée par le compilateur. Quant à leur déclaration, elle suit la syntaxe ci-dessous :

> *type nom*[*taille1*][*taille2*][*taille3*] *(...)* [*tailleN*];

Un tableau à plus de trois dimensions est rarement utilisé, en raison de l'espace qu'il requiert en mémoire. Avec des caractères et des dimensions égales à 10, 6, 9 et 4, il nécessiterait :

> 10 x 6 x 9 x 4

soit 2 160 octets. Si le tableau contenait des entiers de 2 octets, 4 320 octets seraient indispensables. S'il renfermait des nombres de type **double** de 8 octets, 17 280 octets se révéleraient nécessaires. L'espace requis augmente exponentiellement avec le nombre de dimensions. Si vous ajoutiez au tableau précédent une cinquième dimension valant 10, vous auriez besoin de 172 800 octets.

Dans les tableaux à plusieurs dimensions, l'évaluation de chaque indice prend du temps. En conséquence, l'accès à un de leurs éléments peut être plus lent qu'en cas de tableaux à une dimension.

Lorsque vous transmettez à une fonction un tableau à plusieurs dimensions, vous devez les déclarer toutes, hormis l'indice le plus à gauche. Si vous déclarez par exemple le tableau **m** avec :

```
int m[4][3][6][5];
```

une fonction recevant **m**, **func1( )**, apparaîtrait ainsi :

```
void func1(int d[][3][6][5])
{
  .
  .
  .
}
```

Naturellement, vous pouvez inclure la première dimension si vous le souhaitez.

Indexation de pointeurs

En C/C++, les pointeurs et les tableaux sont étroitement liés. Comme vous le savez, un nom de tableau sans indice constitue un pointeur du premier élément. Étant donné le tableau déclaré :

```
char p[10];
```

les deux fragments suivants sont identiques :

```
p

&p[0]
```

Pour l'exprimer autrement,

```
p == &p[0]
```

produit un résultat vrai, car l'adresse du tableau est la même que celle de son premier élément.

À titre de rappel, un nom de tableau sans indice crée un pointeur. Inversement, vous pouvez indexer un pointeur comme si vous utilisiez un tableau. Considérez par exemple le fragment de programme ci-dessous :

```
int *p, i[10];
p = i;
p[5] = 100; /* Affectation à l'aide d'un indice */
*(p+5) = 100; /* Affectation via une opération
              arithmétique sur un pointeur */
```

Ces deux instructions d'affectation fixent le sixième élément de **i** à 100. La première indexe **p**, et la seconde effectue une opération arithmétique sur le pointeur. Les deux méthodes produisent le même résultat (pour plus de renseignements sur les pointeurs et les opérations arithmétiques effectuées sur eux, consultez le chapitre 5).

Ce concept s'applique également aux tableaux à plusieurs dimensions. Dans l'hypothèse où **a** est un tableau d'entiers de 10 sur 10, ces deux fragments sont équivalents :

```
a
&a[0][0]
```

Par ailleurs, vous disposez de deux moyens pour faire référence à l'élément de **a** situé à (0, 4) : l'indexation du tableau *via* **a[0][4]**, ou le recours à un pointeur *via* (**(int *)a+4**). De même, l'élément placé à (1, 2) correspond soit à **a[1][2]**, soit à ***((int *)a+12)**. En général, pour un tableau à deux dimensions :

a[j][k] équivaut à *((*type_de_base* *)a+(j**longueur_de_la_ligne*)+k)

Le transtypage du pointeur du tableau avec le type de base du tableau se révèle nécessaire pour effectuer correctement des opérations arithmétiques sur des pointeurs. Comme ces calculs se font beaucoup plus rapidement que l'indexation, les pointeurs servent parfois à accéder aux tableaux.

Un tableau à deux dimensions peut être réduit à un pointeur de tableaux à une dimension. En conséquence, l'emploi d'une variable pointeur distincte est un moyen facile d'utiliser des pointeurs pour accéder aux éléments d'une ligne de tableau à deux dimensions. La fonction suivante illustre cette technique. Elle affiche le contenu de la ligne spécifiée du tableau **num** d'entiers :

```
int num[10][10];
  .
  .
  .
void  pr_row(int j)
{
  int *p, t;

  p = (int *) &num[j][0]; /* Obtenir l'adresse du premier
                             élément de la ligne j */

  for(t=0; t<10; ++t) printf("%d ", *(p+t));
}
```

Selon le modèle ci-dessous, vous pouvez généraliser une telle routine en utilisant la ligne, la longueur de la ligne et un pointeur du premier élément du tableau comme arguments d'appel :

```
void pr_row(int j, int row_dimension, int *p)
{
  int t;

  p = p + (j * row_dimension);

  for(t=0; t<row_dimension; ++t)
    printf("%d ", *(p+t));
}
```

```
    .
    .
    .
void f(void)
{
  int num[10][10];

  pr_row(0, 10, (int *) num); /* Afficher la
                                 première ligne */
}
```

Les tableaux à plus de deux dimensions peuvent être réduits d'une manière analogue. Ainsi, vous êtes en mesure de passer de trois dimensions à deux, puis de deux à une. En général, un tableau à *n* dimensions peut être réduit à un pointeur et à un tableau à (*n*-1) dimensions. La même méthode permet de simplifier encore le nouveau tableau. Ce processus se termine par la création d'un tableau à une dimension.

Initialisation de tableaux

Admise en C/C++ au moment de la déclaration de tableaux, cette initialisation suit une syntaxe similaire à celle des autres variables, comme ceci :

spécificateur_de_type nom_du_tableau[*taille1*](*...*)[*tailleN*] = { *suite_de_valeurs* };

Dans ce cas, *suite_de_valeurs* correspond à une suite de valeurs dont le type est compatible avec *spécificateur_de_type*. Le premier élément, séparé des autres valeurs par des virgules, occupe la première place du tableau. Le deuxième se situe à la deuxième position, *etc*. Notez en outre le point-virgule après l'accolade de fermeture.

Dans l'exemple ci-dessous, un tableau de 10 entiers est initialisé avec des valeurs de 1 à 10 :

```
int i[10] = {1, 2, 3, 4, 5, 6, 7, 8, 9, 10};
```

En d'autres termes, **i[0]** et **i[9]** vaudront respectivement 1 et 10.

Concernant les tableaux de caractères renfermant des chaînes, il existe un raccourci de notation, qui prend la forme suivante :

char *nom_du_tableau*[*taille*] = "*chaîne*"

Ainsi, le fragment de code ci-dessous initialise **str** avec la phrase "C++ me plaît" :

```
char str[13] = "C++ me plaît";
```

Il revient au même d'écrire :

```
char str[13] = {'C', '+', '+', ' ', 'm', 'e', ' ', 'p', 'l', 'a', 'î', 't',
                '\0'};
```

En raison de la nature des chaînes terminées par **null**, vous devez vous assurer que la longueur du tableau suffit pour inclure le dernier caractère. C'est pourquoi **str** contient 13 caractères, même si "C++ me plaît" n'en comporte que 12. Lorsque vous recourez à la constante de type chaîne, le compilateur fournit automatiquement le zéro de terminaison.

Les tableaux à plusieurs dimensions sont initialisés de la même manière que ceux à une dimension. Par exemple, le code suivant initialise **sqrs** avec les valeurs de 1 à 10, ainsi qu'avec leur carré :

```
int sqrs[10][2] = {
  1, 1,
  2, 4,
  3, 9,
  4, 16,
  5, 25,
  6, 36,
  7, 49,
  8, 64,
  9, 81,
  10, 100
};
```

Pour chaque dimension d'un tableau, vous pouvez encadrer les initialisateurs par des accolades, ce que les anglophones désignent par « *subaggregate grouping* » (littéralement, « groupage de sous-agrégats »). Voici par exemple un autre moyen d'écrire la déclaration précédente :

```
int sqrs[10][2] = {
  {1, 1},
  {2, 4},
  {3, 9},
  {4, 16},
  {5, 25},
  {6, 36},
  {7, 49},
  {8, 64},
  {9, 81},
  {10, 100}
};
```

Dans un groupe donné de sous-agrégats, les valeurs initiales non fournies sont automatiquement fixées à zéro.

Initialisation de tableaux non dimensionnés

Supposez que vous initialisiez un tableau pour créer une table de messages d'erreurs, selon la présentation suivante :

```
char e1[19] = "Erreur de lecture\n";
char e2[20] = "Erreur d\'écriture\n";
char e3[32] = "Impossible d\'ouvrir le fichier\n";
```

Comme vous pourriez le deviner, il est fastidieux de compter soi-même les caractères de chaque message pour déterminer les dimensions correctes des tableaux. Heureusement, vous pouvez laisser le compilateur les calculer automatiquement. Sans indication de taille dans l'instruction d'initialisation, le compilateur en C/C++ crée automatiquement un tableau suffisamment grand pour contenir tous les initialisateurs présents. Avec des « *tableaux non dimensionnés* », la table de messages d'erreur devient :

```
char e1[] = "Erreur de lecture\n";
char e2[] = "Erreur d\'écriture\n";
char e3[] = "Impossible d\'ouvrir le fichier\n";
```

Étant donné ces initialisations, l'instruction :

```
printf("\" %s \" a une longueur égale à %d\n", e2, sizeof e2);
```

affiche :

```
" Erreur d'écriture " a une longueur égale à 20
```

Grâce à l'initialisation d'un tableau non dimensionné, non seulement vous faites l'économie d'une tâche fastidieuse, mais vous prévenez l'erreur d'employer de mauvaises dimensions en raison du changement d'un message quelconque.

Une telle initialisation s'applique également à des tableaux multidimensionnels. Dans ce cas, vous devez spécifier toutes les dimensions, hormis l'indice le plus à gauche. En effet, elles permettent au compilateur d'indexer les tableaux correctement. De cette manière, il alloue automatiquement suffisamment d'espace aux tables de diverses longueurs que vous êtes susceptible de créer. À titre d'exemple, la déclaration de **sqrs** comme tableau non dimensionné est présentée ci-dessous :

```
int sqrs[][2] = {
  {1, 1},
  {2, 4},
  {3, 9},
  {4, 16},
  {5, 25},
  {6, 36},
  {7, 49},
  {8, 64},
  {9, 81},
  {10, 100}
};
```

Par rapport à la version dimensionnée, cette déclaration offre un avantage : vous pouvez modifier la taille de la table sans changer les dimensions du tableau.

Un exemple de morpion

Pour illustrer plusieurs des moyens de traiter des tableaux en C/C++, un exemple plus conséquent est présenté ci-dessous. Dans cet objectif, cette section développe un morpion simple. En général, des tableaux à deux dimensions servent à simuler les matrices des jeux de table.

Le jeu est très simple. Lorsque son tour arrive, l'ordinateur utilise **get_computer_move( )** pour rechercher une cellule inoccupée dans la matrice. Lorsqu'il en repère une, il place un O à cet endroit. S'il ne trouve pas d'emplacement vide, il avise de la nullité de la partie. Ensuite, il sort. Quant à la fonction **get_player_move( )**, elle permet au joueur d'indiquer la position souhaitée pour **X**. Le coin supérieur gauche se situe à (1, 1) et le coin inférieur droit à (3, 3).

Le tableau représentant une matrice est initialisé de manière à contenir des espaces. À chaque déplacement du joueur ou de l'ordinateur, un espace change en X ou en O, ce qui facilite l'affichage de la matrice à l'écran.

À chaque mouvement, le programme exécute **check( )**. Cette fonction retourne un espace en l'absence provisoire d'un gagnant, un X si vous avez gagné et un O si la partie est remportée par l'ordinateur. Elle parcourt les lignes, les colonnes, puis les diagonales pour déterminer si l'une d'entre elles contient entièrement soit des X, soit des O.

La fonction **disp_matrix( )** affiche l'état actuel du jeu. Remarquez sa simplification grâce à l'initialisation de la matrice avec des espaces.

Toutes les routines de cet exemple accèdent différemment au tableau **matrix**. Étudiez-les pour vous assurer d'avoir compris chaque opération effectuée sur le tableau.

```
/* Jeu de morpion simple */
#include <stdio.h>
#include <stdlib.h>

char matrix[3][3];   /* Matrice du morpion */

char check(void);
void init_matrix(void);
void get_player_move(void);
void get_computer_move(void);
void disp_matrix(void);

int main(void)
{
  char done;

  printf("Ceci est le jeu du morpion.\n");
  printf("Votre adversaire est l\'ordinateur.\n");

  done = ' ';
  init_matrix();
  do{
    disp_matrix();
    get_player_move();
    done = check();/* Déterminer s'il existe un gagnant */
    if(done!= ' ') break; /* Gagné !*/
    get_computer_move();
    done = check(); /* Déterminer s'il existe un gagnant */
  } while(done== ' ');
  if(done=='X') printf("Vous avez gagné !\n");
  else printf("J\'ai gagné !\n");
  disp_matrix(); /* Afficher les positions finales */

  return 0;
}

/* Initialiser la matrice */
void init_matrix(void)
{
  int i, j;

  for(i=0; i<3; i++)
    for(j=0; j<3; j++) matrix[i][j] = ' ';
}
```

```
/* Obtenir un mouvement du joueur */
void get_player_move(void)
{
  int x, y;

  printf("Pour jouer, entrez");
  printf("les coordonnées X et Y : ");
  scanf("%d%*c%d", &x, &y);

  x--; y--;

  if(matrix[x][y]!= ' '){
    printf("Choix non valide. Réessayez.\n");
    get_player_move();
  }
  else matrix[x][y] = 'X';
}

/* Faire jouer l'ordinateur */
void get_computer_move(void)
{
  int i, j;
  for(i=0; i<3; i++){
    for(j=0; j<3; j++)
      if(matrix[i][j]==' ') break;
    if(matrix[i][j]==' ') break;
  }

  if(i*j==9)  {
    printf("Partie nulle\n");
    exit(0);
  }
  else
    matrix[i][j] = 'O';
}

/* Afficher la matrice à l'écran */
void disp_matrix(void)
{
  int t;

  for(t=0; t<3; t++) {
    printf(" %c | %c | %c ",matrix[t][0],
            matrix[t][1], matrix [t][2]);
    if(t!=2) printf("\n---|---|---\n");
  }
  printf("\n");
}
```

```
/* Déterminer s'il existe un gagnant */
char check(void)
{
  int i;

  for(i=0; i<3; i++)  /* Vérifier les lignes */
    if(matrix[i][0]==matrix[i][1] &&
       matrix[i][0]==matrix[i][2]) return matrix[i][0];

  for(i=0; i<3; i++)  /* Contrôler les colonnes */
    if(matrix[0][i]==matrix[1][i] &&
       matrix[0][i]==matrix[2][i]) return matrix[0][i];

  /* Examiner les diagonales */
  if(matrix[0][0]==matrix[1][1] &&
     matrix[1][1]==matrix[2][2])
       return matrix[0][0];

  if(matrix[0][2]==matrix[1][1] &&
     matrix[1][1]==matrix[2][0])
       return matrix[0][2];

  return ' ';
}
```

CHAPITRE 5

Pointeurs

I l est essentiel de bien comprendre les pointeurs et de les utiliser à bon escient, pour réussir à programmer en C/C++. Trois raisons justifient cette affirmation. Premièrement, les pointeurs fournissent aux fonctions le moyen de modifier leurs arguments d'appel. Deuxièmement, ils prennent en charge l'allocation dynamique. Troisièmement, les pointeurs peuvent améliorer l'efficacité de certaines routines. Vous constaterez par ailleurs dans la partie II qu'ils jouent d'autres rôles en C++.

Les pointeurs constituent non seulement l'une des caractéristiques les plus puissantes de C/C++ mais également l'une des plus dangereuses. La mauvaise initialisation ou l'oubli d'une initialisation pour un pointeur peuvent par exemple provoquer le crash de votre système. Peut-être encore pire, leur emploi incorrect entraîne des bogues très difficiles à repérer.

En raison de leur importance et des abus éventuels qu'ils autorisent, les pointeurs sont étudiés en détail dans ce chapitre.

Définition des pointeurs

Un *pointeur* est une variable qui stocke une adresse mémoire. Cette dernière indique l'emplacement mémoire d'un autre objet (vraisemblablement une autre variable). Si une variable contient par exemple l'adresse d'une autre, la première « *pointe vers* » la seconde. Ce cas, illustré dans la figure 5-1, se présente fréquemment.

Variables pointeurs

La déclaration de telles variables s'impose si vous les destinez au stockage de pointeurs. Voici sa syntaxe :

    type *nom

Dans ce cas, vous attribuez n'importe quel *type* primitif valable à un pointeur et, après *, un *nom* à une variable pointeur.

Le type primitif permet de spécifier celui de la variable désignée. Techniquement, l'orientation vers un emplacement mémoire quelconque n'en dépend pas. Cependant, toutes les opérations arithmétiques sur un pointeur sont effectuées par rapport à son type de base, d'où l'importance de le déclarer correctement (elles sont traitées plus loin dans ce chapitre).

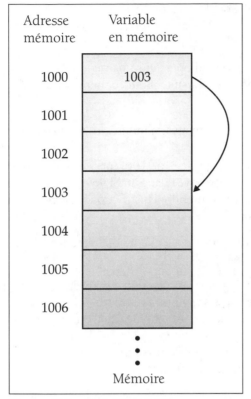

Figure 5-1 Variable pointée vers une autre

Opérateurs pour pointeurs

Les opérateurs pour pointeurs ont été abordés au chapitre 2. Ici, ils sont examinés plus attentivement, à partir d'une révision de leur opération de base. Le premier, **&**, est un opérateur unaire qui retourne l'adresse mémoire de son opérande (rappelez-vous qu'un opérateur unaire exige un seul opérande). Ainsi :

```
m = &count;
```

place l'adresse mémoire de la variable **count** dans **m**. Cette adresse détermine l'emplacement de la variable dans l'ordinateur. Elle n'a rien de commun avec la valeur de **count**. Étant donné que vous pouvez considérer **&** comme retournant « l'adresse de » la variable, l'instruction d'affectation précédente signifie « **m** reçoit l'adresse de **count** ».

Pour mieux la comprendre, supposez que la variable **count** stocke sa valeur à l'emplacement mémoire « numéro » 2000, et qu'elle contienne 100. Après l'affectation précédente, **m** vaudra 2000.

En complément de **&**, vous disposez de *. Ce second opérateur unaire pour pointeurs retourne la valeur dont l'emplacement est indiqué à sa suite. Si **m** contient par exemple l'adresse mémoire de la variable **count**,

```
q = *m;
```

place la valeur de **count** dans **q**. En conséquence, **q** a celle de 100, car ce nombre est stocké à l'emplacement 2000, soit à l'adresse mémoire conservée dans **m**. Si vous considériez * comme signifiant « à l'adresse », vous pourriez comprendre l'instruction précédente ainsi : « **q** reçoit la valeur à l'adresse indiquée par **m** ».

Destinés aux pointeurs, **&** et * ont une priorité plus élevée que les opérateurs arithmétiques (hormis le moins unaire, qui est de même niveau).

Il est très important de s'assurer qu'une variable pointeur soit définie pour désigner le type de données pour lequel vous allez l'utiliser. Ainsi, lorsque vous déclarez un pointeur de type **int**, le compilateur considère que l'adresse désigne une variable entière (qu'il en soit ainsi ou pas). Comme C permet d'affecter une adresse quelconque à une variable pointeur, le fragment ci-dessous n'entraîne aucun message d'erreur (hormis des avertissements par certains compilateurs). Toutefois, il ne produit pas le résultat souhaité.

```c
#include <stdio.h>

int main(void)
{
  double x = 100.1, y;
  int  *p;

  /* L'instruction suivante donne une orientation
     vers double à p (pointeur d'un entier) */
  p = &x;

  /* Celle-ci ne fonctionne pas selon les attentes */
  y = *p;

  printf("%f", y); /* Résultat différent de 100.1 */
  return 0;
}
```

Dans ce cas, la valeur de **x** ne sera pas affectée à **y**. Comme vous déclarez **p** comme pointeur d'un entier, **y** reçoit seulement 2 ou 4 octets d'informations, au lieu des 8, constituant normalement un nombre de type **double**.

Note. En C++, vous n'êtes pas autorisé à convertir un type de pointeur en un autre si vous n'effectuez pas un transtypage. Pour cette raison, le programme précédent ne sera même pas traité si vous tentez de le compiler avec l'extension .CPP (plutôt qu'avec .C). En C++, le type d'erreur décrit peut aussi se produire plus indirectement.

Expressions avec pointeurs

Que les expressions mettent en jeu des pointeurs ou non, elles observent généralement les mêmes règles. Quelques cas particuliers sont toutefois présentés dans cette section.

Affectation de pointeurs

À l'instar de n'importe quelle variable, un pointeur peut figurer à droite d'une instruction d'affectation, ce qui permet d'attribuer sa valeur à un autre. Par exemple :

```
#include <stdio.h>

int main(void)
{
  int x;
  int *p1, *p2;

  p1 = &x;
  p2 = p1;

  printf(" %p", p2); /* Afficher l'adresse de x et
                        non la valeur de x ! */

  return 0;
}
```

Maintenant, **p1** et **p2** pointent vers **x**. L'adresse de **x** apparaît à l'écran, *via* le spécificateur **%p** de **printf( )**, dans le format utilisé par la machine hôte.

Opérations arithmétiques sur des pointeurs

Seules deux opérations arithmétiques peuvent être effectuées sur des pointeurs : l'addition et la soustraction. Pour saisir le principe de ces calculs, supposez que **p1** soit le pointeur d'un entier de deux octets, avec une valeur courante égale à **2000**.

Après l'exécution de :

```
p1++;
```

p1 contient **2002** et non **2001**. Après chacune de ses incrémentations, **p1** pointe en effet vers l'emplacement de l'entier suivant. Il en va de même pour la décrémentation, sauf pour le sens de l'opération. Si **p1** vaut par exemple **2000**, il contiendra **1998** après :

```
p1--;
```

En généralisant ces exemples, vous effectuez des opérations arithmétiques sur des pointeurs selon les règles suivantes. Après chaque incrémentation, un pointeur désigne l'emplacement mémoire de l'élément suivant de son type de base. Après chaque décrémentation, il pointe vers l'emplacement de l'élément précédent. Comme un caractère fait toujours 1 byte, les règles de calculs sur un pointeur de ce type de données paraîtront ordinaires. Tous les autres pointeurs augmenteront ou diminueront en fonction de la taille relative au type de données qu'ils désignent. Avec cette approche illustrée dans la figure 5-2, vous vous assurez qu'un pointeur indique toujours un élément approprié de son type de base.

Concernant les pointeurs, vous n'êtes pas limité à l'opérateur d'incrémentation ou de décrémentation. Ainsi, vous pouvez effectuer une addition ou une soustraction entre un entier et un pointeur. L'expression :

```
p1 = p1 + 12;
```

fait pointer **p1** vers le douzième élément de type **p1** au-delà de celui actuellement désigné.

Par ailleurs, vous pouvez retrancher un pointeur d'un autre, pour obtenir le nombre d'objets de même type primitif qui les séparent. Toutes les autres opérations arithmétiques sont interdites. En particulier, vous ne pouvez pas multiplier, diviser ou ajouter des pointeurs. Vous n'êtes pas en outre autorisé à leur appliquer des opérateurs bit à bit. Vous ne pouvez pas non plus effectuer des additions ou des soustractions entre des pointeurs et des données de type **float** ou **double**.

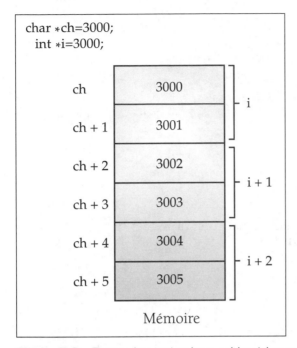

Figure 5-2 Toutes les opérations arithmétiques sur des pointeurs dépendent de leur type primitif (ici, les entiers ont 2 octets)

Comparaison de pointeurs

Vous pouvez comparer deux pointeurs dans une expression relationnelle. Par exemple, l'instruction suivante, qui s'applique aux pointeurs **p** et **q**, se révèle tout à fait valable :

```
if(p<q) printf("p pointe vers un emplacement inférieur à celui de q\n");
```

En général, vous comparez deux ou plusieurs pointeurs lorsqu'ils désignent un même objet, tel qu'un tableau. En guise d'illustration, deux routines sont créées pour ajouter et supprimer des valeurs entières d'une pile. Une pile est une liste à laquelle vous appliquez la méthode d'accès du « premier entré, dernier sorti » (FILO : *First In, Last Out*). Elle est souvent comparée à une pile d'assiettes sur une table (la première déposée est la dernière utilisée). Une pile sert fréquemment aux compilateurs, aux interpréteurs, aux tableurs et à d'autres logiciels d'exploitation. Pour en créer une, vous avez besoin de deux fonctions : **push( )** et **pop( )**. La première place des valeurs sur la pile et la seconde les retire. Ces routines sont commandées ci-dessous par une simple fonction **main( )**. Après votre saisie, le programme place une valeur sur la pile. Si vous tapez **0**, il prend un élément de cette liste. Pour arrêter le programme, tapez **-1** :

```c
#include <stdio.h>
#include <stdlib.h>

#define SIZE 50

void push(int i);
int pop(void);

int  *tos, *p1, stack[SIZE];

int main(void)
{
  int value;

  tos = stack; /* tos pointe vers le haut de la pile */
  p1 = stack; /* Initialiser p1 */

  do {
    printf("Entrez une valeur : ");
    scanf("%d", &value);
    if(value!=0) push(value);
    else printf("La valeur du haut est %d\n", pop());
  } while(value!=-1);

  return 0;
}

void push(int i)
{
  p1++;
  if(p1==(tos+SIZE)) {
    printf("Débordement de la pile\n");
    exit(1);
  }
  *p1 = i;
}

int pop(void)
{
  if(p1==tos) {
    printf("Débordement négatif de la pile\n");
    exit(1);
  }
  p1--;
  return *(p1+1);
}
```

Comme vous pouvez le constater, le tableau **stack** fournit de l'espace à la pile. Son premier élément est pointé par la variable **p1**. Cette dernière accède à la pile. Quant à la variable **tos**, elle stocke l'adresse mémoire du haut de la pile. Elle sert à empêcher le débordement négatif ou non de la pile. Après avoir initialisé celle-ci, vous pouvez recourir à **push( )** et à **pop( )**. Ces deux fonctions effectuent un test relationnel sur **p1**, pour repérer des erreurs éventuelles de limites. Dans **push( )**, vous empêchez un débordement en comparant **p1** avec le bas de la pile *via* l'addition de **tos** et de **SIZE** (taille de la pile). Dans **pop( )**, vous confrontez **p1** avec **tos**, pour vous assurer qu'un débordement négatif de la pile ne se produira pas.

Dans **pop( )**, des parenthèses se révèlent nécessaires au niveau de **return**. Sans cette ponctuation, l'instruction apparaîtrait ainsi :

```
return *p1 +1;
```

Dans ce dernier cas, la fonction renverrait la valeur à l'emplacement **p1** plus 1, et non la valeur à l'adresse **p1+1**.

Pointeurs et tableaux

Les pointeurs et les tableaux sont étroitement liés. Considérez le fragment de programme ci-dessous :

```
char str[80], *p1;
p1 = str;
```

Dans ce cas, **p1** reçoit l'adresse du premier élément du tableau **str**. Pour accéder au cinquième, vous pourriez écrire :

```
str[4]
```

ou

```
* (p1+4)
```

Ces deux instructions retournent le cinquième élément. Pour cela, vous devez utiliser 4 comme indice de **str**, puisque le premier repère d'un tableau vaut 0. Dans le même objectif, vous pouvez également ajouter 4 à **p1**, car il pointe actuellement vers le premier élément de **str** (rappelez-vous qu'un nom de tableau sans indice renvoie l'adresse de départ de celui-ci, c'est-à-dire celle du premier élément).

L'exemple précédent peut être généralisé. Avant tout, C/C++ offrent deux méthodes d'accès aux éléments de tableaux : les opérations arithmétiques sur des pointeurs et l'indexation de tableaux. Bien que la dernière ait parfois une notation standard plus compréhensible, la première peut se révéler plus rapide. Comme la vitesse représente souvent un facteur en programmation, les pointeurs servent généralement à accéder aux éléments de tableaux en C/C++.

Les deux versions de **putstr( )** ci-dessous, qui présentent les deux méthodes, illustrent le remplacement d'un tableau indexé par un pointeur. Elles transmettent une chaîne, caractère par caractère, à l'unité standard de sortie.

```
/* Indexer s comme un tableau */
void putstr(char *s)
{
  register int t;

  for(t=0; s[t]; ++t) putchar(s[t]);
}

/* Accéder à s comme un pointeur */
void putstr(char *s)
{
  while(*s) putchar(*s++);
}
```

La plupart des programmeurs professionnels en C/C++ trouveraient la version avec pointeurs plus aisée à comprendre. En réalité, elle montre la manière dont de telles routines sont généralement écrites en C/C++.

Tableaux de pointeurs

À l'instar des données d'un autre type, les pointeurs peuvent être présentés dans un tableau. Si ce dernier comporte dix éléments de type **int**, vous le déclarez similairement à :

```
int *x[10];
```

Pour affecter l'adresse d'une variable entière **var** au troisième élément, tapez :

```
x[2] = &var;
```

Pour obtenir la valeur de **var**, écrivez :

```
*x[2]
```

Si vous souhaitez transmettre un tableau de pointeurs à une fonction, vous pouvez employer la même méthode qu'auparavant (invoquez simplement la fonction *via* le nom du tableau, sans indice). Ainsi, une fonction capable de recevoir un tableau **x** apparaît comme ci-dessous :

```
void display_array(int *q[])
{
  int t;

  for(t=0; t<10; t++)
    printf("%d ", *q[t]);
}
```

Rappelez-vous que **q** est le pointeur d'un tableau de pointeurs d'entiers, et non le pointeur d'un entier. Selon le dernier exemple, vous devez donc déclarer le paramètre **q** en tant que tel.

Les tableaux de pointeurs servent souvent à stocker des pointeurs de chaînes. Pour afficher un message d'erreur selon un numéro de code, vous pouvez créer une fonction comme la suivante :

```
void syntax_error(int num)
{
  static char *err[] = {
    "Impossible d\'ouvrir le fichier\n",
    "Erreur de lecture\n",
    "Erreur d\'écriture\n",
    "Défaillance du média\n"
  };

  printf("%s", err[num]);
}
```

Le tableau **err** stocke des pointeurs de chaque chaîne. Comme vous pouvez le constater, la fonction **printf( )** de **syntax_error( )** est invoquée avec le pointeur d'un caractère qui désigne l'un des messages d'erreurs indexé par le numéro transmis à la fonction. Si **num** vaut 2 par exemple, le message **Erreur d'écriture** est affiché.

Un détail intéressant sur **argv** : les arguments de la ligne de commande sont stockés dans un tableau de pointeurs de caractères (reportez-vous au chapitre 6).

Adressage indirect à plusieurs niveaux

Vous pouvez avoir un pointeur désignant un autre pointeur, pointant à son tour vers une valeur cible. On parle alors « d'*adressage indirect à plusieurs niveaux* » ou de « *pointeurs de pointeurs* ». Ces derniers peuvent se révéler confus. Pour vous aider à clarifier le concept de l'adressage indirect à plusieurs niveaux, consultez la figure 5-3. Comme vous pouvez le constater, la valeur d'un pointeur normal correspond à l'adresse de l'objet contenant la valeur souhaitée. Dans le cas de l'adressage indirect à plusieurs niveaux, le premier pointeur renferme l'emplacement du deuxième, lequel désigne l'objet stockant la valeur désirée.

Le nombre de pointeurs de pointeurs n'est pas limité, mais un seul suffit généralement. En réalité, les multiplier rend l'adressage difficile à suivre, et sujet à des erreurs conceptuelles.

Note. Ne confondez pas l'adressage indirect à plusieurs niveaux avec l'application de pointeurs aux structures de données de haut niveau (telles les listes chaînées). Il s'agit de deux concepts fondamentalement différents.

Vous devez déclarer une variable qui est un pointeur désignant un autre pointeur. Pour cela, vous placez un astérisque supplémentaire devant le nom de la variable. Ainsi, la déclaration suivante indique au compilateur que **newbalance** est le pointeur d'un autre pointeur de type **float** :

```
float **newbalance;
```

Vous devez comprendre que **newbalance** est un pointeur désignant un autre pointeur sur une variable de type **float**, et non le pointeur d'un nombre à virgule flottante en simple précision.

Pour accéder à la valeur cible désignée indirectement par le pointeur d'un autre, vous devez appliquer l'opérateur * deux fois, comme le montre l'exemple suivant :

```
#include <stdio.h>

int main(void)
{
  int x, *p, **q;

  x = 10;
  p = &x;
  q = &p;

  printf("%d", **q); /* Afficher la valeur de x */

  return 0;
}
```

Dans ce cas, vous déclarez **p** comme pointeur d'un entier, et **q** comme un pointeur sur pointeur d'un entier. L'invocation de **printf( )** permet d'afficher **10** à l'écran.

Initialisation de pointeurs

Avant qu'une quelconque affectation ne soit opérée, un pointeur local déclaré contient une valeur inconnue (les pointeurs globaux sont automatiquement initialisés à **null**). Si vous tentiez de vous servir d'un pointeur avant de lui attribuer une valeur acceptable, vous bloqueriez probablement votre programme (ainsi que votre système d'exploitation). Il s'agit là d'un type d'erreur très grave !

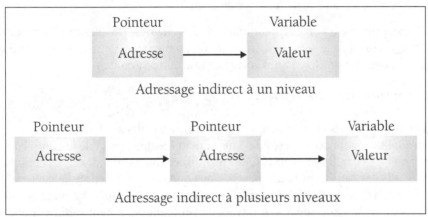

Figure 5-3   Adressage indirect à un ou à plusieurs niveaux

Lorsque les programmeurs en C/C++ travaillent avec des pointeurs, la plupart suivent une convention importante. Un pointeur actuellement ne désignant pas un emplacement mémoire valable reçoit la valeur **null**. Par convention, tout pointeur **null** signifie qu'il ne désigne rien, et qu'il ne doit pas servir. Cependant, le seul fait d'avoir une valeur **null** ne le rend pas sans danger. L'utilisation de **null**, qui est simplement une convention suivie par les programmeurs, ne constitue pas une règle de C ou de C++. Si vous placez par exemple un pointeur **null** à gauche d'une instruction d'affectation, vous courez toujours le risque de bloquer votre programme ou votre système d'exploitation.

Comme un pointeur **null** est censé être inutilisé, il permet de rendre le code de plusieurs de vos routines impliquant des pointeurs plus faciles à écrire et plus efficaces. Ainsi, vous pourriez vous en servir pour marquer la fin d'un tableau de pointeurs. En effet, la valeur nulle indique alors à la routine accédant au tableau que la limite a été atteinte si **null** est rencontré. La fonction **search( )** présentée ci-dessous illustre ce type d'approche.

```
/* Chercher un nom */
int search(char *p[], char *name)
{
  register int t;

  for(t=0; p[t]; ++t)
    if(!strcmp(p[t], name)) return t;

    return -1; /* Non trouvé */
}
```

Dans **search( )**, la boucle **for** fonctionne jusqu'à ce qu'une égalité soit établie ou qu'un pointeur **null** soit rencontré. Supposez que ce dernier marque la fin du tableau : une fois rencontré, la condition de la boucle devient non remplie.

En général, les programmeurs en C/C++ initialisent des chaînes. Un exemple existe dans la fonction **syntax_error( )** de la section « Tableaux de pointeurs ». En matière d'initialisation, le type suivant de déclaration de chaînes constitue une autre variante :

```
char *p = "Bonjour tout le monde";
```

Comme vous pouvez le constater, le pointeur **p** n'est pas un tableau. La raison pour laquelle cette sorte d'initialisation fonctionne réside dans la manière dont procède le compilateur compilateur. Tous les compilateurs en C/C++ créent une table pour stocker les constantes de type chaîne utilisées dans le programme. En conséquence, l'instruction de déclaration précédente place l'adresse de **Bonjour tout le monde** dans **p** puisque cette même chaîne est enregistrée dans la « *table des chaînes* ». À travers un programme, **p** peut servir comme n'importe quelle autre chaîne. Ainsi, le programme suivant est tout à fait acceptable :

```
#include <stdio.h>
#include <string.h>

char *p = "Bonjour tout le monde";

int main(void)
{
  register int t;

  /* Afficher la chaîne aller-retour */
  printf(p);
  for(t=strlen(p)-1; t>-1; t--) printf("%c", p[t]);

  return 0;
}
```

Selon la norme de C++, le type d'une chaîne de caractères est techniquement **const char**.
Toutefois, C++ offre la conversion automatique de **char**. Le programme précédent reste donc
valable. Cependant, il n'est pas recommandé de recourir à cette conversion automatique.
En conséquence, vous ne devriez pas compter sur cette caractéristique pour créer du code.
Dans de nouveaux programmes, vous devriez considérer les chaînes de caractères comme
des constantes, et remplacer la déclaration précédente de **p** par :

```
const char *p = "Bonjour tout le monde";
```

Pointeurs de fonctions

Un *pointeur sur une fonction* est une caractéristique de C++ particulièrement déroutante,
mais puissante. Même si une fonction ne correspond pas à une variable, elle a un
emplacement mémoire réel, que vous pouvez attribuer à un pointeur. Cette adresse, qui est
le point d'entrée d'une fonction, est celle utilisée lors de l'appel. Ainsi, un appel peut être
effectué *via* le pointeur désignant une fonction. Un pointeur de cette catégorie permet
également aux fonctions d'être transmises en tant qu'arguments à d'autres.

Vous obtenez l'adresse d'une fonction grâce au nom de la fonction sans parenthèses
ni arguments (le moyen utilisé pour recueillir l'adresse d'un tableau est similaire : un nom
de tableau sans indice). Pour découvrir le mode d'emploi, étudiez le programme suivant,
en faisant bien attention aux déclarations :

```
#include <stdio.h>
#include <string.h>

void check(char *a, char *b,
           int (*cmp)(const char *, const char *));

int main(void)
{
  char s1[80], s2[80];
  int (*p)(const char *, const char *);

  p = strcmp;

  gets(s1);
  gets(s2);

  check(s1, s2, p);

  return 0;
}
```

```
void check(char *a, char *b,
           int (*cmp)(const char *, const char *))
{
  printf("Test d\'égalité\n");
  if(!(*cmp)(a, b)) printf("Égal");
  else printf("Différent");
}
```

Lors de l'appel de **check( )**, deux pointeurs de caractères et un de fonction sont transmis en tant que paramètres. Ils servent d'arguments à cette fonction. Remarquez le mode de déclaration du dernier. Pour déclarer d'autres pointeurs de fonctions, vous devez employer une syntaxe similaire, bien que le type de retour et les paramètres puissent différer. Les parenthèses encadrant ***cmp** se révèlent nécessaires au compilateur pour interpréter correctement cette instruction.

Dans **check( )**, l'expression :

```
(*cmp)(a, b)
```

exécute **strcmp( )**, pointée par **cmp**, avec les arguments **a** et **b**. Il s'agit d'un des moyens d'invoquer une fonction *via* un pointeur. Une syntaxe plus simple est présentée ci-dessous :

```
cmp(a, b);
```

Les deux expressions sont équivalentes, excepté que vous rencontrerez souvent le premier style. Celui-ci permet en effet d'informer les lecteurs du code que l'appel d'une fonction s'effectue *via* un pointeur (en d'autres termes, ils apprennent que **cmp** ne correspond pas au nom, mais au pointeur d'une fonction).

Notez que vous pouvez exécuter **check( )** en utilisant directement **strcmp( )** :

```
check(s1, s2, strcmp);
```

Vous n'avez plus besoin alors d'une variable pointeur supplémentaire.

Peut-être vous demandez-vous pourquoi un programme serait écrit de cette manière. Certes, l'exemple précédent, qui n'apporte rien de plus, crée naturellement une grande confusion, mais la transmission de fonctions comme paramètres ou leur présentation dans un tableau offrent parfois un avantage. Concernant un compilateur ou un interpréteur, l'analyseur, constitué par la partie évaluant les expressions, invoque souvent plusieurs fonctions auxiliaires, pour effectuer des opérations mathématiques telles que le sinus, le cosinus, la tangente, *etc*. Par ailleurs, ils réalisent des E/S ou accèdent aux ressources du système. Au lieu d'avoir une longue instruction **switch** contenant toutes ces fonctions, vous pouvez créer un tableau de pointeurs de fonctions. Selon cette méthode, l'indice permet de choisir la fonction appropriée. Pour vous faire une idée d'un traitement de ce type, étudiez la version développée de l'exemple précédent. Dans ce programme, vous pouvez utiliser **check( )** en l'invoquant simplement avec une autre fonction de comparaison pour un test d'égalité, soit alphabétique, soit numérique :

```c
#include <stdio.h>
#include <ctype.h>
#include <stdlib.h>
#include <string.h>

void check(char *a, char *b,
           int (*cmp)(const char *, const char *));
int numcmp(const char *a, const char *b);

int main(void)
{
  char s1[80], s2[80];

  gets(s1);
  gets(s2);

  if(isalpha(*s1))
        check(s1, s2, strcmp);
  else
        check(s1, s2, numcmp);
  return 0;
}

void check(char *a, char *b,
           int (*cmp)(const char *, const char *))
{
  printf("Test d\'égalité\n");
  if(!(*cmp)(a, b)) printf("Égal");
  else printf("Différent");
}

int numcmp(const char *a, const char *b)
{
  if(atoi(a)==atoi(b)) return 0;
  else return 1;
}
```

Si vous tapez une lettre, vous passez **strcmp( )** à **check( )**. Dans le cas contraire, **numcmp( )** est employée. Comme **check( )** invoque la fonction transmise, elle peut utiliser différentes fonctions de comparaison dans divers cas.

Fonctions d'allocation dynamique de C

Les pointeurs permettent l'utilisation du système d'*allocation dynamique* de C/C++. Une telle attribution constitue, pour un programme, le moyen d'obtenir de la mémoire en cours de fonctionnement. Comme vous le savez, les variables globales reçoivent de l'espace au moment de la compilation. Quant aux variables locales, elles utilisent la pile. Toutefois, vous ne pouvez ajouter ni les unes ni les autres durant l'exécution du programme. Il arrive cependant des moments où les besoins en stockage d'un programme ne peuvent pas être connus à l'avance. Ainsi, un traitement de texte devrait profiter de toute la RAM d'un système. Il en va de même pour une base de données. Comme la quantité de RAM disponible varie d'un ordinateur à un autre, de tels programmes ne peuvent pas répondre à ces souhaits *via* des variables ordinaires. À l'instar d'autres programmes, ils doivent plutôt allouer de la mémoire en fonction de leurs nécessités.

En réalité, C++ prend en charge deux systèmes complets d'allocation dynamique : celui défini dans C, et celui spécifique à C++. Ce dernier, qui offre plusieurs améliorations par rapport au premier, est traité dans la partie II. Ici, la description concerne les fonctions d'allocation dynamique de C.

La mémoire attribuée par ces dernières est obtenue à partir du *tas* (zone de mémoire libre située entre l'emplacement permanent d'un programme et la pile). Le terme anglais pour cette mémoire est *heap*). Bien que sa taille soit inconnue, le tas a généralement un assez grand nombre de blocs disponibles.

La partie centrale du système d'allocation de C se compose de deux fonctions : **malloc( )** et **free()** (la plupart des compilateurs en fournissent plusieurs autres, mais ces deux revêtent le plus d'importance). Les fonctions **malloc( )** et **free( )** exploitent la zone de mémoire libre pour établir et maintenir une liste de blocs disponibles. La première alloue de l'espace, et la seconde en libère. En d'autres termes, une partie de la mémoire libre restante est attribuée à chaque demande de **malloc( )**, et le système récupère de l'espace à chaque appel de **free( )**. Les programmes contenant ces fonctions doivent inclure le fichier d'en-tête **stdlib.h** (en C++, vous pouvez également vous servir du nouvel en-tête **<cstdlib>**).

Concernant la fonction **malloc( )**, le prototype est le suivant :

    void *malloc(size_t *nombre_octets*);

Dans ce cas, *nombre_octets* quantifie l'espace que vous souhaitez allouer (le type **size_t** est plus ou moins défini dans **stdlib.h** comme un entier **unsigned**). La fonction **malloc( )** retourne un pointeur de type **void**, d'où la possibilité de l'affecter à un pointeur d'un type quelconque. Après un appel réussi, elle destine son renvoi au premier octet de la zone de mémoire attribuée dans le tas. Si l'espace disponible ne suffit pas pour satisfaire à une demande de **malloc( )**, un échec d'allocation se produit et la fonction retourne **null**.

Dans le fragment de code ci-dessous, vous demandez 1 000 octets de mémoire contiguë :

```
char *p;

p = malloc(1000); /* Obtenir 1 000 octets */
```

Après l'affectation, **p** pointe vers le début des 1 000 octets de mémoire libre.

Dans l'exemple précédent, remarquez que vous fixez **p** à la valeur de retour de **malloc( )** sans recourir au transtypage. En C, le type du pointeur, ici **void**, prend implicitement celui à gauche de l'instruction d'affectation. Cependant, il est important de comprendre que cette conversion automatique *ne* se produit *pas* en C++. Dans ce langage, un transtypage se révèle nécessaire lorsque vous affectez un pointeur de type **void** à un pointeur d'un autre type. En C++, vous devez donc écrire l'affectation précédente ainsi :

```
p = (char *) malloc(1000);
```

En règle générale, vous devez appliquer le transtypage lors de l'affectation d'un type de pointeur à un autre (ou lors de sa conversion). Il s'agit de l'une des rares différences fondamentales entre C et C++.

Dans l'exemple suivant, l'objectif est d'attribuer de l'espace à 50 entiers. Remarquez le recours à **sizeof** pour garantir la portabilité.

```
int *p;
p = (int *) malloc(50*sizeof(int));
```

Comme la taille du tas n'est pas infinie, vous devez vérifier que la valeur retournée par **malloc( )** n'est pas nulle, avant de vous servir du pointeur à chaque allocation de mémoire. L'utilisation d'un pointeur nul entraînera très probablement le blocage de votre programme. Le moyen le plus approprié d'attribuer de la mémoire et de tester la validité d'un pointeur est illustré dans le fragment de code ci-dessous :

```
p = (int *) malloc(100);
if(!p) {
  printf("Mémoire insuffisante\n");
  exit(1);
}
```

Bien entendu, vous pouvez mettre une autre sorte de sous-programme de traitement d'erreurs à la place de l'appel d'**exit( )**. Assurez-vous simplement de ne pas utiliser le pointeur **p** s'il est nul.

Quant à la fonction **free( )**, elle est l'opposé de **malloc( )**, dans le sens où elle permet au système de récupérer de la mémoire précédemment allouée. Une fois la mémoire libérée, elle peut être réutilisée au cours d'un appel ultérieur à **malloc( )**. Par ailleurs, la fonction **free( )** a le prototype suivant :

>   void free (void *p);

Dans ce cas, p est un pointeur de la mémoire attribuée auparavant à l'aide de **malloc( )**. Il est essentiel de ne *jamais* exécuter **free( )** sans argument valable, au risque de détruire la liste de blocs libres.

Problèmes liés aux pointeurs

Rien ne vous posera davantage de problèmes qu'un pointeur incontrôlable ! Un pointeur est un bienfait relatif. Il offre une puissance formidable pour de nombreux programmes. En même temps, il peut se révéler une bogue très difficile à identifier lorsqu'il contient accidentellement une valeur fausse.

Un pointeur erroné est dur à repérer, car lui-même ne constitue pas le problème. La difficulté vient de la lecture ou de l'écriture d'une partie inconnue de mémoire chaque fois que vous effectuez une opération *via* un mauvais pointeur. La lecture entraînerait au pire l'obtention d'une valeur parasite, mais l'écriture pourrait provoquer l'écrasement d'autres morceaux de code ou de données. Cette dernière situation, qui ne se révélerait peut-être pas avant l'exécution de votre programme, conduirait éventuellement à chercher une bogue au mauvais endroit. Il peut exister peu ou pas d'indications selon lesquelles un pointeur constitue la source du problème. Ce type de bogue est source de sérieuses migraines pour les programmeurs.

Comme les erreurs liées aux pointeurs sont un cauchemar, vous devriez faire de votre mieux pour les prévenir. Pour vous aider à les éviter, cette section traite de quelques-unes des plus courantes. Un exemple classique est l'*absence d'initialisation du pointeur*. Considérez le code suivant.

```c
/* Ce programme est erroné */
int main(void)
{
  int x, *p;

  x = 10;
  *p = x;

  return 0;
}
```

Dans ce code, 10 est stocké à un emplacement mémoire inconnu. Comme le pointeur **p** n'a jamais été fixé, il contient une valeur inconnue lorsque l'affectation ***p = x** a lieu. En conséquence, la valeur de **x** est écrite à un emplacement mémoire inconnu. En cas de petit programme, ce type de problème passe souvent inaperçu, car **p** contient très probablement une adresse « de sécurité » (absente de votre code, de la zone de données ou du système d'exploitation). À mesure que votre programme s'allonge, le risque d'avoir **p** pointé vers un élément essentiel augmente. Finalement, le programme s'arrête de fonctionner. La solution consiste à toujours s'assurer qu'un pointeur désigne un élément valable, avant de l'utiliser.

Une deuxième erreur courante est simplement due à une mauvaise compréhension du mode d'emploi d'un pointeur. Considérez le code suivant.

```c
/* Ce programme est erroné */
#include <stdio.h>

int main(void)
{
  int x, *p;

  x = 10;
  p = x;

  printf("%d", *p);

  return 0;
}
```

L'appel de **printf( )** affiche une valeur inconnue et non la valeur de **x** égale à 10, car l'affectation :

```c
p = x;
```

est fausse. Le pointeur **p** est fixé à 10 mais il est censé contenir une adresse et non une valeur. Pour corriger le programme, écrivez :

```c
p = &x;
```

Une autre erreur, qui se produit rarement, existe. Elle est due à des hypothèses incorrectes sur l'emplacement des variables en mémoire. Vous ne pouvez jamais savoir si vos données sont stockées à un endroit déterminé, si elles sont remises de la même manière ou si chaque compilateur les traite similairement. Pour ces raisons, la comparaison de pointeurs ne désignant pas un objet commun donnera peut-être des résultats inattendus. Ainsi, la logique de :

```
char s[80], y[80];
char *p1, *p2;

p1 = s;
p2 = y;
if(p1 < p2) . . .
```

n'est généralement pas valable (dans de très rares situations, vous pourriez vous servir d'un code similaire pour déterminer la position relative des variables).

Une erreur connexe résulte de la fausse supposition, selon laquelle deux tableaux adjacents peuvent être indexés comme un tout en franchissant les limites de tableaux *via* la simple incrémentation d'un pointeur. Par exemple :

```
int first[10], second[10];
int *p, t;

p = first;
for(t=0; t<20; ++t)  *p++ = t;
```

n'est pas un bon moyen d'initialiser les tableaux **first** et **second** avec les valeurs de 0 à 19. Dans certaines circonstances, le code fonctionne éventuellement sur quelques compilateurs. Toutefois, vous êtes censé placer en mémoire les deux tableaux dos à dos, en commençant par **first**, ce que vous ne ferez peut-être pas toujours.

En guise d'illustration, le programme ci-dessous renferme une bogue de type très dangereux. Essayez de la découvrir.

```
/* Ce programme contient une bogue */
#include <string.h>
#include <stdio.h>

int main(void)
{
  char *p1;
  char s[80];

  p1 = s;
  do {
    gets(s);  /* Lire une chaîne */

    /* Afficher l'équivalent décimal de chaque caractère */
    while(*p1) printf(" %d", *p1++);

  } while(strcmp(s, "Fait"));

  return 0;
}
```

Dans ce code, **p1** sert à afficher les valeurs ASCII associées aux caractères contenus dans **s**. Le problème réside dans l'adresse de **s** affectée une seule fois à **p1**. Lors de l'exécution de la première boucle, **p1** pointe vers le premier caractère de **s**. À la deuxième itération, il continue cependant à pointer son point de sortie, car il n'a pas été réinitialisé au début de **s**. Le caractère suivant peut faire partie de la seconde chaîne, d'une autre variable ou d'un fragment de programme ! Voici la meilleure façon d'écrire le programme.

```
/* Ce programme est maintenant correct */
#include <string.h>
#include <stdio.h>

int main(void)
{
  char *p1;
  char s[80];

  do {
    p1 = s;
    gets(s);  /* Lire une chaîne */

    /* Afficher l'équivalent décimal de chaque caractère */
    while(*p1) printf(" %d", *p1++);

  } while(strcmp(s, "done"));

  return 0;
}
```

À chaque itération de la boucle, **p1** est réinitialisé au début de la chaîne. En général, vous ne devez pas oublier de réinitialiser un pointeur si vous devez le réutiliser.

Le fait qu'une gestion incorrecte des pointeurs puisse entraîner des bogues délicats n'est pas une raison pour les proscrire. Faites simplement attention, et assurez-vous de connaître ce que chaque pointeur désigne avant de vous en servir.

CHAPITRE 6

Fonctions

E n C et en C++, les fonctions constituent les éléments fondamentaux dans lesquels se déroule toute l'activité du programme. Dans ce chapitre, vous examinerez leurs caractéristiques communes, y compris la transmission d'arguments, le retour de valeurs, les prototypes et la récursivité. La partie II, quant à elle, traitera des spécificités de C++ : la surcharge des fonctions, les paramètres de référence, *etc*.

Syntaxe des fonctions

Une fonction suit la syntaxe ci-dessous :

type nom_de_la_fonction (énumération_de_paramètres)
{
  corps_de_la_fonction
}

Dans ce cas, vous remplacez *type* par celui des données retournées par la fonction. Une fonction peut renvoyer n'importe quel type de données excepté un tableau. Ses paramètres sont spécifiés les uns à la suite des autres, en précisant pour chacun d'eux un type et un nom de variable et en séparant chacun de ces couples par une virgule. La valeur de ces arguments est donnée lors de l'appel à cette fonction. Une fonction peut ne pas avoir de paramètres. Dans ce cas, les parenthèses restent toutefois indispensables.

Pour plusieurs variables d'un même type, vous pouvez accomplir une déclaration commune, *via* leurs noms séparés par des virgules. Concernant les paramètres d'une fonction, vous devez en revanche inclure chaque fois le type devant le nom. En d'autres termes, leur déclaration suit la syntaxe ci-dessous :

fonction(type nom_de_la_variable_1, type nom_de_la_variable_2, …, type nom_de_la_variable_N)

Voici une déclaration correcte de paramètres d'une fonction, et un contre-exemple :

```
f(int i, int k, int j) /* Déclaration correcte */
f(int i, k, float j)   /* Contre-exemple */
```

Règles de portée des fonctions

Les règles de portée d'un langage déterminent ce qu'est capable de connaître ou ce à quoi un fragment de code a accès.

Une fonction correspond à un bloc distinct. Les instructions d'une deuxième fonction ne peuvent accéder à ce code séparé qu'à travers un appel (par exemple, **goto** ne permet pas de sauter dans une autre fonction). Le corps d'une fonction est inconnu du reste d'un programme. À moins d'utiliser des variables ou des données globales, il n'influe pas sur le reste du programme, et inversement. En d'autres termes, il n'agit pas sur le contenu d'une autre fonction, puisque la visibilité de chacune d'elles diffère.

Les variables définies dans une fonction sont qualifiées de « *locales* ». Elles sont créées lors du traitement de ce bloc, et détruites à la fin. En conséquence, elles ne peuvent pas conserver leur valeur d'un appel à un autre. La seule exception à la règle consiste à les déclarer **static**. Grâce à un tel spécificateur, le compilateur les considère comme globales pour le stockage, mais il limite leur portée à la fonction concernée (le chapitre 2 traite plus en détail les variables globales ou locales).

En C et en C++, vous ne pouvez pas définir une fonction imbriquée. C'est pourquoi ils ne sont pas techniquement des langages à structures de blocs.

Arguments des fonctions

Si une fonction est appelée avec des arguments, les variables correspondantes doivent être déclarées pour en recevoir les valeurs. De telles variables sont désignées par « *paramètres formels* » de la fonction. Leur activité ressemble à celle des autres variables locales dans une fonction, et leur existence cesse à la fin du bloc. Quant à leur déclaration, elle se produit après le nom de la fonction et à l'intérieur des parenthèses, comme le montre la fonction suivante.

```
/* Si c fait partie de la chaîne s, retourner 1, sinon 0. */
int is_in(char *s,  char c)
{
  while(*s)
    if(*s==c) return 1;
    else s++;
  return 0;
}
```

La fonction **is_in( )** comporte deux paramètres : **s** et **c**. Elle retourne 1 si la chaîne **s** contient le caractère **c**, et 0 dans le cas contraire.

À l'instar des variables locales, les paramètres formels d'une fonction peuvent être soit fixés, soit appliqués à une expression. Même s'ils accomplissent la tâche particulière de recevoir la valeur des arguments transmis à la fonction, ils sont utilisables comme toute autre variable locale.

Passage de paramètre par valeur ou par référence

Dans un langage de programmation, deux moyens existent pour passer des arguments à un sous-programme. En premier lieu, « *le passage de paramètre par valeur* » consiste à initialiser un argument en effectuant une copie du paramètre d'appel. Dans ce cas, les changements apportés au paramètre au sein du sous-programme n'affecte en aucun cas la valeur de la variable passée en paramètre.

Mais il est aussi possible d'effectuer un « *passage de paramètre par référence* ». Dans ce cas le sous-programme reçoit une copie de *l'adresse* de l'argument utilisé lors de l'appel. En conséquence, des modifications éventuelles opérées sur le paramètre au sein de la fonction influent sur l'argument.

En C/C++, la première méthode est choisie par défaut, ce qui implique généralement l'impossibilité pour le code de la fonction de changer les arguments d'appel. Considérez le programme suivant :

```c
#include <stdio.h>

int sqr(int x);

int main(void)
{
  int t=10;

  printf("%d %d", sqr(t), t);

  return 0;
}

int sqr(int x)
{
  x = x*x;
  return(x);
}
```

Dans cet exemple, le paramètre **x** reçoit la valeur de l'argument de **sqr( )**, soit 10. Lorsque l'affectation **x =x*x** a lieu, seule la variable locale **x** est modifiée. La variable **t**, utilisée pour l'appel de **sqr( )**, continue à valoir 10. Vous obtenez donc l'affichage de **100 10**.

Rappelez-vous que la valeur de l'argument transmise à la fonction est une copie. Les événements se produisant dans la fonction n'altèrent donc pas la variable utilisée lors de l'appel.

Coder le passage de paramètres par référence

Au lieu de recourir à l'option par défaut de C/C++, vous pouvez dont passer les paramètres d'une fonction par référence, spécifiant simplement l'adresse de l'argument (et non l'argument lui-même) lors de l'appel. La fonction recevant une adresse est alors en mesure de changer la valeur de l'argument en dehors de son bloc de déclaration.

Un pointeur est transmis à la fonction comme n'importe quelle autre valeur. Bien entendu, vous devez déclarer le paramètre de la fonction comme étant un pointeur. La fonction **swap( )** ci-dessous échange la valeur de deux entiers pointés par les arguments passés et montre comment procéder :

```
void swap(int *x, int *y)
{
  int temp;

  temp = *x;   /* Sauvegarder la valeur à l'adresse de x */
  *x = *y;     /* Placer y dans x */
  *y = temp;   /* Mettre x dans y */
}
```

La fonction **swap( )** peut permuter les deux valeurs pointées par **x** et **y**, car elle reçoit leur adresse et non leur valeur. Dans la fonction, le contenu des variables est donc accessible *via* les opérations standard sur les pointeurs, et celui utilisé pour l'appel est échangé.

Rappelez-vous que vous devez vous servir de l'*adresse des arguments* pour exécuter **swap( )** (ou toute autre fonction ayant des pointeurs comme paramètres). Le programme suivant présente le moyen correct d'atteindre cet objectif.

```
void swap(int *x, int *y);

int main(void)
{
  int i, j;

  i = 10;
  j = 20;

  swap(&i, &j); /* Transmettre les adresses d'i et de j */

  return 0;
}
```

Dans cet exemple, vous affectez respectivement 10 et 20 à **i** et à **j**. Pour exécuter **swap( )**, vous recourez ensuite aux adresses de ces variables (*via* l'opérateur unaire **&**). En conséquence, la fonction ne reçoit pas leur valeur.

Note. C++ permet de rendre totalement automatique l'appel par référence, grâce aux paramètres de référence. Cette caractéristique est décrite dans la partie II.

Appel par tableau

L'étude des tableaux est détaillée dans le chapitre 4. Cette section traite cependant de la transmission de tableaux sous forme d'arguments de fonctions, car il s'agit d'une exception de l'appel par valeur.

Lorsqu'un tableau joue un tel rôle, son adresse est reçue par une fonction. Dans ce cas, le code de la fonction opère, et change potentiellement le contenu courant du tableau utilisé pour l'appel. Considérez par exemple la fonction **print_upper( )**, qui affiche en majuscules la chaîne fournie en argument :

```c
#include <stdio.h>
#include <ctype.h>

void print_upper(char *string);

int main(void)
{
  char s[80];

  gets(s);
  print_upper(s);
  printf("\ns est maintenant en majuscules : %s", s);
  return 0;
}

/* Afficher une chaîne en majuscules */
void print_upper(char *string)
{
  register int t;

  for(t=0; string[t]; ++t)  {
    string[t] = toupper(string[t]);
    putchar(string[t]);
  }
}
```

Dans **main( )**, le contenu du tableau **s** est mis en majuscules après l'appel de **print_upper( )**. Si cela ne correspondait pas à vos souhaits, vous pourriez écrire le programme ainsi :

```c
#include <stdio.h>
#include <ctype.h>
void print_upper(char *string);
```

```
int main(void)
{
  char s[80];

  gets(s);
  print_upper(s);
  printf("\ns reste inchangé : %s", s);

  return 0;
}

void print_upper(char *string)
{
  register int t;

  for(t=0; string[t]; ++t)
    putchar(toupper(string[t]));
}
```

Dans cette version, le contenu du tableau **s** reste inchangé, car ses valeurs ne sont pas modifiées dans **print_upper( )**.

La fonction **gets( )**, qui appartient à la bibliothèque standard, constitue un exemple classique de transmission de tableaux à des fonctions. Bien que la version suivante appelée **xgets( )** soit plus simple et moins perfectionnée, elle vous donne une idée de son fonctionnement.

```
/* Version simple de la fonction gets()
   appartenant à la bibliothèque standard */
char *xgets(char *s)
{
  char ch, *p;
  int t;

  p = s;  /* gets() retourne un pointeur de s */

  for(t=0; t<80; ++t){
    ch = getchar();

    switch(ch) {
      case '\n':
        s[t] = '\0'; /* Terminer la chaîne */
        return p;
      case '\b':
        if(t>0) t--;
        break;
      default:
```

```
        s[t] = ch;
    }
  }
  s[79] = '\0';
  return p;
}
```

Vous devez exécuter cette fonction **xgets( )** avec un pointeur de caractères. Il peut naturellement s'agir du nom d'un tableau de caractères. En effet, il équivaut à un pointeur de caractères par définition. Une fois commencée, **xgets( )** crée une boucle **for** allant de 0 à 79, pour vous empêcher de saisir des chaînes plus longues au clavier. Si le nombre de caractères dépassait 80, il provoquerait le retour au point d'appel (la véritable fonction **gets( )** n'a pas cette restriction). Comme la vérification des limites manque en C/C++, vous devez vous assurer que le tableau utilisé pour exécuter **xgets( )** peut accepter au moins 80 caractères. À mesure que les caractères sont saisis au clavier, ils sont placés dans la chaîne. Si vous appuyez sur la touche retour arrière, vous diminuez de 1 la valeur du compteur **t**, ce qui supprime en réalité le caractère précédent du tableau. Lorsque vous appuyez sur ENTRÉE, vous placez **null** au bout de la chaîne, et vous marquez ainsi sa fin. Au retour, le tableau courant destiné à invoquer **xgets( )** contient les caractères saisis, puisqu'il a été modifié.

Arguments de main( )

Il est parfois utile de transmettre des informations au programme en cours d'exécution. En général, vous les passez à la fonction **main( )** *via des arguments de ligne de commande*. Ceux-ci suivent le nom du programme, dans la ligne de commande du système d'exploitation. Lorsque vous compilez un programme, vous pourriez par exemple taper une ligne à peu près similaire à la suivante, après l'invite de commande :

    cc *nom_du_programme*

Dans ce cas, *nom_du_programme* est un argument de ligne de commande spécifiant le nom du programme à compiler.

Deux arguments particuliers sont incorporés : **argv** et **argc**. Ils servent à recevoir des arguments de ligne de commande. Le paramètre **argc** stocke le nombre d'arguments sur la ligne de commande. Entier, il vaut au moins 1, car le nom du programme est qualifié de premier argument. Quant au paramètre **argv**, il correspond au pointeur d'un tableau de pointeurs de caractères. Chaque élément du tableau pointe vers un argument de ligne de commande. Tous les arguments de ligne de commande sont des chaînes (le programme doit convertir tous les nombres en une forme interne appropriée). Dans l'exemple suivant, le programme permet d'afficher votre nom, précédé de **Bonjour**, à l'écran, si vous le tapez directement après l'appellation du programme :

```
#include <stdio.h>
#include <stdlib.h>

int main(int argc, char *argv[])
{
  if(argc!=2) {
    printf("Vous avez oublié de taper votre nom.\n");
    exit(1);
  }
  printf("Bonjour %s", argv[1]);

  return 0;
}
```

Supposez que vous, prénommé Tom, désigniez ce programme par **name**. Pour son exécution, vous taperiez **name Tom**. Vous obtiendriez alors **Bonjour Tom**.

Dans de nombreux environnements, vous devez séparer chaque argument de ligne de commande par un espace ou une tabulation. En revanche, les virgules, les points-virgules ou d'autres éléments du même type ne sont pas considérés comme délimiteurs. Ainsi :

```
run Spot, run
```

se compose de trois chaînes, alors que :

```
Herb,Rick,Fred
```

est une chaîne unique puisque les virgules ne peuvent généralement pas servir de séparateurs.

Par ailleurs, certains environnements vous autorisent à mettre une chaîne contenant des espaces entre guillemets. La chaîne entière est alors prise pour un argument unique. Vérifiez donc les renseignements sur la définition des paramètres de ligne de commande dans la documentation de votre système d'exploitation.

Concernant **argv**, la déclaration doit se révéler correcte. La méthode la plus courante consiste à employer :

```
char *argv[];
```

Les crochets vides indiquent que le tableau a une taille indéterminée. Vous pouvez maintenant accéder aux arguments particuliers en indexant **argv**. Ainsi, vous orientez **argv[0]** vers la première chaîne, qui correspond toujours au nom du programme, **argv[1]** vers le premier argument, *etc.*

Prenez un autre exemple, à travers le programme court appelé **countdown**. Présenté ci-dessous, il prend une valeur de départ déterminée dans la ligne de commande, compte à rebours, et émet un signal sonore une fois 0 atteint. Remarquez que la fonction standard **atoi( )** convertit en un entier le premier argument contenant le nombre. Si la chaîne "afficher" est le deuxième, vous visualisez le compte à rebours à l'écran.

```c
/* Programme countdown */
#include <stdio.h>
#include <stdlib.h>
#include <ctype.h>
#include <string.h>

int main(int argc, char *argv[])
{
  int disp, count;

  if(argc<2) {
    printf("Vous devez entrer la valeur de départ\n");
    printf("du compteur dans la ligne de commande.\n"
    printf("Réessayez."\n");
    exit(1);
  }

  if(argc==3 && !strcmp(argv[2], "afficher")) disp = 1;
  else disp = 0;

  for(count=atoi(argv[1]); count; --count)
    if(disp) printf("%d\n", count);

  putchar('\a');  /* Émettre un signal sonore */
  printf("Done");

  return 0;
}
```

Remarquez qu'un message d'erreur apparaît si vous ne spécifiez aucun argument de ligne de commande. Avec un tel paramètre, un programme fournit souvent des indications précieuses lorsque l'utilisateur tente de l'exécuter sans indiquer les informations appropriées.

Pour accéder à un caractère particulier de l'un des arguments de ligne de commande, ajoutez un second indice à **argv**. Ainsi, le programme suivant présente tous les arguments d'appel caractère par caractère :

```
#include <stdio.h>

int main(int argc, char *argv[])
{
  int t, i;

  for(t=0; t<argc; ++t) {
    i = 0;

    while(argv[t][i]) {
      putchar(argv[t][i]);
      ++i;
    }
    printf("\n");
  }

  return 0;
}
```

Rappelez-vous que le premier indice accède à la chaîne et le second aux caractères particuliers de la chaîne.

Normalement, vous recourez à **argc** et à **argv** pour introduire des commandes initiales dans votre programme. En théorie, vous pouvez avoir jusqu'à 32 767 arguments, mais la plupart des systèmes d'exploitation n'en acceptent que quelques-uns. Vous vous en servez généralement pour indiquer un nom de fichier ou une option. L'utilisation d'arguments de ligne de commande donne l'apparence à un programme d'être écrit par des professionnels, et facilite son application dans le fichier de commandes.

Lorsqu'un programme ne nécessite pas de paramètres de ligne de commande, la déclaration explicite de cette absence dans **main( )** constitue une pratique courante. Dans les programmes en C, elle est accomplie à l'aide du mot clé **void** lors de l'énumération de paramètres (cette approche est appliquée dans les programmes de la partie I de cet ouvrage). En C++, vous pouvez simplement spécifier une suite vide de paramètres. Dans cet objectif, l'emploi de **void** est autorisé, mais redondant.

Concernant **argc** et **argv**, vous pouvez remplacer leur nom traditionnel à votre guise. Par ailleurs, certains compilateurs sont susceptibles de prendre en charge d'autres arguments de **main( )**. Assurez-vous donc de procéder aux vérifications dans votre manuel d'utilisation.

Instruction return

L'instruction **return** elle-même a été décrite dans le chapitre 3. Selon les explications fournies, elle a deux applications principales. En premier lieu, elle entraîne la sortie immédiate de la fonction où elle figure. Concernant l'exécution du programme, elle provoque donc le retour au point d'appel. En second lieu, elle peut servir à renvoyer une valeur. Son mode d'emploi est examiné dans cette section.

Retour au programme appelant

Deux moyens existent pour mettre fin à l'exécution d'une fonction, et retourner au programme appelant. Dans le premier cas, la dernière instruction de la fonction a été exécutée, et } a été conceptuellement rencontrée (l'accolade de fermeture est en réalité absente du code objet, mais elle peut être imaginée ainsi). Par exemple, la fonction **pr_reverse( )** du programme suivant affiche simplement à rebours la chaîne "C++ me plaît", puis retourne au point d'appel.

```
#include <string.h>
#include <stdio.h>

void pr_reverse(char *s);

int main(void)
{
  pr_reverse("C++ me plaît");

  return 0;
}

void pr_reverse(char *s)
{
  register int t;

  for(t=strlen(s)-1; t>=0; t--) putchar(s[t]);
}
```

Après l'affichage de la chaîne à l'écran, **pr_reverse( )** n'a plus de tâche à accomplir. Elle retourne donc au point d'appel.

En réalité, peu de fonctions s'arrêtent par défaut *via* cette méthode. Pour la plupart, la fin dépend de l'instruction **return**. En effet, cette dernière permet soit de retourner une valeur, soit de rendre le code des fonctions plus simple et plus efficace.

Une fonction peut contenir plusieurs instructions **return**. Dans le programme suivant, **find_substr( )** retourne par exemple la position de départ d'une sous-chaîne, ou -1 si aucune correspondance n'est établie.

```c
#include <stdio.h>

int find_substr(char *s1, char *s2);

int main(void)
{
  if(find_substr("C++ est amusant", "est") != -1)
    printf("Sous-chaîne \" est \" trouvée");
  return 0;
}

/* Retourner l'indice de la première
   correspondance de s2 avec s1 */
int find_substr(char *s1, char *s2)
{
  register int t;
  char *p, *p2;

  for(t=0; s1[t]; t++) {
    p = &s1[t];
    p2 = s2;

    while(*p2 && *p2==*p) {
      p++;
      p2++;
    }
    if(!*p2) return t; /* Instruction return */
  }
   return -1; /* Autre instruction return */
}
```

Retour d'une valeur

Toutes les fonctions, hormis celles de type **void**, retournent une valeur. Une telle donnée est spécifiée dans **return**. En l'absence de cette dernière, une valeur parasite est renvoyée. En C++, une fonction non déclarée **void** *doit* en revanche contenir l'instruction **return**, qui retourne une valeur. Cependant, une donnée parasite est renvoyée si la fin du bloc défini avec un retour est atteinte. Bien qu'une telle condition ne constitue pas une erreur de syntaxe, cette idée fondamentalement fausse doit être évitée.

Tant qu'une fonction n'est pas déclarée **void**, vous pouvez l'utiliser comme opérande dans une expression. En conséquence, chacun des exemples suivants est valable :

```
x = power(y);
if(max(x,y) > 100) printf("Supérieur");
for(ch=getchar(); isdigit(ch);) ... ;
```

En règle générale, une fonction ne peut pas représenter la cible d'une affectation. Ainsi, l'instruction suivante est incorrecte :

```
swap(x,y) = 100;
```

Le compilateur en C/C++ la signalera comme une erreur. Par ailleurs, il ne traitera pas un programme contenant cette instruction (des exceptions intéressantes à cette règle générale existent en C++ ; traitées dans la partie II, elles permettent à des fonctions d'un certain type de figurer dans la partie gauche d'une instruction d'affectation).

Lorsque vous écrivez un programme, vous disposez généralement de trois sortes de fonctions. Les premières concernent simplement les calculs. Les fonctions de ce type sont particulièrement conçues pour effectuer des opérations sur leurs arguments, et retourner une valeur résultante. Elles représentent des fonctions « pures ». En guise d'illustration, prenez **sqrt( )** et **sin( )**. Appartenant à la bibliothèque standard, elles calculent respectivement la racine carrée et le sinus de leurs arguments.

Les fonctions du deuxième type retournent une valeur indiquant simplement le succès ou l'échec du traitement qu'elles réalisent sur des données. Appartenant à la bibliothèque standard, **fclose( )** en constitue un exemple. Si son opération de fermeture réussit, la fonction renvoie 0, sinon **EOF** (fin de fichier).

Concernant le dernier groupe, il n'existe aucune valeur explicite de retour. Les fonctions de ce type sont strictement procédurales. Parmi elles, figurent **exit( )**, dont le rôle consiste à mettre fin à un programme. Toutes les fonctions ne renvoyant aucune valeur devraient être déclarées **void**. De cette manière, vous empêchez leur utilisation dans une expression, et donc un emploi abusif accidentel.

Parfois, les fonctions retournent une valeur même si elles ne produisent pas vraiment un résultat intéressant. Dans un programme, il serait par exemple inhabituel de prendre le nombre de caractères écrits que renvoie **printf( )**. En d'autres termes, vous n'avez pas à vous servir d'une valeur inutile, bien qu'elle soit retournée par une fonction non déclarée **void**. En la matière, une question se pose fréquemment : « Faut-il affecter la valeur à une variable à cause de son renvoi ? ». La réponse est négative. Si aucune affectation n'est spécifiée, la valeur de retour est simplement abandonnée. En guise d'illustration, considérez la fonction **mul( )** du programme ci-dessous :

```
#include <stdio.h>

int mul(int a, int b);

int main(void)
{
  int x, y, z;

  x = 10;   y = 20;
  z = mul(x, y);            /* 1 */
  printf("%d", mul(x,y));   /* 2 */
  mul(x, y);                /* 3 */
  return 0;
}

int mul(int a, int b)
{
  return a*b;
}
```

À la ligne 1, la valeur de retour de **mul( )** est affectée à **z**. À la ligne 2, elle est utilisée dans la fonction **printf( )**. Finalement, elle est perdue à la ligne 3, car elle n'est ni affectée à une autre variable, ni intégrée dans une expression.

Retour d'un pointeur

Que les fonctions retournent ou non des pointeurs, elles sont gérées de la même manière. Cependant, l'étude de quelques concepts importants s'impose.

En effet, les pointeurs de variables ne sont pas des entiers signés ou non. Ils correspondent à l'adresse mémoire de données d'un certain type. Le fait que les opérations arithmétiques sur les pointeurs s'effectuent par rapport au type primitif justifie cette distinction. Si, par exemple, un pointeur d'entiers est incrémenté, il contient une valeur supérieure de 4 à la précédente (dans l'hypothèse d'entiers de 4 octets). En général, à chaque incrémentation (ou décrémentation), le pointeur est dirigé vers l'élément suivant de même type (ou le précédent). Comme la taille des différents types de données peut varier, le compilateur doit connaître celui vers lequel le pointeur est orienté. Pour cette raison, il faut déclarer explicitement le type du pointeur que renvoie une fonction. Si vous vouliez renvoyer un pointeur *via* **char ***, vous ne devriez pas recourir à **int *** !

Pour retourner un pointeur, il faut déclarer une fonction comme ayant cette caractéristique. Ainsi la fonction suivante renvoie le pointeur de la première occurrence du caractère **c** dans la chaîne **s**.

```
/* Retourner le pointeur de la première
   occurrence de c dans s */
char *match(char c, char *s)
{
  while(c!=*s && *s) s++;
  return(s);
}
```

Si aucune correspondance n'est établie, un pointeur de zéros de terminaison est retourné. À présent, voici un petit programme contenant **match( )** :

```
#include <stdio.h>

char *match(char c, char *s);  /* Prototype */

int main(void)
{
  char s[80], *p, ch;

  gets(s);
  ch = getchar();
  p = match(ch, s);

  if(*p)  /* Il existe une correspondance */
    printf("%s ", p);
  else
    printf("Aucune corrélation n\'est établie ");

  return 0;
}
```

Ce programme lit une chaîne, puis un caractère. Si le caractère y figure, il affiche la chaîne à partir du point de correspondance, sinon **Aucune corrélation n'est établie**.

Fonctions de type void

L'un des emplois de **void** consiste à déclarer explicitement des fonctions sans valeur de retour. Il empêche leur utilisation dans une expression quelconque, et contribue à prévenir un abus accidentel. Ainsi, la fonction **print_vertical( )** affiche verticalement son argument en chaîne à l'écran. Comme elle ne retourne aucune valeur, elle est déclarée **void**.

```
void print_vertical(char *str)
{
  while(*str)
    printf("%c\n", *str++);
}
```

Voici un exemple d'application de **print_vertical( )** :

```
#include <stdio.h>

void print_vertical(char *str);  /* Prototype */


int main(int argc, char *argv[])
{
  if(argc > 1) print_vertical(argv[1]);

  return 0;
}

void print_vertical(char *str)
{
  while(*str)
    printf("%c\n", *str++);
}
```

Un dernier point : le mot clé **void** n'était pas défini dans les versions précédentes de C. Auparavant, les fonctions sans retour de valeur mettaient par défaut le type **int**. Ne soyez donc pas surpris d'en rencontrer de nombreux exemples dans des programmes antérieurs.

Fonction main( )

La fonction **main( )** destine un entier au processus appelant, soit généralement au système d'exploitation. Retourner une valeur à partir de **main( )** revient à exécuter **exit( )** avec la même valeur. Si une valeur n'est pas explicitement renvoyée par **main( )**, celle destinée au processus appelant est techniquement indéfinie. En pratique, la plupart des compilateurs en C/C++ retournent automatiquement 0, mais ne vous y fiez pas si vous vous préoccupez de la portabilité.

Récursivité

La récursivité est le processus de définition d'un élément en fonction de lui-même. Les anglophones la désignent parfois par « *circular definition* » (littéralement, « définition circulaire »). En C/C++, une fonction dite *récursive* peut être invoquée par elle-même grâce à une instruction de son corps.

Prenez un exemple simple : **factr( )**. Dans cette fonction récursive, la factorielle de **n** est obtenue *via* le produit de tous les entiers compris entre 1 et **n**. Ainsi, celle de 3 donne 1 x 2 x 3, soit 6. Dans le code ci-dessous, **factr( )** et son équivalent itératif sont présentés.

```
/* Fonction récursive */
int factr(int n) {
  int answer;

  if(n==1) return(1);
  answer = factr(n-1)*n; /* Appel récursif */
  return(answer);
}

/* Fonction non récursive */
int fact(int n) {
  int t, answer;

  answer = 1;

  for(t=1; t<=n; t++)
    answer=answer*(t);

  return(answer);
}
```

La version non récursive, **fact( )**, devrait paraître claire. Dans une boucle allant de 1 à **n**, elle permet de multiplier progressivement chaque nombre par le produit variable.

Concernant la fonction récursive, l'opération se révèle un peu plus complexe. Lorsque **factr( )** est exécutée avec un argument égal à 1, elle retourne 1. Dans le cas contraire, elle renvoie le produit de **factr(n-1)*n**. Pour évaluer cette expression, elle est exécutée avec **n-1** jusqu'à ce que **n** atteigne 1.

Si **n** vaut 2 au départ, le premier appel de **factr( )** en provoque un second, avec un argument égal à 1. Le chiffre 1 est alors retourné, puis multiplié par 2. Le calcul de la factorielle de 2 donne donc 2. Essayez d'obtenir vous-même celle de 3 (pour déterminer le niveau de chaque appel et des résultats intermédiaires, vous pourriez insérer des instructions de type **printf( )**).

La récursivité entraîne l'allocation d'une partie de la pile à un nouvel ensemble de variables locales et de paramètres. Avec ces modifications, l'exécution du code de la fonction s'effectue depuis le début. Seules les valeurs changent. Un appel récursif ne copie donc pas la fonction. À son retour, les variables locales et les paramètres précédents sont chaque fois supprimés de la pile. Quant à l'exécution, elle reprend au point d'appel interne de la fonction récursive. Cette dernière pourrait être considérée comme condensant le programme.

La plupart des routines récursives ne réduisent pas significativement la taille du code. Elles n'améliorent pas non plus l'utilisation de la mémoire de manière marquante. Leur exécution peut en outre se révéler un peu plus lente que celle de leur équivalent itératif, en raison du temps système pour les appels répétés. En réalité, de nombreux appels récursifs pourraient déclencher un dépassement de la pile. En effet, chacun crée une nouvelle copie des paramètres de la fonction et des variables locales stockés dans la pile. Cependant, vous n'aurez probablement pas à vous en préoccuper, à moins que la fonction récursive ne se dérègle.

Cette dernière offre l'avantage principal de simplifier la version de plusieurs algorithmes. Ainsi, l'algorithme de tri rapide se révèle difficile à mettre en œuvre *via* l'itération. Par ailleurs, certains problèmes, notamment ceux liés à l'intelligence artificielle, se prêtent à des solutions de récursivité. Finalement, il paraît parfois plus facile de raisonner avec la récursivité qu'avec l'itération.

Lorsque vous écrivez une fonction récursive, vous devez utiliser une instruction conditionnelle pour imposer le retour au point d'appel externe. Ce dernier ne se produira jamais si vous ne recourez pas à **if** par exemple. L'omission de l'instruction conditionnelle constitue une erreur fréquente. Pour pouvoir observer ce qu'il se passe durant le déroulement du programme, et arrêter l'exécution en cas d'erreur, servez-vous abondamment de **printf( )**.

Prototypes de fonctions

En C++, vous devez déclarer toutes les fonctions avant de les utiliser. Normalement, vous accomplissez cette opération *via* des *prototypes* de fonctions. Ces derniers ne faisaient pas partie du langage C de départ. Les prototypes ont été ajoutés au moment de la standardisation de C. Leur emploi est fortement recommandé, bien que la norme de C ne l'exige pas techniquement. En revanche, il se révèle toujours *indispensable* en C++. Dans cet ouvrage, tous les exemples incluent des prototypes complets. En C et en C++, les prototypes permettent la vérification du type le plus fort, de manière un peu similaire à celle offerte par des langages tels que Pascal. Lorsque vous les utilisez, le compilateur peut repérer et communiquer toute conversion interdite entre le type des arguments d'appel et celui des paramètres d'une fonction. Il découvrira également les différences entre le nombre de ces arguments et celui de ces paramètres.

Concernant le prototype de fonction, la syntaxe est la suivante :

> *type nom_de_la_fonction (type nom_du_paramètre_1, type nom_du_paramètre_2, (…), type nom_du_paramètre_N);*

Le recours au nom d'un paramètre est facultatif. Toutefois, il permet au compilateur une identification en cas de non-correspondance de types. Une bonne idée est donc d'inclure ce nom.

En guise d'illustration de la valeur des prototypes de fonctions, le programme ci-dessous génère un message d'erreur, car il tente de faire appel à **sqr_it( )** avec un argument de type entier, en lieu et place du pointeur d'entiers requis (il est interdit de convertir un entier en pointeur).

```c
/* Dans ce programme, un prototype de fonction vise
   à appliquer la vérification du type fort */

void sqr_it(int *i); /* Prototype */

int main(void)
{
  int x;

  x = 10;
  sqr_it(x);  /* Non-correspondance de types */

  return 0;
}

void sqr_it(int *i)
{
  *i = *i * *i;
}
```

La définition d'une fonction peut également servir de prototype si elle s'applique avant la première utilisation de la fonction dans le programme. Voici un exemple de code valable :

```c
#include <stdio.h>

/* Cette définition sert également de
   prototype dans ce programme */
void f(int a, int b)
{
  printf("%d ", a % b);
}

int main(void)
{
  f(10,3);

  return 0;
}
```

Comme **f( )** est défini avant son utilisation dans **main( )**, aucun prototype distinct ne se révèle indispensable. Certes, une définition de fonction peut servir de prototype dans des petits programmes, mais elle peut rarement s'appliquer à des longs (en particulier lorsque plusieurs fichiers sont impliqués). Dans cet ouvrage, les programmes incluent un prototype séparé pour chaque fonction, car le code en C/C++ est normalement écrit ainsi dans la pratique.

La seule fonction ne nécessitant pas de prototype est **main( )**, puisqu'il s'agit de la première fonction invoquée au début du programme.

Pour des besoins de compatibilité avec la version de départ de C, une petite différence existe entre ce langage et C++, mais elle se révèle importante. Elle concerne la gestion du prototypage d'une fonction sans paramètres. En omettant tous les paramètres dans le prototype, vous indiquez simplement que leur ensemble est vide en C++. Par exemple :

```
int f(); /* Prototype de C++ pour une
            fonction sans paramètres */
```

En revanche, ce prototype a une signification différente en C. En raison du passé, un ensemble vide de paramètres révèle simplement qu'*aucune information* n'est fournie *sur les paramètres*. Concernant le compilateur, la fonction pourrait comporter ou non des paramètres. En C, le prototype d'une fonction sans paramètres contient **void** à la place de ces derniers. En guise d'illustration, voici le prototype de **f( )**, comme il apparaîtrait dans un programme en C :

```
float f(void);
```

Il indique au compilateur qu'un appel avec des paramètres, normalement inexistants en raison de la nature de la fonction, constitue une erreur. En C++, le recours à **void** dans l'ensemble vide de paramètres est toujours autorisé, quoique redondant.

Important. En C++, **f( )** équivaut à **f(void)**.

```
int func(int a, int b, ...);
```

Les prototypes de fonctions aident à découvrir des bogues avant qu'ils ne se manifestent. Ils contribuent en outre à vérifier le bon fonctionnement d'un programme en interdisant l'appel des fonctions ayant des arguments discordants.

Un dernier point : comme les versions précédentes de C ne prennent pas en charge la syntaxe complète des prototypes, ces derniers y sont techniquement facultatifs, ce qui se révèle nécessaire pour permettre l'utilisation de programmes anciens. Si vous passez de C à C++, vous pouvez avoir à ajouter des prototypes de fonctions complets dans l'ancien programme avant de le compiler. Rappelez-vous que C++ exige des prototypes, contrairement à C. En conséquence, chaque fonction d'un programme en C++ doit en avoir un dans son intégralité.

Prototypes de fonctions de la bibliothèque standard

Toutes les fonctions de la bibliothèque standard exigent des prototypes. Pour cela, vous devez inclure l'en-tête approprié à chaque fonction de la bibliothèque. Le compilateur en C/C++ fournit tous les en-têtes nécessaires. En C, leur fichier porte l'extension .H. En C++, il peut être soit séparé, soit incorporé dans le compilateur lui-même. Dans les deux cas, un fichier d'en-tête contient deux éléments principaux : toutes les définitions utilisées par les fonctions de la bibliothèque et les prototypes destinés à ces dernières. Ainsi, pratiquement tous les programmes de cette partie de l'ouvrage incluent **stdio.h**, puisqu'il contient le prototype de **printf( )**. Pour une description des fichiers d'en-tête de la bibliothèque standard, consultez la partie 3.

Déclaration d'un ensemble variable de paramètres

Vous pouvez spécifier une fonction qui comporte un nombre variable de paramètres. L'exemple le plus courant est **printf( )**. Pour indiquer au compilateur que le nombre d'arguments transmis à une fonction est inconnu, vous devez terminer la déclaration des paramètres par des points de suspension. Ainsi, selon le prototype ci-dessous, la fonction contient au moins deux paramètres de type entier et un nombre variable de paramètres (pouvant être égal à 0) :

```
int func(int a, int b, ...);
```

Cette forme de déclaration sert également à la définition d'une fonction.

Une fonction utilisant un nombre inconnu de paramètres doit contenir au moins un paramètre courant. Ainsi la ligne suivante est incorrecte :

```
int func(...); /* Interdite */
```

Déclaration ancienne contre déclaration nouvelle

Dans les premières versions de C, la méthode de déclaration de paramètres diffère de celle de la norme de C ou de C++. L'approche de départ et celle de cet ouvrage sont respectivement qualifiées d'*ancienne* et de « *nouvelle* ». La norme de C permet l'utilisation de ces deux formes, mais la dernière est fortement recommandée. Quant à la norme de C++, elle prend seulement en charge la nouvelle. Cependant, vous devriez connaître l'ancienne car elle est toujours largement employée dans des programmes moins récents en C.

L'ancienne déclaration de paramètres de fonction se compose de deux parties : un ensemble de paramètres (à l'intérieur des parenthèses qui suivent le nom) et la déclaration des paramètres courants (entre la parenthèse de fermeture et l'accolade d'ouverture). Voici la syntaxe de l'ancienne définition de paramètres :

> *type nom_de_la_fonction(paramètre1, paramètre2, [...]paramètreN)*
> *type paramètre1;*
> *type paramètre2;*
> .
> .
> .
> *type paramètreN;*
> {
> code_de_la_fonction
> }

À titre de comparaison,

```
float f(int a, int b, char ch)
{
  /* ... */
}
```

apparaît ainsi sous son ancienne forme :

```
float f(a, b, ch)
int a, b;
char ch;
{
  /* ... */
}
```

Remarquez que cette dernière permet de déclarer un ensemble de plusieurs paramètres après le nom du type.

Important. C++ ne prend pas en charge l'ancienne forme de déclaration de paramètres dépassée pour C.

Questions de mise en œuvre

Il est important de se souvenir de quelques points importants qui influent sur l'efficacité et les possibilités d'utilisation des fonctions. Ces questions constituent l'objet de cette section.

Paramètres et fonctions polyvalentes

Une fonction polyvalente est appliquée à des situations diverses, peut-être par de nombreux programmeurs différents. En général, elle ne devrait pas dépendre de données globales. Ses paramètres doivent transmettre toutes les informations nécessaires à la fonction. En cas d'impossibilité, vous devriez vous servir des variables de type **static**.

En plus de rendre les fonctions polyvalentes, les paramètres permettent de conserver un code compréhensible et moins susceptible de contenir des bogues dus à des effets secondaires.

Efficacité

Les fonctions, qui sont les éléments fondamentaux de C/C++, sont cruciales pour tous les programmes, sauf pour les plus simples. Dans certaines applications spécialisées, vous pourrez cependant avoir à remplacer une fonction par un code incorporé. Ce dernier accomplit les mêmes actions qu'une fonction, sans prendre le temps système lié à un appel. Pour cette raison, le code incorporé remplace souvent un appel lorsque le temps d'exécution est essentiel.

Il est plus rapide que l'appel d'une fonction, car l'exécution d'une instruction CALL prend du temps. Par ailleurs, s'il existe des arguments à transmettre, vous devez les placer sur la pile, ce qui demande également du temps. Pour la plupart des applications, cette augmentation très légère du temps d'exécution ne revêt pas d'importance. Dans le cas contraire, rappelez-vous que chaque appel prend un temps qui pourrait être gagné si le code de la fonction était incorporé. À titre d'exemple, les deux versions suivantes d'un programme permettent d'afficher le carré des nombres de 1 à 10. La version incorporée est plus rapide, car l'appel demande un temps supplémentaire.

Code incorporé

```c
#include <stdio.h>
int main(void)
{
  int x;
  for(x=1; x<11; ++x)
    printf("%d", x*x);
  return 0;
}
```

Appel de fonction

```c
#include <stdio.h>
int sqr(int a);
int main(void)
{
  int x;
  for(x=1; x<11; ++x)
    printf("%d", sqr(x));
  return 0;
}
int sqr(int a)
{
  return 0;
}
```

Note. C++ développe et officialise le concept de fonctions incorporées. En réalité, elles constituent des éléments importants de ce langage.

CHAPITRE 7

Structures, unions, énumérations et types définis par l'utilisateur

L e langage C offre cinq moyens de personnaliser un type de données.

1. La *structure*, qui regroupe des variables sous un même nom, constitue un type dit *composé* (le terme « *agrégat* » est également employé).

2. Le *champ de bits*, variante de la structure, facilite l'accès à chaque bit.

3. L'*union* permet de définir un même emplacement mémoire pour deux ou plusieurs variables de types différents.

4. L'*énumération* correspond à un ensemble de constantes entières nommées.

5. Le mot clé **typedef** définit un nouveau nom pour un type existant.

En plus de prendre en charge ces cinq approches, C++ fournit des classes. Ces dernières sont présentées dans la Partie II, alors que les autres méthodes de création de types personnalisés sont montrées ici.

Note. En C++, les structures et les unions ont, entre autres, des caractéristiques orientées objet. Ce chapitre ne traite pas de ces aspects, qui seront décrits dans la partie II. Seules les caractéristiques communes de C et de C++ sont examinées ici.

Structures

Une structure est un ensemble de variables auxquelles vous faites référence *via* un même nom. Ce dernier fournit un moyen pratique de conserver des informations connexes ensemble. En déclarant une structure, vous formez un modèle destiné éventuellement à la création de ses objets (c'est-à-dire ses instances). La structure se compose de variables appelées *membres* (ou bien *éléments* ou *champs*).

En général, tous les membres d'une structure ont un rapport logique. Ainsi, vous représenteriez normalement les informations d'un fichier d'adresses dans une structure. Vous la déclareriez en définissant les champs relatifs au nom et à l'adresse du fichier, comme le montre le morceau de programme ci-dessous ci-dessous. Dans ce code, le mot clé **struct** indique une *déclaration de structure* au compilateur :

```
struct addr
{
  char name[30];
  char street[40];
  char city[20];
  char state[3];
  unsigned long int zip;
};
```

Il s'agit d'une instruction, d'où la présence du point-virgule à la fin. Par ailleurs, **addr** correspond au nom du type de la structure. En tant que tel, il identifie cette structure particulière de données, et représente son spécificateur de type.

À ce stade, vous n'avez *créé aucune variable en réalité*. Vous avez seulement défini la forme des données, c'est-à-dire un type composé, et non une variable. Cette dernière n'existe pas comme objet physique tant que vous ne la déclarez pas. Pour déclarer la variable **addr_info** de type **addr**, écrivez :

```
struct addr addr_info;
```

En C++, un raccourci de notation existe :

```
addr addr_info;
```

Comme vous pouvez le constater, le mot clé **struct** ne se révèle pas nécessaire pour créer les variables d'une structure déjà déclarée. En C++, le nom de type suffit. Cela n'est, en revanche, pas le cas en C, d'où la différence. Selon la norme de ce langage, un nom de structure désigne une *étiquette*. En C, vous devez faire précéder cette dernière du mot clé **struct** lorsque vous déclarez des variables. N'oubliez pas que vous pouvez tout à fait garder une telle forme dans un code en C++. Comme les programmes de la partie I de cet ouvrage sont valables pour les deux langages, la méthode de déclaration de C est employée. Rappelez-vous simplement que C++ accepte un raccourci de notation.

Lorsque vous déclarez une structure de variable telle que **addr_info**, le compilateur alloue suffisamment d'espace pour recevoir tous ses membres. Si les caractères et les entiers longs font respectivement 1 et 4 octets, **addr_info** apparaît en mémoire comme dans la figure 7-1.

Vous pouvez également déclarer une ou plusieurs variables lors de la déclaration d'une structure. Ainsi :

```
struct addr {
  char name[30];
  char street[40];
  char city[20];
  char state[3];
  unsigned long int zip;
} addr_info, binfo, cinfo;
```

définit un type de structure nommé **addr** et déclare les variables **addr_info**, **binfo** et **cinfo** de ce type.

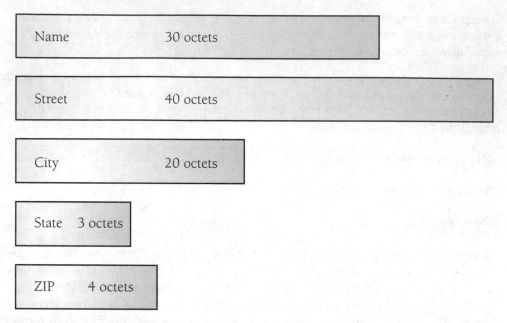

Figure 7-1 Structure addr_info en mémoire

Si une seule variable de structure suffit, le nom du type ne se révèle pas nécessaire. Par exemple,

```
struct {
  char name[30];
  char street[40];
  char city[20];
  char state[3];
  unsigned long int zip;
} addr_info;
```

déclare une variable nommée **addr_info**, comme définie par la structure avant elle.

Plus généralement, une *déclaration de structure* suit la syntaxe ci-dessous :

    struct *nom_du_type_de_la_structure* {

    type nom_du_membre;
    type nom_du_membre;
    type nom_du_membre;
    .
    .
    .

    } *variables_de_la_structure*;

Vous pouvez omettre soit *nom_du_type_de_la_structure*, soit *variables_de_la_structure*, mais l'un des deux doit figurer.

Accès aux membres de structures

Vous accédez à chaque membre d'une structure en appliquant l'*opérateur point* (.). En guise d'illustration, prenez la ligne :

```
addr_info.zip = 12345;
```

qui affecte le code postal **12345** au champ **zip** de la variable **addr_info** déclarée auparavant. Le point entre la variable de la structure et le nom du membre renvoie à cet élément particulier. Voici la syntaxe d'un tel accès :

nom_de_la_structure.nom_du_membre

En conséquence, écrivez :

```
printf("%d", addr_info.zip);
```

pour afficher le code postal contenu dans le membre **zip** de la variable **addr_info** de la structure.

De la même manière, **addr_info.name** peut servir à invoquer **gets( )** comme ci-dessous :

```
gets(addr_info.name);
```

Dans ce cas, vous transmettez le pointeur du premier caractère de **name**.

Comme **name** est un tableau de caractères, son indexation rend accessible chaque élément d'**addr_info.name**. Grâce au code suivant, vous pouvez afficher le contenu du tableau **addr_info.name** caractère par caractère :

```
register int t;

for(t=0; addr_info.name[t]; ++t)
  putchar(addr_info.name[t]);
```

Affectation de structures

Vous pouvez attribuer les informations contenues dans une structure à une autre de même type *via* une instruction d'affectation unique. En conséquence, vous n'avez pas besoin d'attribuer séparément la valeur des membres. En guise d'illustration, voici le programme suivant :

```
#include <stdio.h>

int main(void)
```

```
{
  struct {
    int a;
    int b;
  } x, y;

  x.a = 10;
  y = x;  /* Affecter une structure à une autre */

  printf("%d", y.a);

  return 0;

}
```

Après l'affectation de la structure, **y.a** contient la valeur **10**.

Tableaux de structures

L'utilisation la plus courante des structures est probablement par le biais de tableaux. Pour cela, vous devez d'abord définir une structure, puis déclarer une variable de ce type. Ainsi, pour déclarer un tableau de 100 structures du type **addr**, écrivez :

```
struct addr addr_info[100];
```

Vous créez alors 100 groupes de variables, organisées selon la précédente définition de la structure **addr**.

Pour accéder à une structure spécifique, indexez son nom. Par exemple, pour imprimer le code postal de la structure 3, écrivez :

```
printf("%d", addr_info[2].zip);
```

Qu'il se rapporte à une structure ou non, un tableau commence l'indexation par 0.

Transmission de structures à des fonctions

Cette section traite de la transmission de structures et de leurs membres à des fonctions.

Transmission de membres de structures à des fonctions

Lorsque vous transmettez l'un des membres d'une structure à une fonction, vous passez en réalité sa valeur. En conséquence, la fonction reçoit une simple variable (à moins que naturellement cet élément soit un composant tel qu'un tableau). Considérez maintenant la structure ci-dessous :

```
struct fred
{
  char x;
  int y;
  float z;
  char s[10];
} mike;
```

Voici des exemples de membres à recevoir par les fonctions suivantes :

```
func(mike.x);     /* Passer la valeur de x de type caractère */
func2(mike.y);    /* Transmettre l'entier y */
func3(mike.z);    /* Passer la valeur de z de type float */
func4(mike.s);    /* Transmettre l'adresse de la chaîne s */
func(mike.s[2]);  /* Passer le caractère de s[2] */
```

Si vous souhaitez transmettre l'*adresse* d'un membre de structure, placez l'opérateur **&** devant le nom de la structure. Ainsi, pour passer l'adresse des membres de la structure **mike**, écrivez :

```
func(&mike.x);     /* Passer l'adresse du caractère x */
func2(&mike.y);    /* Transmettre l'adresse de l'entier y */
func3(&mike.z);    /* Passer l'adresse de z de type virgule
                      flottante en simple précision */
func4(mike.s);     /* Transmettre l'adresse de la chaîne s */
func(&mike.s[2]);  /* Passer l'adresse du caractère de s[2] */
```

Rappelez-vous que l'opérateur **&** précède le nom de la structure, et non celui du membre particulier. Notez également que **s** indique déjà une adresse, d'où la présence facultative de **&**.

Transmission de structures entières à des fonctions

Lorsqu'une structure sert d'argument à une fonction, elle est transmise dans son intégralité, *via* la méthode standard d'appel par valeur. Bien entendu, tout changement apporté au contenu de la structure dans la fonction cible n'influe donc pas sur elle.

En cas d'utilisation d'une structure comme paramètre, rappelez-vous que le type de l'argument doit correspondre à celui du paramètre. Dans le programme suivant, vous déclarez par exemple l'argument **arg** et le paramètre **parm** avec le même type de structure.

```
#include <stdio.h>

/* Définir le type d'une structure */
struct struct_type {
  int a, b;
  char ch;
} ;

void f1(struct struct_type parm);

int main(void)
{
  struct struct_type arg;

  arg.a = 1000;

  f1(arg);

  return 0;
}
void f1(struct struct_type parm)
{
  printf("%d", parm.a);
}
```

Comme l'illustre ce programme, vous devez rendre globale la déclaration du type de structure pour permettre son utilisation dans toutes les parties du programme lorsque l'agrégat sert de paramètre. Si vous aviez déclaré **struct_type** dans **main( )** par exemple, elle n'aurait pas été visible par **f1( )**.

Selon les indications ci-dessus, le type de l'argument doit correspondre à celui du paramètre, en cas de transmission d'une structure. Leur ressemblance de contenu ne suffit pas. Il faut également faire concorder les noms de types. Ainsi, la version ci-dessous du programme précédent, qui se révèle incorrecte, ne sera pas compilée. En effet, le nom du type de l'argument d'appel de **f1( )** diffère de celui de son paramètre.

```
/* Ce programme incorrect ne sera pas compilé */
#include <stdio.h>

/* Définir le type d'une structure */
struct struct_type {
  int a, b;
  char ch;
} ;

/* Définir une structure similaire à struct_type
   mais attribuer un nom différent */
struct struct_type2 {
  int a, b;
  char ch;
} ;

void f1(struct struct_type2 parm);

int main(void)
{
  struct struct_type arg;

  arg.a = 1000;

  f1(arg); /* Non-correspondance de types */

  return 0;
}

void f1(struct struct_type2 parm)
{
  printf("%d", parm.a);
}
```

Pointeurs de structures

C/C++ accepte des pointeurs de structures, tout comme ceux de n'importe quel type
de variable. Cependant, il existe des aspects particuliers que vous devez connaître.

Déclaration de pointeurs de structures

Vous déclarez les pointeurs, qu'ils se rapportent ou non à des structures, en plaçant * devant
le nom d'une variable d'agrégat. Supposez par exemple que vous disposiez de la structure

addr définie précédemment. Le code suivant permet alors de déclarer **addr_pointer** comme pointeur d'une donnée de ce type :

```
struct addr *addr_pointer;
```

Rappelez-vous que vous n'avez pas besoin du mot clé **struct** en C++.

Utilisation de pointeurs de structures

Les pointeurs de structures ont deux applications principales. La première, traitée dans ce chapitre, est la transmission d'une structure *via* l'appel par référence d'une fonction. Quant à la seconde, elle concerne la création de listes chaînées et d'autres structures de données liées à l'allocation dynamique.

Concernant la transmission, un inconvénient majeur existe généralement lors de l'appel de fonction. Il s'agit du temps système nécessaire pour transférer la structure vers le haut de la pile (rappelez-vous que les fonctions reçoivent des arguments au niveau de la pile). Pour des structures simples, le temps n'est pas trop long. Si la structure contient en revanche beaucoup de membres, le temps d'exécution peut atteindre des seuils inacceptables. Il en va de même si certains des membres sont des tableaux. La solution à ce problème consiste à passer seulement un pointeur à la fonction.

Lorsque le pointeur d'une structure est transmis à une fonction, seule l'adresse de l'agrégat est transférée vers le haut de la pile, d'où une très grande rapidité dans les appels. Un autre avantage est parfois offert lorsqu'une fonction doit faire référence à la structure courante servant d'argument, au lieu de disposer d'une copie. En passant un pointeur, la fonction peut modifier le contenu de la structure utilisée lors de l'appel.

Pour obtenir l'adresse d'une variable de structure, placez l'opérateur **&** avant le nom de l'agrégat. Prenez par exemple le fragment de code :

```
struct bal {
  float balance;
  char name[80];
} person;

struct bal *p;  /* Déclarer un pointeur de structure */
```

puis :

```
p = &person;
```

Cette ligne place l'adresse de la structure **person** dans le pointeur **p**.

Pour accéder aux membres d'une structure *via* un pointeur, vous devez utiliser l'opérateur ->. Ainsi, le fragment suivant fait référence au champ **balance** :

```
p->balance
```

L'opérateur flèche, ->, se compose d'un signe moins suivi d'un signe « supérieur à ». Il remplace l'opérateur point lorsque vous accédez à un membre d'un agrégat grâce à un pointeur de la structure.

Pour avoir un aperçu des possibilités d'application des pointeurs de structures, examinez ci-dessous le programme simple qui affiche à l'écran les heures, les minutes et les secondes, *via* un indicateur de durée.

```c
/* Affiche un indicateur de durée */
#include <stdio.h>

#define DELAY 128000

struct my_time {
  int hours;
  int minutes;
  int seconds;
} ;

void display(struct my_time *t);
void update(struct my_time *t);
void delay(void);

int main(void)
{
  struct my_time systime;

  systime.hours = 0;
  systime.minutes = 0;
  systime.seconds = 0;

  for(;;) {
    update(&systime);
    display(&systime);
  }

  return 0;
}
void update(struct my_time *t)
```

```
{
  t->seconds++;
  if(t->seconds==60) {
    t->seconds = 0;
    t->minutes++;
  }

  if(t->minutes==60) {
    t->minutes = 0;
    t->hours++;
  }

  if(t->hours==24) t->hours = 0;
  delay();
}

void display(struct my_time *t)
{
  printf("%02d:", t->hours);
  printf("%02d:", t->minutes);
  printf("%02d\n", t->seconds);
}

void delay(void)
{
  long int t;

  /* Changer selon les besoins */
  for(t=1; t<DELAY; ++t) ;
}
```

Dans ce programme, vous adaptez le minutage en changeant la définition de **DELAY**.

Comme vous pouvez le constater, une structure globale appelée **my_time** est définie, mais aucune variable n'est déclarée. Dans **main( )**, la structure **systime** est déclarée et initialisée à 00:00:00. En conséquence, la fonction **main( )** est la seule à connaître directement **systime**.

L'adresse de **systime** est transmise à **update( )** (qui change le temps) et à **display( )** (qui l'affiche). Dans les deux fonctions, l'argument est déclaré comme un pointeur de la structure **my_time**.

Dans **update( )** et **display( )**, vous accédez à chaque membre de **systime** *via* un pointeur. Comme **update( )** reçoit un pointeur de la structure **systime**, elle peut actualiser sa valeur.

Par exemple, pour remettre **hours** à zéro une fois 24:00:00 atteint, **update( )** contient la ligne :

```
if(t->hours==24) t->hours = 0;
```

qui indique au compilateur de prendre l'adresse de **t** (pointant vers **systime** dans **main( )**).

N'oubliez pas d'accéder aux membres *via* l'opérateur point, lorsque vous travaillez sur la structure elle-même, et *via* l'opérateur flèche lorsque vous disposez du pointeur d'une structure.

Tableaux et structures imbriquées

Un membre d'une structure peut avoir un type soit simple, soit composé. Un membre simple fait partie des données de l'un des types primitifs, comme les entiers ou les caractères. Concernant les types composés, vous avez déjà rencontré les tableaux de caractères utilisés dans **addr**. Il existe également les tableaux d'autres types de données, et les structures.

Un membre représentant un tableau est traité comme le laissent entendre les exemples précédents. Imaginez par exemple la structure suivante :

```
struct x {
  int a[10][10]; /* Tableau d'entiers de 10 x 10 */
  float b;
} y;
```

Pour faire référence à un entier placé à (3,7), contenu dans **a** et lié à la structure **y**, écrivez :

```
y.a[3][7]
```

Lorsqu'une structure est membre d'une autre, elle est qualifiée d'*imbriquée*, ce qui est le cas d'**address** dans **emp** :

```
struct emp {
  struct addr address; /* Structure imbriquée */
  float wage;
} worker;
```

Dans cet exemple, vous définissez la structure **emp** avec deux membres. Le premier est une structure de type **addr**, contenant l'adresse d'un employé. L'autre, **wage**, stocke son salaire. Quant au fragment suivant, il affecte **93456** à l'élément **zip** d'**address**.

```
worker.address.zip = 93456;
```

Comme vous pouvez le constater, vous faites référence aux membres de chaque structure en allant du plus extérieur au plus profond. Selon la norme de C et de C++, vous êtes autorisé respectivement à 15 et à 256 niveaux d'imbrication au moins.

Champs de bits

Contrairement à certains langages de programmation, C/C++ disposent du type *champ de bits*. Cette caractéristique de base permet d'accéder à un bit unique. Elle peut se révéler utile pour plusieurs raisons.

● En cas d'espace limité, un octet peut renfermer plusieurs variables booléennes (vrai/faux).

● Certains dispositifs transmettent des états codés dans un ou plusieurs bits d'un octet.

● L'accès à des bits dans un octet se révèle nécessaire pour certaines routines de chiffrement.

Bien que vous puissiez accomplir ces tâches à l'aide des opérateurs bit à bit, un champ de bits permet de rendre votre code plus structuré (et peut-être plus efficace).

Pour accéder à un bit en C/C++, vous employez une méthode fondée sur la structure. En réalité, un champ de bits n'est que le type particulier d'un membre d'une structure, lequel détermine la longueur du champ en bits. Voici la syntaxe de sa définition :

struct *nom_du_type_de_la_structure* {

   type nom1: *longueur*;
   type nom2: *longueur*;

   .
   .
   .

   type nomN: *longueur*;
} *ensemble_de_variables*

Dans ce cas, le *type* correspond à celui du champ de bits. Il doit concerner un entier ou une énumération. Quant à la *longueur*, elle se rapporte au nombre de bits dans le champ. Lorsqu'elle vaut 1, le champ ne peut avoir aucun signe. En conséquence, il faut le déclarer en outre avec **unsigned**.

Les champs de bits servent souvent à l'analyse des données d'entrée provenant d'un périphérique. Ainsi, le port série pourrait retourner un octet d'état organisé de la manière suivante.

Rang du bit	Signification du bit fixé à 1
0	*(delta)* modem prêt à émettre
1	*(delta)* modem activé
2	*(delta)* sonnerie
3	*(delta)* liaison établie

4	Modem prêt à émettre
5	Modem activé
6	Sonnerie
7	Liaison établie

Vous êtes en mesure de représenter les informations de cet octet d'état grâce au champ de bits ci-dessous :

```
struct status_type {
  unsigned delta_cts: 1;
  unsigned delta_dsr: 1;
  unsigned tr_edge:   1;
  unsigned delta_rec: 1;
  unsigned cts:       1;
  unsigned dsr:       1;
  unsigned ring:      1;
  unsigned rec_line:  1;
} status;
```

Pour permettre à un programme de déterminer à quel moment il peut envoyer ou recevoir des données, vous pourriez mettre en œuvre une routine similaire à :

```
status = get_port_status();
if(status.cts) printf("Modem prêt à émettre");
if(status.dsr) printf("Modem activé");
```

Pour affecter une valeur à un champ de bits, recourez simplement à la syntaxe concernant un élément de structure. Ainsi, le fragment de code suivant efface le champ **ring** :

```
status.ring = 0;
```

Comme vous pouvez le constater dans cet exemple, l'opérateur point permet d'accéder à chaque champ de bits. Si vous faites référence à la structure *via* un pointeur, vous devez cependant employer l'opérateur ->.

Notez que vous n'avez pas à citer tous les champs de bits. En évitant ceux qui sont inutilisés, vous facilitez l'accès au bit souhaité. Si vous vous intéressez seulement aux bits **cts** et **dsr** par exemple, vous pourriez déclarer la structure **status_type** de la manière suivante :

```
struct status_type {
  unsigned :    4;
  unsigned cts: 1;
  unsigned dsr: 1;
} status;
```

Remarquez également que vous n'avez pas besoin de spécifier les bits après **dsr** si vous ne vous en servez pas.

Par ailleurs, allier des membres normaux avec des champs de bits est valide. Ainsi :

```
struct emp {
  struct addr address;
  float pay;
  unsigned lay_off:    1; /* Licencié ou actif */
  unsigned hourly:     1; /* Salaire horaire ou mensuel */
  unsigned deductions: 3; /* Retenues de « l'IRS » */
};
```

définit un fichier du personnel dont les trois renseignements suivants prennent seulement 1 octet : la situation professionnelle d'un employé, la régularité du versement du salaire et le nombre de retenues. Sans le champ de bits, ces informations auraient occupé 3 octets.

Toutefois, les champs de bits présentent certaines limitations : vous ne pouvez ni prendre leur adresse, ni les présenter dans un tableau. Par ailleurs, vous n'êtes en mesure ni de les déclarer avec **static**, ni de connaître leur sens d'exécution (de droite à gauche, ou inversement). En leur présence, le code est donc susceptible de dépendre d'une machine. D'autres restrictions peuvent venir de la spécificité de diverses mises en œuvre. Compulsez donc le manuel d'utilisation de votre compilateur.

Unions

Une *union* est un emplacement mémoire partagé à différents moments par deux ou plusieurs variables dissemblables, de types généralement distincts. Sa déclaration, qui se révèle similaire à celle d'une structure, suit la syntaxe suivante :

> union *nom_du_type_union* {
>
>   *type nom_du_membre*;
>   *type nom_du_membre*;
>   *type nom_du_membre*;
>
>   .
>   .
>   .
>
> } *variables_union*;

Par exemple :

```
union u_type {
  int i;
  char ch;
};
```

n'entraîne pas la création de variables. Pour les déclarer, vous pouvez soit placer leur nom à la fin du fragment précédent, soit utiliser une instruction distincte. En C, pour déclarer une variable **union** appelée **cnvt** du type **u_type** défini ci-dessus, saisissez :

```
union u_type cnvt;
```

Pour déclarer des variables avec **union** en C++, le nom du type suffit. Dans ce langage, la ligne relative à **cnvt** devient :

```
u_type cnvt;
```

En C++, vous êtes autorisé à faire précéder une telle déclaration du mot clé **union**, mais ce dernier est redondant. Dans ce langage, le nom d'une union permet de définir celui d'un type dans son intégralité. En C, il correspond à une étiquette que vous devez placer après le mot clé **union** (la situation ressemble à celle décrite auparavant pour les structures). Dans ce chapitre, la syntaxe de C est employée en raison de la validité des programmes dans les deux langages.

Dans **cnvt**, le caractère **ch** et l'entier **i** partagent le même emplacement mémoire, comme le montre la figure 7-2. Ils occupent respectivement 1 et 2 octets (selon la taille relative au type de données). À un stade quelconque du programme, vous pouvez faire référence soit à ce caractère, soit à cet entier.

Lorsque vous déclarez une variable avec **union**, le compilateur alloue automatiquement suffisamment de place pour stocker le membre le plus long défini. Si un entier prend 2 octets par exemple, **cnvt** occupe la même taille. De cette manière, la variable peut contenir **i** même si **ch** ne nécessite qu'1 octet.

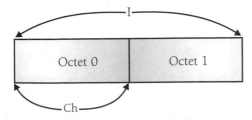

Figure 7-2 Mode d'utilisation de l'union cnvt par ch et i (ici, les entiers font deux octets)

Pour accéder au membre d'une union, appliquez la même syntaxe que celle valant pour les structures. Si vous agissez directement sur l'union, servez-vous de l'opérateur point. Si vous accédez à l'union *via* un pointeur, employez l'opérateur flèche ->. Ainsi, pour affecter l'entier 10 à l'élément **i** de **cnvt**, écrivez :

```
cnvt.i = 10;
```

Quant à l'exemple suivant, il permet de transmettre un pointeur de **cnvt** à une fonction :

```
void func1(union u_type *un)
{
  un->i = 10; /* Affecter 10 à cnvt via une fonction */
}
```

L'utilisation d'une union peut faciliter la création de code transférable (portable). Comme le compilateur tient à jour la taille courante des membres d'une union, aucune dépendance inutile n'existe par rapport à une machine. En conséquence, vous n'avez pas besoin de vous préoccuper de la taille d'une valeur de type **int**, **long**, **float**, *etc.*

Les unions servent fréquemment à des conversions spécialisées de types, car vous pouvez faire référence aux données d'une union de manière fondamentalement différente. Ainsi, vous êtes en mesure de les appliquer au traitement des octets d'une valeur de type **float** pour modifier sa précision ou effectuer un arrondissement inhabituel.

Pour vous faire une idée de l'utilité d'une union en cas de conversions de types non standard, considérez l'enregistrement d'un entier court sur un fichier disque. La bibliothèque standard de C/C++ ne définit aucune fonction conçue spécifiquement pour résoudre cette question. Bien que **fwrite( )** permette d'écrire des données d'un type quelconque sur un fichier, elle mobilise un temps système excessif pour une opération si simple. En revanche, grâce à une union, vous pouvez facilement créer une fonction **putw( )** qui enregistre en une fois la représentation binaire d'un entier court sur un fichier (dans l'exemple, les entiers courts sont censés occuper 2 octets). En guise d'illustration, créez d'abord une union composée d'un entier court et d'un tableau de caractères de 2 octets.

```
union pw {
  short int i;
  char ch[2];
};
```

Maintenant, vous pouvez utiliser **pw** pour créer la version de **putw( )** présentée dans le programme suivant :

```
#include <stdio.h>

union pw {
  short int i;
```

```
  char ch[2];
};

int putw(short int num, FILE *fp);

int main(void)
{
  FILE *fp;

  fp = fopen("test.tmp", "wb+");

  putw(1000, fp); /* Écrire une valeur entière
                     égale à 1000 */
  fclose(fp);

  return 0;
}

int putw(short int num, FILE *fp)
{
  union pw word;
  word.i = num;

  putc(word.ch[0], fp); /* Enregistrer la première moitié */
  return putc(word.ch[1], fp); /* Écrire la seconde */
}
```

Bien que **putw( )** soit invoquée avec un entier court, elle peut toujours appliquer la fonction standard **putc( )**. Cette dernière enregistre un entier sur un fichier disque, en transmettant un octet à la fois.

Note. C++ prend en charge « l'union anonyme ». Ce type particulier est traité dans la partie II de cet ouvrage.

Énumérations

Une *énumération*, ensemble de constantes entières nommées, permet de préciser toutes les valeurs légales qu'une variable de ce type peut avoir. Dans la vie quotidienne, elle se révèle courante. Prenez par exemple l'ensemble de pièces utilisées aux États-Unis :

> penny *(1 cent)*, **nickel** *(5 cents)*, **dime** *(10 cents)*, **quarter** *(25 cents)*, **half_dollar** *(50 cents)*, **dollar**

Plus généralement, la définition d'une énumération ressemble beaucoup à celle d'une structure. Elle commence par le mot clé **enum**. Voici sa syntaxe :

enum *nom_du_type_énumératif* { *ensemble des énumérateurs* } ensemble_de_variables;

Dans ce cas, le nom du type et l'ensemble de variables sont facultatifs (mais au moins l'un des deux doit figurer). Quant au fragment suivant, il définit une énumération appelée **coin** :

```
enum coin { penny, nickel, dime, quarter,
        half_dollar, dollar };
```

Le nom du type énumératif peut s'appliquer à des variables. Pour déclarer par exemple la variable **money** de type **coin** en C, écrivez :

```
enum coin money;
```

En C++, vous pouvez vous servir d'un raccourci de notation :

```
coin money;
```

Dans ce langage, un nom d'énumération permet de spécifier celui d'un type dans son intégralité. En C, il correspond à son étiquette, d'où le besoin de lui ajouter le mot clé **enum** (selon les descriptions précédentes, une situation similaire s'applique aux structures et aux unions).

Étant donné les déclarations ci-dessus, les types d'instructions suivantes sont tout à fait valables :

```
money = dime;
if(money==quarter) printf("La pièce vaut 50 cents\n");
```

Dans cette section, il est vital de comprendre un point : chaque énumérateur représente une valeur entière. En tant que tel, il peut être placé exactement comme un nombre de type **int**. La valeur du premier énumérateur correspond à 0 ; celles des autres valent le précédent plus 1. En conséquence :

```
printf("%d %d", penny, dime);
```

affiche **0 2** à l'écran.

Grâce à un initialisateur, vous pouvez spécifier la valeur d'un énumérateur (une ou plusieurs fois). Pour cela, ajoutez à ce dernier un signe égal et un entier. Les énumérateurs suivants reçoivent alors une valeur supérieure à celle de l'initialisateur. Ainsi, le code suivant affecte 100 à **quarter** :

```
enum coin { penny, nickel, dime, quarter=100,
        half_dollar, dollar};
```

Maintenant, ces énumérateurs ont la valeur ci-dessous :

penny	0
nickel	1
dime	2
quarter	100
half_dollar	101
dollar	102

C'est une erreur courante que de supposer qu'ils puissent être directement exploités en entrée ou en sortie. Dans ce cas, le fragment suivant n'agirait pas comme vous le souhaiteriez :

```
/* Ce code ne fonctionne pas selon les attentes */
money = dollar;
printf("%s", money);
```

Rappelez-vous que **dollar** est simplement le nom d'un entier et non une chaîne. Pour la même raison, la ligne ci-dessous ne peut pas servir à obtenir les résultats voulus :

```
/* Ce code est erroné */
strcpy(money, "dime");
```

En conséquence, un énumérateur ne provient pas de la conversion automatique d'une chaîne contenant son nom.

En réalité, il est assez fastidieux de créer un code pour l'entrée et la sortie des énumérateurs (à moins de vouloir accepter leur valeur entière). Pour afficher en lettres le type de pièce contenu dans **money** par exemple, vous avez besoin des lignes suivantes :

```
switch(money) {
  case penny: printf("penny");
    break;
  case nickel: printf("nickel");
    break;
  case dime: printf("dime");
    break;
  case quarter: printf("quarter");
    break;
  case half_dollar: printf("half_dollar");
    break;
  case dollar: printf("dollar");
}
```

Parfois, vous pouvez également déclarer un tableau de chaînes, et transformer la valeur d'un énumérateur en l'utilisant comme indice. Ainsi, le code ci-dessous produit la chaîne appropriée :

```
char name[][12]={
  "penny",
  "nickel",
  "dime",
  "quarter",
  "half_dollar",
  "dollar"
};
printf("%s", name[money]);
```

Bien entendu, ce code fonctionne seulement si vous n'initialisez pas les énumérateurs, car l'indexation du tableau de chaînes doit commencer par 0.

Comme les opérations d'E/S impliquent le changement non automatique de sa valeur en une chaîne compréhensible par l'utilisateur, un énumérateur est le plus utile dans des routines où vous n'effectuez pas une telle conversion. Lors de la compilation, une application fréquente consiste à définir une table des étiquettes. Une énumération sert également à mieux confirmer la validité d'un programme en revérifiant lors de la compilation lesvaleurs affectées à une variable.

Portabilité via sizeof

Comme vous l'avez constaté, les structures et les unions peuvent servir à créer des variables de taille différente. Cette dernière varie éventuellement d'une machine à une autre. L'opérateur **sizeof**, qui calcule la taille d'une variable ou d'un type quelconque, peut aider à rendre les programmes portables. Il se révèle particulièrement utile pour les structures ou les unions.

Dans la discussion à venir, supposez qu'une implémentation commune à de nombreux compilateurs C/C++ dispose des tailles suivantes pour ces trois types de données :

Type	Taille en octets
char	1
int	4
double	8

Le code suivant affiche donc les valeurs 1, 4 et 8 à l'écran :

```
char ch;
int i;
double f;
printf("%d", sizeof(ch));
printf("%d", sizeof(i));
printf("%d", sizeof(f));
```

La taille d'une structure est *supérieure ou* égale à la somme des octets de ses membres. Par exemple :

```
struct s {
  char ch;
  int i;
  double f;
} s_var;
```

Dans ce cas, **sizeof(s_var)** vaut au moins 13 (8 + 4 + 1). Cette taille pourrait être plus grande, en raison de la capacité du compilateur à étoffer une structure pour aligner un mot ou un paragraphe (ce dernier fait 16 octets). Comme la taille d'une structure peut être supérieure à la somme des octets de ses membres, vous devriez toujours utiliser **sizeof** pour la déterminer.

Étant donné que **sizeof** est un opérateur de compilation, toutes les informations nécessaires au calcul du nombre d'octets d'une variable sont connues au moment de ce traitement. Cela prend tout son dans le cas des unions, car leur taille est toujours égale à celle de leur plus grand membre. Considérez par exemple :

```
union u {
  char ch;
  int i;
  double f;
} u_var;
```

Dans ce cas, **sizeof(u_var)** vaut 8. Au moment de l'exécution, le contenu courant d'**u_var** importe peu. Tout ce qui compte est la taille du plus grand membre, puisqu'elle détermine celle de l'union.

typedef

Grâce à **typedef**, vous pouvez définir un nouveau nom de type de données. Dans cette situation, vous ne *créez* pas un type de données, mais un nom pour un type existant. Cette opération permet d'améliorer la portabilité des programmes spécifiques d'une machine. Si vous définissez votre propre nom pour chaque type de données utilisé dans un programme, les instructions **typedef** sont les seules à exiger une modification en cas de compilation dans un nouvel environnement. Elles facilitent également l'autodocumentation du code, grâce à la possibilité d'employer des noms descriptifs pour les types de données standard. Voici la syntaxe d'une instruction **typedef**.

    typedef *type nouveau_nom*;

Ici, le *nouveau_nom* est celui d'un *type* de données valable. Il vient en supplément et non en remplacement de l'ancienne désignation.

Ainsi, vous pourriez inventer un nouveau nom pour **float** à l'aide de :

```
typedef float balance;
```

Grâce à cette instruction, vous informez le compilateur de votre désignation. Ensuite, vous pourriez créer une variable de type **float** à l'aide de **balance** :

```
balance over_due;
```

Dans ce cas, **over_due** est une variable à virgule flottante en simple précision. Son type s'appelle **balance** (autre nom de **float**).

Une fois défini, il peut servir dans une autre instruction **typedef**. Ainsi :

```
typedef balance overdraft;
```

indique au compilateur une autre désignation de **balance**, et donc de **float** : **overdraft**.

Finalement, l'utilisation de **typedef** peut faciliter la compréhension et la portabilité de votre code sans création d'un type physique.

CHAPITRE 8

E/S console

C++ prend en charge deux systèmes complets d'E/S. Le premier, que vous étudierez dans le présent chapitre et dans le suivant, est hérité de C. Quant au deuxième, il s'agit du système d'E/S orienté-objet défini en C++ (consultez la partie II). Pour la plupart des nouveaux projets, vous voudrez probablement recourir à ce système orienté objet. Cependant, l'E/S de style C reste courante. Il est en outre essentiel de connaître ses caractéristiques pour maîtriser parfaitement C++.

En C, l'entrée-sortie est accomplie *via* les fonctions de bibliothèque. Ces dernières se répartissent en deux catégories : l'E/S console et l'E/S fichier. Techniquement, elles se distinguent peu ; mais, sur le plan conceptuel, elles appartiennent à des mondes très différents. Dans ce chapitre, vous examinerez les fonctions d'E/S console et, dans le suivant, leur « équivalent fichier », ainsi que le lien entre les deux systèmes.

À une exception près, ce chapitre traite seulement des fonctions d'E/S console définies dans la norme de C++. Cette dernière ne contient pas de fonctions d'affichage graphique ou de commande d'écran (tel le positionnement du curseur). Elle ne possède pas non plus de fonctions d'écriture dans une fenêtre ou une boîte de dialogue sous Windows. Pour accomplir de telles tâches, la plupart des compilateurs renferment une bibliothèque intégrant des sous-programmes appliqués à un environnement spécifique, même si les fonctions d'E/S console effectuent seulement une sortie sur téléimprimeur. Naturellement, vous pouvez employer C++ pour écrire des programmes Windows, mais n'oubliez pas que l'affichage graphique et la commande d'écran n'ont pas été définis dans un tel langage.

Selon la norme de C, toutes les fonctions d'E/S exploitent le fichier **stdio.h**. En C++, les programmes peuvent également renfermer le nouvel en-tête **<cstdio>**.

Dans ce chapitre, la description porte sur la lecture au clavier et l'écriture à l'écran. Cependant, les fonctions d'E/S ont réellement l'entrée/sortie standard du système comme cible/source de leurs opérations. Par ailleurs, la redirection des données vers d'autres dispositifs existe. Ces concepts sont traités au chapitre 9.

Note importante d'application

Dans la partie I de cet ouvrage, le système d'E/S de C est adopté, car il s'agit du seul style défini pour le sous-ensemble C de C++. Comme nous l'avons expliqué, ce dernier langage définit également son propre système d'E/S orienté objet. Pour la plupart des applications en C++, c'est celui-là qui conviendra. Toutefois, la compréhension de l'E/S de style C revêt de l'importance pour les raisons suivantes :

● À un moment de votre carrière, vous serez peut-être appelé à écrire du code limité au sous-ensemble C. Dans ce cas, vous aurez besoin des fonctions d'E/S de ce langage.

- Dans un avenir proche, C et C++ coexisteront. De nombreux programmes mélangeront en outre les deux langages. Par ailleurs, passer du code C existant à C++ compte parmi les tâches courantes que vous aurez à accomplir. En conséquence, la connaissance du système d'E/S des deux langages se révélera nécessaire, pour changer par exemple une fonction d'E/S de style C en son équivalent orienté objet de C++.

- La compréhension des principes clés sous-jacents du système d'E/S de style C est cruciale pour appréhender celui orienté objet de C++ (les deux reposent sur les mêmes concepts généraux).

- En matière d'E/S, il peut se révéler plus facile de recourir à l'approche non orientée objet de C. Le cas se présente notamment pour de très petits programmes.

Par ailleurs, il existe une règle non écrite selon laquelle un programmeur en C++ doit également être un expert en C. Si vous ne savez pas utiliser le système d'E/S de ce dernier langage, vous restreindrez vos horizons professionnels.

Lecture et écriture de caractères

Les fonctions d'E/S console les plus simples sont **getchar( )** et **putchar( )**. La première lit un caractère au clavier. Une fois la touche appuyée, **getchar( )** retourne et répète automatiquement sa valeur à l'écran. Quant à **putchar( )**, elle affiche un caractère à la position courante du curseur. Voici son prototype et celui de **getchar( )** :

```
int getchar(void)
int putchar(int c)
```

Comme le montre son prototype, **getchar( )** est déclarée de manière à retourner un entier. Cependant, vous pouvez affecter cette valeur à une variable de type **char**, ce que les programmeurs font habituellement. En effet, le caractère est contenu dans l'octet de droite (celui de gauche vaut normalement zéro). Si une erreur se produit, **getchar( )** renvoie **EOF**.

Dans le cas de **putchar( )**, vous l'invoquerez généralement avec un caractère comme argument, même si le paramètre est déclaré comme entier. Seul l'octet de droite du paramètre est réellement affiché. La fonction **putchar( )** retourne le caractère écrit. En cas d'erreur, elle renvoie **EOF** (cette macro, définie dans **stdio.h**, vaut généralement -1).

Pour illustrer l'emploi de **getchar( )** et de **putchar( )**, examinez le programme ci-dessous. Il lit des caractères au clavier, et les affiche en inversant leur casse (en d'autres termes, il remplace des majuscules par des minuscules, et vice versa). Pour arrêter le programme, tapez un point.

```
#include <stdio.h>
#include <ctype.h>

int main(void)
{
  char ch;

  printf("Entrez du texte (pour quitter, tapez un point)\n");
  do {
    ch = getchar();

    if(islower(ch)) ch = toupper(ch);
    else ch = tolower(ch);

    putchar(ch);
  } while (ch != '.');

  return 0;
}
```

Problème lié à getchar( )

La fonction **getchar( )** pose deux problèmes éventuels. Normalement, elle entraîne la *mise en mémoire tampon d'une ligne*. Pour envoyer réellement des données saisies au programme, vous devez donc appuyer sur la touche ENTRÉE. Comme **getchar( )** ne récupère qu'un seul caractère par appel, la mise en mémoire tampon d'une ligne peut laisser un ou plusieurs caractères en attente, ce qui est ennuyeux dans les environnements interactifs. Selon la norme de C/C++, **getchar( )** peut être mise en œuvre comme fonction interactive, mais elle l'est rarement. En conséquence, si le programme précédent ne répond pas à votre attente, vous en connaissez maintenant la raison.

Alternatives à getchar( )

Selon l'implémentation d'un compilateur, **getchar( )** pourrait ne pas se révéler adaptée dans un environnement interactif. Dans cette situation, vous pourriez vouloir recourir à une fonction différente pour lire les caractères au clavier. Si la norme C++ ne définit pas de fonctions garantissant le bon comportement d'une entrée interactive, presque tous les compilateurs le font. Bien que ces fonctions ne soient pas définies par la norme C++, elles sont couramment employées, puisque **getchar( )** ne satisfait pas les besoins de la plupart des programmeurs.

Deux des fonctions de remplacement les plus fréquentes, **getch( )** et **getche( )**, ont les prototypes suivants :

> int getch(void)
> int getche(void)

Pour la plupart des compilateurs, les prototypes de ces fonctions figurent dans le fichier **conio.h** d'en-tête. Pour certains, ces fonctions ont un trait de soulignement en préfixe. Ainsi, elles s'appellent **_getch( )** et **_getche( )** dans Visual C++ de Microsoft.

La fonction **getch( )** retourne immédiatement après la frappe d'une touche. Elle n'affiche pas le caractère à l'écran. Son équivalent, **getche( )**, répète quant à elle le caractère à l'écran. Vous rencontrerez fréquemment **getch( )** et **getche( )** à la place de **getchar( )** lorsqu'un caractère doit être lu au clavier dans un programme interactif. Toutefois, si votre compilateur ne prend pas en charge ces fonctions de remplacement, ou si **getchar( )** est implémentée par votre compilateur comme une fonction interactive, vous ne devrez substituer **getchar( )** qu'en cas de besoin.

En guise d'illustration, le programme précédent contient maintenant **getch( )** à la place de **getchar( )** :

```
#include <stdio.h>
#include <conio.h>
#include <ctype.h>

int main(void)
{
  char ch;

  printf("Entrez du texte (pour quitter, tapez un point)\n");
  do {
    ch = getch();

    if(islower(ch)) ch = toupper(ch);
    else ch = tolower(ch);

    putchar(ch);
  } while (ch != '.');

  return 0;
}
```

Lors de l'exécution de cette version, une touche appuyée se traduit immédiatement par la transmission du caractère correspondant au programme, et par l'affichage dans la casse inverse. Les données ne sont plus mises par ligne en mémoire tampon par ligne. Bien que le reste du code de cet ouvrage ne contienne pas **getch( )** ou **getche( )**, elles peuvent se révéler utiles dans les programmes que vous écrivez.

Note. Pour le compilateur Visual C++ de Microsoft, _getch( ) et _getche( ) ne sont actuellement pas compatibles avec les fonctions d'entrée standard de C/C++ comme scanf( ) ou gets( ). Vous devez plutôt recourir à des versions particulières de fonctions standard comme cscanf( ) ou cgets( ). Pour plus de détails, examinez la documentation sur Visual C++.

Lecture et écriture de chaînes

Pour un degré supplémentaire de complexité et de puissance dans l'E/S console, vous disposez de **gets( )** et de **puts( )**. Celles-ci permettent respectivement de lire et d'écrire des chaînes de caractères.

En premier lieu, la fonction **gets( )** lit une chaîne saisie au clavier, et la place à l'adresse pointée par son argument. Elle permet de taper des caractères jusqu'à la frappe d'ENTRÉE. Après le remplacement du retour chariot par un zéro de terminaison, **gets( )** retourne au point d'appel. Cette fonction ne permet pas de renvoyer un retour chariot (contrairement à **getchar( )**). Pour corriger des fautes de frappes, servez-vous de la touche « Retour arrière », avant d'appuyer sur ENTRÉE. Voici maintenant le prototype de **gets( )** :

    char *gets(char *str);

Dans ce cas, *str* est un tableau de caractères saisis par l'utilisateur. Il est renvoyé par **gets( )**. À titre d'exemple, le programme suivant place une chaîne dans le tableau **str**, et affiche sa longueur :

```
#include <stdio.h>
#include <string.h>

int main(void)
{
  char str[80];

  gets(str);
  printf("La longueur est %d", strlen(str));

  return 0;
}
```

Lorsque vous exploitez **gets( )**, vous devez vous montrer prudent, car la fonction ne vérifie pas les limites du tableau recevant les données d'entrée. Ainsi, l'utilisateur peut donc dépasser les capacités de stockage de celui-ci, en tapant trop de caractères. **gets( )** convient par conséquent à des fragments de programmes et d'utilitaires simples, destinés à votre propre usage, mais vous voudrez éviter de l'appliquer dans le contexte commercial. Une solution de remplacement consiste à employer **fgets( )**, capable d'empêcher le dépassement des limites d'un tableau (cette fonction est décrite dans le chapitre suivant).

En second lieu, la fonction **puts( )** affiche la chaîne servant d'argument à l'écran, puis saute une ligne. Voici son prototype :

> int puts(const char *str);

La fonction **puts( )** reconnaît les caractères spéciaux d'impression utilisés pour **printf( )** (par exemple, \t pour une tabulation). Son appel nécessite bien moins de temps système que celui de **printf( )**. En effet, **puts( )** écrit seulement une chaîne de caractères (elle ne peut ni afficher des nombres, ni effectuer des conversions de format). Elle prend donc moins d'espace et fonctionne plus rapidement que **printf( )**. Pour cette raison, **puts( )** sert souvent à répondre au besoin d'optimisation du code. Si une erreur se produit, elle retourne **EOF**. Dans le cas contraire, elle renvoie une valeur non négative. Toutefois, vous supposez habituellement qu'aucune erreur ne se produit au moment de l'écriture sur la console, d'où un contrôle rare de la valeur de retour de **puts( )**. Pour illustrer cette fonction, l'instruction suivante affiche **Bonjour** :

```
puts("Bonjour");
```

L'ensemble des fonctions d'E/S console primitives sont récapitulées dans le tableau 8-1.

Fonction	Opération
getchar( )	Lire un caractère au clavier en attendant le retour chariot.
getche( ) non définie dans la norme de C/C++, mais extension courante	Lire et répéter un caractère sans attendre de retour chariot.
getch( ) non définie dans la norme de C/C++, mais extension courante	Lire un caractère sans le répéter et sans attendre de retour chariot.
putchar( )	Écrire un caractère à l'écran
gets( )	Lire une chaîne au clavier
puts( )	Écrire une chaîne à l'écran

Tableau 8-1   Fonctions d'E/S de base

En guise d'illustration, étudiez le programme ci-dessous. Son objectif consiste à informatiser un dictionnaire simple. Il invite l'utilisateur à taper un terme, puis vérifie la correspondance avec le contenu d'une base de données prédéfinie. S'il établit une corrélation, il affiche la définition du mot. Dans le programme, faites particulièrement attention à l'adressage indirect. En cas de problème de compréhension, rappelez-vous que **dic** est un tableau de pointeurs de chaînes. Enfin, remarquez la présence obligatoire de **null**.

```c
/* Dictionnaire simple */
#include <stdio.h>
#include <string.h>
#include <ctype.h>

/* Liste de termes et de définitions */
char  *dic[][40] = {
  "atlas", "recueil de cartes",
  "voiture", "véhicule à moteur",
  "téléphone", "dispositif de communication",
  "avion", "machine à voler",
  "", ""   /* Terminer la liste par NUL */
};

int main(void)
{
  char word[80], ch;
  char **p;

  do {
    puts("\nEntrez un terme : ");
    scanf("%s", word);

    p = (char **)dic;

    /* Établir une correspondance et
       afficher la définition du mot */
    do {
      if(!strcmp(*p, word)) {
        puts("Définition :");
        puts(*(p+1));
        break;
      }
      if(!strcmp(*p, word)) break;
      p = p + 2;   /* Parcourir la liste */
    } while(*p);
    if(!*p) puts("Terme introuvable");
    printf("Autre recherche ? (O/N) : ");
    scanf(" %c%*c", &ch);
  } while(toupper(ch) != 'N');

  return 0;
}
```

Mise en forme d'E/S console

Lors de l'E/S, deux fonctions mettent en forme des données. La première, **printf( )**, écrit des données sur la console. Son complément, **scanf( )**, lit des données au clavier. Les deux fonctions peuvent agir sur n'importe quel type de données de base, y compris sur les caractères, les chaînes et les nombres.

printf( )

Voici son prototype :

> int printf(const char *suite_de_commandes*, [...]);

La fonction **printf( )** retourne le nombre de caractères écrits. En cas d'erreur, elle renvoie une valeur négative.

Quant à la *suite_de_commandes*, elle se compose de deux types d'éléments : les caractères à faire apparaître à l'écran, et les spécificateurs de formats à appliquer aux arguments subséquents. De tels spécificateurs commencent par le symbole %, et se terminent par le code du format. Leur nombre et leur ordre de gauche à droite doivent correspondre précisément à ceux des arguments à afficher. Ainsi, l'appel à :

```
printf("%c %s", 'C', "++ me plaît beaucoup !");
```

affiche :

```
C++ me plaît beaucoup !
```

La fonction **printf( )** accepte une vaste gamme de spécificateurs de formats, comme le montre le tableau 8-2.

Spécificateur	Format
%c	Caractère
%d	Entier décimal signé
%i	Entier décimal signé
%e	Exposant (avec le symbole **e**)
%E	Exposant (avec le symbole **E**)

Tableau 8-2   Spécificateurs de format de printf( )

Spécificateur	Format
%f	Valeur décimale à virgule flottante
%g	Le plus petit entre %e et %f
%G	Le plus petit entre %E et %F
%o	Valeur octale non signée
%s	Chaîne de caractères
%u	Entier décimal non signé
%x	Valeur hexadécimale non signée (avec des minuscules)
%X	Valeur hexadécimale non signée (avec des majuscules)
%p	Pointeur
%n	Pointeur ou entier (conversion des caractères écrits en un entier)
%%	Pourcentage (avec le symbole %)

Tableau 8-2   Spécificateurs de format de printf( ) *(suite)*

Affichage de caractères

Pour afficher un caractère particulier et une chaîne, servez-vous respectivement de **%c** et **%s**. Dans le premier cas, l'argument correspondant apparaît inchangé à l'écran.

Affichage de nombres

Pour indiquer un nombre décimal signé, utilisez soit **%d**, soit **%i**. Ces spécificateurs équivalents sont pris en charge pour des raisons historiques.

Pour afficher une valeur non signée et un nombre à virgule flottante, employez respectivement **%u** et **%f**.

Quant au spécificateur **%E**, il permet de faire apparaître un argument de type **double** sous forme exponentielle. Le nombre résultant suit la syntaxe :

    x.dddddE+/-yy

Pour mettre « E » en minuscule, remplacez **%E** par **%e**.

De manière à obtenir le plus petit résultat, vous pouvez donner à **printf( )** le choix entre **%f** et **%e**, grâce à **%g** (en cas de majuscule, utilisez plutôt **%G**). Prenez un exemple :

I

C : BASE DE C++

```c
#include <stdio.h>

int main(void)
{
  double f;

  for(f=1.0; f<1.0e+10; f=f*10)
    printf("%g ", f);

  return 0;
}
```

Ce programme produit le résultat ci-dessous :

```
1 10 100 1000 10000 100000 1e+006 1e+007 1e+008 1e+009
```

Pour afficher des entiers non signés en base 8 ou 16, servez-vous respectivement de **%o** et de **%x**. Comme le système de numération hexadécimale se fonde sur les lettres de A à F pour représenter les nombres de 10 à 15, vous pouvez mettre ces lettres en majuscules ou en minuscules. Pour cela, utilisez respectivement **%X** et **%x**, comme le montre le code suivant :

```c
#include <stdio.h>

int main(void)
{
  unsigned num;

  for(num=0; num<255; num++) {
    printf("%o ", num);
    printf("%x ", num);
    printf("%X\n", num);
  }

  return 0;
}
```

Affichage d'une adresse

Grâce à **printf( )** et à **%p**, vous pouvez faire apparaître à l'écran une adresse absolue. Cette dernière est présentée dans un format compatible avec le type d'adressage employé par l'ordinateur. En guise d'illustration, le programme suivant affiche l'adresse de **sample** :

```c
#include <stdio.h>

int sample;
```

```
int main(void)
{
  printf("%p", &sample);

  return 0;
}
```

Spécificateur %n

%n diffère des autres spécificateurs de formats. Dans ce cas, au lieu d'afficher des données, **printf( )** charge la variable pointée par l'argument correspondant avec une valeur égale au nombre de caractères affichés. En d'autres termes, la valeur associée au spécificateur **%n** doit être le pointeur d'une variable. Après le retour de **printf( )** au point d'appel, cette variable stocke le nombre de caractères affichés jusqu'à l'occurrence de **%n**. Pour comprendre ce spécificateur quelque peu inhabituel, examinez le code suivant :

```
#include <stdio.h>

int main(void)
{
  int count;

  printf("Ceci%n est un test\n", &count);
  printf("%d", count);

  return 0;
}
```

Ce programme affiche **Ceci est un test**, puis **4**. Le spécificateur **%n**, il sert surtout au formatage dynamique.

Modificateurs de format

Des modificateurs s'appliquent éventuellement à de nombreux spécificateurs de formats, pour changer légèrement l'effet de ces derniers. Ainsi, vous pouvez spécifier la largeur minimale d'un champ, le nombre de décimales et la justification à gauche. Pour cela, vous insérez le modificateur entre le symbole **%** et le code du format, comme le montre la discussion suivante.

Spécificateurs de largeurs minimales de champs

Placé entre le symbole **%** et le code du format, un entier joue le rôle de *spécificateur de largeur minimale de champ*. Son objectif consiste à étoffer le résultat de manière à obtenir au moins une longueur déterminée. En cas de dépassement du minimum, la donnée est affichée dans son intégralité, qu'il s'agisse d'une chaîne ou d'un nombre. Lorsque la complétion se révèle nécessaire, des espaces sont ajoutés par défaut. Pour les remplacer par des zéros, mettez **0** devant le spécificateur de largeur minimale de champ. Ainsi, **%05d** permet de compléter la longueur d'un entier de moins de cinq chiffres avec un ou plusieurs zéros. D'autres exemples de spécificateurs de largeurs minimales de champs figurent dans le code suivant :

```c
#include <stdio.h>

int main(void)
{
  double item;

  item = 10.12304;

  printf("%f\n", item);
  printf("%10f\n", item);
  printf("%012f\n", item);

  return 0;
}
```

Ce programme produit le résultat ci-dessous :

```
10.123040
 10.123040
00010.123040
```

Concernant la largeur minimale d'un champ, le modificateur sert le plus souvent à créer une table ligne par ligne. Celle du programme suivant contient les carrés et les cubes des valeurs de 1 à 19 :

```c
#include <stdio.h>

int main(void)
{
  int i;

  /* Afficher une table de carrés et de cubes */
  for(i=1; i<20; i++)
    printf("%8d %8d %8d\n", i, i*i, i*i*i);

  return 0;
}
```

Voici le résultat :

```
1          1          1
2          4          8
3          9          27
4          16         64
5          25         125
6          36         216
7          49         343
8          64         512
9          81         729
10         100        1000
11         121        1331
12         144        1728
13         169        2197
14         196        2744
15         225        3375
16         256        4096
17         289        4913
18         324        5832
19         361        6859
```

Spécificateurs de précision

Le *spécificateur de précision* suit celui de largeur minimale de champ (s'il en existe un). Il se compose d'un point, puis d'un entier. Sa signification exacte dépend du type de données auxquelles il s'applique.

Lorsque le spécificateur de précision est employé avec des valeurs à virgule flottante, *via* **%f**, **%e** ou **%E**, il détermine le nombre de décimales affichées. Ainsi, **%10.4f** permet d'afficher une valeur d'au moins dix caractères avec quatre décimales. Si vous n'indiquez aucune précision, le chiffre six est choisi par défaut.

Lorsque le spécificateur de précision s'applique à **%g** ou à **%G**, il fixe le nombre de chiffres significatifs.

Utilisé avec des chaînes, il détermine la largeur maximale du champ. Ainsi, **%5.7s** permet d'afficher une chaîne de 5 à 7 caractères. Si la longueur de la chaîne dépasse le maximum, les caractères de la fin sont tronqués.

Dans le cas des entiers, le spécificateur de précision détermine le nombre minimal de leurs chiffres. À leur gauche, l'ajout d'un ou de plusieurs zéros permet d'obtenir la valeur requise.

En guise d'illustration, examinez le code suivant :

```
#include <stdio.h>

int main(void)
{
  printf("%.4f\n", 123.1234567);
  printf("%3.8d\n", 1000);
  printf("%10.15s\n", "Ceci est un test simple");

  return 0;
}
```

Ce programme produit le résultat ci-dessous :

```
123.1235
00001000
Ceci est un tes
```

Spécificateur de justification

Par défaut, toutes les données de sortie sont justifiées à droite. Si le champ est plus grand que les données affichées, ces dernières sont placées à droite. Pour les justifier à gauche, insérez un moins immédiatement après **%**. Ainsi, **%-10.2f** permet d'obtenir un nombre avec deux décimales dans la partie gauche d'un champ de 10 caractères.

En guise d'illustration, examinez le code suivant :

```
#include <stdio.h>

int main(void)
{
  printf("Justification à droite : %8d\n", 100);
  printf("Justification à gauche : %-8d\n", 100);

  return 0;
}
```

Gestion d'autres types de données

Deux modificateurs de format permettent à **printf( )** d'afficher des entiers courts ou longs. Ils peuvent s'appliquer aux spécificateurs de type **d**, **i**, **o**, **u** et **x**. D'abord, la lettre **l** indique à **printf( )** qu'une donnée de type **long** suit. Ainsi, **%ld** implique l'affichage d'un entier long. Ensuite, le modificateur **h** dicte à **printf( )** de faire apparaître un entier court. Par exemple, **%hu** révèle que la donnée est de type **short unsigned int**.

Concernant les nombres à virgule flottante, le modificateur **L** peut préfixer les spécificateurs **e**, **f** et **g**. Il indique alors qu'une valeur de type **long double** suit.

Modificateurs * et

La fonction **printf( )** prend en charge deux modificateurs supplémentaires pour les spécificateurs de format : * et #.

Lorsque # précède le code **g**, **G**, **f**, **E** ou **e**, il garantit l'existence d'un signe décimal même en l'absence de décimales. S'il préfixe **x** ou **X**, le nombre hexadécimal apparaîtra après **0x**. Devant **o**, # entraîne l'affichage du nombre avec un zéro à sa gauche. Finalement, # ne peut pas s'appliquer à d'autres spécificateurs de format.

À la place des constantes, la largeur minimale d'un champ et le spécificateur de précision peuvent être fournis par les arguments de **printf( )**. Pour cela, utilisez * comme paramètre substituable. Lorsque la chaîne à mettre en forme est parcourue, **printf( )** fait correspondre * à un argument, selon son ordre d'apparition. À titre d'exemple, la largeur minimale du champ, la précision et la valeur à afficher sont respectivement **10**, **4** et **123.3** dans la figure 8-1.

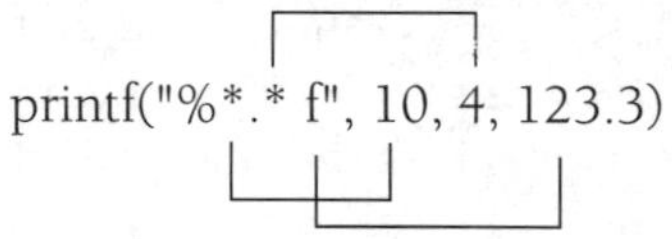

printf("%*.* f", 10, 4, 123.3)

Figure 8-1   Correspondance entre * et sa valeur

Quant au programme suivant, il illustre # et * à la fois :

```c
#include <stdio.h>

int main(void)
{
  printf("%x %#x\n", 10, 10);
  printf("%*.*f", 10, 4, 1234.34);

  return 0;
}
```

scanf( )

La fonction **scanf( )** est une routine polyvalente d'entrée console. Elle peut lire tous les types de données de base, et convertir automatiquement les nombres en un format interne approprié. Par ailleurs, elle effectue pratiquement l'opération inverse de **printf( )**. Voici son prototype :

   int scanf(const char *suite_de_commandes, ...);

La fonction **scanf( )** retourne le nombre de données élémentaires ayant été affectées avec succès à une valeur. En cas d'erreur, elle renvoie **EOF**. Quant à la *suite_de_commandes*, elle détermine la manière dont les valeurs sont placées dans les variables pointées vers l'ensemble d'arguments.

Elle se compose de caractères de trois catégories.

● Spécificateurs de format

● Blancs

● Caractères autres que des blancs

Maintenant, passont-les brièvement en revue.

Spécificateurs de format

Dans le tableau 8-3, figurent les spécificateurs de format de lecture. Commençant par un symbole %, ils indiquent à **scanf( )** le type des données qui suivent. Par ailleurs, ils sont associés de gauche à droite aux arguments. Examinez quelques exemples.

Spécificateur	Action
%c	Lire un caractère unique
%d	Lire un entier décimal
%i	Lire un entier en base 8, 10 ou 16
%e	Lire un nombre à virgule flottante
%f	Lire un nombre à virgule flottante
%g	Lire un nombre à virgule flottante
%o	Lire un nombre octal
%s	Lire une chaîne
%x	Lire un nombre hexadécimal
%p	Lire un pointeur
%n	Affecter une valeur entière égale au nombre de caractères lus jusqu'à présent

Tableau 8-3   Spécificateurs de format de scanf( )

Spécificateur	Action
%u	Lire un entier décimal non signé
%[ ]	Lire un ensemble de caractères
%%	Lire un symbole %

Tableau 8-3   Spécificateurs de format de scanf( ) *(suite)*

Lecture de nombres

Pour lire un entier, servez-vous soit de **%d**, soit de **%i**. Dans le cas d'un nombre à virgule flottante, sous forme standard ou exponentielle, indiquez **%f**, **%e** ou **%g**.

Par ailleurs, la fonction **scanf( )** permet de lire des entiers octaux ou hexadécimaux, *via* les formats respectifs **%o** et **%x**. Que vous écriviez le x en minuscule ou non, vous pouvez taper les lettres de A à F lorsque vous désignez des nombres hexadécimaux. En guise d'illustration, le programme suivant lit une valeur en base 8 et une autre en base 16 :

```
#include <stdio.h>

int main(void)
{
  int i, j;

  scanf("%o%x", &i, &j);
  printf("%o %x", i, j);

  return 0;
}
```

Enfin, la fonction **scanf( )** cesse de lire un nombre à la première occurrence d'un caractère non numérique.

Lecture d'un entier non signé

Pour lire un entier non signé, utilisez **%u**. Ainsi :

```
unsigned num;
scanf("%u", &num);
```

lit une valeur de type **unsigned**, et la place dans **num**.

Lecture de caractères particuliers

Selon les explications fournies précédemment dans ce chapitre, vous pouvez lire des caractères particuliers à l'aide de **getchar( )** ou d'une fonction dérivée. Grâce à **%c**, **scanf( )** permet également d'atteindre cet objectif. À l'instar de la plupart des implémentations de **getchar( )** , **scanf( )** met généralement les données d'entrée en mémoire tampon généralement, ce qui se révèle un peu ennuyeux dans un environnement interactif.

Bien que les espaces, les tabulations et les sauts de ligne servent de séparateurs de champs à la lecture d'autres types de données, les blancs sont traités comme tout autre caractère dans le cadre d'une lecture de caractères particuliers. Ainsi, avec un flux d'entrée de "**x, y**",

```
scanf("%c%c%c", &a, &b, &c);
```

retourne au point d'appel avec le caractère **x** dans **a**, un espace dans **b** et le caractère **y** dans **c**.

Lecture de chaînes

Grâce à **%s**, la fonction **scanf( )** peut servir à lire une chaîne à partir du flot d'entrée. Un tel spécificateur entraîne la lecture des caractères jusqu'à l'occurrence d'un blanc. Les caractères lus sont placés dans le tableau de caractères pointé par l'argument correspondant, et le résultat se termine par **null**. Appliqué à **scanf( )**, le blanc est un espace, une tabulation (horizontale ou verticale) ou un saut (de ligne ou de page). Au lieu de s'arrêter au retour chariot comme **gets( )**, **scanf( )** lit une chaîne jusqu'à la saisie du premier blanc. Vous ne pouvez donc pas l'utiliser pour lire une chaîne telle que « Ceci est un test », car le premier espace met fin au processus. Pour observer l'effet du spécificateur **%s**, tapez la chaîne « Hé bonjour » lors de l'exécution du programme suivant :

```
#include <stdio.h>

int main(void)
{
  char str[80];

  printf("Saisissez une chaîne : ");
  scanf("%s", str);
  printf("Voici votre chaîne : %s", str);

  return 0;
}
```

Seule la partie « Hé » est affichée.

Lecture d'une adresse

Pour saisir une adresse mémoire, employez **%p**. Utilisé avec **scanf( )**, ce spécificateur entraîne une telle lecture dans le format défini par l'architecture du processeur. Ainsi, le programme suivant introduit une adresse, puis affiche la valeur stockée à cet emplacement :

```c
#include <stdio.h>

int main(void)
{
  char *p;

  printf("Entrez une adresse : ");
  scanf("%p", &p);
  printf("À l'emplacement %p, la valeur est %c\n", p, *p);

  return 0;
}
```

Spécificateur %n

Employé avec **scanf( )**, **%n** permet d'affecter le nombre de caractères lus jusqu'à présent à la variable pointée par l'argument correspondant.

Spécificateur %[ ]

La fonction **scanf( )** prend en charge un spécificateur polyvalent : **%[ ]**. Dans ce cas, elle accepte des caractères tant qu'ils font partie d'un ensemble défini par **%[ ]**. Les caractères lus sont affectés au tableau pointé par l'argument correspondant. Pour définir un ensemble de caractères, faites précéder ces derniers du symbole **%**, après les avoir mis entre crochets. Ainsi, l'ensemble suivant indique à **scanf( )** les seuls caractères à lire : **X**, **Y** et **Z**.

```
%[XYZ]
```

Associé à un ensemble de caractères, **scanf( )** continue la lecture et place les éléments dans le tableau correspondant jusqu'à ce qu'il rencontre un caractère non défini par **%[ ]**. Lorsque la fonction retournera au point d'appel, le tableau contiendra les caractères lus sous forme de chaîne terminée par **null**. Pour observer le fonctionnement de **scanf( )** avec **%[ ]**, essayez le code ci-dessous, en tapant **123abcdtye**, puis en appuyant sur ENTRÉE :

```c
#include <stdio.h>

int main(void)
```

```
{
  int i;
  char str[80], str2[80];

  scanf("%d%[abcdefg]%s", &i, str, str2);
  printf("%d %s %s", i, str, str2);

  return 0;
}
```

Le programme affiche alors **123 abcd tye**. Comme **t** ne fait pas partie de l'ensemble de caractères, **scanf( )** cesse de placer les caractères dans **str** lorsqu'elle rencontre cette lettre. Quant aux caractères suivants, ils sont mis dans **str2**.

Au lieu d'accepter les caractères de l'ensemble, vous pouvez admettre les autres. Pour cela, utilisez ^ comme premier caractère de l'ensemble.

Dans la plupart des implémentations, vous pouvez définir une gamme grâce à un trait d'union. Ainsi, vous indiquez à **scanf( )** d'accepter les caractères de A à Z *via* la ligne suivante.

```
%[A-Z]
```

Un point important : souvenez-vous de distinguer le haut et le bas de casse dans l'ensemble de caractères. Pour lire une majuscule et une minuscule, vous devez spécifier chacune de ces lettres.

Blancs non voulus

Ici, un blanc correspond à un espace, une tabulation (horizontale ou verticale) ou à un saut (de ligne ou de page). Lorsque vous en insérez un dans la suite de commandes, **scanf( )** saute un ou plusieurs « espaces avant » du flot d'entrée. Fondamentalement, votre ajout entraîne la lecture et non le stockage d'un nombre quelconque de blancs (y compris zéro). L'opération résultante se produit jusqu'à la première occurrence d'un caractère autre qu'un blanc.

Caractères autres que des blancs

Dans la suite de commandes, un caractère autre qu'un blanc entraîne la lecture et l'abandon du caractère correspondant dans le flot d'entrée. Avec **"%d, %d"**, **scanf( )** lit un entier, lit et ignore une virgule, puis lit un nouvel entier. En cas d'absence du caractère spécifié, elle s'arrête. Pour écarter un symbole **%**, insérez **% %** dans la suite de commandes.

Transmission obligatoire d'adresses

Toutes les variables utilisées pour recevoir des valeurs *via* **scanf( )** doivent être transmises par leur adresse. En d'autres termes, tous les arguments doivent être des pointeurs de variables. Rappelez-vous qu'il s'agit d'un moyen de faire un appel par référence et de modifier le contenu d'un argument. Ainsi, pour placer un entier dans la variable **count**, vous invoqueriez :

```
scanf("%d", &count);
```

Quant aux chaînes, elles sont placées dans des tableaux de caractères. Le nom d'un tableau sans indice constitue l'adresse du premier élément du tableau. Pour insérer une chaîne dans un tableau, vous écririez donc :

```
scanf("%s", str);
```

Dans ce cas, vous n'avez pas besoin de préfixer l'opérateur **&** à **str**, qui est déjà un pointeur.

Modificateurs de format

À l'instar de **printf( )**, **scanf( )** permet de modifier plusieurs de ses spécificateurs de format.

Ces derniers peuvent inclure un spécificateur de largeur maximale de champ, qui est un entier situé entre **%** et le code du format, et qui limite le nombre de caractères lus pour ce champ. Pour introduire 20 caractères au plus dans **str**, écrivez donc :

```
scanf("%20s", str);
```

Si le flot d'entrée dépasse ce maximum, cette fonction fournit un point de sortie après lequel un appel subséquent commence. Si vous tapez par exemple :

abcdefghijklmnopqrstuvwxyz

seuls les 20 premiers caractères, soit les lettres de A à T, sont placés dans **str**, à cause du spécificateur de largeur maximale de champ. Les caractères restants, c'est-à-dire UVWXYZ, n'ont pas encore servi. Si vous invoquez ensuite :

```
scanf("%s", str);
```

les lettres UVWXYZ sont placées dans **str**. Les données d'un champ peuvent se terminer avant l'occurrence d'un blanc. Dans ce cas, **scanf( )** passe au champ suivant.

Pour lire un entier long ou court, mettez respectivement la lettre **l** ou **h** devant le spécificateur de format. Ces modificateurs peuvent être utilisés avec les codes de format suivants : **d**, **i**, **o**, **u** et **x**. Par défaut, **f**, **e** et **g** permettent d'affecter des données à une variable de type **float** *via* **scanf( )**. Si vous les faites précéder de la lettre **l**, la fonction attribue les données à une variable de type **double**. En employant un **L**, vous indiquez à **scanf( )** que la variable recevant les données sont de type **long double**.

Suppression de données d'entrée

Vous pouvez indiquer à **scanf( )** un champ à lire, et non à affecter à une variable quelconque, en faisant précéder le code du format de *. Étant donné :

```
scanf("%d%*c%d", &x, &y);
```

tapez par exemple les coordonnées **10,10**. La virgule serait correctement lue et non attribuée. La suppression de l'affectation se révèle particulièrement utile lorsque vous devez traiter seulement une partie de ce qui est tapé.

CHAPITRE 9

E/S fichier

D'après les explications du chapitre 8, C++ prend en charge deux systèmes complets d'E/S : celui hérité de C, et celui orienté objet, qui lui est propre. Ici, la description porte sur le système de fichiers de C. Pour les raisons précisées au chapitre précédent, une telle connaissance revêt de l'importance même si la plupart des nouveaux programmes privilégieront le système de fichiers de C++ (qui sera traité dans la partie II).

C et C++

Une certaine confusion peut prévaloir concernant le système de fichiers de C, notamment sur la façon dont il est apparenté à celui de C++. D'abord, C++ prend complètement en charge le système de fichiers de la norme de C. Si vous passez donc un ancien code de C à C++, vous n'aurez pas à changer toutes les routines d'E/S. Ensuite, C++ possède son propre système d'E/S orienté objet, lequel inclut des fonctions et des opérateurs d'E/S. Certes, vous voudrez généralement appliquer le système d'E/S de C++, mais vous êtes libre de recourir au système de fichiers de C, malgré sa redondance. Bien entendu, la plupart des programmeurs optent pour le premier ; des éclaircissements seront donnés dans la partie II de cet ouvrage sur ce qui peut motiver un tel choix.

Flux et fichiers

Avant de commencer la discussion sur le système de fichiers de C, il est nécessaire de connaître la différence entre les termes « *flux* » et « *fichiers* ». Le système d'E/S de C fournit une interface cohérente au programmeur, indépendante du dispositif auquel il tente d'accéder. Il offre donc un niveau d'abstraction entre le programmeur et le dispositif. Cette abstraction se concrétise par un *flux*, et le dispositif courant à un *fichier*. La compréhension de l'interaction de flux et de fichiers est fondamentale.

Note. Le concept de flux et de fichiers revêt également de l'importance pour le système d'E/S de C++ traité dans la partie II.

Flux

Le système de fichiers de C est conçu pour une vaste gamme de dispositifs, y compris les terminaux, les lecteurs de disques et les lecteurs de bandes. Même si les dispositifs diffèrent considérablement, le système de fichiers transforme chacun, par le biais du tampon, en une unité logique appelée « flux ». Tous les flux fonctionnent dès lors similairement. Comme les flux sont pour la plupart indépendants du dispositif, une fonction d'écriture sur fichier disque peut également servir sur un dispositif d'un autre type, telle une console. Par ailleurs, ils se répartissent en deux catégories : les flux de texte ou les flux binaires.

Flux de texte

Un *flux de texte* est une suite de caractères. En la matière, la norme de C accepte une organisation en lignes, terminées par un saut de ligne (sans l'exiger). Ce caractère est facultatif sur la dernière ligne (en réalité, la plupart des compilateurs en C/C++ ne terminent pas les flux de textes par des sauts de ligne). Certaines conversions de caractères peuvent s'y produire, selon les besoins de l'environnement hôte. Ainsi, un saut de ligne peut devenir une séquence retour chariot/interligne. En conséquence, il ne peut exister de rapport un à un entre les caractères écrits ou lus et ceux du périphérique. En raison de ces conversions éventuelles, la quantité de caractères traités peut en outre différer de celle du périphérique.

Flux binaires

Un *flux binaire* est une suite d'octets qui ont une correspondance un à un avec ceux du périphérique (aucune conversion de caractères ne se produit donc). Par ailleurs, le nombre d'octets écrits ou lus équivaut à celui du périphérique. Toutefois, un nombre d'octets nuls défini par la mise en œuvre peuvent être ajoutés au flux binaire. Ceux-ci pourraient servir à étoffer les informations, de manière à remplir par exemple un secteur sur un disque.

Fichiers

En C/C++, un *fichier* peut être du type fichier disque ou terminal, en passant par une imprimante. Pour associer un flux à un fichier spécifique, vous ouvrez ce dernier. Une fois cette opération accomplie, les informations entre le programme et le fichier peuvent être échangées.

Tous les fichiers n'ont pas les mêmes capacités. Ainsi, un fichier disque se prête bien à l'accès aléatoire, contrairement à certaines imprimantes. Ce constat soulève un point important : tous les flux sont identiques, ce qui n'est pas le cas de tous les fichiers.

Si vous pouvez émettre des *requêtes en matière de position*, l'ouverture initialise l'indicateur de position au début du fichier. Au fur et à mesure de la lecture ou de l'écriture de chaque caractère, l'*indicateur de position de fichier* est décalé d'autant de positions, permettant la progression.

Pour dissocier un fichier d'un flux spécifique, vous effectuez une opération de fermeture. Si vous fermez un fichier ouvert pour l'écriture, le contenu éventuel de son flux associé est écrit sur le périphérique. Grâce à ce processus, vous « *videz* » le flux, ce qui garantit l'absence d'informations laissées accidentellement dans la mémoire tampon de disque. Tous les fichiers sont fermés automatiquement lorsque le programme se termine normalement, soit par le retour de **main( )** au système d'exploitation, soit par l'appel d'**exit( )**. Cette fermeture ne se produit cependant pas en cas d'anomalies, c'est-à-dire en cas du blocage du programme ou de l'appel de ce dernier à **abort( )** par exemple.

Associé à un fichier, chaque flux a une structure de type **FILE** pour le contrôle de fichiers. Ne modifiez jamais ce bloc.

Si vous êtes programmeur novice, la distinction entre flux et fichiers peut sembler inutile ou forcée. Rappelez-vous simplement que son objectif principal consiste à fournir une interface cohérente. Il suffit de penser en termes de flux, et d'utiliser un seul système de fichiers pour accomplir toutes les opérations d'E/S. Le système d'E/S convertit automatiquement les données brutes de chaque dispositif en un flux facilement gérable.

Principes fondamentaux du système de fichiers

Le système de fichiers de C se compose de plusieurs fonctions interdépendantes. Les plus courantes sont présentées dans le tableau 9-1.

Nom	Fonction
fopen( )	Ouvre un fichier
fclose( )	Ferme un fichier
putc( )	Écrit un caractère sur un fichier
fputc( )	Identique à **putc( )**
getc( )	Lit un caractère sur un fichier
fgetc( )	Identique à **getc( )**
fgets( )	Lit une chaîne sur un fichier
fputs( )	Écrit une chaîne sur un fichier
fseek( )	Cherche un octet déterminé dans un fichier
ftell( )	Retourne la position courante d'un fichier
fprintf( )	Est au fichier ce que **printf( )** est à la console

Tableau 9-1 Fonctions courantes du système de fichiers de C

Nom	Fonction
fscanf( )	Est au fichier ce que **scanf( )** est à la console
feof( )	Retourne un résultat vrai si la fin d'un fichier est atteinte
ferror( )	Retourne un résultat vrai si une erreur s'est produite
rewind( )	Remet l'indicateur de position au début d'un fichier
remove( )	Efface un fichier
fflush( )	Vide un fichier

Tableau 9-1   Fonctions courantes du système de fichiers de C *(suite)*

Elles nécessitent **stdio.h**. Dans les programmes en C++, vous pouvez également vous servir de **<cstdio>**. Ce fichier et ce nouvel en-tête, qui offrent les prototypes des fonctions d'E/S, définissent trois types : **size_t**, **fpos_t** et **FILE**. À l'instar du deuxième, le premier est une variété d'entiers non signés. Quant à **FILE**, il est traité dans la section précédente.

Dans **stdio.h** et **<cstdio>**, sont également définies plusieurs macros. Les plus importantes abordées dans ce chapitre sont **NULL**, **EOF**, **FOPEN_MAX**, **SEEK_SET**, **SEEK_CUR** et **SEEK_END**. La première définit un pointeur **null**. La macro **EOF** correspond généralement à -1 et à la valeur retournée lorsqu'une fonction d'entrée tente de lire au-delà de la fin du fichier. **FOPEN_MAX** définit une valeur entière qui détermine le nombre de fichiers susceptibles d'être ouverts en même temps. Quant aux autres macros, elles sont utilisées avec la fonction **fseek( )**. Cette dernière accède aléatoirement au fichier.

Pointeur d'un fichier

Dans le système d'E/S de C, le *pointeur d'un fichier* est le processus élémentaire le plus courant. Il pointe sur une structure de type **FILE**, contenant des informations sur le fichier (nom, état, position courante, *etc.*). Fondamentalement, un tel pointeur identifie un fichier spécifique et sert au flux associé dans la gestion des E/S des fonctions. Pour obtenir la variable pointeur d'un fichier, employez l'instruction suivante :

```
FILE *fp;
```

Ouverture d'un fichier

La fonction **fopen( )** ouvre un flux qu'elle lie à un fichier. Ensuite, elle retourne le pointeur de fichier correspondant. Dans la majorité des cas, et pour le reste de l'étude, le fichier est sur disque. Quant à **fopen( )**, elle a le prototype suivant :

FILE *fopen(const char *nom_du_fichier, const char *mode);

Dans ce cas, le *nom_du_fichier* est le pointeur d'une chaîne de caractères. Cette dernière se compose du nom valable d'un fichier et, éventuellement, d'un chemin. Quant à la chaîne pointée par le *mode*, elle détermine le mode d'ouverture du fichier. Examinez maintenant le tableau 9-2, qui présente les valeurs autorisées pour *mode*. Des chaînes telles que "r+b" peuvent également apparaître sous une autre forme (ici, "rb+").

Mode	Action
r	Ouvre un fichier texte pour lecture
w	Crée un fichier texte pour écriture
a	Ajoute des données à un fichier texte
rb	Ouvre un fichier binaire pour lecture
wb	Crée un fichier binaire pour écriture
ab	Ajoute des données à un fichier binaire
r+	Ouvre un fichier texte pour lecture et écriture
w+	Crée un fichier texte pour lecture et écriture
a+	Ajoute ou crée un fichier texte pour lecture et écriture
r+b	Ouvre un fichier binaire pour lecture et écriture
w+b	Crée un fichier binaire pour lecture et écriture
a+b	Ajoute ou crée un fichier binaire pour lecture et écriture

Tableau 9-2 Valeurs autorisées du mode

À titre de rappel, la fonction **fopen( )** retourne le pointeur d'un fichier. Votre programme ne doit jamais changer la valeur de ce dernier. Si une erreur se produit au moment de l'ouverture du fichier, **fopen( )** retourne un pointeur nul.

Dans l'exemple suivant, elle sert à ouvrir le fichier **test** en écriture.

```
FILE *fp;
fp = fopen("test", "w");
```

Bien que techniquement correct, ce code prend habituellement cette forme :

```
FILE *fp;
if ((fp = fopen("test","w"))==NULL) {
  printf("Impossible d\'ouvrir le fichier\n");
  exit(1);
}
```

Une telle méthode d'ouverture de fichiers permet d'éviter un écrasement, grâce au repérage d'une erreur quelconque, comme un fichier protégé en écriture ou un disque plein. En général, vous voudrez toujours confirmer la réussite de **fopen( )** avant de tenter d'autres opérations sur le fichier.

Bien que la plupart des modes s'expliquent d'eux-mêmes, quelques commentaires s'imposent ici. Si le fichier n'existe pas lors de l'ouverture pour lecture seulement, **fopen( )** échoue. Lorsque vous tentez d'ouvrir un fichier inexistant, *via* un mode d'ajout, celui-ci est créé. De plus, toutes les nouvelles données sont écrites à la fin du fichier. Quant au contenu de départ, il reste inchangé. Lorsque vous tentez d'ouvrir pour écriture un fichier absent, ce dernier est créé. S'il existe déjà, le contenu du fichier de départ est détruit, et un nouveau est créé. La différence entre les modes **r+** et **w+** est que le premier ne crée pas de fichier s'il n'existe pas. Si le fichier existe déjà, l'ouverture avec **w+** provoque la destruction de son contenu, alors que l'opération avec **r+** n'entraîne pas une telle conséquence.

Comme le montre le tableau 9-2, vous pouvez ouvrir un fichier soit texte, soit binaire. Dans la plupart des implémentations, en mode texte, la séquence retour chariot/interligne est convertie en un saut de ligne à l'entrée, et inversement à la sortie. De telles transformations ne se produisent pas dans des fichiers binaires.

Le nombre de fichiers ouvrables en même temps est déterminé par **FOPEN_MAX**. Cette macro vaudra habituellement 8 au minimum, mais vous devez consulter le manuel de votre compilateur pour connaître sa valeur exacte.

Fermeture d'un fichier

La fonction **fclose( )** ferme un flux ouvert par un appel à **fopen( )**. Sur le fichier, elle écrit les données restant encore dans le tampon du disque, et effectue une opération explicite de fermeture à travers le système d'exploitation. L'échec de fermeture d'un flux pose des problèmes de toutes sortes, y compris la perte de données, la destruction de fichiers et d'éventuelles erreurs intermittentes dans le programme. Comme le système d'exploitation limite le nombre de fichiers ouverts simultanément, vous pouvez avoir à fermer un fichier avant d'en ouvrir un autre.

Concernant le prototype de la fonction **fclose( )**, il apparaît ainsi :

```
int fclose(FILE *fp);
```

Dans ce cas, *fp* correspond au pointeur sur un fichier et renvoyé lors de l'appel à **fopen( )**. Une valeur de retour égale à 0 implique la réussite de l'opération de fermeture. En cas d'erreur, la fonction renvoie **EOF**. Pour repérer et signaler un problème éventuel, vous pouvez vous servir de la fonction standard **ferror( )** (traitée brièvement). En général, **fclose( )** échoue seulement lorsqu'un disque est prématurément éjecté du lecteur, ou s'il y manque de l'espace.

Écriture d'un caractère

Le système d'E/S de C définit deux fonctions équivalentes pour afficher un caractère : **putc( )** et **fputc( )** (en réalité, la première est habituellement mise en œuvre en tant que macro). Le souci de compatibilité avec d'anciennes versions de C justifie la présence des deux. Dans cet ouvrage, l'utilisation de **putc( )** n'empêche pas celle de **fputc( )**.

La fonction **putc( )** écrit des caractères sur un fichier précédemment ouvert à cette fin *via* **fopen( )**. Voici son prototype :

   int putc(int *ch*, FILE **fp*);

Dans ce cas, *fp* correspond au pointeur sur fichier retourné par **fopen( )** et *ch* au caractère à afficher. Un tel pointeur indique à **putc( )** le fichier destiné à l'écriture. Pour des raisons historiques, *ch* est défini avec **int**, mais seul l'octet de droite est écrit.

Si **putc( )** réussit son opération, elle retourne le caractère écrit, sinon **EOF**.

Lecture d'un caractère

Concernant la lecture d'un caractère, il existe également deux fonctions équivalentes : **getc( )** et **fgetc( )**. Les deux sont définies par souci de compatibilité avec d'anciennes versions de C. Dans cet ouvrage, vous pouvez remplacer **fgetc( )** par **getc( )** (généralement mise en œuvre en tant que macro).

Cette dernière lit des caractères à partir d'un fichier ouvert en lecture *via* **fopen( )**. Voici son prototype :

   int getc(FILE **fp*);

Dans ce cas, *fp* est un pointeur de type **FILE** orienté vers un fichier et retourné par **fopen( )**. Quant à la fonction **getc( )**, elle retourne un entier, mais le caractère est contenu dans l'octet de droite. Sauf en cas d'erreur, l'octet de gauche vaut zéro.

La fonction **getc( )** retourne **EOF** à la fin du fichier. Pour lire jusqu'à la fin d'un fichier texte, vous pourriez donc vous servir du code suivant :

```
do {
  ch = getc(fp);
} while(ch!=EOF);
```

Toutefois, **getc( )** retourne également **EOF** en cas d'erreur. Pour déterminer exactement ce qu'il se passe, vous disposez de **ferror( )**.

Utilisation de getc( ), putc( ), fopen( ) et fclose( )

Les fonctions **getc( )**, **putc( )**, **fopen( )** et **fclose( )** constituent l'ensemble minimal de routines de fichiers. Pour illustrer simplement les trois dernières, examinez le programme ci-dessous. Il lit les caractères au clavier, et les écrit sur un fichier disque jusqu'à ce que l'utilisateur tape le symbole $. Le nom du fichier est spécifié à partir de la ligne de commande. Si vous désignez par exemple le programme par « KTOD », tapez **KTOD TEST** pour saisir des lignes de texte dans le fichier appelé « TEST ».

```
/* KTOD : key to disk program
   (clé d'un programme sur disque) */
#include <stdio.h>
#include <stdlib.h>
int main(int argc, char *argv[])
{
  FILE *fp;
  char ch;
  if(argc!=2) {
    printf("Nom du fichier non entré\n");
    exit(1);
  }
  if((fp=fopen(argv[1], "w"))==NULL) {
    printf("Impossible d\'ouvrir le fichier\n");
    exit(1);
  }
  do {
    ch = getchar();
    putc(ch, fp);
  } while (ch != '$');
  fclose(fp);
  return 0;
}
```

En complément de « KTOD », « DTOS » lit un fichier de texte quelconque, et affiche son contenu à l'écran.

```
/* DTOS : programme lisant un fichier et
   affichant son contenu à l'écran */
#include <stdio.h>
#include <stdlib.h>
int main(int argc, char *argv[])
{
  FILE *fp;
  char ch;
  if(argc!=2) {
```

```
    printf("Nom du fichier non entré\n");
    exit(1);
  }
  if((fp=fopen(argv[1], "r"))==NULL) {
    printf("Impossible d\'ouvrir le fichier\n");
    exit(1);
  }
  ch = getc(fp);    /* Lire un caractère */
  while (ch!=EOF) {
    putchar(ch);   /* Afficher le caractère */
    ch = getc(fp);
  }
  fclose(fp);
  return 0;
}
```

Essayez ces deux programmes. Utilisez d'abord « KTOD » pour créer un fichier texte, puis lisez son contenu *via* « DTOS ».

Utilisation de feof( )

Selon la description qui précède, **getc( )** retourne **EOF** à la fin du fichier. Cependant, tester la valeur retournée par cette fonction n'est pas forcément la meilleure méthode pour déterminer que la fin du fichier est atteinte. En premier lieu, le système peut traiter à la fois un fichier texte ou binaire. Si le fichier est ouvert pour une lecture en mode binaire, une valeur entière égale à **EOF** peut être lue. La routine d'entrée indiquerait alors une condition apparente de fin de fichier, alors que la limite n'est pas atteinte physiquement. En second lieu, **getc( )** renvoie également **EOF** en cas d'échec. La seule analyse de la valeur de retour de cette fonction ne permet donc pas de conclure sur ce qu'il se passe réellement. Pour résoudre ces problèmes, le système de fichiers de C inclut **feof( )**. Voici le prototype de cette fonction qui détermine la fin du fichier :

int feof(FILE *fp);

Si la limite est atteinte, **feof( )** retourne un résultat vrai, sinon 0. En conséquence, la routine suivante lit un fichier binaire jusqu'à sa fin :

```
while(!feof(fp)) ch = getc(fp);
```

Bien entendu, vous pouvez appliquer cette méthode à des fichiers textes ou binaires.

Un autre exemple de **feof( )** figure dans le programme ci-dessous, qui copie un fichier de l'une des deux catégories. Celui-ci est ouvert en mode binaire, et la fonction vérifie si sa fin est atteinte.

```
/* Copier un fichier */
#include <stdio.h>
#include <stdlib.h>
int main(int argc, char *argv[])
{
  FILE *in, *out;
  char ch;
  if(argc!=3) {
    printf("Nom du fichier non entré\n");
    exit(1);
  }
  if((in=fopen(argv[1], "rb"))==NULL) {
    printf("Impossible d\'ouvrir le fichier source\n");
    exit(1);
  }
  if((out=fopen(argv[2], "wb")) == NULL) {
    printf("Impossible d\'ouvrir le");
    printf("fichier de destination\n");
    exit(1);
  }
  /* Ce code copie le fichier en réalité */
  while(!feof(in)) {
    ch = getc(in);
    if(!feof(in)) putc(ch, out);
  }
  fclose(in);
  fclose(out);
  return 0;
}
```

Utilisation de chaînes

Outre **getc( )** et **putc( )**, le système de fichiers de C prend en charge les fonctions connexes **fgets( )** et **fputs( )**. L'une lit et l'autre écrit des chaînes de caractères sur le fichier disque. À une exception près, ces fonctions opèrent de façon analogue à **getc( )** et **putc( )**. Au lieu de lire ou d'écrire un caractère unique, elles traitent des chaînes. Voici leur prototype :

> int fputs(const char *str, FILE *fp);
> char *fgets(char *str, int longueur, FILE *fp);

La fonction **fputs( )** écrit la chaîne pointée par str sur le flux spécifié. En cas d'erreur, elle retourne **EOF**.

Quant à la fonction **fgets( )**, elle récupère une chaîne du flux spécifié, jusqu'à la lecture d'un saut de ligne ou d'un nombre de caractères égal à la longueur moins un. Si un saut de ligne est lu, il reste dans la chaîne (contrairement à la fonction **gets( )**). Le résultat est terminé par **null**. Si la fonction réussit, elle retourne *str*. En cas d'erreur, elle renvoie un pointeur nul.

Pour illustrer maintenant **fputs( )**, examinez le programme ci-dessous. Il lit des chaînes au clavier et les écrit sur le fichier « TEST ». Pour mettre fin au programme, insérez une ligne vierge. Comme **gets( )** ne stocke pas de caractère de saut de ligne, ajoutez-en un avant l'écriture de chaque chaîne, pour faciliter la lecture du fichier.

```
#include <stdio.h>
#include <stdlib.h>
#include <string.h>
int main(void)
{
  char str[80];
  FILE *fp;
  if((fp = fopen("TEST", "w"))==NULL) {
    printf("Impossible d\'ouvrir le fichier\n");
    exit(1);
  }
  do {
    printf("Saisissez une chaîne (pour quitter, ");
    printf("faites un retour chariot) : \n");
    gets(str);
    strcat(str, "\n");  /* Insérer un saut de ligne */
    fputs(str, fp);
  } while(*str!='\n');
  return 0;
}
```

rewind( )

La fonction **rewind( )** remet l'indicateur de position au début du fichier spécifié comme argument. En d'autres termes, elle « rembobine » le fichier. Voici son prototype :

> void rewind(FILE *fp*);

Dans ce cas, *fp* est le pointeur valable d'un fichier.

À titre d'exemple de **rewind( )**, vous pouvez modifier le programme de la section précédente de manière à ce qu'il affiche le contenu du fichier récemment créé. Dans cet objectif, le programme remet le fichier au début une fois les données d'entrée complètes, puis exécute **fgets( )** pour le relire. Notez que vous devez maintenant ouvrir le fichier en mode écriture et lecture à l'aide du mode **w+** servant de paramètre :

```
#include <stdio.h>
#include <stdlib.h>
#include <string.h>
int main(void)
```

```
{
  char str[80];
  FILE *fp;
  if((fp = fopen("TEST", "w+"))==NULL) {
    printf("Impossible d\'ouvrir le fichier\n");
    exit(1);
  }
  do {
    printf("Saisissez une chaîne (pour quitter, ");
    printf("faites un retour chariot) : \n");
    gets(str);
    strcat(str, "\n");  /* Insérer un saut de ligne */
    fputs(str, fp);
  } while(*str!='\n');
  /* Maintenant, lire et afficher le fichier */
  rewind(fp);  /* Remettre l'indicateur de position
                  au début du fichier */
  while(!feof(fp)) {
    fgets(str, 79, fp);
    printf(str);
  }
  return 0;
}
```

ferror( )

La fonction **ferror( )** détermine si oui ou non l'opération sur un fichier a occasionné une erreur. Voici son prototype :

   int ferror(FILE *fp);

Dans ce cas, fp est le pointeur sur un fichier. Si une erreur s'est produite pendant la dernière opération sur un fichier, la fonction renvoie un résultat vrai, sinon faux. Comme chacune de ces actions détermine la condition d'erreur, **ferror( )** doit être exécutée immédiatement après. Dans le cas contraire, vous pouvez manquer une erreur.

En guise d'illustration, le programme ci-dessous remplace les tabulations d'un fichier par le nombre approprié d'espaces. La taille d'une tabulation est définie par **TAB_SIZE**. Remarquez le mode d'appel de **ferror( )** après chaque opération sur un fichier. Pour utiliser le programme, spécifiez le nom du fichier d'entrée et celui de sortie sur la ligne de commande.

```
/* Le programme remplace les espaces par des tabulations
   dans un fichier texte et contrôle l'absence d'erreurs */
#include <stdio.h>
#include <stdlib.h>
#define TAB_SIZE 8
```

```
#define IN 0
#define OUT 1
void err(int e);
int main(int argc, char *argv[])
{
  FILE *in, *out;
  int tab, i;
  char ch;
  if(argc!=3) {
    printf("usage: detab <in> <out>\n");
    exit(1);
  }
  if((in = fopen(argv[1], "rb"))==NULL) {
    printf("Impossible d\'ouvrir %s\n", argv[1]);
    exit(1);
  }
  if((out = fopen(argv[2], "wb"))==NULL) {
    printf("Impossible d\'ouvrir %s\n", argv[1]);
    exit(1);
  }
  tab = 0;
  do {
    ch = getc(in);
    if(ferror(in)) err(IN);
    /* Si des tabulations existent, afficher
       le nombre approprié d'espaces */
    if(ch=='\t') {
      for(i=tab; i<8; i++) {
        putc(' ', out);
        if(ferror(out)) err(OUT);
      }
      tab = 0;
    }
    else {
      putc(ch, out);
      if(ferror(out)) err(OUT);
      tab++;
      if(tab==TAB_SIZE) tab = 0;
      if(ch=='\n' || ch=='\r') tab = 0;
    }
  } while(!feof(in));
  fclose(in);
  fclose(out);
  return 0;
}
```

```
void err(int e)
{
  if(e==IN) printf("Erreur à l\'entrée input.\n");
  else printf("Erreur à la sortie\n");
  exit(1);
}
```

Effacement de fichiers

La fonction **remove( )** efface le fichier spécifié. Voici son prototype :

> int remove(const char *nom_du_fichier);

Elle retourne zéro en cas de réussite, et une valeur différente dans le cas contraire.

En guise d'illustration, le programme suivant efface le fichier spécifié sur la ligne de commande. Toutefois, il vous donne l'occasion de changer d'avis. Un tel utilitaire pourrait servir à des débutants en informatique.

```
/* Contre-vérification avant effacement */
#include <stdio.h>
#include <stdlib.h>
#include <ctype.h>
int main(int argc, char *argv[])
{
  char str[80];
  if(argc!=2) {
    printf("usage: xerase <filename>\n");
    exit(1);
  }
  printf(Voulez-vous effacer %s ? (O/N): ", argv[1]);
  gets(str);
  if(toupper(*str)=='Y')
    if(remove(argv[1])) {
      printf("Impossible de supprimer le fichier\n");
      exit(1);
    }
  return 0;
}
```

Utilisation de fflush( )

Si vous souhaitez vider le contenu d'un flot de sortie, exécutez la fonction **fflush( )**. Voici son prototype :

> int fflush(FILE *fp);

Cette fonction écrit le contenu des données mises en mémoire tampon sur le fichier associé à *fp*. Si vous invoquez **fflush( )** avec *fp* nul, tous les fichiers ouverts pour l'écriture sont vidés.

En cas de réussite, la fonction retourne **0**. Dans le cas contraire, elle renvoie **EOF**.

fread( ) et fwrite( )

Pour lire et écrire des données de plus d'un octet, le système de fichiers de C fournit deux fonctions : **fread( )** et **fwrite( )**. Celles-ci permettent la lecture et l'écriture de blocs de données d'un type quelconque. Voici leur prototype :

> size_t fread(void **tampon*, size_t *nombre_octets*, size_t *compteur*, FILE **fp*);
> size_t fwrite(const void **tampon*, size_t *nombre_octets*, size_t *compteur*, FILE **fp*);

Pour **fread( )**, le *tampon* est le pointeur d'une zone de mémoire contenant les données du fichier. Concernant **fwrite( )**, il est le pointeur des informations à écrire sur le fichier. La valeur de *compteur* détermine le nombre d'éléments lus ou écrits avec chaque élément correspondant au *nombre_octets* (rappelez-vous que le type **size_t** est défini comme un type d'entier signé). Finalement, *fp* est le pointeur sur un fichier dans un flux précédemment ouvert.

La fonction **fread( )** retourne le nombre d'éléments lus. Cette valeur peut être inférieure à *compteur* si la fin du fichier est atteinte ou si une erreur se produit. Quant à la fonction **fwrite( )**, elle renvoie le nombre d'éléments écrits. Cette valeur est égale au *compteur*, sauf en cas d'erreur.

Utilisation de fread( ) et de fwrite( )

Tant que le fichier n'est pas ouvert pour des données binaires, **fread( )** et **fwrite( )** peuvent respectivement lire et écrire des informations de n'importe quel type. Ainsi, le programme suivant écrit, puis relit une valeur de type **double**, une autre de type **int** et une donnée de type **long** sur le fichier disque. Remarquez la manière dont il exploite **sizeof** pour déterminer la taille relative au type de données.

```c
/* Écrire des données autres que des caractères
   sur un fichier disque et les relire */
#include <stdio.h>
#include <stdlib.h>
int main(void)
{
  FILE *fp;
  double d = 12.23;
```

```
int i = 101;
long l = 123023L;
if((fp=fopen("test", "wb+"))==NULL) {
  printf("Impossible d\'ouvrir le fichier\n");
  exit(1);
}
fwrite(&d, sizeof(double), 1, fp);
fwrite(&i, sizeof(int), 1, fp);
fwrite(&l, sizeof(long), 1, fp);
rewind(fp);
fread(&d, sizeof(double), 1, fp);
fread(&i, sizeof(int), 1, fp);
fread(&l, sizeof(long), 1, fp);
printf("%f %d %ld", d, i, l);
fclose(fp);
return 0;
}
```

Comme l'illustre ce programme simple, le tampon peut être simplement la mémoire utilisée pour stocker une variable (ce qui est courant). Par ailleurs, la valeur de retour de **fread( )** et celle de **fwrite( )** sont ignorées. Dans des cas réels, vous devriez cependant les vérifier, pour éviter des erreurs.

Une des applications les plus utiles de **fread( )** et **fwrite( )** concerne la lecture et l'écriture de types de données définis par l'utilisateur, notamment des structures. Ainsi, étant donné la structure :

```
struct struct_type {
  float balance;
  char name[80];
} cust;
```

l'instruction suivante écrit le contenu de **cust** sur le fichier pointé par **fp**.

```
fwrite(&cust, sizeof(struct struct_type), 1, fp);
```

fseek( )

Grâce au système d'E/S de C, vous pouvez effectuer des opérations de lecture et d'écriture à accès aléatoire. Pour cela, vous passez par **fseek( )**, qui fixe l'indicateur de position du fichier. Voici son prototype :

int fseek (FILE *fp*, long *nombre_octets*, int *origine*)

Dans ce cas, *fp* est le pointeur sur fichier retourné par l'appel à **fopen( )**.*nombre_octets* correspond au nombre d'octets depuis l'*origine* et devient la nouvelle position courante. Et *origine* est l'une des macros suivantes :

Origine	Nom de la macro
Début du fichier	SEEK_SET
Position courante	SEEK_CUR
Fin du fichier	SEEK_END

Pour parcourir *nombre_octets* depuis le début du fichier, *origine* doit valoir **SEEK_SET**. Pour parcourir depuis la position courante, *origine* doit valoir **SEEK_CUR** et depuis la fin du fichier, **SEEK_END**. Quant à la fonction **fseek( )**, elle retourne 0 en cas de réussite, et une valeur différente en cas d'erreur.

En guise d'illustration, examinez le programme ci-dessous. Il cherche et affiche l'octet spécifié dans le fichier spécifié. Indiquez le nom du fichier, puis l'octet à déterminer, sur la ligne de commande :

```c
#include <stdio.h>
#include <stdlib.h>
int main(int argc, char *argv[])
{
  FILE *fp;
  if(argc!=3) {
    printf("Usage : rechercher l'octet
            du nom du fichier\n");
    exit(1);
  }
  if((fp = fopen(argv[1], "rb"))==NULL) {
    printf("Impossible d\'ouvrir le fichier\n");
    exit(1);
  }
  if(fseek(fp, atol(argv[2]), SEEK_SET)) {
    printf("Chercher une erreur\n");
    exit(1);
  }
  printf("L\'octet à %ld est %c\n", atol(argv[2]), getc(fp));
  fclose(fp);
  return 0;
}
```

Vous pouvez vous servir de **fseek**() pour effectuer une recherche dans un ensemble de données en multipliant simplement la taille du type des données par le numéro de l'élément recherché. Supposez que vous ayez un fichier d'adresses, composée de structures de type **list_type**.

Pour découvrir la dixième adresse du fichier, exécutez l'instruction :

```
fseek(fp, 9*sizeof(struct list_type), SEEK_SET);
```

Vous pouvez déterminer la position courante d'un fichier *via* **ftell( )**. Voici son prototype :

> long ftell(FILE *fp);

Elle renvoie la position courante du fichier associé à *fp*. En cas d'échec, elle retourne **-1**.

En général, vous voudrez recourir à l'accès aléatoire seulement pour les fichiers binaires. La raison en est simple. Comme les fichiers textes peuvent subir des conversions de caractères, il peut ne pas exister une correspondance directe entre le contenu de fichier et l'octet recherché. La seule application appropriée de **fseek( )** à un fichier texte est la recherche d'une position déjà déterminée par **ftell( )**, avec **SEEK_SET** comme origine.

Un point important : si vous le souhaitez, vous pouvez même ouvrir un fichier contenant seulement du texte en tant que fichier binaire. Concernant son accès aléatoire, aucune restriction inhérente n'existe. La limite s'applique uniquement aux fichiers ouverts en tant que fichiers textes.

fprintf( ) et fscanf( )

Outre les fonctions primitives déjà traitées, le système d'E/S de C possède **fprint( )** et **fscanf( )**. Ces dernières fonctionnent similairement à **print( )** et **scanf( )**. La seule disparité porte sur leur action sur des fichiers. Voici leur prototype :

> int fprintf(FILE *fp, const char *suite_de_commandes, [...]);
> int fscanf(FILE *fp, const char *suite_de_commandes, [...]);

Dans ce cas, *fp* est le pointeur orienté sur fichier, retourné par l'appel à **fopen( )**. Ce fichier pointé par *fp* concerne les opérations d'E/S de **fprint( )** et **fscanf( )**.

En guise d'illustration, le programme suivant lit une chaîne et un entier au clavier, puis les écrit sur un fichier disque appelé « test ». Il lit ensuite le fichier et affiche les informations à l'écran. Après l'exécution du programme, examinez « test ». Comme vous le constaterez, il contiendra du texte intelligible.

```
/* Un exemple sur fscanf() et fprintf() */
#include <stdio.h>
#include <io.h>
#include <stdlib.h>
int main(void)
```

```
{
  FILE *fp;
  char s[80];
  int t;
  if((fp=fopen("test", "w")) == NULL) {
    printf("Impossible d\'ouvrir le fichier\n");
    exit(1);
  }
  printf("Entrez une chaîne et un nombre : ");
  fscanf(stdin, "%s%d", s, &t); /* Lire au clavier */
  fprintf(fp, "%s %d", s, t); /* Écrire sur le fichier */
  fclose(fp);
  if((fp=fopen("test","r")) == NULL) {
    printf("Impossible d\'ouvrir le fichier\n");
    exit(1);
  }
  fscanf(fp, "%s%d", s, &t); /* Lire le fichier */
  fprintf(stdout, "%s %d", s, t); /* Afficher à l'écran */
  return 0;
}
```

Une remarque cependant : bien que **fprintf( )** et **fscanf( )** constituent souvent les moyens les plus faciles d'écrire et de lire des données sur des fichiers disques, ce ne sont pas toujours les plus efficaces. Puisque les données formatées du code ASCII sont écrites comme elles apparaissent à l'écran, et non sous forme binaire, du temps système supplémentaire est pris à chaque appel. Si vous vous préoccupiez du temps ou de la taille d'un fichier, vous devriez probablement recourir à **fread( )** et **fwrite( )**.

Flux standard

Concernant le système de fichiers de C, trois flux sont ouverts automatiquement au lancement d'un programme : **stdin** (données d'entrée standard), **stdout** (données de sortie standard) et **stderr** (erreur standard). Ces flux se rapportent normalement à la console, mais le système d'exploitation peut les réorienter vers d'autres dispositifs, dans des environnements prenant en charge la redirection d'E/S (ce qui est le cas de Windows, DOS, Unix et OS/2).

Comme les flux standard sont des pointeurs de fichiers, le système d'E/S de C peut les utiliser pour accomplir des opérations d'E/S sur la console. Ainsi, **putchar( )** pourrait être définie ainsi :

```
int putchar(char c)
{
  return putc(c, stdout);
}
```

En général, l'objectif de **stdin** consiste à lire des données à la console, et celui de **stdout** et de **stderr** à écrire dessus.

Dans une fonction quelconque utilisant une variable de type **FILE ***, **stdin**, **stdout** et **stderr** sont utilisables comme pointeurs de fichiers. En guise d'illustration, vous pourriez utiliser **fgets( )** pour récupérer une chaîne en procédant ainsi :

```
char str[255];
fgets(str, 80, stdin);
```

En réalité, il est assez utile d'appliquer **fgets( )** de cette manière. Selon les indications précédentes de ce chapitre, **gets( )** peut entraîner le dépassement des limites du tableau recevant les caractères saisis par l'utilisateur, car la fonction ne fournit pas de vérification en la matière. Employé avec **stdin**, la fonction **fgets( )** offre une alternative intéressante, car elle peut restreindre le nombre de caractères lus, et donc empêcher un tel dépassement. Le seul problème est le suivant : contrairement à **gets( )**, **fgets( )** ne supprime pas le caractère de saut de ligne. Vous devez donc l'enlever vous-même, comme le montre le programme ci-dessous :

```
#include <stdio.h>
#include <string.h>
int main(void)
{
  char str[80];
  int i;
  printf("Saisissez une chaîne : ");
  fgets(str, 10, stdin);
  /* Supprimer le saut de ligne s'il existe */
  i = strlen(str)-1;
  if(str[i]=='\n') str[i] = '\0';
  printf("Voici votre chaîne : %s", str);
  return 0;
}
```

N'oubliez pas que **stdin**, **stdout** et **stderr** ne sont pas des variables au sens normal du terme, et qu'elles ne peuvent pas recevoir de valeur *via* **fopen( )**. Par ailleurs, la création et la fermeture de ces pointeurs de fichiers sont automatiques, intervenant au lancement du programme et à la fin, respectivement (vous ne devez donc pas les fermer vous-même).

Lien avec l'E/S console

À titre de rappel, l'E/S console se distingue peu de l'E/S fichier. Dans la pratique, les fonctions d'E/S console décrites dans le chapitre 8 visent réellement soit **stdin**, soit **stdout**. Elles constituent essentiellement des versions particulières de leur « équivalent fichier ». Leur présence se justifie par la commodité qu'elles apportent au programmeur.

D'après la description de la section précédente, vous pouvez effectuer des E/S console grâce à l'une des fonctions du système de fichiers. De manière peut-être surprenante pour vous, les fonctions d'E/S console comme **printf( )** permettent d'effectuer des E/S sur des fichiers disques. En effet, toutes agissent sur **stdin** et **stdout**. Dans des environnements acceptant la redirection d'E/S, **stdin** et **stdout** pourraient donc se rapporter à un dispositif autre que le clavier ou l'écran. Considérez par exemple le programme suivant :

```
#include <stdio.h>
int main(void)
{
  char str[80];
  printf("Saisissez une chaîne : ");
  gets(str);
  printf(str);
  return 0;
}
```

Supposez que ce programme s'appelle TEST. Si vous l'exécutez normalement, il affiche une invite, lit une chaîne au clavier et la fait apparaître à l'écran. Toutefois, vous pourriez rediriger **stdin**, **stdout**, ou les deux, vers un fichier dans un environnement prenant en charge la redirection d'E/S. Sous DOS ou Windows, l'exécution de TEST avec :

```
test > output
```

entraîne l'écriture des données de sortie de TEST sur un fichier appelé « OUTPUT ». Celle avec :

```
test < input > output
```

provoque l'envoi de **stdin** au fichier « INPUT » et les données de sortie à « OUTPUT ».

À la fin du programme, tous les flux redirigés reprennent leur état par défaut.

Redirection de flux standard via freopen( )

Vous pouvez rediriger les flux standard grâce à **freopen( )**. Cette fonction associe un flux existant à un nouveau fichier. Voici son prototype :

FILE *freopen(const char *nom_du_fichier, const char *mode, FILE *flot);

Dans ce cas, le *nom_du_fichier* est celui que vous souhaitez attribuer au flux pointé. Pour ouvrir le fichier, recourez à l'une des valeurs de mode de **fopen( )**. La fonction **freopen( )**, quant à elle, retourne le *flux* en cas de succès, ou **null** en cas d'échec.

Dans le programme suivant, elle permet de rediriger **stdout** vers un fichier appelé OUTPUT :

```
#include <stdio.h>
int main(void)
{
  char str[80];
  freopen("OUTPUT", "w", stdout);
  printf("Saisissez une chaîne : ");
  gets(str);
  printf(str);
  return 0;
}
```

En général, la redirection de flux standard *via* **freopen( )** se révèle utile dans des situations particulières, telles que le débogage. Cependant, l'utilisation de **stdin** et de **stdout** dans des opérations d'E/S disque n'est pas aussi efficace que celle de fonctions comme **fread( )** ou **fwrite( )**.

CHAPITRE 10

Directives de préprocesseur et commentaires

D ans le code source d'un programme en C/C++, vous pouvez inclure plusieurs instructions destinées au compilateur. Celles-ci ne font à proprement parler pas partie des deux langages, mais elles étendent la portée de l'environnement de programmation. En plus de ces instructions appelées « *directives de préprocesseur* », le présent chapitre traite des commentaires.

Préprocesseur

Pour commencer, il est important de présenter le préprocesseur sous un angle historique. En effet, celui de C continue à exister en grande partie dans celui de C++. En la matière, le degré de dépendance vis-à-vis du préprocesseur constitue la différence principale entre les deux langages. En C, chaque directive se révèle nécessaire. En C++, l'apport et l'amélioration d'éléments de langage ont rendu certaines caractéristiques redondantes. À long terme, l'un des objectifs de conception du C++ consiste consiste en réalité à supprimer entièrement le préprocesseur. Toutefois, l'emploi de ce dernier restera longtemps répandu dans un avenir prévisible.

Par ailleurs, le préprocesseur contient les directives suivantes :

#define	#elif	#else	#endif
#error	#if	#ifedf	#ifndef
#include	#line	#pragma	#undef

Comme vous pouvez le constater, toutes commencent par **#**. Chaque directive de préprocesseur doit en outre figurer sur sa propre ligne. Ainsi, il serait erroné d'écrire :

```
#include <stdio.h>  #include <stdlib.h>
```

#define

La directive **#define** permet d'associer un identificateur à une séquence de caractères qui remplacera chaque occurrence de l'identificateur dans le fichier source. L'identificateur est le *nom de macro* et le texte de remplacement est le *remplacement de la macro*). Voici sa syntaxe :

```
#define nom_de_la_macro séquence_de_caractères
```

Remarquez l'absence de point-virgule dans cette instruction. Par ailleurs, un nombre quelconque d'espaces peut exister entre l'identificateur et la séquence de caractères. Une fois commencée, cette dernière se termine seulement par un saut de ligne.

Si vous vouliez par exemple employer 1 pour **LEFT** et 0 pour **RIGHT**, vous pourriez déclarer les deux directives **#define** suivantes :

```
#define LEFT 1
#define RIGHT 0
```

Dans ce cas, le compilateur remplace respectivement chaque occurrence de **LEFT** et RIGHT par **1** et **0**, dans le fichier source. Ainsi, la ligne ci-dessous affiche **0 1 2** à l'écran :

```
printf("%d %d %d", RIGHT, LEFT, LEFT+1);
```

Une fois défini, un nom de macro peut faire partie de la définition d'un autre. Par exemple, le code suivant détermine les valeurs de **ONE**, **TWO** et **THREE** :

```
#define ONE     1
#define TWO     ONE+ONE
#define THREE   ONE+TWO
```

La substitution d'une macro consiste simplement à remplacer un identificateur par la séquence de caractères à laquelle il est associé. Si vous souhaitiez définir un message d'erreur standard, vous pourriez donc écrire un code similaire à :

```
#define E_MS "Erreur standard d\'entrée\n"
/* ... */
printf(E_MS);
```

Lorsque le compilateur rencontre l'identificateur **E_MS**, il substitue réellement la chaîne **"Erreur standard d\'entrée\n"**. Pour lui, l'instruction **printf( )** apparaît comme :

```
printf("Erreur standard d\'entrée\n");
```

Si l'identificateur figure dans une chaîne délimitée par des guillemets, aucun remplacement de texte ne se produit. Par exemple :

```
#define XYZ Ceci est un test

printf("XYZ");
```

affiche **XYZ**, et non **Ceci est un test**.

Si nécessaire, vous pouvez continuer une séquence de caractères (dont la longueur dépasse une ligne) en plaçant une barre oblique inverse avant la ligne suivante, comme ceci :

```
#define LONG_STRING "Ceci est une chaîne \
très longue qui sert d'exemple"
```

En général, les programmeurs en C/C++ utilisent des majuscules pour les identificateurs de cette catégorie. Cette convention permet aux lecteurs de comprendre d'un coup d'œil que la substitution d'une macro va avoir lieu. Par ailleurs, il vaut habituellement mieux placer toutes les directives **#define** au début, ou dans un fichier distinct d'en-tête, plutôt qu'introduire ces instructions au gré du hasard dans le programme.

Les macros servent le plus souvent à désigner des « nombres magiques » qui apparaissent dans un programme. Prenez par exemple un tableau auquel accèdent plusieurs routines. Pour déterminer sa taille avec une instruction **#define**, vous pouvez employer un nom de macro, ce qui évite de la coder explicitement avec une constante. En cas de nouvelle dimension, il suffit de modifier l'instruction **#define**, puis de compiler à nouveau le programme. Dans le code :

```
#define MAX_SIZE 100
/* ... */
float balance[MAX_SIZE];
/* ... */
for(i=0; i<MAX_SIZE; i++) printf("%f", balance[i]);
/* ... */
for(i=0; i<MAX_SIZE; i++) x =+ balance[i];
```

seule la définition de **MAX_SIZE** nécessite alors une rectification, puisqu'elle détermine la taille du tableau **balance**. Tous les renvois ultérieurs à la macro seront automatiquement actualisés au moment de la nouvelle compilation du programme.

Note. Pour définir des constantes, C++ fournit le mot clé **const**. Ce meilleur moyen est décrit dans la partie II.

Fonctions macros

Le nom de la macro peut comporter des arguments, ce qui constitue une autre caractéristique puissante de **#define**. À chacune de ses occurrences, les arguments courants du programme remplacent ceux de sa définition. Voici l'exemple d'une fonction macro, selon la description ci-dessus :

```
#include <stdio.h>

#define ABS(a)  (a)<0 ? -(a) : (a)

int main(void)
{
  printf("La valeur absolue de –1 et celle");
  printf("de 1 sont : %d %d", ABS(-1), ABS(1));

  return 0;
}
```

Lors de la compilation de ce programme, le **a** de la définition de la macro sera remplacé par les valeurs **-1** et **1**. Ses parenthèses garantissent toujours un remplacement approprié. Si vous les supprimiez, l'expression :

```
ABS(10-20)
```

serait convertie en :

```
10-20<0 ? -10-20 : 10-20
```

après la substitution de la macro, et produirait un résultat erroné.

Le fait de ne pas recourir à une véritable fonction offre l'avantage principal d'augmenter la vitesse d'exécution du code. En effet, aucun appel ne mobilise alors de temps système. Toutefois, si la taille de la fonction macro est très grande, cela peut entraîner le rallongement du programme, en raison du code reproduit.

Note. Bien que les macros paramétrées constituent une caractéristique précieuse, C++ fournit un meilleur moyen de créer du code incorporé l'aide du mot-clé **inline**.

#error

La directive **#error** oblige le compilateur à s'arrêter. Elle sert essentiellement au débogage. Voici sa syntaxe :

> #error *message_erreur*

Dans ce cas, vous ne mettez pas *message_erreur* entre guillemets. Concernant la directive **#error**, lorsqu'elle apparaît dans un programme, un message d'erreur est affiché, accompagné éventuellement d'autres informations définies par le compilateur.

#include

Grâce à **#include**, le compilateur lit un fichier source supplémentaire. Le nom de ce dernier doit être placé entre guillemets, ou entre chevrons. Ainsi, les lignes :

```
#include "stdio.h"
#include <stdio.h>
```

indiquent au compilateur de lire et de compiler le fichier d'en-tête de la bibliothèque de fonctions du système d'E/S de C.

Les fichiers inclus peuvent comporter des directives **#include**. En matière d'*imbrication*, leur nombre de niveaux varie d'un compilateur à un autre. Cependant, vous en disposez d'au moins 8, selon la norme de C. Quant à celle de C++, elle recommande la prise en charge de 256 niveaux d'imbrication au minimum.

Par ailleurs, les guillemets et les chevrons déterminent le mode de recherche du fichier spécifié. Si les chevrons encadrent le nom, l'opération est réalisée d'une manière définie par le créateur du compilateur. Elle consiste souvent à effectuer des recherches dans un répertoire particulier de fichiers inclus. Si le nom est mis entre guillemets, la tâche est accomplie selon une autre définition de mise en œuvre. Pour de nombreux compilateurs, la recherche concerne le répertoire courant de travail. En l'absence du fichier, elle est effectuée de façon analogue à la méthode employée pour les chevrons.

La plupart des programmeurs utilisent les chevrons pour inclure les fichiers d'en-tête standard. Quant aux guillemets, ils sont généralement réservés à l'introduction de fichiers spécifiques au programme disponible. Néanmoins, aucune règle stricte ne l'exige.

Outre des *fichiers*, vous pouvez inclure un *en-tête* dans un programme en C++, *via* une directive **#include**. Dans ce langage, un ensemble d'en-têtes standard est défini. Ceux-ci fournissent les informations nécessaires aux diverses bibliothèques de C++. Un en-tête est un identificateur standard, qui peut être associé à un nom de fichier. Il s'agit donc simplement d'une idée abstraite qui garantit l'introduction des informations adéquates requises par un programme. Plusieurs points liés aux en-têtes sont décrits dans la Partie II.

Directives de compilation conditionnelle

Plusieurs directives permettent de traiter des fragments de code source de manière sélective. Désigné par « *compilation conditionnelle* », ce processus est largement appliqué par les éditeurs de logiciels, qui fournissent et maintiennent de nombreuses versions personnalisées d'un programme.

#if, #else, #elif et #endif

Les directives de compilation conditionnelle les plus courantes sont peut-être **#if**, **#else**, **#elif** et **#endif**. Elles permettent d'inclure ou non des fragments de code, en fonction du résultat d'une expression constante.

Voici la syntaxe de **#if** :

> #if *expression_constante*
>   *séquence d'instructions*
> #endif

Si l'expression constante est vraie, le code entre **#if** et **#endif** est compilé. Dans le cas contraire, il est occulté. Quant à la directive **#endif**, elle marque la fin du code relatif à **#if**. Par exemple :

```
/* Exemple simple de #if */
#include <stdio.h>

#define MAX 100

int main(void)
{
#if MAX>99
  printf("Compilé pour un tableau supérieur à 99\n");
#endif

  return 0;
}
```

Un tel programme affiche le message à l'écran, car **MAX** est supérieure à 99. Cet exemple illustre un point important. L'expression suivant **#if** est évaluée au moment de la compilation. Elle ne doit donc contenir que des identificateurs et des constantes déjà définis (aucune variable ne peut convenir).

Le fonctionnement de la directive **#else** est très proche du **else** du langage C++. Elle offre une option en cas d'échec de **#if**. Maintenant, l'exemple précédent peut être développé ainsi :

```
/* Exemple simple de #if/#else */
#include <stdio.h>
#define MAX 10

int main(void)
{
#if MAX>99
  printf("Compilé pour un tableau supérieur à 99\n");
#else
  printf("Compilé pour un petit tableau\n");
#endif

  return 0;
}
```

Dans ce cas, **MAX** est définie de manière à être inférieure à 99, d'où l'absence de compilation du fragment relatif à **#if**. En revanche, l'option **#else** est traitée, ce qui entraîne l'affichage du message **Compilé pour un petit tableau**.

Remarquez que **#else** sert à marquer le début de son code et la fin du contenu de **#if**. Sa présence se révèle nécessaire car une seule directive **#endif** peut être associée à **#if**.

Examinez maintenant la directive **#elif** qui signifie « sinon si ». Pour offrir plusieurs options de compilation, elle crée un enchaînement de style « if-else-if ». Par ailleurs, elle précède une expression constante. Si cette dernière est vraie, le code correspondant est compilé et aucune autre expression suivie de **#elif** n'est analysée. Dans le cas contraire, la séquence suivante de la série est examinée. Voici la syntaxe de **#elif** :

```
#if expression
   séquence d'instructions
#elif expression 1
   séquence d'instructions
#elif expression 2
   séquence d'instructions
#elif expression 3
   séquence d'instructions
#elif expression 4
   .
   .
   .
#elif expression N
   séquence d'instructions
#endif
```

Le fragment illustratif suivant utilise la valeur d'**ACTIVE_COUNTRY** pour déterminer un caractère monétaire.

```
#define US 0
#define ENGLAND 1
#define FRANCE 2

#define ACTIVE_COUNTRY US

#if ACTIVE_COUNTRY == US
  char currency[] = "$";
#elif ACTIVE_COUNTRY == ENGLAND
  char currency[] = "£";
#else
  char currency[] = "F";
#endif
```

Selon la norme de C, **#if** et **#elif** peuvent avoir 8 niveaux d'imbrication au moins. D'après les recommandations des auteurs de C++, le nombre minimum atteint 256. En cas d'imbrication, vous associez chaque directive **#endif**, **#else** ou **#elif** à la directive **#if** ou **#elif** la plus proche. Ainsi, le code suivant est tout à fait valable :

```
#if MAX>100
  #if SERIAL_VERSION
    int port=198;
  #elif
    int port=200;
  #endif
#else
  char out_buffer[100];
#endif
```

#ifdef et #ifndef

Une autre méthode de compilation conditionnelle existe. Elle s'appuie sur les directives **#ifdef** (« si défini ») et **#ifndef** (« si indéterminé »). Voici la syntaxe de **#ifdef** :

> #ifdef *nom_de_la_macro*
>
> *..séquence d'instructions*
>
> #endif

Si le *nom_de_la_macro* est déjà défini dans une instruction **#define**, la séquence d'instructions est compilée.

Voici maintenant la syntaxe de **#ifndef** :

> #ifndef *nom_de_la_macro*
>
> *séquence d'instructions*
>
> #endif

S'il n'existe pas d'instruction **#define** qui définit pas le *nom_de_la_macro* actuellement, le compilateur traite la séquence d'instructions.

Par ailleurs, **#ifdef** et **#ifndef** peuvent utiliser **#else** ou **#elif**. Ainsi :

```
#include <stdio.h>

#define TED 10
```

```
int main(void)
{
#ifdef TED
  printf("Bonjour Ted\n");
#else
  printf("Bonjour tout le monde\n");
#endif
#ifndef RALPH
  printf("RALPH indéterminé\n");
#endif

  return 0;
}
```

affiche **Bonjour Ted** et **RALPH indéterminé**. Si **TED** n'était pas défini, le code ferait apparaître **Bonjour tout le monde**, puis **RALPH indéterminé**.

Concernant **#ifdef** et **#ifndef**, vous pouvez disposer d'au moins huit niveaux d'imbrication en C standard. D'après les recommandations des auteurs de la norme de C++, le nombre minimum à prendre en charge atteint 256.

#undef

La directive **#undef** supprime la définition déjà existante du nom de la macro qu'elle précède. En d'autres termes, elle rend une macro indéterminée. Voici sa syntaxe :

> #undef *nom_de_la_macro*

Par exemple :

```
#define LEN 100
#define WIDTH 100

char array[LEN][WIDTH];

#undef LEN
#undef WIDTH
/* À ce stade, LEN et WIDTH sont indéterminées */
```

LEN et **WIDTH** restent définies jusqu'aux occurrences des instructions **#undef**.

Une telle directive permet principalement de limiter le repérage des noms de macros aux fragments qui en ont besoin.

Utilisation de defined

Il existe un moyen autre que **#ifdef** pour déterminer si un nom de macro est défini. En effet, vous pouvez allier la directive **#if** avec l'opérateur **defined** de compilation. Ce dernier suit la syntaxe ci-dessous :

> defined *nom_de_la_macro*

Si le *nom_de_la_macro* est actuellement défini, l'expression est vraie. Dans le cas contraire, elle est fausse. Pour déterminer par exemple si la macro **MYFILE** est définie, vous pouvez vous servir de l'une des deux commandes de prétraitement suivantes :

```
#if defined MYFILE
```

ou :

```
#ifdef MYFILE
```

Vous pouvez également faire précéder **defined** de !, pour inverser la condition. Ainsi, le fragment suivant est compilé seulement si **DEBUG** est indéterminé :

```
#if !defined DEBUG
  printf("Version  finale !\n");
#endif
```

Une raison d'utiliser **defined** réside dans la possibilité de déterminer l'existence du nom d'une macro, avec une instruction **#elif**.

#line

La directive **#line** modifie le contenu de deux identificateurs prédéfinis dans le compilateur : **__LINE__** et **__FILE__**. Le premier renferme le numéro de la ligne de code actuellement traité. Le second est une chaîne constituée du nom du fichier source en cours de compilation. Voici la syntaxe de **#line** :

> #line *numéro* "*nom_du_fichier*"

Dans ce cas, *numéro* correspond à un entier positif quelconque, et *nom_du_fichier* à l'identificateur valable d'un fichier. Les deux deviennent respectivement la nouvelle valeur de **__LINE__**, et celle facultative de **__FILE__**. Quant à **#line**, elle sert surtout au débogage et à des applications particulières.

Ainsi, vous spécifiez que le compteur commence par 100 dans le code suivant. Au niveau de **printf( )**, le nombre 102 apparaît, car il s'agit de la troisième ligne du programme après l'instruction **#line 100**.

```
#include <stdio.h>

#line 100                   /* Fixer la valeur de départ
                               du compteur de lignes */
int main(void)              /* Ligne 100 */
{                           /* Ligne 101 */
  printf("%d\n",__LINE__); /* Ligne 102 */

  return 0;
}
```

#pragma

Définie selon l'implémentation, la directive **#pragma** permet de donner plusieurs instructions au compilateur. Ce dernier peut comporter, par exemple, une option qui prend en charge l'exécution du programme en pas à pas. Vous spécifieriez alors ce traçage à l'aide d'une instruction **#pragma**. Pour plus de détails sur les options, vous devez consulter la documentation relative à votre compilateur.

Opérateurs de préprocesseur

Il existe deux opérateurs de préprocesseur : **#** et **##**. Ceux-ci sont utilisés avec l'instruction **#define**.

L'opérateur *« de conversion en chaîne »*, **#**, met entre guillemets l'argument qui le précède. Considérez par exemple le programme suivant :

```
#include <stdio.h>

#define mkstr(s)  # s

int main(void)
{
  printf(mkstr(C++ me plaît));

  return 0;
}
```

Dans ce cas, le préprocesseur change la ligne :

```
printf(mkstr(C++ me plaît));
```

en :

```
printf("C++ me plaît");
```

Quant à l'opérateur « *de concaténation* », `##`, il réunit deux unités lexicales. Par exemple :

```
#include <stdio.h>

#define concat(a, b)  a ## b
int main(void)

{
  int xy = 10;

  printf("%d", concat(x, y));

  return 0;
}
```

Ici, le préprocesseur transforme :

```
printf("%d", concat(x, y));
```

en :

```
printf("%d", xy);
```

Ces opérateurs vous paraissent peut-être étranges. Gardez alors à l'esprit qu'ils ne se révèlent pas nécessaires, et qu'ils n'existent pas dans la plupart des programmes. Leur présence permet surtout au compilateur de traiter des cas particuliers.

Macros prédéfinies

C++ spécifie six noms de macros de base.

> __LINE__
> __FILE__
> __DATE__
> __TIME__
> __STDC__
> __cplusplus

Dans cette section, ils seront décrits à tour de rôle.

D'abord, les macros __LINE__ et __FILE__ ont été décrites lors de la discussion sur #line. En bref, elles contiennent respectivement le numéro de la ligne courante et le nom du fichier au moment de la compilation d'un programme.

Ensuite, la macro __DATE__ renferme une chaîne sous la forme *mois/jour/année*. Il s'agit de la date de conversion du fichier source en code objet.

Quant à la macro __TIME__, elle comporte l'heure de compilation. Cette dernière est représentée par une chaîne sous la forme *heure:minutes:secondes*.

Concernant __STDC__, le sens est défini par la mise en œuvre. En présence de __STDC__, le compilateur n'accepte généralement que le code standard en C/C++. Ce dernier ne contient pas d'extensions non normalisées.

Enfin, si un compilateur observe la norme de C++, il définit __cplusplus comme une valeur d'au moins six chiffres. Dans le cas contraire, il utilise une valeur inférieure ou égale à cinq chiffres.

En C, les cinq premières macros existent.

Commentaires de C

Un commentaire de C commence par /* et se termine par */. Entre l'astérisque et la barre oblique, aucun espace ne doit exister. Par ailleurs, les symboles de début et de fin de commentaire délimitent un texte quelconque ignoré par le compilateur. Ainsi, le programme suivant affiche seulement **bonjour** à l'écran :

```
#include <stdio.h>

int main(void)
{
  /* printf("Hé"); */
  printf("bonjour");

  return 0;
}
```

Un commentaire de C est couramment qualifié de « *multiligne* », car son texte peut s'étendre sur deux ou plusieurs lignes. Par exemple :

```
/* Ceci est un
commentaire
multiligne */
```

Tant qu'un commentaire n'apparaît pas au milieu d'un mot clé ou d'un identificateur, vous pouvez le placer partout dans un programme. Ainsi :

```
x = 10+ /* Ajouter ces nombres */5;
```

est valable, alors que :

```
swi/* Ceci ne fonctionne pas (switch

      correspond à un mot clé) */tch(c) { ...
```

est incorrect. Cependant, un commentaire ne devrait généralement pas exister dans une expression, car il obscurcirait son sens.

Il ne faut pas non plus l'imbriquer. En d'autres termes, un commentaire ne doit pas en contenir un autre. En guise d'illustration, le fragment suivant entraîne une erreur à la compilation.

```
/* Ceci est un commentaire extérieur
   x = y/a;
   /* Ceci est un commentaire imbriqué (d'où l'erreur) */
*/
```

Selon la norme actuelle de C, vous êtes limité au style décrit précédemment. En revanche, C++ prend en charge des commentaires d'un second type. Ceux-ci sont délimités par // et la fin de la ligne, ainsi :

```
// Ceci est un commentaire d'une ligne
```

Pour l'instant, les commentaires d'une ligne, examinés plus attentivement dans la Partie II, sont acceptés par la plupart des compilateurs en C. D'ici un à deux ans, ils appartiendront probablement à la norme de ce langage.

N'hésitez pas à recourir aux commentaires pour expliquer le fonctionnement du code. Toutes les fonctions, hormis les plus évidentes, devraient ainsi commencer par une indication sur leur rôle, leur mode d'appel et l'élément retourné.

PARTIE II

C++

L a partie I de cet ouvrage était consacrée au sous-ensemble C de C++. La suivante concerne les spécificités de C++. Il s'agit des caractéristiques que C++ ne partage pas avec C. La plupart sont conçues pour prendre en charge la programmation orientée objet. Pour cette raison, la partie II traite notamment des principes et des avantages de la POO . Elle commence par une vue d'ensemble de C++.

CHAPITRE 11

Vue d'ensemble de C++

Ce chapitre offre une vue d'ensemble des concepts clés sous-jacents au C++. Un tel langage possède des caractéristiques de POO étroitement liées. Dans plusieurs cas, il se révèle difficile d'en décrire une indépendamment des autres, en raison de leur étroite corrélation. En effet, une telle discussion implique souvent la connaissance préalable d'une ou de plusieurs autres caractéristiques de programmation orientée objet. Pour s'attaquer au problème, ce chapitre brosse un tableau des aspects les plus importants de C++ : historique, caractéristiques clés ainsi que la différence entre son usage et sa norme. Les chapitres suivants examinent le langage C++ en détail.

Origines de C++

C++ commença par une version développée du C. En 1979, Bjarne Stroustrup créa les premières extensions chez Bell Laboratories (Murray Hill [New Jersey]). Au départ, le nouveau langage s'appelait « C avec des classes », avant de devenir C++ en 1983.

Bien que le C fut l'un des langages professionnels les plus appréciés, et l'un des plus répandus dans le monde, son évolution en C++ s'imposa en raison de la complexité croissante des programmes, au cours des années. Même si C était excellent, il avait ses limites. Lorsqu'un programme écrit dans ce langage dépassait 25 000-100 000 lignes de code, il devenait si complexe qu'il était difficile à appréhender comme un tout. L'objectif de C++ consistait à franchir cette barrière.

Par ailleurs, Bjarne Stroustrup conçut la plupart des extensions selon le modèle de programmation orientée objet (pour une brève explication de la POO, consultez la section suivante). Il déclara que la nature du langage Simula67 lui inspira ce type de caractéristiques. En conséquence, C++ résulta du mélange de deux puissantes méthodes de programmation.

Ensuite, il subit trois révisions principales, avec des ajouts et des modifications dans chacune. La première arriva en 1985 et la deuxième en 1990. Quant à la troisième, elle se produisit lors de la normalisation de C++. Ce processus débuta il y a plusieurs années. Avec l'objectif de normalisation de C++, un comité alliant l'ANSI (*American National Standards Institute*) et l'ISO (*International Standards Organization*) fut établi (l'auteur compte parmi ses membres). Dans la version préliminaire du 25 janvier 1994, il conserva les caractéristiques définies par Stroustrup, et apporta quelques nouveautés. Dans l'ensemble, son projet refléta l'état du langage à ce moment-là.

Peu après l'achèvement de la version préliminaire, Alexander Stepanov créa STL, ce qui entraîna le fort développement de C++. Cette bibliothèque de modèles standard regroupait des routines génériques, permettant de traiter des données. Assez volumineuse, elle se révélait puissante et excellente. Une fois incluse dans la spécification de C++, elle étendit la portée du langage bien au-delà de sa première définition. Bien qu'importante, l'introduction de la bibliothèque de modèles standard constitua l'un des facteurs de ralentissement de la normalisation de C++.

Il est juste de dire que cette standardisation prit plus de temps que prévu. Au cours du processus, beaucoup de nouveautés et de petites modifications ont été apportées au langage. En réalité, la version définie par le comité se révèle bien plus importante et complexe que celle conçue au départ par Bjarne Stroustrup. La norme complète de C++ existe depuis le 14 novembre 1997.

Dans cet ouvrage, elle est décrite avec l'intégralité de ses nouvelles caractéristiques. Il s'agit de la version créée par le comité de l'ANSI/ISO, et celle actuellement acceptée par tous les principaux compilateurs.

Définition de la programmation orientée objet

Dans la mesure où la POO a conduit à la création de C++, une bonne compréhension de ses principes fondamentaux s'impose. Par ailleurs, ses caractéristiques offrent un moyen puissant d'aborder la programmation. L'approche a considérablement changé depuis l'invention de l'ordinateur, surtout pour satisfaire à l'allongement et à la complexité croissante des programmes. Au début, la programmation s'effectuait en mode binaire, *via* le basculement d'interrupteurs sur le panneau avant de l'ordinateur. Lorsque le code impliquait moins d'une centaine d'instructions machine, cette méthode fonctionnait. Ensuite, le langage assembleur fut créé, pour permettre la représentation symbolique des ordres de ce type. Alors que les programmes continuaient à s'allonger, les langages de haut niveau furent introduits, afin de gérer au mieux la complexité. Naturellement, FORTRAN fut le premier à être généralisé. Bien qu'il marqua une première étape importante, il fut loin de contribuer à la clarté et à la compréhension des programmes.

Dans les années 60, apparut la programmation structurée. Cette méthode fut notamment favorisée par C et Pascal. Grâce aux langages structurés, il se révéla assez facile d'écrire des programmes moyennement complexes. Ceux-ci se caractérisaient non seulement par la prise en charge de sous-programmes autonomes, de variables locales et d'abondantes structures de contrôle, mais également par l'absence de GOTO. Même si les langages structurés constituaient un outil puissant, ils montraient leurs limites lorsqu'un projet devenait trop important.

Rappelez-vous le point suivant : à chaque étape importante du développement de la programmation, des techniques et des outils furent créés pour faire face à la complexité croissante. Les nouvelles méthodes intégraient les meilleurs caractéristiques de leurs antécédents, et des améliorations furent apportées. Avant l'invention de la POO, de nombreux projets atteignaient les seuils de non-fonctionnement de la programmation structurée. Pour faciliter le franchissement de cette barrière, l'approche orientée objet fut conçue.

La POO allia les meilleures idées de la programmation structurée à plusieurs nouveaux concepts. Il en résulta une organisation originale. Selon la définition la plus générale, vous pouvez agencer un programme de deux manières : autour de son code (ce qui se produit) ou autour de ses données (ce qui est concerné). Le premier cas se présente lorsque vous appliquez seulement des techniques de programmation structurée. Avec cette approche, vous pouvez considérer que « le code agit sur les données ». Ainsi, un programme écrit en C est défini par ses fonctions dont chacune opère sur tous les types de données utilisés.

Quant à un programme orienté objet, il fonctionne dans le sens inverse. Il est organisé autour « des données qui gèrent l'accès au code » selon le principe clé. Vous y définissez les données et les routines autorisées à agir sur ces dernières. En conséquence, un type de données définit précisément la catégorie d'opérations applicables à celles-ci.

Pour prendre en charge la POO, tous les langages concernés connaissent : l'encapsulation, le polymorphisme et l'héritage en commun. Examinons chacune de ces caractéristiques.

Encapsulation

L'*encapsulation* permet de lier le code et les données que celui-ci traite. Elle préserve ces éléments d'une intervention extérieure ou d'un mauvais usage. Dans un langage de POO, vous pouvez allier le code et les données de manière à créer une « boîte noire » autonome. Lorsque vous établissez un tel lien, vous créez un *objet*. Ce dernier est donc un moyen de prendre en charge l'encapsulation.

Dans un objet, les membres peuvent être *privés* ou *publics*, qu'il s'agisse du code, d'une donnée ou des deux. Dans le premier cas, ils ne sont connus et accessibles qu'à l'intérieur de l'instance. En conséquence, un programme extérieur ne peut pas atteindre ces éléments privés. En revanche, il peut accéder aux membres publics définis dans un objet. Celui-ci sert habituellement à fournir une interface contrôlée aux éléments privés.

Un objet est à toutes fins pratiques une variable, dont le type est défini par l'utilisateur, ce qui peut paraître étrange pour une instance liant du code et des données. En POO, le cas se présente pourtant. Lorsque vous définissez une nouvelle catégorie d'objets, vous créez un type de données. Chaque instance associée à ce dernier constitue une variable composée.

Polymorphisme

Les langages de programmation orientée objet prennent en charge le *polymorphisme*. Cela se caractérise par « une interface, plusieurs méthodes». En termes simples, le polymorphisme est l'attribut qui permet à une interface de gérer l'accès à une catégorie générale d'actions.

Pour une opération spécifique, le choix est déterminé par la nature exacte de la situation. Dans le monde réel, le thermostat constitue un exemple de polymorphisme. En effet, il fonctionne de la même manière, que la chaudière d'une maison soit électrique, à gaz, à mazout, *etc.* Peu importe le type de cette dernière (méthode), vous obtenez par exemple 70° en réglant cette température sur le thermostat (interface).

Ce principe peut s'appliquer également à la programmation. Ainsi, vous pourriez disposer d'un code définissant trois piles de types différents. L'une servirait aux entiers, l'autre aux caractères et la dernière aux valeurs à virgule flottante. En raison du polymorphisme, vous pourriez définir plusieurs noms utilisables pour les trois emplacements mémoire : **push( )** et **pop( )**. Dans votre programme, vous créeriez une version spécifique de ces fonctions pour chaque pile, en gardant leur nom. Le compilateur choisira automatiquement la fonction appropriée selon les données stockées. Peu importe son type, la pile a donc la même interface, soit **push( )** et **pop()**. Pour chaque type de données, une version particulière définit la mise en œuvre spécifique, c'est-à-dire la méthode.

Le polymorphisme contribue à réduire la complexité grâce à une interface unique d'accès à une catégorie générale d'opérations. En fonction de la situation, il revient au compilateur de choisir l'*action spécifique*, soit la méthode. En tant que programmeur, vous n'avez pas besoin d'opérer le choix vous-même. Il suffit de vous souvenir d'utiliser l'*interface générale*.

Les premiers langages de programmation orientés objet étaient des langages interprétés. En conséquence, le polymorphisme était pris en charge lors de l'exécution. Toutefois, le C++ est un langage compilé et à la fois le polymorphisme de compilation et d'exécution sont supportés.

Héritage

L'héritage est le processus par lequel un objet peut acquérir les propriétés d'un autre. Il revêt une importance cruciale car il prend en charge le concept de *classification*. Si vous y réfléchissez, la plupart des connaissances peuvent être gérées grâce à des hiérarchies. Ainsi, une pomme « Red Delicious » fait partie de la catégorie *pomme* qui appartient au groupe *fruit*, lui-même contenu dans la classe *nourriture*. Si vous ne recourez pas à ce concept, vous devez définir explicitement toutes les caractéristiques de chaque instance. Dans le cas contraire, il suffit de spécifier les qualités qui rendent un objet unique dans sa classe. Pour obtenir une instance spécifique d'une situation plus générale, servez-vous de l'héritage. Comme vous le constaterez, ce dernier constitue un aspect important de la programmation orientée objet.

Quelques principes de C++

Dans la partie I, les programmes ont illustré la description du sous-ensemble C de C++. À partir de maintenant, tous les exemples concerneront exclusivement C++, soit les spécificités de ce langage. Par souci de simplicité, elles seront désormais désignées par « caractéristiques de C++ ».

Si vous avez acquis des connaissances sur le sous-ensemble, ou étudié les applications de ce langage dans la partie I, ayez conscience des différences entre les programmes en C et ceux en C++. La plupart se rapportent aux capacités avantageuses de C++ en matière de POO. Cependant, il existe d'autres dissimilitudes, y compris la réalisation d'E/S et l'introduction d'en-têtes. Par ailleurs, la plupart des programmes en C++ ont des caractéristiques communes qui permettent de les identifier *en tant que* tels. Il est nécessaire de comprendre leurs principes, avant de passer aux éléments de POO.

Dans cette section, la description s'applique à pratiquement tous les programmes en C++. Au cours de la discussion, des différences importantes entre C et des versions précédentes de C++ sont indiquées.

Un exemple de programme en C++

Commençons par le petit exemple présenté ci-dessous :

```cpp
#include <iostream>
using namespace std;

int main()
{
  int i;

  cout << "Ceci apparaît\n"; // Commentaire d'une ligne
  /* Vous pouvez continuer à vous servir
     des commentaires de style C */
  cout << "Tapez un nombre : ";

  // Entrer un nombre via >>
  cin >> i;

  // Maintenant, afficher un nombre à l'aide de <<
  cout << "Le carré de " << i << " est " << i*i << "\n";
  return 0;
}
```

Comme vous pouvez le constater, ce code en C++ paraît très différent des programmes de la partie I, consacrée au sous-ensemble C. Ici, un commentaire par ligne se révèle utile. Pour commencer, vous incluez l'en-tête **<iostream>**. Celui-ci prend en charge les opérations d'E/S de style C++ (**<iostream>** est à C++ ce que **stdio.h** est à C). Par ailleurs, il fait partie des en-têtes de nouveau style. Selon la norme de C++, leur nom ne porte pas l'extension **.h**.

Dans le présent programme, la deuxième ligne est :

```
using namespace std;
```

L'instruction **using** indique au compilateur d'utiliser **std** comme espace de nommage. Les espaces de nommage ont été introduits récemment dans le langage C++. Leur objectif consiste à créer une zone déclarative, dans laquelle figurent divers éléments de programmes, et à faciliter l'organisation d'un long code. Ici, vous simplifiez l'accès à la bibliothèque standard déclarée entièrement dans **std**. Dans la Partie I, les programmes, qui s'appliquent au sous-ensemble C, ne nécessitent aucune instruction **using**. En effet, vous disposez des fonctions de la bibliothèque de C dans l'espace de nommage globaux par défaut.

Note. Dans de vieux programmes, les en-têtes de nouveau style et les espaces de nommage peuvent manquer, en raison de leur introduction récente dans le langage C++. Par ailleurs, s'il est ancien, le compilateur ne les prend peut-être pas en charge. Pour l'utiliser, des instructions sont données plus loin dans ce chapitre.

Examinez à présent la ligne suivante :

```
int main()
```

Remarquez l'ensemble vide de paramètres. En C++, cela signifie que **main( )** ne prend pas de paramètres. Pour une telle indication en C, la méthode diffère, comme montré ici :

```
int main(void)
```

Dans les programmes de la partie I, vous déclariez **main( )** de cette manière. En C++, l'emploi de **void** est redondant et inutile.

La sixième ligne du fragment ci-dessus présente deux autres caractéristiques de ce langage :

```
cout << "Ceci apparaît\n"; // Commentaire d'une ligne
```

D'abord, l'instruction :

```
cout << "Ceci apparaît\n";
```

entraîne l'affichage à l'écran de **Ceci apparaît** , suivi d'un saut de ligne. En C++, **<<** décale toujours les bits à gauche, mais il joue ici un rôle supplémentaire. Dans le dernier cas, il s'agit de l'*opérateur de redirection de sortie*. Quant au mot **cout**, il correspond à un identificateur lié à l'écran (En fait, à l'instar de C, C++ prend en charge la redirection des E/S en réalité ; mais, dans l'intérêt de la discussion, supposez que **cout** se rapporte à l'écran). Vous pouvez vous servir de **cout** et de **<<** pour afficher n'importe quel type primitif de données et des chaînes de caractères.

Notez que **printf( )** et toute autre fonction d'E/S de C sont utilisables dans un programme en C++. Cependant, la plupart des programmeurs pensent que le recours à **<<** correspond davantage à l'esprit de ce langage. Bien que les deux moyens d'afficher une chaîne reviennent pratiquement au même, le système d'E/S de C++ peut s'étendre aux opérations sur des objets que vous définissez (ce qui n'est pas réalisable *via* **printf( )**).

Après l'instruction d'affichage, vient un *commentaire d'une ligne* de C++. Selon les indications du chapitre 10, ce langage définit deux types de commentaires. Multiligne, le premier fonctionne de façon analogue à C. Le second définiéfini à l'aide de / /, et ignoré jusqu'à la fin de la ligne par le compilateur, le second correspond au commentaire présenté ci-dessus. En général, les programmeurs en C++ appliquent le premier style si plusieurs lignes se révèlent nécessaires, et le second dans l'autre cas.

Dans le fragment, examinez à présent l'invite permettant de récupérer un nombre lu au clavier grâce à l'instruction suivante :

```
cin >> i;
```

En C++, **>>** sert toujours au décalage à droite. Lorsque vous l'utilisez comme ci-dessus, il correspond cependant à l'*opérateur de redirection d'entrée*. Grâce à la présente instruction, **i** reçoit une valeur lue après saisie. Quant à l'identificateur **cin**, il se rapporte au dispositif d'entrée standard, soit généralement au clavier. D'ordinaire, vous pouvez vous servir de **cin >>** pour affecter une valeur à une variable d'un quelconque type de données de base et des chaînes.

Note. La ligne de code décrite ci-dessus n'est pas imprimée incorrectement. En particulier, **&** n'est pas censé figurer devant **i**. Lorsque vous récupérez des informations à l'aide de **scanf( )** ou d'une autre fonction provenant de C, vous devez transmettre explicitement le pointeur de la variable recevant les renseignements. Pour cela, vous faites précéder de l'opérateur **&** le nom de la variable. À cause de la mise en œuvre de **>>** en C++, vous n'avez cependant pas besoin de l'opérateur « adresse de » (en réalité, ce dernier est interdit). Pour en connaître la raison, consultez le chapitre 13.

Bien que l'exemple ne l'illustre pas, vous êtes libre de remplacer **>>** par **scanf( )** ou par toute autre fonction d'entrée provenant de C. À l'instar de **cout**, **cin >>** correspond davantage à l'esprit de C++, pour la plupart des programmeurs.

Passons maintenant à une autre ligne intéressante du fragment :

```
cout << "Le carré de " << i << " est " << i*i << "\n";
```

Dans l'hypothèse où **i** vaut 10, cette instruction permet d'afficher **Le carré de 10 est 100**, puis d'introduire un saut de ligne. Elle illustre bien le fait que plusieurs **<<** peuvent fonctionner ensemble.

Finalement, le fragment se termine par :

```
return 0;
```

Cette instruction entraîne le retour de zéro au processus appelant (soit généralement au système d'exploitation). Elle fonctionne de façon analogue en C et en C++. Le retour de zéro marque la fin normale du programme, et celui d'une valeur différente signale une anomalie. Vous pouvez également recourir aux valeurs **EXIT_SUCCESS** et **EXIT_FAILURE**, si vous le souhaitez.

Examen plus attentif des opérateurs d'E/S

À titre de rappel, les opérateurs **<<** et **>>** peuvent gérer tout type de données de base de C++, lorsque vous les destinez aux E/S. Ainsi, le programme ci-dessous permet de taper respectivement deux valeurs avec **float** et **double** ainsi qu'une chaîne, puis d'afficher ces données :

```
#include <iostream>
using namespace std;

int main()
{
  float f;
  char str[80];
  double d;

  cout << "Entrez deux nombres à virgule flottante : ";
  cin >> f >> d;

  cout << "Saisissez une chaîne : ";
  cin >> str;

  cout << f << " " << d << " " << str;

  return 0;
}
```

Après avoir exécuté ce programme et être invité à taper une chaîne, tentez de saisir : **Ceci est un test**. Alors, le programme réaffiche seulement le terme « Ceci ». Le reste de la chaîne n'apparaît pas, car l'opérateur **>>** s'arrête à la première occurrence d'un blanc. En conséquence, le programme ne lit pas « est un test ». Il illustre en outre la possibilité d'enchaîner plusieurs opérations d'entrée dans une instruction unique.

Les opérateurs d'E/S de C++ reconnaissent l'ensemble entier de caractères spéciaux décrits dans le chapitre 2. Ainsi, il est parfaitement acceptable d'écrire :

```
cout << "A\tB\tC";
```

Cette instruction permet non seulement d'afficher les lettres **A**, **B** et **C**, mais également de les séparer par des tabulations.

Déclaration de variables locales

Si vous avez des connaissances en C, vous devez être conscient d'une différence importante entre ce langage et C++ concernant le moment où des variables locales peuvent être déclarées. En C, vous devez placer toutes les variables locales utilisées dans une blo au début de ce bloc. En effet, vous ne pouvez pas déclarer une variable locale après une instruction « action ». À titre d'exemple, le fragment suivant se révèle incorrect.

```
/* Incorrect en C. OK en C++. */
int f()
{
  int i;
  i = 10;

  int j;  /* Ne pas compiler en tant que programme C */
  j = i*2;

  return j;
}
```

Comme l'affectation intervient entre la déclaration de **i** et celle de **j**, vous occasionnez une erreur si vous compilez le code en tant que programme C. Lorsque vous compilez le code en tant que programme C++, il se révèle tout à fait acceptable. En C++, vous pouvez déclarer les variables locales à n'importe quel endroit d'un bloc (et non au début seulement).

Un autre exemple est présenté ci-dessous. Cette version du programme de la section précédente permet de déclarer chaque variable juste avant son utilisation :

```
#include <iostream>
using namespace std;
```

```
int main()
{
  float f;
  double d;

  cout << "Entrez deux nombres à virgule flottante : ";
  cin >> f >> d;

  cout << "Saisissez une chaîne : ";
  char str[80];  /* Déclarer str ici, juste avant
                    sa première utilisation */
  cin >> str;

  cout << f << " " << d << " " << str;
  return 0;
}
```

Vous avez le choix de déclarer toutes les variables au début d'un bloc, ou un peu avant leur première utilisation. Comme le principe sous-jacent de l'encapsulation du code et des données domine largement en C++, il est logique d'opter pour la seconde solution. Dans l'exemple précédent, les déclarations sont séparées simplement pour des besoins de l'illustration, mais il est facile d'imaginer des exemples plus complexes, dans lesquels cette caractéristique de C++ est plus précieuse.

La déclaration de variables un peu avant leur première utilisation peut vous aider à éviter des effets de bord accidentels. Cependant, le plus grand avantage de cette seconde solution est offert pour des fonctions longues. À dire vrai, peu de raisons empêchent la simple déclaration des variables au début d'une petite fonction (ce qui est le cas dans de nombreux exemples de cet ouvrage). Pour cette raison, la seconde solution est adoptée dans cet ouvrage seulement lorsqu'elle semble justifiée par la taille ou la complexité d'une fonction.

Un débat met en cause le repérage de la déclaration de variables. Ses opposants prétendent que l'introduction de quelques déclarations dans tout un bloc rend le parcours du code plus lent et plus difficile à maintenir. Pour cette raison, certains programmeurs en C++ n'utilisent pas cette caractéristique de manière significative. Cet ouvrage ne prend aucune position dans ce conflit. Cependant, la déclaration un peu avant leur première utilisation peut faciliter la création de programmes sans bogue lorsque vous l'appliquez correctement, surtout dans des fonctions longues.

Absence d'int par défaut

Un changement assez récent de C++ peut influer sur d'anciens programmes en C++ et sur le code en C à convertir en C++. Selon le langage C et la spécification de départ de C++, **int** est censé être affecté par défaut lorsque vous ne précisez aucun type dans une déclaration.

Durant la normalisation, la règle « **int** par défaut » a cependant été écartée de C++ depuis deux ans. Son abandon est également prévu dans la prochaine norme de C, mais elle est toujours en vigueur et très présente dans le code existant. La règle « **int** par défaut » s'applique également à d'anciens programmes en C++.

La règle « **int** par défaut » s'applique le plus fréquemment au type de retour d'une fonction. Lorsque cette dernière renvoyait un entier, il était courant de ne pas spécifier **int** explicitement. Ainsi, en C et dans un ancien code en C++, la fonction suivante serait valable :

```
func(int i)
{
  return i*i;
}
```

Selon la norme de C++, vous devez spécifier **int** comme type de retour de cette fonction. Par exemple :

```
int func(int i)
{
  return i*i;
}
```

En pratique, presque tous les compilateurs en C++ continuent à prendre en charge la règle « **int** par défaut » par souci de compatibilité avec d'anciens programmes. Cependant, vous ne devez pas utiliser cette caractéristique pour créer du code, car elle n'est plus autorisée.

Type bool

Défini en C++, le type booléen s'appelle **bool**. Actuellement, il n'existe pas dans la norme de C. Avec ce type de données de base, les objets peuvent seulement stocker les valeurs **true** et **false**, soit deux mots clés de C++. Selon les explications de la partie I, des conversions automatiques ont lieu de **bool** en **int**, et vice versa. En particulier, zéro est converti en **false**, et une valeur différente en **true**. Inversement, **true** est transformé en 1 et **false** en zéro. En conséquence, le concept fondamental selon lequel zéro correspond à « faux » et une valeur différente à « vrai » reste complètement établi dans le langage C++.

C++ de style ancien ou moderne

À titre de rappel, C++ a subi une évolution assez importante pendant son développement et sa normalisation. En conséquence, il existe véritablement deux versions de C++. Traditionnelle, la première se fonde sur les conceptions de départ de Bjarne Stroustrup.

Durant la dernière décennie, les programmeurs ont utilisé cette version de C++. La seconde correspond à la nouvelle norme de C++ créée conjointement par Bjarne Stroustrup et le comité de l'ANSI/ISO. Malgré la très grande similitude de sa partie centrale avec celle du langage traditionnel, elle offre plusieurs améliorations. En conséquence, la norme de C++ est essentiellement un sur-ensemble de l'ancienne version.

Le présent ouvrage décrit la version mise en œuvre par tous les compilateurs modernes en C++. Le codecontenu dans ce livre reflète le style actuel, et la pratique recommandée par la norme de C++. Si vous utilisez toutefois un ancien compilateur, il peut ne pas accepter tous les programmes de cet ouvrage. La raison est la suivante : pendant le processus de normalisation, le comité de l'ANSI/ISO a introduit beaucoup de nouvelles caractéristiques dans le langage. Tandis que ces caractéristiques étaient définies, elles furent implémentées par les développeurs de compilateurs. Bien entendu, il existe toujours un temps de retard entre l'ajout au langage d'une fonctionnalité et sa disponibilité dans les compilateurs du commerce. Comme l'introduction des caractéristiques a pris des années, un ancien compilateur pourrait ne pas prendre en charge une ou plusieurs d'entre elles. Ce point revêt de l'importance car deux ajouts récents à C++ influent sur tous les programmes, même les plus simples. Si votre compilateur n'accepte pas ces nouvelles caractéristiques, ne vous inquiétez pas. Un moyen d'y parvenir existe ; il est décrit ici.

Les différences principales entre le code de style ancien et le moderne concernent deux caractéristiques : les nouveaux en-têtes et les espaces de nommage. Pour les saisir, commencez par examiner les deux versions d'un programme minimal sans effet en C++. La première présentée ci-dessous reflète le mode d'écriture de style ancien :

```
/*
   Code de style ancien en C++
*/

#include <iostream.h>

int main()
{
  return 0;
}
```

Faites bien attention à l'instruction **#include**. Elle comprend le fichier **iostream.h** et non l'en-tête **<iostream>**. Remarquez également l'absence d'espace de nommage.

Voici maintenant la version moderne de l'esquisse :

```
/*
   Code de style moderne en C++
   (nouvel en-tête et espace de nommage)
*/
```

```
#include <iostream>
using namespace std;

int main()
{
  return 0;
}
```

Cette version utilise un nouvel en-tête et un espace de nommage. Ces deux caractéristiques ont été mentionnées auparavant. Examinez-les maintenant attentivement.

Nouveaux en-têtes de C++

Comme vous le savez, vous utilisez une fonction de la bibliothèque dans un programme en incluant obligatoirement le fichier d'en-tête correspondant. Pour cela, servez-vous de l'instruction **#include**. Considérez :

```
#include <stdio.h>
```

Dans cet exemple, **stdio.h** représente le nom du fichier nécessaire aux fonctions d'E/S, et **#include** entraîne son *introduction* dans le programme. Ce dernier point se révèle essentiel.

Dans les premières années de C++, les *fichiers d'en-tête* ont été utilisés. En réalité, la norme de C++ continue à prendre en charge ce style C pour la création de fichiers d'en-tête et la compatibilité descendante. Cependant, elle a introduit une nouvelle sorte d'en-tête, destinée à la bibliothèque standard de C++. Dans ce cas, le nom du fichier n'est pas précisé. Les nouveaux en-têtes spécifient plutôt les identificateurs standard susceptibles d'être associés aux fichiers par le compilateur, ce qui ne s'impose pas. Ils constituent une abstraction qui garantit simplement la déclaration des prototypes appropriés et des définitions nécessaires à la bibliothèque de C++.

Comme les nouveaux en-têtes ne correspondent pas aux noms de fichiers, ils ne portent pas l'extension **.h**. Ils se composent uniquement de leur nom entre chevrons. Voici quelques exemples pris en charge par la norme de C++ :

<iostream><fstream><vector><string>

Vous incluez les nouveaux en-têtes *via* **#include**. Ils se distinguent seulement par la non-nécessité de représenter le nom des fichiers.

Comme C++ inclut l'intégralité de la bibliothèque de fonctions de C, il prend en charge les fichiers d'en-têtes associés à celle-ci. En conséquence, **stdio.h** et **ctype.h** restent notamment disponibles. Cependant, la norme de C++ offre également de nouveaux en-têtes, qui peuvent remplacer le style de C. Concernant les versions des anciens en-têtes en C++, vous ajoutez simplement le préfixe « c » au nom du fichier, et vous supprimez **.h**. Ainsi, **math.h** et

string.h deviennent respectivement **<cmath>** et **<cstring>**. Même si vous êtes actuellement autorisé à inclure un fichier d'en-tête pour vous servir des fonctions de la bibliothèque de C, cette méthode n'est pas recommandée par les auteurs de la norme de C++. Pour cette raison, les nouveaux en-têtes de C++ figureront dans toutes les instructions **#include** de cet ouvrage. Si votre compilateur ne les prend pas en charge pour la bibliothèque de fonctions de C, reprenez simplement l'ancien style.

Comme les nouveaux en-têtes ont été ajoutés récemment à C++, vous continuerez à rencontrer beaucoup d'anciens programmes qui en sont dépourvus. Dans ce cas, le style de C se caractérise par le nom du fichier spécifié. Pour inclure par exemple l'en-tête d'E/S, voici la méthode traditionnelle :

```
#include <iostream.h>
```

Ce fragment entraîne l'introduction du fichier **iostream.h** dans le programme. En général, un ancien en-tête a le même nom que son nouvel équivalent, plus **.h**.

Tous les compilateurs prennent en charge ce style C. Cependant, les anciens en-têtes ont été déclarés comme étant dépassés. Pour de nouveaux programmes, ils ne sont pas recommandés. C'est pourquoi ils ne sont pas employés dans cet ouvrage.

Important. Bien que courants dans les programmes existants en C++, les anciens en-têtes sont dépassés.

Espaces de nommage

Lorsqu'un nouvel en-tête est inclus dans un programme, son contenu figure dans std. Ce dernier correspond à un *espace de nommage*, soit à une zone déclarative. Son objectif consiste à repérer le nom des identificateurs et à éviter ainsi des conflits. Les éléments déclarés se distinguent d'un espace de nommage à un autre. Au départ, les noms des fonctions de la bibliothèque de C++ étaient simplement mis dans l'espace de nommage global (comme en C). Cependant, avec l'introduction du nouveau style, le contenu de ces en-têtes a été placé dans l'espace de nommage appelé **std**. Les espaces de nommage sont examinés attentivement dans la suite de cet ouvrage. Pour l'instant, vous n'avez pas à vous en préoccuper, car l'instruction :

```
using namespace std;
```

rend **std** visible (en d'autres termes, elle introduit **std** dans l'espace de nommage global). Après sa compilation, vous pouvez travailler indifféremment avec un ancien ou avec un nouvel en-tête.

Un autre point : lorsqu'un programme en C++ inclut un en-tête de C comme **stdio.h**, son contenu est placé dans l'espace de noms globaux par souci de compatibilité, ce qui permet à un compilateur de traiter des programmes liés au sous-ensemble C.

Utilisation d'un ancien compilateur

Selon les explications précédentes, les espaces de nommage et les nouveaux en-têtes sont des ajouts assez récents à C++, puisqu'ils datent de la normalisation. Contrairement à tous les nouveaux compilateurs en C++, les anciens peuvent ne pas prendre en charge ces caractéristiques. Dans ce cas, ils signalent une ou plusieurs erreurs lorsqu'ils tentent de traiter les deux premières lignes des fragments de programmes de cet ouvrage. Un moyen d'y parvenir rapidement consiste alors à recourir à un ancien en-tête, et à effacer l'instruction **using**. En d'autres termes, remplacez juste :

```
#include <iostream>
using namespace std;
```

par :

```
#include <iostream.h>
```

Ce changement entraîne le passage d'un programme moderne à un ancien. Comme l'en-tête de style C place tout son contenu dans l'espace de nommage globaux, il ne nécessite pas l'instruction **using**.

Un autre point : pendant encore quelques années, vous rencontrerez de nombreux programmes en C++ sans nouvel en-tête et sans instruction **using**. Certes, votre compilateur pourra les traiter mais, pour de nouveaux programmes, vous devrez recourir au style moderne, car celui-ci est le seul à être conforme à la norme de C++.

Introduction aux classes de C++

Dans cette section, la caractéristique la plus importante de C++ est introduite : la classe. Pour créer un objet, vous devez d'abord définir sa forme générale, grâce au mot clé **class**. Sur le plan syntaxique, une classe se révèle similaire à une structure. Dans l'exemple suivant, la classe définit un type appelé **stack**, lequel servira à créer une pile :

```
#define SIZE 100

// Créer la classe stack
class stack {
  int stck[SIZE];
  int tos;
public:
  void init();
  void push(int i);
  int pop();
};
```

Une classe peut contenir des éléments privés ou publics. Par défaut, tous les membres sont privés, ce qui est le cas des variables **stck** et **tos**. En conséquence, une fonction extérieure ne peut pas les atteindre. Par ce moyen, vous assurez l'encapsulation (l'accès à certaines données élémentaires peut être étroitement contrôlé si celles-ci restent privées). Bien que l'exemple ci-dessus ne l'illustre pas, vous pouvez également définir des fonctions privées, que d'autres éléments de la classe sont alors susceptibles d'invoquer.

Pour rendre des membres publics, et donc accessibles à d'autres parties de votre programme, vous devez les déclarer en les faisant précéder du mot clé **public**. Toutes les variables ou fonctions définies après **public** peuvent être atteintes par d'autres fonctions du programme. Fondamentalement, le reste du programme accède à un objet *via* ses fonctions publiques. Bien que vous puissiez avoir des variables publiques, limiter leur emploi est une bonne habitude. Vous devriez plutôt rendre les données privées et contrôler l'accès *via* des fonctions publiques. Remarquez en outre qu'un deux-points suit le mot clé **public**.

Le terme « *membres* » qualifie les *fonctions* **init( )**, **push( )** et **pop( )**, car elles font partie de la classe **stack**. Il en va de même pour les *variables* **stck** et **tos** (également appelées *données membres*). Rappelez-vous qu'un objet lie le code et les données. Seules les fonctions membres ont accès aux membres privés de leur classe. En conséquence, seules **init( )**, **push( )** et **pop( )** peuvent atteindre **stck** et **tos**.

Après avoir défini une classe, vous pouvez créer un objet de ce type à l'aide du nom de la classe. Fondamentalement, ce dernier devient un nouveau spécificateur de type de données. Ainsi, la ligne suivante crée un objet de type **stack** appelé **mystack** :

```
stack mystack;
```

Lorsque vous déclarez l'objet d'une classe, vous créez une *instance* de celle-ci. Dans l'exemple ci-dessus, **mystack** constitue une instance de **stack**. Une fois la classe définie, vous pouvez également créer des objets en mettant leur nom après l'accolade de fermeture, selon le modèle utilisé pour la structure.

Rappel : en C++, **class** crée un type de données pour obtenir éventuellement de nouveaux objets de ce type. En conséquence, un objet est l'instance d'une classe, tout comme une autre variable est une instance du type **int**, par exemple. Pour l'exprimer différemment, une classe correspond à une abstraction logique, alors qu'un objet est réel (en d'autres termes, un objet existe dans la mémoire de l'ordinateur).

Voici maintenant la syntaxe d'une déclaration simple avec **class** :

```
class nom_de_la_classe {
  données et fonctions privées
 public:
    données et fonctions publiques
} ensemble_de_noms_objets
```

Bien entendu, l'*ensemble_de_noms_objets* peut être vide.

II

LANGAGE C++

Dans la déclaration de **stack**, vous identifiez les fonctions membres à l'aide de leur prototype. En C++, toutes les fonctions doivent en avoir un. Dans la définition d'une classe, celui d'un membre sert de prototype de cette fonction en général.

Lorsque le moment arrive d'écrire réellement une fonction membre, vous devez indiquer au compilateur la classe à laquelle elle appartient. Pour cela, recourez à son nom et à sa classe. Voici par exemple un moyen de programmer la fonction **push( )** :

```
void stack::push(int i)
{
  if(tos==SIZE) {
    cout << "Pile pleine\n";
    return;
  }
  stck[tos] = i;
  tos++;
}
```

Notez ici ::. Cet *« opérateur de résolution de portée »* indique essentiellement au compilateur que la version de **push( )** appartient à la classe **stack**. En d'autres termes, la portée de **push( )** s'étend à **stack**. Par ailleurs, vous pouvez employer le même nom de fonction avec différentes classes. Grâce à l'opérateur de résolution de portée, vous révélez au compilateur la classe de la fonction.

Pour faire référence à un membre d'une classe à partir d'un programme, vous devez toujours passer par un objet de cette classe. Utilisez alors le nom de l'objet, suivi de l'opérateur point, et du nom du membre. Cette règle s'applique à l'accès d'une donnée membre ou d'une fonction membre. À titre d'exemple, le code ci-dessous invoque l'objet **stack1** :

```
stack stack1, stack2;

stack1.init();
```

Ce fragment permet non seulement de créer **stack1** et **stack2**, mais également d'initialiser le premier. Comprenez que ces deux objets se distinguent. Ainsi, l'initialisation de **stack1** n'entraîne *pas* celle de **stack2**. Le seul rapport entre ces objets réside dans leur appartenance au même type.

Dans une classe, une fonction membre peut en invoquer une autre, ou se rapporter directement à une donnée membre sans l'opérateur point. Vous devez employer ce dernier et le nom de l'objet seulement lorsqu'un code extérieur renvoie à un membre.

En guise d'illustration de la classe **stack**, le programme ci-dessous rassemble tous les fragments, et ajoute des détails manquants :

```cpp
#include <iostream>
using namespace std;

#define SIZE 100

// Créer la classe stack
class stack {
  int stck[SIZE];
  int tos;
public:
  void init();
  void push(int i);
  int pop();
};

void stack::init()
{
  tos = 0;
}

void stack::push(int i)
{
  if(tos==SIZE) {
    cout << "Pile pleine\n";
    return;
  }
  stck[tos] = i;
  tos++;
}

int stack::pop()
{
  if(tos==0) {
    cout << "Débordement négatif de la pile\n";
    return 0;
  }
  tos--;
  return stck[tos];
}

int main()
{

  stack stack1, stack2;  // Créer deux objets de stack

  stack1.init();
  stack2.init();
```

```
    stack1.push(1);
    stack2.push(2);

    stack1.push(3);
    stack2.push(4);

    cout << stack1.pop() << " ";
    cout << stack1.pop() << " ";
    cout << stack2.pop() << " ";
    cout << stack2.pop() << "\n";

    return 0;
}
```

Ce programme donne le résultat suivant :

```
3 1 4 2
```

Un dernier point : rappelez-vous que les membres privés d'un objet sont seulement accessibles aux fonctions de cette instance. Ainsi, une instruction telle que :

```
stack1.tos = 0; // Erreur : tos est privée
```

ne pourrait pas figurer dans la fonction **main( )** du programme précédent, car **tos** est privée.

Surcharge des fonctions

La *surcharge des fonctions* constitue un moyen d'assurer le polymorphisme. En C++, deux ou plusieurs fonctions peuvent partager le même nom, tant que la déclaration de leurs paramètres sont différents. Dans ce cas, elles sont dites surchargées.

Pour comprendre en quoi la surcharge est importante, considérez trois fonctions définies dans le sous-ensemble C : **abs( )**, **labs( )** et **fabs( )**. Celles-ci retournent respectivement la valeur absolue d'un entier, d'un nombre de type **long** et d'un autre de type **double**. Bien que ces fonctions effectuent des opérations pratiquement identiques, vous devez employer trois noms légèrement différents pour désigner ces tâches en C, ce qui rend la situation plus complexe sur le plan conceptuel qu'elle ne l'est en réalité. Même si l'idée sous-jacente de chacune est pareille, le programmeur doit se souvenir de trois informations au lieu d'une. En revanche, un seul nom suffit pour les trois fonctions en C++, comme le montre le programme suivant :

```cpp
#include <iostream>
using namespace std;

// Surcharger abs de trois manières
int abs(int i);
double abs(double d);
long abs(long l);

int main()
{
  cout << abs(-10) << "\n";

  cout << abs(-11.0) << "\n";

  cout << abs(-9L) << "\n";

  return 0;
}

int abs(int i)
{
  cout << "Utilisation d\'abs() pour un entier\n";

  return i<0 ? -i : i;
}

double abs(double d)
{
  cout << "Utilisation d\'abs() pour";
  cout << "une valeur de type double\n";

  return d<0.0 ? -d : d;
}

long abs(long l)
{

  cout << "Utilisation d\'abs() pour";
  cout << "une valeur de type long\n";

  return l<0 ? -l : l;
}
```

Ce code produit le résultat suivant :

```
Utilisation d'abs() pour un entier
10
Utilisation d'abs() pour une valeur de type double
11
Utilisation d'abs() pour une valeur de type long
9
```

Le programme ci-dessus crée trois fonctions pratiquement identiques. Toutes s'appellent **abs( )** et retournent la valeur absolue de son argument. Dans chaque situation, le compilateur détermine la fonction surchargée à exécuter grâce au type de l'argument. Leur avantage est de permettre l'accès à des ensembles de fonctions connexes *via* un nom commun. Ce dernier, **abs( )**, représente donc l'*action générale* en cours. Il revient au compilateur de choisir la *méthode spécifique* convenant à chaque cas particulier. Vous devez uniquement vous souvenir de l'action générale. En raison du polymorphisme, trois informations ont été réduites à une. Cet exemple est assez banal mais, si vous développez le concept, vous pouvez constater la manière dont le polymorphisme peut vous aider à gérer des programmes très complexes.

En général, pour surcharger une fonction, déclarez-en simplement différentes versions. Le compilateur se charge du reste. Vous devez remarquer une restriction importante lors de la surcharge d'une fonction : le type et/ou le nombre de paramètres de chaque fonction surchargée doivent/doit différer. Distinguer deux fonctions par le type de leur valeur de retour ne suffit pas. Elles doivent différer par le type ou le nombre de leurs paramètres (dans tous les cas, le type de la valeur de retour ne fournit pas suffisamment d'informations pour permettre au compilateur de déterminer la fonction à utiliser). Bien entendu, les fonctions surchargées peuvent se distinguer *de surcroît* par leur type de retour.

Voici un autre exemple de fonctions surchargées :

```cpp
#include <iostream>
#include <cstdio>
#include <cstring>

using namespace std;
void stradd(char *s1, char *s2);
void stradd(char *s1, int i);

int main()
{
  char str[80];

  strcpy(str, "Hé ");
  stradd(str, "bonjour");
  cout << str << "\n";
```

```
  stradd(str, 100);
  cout << str << "\n";

  return 0;
}

// Concaténation de deux chaînes
void stradd(char *s1, char *s2)
{
  strcat(s1, s2);
}

// Concaténation d'une chaîne et d'un entier
void stradd(char *s1, int i)
{

  char temp[80];
  sprintf(temp, "%d", i);
  strcat(s1, temp);
}
```

Dans ce programme, la fonction **stradd( )** est surchargée. Une version accomplit la concaténation de deux chaînes (tout comme **strcat( )**). Une autre effectue l'opération sur une chaîne et sur un entier utilisé comme chaîne. Dans ce cas, la surcharge sert à créer une interface qui ajoute soit une chaîne, soit un entier, à une autre chaîne.

Vous pouvez attribuer le même nom à deux fonctions surchargées qui n'ont aucun lien, mais vous devriez vous en abstenir. Ainsi, vous pourriez utiliser le nom **sqr( )** pour créer des fonctions qui renvoient le *carré* d'un entier, et la racine carrée d'une valeur de type **double**. Toutefois, ces deux opérations sont fondamentalement différentes. Une telle application d'une fonction surchargée l'éloigne de son objectif (en réalité, elle est considérée comme étant un mauvais style de programmation). En pratique, vous devriez surcharger seulement des opérations étroitement liées.

Surcharge d'opérateurs

Grâce à la surcharge d'opérateurs, vous obtenez également le polymorphisme. Comme vous le savez, vous pouvez utiliser les opérateurs **<<** et **>>** pour effectuer des E/S console en C++. Ces actions supplémentaires sont réalisables, car ces opérateurs sont surchargés dans l'en-tête **<iostream>**. Lorsqu'un opérateur est surchargé, il prend un sens supplémentaire par rapport à une classe déterminée.

En général, vous pouvez surcharger la plupart des opérateurs de C++ en définissant leur signification par rapport à une classe spécifique. Reprenez par exemple la classe **stack** développée précédemment dans ce chapitre. Il est possible de surcharger l'opérateur **+** en fonction des objets de type **stack** pour ajouter le contenu d'une pile à une autre. Cependant, **+** garde son sens de départ par rapport aux autres types de données.

Comme la surcharge d'opérateurs est un peu plus complexe en pratique que celle de fonctions, la présentation d'exemples est différée jusqu'au chapitre 14.

Héritage

Selon les indications précédentes de ce chapitre, l'héritage est l'une des caractéristiques principales d'un langage de programmation orientée objet. En C++, il se traduit par la capacité d'une classe à en introduire une autre dans sa déclaration. L'héritage permet l'établissement d'une hiérarchie de classes du plus général au plus spécifique. Ce processus implique d'abord la définition d'une *classe de base*, qui fixe les qualités communes à tous les objets à en dériver. La classe de base représente la description générale ; d'elle provient la *classe dérivée*. Cette dernière inclut toutes les caractéristiques génériques de la classe de base, puis ajoute ses qualités spécifiques. Pour illustrer ce mode de fonctionnement, l'exemple suivant crée des classes qui répartissent différents types de bâtiments.

Comme le montre le code ci-dessous, vous commencez par déclarer la classe **building**, laquelle servira ensuite de base à deux classes dérivées :

```
class building {
  int rooms;
  int floors;
  int area;
public:
  void set_rooms(int num);
  int get_rooms();
  void set_floors(int num);
  int get_floors();
  void set_area(int num);
  int get_area();
};
```

Dans cet exemple, tous les bâtiments ont trois caractéristiques communes (une ou plusieurs pièces, un ou plusieurs étages et une superficie totale). Pour cette raison, la classe **building** renferme ces éléments dans sa déclaration. Les fonctions membres commençant par **set** fixeront les valeurs des données privées. Quant aux fonctions débutant par **get**, elles retournent ces valeurs.

Vous pouvez maintenant vous servir de cette définition générale pour créer des classes dérivées décrivant des types spécifiques de bâtiments. Voici par exemple une classe dérivée, appelée **house** (soit « maison »).

```
// house dérive de building
class house : public building {
  int bedrooms;
  int baths;
public:
  void set_bedrooms(int num);
  int get_bedrooms();
  void set_baths(int num);
  int get_baths();
};
```

Remarquez que **building** est hérité. Voici la syntaxe de l'héritage :

> **class** *classe_dérivée : accès classe_de_base* {
>   *// corps de la nouvelle classe*
> }

Dans ce cas, l'*accès* est facultatif. En sa présence, il doit cependant être **public**, **private** ou **protected** (ces options sont examinées dans le chapitre 12). Pour l'instant, **public** est utilisé pour toutes les classes héritées. Son emploi implique que tous les membres publics de la classe de base deviennent ceux de la classe dérivée. En conséquence, les membres publics de **building** deviennent ceux de **house**. Par ailleurs, ils sont disponibles pour les fonctions membres de cette dernière, comme si vous les aviez déclarés dans leur classe. Celles-ci *n'*ont toutefois *pas* accès aux éléments privés de **building**. Ce point est important. Même si **house** hérite de **building**, il a seulement accès à ses membres publics. De cette manière, l'héritage respecte les principes de l'encapsulation nécessaire à la POO.

Important. Une classe dérivée accède directement à ses propres membres et aux éléments publics de la classe de base.

Pour illustrer l'héritage, voici un programme qui crée **house** et **school**, deux classes dérivées de **building** :

```
#include <iostream>
using namespace std;

class building {
  int rooms;
  int floors;
  int area;
```

```cpp
public:
  void set_rooms(int num);
  int get_rooms();
  void set_floors(int num);
  int get_floors();
  void set_area(int num);
  int get_area();
};

// house dérive de building
class house : public building {
  int bedrooms;
  int baths;
public:
  void set_bedrooms(int num);
  int get_bedrooms();
  void set_baths(int num);
  int get_baths();
};

// school dérive également de building
class school : public building {
  int classrooms;
  int offices;
public:
  void set_classrooms(int num);
  int get_classrooms();
  void set_offices(int num);
  int get_offices();
};

void building::set_rooms(int num)
{
  rooms = num;
}

void building::set_floors(int num)
{
  floors = num;
}

void building::set_area(int num)
{
  area = num;
}
```

```
int building::get_rooms()
{
  return rooms;
}

int building::get_floors()
{
  return floors;
}

int building::get_area()
{
  return area;
}

void house::set_bedrooms(int num)
{
  bedrooms = num;
}

void house::set_baths(int num)
{
  baths = num;
}

int house::get_bedrooms()
{
  return bedrooms;
}

int house::get_baths()
{
  return baths;
}

void school::set_classrooms(int num)
{
  classrooms = num;
}

void school::set_offices(int num)
{
  offices = num;
}
```

```
int school::get_classrooms()
{
  return classrooms;
}

int school::get_offices()
{
  return offices;
}

int main()
{
  house h;
  school s;
  h.set_rooms(12);
  h.set_floors(3);
  h.set_area(4500);
  h.set_bedrooms(5);
  h.set_baths(3);

  cout << "La maison a " << h.get_bedrooms();
  cout << " chambres\n";

  s.set_rooms(200);
  s.set_classrooms(180);
  s.set_offices(5);
  s.set_area(25000);

  cout << "L\'école a " << s.get_classrooms();
  cout << " classes\n";
  cout << "Sa superficie est égale à " << s.get_area();

  return 0;
}
```

Ce programme produit le résultat suivant :

```
La maison a 5 chambres
L'école a 180 classes
Sa superficie est égale à 25000
```

Comme l'illustre ce programme, l'avantage principal de l'héritage est la possibilité de créer une classification générale, capable d'englober les plus spécifiques. De cette manière, chaque objet peut exactement représenter sa propre sous-classe.

Concernant C++, les termes « *base* » et « *dérivée* » servent généralement à décrire le rapport d'héritage. Cependant, les termes « *mère* » et « *fille* » sont également employés. Vous pouvez en outre rencontrer les termes « *surclasse* » et « *sous-classe* ».

Outre les avantages de classification hiérarchique, l'héritage prend en charge le polymorphisme à l'exécution, *via* le mécanisme des fonctions de type **virtual** (pour plus de détails, consultez le chapitre 16).

Constructeurs et destructeurs

Pour une partie d'un objet, il est très courant d'exiger l'initialisation avant utilisation. Reprenez par exemple la classe **stack** développée précédemment dans ce chapitre. Avant de pouvoir utiliser la pile, **tos** avait été fixée à zéro. Cette opération fut accomplie *via* la fonction **init( )**. Comme le besoin d'initialisation est si fréquent, C++ permet aux objets de l'effectuer eux-mêmes au moment de leur création. Cette initialisation automatique est réalisée à travers l'emploi d'un constructeur.

Un *constructeur* est une fonction particulière qui est membre d'une classe, et qui porte le même nom que celle-ci. Voici par exemple l'apparence de la classe **stack** une fois réécrite pour un constructeur d'initialisation :

```
// Créer la classe stack
class stack {
  int stck[SIZE];
  int tos;
public:
  stack();  // Constructeur
  void push(int i);
  int pop();
};
```

Remarquez que le constructeur **stack( )** n'a pas de type de retour spécifié. En C++, les constructeurs ne peuvent ni renvoyer des valeurs, ni avoir de type de retour.

Quant à la fonction **stack( )**, elle est codée ainsi :

```
// Constructeur de stack
stack::stack()
{
  tos = 0;
  cout << "Pile initialisée\n";
}
```

N'oubliez pas que le message **Pile initialisée** est affiché pour illustrer le constructeur. Dans la pratique réelle, la plupart des constructeurs ne produisent ni sortie ni entrée. Ils accomplissent simplement diverses initialisations.

Le constructeur d'un objet est automatiquement exécuté à sa création, c'est-à-dire à l'exécution de sa déclaration. Si vous avez l'habitude de considérer une instruction de déclaration comme étant passive, le cas ne se présente pas pour C++. Dans ce langage, une instruction de déclaration est exécutable. La distinction est purement théorique. Le code exécuté pour construire un objet peut être assez significatif. Le constructeur d'un objet est exécuté une fois pour les objets locaux de type **static** et les instances globales. Pour les objets locaux, le constructeur intervient à chaque déclaration d'objet.

Le complément du constructeur est le *destructeur*. Dans de nombreux cas, un objet aura besoin d'accomplir une ou plusieurs actions à sa destruction. Les objets locaux sont créés à l'entrée de leur bloc, et détruits à la fin. Les objets globaux sont détruits à la fin du programme. Lorsqu'un objet est supprimé, le destructeur est automatiquement invoqué (s'il existe). De nombreuses raisons justifient le besoin éventuel d'un destructeur. Ainsi, un objet peut nécessiter la libération de la mémoire précédemment allouée, ou la fermeture d'un fichier déjà ouvert. En C++, la gestion des événements de désactivation revient au destructeur. Ce dernier porte le même nom que celui du constructeur, mais il est précédé de ~. Voici par exemple la classe **stack**, son constructeur et son destructeur (n'oubliez pas que la classe **stack** n'exige pas de destructeur : celui présenté ici sert simplement d'illustration).

```
// Créer la classe stack.
class stack {
  int stck[SIZE];
  int tos;
public:
  stack();  // Constructeur
  ~stack(); // Destructeur
  void push(int i);
  int pop();
};

// Constructeur de stack
stack::stack()
{
  tos = 0;
  cout << "Pile initialisée\n";
}

// Destructeur de stack
stack::~stack()
{
  cout << "Pile détruite\n";
}
```

Remarquez que les destructeurs, à l'instar des constructeurs, n'ont pas à retourner de valeur.

Pour considérer leur mode de fonctionnement, reprenez le programme de ce chapitre sur **stack**. Notez qu'**init( )** ne se révèle plus nécessaire dans cette nouvelle version.

```cpp
// Utiliser un constructeur et un destructeur
#include <iostream>
using namespace std;

#define SIZE 100

// Créer la classe stack
class stack {
  int stck[SIZE];
  int tos;
public:
  stack();  // Constructeur
  ~stack(); // Destructeur
  void push(int i);
  int pop();
};

// Constructeur de stack
stack::stack()
{
  tos = 0;
  cout << "Pile initialisée\n";
}

// Destructeur de stack
stack::~stack()
{
  cout << "Pile détruite\n";
}

void stack::push(int i)
{
  if(tos==SIZE) {
    cout << "Pile pleine\n";
    return;
  }
  stck[tos] = i;
  tos++;
}
```

```
int stack::pop()
{
  if(tos==0) {
    cout << "Débordement négatif de la pile\n";
    return 0;
  }
  tos--;
  return stck[tos];
}

int main()
{
  stack a, b;   // Créer deux objets de stack

  a.push(1);
  b.push(2);

  a.push(3);
  b.push(4);

  cout << a.pop() << " ";
  cout << a.pop() << " ";
  cout << b.pop() << " ";
  cout << b.pop() << "\n";

  return 0;
}
```

Ce programme affiche les lignes suivantes.

```
Pile initialisée
Pile initialisée
3 1 4 2
Pile détruite
Pile détruite
```

Mots clés de C++

Dans la norme de C++, il existe actuellement 63 mots clés. Ceux-ci sont présentés dans le tableau 11-1. Associés à une syntaxe formelle, ils forment le langage C++. Dans ses premières versions, figurait le mot clé **overload**, maintenant obsolète. En C++, gardez à l'esprit que les majuscules se distinguent des minuscules, lesquelles se révèlent indispensables dans tous les mots clés.

asm	auto	bool	break
case	catch	char	class
const	const_cast	continue	default
delete	do	double	dynamic_cast
else	enum	explicit	export
extern	false	float	for
friend	goto	if	inline
int	long	mutable	namespace
new	operator	private	protected
public	register	reinterpret_cast	return
short	signed	sizeof	static
static_cast	struct	switch	template
this	throw	true	try
typedef	typeid	typename	union
unsigned	using	virtual	void
volatile	wchar_t	while	

Tableau 11-1   Mots clés de C++

Syntaxe d'un programme en C++

Les programmes en C++ ont généralement la syntaxe suivante, malgré leur différence de style :

```
directives #include
déclaration de classes de bases
déclaration de classes dérivées
prototypes de fonctions extérieures
int main()
{
    // (…)
}
définition de fonctions extérieures
```

Pour la plupart des grands projets, toutes les déclarations de classes sont placées dans un fichier d'en-tête, et incluses avec chaque module. Cependant, l'organisation générale d'un programme reste la même.

Outre les détails sur les caractéristiques abordées ici, vous examinerez tous les autres aspects de C++ dans le reste de cette partie.

CHAPITRE 12

Classes et objets

E n C++, la classe constitue le fondement de la programmation orientée objet. Elle sert à définir la nature d'un objet. En matière d'encapsulation, elle correspond à une unité élémentaire. Dans ce chapitre, vous examinerez les classes et les objets en détail.

Classes

Pour en créer une, vous employez le mot clé **class**. D'abord, vous définissez un nouveau type. Ce dernier, qui lie du code avec des données, sert ensuite à déclarer des objets. En conséquence, une classe est une abstraction logique. Son *instance*, soit un objet, a en revanche une existence physique.

Quant à la syntaxe de la déclaration d'une classe non dérivée, elle est similaire à celle d'une structure. Présentée sous forme simplifiée au chapitre 11, la voici ci-dessous dans son intégralité :

```
class nom_de_la_classe {
  données et fonctions privées
spécificateur_accès
  données et fonctions
// ...
spécificateur_accès:
  données et fonctions
} ensemble_objets
```

Dans ce cas, l'*ensemble_objets* est facultatif. Il permet de déclarer des objets de la classe. Par ailleurs, le *spécificateur_accès* est l'un des trois mots clés suivants de C++ :

```
public (public)
private (privé)
protected (protégé)
```

Par défaut, les fonctions et les données d'une classe sont privées. Seuls les autres membres de la classe peuvent donc les atteindre. Pour rendre les fonctions ou les données accessibles à d'autres parties du programme, définissez-les avec le spécificateur **public**. Quant à **protected**, il se révèle seulement nécessaire en cas d'héritage (consultez le chapitre 15). Une fois utilisé, un spécificateur continue à agir jusqu'à l'occurrence d'un autre, ou jusqu'à la fin de la déclaration d'une classe.

Dans cette dernière, vous êtes autorisé à changer les caractéristiques d'accès aussi souvent que vous le souhaitez. Ainsi, vous pouvez parfois passer à **public**, puis à **private** de nouveau. Cet aspect est illustré à travers la déclaration de classe suivante :

```cpp
#include <iostream>
#include <cstring>
using namespace std;

class employee {
  char name[80]; // private par défaut
public:
  void putname(char *n); // public
  void getname(char *n);
private:
  double wage; // private maintenant
public:
  void putwage(double w); // public de nouveau
  double getwage();
};

void employee::putname(char *n)
{
  strcpy(name, n);
}

void employee::getname(char *n)
{
  strcpy(n, name);
}

void employee::putwage(double w)
{
  wage = w;
}

double employee::getwage()
{
  return wage;
}

int main()
{
  employee ted;
  char name[80];

  ted.putname("Ted Jones");
  ted.putwage(75000);
  ted.getname(name);

  cout << name << " gagne ";
```

LANGAGE C++

```
   cout << ted.getwage() << " $ par an ";

   return 0;
}
```

Dans ce cas, **employee** est une classe simple, utilisée pour stocker le nom et le salaire d'un employé. Remarquez que **public** est attribué deux fois.

Le seul avantage qu'il y a à ne pas multiplier les spécificateurs d'accès dans la déclaration d'une classe est de grouper visuellement plusieurs parties, et donc de faciliter la compréhension d'un programme. Pour le compilateur, cette application multiple ne porte pas à conséquence. Du point de vue des programmeurs, il est plus aisé de disposer en réalité d'une seule section par catégorie de spécificateurs dans chaque classe. Ainsi, la plupart écriraient la classe **employee** en réunissant tous les éléments privés d'un côté, et tous les éléments publics d'un autre, comme ceci :

```
class employee {
  char name[80];
  double wage;
public:
  void putname(char *n);
  void getname(char *n);
  void putwage(double w);
  double getwage();
};
```

Lorsqu'une *fonction* est déclarée dans une classe, elle est qualifiée de « *membre* ». Dans ce cas, elle peut accéder aux autres éléments de sa classe. Privés ou non, ces derniers comptent des *variables*, appelées *données membres*. Tous peuvent être désignés par « membres ».

Quelques restrictions s'appliquent à ces éléments de classe. En effet, une variable sans **static** ne peut alors pas avoir d'initialisateur. Malgré sa capacité à pointer vers une classe, un membre ne peut être ni utilisé comme objet dans la déclaration, ni associé à **auto**, **extern** ou **register**.

En général, vous devriez rendre toutes les données membres privées, ce qui permet en partie d'obtenir l'encapsulation. Il peut cependant arriver que vous ayez besoin d'attribuer **static** à une ou plusieurs variables (ainsi, une variable très sollicitée peut nécessiter un accès global, pour accélérer le temps d'exécution). Lorsqu'une variable est publique, elle peut être atteinte directement par une autre partie du programme. Pour accéder à une donnée membre publique, ou invoquer une fonction membre, appliquez la syntaxe suivante : spécifiez le nom de l'objet, l'opérateur point et l'identificateur de la variable. En guise d'illustration, voici un programme simple :

```
#include <iostream>
using namespace std;

class myclass {
public:
  int i, j, k; // Accessibles au programme entier
};

int main()
{
  myclass a, b;

  a.i = 100; // Atteindre i, j et k sans problème
  a.j = 4;
  a.k = a.i * a.j;

  b.k = 12; // Important : a.k et b.k diffèrent
  cout << a.k << " " << b.k;

  return 0;
}
```

Lien entre structures et classes

La structure fait partie du sous-ensemble C. Comme vous l'avez appris, elle ressemble à une classe sur le plan syntaxique. Son lien est plus étroit que vous ne l'imaginez peut-être. En raison du développement de son rôle en C++, la structure offre un autre moyen de spécifier une classe. Par défaut, tous ses membres sont publics et non privés. Hormis cette différence, une *structure* équivaut à une classe. En C++, sa déclaration permet donc de *définir* un *type classe*. Considérez par exemple le petit programme ci-dessous. Il contient une structure destinée à déclarer une classe gérant l'accès à une chaîne.

```
// Utiliser une structure pour définir une classe
#include <iostream>
#include <cstring>
using namespace std;

struct mystr {
  void buildstr(char *s); // public
  void showstr();
private: // private maintenant
  char str[255];
} ;
```

```
void mystr::buildstr(char *s)
{
  if(!*s) *str = '\0'; // Initialiser une chaîne
  else strcat(str, s);
}

void mystr::showstr()
{
  cout << str << "\n";
}

int main()
{
  mystr s;

  s.buildstr(""); // Initialiser
  s.buildstr("Hé !");
  s.buildstr("Bonjour.");

  s.showstr();

  return 0;
}
```

Ce programme affiche la chaîne **Hé ! Bonjour**.

Grâce à **class**, vous pourriez réécrire la classe **mystr**, comme ceci :

```
class mystr {
  char str[255];
public:
  void buildstr(char *s); // public
  void showstr();
} ;
```

Vous pourriez vous demander pourquoi C++ contient deux mots clés pratiquement équivalents : **struct** et **class**. Cette redondance apparente se justifie pour plusieurs raisons. Premièrement, rien de fondamental n'empêche d'augmenter les capacités d'une structure. En C, les structures fournissent déjà un moyen de grouper des données. Pour leur permettre d'inclure des fonctions membres, un petit pas est donc à franchir. Deuxièmement, le lien entre les structures et les classes peut faciliter le passage de programmes existants de .C à .CPP. Finalement, même si **struct** équivaut pratiquement à **class**, la distinction entre ces deux mots clés laisse la définition d'une classe libre d'évoluer. Quant à la définition d'une structure, elle doit toujours être liée à celle de C, pour assurer la compatibilité avec ce langage.

Malgré la possibilité offerte, la plupart des programmeurs ne remplacent pas une classe par une structure. En général, il vaut mieux utiliser **class** pour une classe, et **struct** pour une structure semblable à C (ce choix est préconisé dans le présent ouvrage). En anglais, « POD » sert parfois à décrire une structure semblable à C (c'est-à-dire sans fonction membre, constructeur ou destructeur). Il signifie « *Plain Old Data* », soit littéralement « données ordinaires » (en réalité, ce sigle a une définition un peu plus restreinte dans la spécification standard de C++, mais son sens reste essentiellement le même).

Important. En C++, la déclaration d'une structure permet de définir un type classe.

Lien entre unions et classes

À l'instar d'une structure, une union peut également servir à définir une classe. En C++, elle peut contenir non seulement des fonctions membres et des variables, mais également des constructeurs et des destructeurs. Dans ce langage, une union garde toutes les caractéristiques de type C. L'aspect le plus important concerne le partage du même emplacement mémoire par toutes les données élémentaires. À l'instar d'une structure, une union possède des membres publics par défaut, et parfaitement compatibles avec C. Dans l'exemple suivant, elle sert à permuter les octets que constitue un entier de type **unsigned short** (ici, les entiers courts sont censés avoir une longueur de 2 octets) :

```
#include <iostream>
using namespace std;

union swap_byte {
  void swap();
  void set_byte(unsigned short i);
  void show_word();
  unsigned short u;
  unsigned char c[2];
};

void swap_byte::swap()
{
  unsigned char t;
  t = c[0];
  c[0] = c[1];
  c[1] = t;
}

void swap_byte::show_word()
{
  cout << u;
}
```

```
void swap_byte::set_byte(unsigned short i)
{
  u = i;
}

int main()
{
  swap_byte b;

  b.set_byte(49034);
  b.swap();
  b.show_word();

  return 0;
}
```

En C++, la déclaration d'une structure remplit le même objectif que celle d'une union : définir un type particulier de classe. Le principe de l'encapsulation est donc conservé.

En cas de recours aux unions de C++, plusieurs restrictions doivent être observées. D'abord, une union ne peut ni hériter d'une autre classe, ni constituer une classe primitive. Ensuite, elle est incapable d'avoir des variables statiques et des fonctions virtuelles (ces dernières sont traitées dans le chapitre 17). Par ailleurs, vous n'êtes pas en mesure d'utiliser un membre comme référence ou comme objet surchargeant l'opérateur =. Finalement, aucune instance ne peut faire partie d'une union si elle a explicitement un constructeur ou un destructeur.

De façon analogue au cas d'une structure, « POD » s'applique à une union sans fonction membre, constructeur ou destructeur.

Unions anonymes

En C++, l'*union anonyme* représente un cas particulier. Au lieu d'inclure le nom d'un type, et d'avoir des objets déclarés, elle indique au compilateur que ses variables membres doivent partager le même emplacement. Concernant les variables elles-mêmes, le renvoi est direct, c'est-à-dire sans la syntaxe utilisée normalement pour l'opérateur point. Considérez par exemple le programme suivant :

```
#include <iostream>
#include <cstring>
using namespace std;
```

```
int main()
{
  // Définir une union anonyme
  union {
    long l;
    double d;
    char s[4];
  } ;

  /* Faire maintenant référence aux
     éléments de l'union directement */
  l = 100000;
  cout << l << " ";
  d = 123.2342;
  cout << d << " ";
  strcpy(s, "Bonjour");
  cout << s;

  return 0;
}
```

Comme vous pouvez le constater, vous faites référence aux éléments de l'union de façon analogue à des variables locales normales. En réalité, vous les utiliserez exactement de la même manière dans votre programme. Malgré leur définition dans une déclaration d'union, elles ont en outre la même portée que toute autre variable locale du même bloc. Dans ces limites, le nom des membres d'une union anonyme ne doit donc pas entrer en conflit avec d'autres identificateurs.

Outre les restrictions des unions normales, des contraintes supplémentaires existent. D'abord, une union anonyme doit seulement contenir des données. Elle n'est pas autorisée à avoir des fonctions membres. Ensuite, elle ne peut comporter d'éléments privés ou protégés. Finalement, vous devez spécifier les unions anonymes avec **static** lorsqu'elles sont globales.

Fonctions amies

En tant qu'amie, une fonction extérieure peut accéder à tous les membres privés et protégés d'une classe. Pour la déclarer ainsi, incluez son prototype dans la classe concernée, et faites précéder celui-ci du mot clé **friend**. Considérez par exemple le programme ci-dessous :

```
#include <iostream>
using namespace std;
```

```
class myclass {
  int a, b;
public:
  friend int sum(myclass x);
  void set_ab(int i, int j);
};

void myclass::set_ab(int i, int j)
{
  a = i;
  b = j;
}

  /* Note : sum() n'est pas la fonction membre
     d'une classe */
int sum(myclass x)
{
  /* Comme sum() est l'amie de myclass, elle
     peut accéder directement à a et à b */

  return x.a + x.b;
}

int main()
{
  myclass n;

  n.set_ab(3, 4);

  cout << sum(n);

  return 0;
}
```

Dans cet exemple, la fonction **sum( )** ne fait pas partie de **myclass**. Cependant, elle accède à tous les éléments privés de celle-ci. Remarquez également que **sum( )** est invoquée sans opérateur point. Comme elle n'est pas une fonction membre, elle n'a pas besoin d'être désignée avec le nom d'un objet (en réalité, elle ne doit pas l'être).

Certes, le choix de rendre **sum( )** amie plutôt que membre de **myclass** n'apporte rien de plus, mais ce type de fonction est assez précieux dans certaines situations. Premièrement, les fonctions amies peuvent se révéler utiles en cas de surcharge d'opérateurs de certains types (consultez le chapitre 14). Deuxièmement, elles facilitent la création de certaines catégories de fonctions d'E/S (reportez-vous au chapitre 18). Finalement, deux ou plusieurs classes peuvent parfois contenir des membres corrélés à d'autres parties d'un programme. Examinez maintenant cette troisième application.

Pour commencer, imaginez deux classes différentes affichant chacune une fenêtre contextuelle en cas de conditions d'erreur remplie. En raison du risque d'écrasement accidentel, la présence d'un message à l'écran concerne éventuellement d'autres parties du programme. Dans chaque classe, vous pourriez créer des fonctions membres, lesquelles retourneraient une valeur indiquant un message actif ou non. Toutefois, deux appels au lieu d'un se révéleraient alors indispensables pour vérifier la condition. Si cette opération se répétait fréquemment, ce temps système supplémentaire pourrait être inacceptable. En revanche, une fonction amie nécessiterait un appel pour déterminer l'état d'un objet. Dans de telles situations, elle permet donc de générer un code plus efficace. Pour illustrer ce concept, voici un programme :

```cpp
#include <iostream>
using namespace std;

const int IDLE = 0;
const int INUSE = 1;

class C2;  // Déclaration avant

class C1 {
  int status;  // IDLE (inactif) ou INUSE (à l'écran)
  // ...
public:
  void set_status(int state);
  friend int idle(C1 a, C2 b);
};

class C2 {
  int status; // IDLE (inactif) ou INUSE (à l'écran)
  // ...

public:
  void set_status(int state);
  friend int idle(C1 a, C2 b);
};

void C1::set_status(int state)
{
  status = state;
}

void C2::set_status(int state)
{
  status = state;
}
```

```
int idle(C1 a, C2 b)
{
  if(a.status ¦¦ b.status) return 0;
  else return 1;
}

int main()
{
  C1 x;
  C2 y;

  x.set_status(IDLE);
  y.set_status(IDLE);

  if(idle(x, y)) cout << "Écran utilisable\n";
  else cout << "En cours de fonctionnement\n";

  x.set_status(INUSE);

  if(idle(x, y)) cout << "Écran utilisable\n";
  else cout << "En cours de fonctionnement\n";

  return 0;
}
```

Concernant la classe **C2**, remarquez la *déclaration avant*, également appelée *référence en avant*. Sa présence se révèle nécessaire car, avant de déclarer la classe, vous faites référence à **C2** au niveau d'**idle( )** dans **C1**. Pour créer la référence avant d'une classe, adoptez simplement la forme présentée dans le programme.

L'amie d'une classe peut être le membre d'une autre. Ainsi, le programme précédent a été réécrit pour qu'**idle** soit un membre de **C1** :

```
#include <iostream>
using namespace std;

const int IDLE = 0;
const int INUSE = 1;

class C2;  // Déclaration avant

class C1 {
  int status;  // IDLE (inactif) ou INUSE (à l'écran)
  // ...
public:
  void set_status(int state);
  int idle(C2 b);  // Membre de C1 maintenant
};
```

```
class C2 {
  int status;  // IDLE (inactif) ou INUSE (à l'écran)
  // ...
public:
  void set_status(int state);
  friend int C1::idle(C2 b);
};

void C1::set_status(int state)
{
  status = state;
}

void C2::set_status(int state)
{
  status = state;
}

// idle() : membre de C1 et amie de C2
int C1::idle(C2 b)
{
  if(status || b.status) return 0;
  else return 1;
}

int main()
{
  C1 x;
  C2 y;

  x.set_status(IDLE);
  y.set_status(IDLE);

  if(x.idle(y)) cout << "Écran utilisable\n";
  else cout << "En cours de fonctionnement\n";
  x.set_status(INUSE);

  if(x.idle(y)) cout << "Écran utilisable\n";
  else cout << "En cours de fonctionnement\n";

  return 0;
}
```

Concernant les objets de type **C1**, **idle( )** peut accéder directement à la variable **status**, puisqu'elle est un membre de **C1**. En conséquence, elle a seulement besoin de recevoir les instances de type **C2**.

Deux restrictions importantes s'appliquent aux fonctions amies. En premier lieu, une classe dérivée n'en hérite pas. En second lieu, les fonctions amies ne peuvent pas avoir de spécificateur de classe de stockage. Vous ne devez donc pas les déclarer avec **static** ou **extern**.

Classes amies

Une classe peut être l'amie d'une autre. Dans ce cas, la classe amie et toutes ses fonctions membres accèdent aux éléments privés de l'autre. Par exemple :

```cpp
// Utiliser une classe amie
#include <iostream>
using namespace std;

class TwoValues {
  int a;
  int b;
public:
  TwoValues(int i, int j) { a = i; b = j; }
  friend class Min;
};

class Min {
public:
  int min(TwoValues x);
};

int Min::min(TwoValues x)
{
  return x.a < x.b ? x.a : x.b;
}

int main()
{
  TwoValues ob(10, 20);
  Min m;

  cout << m.min(ob);

  return 0;
}
```

Dans ce code, la classe **Min** accède aux variables privées de la classe **TwoValues** : a et b.

Il est essentiel de comprendre qu'une classe amie atteint uniquement des noms. Elle n'hérite pas de l'autre classe. En particulier, les membres de la première classe ne deviennent pas les siens.

Les classes amies sont rarement employées. Elles sont mises en œuvre pour permettre la gestion de certains cas particuliers.

Fonctions en ligne

Souvent présente dans une classe, la *fonction en ligne* constitue une caractéristique importante de C++. En raison de son emploi très fréquent dans le reste de l'ouvrage, elle est examinée dans cette section.

En C++, vous pouvez développer en ligne le code d'une petite fonction, plutôt que de lancer un appel à celle-ci. Un tel processus est similaire à l'utilisation d'une fonction macro. Pour développer le code au lieu d'effectuer un appel, faites précéder la définition de la fonction du mot clé **inline**. En guise d'illustration, voici la fonction **max( )** :

```cpp
#include <iostream>
using namespace std;

inline int max(int a, int b)
{
  return a>b ? a : b;
}

int main()
{
  cout << max(10, 20);
  cout << " " << max(99, 88);

  return 0;
}
```

Pour le compilateur, le programme ci-dessus équivaut au suivant :

```cpp
#include <iostream>
using namespace std;

int main()
{
```

```
    cout << (10>20 ? 10 : 20);
    cout << " " << (99>88 ? 99 : 88);

    return 0;
}
```

La très grande efficacité du code créé par les fonctions en ligne justifie l'importance de leur incorporation dans C++. L'intérêt est essentiel, car les classes nécessitent habituellement l'exécution fréquente de plusieurs fonctions d'interface (lesquelles donnent accès aux données privées). Comme vous le savez probablement, le mécanisme d'appel et de retour mobilise chaque fois une quantité considérable de temps système. D'habitude, les arguments sont placés sur la pile, et plusieurs registres sont réservés au moment de l'appel, puis rétablis au retour de la fonction. Ces opérations posent un problème dû au temps pris. Lorsque vous développez en revanche le code d'une fonction en ligne, aucun délai ne se produit. Le recours à **inline** peut non seulement entraîner une accélération du temps d'exécution, mais également un rallongement du code à cause de répétitions. Pour cette raison, il vaut mieux appliquer seulement ce mot clé aux très petites fonctions, qui auront un impact significatif sur la performance du programme.

À l'instar du spécificateur **register**, **inline** permet en réalité de faire une *suggestion* et non de donner un ordre au compilateur. Ce dernier peut donc choisir de l'ignorer. Par ailleurs, certains compilateurs peuvent ne pas accepter **inline** avec tous les types de fonctions. Le cas se présente souvent pour une fonction récursive. Pour connaître toutes les restrictions concernant **inline**, compulsez le manuel d'utilisation de votre compilateur. En cas d'empêchement, souvenez-vous de remplacer simplement ce mot clé par l'appel d'une fonction normale.

Lorsqu'**inline** s'applique, les fonctions font éventuellement partie d'une classe. Ainsi, le programme suivant est tout à fait valable en C++ :

```
#include <iostream>
using namespace std;

class myclass {
  int a, b;
public:
  void init(int i, int j);
  void show();
};

// Créer une fonction en ligne
inline void myclass::init(int i, int j)
{
  a = i;
  b = j;
}
```

```
// Créer une autre fonction en ligne
inline void myclass::show()
{
  cout << a << " " << b << "\n";
}

int main()
{
  myclass x;

  x.init(10, 20);
  x.show();

  return 0;
}
```

Fonctions en ligne définies dans une classe

Il est possible de définir entièrement une petite fonction au moment de la déclaration d'une classe. Automatiquement, elle devient alors une fonction en ligne (sauf en cas d'impossibilité). Il n'est ni nécessaire ni erroné de faire précéder sa déclaration du mot clé **inline**. En guise d'illustration, le programme précédent a été réécrit, pour inclure les définitions d'**init( )** et de **show( )** dans **myclass** :

```
#include <iostream>
using namespace std;

class myclass {
  int a, b;
public:
  // Fonction automatiquement en ligne
  void init(int i, int j) { a=i; b=j; }
  void show() { cout << a << " " << b << "\n"; }
};

int main()
{
  myclass x;

  x.init(10, 20);
  x.show();

  return 0;
}
```

Remarquez la présentation du code d'**init( )** et de **show( )** dans **myclass**. Comme les fonctions en ligne sont courtes, le style du codage est assez caractéristique. Cependant, vous êtes libre de recourir à la présentation de votre choix. Ainsi, il est parfaitement valable de réécrire la déclaration de **myclass** de cette manière :

```cpp
#include <iostream>
using namespace std;

class myclass {
  int a, b;
public:
  // Fonction automatiquement en ligne
  void init(int i, int j)
  {
    a = i;
    b = j;
  }

  void show()
  {
    cout << a << " " << b << "\n";
  }
};
```

Concernant la création de la fonction **show( )** en ligne, une limite existe techniquement : en général, le temps pris par l'instruction d'E/S dépasse largement le temps système d'un appel. En C++, il est toutefois très courant de définir toutes les petites fonctions membres dans leur classe (en réalité, les professionnels les écrivent rarement à l'extérieur).

Par ailleurs, vous pouvez créer des constructeurs et des destructeurs en ligne soit explicitement, soit par défaut. Dans ce dernier cas, vous les définissez dans leur classe.

Constructeurs paramétrés

De tels constructeurs reçoivent des arguments qui facilitent habituellement l'initialisation d'un objet existant. Pour en créer un, ajoutez-lui simplement les paramètres comme s'il s'agissait d'une autre fonction. Lorsque vous définissez son corps, utilisez les arguments pour initialiser l'objet. Voici par exemple une classe simple, contenant un constructeur paramétré :

```cpp
#include <iostream>
using namespace std;
```

```
class myclass {
  int a, b;
public:
  myclass(int i, int j) {a=i; b=j;}
  void show() {cout << a << " " << b;}
};

int main()
{
  myclass ob(3, 5);

  ob.show();

  return 0;
}
```

Dans la définition de **myclass( )**, notez que les paramètres **i** et **j** servent à attribuer des valeurs initiales à **a** et à **b**.

Par ailleurs, ce programme illustre le moyen le plus courant de spécifier des arguments lorsque vous déclarez un objet utilisant un constructeur paramétré. En particulier, cette instruction :

```
myclass ob(3, 4);
```

nomme un objet **ob**. Elle transmet en outre les arguments **3** et **4** aux paramètres **i** et **j** de **myclass( )**. Vous pouvez également les passer à l'aide d'une instruction de déclaration de ce type :

```
myclass ob = myclass(3, 4);
```

Cependant, la première méthode est généralement préférée, y compris dans les exemples de cet ouvrage. En réalité, une légère différence technique existe entre les deux types de déclarations, concernant les constructeurs de copie (ces derniers sont traités dans le chapitre 14).

À travers un autre exemple, un constructeur paramétré, qui crée une classe stockant des renseignements sur des livres de bibliothèque, est présenté ci-dessous :

```
#include <iostream>
#include <cstring>
using namespace std;

const int IN = 1;
const int CHECKED_OUT = 0;
```

```cpp
class book {
  char author[40];
  char title[40];
  int status;
public:
  book(char *n, char *t, int s);
  int get_status() {return status;}
  void set_status(int s) {status = s;}
  void show();
};

book::book(char *n, char *t, int s)
{
  strcpy(author, n);
  strcpy(title, t);
  status = s;
}

void book::show()
{
  cout << title << " de " << author;
  cout << " est ";
  if(status==IN) cout << "disponible\n";
  else cout << "emprunté\n";
}

int main()
{
  book b1("Twain", "Tom Sawyer", IN);
  book b2("Melville", "Moby Dick", CHECKED_OUT);

  b1.show();
  b2.show();

  return 0;
}
```

Les constructeurs paramétrés se révèlent très utiles car ils permettent d'éviter un appel supplémentaire pour initialiser simplement une ou plusieurs variables dans un objet. Chaque fois que vous pouvez vous en dispenser, vous rendez votre code plus efficace. Remarquez également que vous définissez en ligne les petites fonctions **get_status( )** et **set_status( )** dans la classe **book**. Il s'agit d'une pratique courante de programmation C++.

Constructeurs avec un paramètre : cas particulier

Si un constructeur comporte seulement un paramètre, il peut recevoir une valeur initiale grâce à un troisième moyen. Considérez par exemple le petit programme ci-dessous :

```cpp
#include <iostream>
using namespace std;

class X {
  int a;
public:
  X(int j) { a = j; }
  int geta() { return a; }
};

int main()
{
  X ob = 99; // Transmettre 99 à j

  cout << ob.geta(); // Afficher 99

  return 0;
}
```

Dans ce cas, le constructeur **X( )** prend un seul paramètre. Faites bien attention au mode de déclaration de **ob** dans **main( )**. Dans cette forme d'initialisation, le nombre 99 est automatiquement transmis au paramètre **j** du constructeur **X( )**. En conséquence, le compilateur gère l'instruction de déclaration comme si vous l'aviez écrite de la manière suivante :

```cpp
X ob = X(99);
```

Lorsqu'un constructeur nécessite seulement un argument, vous pouvez généralement employer soit *ob*(*i*), soit *ob* = *i* pour initialiser un objet. En effet, à chaque création d'un constructeur avec un paramètre unique, vous faites convertir implicitement le type de cet argument en celui de la classe.

Rappelez-vous que l'option présentée ici s'applique seulement aux constructeurs comportant un paramètre unique.

Membres statiques

Vous pouvez rendre statiques les membres d'une classe, qu'il s'agisse des fonctions ou des données. Pour chaque cas, les conséquences d'une telle opération sont expliquées dans cette section.

Données membres statiques

Prenez une variable membre. Lorsque vous faites précéder sa déclaration de **static**, vous indiquez au compilateur qu'elle existera en un seul exemplaire, et que tous les objets de la classe la partageront. Contrairement aux données membres normales, les copies particulières d'une variable membre statique ne seront pas réalisées pour chaque instance. Une seule existe, peu importe le nombre d'objets. Toutes les instances d'une classe utilisent donc la même variable. Cette dernière est initialisée à zéro avant la création du premier objet.

Lorsque vous déclarez une donnée membre statique dans une classe, vous *ne* la définissez pas (en d'autres termes, vous ne lui allouez pas d'espace). Vous devez plutôt effectuer cette opération de manière globale (à l'extérieur). Pour cela, déclarez à nouveau la variable statique en identifiant sa classe à l'aide de l'opérateur de résolution de portée (rappelez-vous qu'une classe est simplement un élément logique, sans réalité physique).

Pour comprendre l'usage et l'effet d'une donnée membre statique, considérez le code suivant :

```cpp
#include <iostream>
using namespace std;

class shared {
  static int a;
  int b;
public:
  void set(int i, int j) {a=i; b=j;}
  void show();
} ;

int shared::a; // Définir a

void shared::show()
{
  cout << "La variable a statique vaut " << a;
  cout << "\nLa variable b non statique vaut " << b;
  cout << "\n";
}
```

```
int main()
{
  shared x, y;

  x.set(1, 1); // Fixer a à 1
  x.show();

  y.set(2, 2); // Modifier la valeur d'a par 2
  y.show();

  x.show(); /* Ici, le changement d'a concerne x et
                y car ces deux objets partagent a */

  return 0;
}
```

Une fois exécuté, ce programme affiche :

```
La variable a statique vaut 1
La variable b non statique vaut 1
La variable a statique vaut 2
La variable b non statique vaut 2
La variable a statique vaut 2
La variable b non statique vaut 1
```

Remarquez la déclaration de la variable **a** entière à l'intérieur et à l'extérieur de **shared**. À titre de rappel, la dernière se révèle nécessaire, car la première ne permet pas d'allouer de l'espace.

Note. Les anciennes versions de C++ ne nécessitent pas la seconde déclaration d'une variable membre statique. Cependant, cet avantage donne lieu à de graves contradictions. Malgré sa suppression depuis plusieurs années, vous pouvez toujours rencontrer d'anciens programmes en C++ sans seconde déclaration des variables membres statiques. Dans ce cas, vous aurez besoin d'ajouter les définitions requises.

Une variable membre statique existe avant la création d'un objet quelconque de sa classe. Dans le court exemple ci-dessous, **a** est publique et statique. En conséquence, elle est directement accessible dans **main()**. Comme **a** existe avant l'obtention d'un objet de **shared**, elle peut recevoir une valeur à n'importe quel moment. Comme le programme l'illustre, cette dernière n'est pas modifiée par la création de l'objet **x**. Pour cette raison, les instructions d'affichage produisent la même valeur : **99**.

```
#include <iostream>
using namespace std;
```

```cpp
class shared {
public:
  static int a;
} ;

int shared::a; // Définir a

int main()
{
  // Initialiser a avant la création d'un objet quelconque
  shared::a = 99;

  cout << "Voici la valeur de départ d'a : " << shared::a;
  cout << "\n";

  shared x;

  cout << "Voici la valeur de x.a : " << x.a;

  return 0;
}
```

Remarquez le renvoi à **a** *via* l'utilisation d'un nom de classe et de l'opérateur de résolution de portée. Pour faire référence à un membre statique indépendamment d'un objet, vous devez généralement désigner cet élément et sa classe.

Une application de la variable membre statique consiste à contrôler l'accès à des ressources partagées entre tous les objets d'une classe. Ainsi, vous pourriez créer plusieurs instances destinées à écrire sur un fichier disque spécifique. Bien entendu, cette opération serait réalisée par un seul objet à la fois. Dans ce cas, vous voudriez déclarer une variable statique indiquant l'utilisation ou la disponibilité du fichier. Le programme suivant présente la manière dont vous pourriez recourir à un tel élément pour contrôler l'accès à une ressource limitée :

```cpp
#include <iostream>
using namespace std;

class cl {
  static int resource;
public:
  int get_resource();
  void free_resource() {resource = 0;}
};

int cl::resource; // Définir la ressource
```

```
int cl::get_resource()
{
  if(resource) return 0; // Ressource déjà utilisée
  else {
    resource = 1;
    return 1;  // Ressource allouée à l'objet
  }
}

int main()
{
  cl ob1, ob2;

  if(ob1.get_resource()) cout << "Accessible par ob1\n";

  if(!ob2.get_resource()) cout << "Indisponible pour ob2\n";

  ob1.free_resource();  // Autoriser un autre utilisateur

  if(ob2.get_resource())
    cout << "Attribuer maintenant la ressource à ob2\n";

  return 0;
}
```

Une autre application intéressante d'une variable membre statique consiste à tenir à jour le nombre d'objets d'un type classe particulier. Par exemple :

```
#include <iostream>
using namespace std;

class Counter {
public:
  static int count;
  Counter() { count++; }
  ~Counter() { count--; }
};
int Counter::count;

void f();

int main(void)
{
  Counter o1;
  cout << "Objet(s) existant(s) : ";
  cout << Counter::count << "\n";
```

```
  Counter o2;
  cout << "Objet(s) existant(s) : ";
  cout << Counter::count << "\n";
  f();
  cout << "Objet(s) existant(s) : ";
  cout << Counter::count << "\n";

  return 0;
}
void f()
{
  Counter temp;
  cout << "Objet(s) existant(s) : ";
  cout << Counter::count << "\n";
  // Détruire temp lorsque f() retourne au point d'appel
}
```

Ce programme affiche :

```
Objet(s) existant(s) : 1
Objet(s) existant(s) : 2
Objet(s) existant(s) : 3
Objet(s) existant(s) : 2
```

Comme vous pouvez le constater, la variable membre statique **count** est incrémentée à chaque création d'objet, et décrémentée à chaque destruction d'instance. De cette manière, elle tient à jour le nombre d'objets de type **Counter**.

Grâce aux variables membres statiques, vous ne devriez pratiquement plus avoir besoin de variables globales. En matière de POO, ces dernières posent un problème, car elles violent presque toujours le principe de l'encapsulation.

Fonctions membres statiques

Vous pouvez également déclarer les fonctions membres avec **static**. Toutefois, plusieurs restrictions les concernent. Premièrement, elles peuvent se rapporter directement à d'autres membres statiques de la classe (bien entendu, elles accèdent éventuellement aux données et aux fonctions globales). Deuxièmement, une fonction membre statique ne comporte pas de pointeur de type **this** (pour de plus amples renseignements sur ce mot clé, consultez le chapitre 13). Par ailleurs, la même fonction ne peut pas avoir deux versions, avec et sans **static** respectivement. Ensuite, une fonction membre statique ne doit pas être virtuelle. Finalement, elle ne peut être déclarée ni avec **const**, ni avec **volatile**.

À titre d'exemple, le programme précédent sur les ressources partagées a été légèrement modifié ci-dessous. Remarquez que **get_resource( )** est maintenant déclarée avec **static**. Comme le programme l'illustre, elle peut être invoquée soit par elle-même, *via* le nom de classe et l'opérateur de résolution de portée, soit relativement à une instance.

```cpp
#include <iostream>
using namespace std;

class cl {
  static int resource;
public:
  static int get_resource();
  void free_resource() { resource = 0; }
};

int cl::resource; // Définir la ressource

int cl::get_resource()
{
  if(resource) return 0; // Ressource déjà utilisée
  else {
    resource = 1;
    return 1;  // Ressource allouée à l'objet
  }
}

int main()
{
  cl ob1, ob2;

  /* get_resource() est statique, d'où l'éventualité de
     l'appeler indépendamment d'un objet quelconque */

  if(cl::get_resource()) cout << "Accessible par ob1\n";

  if(!cl::get_resource()) cout << "Indisponible pour ob2\n";

  ob1.free_resource();

  /* Appel toujours possible via la
     syntaxe relative à l'objet */
  if(ob2.get_resource())
    cout << "Attribuer maintenant la ressource à ob2\n";

  return 0;
}
```

En réalité, les fonctions membres statiques ont des applications limitées, mais une bonne utilisation consiste à pré-initialiser les données privées statiques, avant de créer véritablement un objet. Ainsi, le programme suivant se révèle tout à fait valable en C++ :

```cpp
#include <iostream>
using namespace std;

class static_type {
  static int i;
public:
  static void init(int x) {i = x;}
  void show() {cout << i;}
};

int static_type::i; // Définir i

int main()
{
  */ Initialiser une donnée statique
     avant la création d'un objet /*
  static_type::init(100);

  static_type x;
  x.show(); // Afficher 100

  return 0;
}
```

Moment d'exécution des constructeurs et des destructeurs

Prenez un objet. En règle générale, son constructeur intervient à sa création, et son destructeur à sa suppression. Cette section traite du moment exact de tels événements.

Considérez d'abord un objet local. L'exécution de son constructeur se produit une fois son instruction de déclaration rencontrée, et celle de son destructeur dans l'ordre inverse.

Examinez ensuite un objet global. Son constructeur commence *avant* **main( )**. Par rapport à d'autres fonctions de ce type, l'ordre d'exécution dépend du lieu de déclaration dans le même fichier. Lorsque les constructeurs globaux sont répartis entre plusieurs fichiers, il est indéterminé. Quant aux destructeurs, ils interviennent après **main( )**, dans l'ordre inverse.

Pour illustrer de tels événements, étudiez le programme ci-dessous :

```
#include <iostream>
using namespace std;

class myclass {
public:
  int who;
  myclass(int id);
  ~myclass();
} glob_ob1(1), glob_ob2(2);

myclass::myclass(int id)
{
  cout << "Initialisation " << id << "\n";
  who = id;
}

myclass::~myclass()
{
  cout << "Destruction " << who << "\n";
}

int main()
{
  myclass local_ob1(3);

  cout << "Absence d\'affichage de la première ligne\n";

  myclass local_ob2(4);

  return 0;
}
```

Il affiche :

```
Initialisation 1
Initialisation 2
Initialisation 3
Absence d'affichage de la première ligne
Initialisation 4
Destruction 4
Destruction 3
Destruction 2
Destruction 1
```

Un point à noter : en raison des différences entre les compilateurs et les environnements d'exécution, vous obtiendrez peut-être les deux dernières lignes à l'affichage.

LANGAGE C++

Opérateur de résolution de portée

Comme vous le savez, l'opérateur :: lie un nom de classe à celui d'un membre, pour indiquer au compilateur la classe de l'élément. Cependant, il admet une utilisation connexe : il permet l'accès à un nom « caché » par la déclaration locale du même nom. Considérez par exemple le fragment suivant :

```
int i;  // i globale

void f()
{
  int i; // i locale

  i = 10; // Utiliser cette dernière
  .
  .
  .
}
```

Comme le suggère le commentaire, l'affectation **i = 10** se rapporte à la variable **i** locale. Qu'arrive-t-il cependant si la fonction **f( )** nécessite l'accès à la version globale de **i** ? Pour satisfaire éventuellement à ce besoin, faites précéder le **i** du ::, de la manière suivante :

```
int i;  // i globale

void f()
{
  int i; // i locale

  ::i = 10; // Renvoyer maintenant à i globale
  .
  .
  .
}
```

Classes imbriquées

Une classe *imbriquée* résulte de la définition d'une classe dans une autre. Elle est valable seulement dans la classe extérieure, puisque la déclaration d'une classe revient à définir une portée. À dire vrai, les classes imbriquées sont rarement employées. En raison de la souplesse et du mécanisme puissant de l'héritage, leur nécessité est pratiquement inexistante.

Classes locales

Vous pouvez définir une classe dans une fonction. Ainsi, le programme suivant se révèle acceptable en C++ :

```cpp
#include <iostream>
using namespace std;

void f();

int main()
{
  f();
  // myclass inconnue ici
  return 0;
}

void f()
{
  class myclass {
    int i;
  public:
    void put_i(int n) { i=n; }
    int get_i() { return i; }
  } ob;

  ob.put_i(10);
  cout << ob.get_i();
}
```

Lorsqu'une classe est déclarée dans une fonction, elle est connue à l'intérieur et non à l'extérieur. Plusieurs restrictions s'appliquent à une classe locale. D'abord, vous devez définir toutes les fonctions membres dans sa déclaration. Ensuite, la classe locale ne peut ni utiliser, ni atteindre les variables locales de la fonction correspondante (sauf celles déclarées avec **static** ou **extern**). Toutefois, elle accède éventuellement au nom de types et aux énumérateurs définis dans la fonction extérieure. Finalement, vous ne devez pas déclarer des variables statiques dans une classe locale. En raison de ces restrictions, cette dernière n'est pas courante dans les programmes en C++.

Transmission d'objets à des fonctions

Vous pouvez passer des objets à des fonctions comme s'il s'agissait de variables d'un autre type. Pour cela, le mécanisme standard de l'appel par valeur s'impose. En conséquence, une copie de l'objet est réalisée au moment de la transmission de l'instance à une fonction. Cependant, la création d'une copie implique essentiellement celle d'un autre objet. Une question se pose alors : le constructeur et le destructeur interviennent-ils respectivement au moment de la réalisation et de la suppression d'une copie ? La réponse peut vous surprendre. Pour commencer, voici un exemple.

```cpp
// Transmettre un objet à une fonction
#include <iostream>
using namespace std;

class myclass {
  int i;
public:
  myclass(int n);
  ~myclass();
  void set_i(int n) { i=n; }
  int get_i() { return i; }
};

myclass::myclass(int n)
{
  i = n;
  cout << "Construction " << i << "\n";
}

myclass::~myclass()
{
  cout << "Destruction " << i << "\n";
}

void f(myclass ob);

int main()
{
  myclass o(1);

  f(o);
  cout << "Voici i dans main() : ";
  cout << o.get_i() << "\n";
  return 0;
}
```

```
void f(myclass ob)
{
  ob.set_i(2);

  cout << "Voici i locale : " << ob.get_i();
  cout << "\n";
}
```

Il produit le résultat suivant :

```
Construction 1
Voici i locale : 2
Destruction 2
Voici i dans main() : 1
Destruction 1
```

Notez que le constructeur et le destructeur sont invoqués respectivement une et deux fois. Comme l'illustre le résultat, le premier cas ne se présente pas lorsque vous transmettez la copie de **o** (dans **main( )**) à **ob** (dans **f( )**). Il est facile d'en comprendre la raison. Lorsque vous passez un objet à une fonction, vous visez l'état actuel de cette instance. Si le constructeur intervient à la création de la copie, l'initialisation se produira, ce qui modifiera peut-être l'objet. En conséquence, le constructeur ne peut pas être exécuté lorsque la copie d'un objet est produite par un appel de fonction.

Bien que le constructeur ne puisse pas être exécuté à la transmission d'un objet à une fonction, il se révèle nécessaire d'invoquer le destructeur à la suppression de la copie (à l'instar de toute autre variable locale, la copie disparaît une fois la fonction terminée). Rappelez-vous qu'une nouvelle copie est réalisée. En conséquence, la copie pourrait effectuer des opérations nécessitant l'appel d'un destructeur au moment de sa suppression. Pour une copie, il serait parfaitement valable d'allouer de la mémoire à libérer lors de la destruction.

En résumé : lorsque la copie d'un objet est due à la transmission de cette instance à une fonction, l'appel au constructeur n'a pas lieu. En revanche, l'événement se produit pour le destructeur au moment de la suppression de la copie de l'objet de la fonction.

Par défaut, la copie est bit à bit. Le nouvel objet est donc une reproduction exacte de l'original, ce qui représente une source de problèmes. Même si les fonctions reçoivent les objets *via* le paramètre normal de l'appel par valeur, destiné en théorie à protéger et à isoler l'argument d'appel, il est toujours possible d'avoir un effet secondaire sur l'objet, au point de l'endommager. Si un objet servant d'argument libère par exemple la mémoire au moment de sa destruction, sa copie locale fera de même. L'original est alors endommagé et devient inutile. Selon les explications du chapitre 14, vous pouvez éviter ce type de problème en définissant la reproduction relative à vos propres classes *via* la création d'un « *constructeur de copie* ».

Retour d'objets

Une fonction peut retourner un objet à un programme d'appel. En guise d'illustration, voici un code valable en C++.

```cpp
// Retourner des objets à partir d'une fonction
#include <iostream>
using namespace std;

class myclass {
  int i;
public:
  void set_i(int n) { i=n; }
  int get_i() { return i; }
};

myclass f();  // Retourner l'objet de type myclass
int main()
{
  myclass o;

  o = f();

  cout << o.get_i() << "\n";

  return 0;
}

myclass f()
{
  myclass x;

  x.set_i(1);

  return x;
}
```

Lorsqu'un objet est retourné par une fonction, il est créé automatiquement et provisoirement. Une fois la valeur renvoyée, cette instance temporaire est détruite. Une telle suppression peut entraîner des effets secondaires inattendus, dans certaines situations. En cas de mémoire allouée dynamiquement, cet espace est libéré même si l'instance recevant la valeur de retour continue à l'utiliser. Pour surmonter ce problème, des moyens existent. Ils impliquent la surcharge de l'opérateur d'affectation (consultez le chapitre 15) et la définition d'un constructeur de copie (reportez-vous au chapitre 14).

Affectation d'objets

Supposez que vous ayez deux objets de même type. Vous pouvez alors affecter un objet à un autre. Cette opération entraîne la copie des données de l'objet de droite dans celui de gauche. Ainsi, le programme suivant affiche **99**.

```
// Affecter des objets
#include <iostream>
using namespace std;

class myclass {
  int i;
public:
  void set_i(int n) { i=n; }
  int get_i() { return i; }
};

int main()
{
  myclass ob1, ob2;

  ob1.set_i(99);
  ob2 = ob1; // Affecter les données d'ob1 à ob2

  cout << "Voici i d'ob2 : " << ob2.get_i();

  return 0;
}
```

Par défaut, toutes les données d'un objet sont affectées à un autre *via* une copie bit à bit. Toutefois, vous pouvez surcharger l'opérateur d'affectation, et définir une autre procédure d'affectation (consultez le chapitre 15).

CHAPITRE 13

Tableaux, pointeurs et opérateurs d'allocation dynamique

ans le chapitre 1 de cet ouvrage, les tableaux et les pointeurs ont été traités comme des types de base du C++. Nous allons à présent les aborder sous en considérant la notion d'objet ; en étudiant dans un premier temps un type proche des pointeurs, appelé référence, et dans un second temps, les opérateurs C++ d'allocation dynamique de mémoire.

Tableaux d'objets

Le C++ permet de manipuler des tableaux d'objets en utilisant une syntaxe identique à celle employée pour un tableau contenant des éléments d'un type quelconque. Dans l'exemple suivant, le programme exploite un tableau de trois objets :

```cpp
#include <iostream>
using namespace std;

class cl {
  int i;
public:
  void set_i(int j) { i=j; }
  int get_i() { return i; }
};

int main()
{
  cl ob[3];
  int i;

  for(i=0; i<3; i++) ob[i].set_i(i+1);

  for(i=0; i<3; i++)
    cout << ob[i].get_i() << "\n";

  return 0;
}
```

Au final, ce programme affiche à l'écran les chiffres **1**, **2** et **3**.

Si une classe possède un constructeur paramétré, vous pouvez définir les divers objets du tableau en fournissant une liste de paramètres d'initialisation, de la même façon que pour tout autre type de tableau. Dans ce cas particulier, le format exact de la liste d'initialisation dépendra du nombre de paramètres attendus par le constructeur des objets contenus dans le tableau. Pour ceux dont le constructeur ne requiert qu'un seul paramètre, vous pouvez utiliser le format normal, en spécifiant successivement les valeurs d'initialisation. Lors de la création de chacun des éléments du tableau, une valeur est extraite de cette liste, et passée en paramètre au constructeur de l'objet.

Le programme suivant est une version légèrement différente de l'exemple précédent, utilisant une liste de paramètres d'initialisation :

```cpp
#include <iostream>
using namespace std;

class cl {
  int i;
public:
  cl(int j) { i=j; } // constructeur
  int get_i() { return i; }
};

int main()
{
  cl ob[3] = {1, 2, 3}; // initialisation
  int i;

  for(i=0; i<3; i++)
    cout << ob[i].get_i() << "\n";

  return 0;
}
```

Comme auparavant, ce programme permet d'afficher à l'écran les chiffres **1**, **2** et **3**.

En réalité, la syntaxe employée ci-dessus est un abrégé de la forme suivante, plus longue :

```cpp
cl ob[3] = { cl(1), cl(2), cl(3) };
```

Dans cette forme, le constructeur de la classe **cl** est invoqué explicitement. Bien entendu, la forme la plus courte est également la plus courante. Cette forme raccourcie s'appuie sur le principe de la conversion automatique s'appliquant aux constructeurs attendant un seul paramètre (consultez le chapitre 12) ; elle ne peut donc fonctionner que dans ce cas précis.

Pour les objets dont le constructeur compte deux paramètres ou plus, l'autre format, plus long, sera requis, comme le montre l'exemple suivant :

```cpp
#include <iostream>
using namespace std;

class cl {
  int h;
  int i;
```

```
public:
  cl(int j, int k) { h=j; i=k; } // constructeur avec 2 paramètres
  int get_i() {return i;}
  int get_h() {return h;}
};

int main()
{
  cl ob[3] = {
    cl(1, 2), // initialisation
    cl(3, 4),
    cl(5, 6)
  };

  int i;

  for(i=0; i<3; i++) {
    cout << ob[i].get_h();
    cout << ", ";
    cout << ob[i].get_i() << "\n";
  }

  return 0;
}
```

Dans ce cas, l'attente par le constructeur de deux paramètres contraint à l'utilisation de ce format pour la liste d'initialisation.

Initialisations de tableaux lors de leur création

Un scénario particulier peut apparaître si vous souhaitez vous donner la possibilité de créer un tableau d'objets qui sont initialisés ou qui ne le sont pas. Considérez pour cela la classe suivante :

```
class cl {
  int i;
public:
  cl(int j) { i=j; }
  int get_i() { return i; }
};
```

Le constructeur requiert un seul paramètre. Cela signifie que tout tableau contenant des éléments de ce type doit être initialisé par le biais de ce constructeur. La déclaration suivante est par conséquent interdite :

```
cl a[9]; // erreur : le constructeur requiert un paramètre
```

La raison pour laquelle cette forme n'est pas possible est qu'elle nécessite l'existence d'un constructeur par défaut pour la classe **cl**, n'attendant aucun paramètre. Dans la mesure où aucune valeur d'initialisation n'est spécifiée, et qu'aucun constructeur ayant un prototype en conséquence n'est fourni, le compilateur soulève une erreur. Pour pallier de telles situations, vous devez surcharger le constructeur, afin de proposer une fonction d'initialisation de l'objet sans paramètre. De cette manière, l'initialisation ou la non-initialisation d'un tableau ne posent aucun problème.

```
class cl {
  int i;
public:
  cl() { i=0; } // appelé pour les tableaux non initialisés
  cl(int j) { i=j; } // appelé pour les tableaux initialisés
  int get_i() { return i; }
};
```

Définie ainsi, la classe **cl** permet toutes les formes d'initialisations suivantes :

```
cl a1[3] = {3, 5, 6}; // initialisé

cl a2[34]; // Non initialisé
```

Pointeurs sur objet

Exactement comme vous pourriez avoir un pointeur sur un type de donnée quelconque, il est possible d'avoir un pointeur sur un objet. Étant donné un pointeur sur un objet, pour atteindre ses attributs ou ses fonctions membres, utilisez l'opérateur flèche (->) au lieu de l'opérateur point (.). Le programme suivant illustre l'accès à un objet par le biais d'un pointeur.

```
#include <iostream>
using namespace std;

class cl {
  int i;
public:
  cl(int j) { i=j; }
  int get_i() { return i; }
};

int main()
{
```

```
  cl ob(88), *p;

  p = &ob; // Récupération de l'adresse de ob

  cout << p->get_i(); // utilisation de "->" pour l'appel de get_i()

  return 0;
}
```

Comme vous devez le savoir, une fois incrémenté, un pointeur désigne le prochain élément du même type. De manière générale, les opérations sur les pointeurs sont relatives au type de base du pointeur, c'est-à-dire au type de données que le pointeur désigne. Ces règles sont par ailleurs valables pour les pointeurs sur objets. Comme le montre l'exemple suivant, il est ainsi possible d'utiliser un pointeur sur **cl** pour parcourir un tableau d'objet **cl**, après l'avoir préalablement initialisé sur le premier élément de celui-ci :

```
#include <iostream>
using namespace std;

class cl {
  int i;
public:
  cl() { i=0; }
  cl(int j) { i=j; }
  int get_i() { return i; }
};

int main()
{
  cl ob[3] = {1, 2, 3};
  cl *p;
  int i;

  p = ob; // get start of array
  for(i=0; i<3; i++) {
    cout << p->get_i() << "\n";
    p++; // point to next object
  }

  return 0;
}
```

Un pointeur peut également être initialisé pour désigner un attribut public d'un objet pour permettre d'y accéder par la suite. Les lignes de code suivantes forment ainsi un programme C++ valide, dont le résultat est l'affichage du chiffre **1** :

```
#include <iostream>
using namespace std;

class cl {
public:
  int i;
  cl(int j) { i=j; }
};

int main()
{
  cl ob(1);
  int *p;

  p = &ob.i; // get address of ob.i

  cout << *p; // access ob.i via p

  return 0;
}
```

Puisque **p** pointe vers un entier, il est déclaré comme pointeur sur entier (dans cette situation, le fait que **i** soit un attribut de l'objet **ob** n'a aucun intérêt).

Vérification des types de pointeurs

Pour bien comprendre les pointeurs en C++, il est essentiel de retenir que vous pouvez assigner la valeur d'un pointeur à un autre pointeur uniquement si les deux sont compatibles, c'est-à-dire si ces deux pointeurs sont définis pour désigner le même type de donnée. Considérons ces déclarations :

```
int *pi;
float *pf;
```

L'affectation suivante est impossible en C++ :

```
pi = pf; // erreur - incompatibilité de types
```

Il est bien entendu possible de transtyper les variables (cast) pour échapper à ces problèmes d'incompatibilité, mais cela signifie également outrepasser les mécanismes du C++ de vérification de types de données.

Note. En C++, la vérification des types de données est omniprésente avec l'utilisation des pointeurs ; c'est une différence importante avec le langage C, dans lequel il est possible d'assigner n'importe quelle valeur à un pointeur.

Pointeur this

De manière implicite, un argument est toujours passé lors de l'appel d'une fonction. Il s'agit d'un pointeur que l'on nomme **this**, et qui permet de désigner l'objet effectuant l'appel de la fonction. Pour comprendre l'intérêt de **this**, considérez le programme suivant, définissant une classe **pwr** permettant de calculer un nombre élevé à une puissance quelconque :

```cpp
#include <iostream>
using namespace std;

class pwr {
  double b;
  int e;
  double val;
public:
  pwr(double base, int exp);
  double get_pwr() { return val; }
};

pwr::pwr(double base, int exp)
{
  b = base;
  e = exp;
  val = 1;
  if(exp==0) return;
  for( ; exp>0; exp--) val = val * b;
}

int main()
{
  pwr x(4.0, 2), y(2.5, 1), z(5.7, 0);

  cout << x.get_pwr() << " ";
  cout << y.get_pwr() << " ";
  cout << z.get_pwr() << "\n";

  return 0;
}
```

Depuis une fonction membre, les attributs membres sont accessibles directement. Ainsi, à l'intérieur de **pwr( )**, vous pouvez écrire :

```cpp
b = base;
```

Cela signifie que l'attribut **b** associée à l'instance de la classe **pwr( )**, pour laquelle l'opération s'effectue, se verra assigner la valeur de **base**. Il est pourtant également possible d'écrire le code équivalent suivant :

```
this->b = base;
```

Le pointeur **this** désigne alors l'objet qui a invoqué **pwr( )**. Ainsi, **this->b** fait référence à l'attribut **b** associé à l'objet pour lequel l'opération s'effectue. Si, par exemple, **pwr( )** avait été invoqué par l'objet **x** (dans une ligne de code telle que **x(4.0, 2)**), alors **this** dans l'exemple précédent aurait pointé sur l'objet **x**. Écrire des lignes de code sans utiliser **this** permet simplement de les alléger.

Voici la globalité de la classe **pwr( )** écrite avec les pointeurs **this** :

```
pwr::pwr(double base, int exp)
{
  this->b = base;
  this->e = exp;
  this->val = 1;
  if(exp==0) return;
  for( ; exp>0; exp--)
    this->val = this->val * this->b;
}
```

En réalité, aucun programmeur n'écrirait la classe **pwr( )** comme cela ; cette forme plus longue n'apporte rien de plus par rapport à la forme « standard ». Cependant, **this** devient très important lorsque les opérateurs sont surchargés, ou lorsqu'une fonction membre doit faire référence à l'objet qui l'invoque.

Souvenez-vous que le pointeur **this** est passé en paramètre à toutes les fonctions membres. Par conséquent, vous pouvez parfaitement imaginer écrire la fonction **get_pwr( )** comme suit :

```
double get_pwr() { return this->val; }
```

Dans ce cas, si la fonction **get_pwr( )** est invoquée par le code :

```
y.get_pwr();
```

Le pointeur **this** désignera l'objet **y**.

Pour conclure, deux points concernant **this**. D'abord, les fonctions amies ne sont pas membres d'une classe, et ne reçoivent par conséquent pas le pointeur **this** en paramètre. Enfin, les méthodes de classe (**static**) ne peuvent pas utiliser de pointeur **this**.

Pointeurs sur types dérivés

De manière générale, un pointeur est déclaré pour ne pouvoir désigner qu'un seul type de donnée. Il y a cependant une exception importante et elle concerne les pointeurs sur les types dérivés. Soient deux classes **B** et **D** : considérez que **D** est une classe dérivée de **B**. Dans ce cas précis, un pointeur déclaré en tant que pointeur sur objet de type **B** pourra également pointer sur un objet de type **D**. Cette situation est généralisable : tous pointeurs déclarés pour désigner un objet d'une classe mère peut également désigner un objet dont le type est une classe dérivée de cette classe mère.

La réciproque n'est pas vraie : un pointeur sur une classe dérivée ne peut pas désigner un objet de la classe mère. Ainsi, un pointeur de type **D*** ne pourra pas désigner un objet de type **B**. De plus, un pointeur sur une classe mère permet de désigner un objet d'une classe dérivée, mais permet uniquement l'accès à ses attributs et fonctions hérités. Autrement dit, l'ensemble des membres d'une classe dérivée n'est pas accessible (le transtypage est cependant possible pour transformer le pointeur de base en un pointeur sur la classe dérivée).

L'exemple suivant illustre l'utilisation d'un pointeur dans le cas de classes dérivées :

```cpp
#include <iostream>
using namespace std;

class base {
  int i;
public:
  void set_i(int num) { i=num; }
  int get_i() { return i; }
};


class derived: public base {
  int j;
public:
  void set_j(int num) { j=num; }
  int get_j() { return j; }
};

int main()
{
  base *bp;
  derived d;

  bp = &d; // pointeur de base sur la classe dérivée
```

```
  // Accès à la classe dérivée
  bp->set_i(10);
  cout << bp->get_i() << " ";

/* Ce qui suit ne marcherait pas. Il n'est en effet pas possible d'accéder
aux membres d'une classe dérivée en utilisant un pointeur sur classe mère.

  bp->set_j(88); // erreur
  cout << bp->get_j(); // erreur

*/
  return 0;
}
```

Le *transtypage* (cast) est possible pour transformer le type de base d'un pointeur ; mais vous devez rester très vigilent lors de son utilisation, comme le montre le bout de code suivant :

```
// Accès refusé à cause du transtypage
((derived *)bp)->set_j(88);
cout << ((derived *)bp)->get_j();
```

Encore une fois, il est nécessaire de souligner que les opérations sur les pointeurs sont relatives au type de base de ces derniers. Cela signifie qu'un pointeur déclaré sur une classe mère va pointer sur le prochain objet de celle-ci après incrémentation, et non sur le prochain objet de la classe dérivée, si vous l'utilisez pour désigner un tel objet ! Cette nuance est une source commune d'erreurs, et le programme suivant, syntaxiquement correct, le montre bien :

```
// Ce programme contient une erreur.
#include <iostream>
using namespace std;

class base {
  int i;
public:
  void set_i(int num) { i=num; }
  int get_i() { return i; }
};

class derived: public base {
  int j;
public:
  void set_j(int num) {j=num;}
  int get_j() {return j;}
};
```

```
int main()
{
  base *bp;
  derived d[2];

  bp = d;

  d[0].set_i(1);
  d[1].set_i(2);

  cout << bp->get_i() << " ";
  bp++; // Opération sur le type de base du pointeur
        // et non sur les objets dérivés

  cout << bp->get_i(); // Affichage erroné

  return 0;
}
```

L'utilisation d'un pointeur sur une classe mère est en fait très utile pour l'implémentation du polymorphisme *via* le mécanisme des méthodes virtuelles.

Pointeurs sur membres de classe

Le langage C++ permet de créer un type de pointeur particulier pour désigner de manière générique les membres d'une classe. Il s'agit alors de *pointeurs sur membres d'une classe* ou, plus simplement, *pointeurs sur membres*. Un pointeur sur membre n'est pas un pointeur C++ normal : il représente en fait un décalage au sein d'un objet permettant d'accéder à ses membres. Dans la mesure où ce ne sont pas des véritables pointeurs, . et -> ne peuvent pas être utilisés. Pour accéder à un membre d'une classe, étant donné un pointeur sur membre, vous devez utiliser les opérateurs spécifiques que sont .* et ->*.

Voici un exemple :

```
#include <iostream>
using namespace std;

class cl {
public:
  cl(int i) { val=i; }
  int val;
  int double_val() { return val+val; }
};
```

```
int main()
{
  int cl::*data; // pointeur sur attributs membres
  int (cl::*func)(); // pointeur sur fonctions membres
  cl ob1(1), ob2(2); // création des objets

  data = &cl::val; // Récupération de l'adresse de val
  func = &cl::double_val; // Récupération de l'adresse de double_val()

  cout << "Here are values: ";
  cout << ob1.*data << " " << ob2.*data << "\n";

  cout << "Here they are doubled: ";
  cout << (ob1.*func)() << " ";
  cout << (ob2.*func)() << "\n";

  return 0;
}
```

Dans le **main( )**, ce programme crée deux pointeurs sur membres : **data** et **func**. Prenez garde à la syntaxe de déclaration particulière : vous devez à cette occasion spécifier la classe et utiliser l'opérateur de résolution de portée. Après avoir instancié la classe **cl** (objets **ob1** et **ob2**), le code précédent démontre qu'un pointeur sur membre peut désigner un attribut de la classe, mais également une de ses fonctions. Grâce à cela, le programme obtient l'adresse de **val** et de **double_val( )**. Comme il est déjà précisé dans le paragraphe précédent, ces adresses sont juste des décalages au sein d'un objet de type **cl** qu'il faut appliquer pour trouver **val** et **double_val( )**. Ensuite, il suffit de se servir de **data** pour afficher les valeurs de chacun des objets **val**. Par analogie, le programme utilise **func** pour invoquer la fonction **double_val( )**. Les parenthèses sont nécessaires pour permettre d'associer correctement l'opérateur .*.

Lorsque vous désirez atteindre un membre d'un objet en passant par un objet ou une référence (sujet traité plus loin, dans ce même chapitre), vous devez recourir à l'opérateur .*. Dans le cas où il s'agit d'un pointeur sur objet, vous devrez en revanche utiliser l'opérateur ->*, comme le montre la version suivante du même programme :

```
#include <iostream>
using namespace std;

class cl {
public:
  cl(int i) { val=i; }
  int val;
  int double_val() { return val+val; }
};
```

```
int main()
{
  int cl::*data; // pointeur sur attributs membres
  int (cl::*func)(); // pointeur sur fonctions membres
  cl ob1(1), ob2(2); // Création des objets
  cl *p1, *p2;

  p1 = &ob1; // Accès aux objets via un pointeur
  p2 = &ob2;

  data = &cl::val; // récupération de l'"offset" désignant val
  func = &cl::double_val; // récupération de l'"offset" désignant
double_val()

  cout << "Here are values: ";
  cout << p1->*data << " " << p2->*data << "\n";

  cout << "Here they are doubled: ";
  cout << (p1->*func)() << " ";
  cout << (p2->*func)() << "\n";

  return 0;
}
```

Dans cette version, **p1** et **p2** pointent vers des objets de type **cl**. Par conséquent, l'opérateur **->*** permet d'atteindre **val** et **double_val( )**.

Il est important de se souvenir que les pointeurs sur membres sont différents des pointeurs sur une instance spécifique d'un élément d'un objet. Considérez le bout de code suivant (supposez que **cl** est déclarée comme dans les exemples précédents) :

```
int cl::*d;
int *p;
cl o;

p = &o.val // adresse d'une instance spécifique de val

d = &cl::val // "offset" permettant atteindre de manière générique, val
```

Dans ce cas précis, **p** est un pointeur sur entier au sein d'une *instance* d'objet. En revanche, **d** est simplement un décalage à appliquer pour atteindre **val** dans n'importe quel objet de type **cl**.

De manière générale, les pointeurs sur membres sont employés dans des situations particulières, et sont par conséquent peu courants dans les programmes.

Références

Le langage C++ a la particularité de proposer un type proche des pointeurs, appelé *référence*. Une référence est en fait un pointeur implicite. Il existe trois façons d'utiliser une référence : en tant que paramètre d'une fonction, en tant que paramètre de retour d'une fonction, ou en tant que référence autonome. Ces trois façons sont étudiées dans ce qui suit.

Passage de paramètres par référence

Le principal intérêt des références est de permettre la création de fonctions utilisant automatiquement le passage de paramètres par référence. Vous pouvez ainsi écrire des fonctions qui vont automatiquement attendre des références en paramètres. Comme nous l'expliquons au chapitre 6, les arguments d'une fonction peuvent être passés de deux façons : soit par valeurs, soit par références. Lorsque vous passez des paramètres par valeurs, une copie de l'argument est créée, et passée à la fonction. En revanche, lors d'un passage par référence, seule l'adresse de l'argument est fournie à la fonction. Par défaut, le langage C++ utilise le passage par valeur, mais il offre deux moyens de passer les paramètres par références : le premier consiste à indiquer explicitement un pointeur comme argument, le second à passer une référence. Dans la plupart des scénarios, il est préférable d'utiliser des références.

Pour comprendre sans équivoque ce qu'est le passage de paramètres par référence, et mesurer son importance, il est nécessaire de revenir rapidement sur la manière de réaliser un passage par référence par le biais d'un pointeur en guise de paramètre. Le programme suivant applique le passage par référence dans la fonction **neg( )**, malgré l'utilisation d'un pointeur. Cette fonction inverse le signe de la variable entière pointée par le paramètre.

```cpp
// Le passage par référence en utilisant un pointeur.
#include <iostream>
using namespace std;

void neg(int *i);

int main()
{
  int x;

  x = 10;
  cout << x << " negated is ";

  neg(&x);
  cout << x << "\n";

  return 0;
}
```

```
void neg(int *i)
{
  *i = -*i;
}
```

Dans ce bout de code, **neg( )** prend pour paramètre un pointeur sur entier. Étant donné que le signe de cet entier sera modifié, **neg( )** doit être explicitement invoquée avec l'adresse de **x**. Au sein de la fonction **neg( )**, l'opérateur * sera également utilisé pour atteindre la variable pointée par **i**. Ce code illustre une fonction pour forcer le passage de paramètre par référence ; c'est d'ailleurs la seule manière d'y parvenir en utilisant les fonctionnalités héritées du langage C. Le langage C++ facilite ce mécanisme en permettant de passer en paramètre une référence.

Pour créer une référence et la passer en paramètre, il suffit de précéder d'un **&** le nom de ce dernier. L'exemple qui suit reprend la déclaration de la fonction **neg( )** avec **i** déclaré comme une référence :

```
void neg(int &i);
```

Cette syntaxe signifie que **i** représente le paramètre passé à la fonction **neg( )**, quel que soit le nom de cet argument au moment de l'appel. Toutes les opérations sur **i** vont donc désormais affecter l'argument spécifié au moment de l'appel de la fonction. Dans des termes plus techniques, **i** est un pointeur implicite, qui désigne automatiquement l'argument lors de l'appel de **neg( )**. Une fois que **i** est considéré comme une référence, il n'est plus nécessaire, et même interdit d'utiliser l'opérateur *. En effet, chaque fois qu'intervient **i**, il fera implicitement référence à l'argument de l'appel, et les changements effectués sur **i** modifieront l'argument fourni lors de l'appel. De plus, lors de l'invocation de **neg( )**, il n'est plus nécessaire, et même interdit, de faire précéder le nom de l'argument de l'opérateur **&**. Le compilateur y procède de manière automatique. Voici la version du programme précédent, utilisant les références :

```
// Utilisation d'une référence dans le passage de paramètre.
#include <iostream>
using namespace std;

void neg(int &i); // i est maintenant une référence

int main()
{
  int x;

  x = 10;
  cout << x << " negated is ";

  neg(x); // Plus besoin de l'opérateur &
```

```
  cout << x << "\n";

  return 0;
}

void neg(int &i)
{
  i = -i; // i est maintenant une référence : plus besoin de *
}
```

Retenez en guise de récapitulatif : lorsque vous utilisez une référence comme paramètre, celle-ci va automatiquement pointer sur l'argument donné lors de l'appel de la fonction. Ainsi, considérons, dans le code précédent, la ligne :

```
i = -i ;
```

Elle permettra en réalité de modifier **x**, et non une copie de **x**. Il n'est plus d'aucun besoin non plus d'employer l'opérateur **&** lors de l'invocation et à l'intérieur de la fonction ; le paramètre (c'est-à-dire la référence) peut directement être manipulé sans l'application de l'opérateur *. De manière générale, lorsque vous affectez une valeur à une référence, vous l'affectez en fait à la variable que la référence pointe implicitement.

Au sein de la fonction, il n'est pas possible de modifier ce sur quoi pointe la référence. C'est la raison pour laquelle une ligne comme suit :

```
i++;
```

dans le corps de la fonction **neg( )**, incrémente la valeur de la variable spécifiée dans l'appel de la fonction, et ne modifie en aucun cas ce sur quoi pointe **i**.

Le code qui suit est un autre exemple : il utilise des références dans le passage de ces deux paramètres pour échanger leurs valeurs. La fonction **swap( )** est un exemple classique pour illustrer le passage de paramètre par référence.

```
#include <iostream>
using namespace std;

void swap(int &i, int &j);

int main()
{
  int a, b, c, d;

  a = 1;
  b = 2;
  c = 3;
  d = 4;
```

```
   cout << "a and b: " << a << " " << b << "\n";
   swap(a, b); // aucun opérateur & utile
   cout << "a and b: " << a << " " << b << "\n";

   cout << "c and d: " << c << " " << d << "\n";
   swap(c, d);
   cout << "c and d: " << c << " " << d << "\n";

   return 0;
}

void swap(int &i, int &j)
{
  int t;

  t = i; // aucun opérateur * utile
  i = j;
  j = t;
}
```

Voici la trace laissée par ce programme :

```
a and b: 1 2
a and b: 2 1
c and d: 3 4
c and d: 4 3
```

Passage en paramètre d'une référence sur Objet

Au chapitre 12, nous avons expliqué que lorsqu'un objet est passé en paramètre à une fonction, une copie de cet objet est générée. Une fois que la fonction a terminé de s'exécuter, le destructeur de copie est invoqué. Si, pour certaines raisons, vous ne voulez pas que le destructeur de cet fonction intervienne, vous devez tout simplement passer en paramètre une référence sur l'objet (des exemples de tels scénarios seront fournis plus loin, dans cet ouvrage). Lors du passage en paramètre par référence, aucune copie de l'objet n'est générée. Cela signifie qu'aucun appel au destructeur n'est lancé, et qu'aucun objet reçu en paramètre n'est par conséquent détruit à la fin de l'exécution. Le programme suivant en est un exemple :

```
#include <iostream>
using namespace std;

class cl {
  int id;
```

```
public:
  int i;
  cl(int i);
  ~cl();
  void neg(cl &o) { o.i = -o.i; } // aucune copie générée
};

cl::cl(int num)
{
  cout << "Constructing " << num << "\n";
  id = num;
}

cl::~cl()
{
  cout << "Destructing " << id << "\n";
}

int main()
{
  cl o(1);

  o.i = 10;
  o.neg(o);

  cout << o.i << "\n";

  return 0;
}
```

La trace obtenue est la suivante :

```
Constructing 1
-10
Destructing 1
```

Comme vous pouvez le constater, un seul appel au destructeur de la classe **cl** est effectué. En ayant eu **o** passé en paramètre par valeur, un deuxième objet aurait été créé au sein de **neg( )**, et le destructeur aurait également été sollicité pour le détruire en fin d'exécution.

Comme le montre le code de la fonction **neg( )**, l'accès aux membres d'une classe grâce à une référence nécessite l'utilisation de l'opérateur point. L'opérateur flèche est uniquement nécessaire lors de la manipulation de pointeurs.

Il est important de souligner que lorsqu'un objet est passé en paramètre sous la forme d'une référence, toutes modifications effectuées dans le corps de la fonction va affecter l'objet passé en argument lors de l'appel.

Soulignons par ailleurs que, pour des objets de taille importante, il est préférable de les passer en paramètre par référence plutôt que par valeur. Les arguments spécifiés lors des appels de fonctions sont stockés dans la pile d'appel. Les objets de tailles importantes vont nécessiter un nombre de cycle CPU considérable pour les empiler ou les dépiler.

Retourner une référence

Il est tout à fait possible qu'une fonction retourne une référence ; cela lui donne même l'avantage important de permettre son appel dans la partie gauche d'un opérateur d'affectation ! Le programme suivant le démontre :

```
#include <iostream>
using namespace std;

char &replace(int i); // Retourne une référence

char s[80] = "Hello There";

int main()
{
  replace(5) = 'X'; // rermplace par X l'espace suivant Hello
  cout << s;
  return 0;
}

char &replace(int i)
{
  return s[i];
}
```

Ce programme remplace l'espace entre **Hello** et **There** avec un **X**, et affiche par conséquent **HelloXthere**. Dans un premier temps, **replace( )** est déclarée pour retourner une référence sur un caractère. Tel qu'elle est écrite, **replace( )** retourne une référence sur l'élément de **s** correspondant à l'argument **i**. La référence retournée par **replace( )** est alors utilisée dans **main( )** pour lui affecter la valeur **X**.

Enfin, un dernier point lorsque l'on retourne une référence est que l'objet auquel on fait référence n'est plus visible une fois que la fonction à fini de s'exécuter.

Références autonomes

Le passage de paramètres par référence et le renvoi de référence par un programme correspond de loin à la plus grande utilisation faite des références. Il est cependant possible de déclarer une référence, et de l'utiliser comme une simple variable. Ce type de référence est appelé *références autonomes*.

Lorsque vous créez une référence autonome, tout ce que vous déclarez est en réalité un autre nom pour désigner un objet. Toutes les références autonomes doivent être initialisées lors de leur déclaration ; il est d'ailleurs simple de comprendre pourquoi. L'initialisation d'une référence permet de s'assurer que l'on ne puisse pas modifier par la suite l'objet qu'elle pointe (en C++, l'initialisation est une opération totalement différente de l'affectation).

Le programme suivant utilise une référence autonome :

```cpp
#include <iostream>
using namespace std;

int main()
{
  int a;
  int &ref = a; // référence autonome

  a = 10;
  cout << a << " " << ref << "\n";

  ref = 100;
  cout << a << " " << ref << "\n";

  int b = 19;
  ref = b; // a prend la valeur de b
  cout << a << " " << ref << "\n";

  ref--; // Décrémentation de a
         // N'affecte en aucun cas ce que ref pointe

  cout << a << " " << ref << "\n";

  return 0;
}
```

La trace laissée par ce programme est la suivante :

```
10 10
100 100
19 19
18 18
```

Comme vous le constatez, une référence autonome représente simplement une façon de nommer différemment une variable ; or, deux noms pour une même variable portent davantage à confusion qu'ils ne clarifient votre programme.

Références sur types dérivés

Par analogie à un pointeur, une référence sur une classe mère peut être utilisée comme référence sur un de ses objets dérivés. Cela peut être d'une grande utilité lors du passage de paramètre par référence. Une fonction déclarée pour recevoir une référence sur une classe mère pourra non seulement recevoir des objets de cette classe mais également tout objet de type dérivé de celle-ci.

Restrictions dans l'utilisation des références

Il existe un certain nombre de restrictions dans l'utilisation des références. Une référence ne peut pas désigner une autre référence. Autrement dit, vous ne pouvez pas obtenir l'adresse d'une référence. Il n'est pas possible de créer un tableau de références, ni de créer un pointeur sur référence ou une référence sur un champ de bits.

Une référence autonome doit être initialisée lors de sa déclaration, à moins qu'elle ne soit membre d'une classe, paramètre d'une fonction ou paramètre de retour d'une fonction. Les références nulles sont formellement interdites.

Une question de style

Lors de la déclaration de pointeurs et de références, certains développeurs associent l'opérateur * ou & au nom du type auquel l'opérateur se rapporte plutôt qu'au nom de la variable. L'exemple suivant donne deux lignes fonctionnellement équivalentes :

```
int& p; // & associé avec le type
int &p; // & associé avec le nom de la variable
```

L'association avec le type de donnée correspond au désir de certains programmeurs en C++ de différencier les types de pointeurs. L'inconvénient d'une telle syntaxe tient au fait que, selon la syntaxe C++ officielle, ni le & ni le * ne sont distributifs. Cela peut donc facilement porter à écrire des déclarations qui ne correspondent pas à celles désirées. L'exemple suivant illustre la déclaration d'*un, et non pas de deux*, pointeur sur entier.

```
int* a, b;
```

b est ici un entier, car la syntaxe C++ veut que dans une déclaration, l'opérateur * ou & est automatiquement lié à la variable qu'il précède (ici **a**), et non au type auquel il succède (ici, **int**). Le danger pour les novices comme pour les programmeurs expérimentés est de s'arrêter à l'impression visuelle qui suggère que **a** et **b** sont des pointeurs.

C'est important de comprendre que les deux manières de coder cette déclaration ne posent aucun problème au compilateur C++. Vous êtes donc entièrement libre de choisir la syntaxe que vous préférez. En revanche, pour éviter toutes confusions, cet ouvrage continuera à associer le * et le & aux noms des variables.

Opérateurs d'allocation dynamique en C++

Le C++ propose deux opérateurs d'allocation dynamique : **new** et **delete**. Ces opérateurs sont utilisés pour allouer ou libérer de la mémoire lors de l'exécution. L'allocation dynamique est une fonctionnalité largement employée. Comme mentionné dans la première partie de l'ouvrage, le langage C++ reconnaît également les fonctions d'allocation dynamique que sont **malloc( )** et **free( )**, pour assurer la compatibilité avec le C. En revanche, en C++, vous devez utiliser les opérateurs **new** et **delete** qui présentent de nombreux avantages.

L'opérateur **new** alloue de la mémoire, et retourne un pointeur sur le début de la zone mémoire correspondante. L'opérateur **delete** libère de la mémoire préalablement allouée à l'aide de l'opérateur **new**. La syntaxe qui prévaut avec **new** et **delete** est :

```
p_var = new type;
delete p_var;
```

Ici, *p_var* est une variable qui va pointer sur une zone de mémoire assez grande pour recevoir un élément de type *type*.

Dans la mesure où l'espace mémoire est limité, il peut être déjà complètement affecté. Si l'espace mémoire disponible est insuffisant pour satisfaire une requête d'allocation dynamique, **new** va échouer, et une exception de type **bad_alloc** sera générée. Cette exception est définie dans l'include **<new>**. Votre programme doit pouvoir gérer cette exception, et prévoir un comportement à adopter le cas échéant (la gestion des exceptions est traitée dans le chapitre 19). À défaut d'une telle gestion, l'exécution de votre programme sera stoppée.

Le comportement de l'opérateur **new** en cas d'échec, tel que décrit précédemment, est totalement spécifié par le Standard C++. Le problème vient du fait que tous les compilateurs, et notamment les anciens, ne sont pas complètement en conformité avec ce Standard C++. Lorsque le C++ fut inventé, **new** retournait **null** en cas d'échec ; ce n'est que plus tard que cela fut changé pour que **new** lève une exception. Finalement, il fut décidé que, par défaut, **new** lèverait une exception en cas d'échec, mais qu'un comportement optionnel serait de renvoyer un pointeur **null**. Ainsi, le comportement du **new** a été implémenté différemment, selon la période, par les fournisseurs de compilateurs ; la seule manière de connaître le comportement réel du vôtre, en conformité ou pas avec le Standard C++, est de consulter sa documentation.

Cet ouvrage considère, conformément au Standard C++, que le **new** génère une exception en cas d'échec ; si ce n'est pas le cas du compilateur que vous utilisez, il vous sera nécessaire apporter les changements appropriés aux programmes.

À titre d'exemple, le programme suivant alloue de la mémoire pour stocker un entier :

```cpp
#include <iostream>
#include <new>
using namespace std;

int main()
{
  int *p;

  try {
    p = new int; // allocation de la zone mémoire utile pour un entier
  } catch (bad_alloc xa) {
    cout << "Allocation Failure\n";
    return 1;
  }

  *p = 100;

  cout << "At " << p << " ";
  cout << "is the value " << *p << "\n";

  delete p;

  return 0;
}
```

p représente une adresse d'une zone en mémoire suffisamment large pour contenir un entier. Le programme affecte ensuite la valeur 100 à cette adresse, et affiche le contenu de la zone mémoire. Enfin, l'espace mémoire est libéré dynamiquement. Encore une fois, le code doit correspondre au comportement de **new** dans le cas d'un échec.

L'opérateur **delete** est uniquement à utiliser avec un pointeur valide, préalablement récupéré d'une allocation avec l'opérateur **new**. Le recours à un autre type de pointeur avec l'opérateur

delete n'est pas défini, et causera de manière quasi certaine des problèmes importants tels que l'arrêt de votre système.

Bien que les opérateurs **new** et **delete** aient la même fonctionnalité que les fonctions **malloc( )** et **free( )**, ils présentent plusieurs avantages. D'abord, l'opérateur **new** alloue automatiquement une zone mémoire suffisante au type de donnée spécifié. Il n'est alors plus nécessaire d'appliquer l'opérateur **sizeof**. Dans la mesure où cette taille est automatiquement calculée, nombre d'erreurs relatives à cette opération sont évitées. De plus, l'opérateur **new** retourne automatiquement un pointeur du type spécifié. Il n'y a donc plus besoin non plus de transtyper (cast) le pointeur comme cela s'imposait avec **malloc( )**. Enfin, les opérateurs **new** et **delete** peuvent être surchargés, vous permettant de créer votre propre fonction d'allocation.

Bien qu'il n'existe aucune règle formelle statuant sur ce point, il est tout de même préférable de ne pas combiner les opérateurs **new** et **delete** avec les fonctions **malloc( )** et **free( )** dans le même programme. Il n'existe aucune garantie qu'ils fonctionnent ensemble.

Initialisation de la mémoire allouée

Vous pouvez initialiser la mémoire allouée en précisant un argument d'initialisation après le nom du type, dans la syntaxe de l'opérateur **new**. Voici la syntaxe générale de l'opérateur **new** pour une initialisation :

```
p_var = new var_type (argument_d'initialisation);
```

Il faut, bien entendu, que l'argument d'initialisation soit d'un type compatible avec le type de donnée pour lequel la zone mémoire a été allouée.

Le programme suivant initialise à 87 l'entier dont la mémoire est allouée :

```
#include <iostream>
#include <new>
using namespace std;

int main()
{
  int *p;

  try {
    p = new int (87); // initialisation à 87
  } catch (bad_alloc xa) {
    cout << "Allocation Failure\n";
    return 1;
  }

  cout << "At " << p << " ";
  cout << "is the value " << *p << "\n";
```

```
    delete p;

    return 0;
}
```

Allocation de tableaux

Il vous est également possible d'allouer des tableaux en utilisant l'opérateur **new**. La syntaxe est la suivante :

```
p_var = new array_type [size];
```

size spécifie le nombre d'éléments du tableau.

De la même façon, il est possible d'appliquer **delete** pour libérer la mémoire d'un tableau :

```
delete [ ] p_var;
```

Les crochets [ ] précisent à l'opérateur delete qu'il s'agit d'un tableau.

À titre d'exemple, le programme suivant alloue un tableau de 10 entiers :

```cpp
#include <iostream>
#include <new>
using namespace std;

int main()
{
  int *p, i;

  try {
    p = new int [10]; // allocatation d'un tableau de 10 entiers
  } catch (bad_alloc xa) {
    cout << "Allocation Failure\n";
    return 1;
  }

  for(i=0; i<10; i++ )
    p[i] = i;

  for(i=0; i<10; i++)
    cout << p[i] << " ";

  delete [] p; // libération de le mémoire

  return 0;
}
```

Comme décrit précédemment, il est important de spécifier à **delete** qu'il s'agit d'un tableau préalablement alloué par un **new**, en utilisant les crochets [ ] (cela prend particulièrement de sens dans la prochaine section sur l'allocation de tableaux d'objets).

Il existe une restriction dans l'allocation dynamique de tableau : il ne peut pas y avoir d'argument d'initialisation lors de l'allocation.

Allocation dynamique d'objets

L'allocation dynamique d'objets est également possible avec l'opérateur **new**. De cette façon, un objet est créé et un pointeur sur celui-ci est retourné. L'objet créé dynamiquement ne diffère en rien d'un objet créé autrement. Cette allocation fait appel au constructeur (s'il en possède un) et le destructeur sera appelé lors de la libération.

Voici un court programme qui crée une classe **balance**, associant le nom d'une personne avec le solde de son compte. Dans le **main( )**, un objet de type **balance** est crée dynamiquement.

```
#include <iostream>
#include <new>
#include <cstring>
using namespace std;

class balance {
  double cur_bal;
  char name[80];
public:
  void set(double n, char *s) {
    cur_bal = n;
    strcpy(name, s);
  }

  void get_bal(double &n, char *s) {
    n = cur_bal;
    strcpy(s, name);
  }
};

int main()
{
  balance *p;
  char s[80];
  double n;

  try {
    p = new balance;
```

```
  } catch (bad_alloc xa) {
    cout << "Allocation Failure\n";
    return 1;
  }

  p->set(12387.87, "Ralph Wilson");

  p->get_bal(n, s);

  cout << s << "'s balance is: " << n;
  cout << "\n";

  delete p;

  return 0;
}
```

Puisque **p** est un pointeur sur objet, l'opérateur flèche est utilisé pour atteindre ses membres.

Les objets dynamiquement alloués peuvent avoir des constructeurs et des destructeurs. Ces fonctions peuvent être paramétrées, comme dans cette nouvelle version du programme :

```
#include <iostream>
#include <new>
#include <cstring>
using namespace std;

class balance {
  double cur_bal;
  char name[80];
public:
  balance(double n, char *s) {
    cur_bal = n;
    strcpy(name, s);
  }
  ~balance() {
    cout << "Destructing ";
    cout << name << "\n";
  }
  void get_bal(double &n, char *s) {
    n = cur_bal;
    strcpy(s, name);
  }
};
```

```
int main()
{
  balance *p;
  char s[80];
  double n;

  // Utilisation d'arguments d'initialisation
  try {
    p = new balance (12387.87, "Ralph Wilson");
  } catch (bad_alloc xa) {
    cout << "Allocation Failure\n";
    return 1;
  }

  p->get_bal(n, s);

  cout << s << "'s balance is: " << n;
  cout << "\n";

  delete p;

  return 0;
}
```

Par analogie à n'importe quelle initialisation, les arguments du constructeurs pour l'initialisation de l'objet sont spécifiés entre parenthèses, juste après le nom du type.

Vous pouvez également allouer des tableaux d'objets ; mais, attention : il existe un piège, dans le mesure où l'allocation d'un tableau avec un **new** ne permet pas de spécifier des arguments d'initialisation. Vous devez dès lors vous assurer que la classe possède au moins un constructeur sans paramètre. Si ce n'est pas le cas, le compilateur C++ ne trouvera pas de constructeur dont le prototype conviendra, lors de l'allocation, et le programme ne compilera pas.

Dans cette version du programme précédent, un tableau d'objets **balance** est alloué, et le constructeur sans paramètre invoqué.

```
#include <iostream>
#include <new>
#include <cstring>
using namespace std;

class balance {
  double cur_bal;
  char name[80];
```

```cpp
public:
  balance(double n, char *s) {
    cur_bal = n;
    strcpy(name, s);
  }
  balance() {} // constructeur sans paramètre
  ~balance() {
    cout << "Destructing ";
    cout << name << "\n";
  }
  void set(double n, char *s) {
    cur_bal = n;
    strcpy(name, s);
  }
  void get_bal(double &n, char *s) {
    n = cur_bal;
    strcpy(s, name);
  }
};

int main()
{
  balance *p;
  char s[80];
  double n;
  int i;

  try {
    p = new balance [3]; // allocation de l'ensemble du tableau
  } catch (bad_alloc xa) {
    cout << "Allocation Failure\n";
    return 1;
  }

  // remarquez l'utilisation de l'opérateur . (pas de ->)
  p[0].set(12387.87, "Ralph Wilson");
  p[1].set(144.00, "A. C. Conners");
  p[2].set(-11.23, "I. M. Overdrawn");

  for(i=0; i<3; i++) {
    p[i].get_bal(n, s);

    cout << s << "'s balance is: " << n;
    cout << "\n";
  }
```

```
   delete [] p;
   return 0;
}
```

La trace d'exécution laissée par ce programme est la suivante :

```
Ralph Wilson's balance is: 12387.9
A. C. Conners's balance is: 144
I. M. Overdrawn's balance is: -11.23
Destructing I. M. Overdrawn
Destructing A. C. Conners
Destructing Ralph Wilson
```

La raison pour laquelle le delete est utilisé avec les crochets [ ] prend tout son sens dans ce cas ; ces crochets lui permettent en effet de savoir qu'il faut faire appel au destructeur pour chaque élément du tableau.

Option "nothrow" de l'opérateur new

Le C++ Standard rend possible pour l'opérateur **new** de retourner **null** à la place d'une exception lorsqu'une erreur d'allocation survient. Cette option du **new** est très utile lorsque vous compilez du code relativement ancien avec un compilateur C++ récent. C'est également une possibilité très intéressante lorsque vous remplacez les appels à des **malloc( )** par des appels à **new** (opération commune pour migrer du C en C++). Cette syntaxe du **new** est indiquée ci-dessous :

p_var = new(nothrow) *type*;

p_var est un pointeur sur *type*. L'opérateur **new** avec l'option **nothrow** fonctionne comme la version originale du **new**. Dans la mesure où il renvoie **null** en cas d'échec, il peut facilement s'intégrer dans de l'ancien code, sans avoir à rajouter une gestion d'exception. Pour utiliser l'option **nothrow**, vous devez ajouter l'include **<new>**.

Il faut cependant souligner que le renvoi d'une exception représente une solution plus fiable.

Le code qui suit propose un exemple d'emploi de l'opérateur **new(nothrow)**.

```
// Illustre l'option nothrow del'opérateur new
#include <iostream>
#include <new>
using namespace std;
```

```
int main()
{
  int *p, i;

  p = new(nothrow) int[32]; // utilisation de nothrow
  if(!p) {
    cout << "Allocation failure.\n";
    return 1;
  }

  for(i=0; i<32; i++) p[i] = i;

  for(i=0; i<32; i++) cout << p[i] << " ";

  delete [] p; // libération de la mémoire

  return 0;
}
```

Comme le montre ce programme, l'alternative proposée avec l'option **nothrow** nécessite la vérification du pointeur retourné par le **new** après chaque demande d'allocation.

Autre option pour les opérateurs new et delete

Il existe une forme spéciale de **new**, appelée *placement form*, pouvant être utilisée lors de l'allocation de la mémoire. Cette option est avant tout utile lorsque l'opérateur **new** est surchargé dans un contexte particulier. L'implémentation de cette option avec l'opérateur **new** se conforme à la syntaxe suivante :

```
p_var = new (location) type;
```

location spécifie l'adresse qui est simplement retournée par la suite par le **new**.

Cette variante existe également pour l'opérateur **delete** ; elle est utilisée dans le cas où de la mémoire a été préalablement allouée avec l'opérateur **new** dans les mêmes conditions.

CHAPITRE 14

Surcharge de fonctions, constructeurs par copie, et arguments par défaut

e chapitre étudie la surcharge de fonctions, les constructeurs par copie et les arguments par défaut. La surcharge de fonction est l'un des aspects propres au langage de programmation C++. Non seulement le procédé fournit un support au polymorphisme de compilation, mais il assure également souplesse et commodité de programmation. Les fonctions les plus couramment surchargées sont les constructeurs, et plus particulièrement les constructeurs par copie. La notion d'arguments par défaut est très liée à la surcharge de fonctions, et peut parfois lui servir d'alternative.

Surcharge de fonctions

La surcharge de fonction consiste à affecter un même nom pour plusieurs fonctions. Le principe de la surcharge est qu'à chacune des redéfinitions de la fonction doit correspondre des paramètres de types ou en nombre différents. Ce sont ces disparités qui permettront au compilateur de déterminer quelle fonction invoquer dans une situation particulière. Par exemple, ce programme surcharge **mafonc( )** en indiquant des types de paramètres différents.

```
#include <iostream>
using namespace std;

int mafonc (int i); // les types des paramètres sont différents
double mafonc (double i);


int main()
{
  cout << mafonc (10) << " "; // appel de mafonc(int i)
  cout << mafonc (5.4); // appel de mafonc(double i)

  return 0;
}

double mafonc (double i)
{
  return i;
}

int mafonc(int i)
{
  return i;
}
```

Le programme suivant surcharge **mafonc( )** en indiquant des paramètres en nombre différent.

```
#include <iostream>
using namespace std;

int mafonc(int i); // Le nombre de paramètres est différent
int mafonc (int i, int j);

int main()
{
  cout << mafonc (10) << « « ; // appel de mafonc(int i)
  cout << mafonc (4, 5); // appel de mafonc(int i, int j)

  return 0;
}

int mafonc(int i)
{
  return i;
}

int mafonc(int i, int j)
{
  return i*j;
}
```

Comme mentionné précédemment, le point clé de la surcharge de fonction est que les divergences doivent être au niveau des types et/ou du nombre de paramètres. Deux fonctions qui se distinguent uniquement par leur type de retour ne peuvent pas être surchargées. Par exemple, ceci représente un essai infructueux de surcharge de **mafonc( )**.

```
int mafonc(int i);   // Erreur: des types de retour différents
float mafonc(int i); // ne permettent pas de surcharger une fonction.
```

Il peut arriver que deux déclarations de fonctions paraissent différentes, alors qu'elles ne le sont pas.

```
void f(int *p);
void f(int p[]); // erreur, *p est équivalent à p[]
```

Rappelez-vous que, pour le compilateur, *p est équivalent à p[ ]. Pour cette raison, bien que les deux prototypes de fonctions paraissent différents par leur type de paramètre, en réalité, ils ne le sont pas.

Surcharge de fonctions constructeurs

Les fonctions constructeurs peuvent être surchargées : en fait, les constructeurs surchargés sont très courants. Il existe trois raisons principales pour lesquelles vous voudrez définir une telle surcharge : pour gagner en souplesse de programmation, pour permettre de créer à la fois des objets initialisés et non initialisés, et pour définir des constructeurs par copie. Dans cette section, les deux premières seront étudiées. Les constructeurs par copie font l'objet de la section suivante.

Surcharger un constructeur pour gagner en souplesse

Souvent, vous créerez une classe pour laquelle il existe plusieurs façon de construire un objet. Dans ces cas-là, vous voudrez fournir un constructeur surchargé pour chacune des façons de créer l'objet. C'est une règle de consolidation, car si vous essayez de créer un objet pour lequel il n'existe pas de constructeur correspondant, il en résultera des erreurs de compilation.

En fournissant un constructeur pour chacune des façons qu'un utilisateur de votre classe pourrait nécessiter, vous augmentez la souplesse de votre classe. L'utilisateur est ensuite libre de choisir la façon de construire l'objet, en fonction des circonstances particulières. Considérons ce programme qui crée une classe appelée **date**, qui contient une date calendaire. Vous remarquerez que le constructeur est surchargé de deux manières.

```cpp
#include <iostream>
#include <cstdio>
using namespace std;

class date {
  int jour, mois, annee;
public:
  date(char *d);
  date(int m, int j, int a);
  void affiche_date();
};

// Initialisation utilisant des chaînes de caractères.
date::date(char *d)
{
  sscanf(d, « %d%*c%d%*c%d », &mois, &jour, &annee);
}
```

```
// Initialisation utilisant des entiers.
date::date(int m, int j, int a)
{

  jour = j;
  mois = m;
  annee = a;
}

void date:: affiche_date()
{
  cout << mois << « / » << jour;
  cout << « / » << annee << « \n »;
}

int main()
{
  date ob1(12, 4, 2001), ob2(« 10/22/2001 »);

  ob1.affiche_date();
  ob2.affiche_date();

  return 0;
}
```

Dans ce programme, vous pouvez initialiser un objet de type **date** soit en spécifiant la date par trois entiers, correspondant au mois, au jour et à l'année, soit en utilisant une chaîne contenant la date, sous cette forme :

  mm/jj/aa

Dans la mesure où les deux sont des représentations courantes d'une date, il est logique que la classe **date** accommode les deux manières de construire l'objet.

Comme l'illustre la classe **date**, la raison probablement la plus fréquente de surcharger un constructeur est de permettre de créer un objet de la façon la plus appropriée et la plus naturelle pour chaque contexte particulier. Par exemple, dans le **main( )** suivant, l'utilisateur saisit la date, qui est alors insérée dans le tableau **s**. Cette chaîne peut être utilisée directement pour créer **d**. Il n'est pas nécessaire de la convertir sous une autre forme. Cependant, si **date( )** n'avait pas été surchargée pour accepter les chaînes, on aurait dû la convertir manuellement en trois entiers.

```
int main()
{
  char s[80];

  cout << « Saisissez une nouvelle date: « ;
  cin >> s;

  date d(s);
  d.affiche_date();

  return 0;
}
```

Dans une autre situation, il aurait été plus avantageux de pouvoir construire un objet **date** en fournissant trois entiers. Par exemple, dans le cas où la date est calculée, utiliser **date(int, int, int)** est le constructeur le plus naturel et le plus approprié. En surchargeant le constructeur de la classe **date**, vous l'avez rendue plus souple et facile d'utilisation. Cela est plus particulièrement important si vous créez des bibliothèques de classes qui seront utilisées par d'autres programmeurs.

Permettre de créer des objets initialisés ou non

Une autre raison courante pour surcharger les constructeurs est de permettre de créer des objets qui sont soit initialisés, soit pas (ou plus précisément, des objets initialisés par défaut). Cela est plus spécialement pratique si vous voulez créer des tableaux dynamiques d'objets, dans la mesure où il n'est pas possible d'initialiser un tableau alloué dynamiquement. Pour gérer dans le même temps des tableaux non initialisés et des objets initialisés, il faut créer un constructeur qui se charge de l'initialisation, et un autre qui s'en abstient.

Par exemple, dans ce programme, deux tableaux de type **puissance** sont déclarés, l'un est initialisé, l'autre pas. Un troisième tableau est alloué dynamiquement.

```
#include <iostream>
#include <new>
using namespace std;

class puissance {
  int x;
public:
  // deux façons de surcharger le constructeur
  puissance() { x = 0; } // sans initialisation
  puissance(int n) { x = n; } // initialisation

  int getx() { return x; }
  void setx(int i) { x = i; }
};
```

```
int main()
{
  puissance ofTwo[] = {1, 2, 4, 8, 16}; // initialisé
  puissance ofThree[5]; // non initialisé
  puissance *p;
  int i;

  // affiche les puissance de deux
  cout << « Puissance de deux : « ;
  for(i=0; i<5; i++) {
    cout << deDeux[i].getx() << «  « ;
  }
  cout << « \n\n »;

  // affecte les puissances de trois
  deTrois[0].setx(1);
  deTrois[1].setx(3);
  deTrois[2].setx(9);
  deTrois[3].setx(27);
  deTrois[4].setx(81);

  // affiche les puissances de trois
  cout << « Puissance de trois: « ;
  for(i=0; i<5; i++) {
    cout << deTrois[i].getx() << «  « ;
  }
  cout << « \n\n »;

  // alloue dynamiquement un tableau
  try {
    p = new puissance[5]; // pas d'initialisation
  } catch (bad_alloc xa) {
      cout << « Echec de l'allocation\n »;
      return 1;
  }

  // initialise le tableau dynamique avec les puissances de deux
  for(i=0; i<5; i++) {
    p[i].setx(ofTwo[i].getx());

  }

  // affiche les puissance de trois
  cout << « Puissance de trois : « ;
  for(i=0; i<5; i++) {
    cout << p[i].getx() << «  « ;
  }
  cout << « \n\n »;
```

```
    delete [] p;
    return 0;
}
```

Dans cet exemple, les deux constructeurs sont nécessaires. Le constructeur par défaut est utilisé pour construire le tableau **deTrois**, qui n'est pas initialisé, ainsi que pour le tableau alloué dynamiquement. Le constructeur paramétré est utilisé pour créer les objets dans le tableau **deDeux**.

Constructeurs par copie

L'une des formes les plus importantes de surcharge de constructeur est le *constructeur par copie*.

Définir un constructeur par copie vous permet de pallier les éventuels problèmes qui naissent quand un objet est créé à partir d'un autre.

Commençons par restituer le problème qu'un constructeur par copie est destiné à résoudre. Par défaut, quand un objet est utilisé pour en créer un autre, le C++ effectue une copie membre à membre. Ainsi, une copie identique à l'objet d'initialisation est créée dans l'objet cible. Bien que cela convienne parfaitement dans beaucoup de cas – et, généralement, dans ceux que vous rencontrez – il existe des situations où une copie membre à membre soit inadaptée. La plus courante est lorsqu'un objet alloue de la mémoire lors de sa création. Par exemple, imaginons une classe *MaClasse* pour laquelle de la mémoire est allouée à la création, et un objet A de cette classe. Cela signifie que A a déjà alloué sa mémoire. Ensuite, supposons que A soit utilisé pour initialiser B comme ceci :

```
MaClasse B = A;
```

Si une copie membre à membre est effectuée, alors B est une copie exacte de A. Cela signifie que B utilisera le même espace mémoire que A, au lieu d'avoir le sien. De toute évidence, ce n'est pas l'effet souhaité. Par exemple, si *MaClasse* contient un destructeur qui libère la mémoire, alors le même emplacement sera libéré deux fois, à la destruction de A et à celle de B !

Le même type de problème peut survenir dans deux autres cas : premièrement, quand une copie d'un objet est effectuée pour le passer en argument d'une fonction ; deuxièmement, quand un objet temporaire est créé comme valeur de retour d'une fonction. Rappelez-vous, des objets temporaires sont créés automatiquement pour contenir la valeur de retour d'une fonction, et peuvent l'être également dans d'autres circonstances.

Afin de résoudre le type de problème que nous venons de décrire, C++ autorise la création de *constructeur par copie*, que le compilateur applique quand un objet en initialise un autre.

Quand un constructeur par copie existe, on évite la copie membre à membre par défaut. La forme la plus courante de constructeur par copie est :

```
nomclasse (const nomclasse &o) {
// corps du constructeur
}
```

Ici, *o* est une référence sur l'objet dans la partie droite de l'initialisation. Il est autorisé pour un constructeur d'avoir autant de paramètres qu'il y a d'arguments par défaut. Mais, dans tous les cas, le premier paramètre doit être une référence sur l'objet d'initialisation.

Il est important de comprendre que le C++ définit deux situations distinctes, où la valeur d'un objet est attribuée à un autre. La première est l'affectation. La seconde est l'initialisation, qui peut apparaître sous trois formes :

● Quand un objet en initialise explicitement un autre, comme lors d'une déclaration ;

● Quand une copie d'objet s'impose pour passer en argument d'une fonction ;

● Quand un objet temporaire est généré (le plus souvent, en tant que valeur de retour d'une fonction).

Le constructeur par copie ne s'applique qu'aux initialisation. Par exemple, supposons une classe **maclasse**, et un objet **y** de type **maclasse** ; chacune des instructions suivantes invoque une initialisation.

```
maclasse x = y; // y initialise explicitement x
fonc(y);        // y passé comme paramètre
y = fonc();     // y reçoit en retour un objet temporaire
```

Dans l'exemple qui suit, un constructeur par copie explicite est nécessaire. Ce programme utilise un tableau d'entiers « sûr », qui évite que les bornes de celui-ci soit dépassées (le chapitre 15 montre une meilleure manière de créer un tableau sûr à l'aide d'opérateurs surchargés). L'emplacement pour chaque tableau est alloué avec **new**, et un pointeur en mémoire est maintenu dans chaque objet tableau.

```
/* Ce programme crée une classe de tableau « sûre ».  Dans la

mesure où l'espace pour le tableau est alloué avec new, un

constructeur par copie est prévu pour allouer la mémoire quand

un objet tableau sert à en initialiser un autre.
*/
#include <iostream>
#include <new>
#include <cstdlib>
using namespace std;
```

```
class tableau {
  int *p;
  int taille;
public:
  tableau(int t) {
    try {
      p = new int[t];
    } catch (pb_alloc xa) {
      cout << « Echec de l'allocation\n »;
      exit(EXIT_FAILURE);
    }
    taille = t;
  }
  ~tableau() { delete [] p; }

  // constructeur par copie
  tableau(const tableau &a);

  void put(int i, int j) {
    if(i>=0 && i<taille) p[i] = j;
  }
  int get(int i) {
    return p[i];
  }
};

// constructeur par copie
tableau::tableau(const tableau &a) {
  int i;

  try {
    p = new int[a.taille];
  } catch (pb_alloc xa) {
    cout << « Echec de l'allocation\n »;
    exit(EXIT_FAILURE);
  }
  for(i=0; i<a.taille; i++) p[i] = a.p[i];
}

int main()
{
  tableau num(10);
  int i;

  for(i=0; i<10; i++) num.put(i, i);
  for(i=9; i>=0; i--) cout << num.get(i);
  cout << « \n »;
```

```
    // creation d'un autre tableau initialisé avec nim
    tableau x(num); // invoque le constructeur par copie
    for(i=0; i<10; i++) cout << x.get(i);

    return 0;
}
```

Observons de plus près ce qu'il se passe lorsque **num** est utilisé pour initialiser **x** dans la déclaration.

```
tableau x(num); // invoque le constructeur par copie
```

Le constructeur pas copie est invoqué, la mémoire est allouée pour le nouveau tableau, et stockée dans **x.p** ; le contenu de **num** est ensuite copié dans le tableau de **x**. De cette façon, **x** et **num** disposent de tableaux contenant les même valeurs, mais il s'agit de deux tableaux distincts (autrement dit, **x.p** et **num.p** ne pointent pas sur le même emplacement mémoire). S'il n'y avait pas de constructeur par copie, l'initialisation par défaut aurait conduit à ce que **x** et **num** partagent le même emplacement mémoire pour leur tableau (autrement dit, **x.p** et **num.p** pointent au même endroit).

Rappelons que le constructeur par copie n'est invoqué que lors des initialisations. Par exemple, ces instructions ne font pas appel au constructeur par copie décrit dans le précédent programme :

```
tableau a(10);
// ...
tableau b(10);

b = a; // ne fait pas appel au constructeur pas copie
```

Dans ce cas, **b=a** correspond à une affectation. Si = n'est pas surchargé (comme c'est le cas ici), une copie membre à membre de l'objet sera effectuée. C'est pourquoi, dans certains cas, vous serez amené à surcharger l'opérateur = de la même manière qu'un constructeur par copie, afin d'éviter certains problèmes (voir chapitre 15).

Déterminer l'adresse d'une fonction surchargée

Comme expliqué au chapitre 5, il est possible d'obtenir l'adresse d'une fonction. Cela peut être utile si on veut affecter l'adresse de la fonction à un pointeur, puis exécuter la fonction par l'intermédiaire de ce pointeur. Si la fonction n'est pas surchargée, le traitement est simple.

Cependant, avec les fonctions surchargées, le processus requiert une petite subtilité supplémentaire. Pour mieux comprendre, considérons cette instruction, qui affecte l'adresse d'une fonction **mafonc( )** à un pointeur **p** :

```
p = mafonc;
```

Si **mafonc( )** n'est pas surchargée, il existe une et une seule fonction qui s'appelle **mafonc( )** ; le compilateur n'a donc aucun mal à attribuer son adresse à **p**. Mais si **mafonc( )** est surchargée, comment le compilateur saura-t-il identifier la version de la fonction dont il doit affecter l'adresse ? La réponse est que cela dépend de la manière dont **p** a été déclaré. Par exemple, considérons le programme suivant :

```cpp
#include <iostream>
using namespace std;

int mafonc(int a);
int mafonc(int a, int b);

int main()
{
  int (*fp)(int a); // pointeur sur int f(int)

  fp = mafonc; // pointe sur mafonc(int)

  cout << fp(5);

  return 0;
}

int mafonc(int a)
{
  return a;
}

int mafonc(int a, int b)
{
  return a*b;
}
```

Ici, il y a deux versions de la fonction **mafonc( )**. Les deux retournent **int**, mais l'une prend un unique argument entier, alors que l'autre en prend deux. Dans ce programme, **fp** est déclaré comme étant un pointeur sur une fonction qui retourne un entier, et qui prend un seul entier en argument. Quand **fp** est affecté à l'adresse de **mafonc( )**, C++ exploite cette information pour sélectionner la version **mafonc(int a)** de **mafonc( )**. Si **fp** avait été déclaré comme ceci :

```
int (*fp)(int a, int b);
```

alors, il aurait été affecté à l'adresse de la version **mafonc(int a, int b)**.

En général, quand on affecte l'adresse d'une fonction surchargée à un pointeur, c'est la manière dont celui-ci a été déclaré qui détermine quelle version de la fonction lui sera affectée. Par extension, la déclaration d'un pointeur sur fonction ne doit correspondre qu'à une seule déclaration de fonction surchargée.

Anachronisme d'overload

Quand le C++ a été créé, le mot clé **overload** (*surcharge*) était nécessaire pour surcharger une fonction. Il est désormais obsolète, et n'est plus ni utilisé, ni reconnu. En fait, ce n'est même plus un mot réservé du Standard C++. Cependant, parce que vous pouvez le rencontrer dans des programmes plus anciens, ou simplement pour son intérêt historique, il est intéressant de savoir comment le mot clé **overload** était exploité. Sa forme générale était la suivante :

```
overload nom-fonc
```

Ici, *nom-fonc* est le nom de la fonction qui va être surchargée. Cette instruction doit précéder les instructions de surcharge. Par exemple, cette instruction indique à un ancien compilateur que vous allez surcharger une fonction nommée **test( )** :

```
overload test;
```

Arguments par défaut d'une fonction

Le langage C++ permet à une fonction d'affecter une valeur par défaut à ses paramètres quand aucun argument correspondant n'est spécifié lors de son appel. La valeur par défaut est alors spécifiée par la même syntaxe qu'une initialisation de variable. Par exemple, voici la déclaration de **mafonc( )** qui prend en argument un **double** dont la valeur par défaut est 0.0 :

```
void mafonc(double d = 0.0)
{
  // ...
}
```

mafonc( ) peut alors être invoquée de deux manières différentes, comme le montrent les exemples suivants :

```
mafonc(198.234); // passe une valeur explicitement
mafonc();        // laisse la fonction utiliser les valeurs par défaut
```

Le premier appel passe la valeur **198.234** à **d**, tandis que le deuxième lui affecte automatiquement la valeur par défaut de zéro.

Une raison pour laquelle les arguments par défaut sont inclus dans le langage C++ est qu'ils fournissent aux développeurs une autre méthode pour gérer plus de complexité dans leur code. Afin de traiter une plus large variété de situations, une fonction contient souvent plus d'arguments que ce qui est requis dans son usage courant. Ainsi, quand les arguments par défaut s'appliquent, vous n'avez qu'à spécifier ceux qui sont propres à la situation donnée, et non tous ceux qui sont possibles dans le cas général. Par exemple, beaucoup de fonctions C++ d'entrée/sortie utilisent les arguments par défaut pour cette raison.

Une illustration simple de l'utilité des arguments par défaut est mise en évidence avec la fonction **clrscr( )** dans le programme suivant. La fonction **clrscr( )** efface l'écran en affichant une série de retours à la ligne (ce n'est pas la manière la plus efficace, mais elle est suffisante dans l'exemple). Par défaut, l'argument reçu est 25, car le mode vidéo le plus répandu affiche 25 lignes de texte. Cependant, dans la mesure où certains terminaux peuvent afficher plus ou moins de 25 lignes (cela dépend souvent du mode vidéo utilisé), il est possible de passer outre l'argument par défaut en spécifiant une valeur explicitement.

```cpp
#include <iostream>
using namespace std;

void clrscr(int taille=25);

int main()
{
  register int i;

  for(i=0; i<30; i++ ) cout << i << endl;
  cin.get();
  clrscr(); // efface 25 lignes

  for(i=0; i<30; i++ ) cout << i << endl;
  cin.get();
  clrscr(10); // efface 10 lignes

  return 0;
}
```

```
void clrscr(int taille)
{
   for(; taille; taille--) cout << endl;
}
```

Comme l'illustre ce programme, quand la valeur par défaut est appropriée à la situation, aucun argument n'est spécifié lors de l'appel de **clrscr( )**. Cependant, il est toujours possible de fournir une valeur différente pour **taille**, quand cela s'avère nécessaire.

Un argument par défaut peut également être utilisé, comme un flag pour signaler à la fonction de réutiliser l'argument précédent. En guise d'illustration, la fonction **iputs( )** implémentée ici indente automatiquement une chaîne du nombre spécifié en argument. Pour commencer, voici la version de la fonction qui ne prend pas d'argument par défaut.

```
void iputs(char *str, int indent)
{
  if(indent < 0) indent = 0;

  for( ; indent; indent--) cout << " ";

  cout << str << "\n";
}
```

Cette version de **iputs( )** est invoquée avec la chaîne à afficher comme premier argument, et le nombre d'indentations comme second argument. Bien qu'il n'y ait rien de faux dans cette écriture de **iputs( )**, vous pouvez l'améliorer en lui fournissant un argument par défaut pour le paramètre **indent**, qui indiquera à la fonction d'indenter au même niveau que le dernier spécifié. En effet, il est plus courant de vouloir écrire un bloc de texte dont les lignes sont toutes indentées au même niveau. Dans cette situation, au lieu de spécifier le même nombre, ligne après ligne, vous pouvez attribuer une valeur par défaut à **indent**, qui indiquera à **iputs( )** d'utiliser le précédent niveau d'indentation. Cette approche est illustrée dans le programme suivant :

```
#include <iostream>
using namespace std;

/* Indentation par défaut à -1.  Cette valeur indique à la fonction
   de réutiliser la valeur précédente. */
void iputs(char *str, int indent = -1);

int main()
{
  iputs(« Bonjour », 10);
  iputs(« Cette ligne sera indentee de 10 espaces par defaut »);
  iputs(« Cette ligne sera indentee de 5 espaces », 5);
  iputs(« Cette ligne ne sera pas indentee », 0);
```

LANGAGE C++

```
    return 0;
}

void iputs(char *str, int indent)
{
  static i = 0; // contient la dernière valeur d'indentation

  if(indent >= 0)
    i = indent;
  else  // réutilise l'ancienne valeur d'indentation
    indent = i;

  for( ; indent; indent--) cout << «  « ;

  cout << str << « \n »;
}
```

Ce programme affiche ceci :

```
        Bonjour
        Cette ligne sera indentee de 10 espaces par defaut
     Cette ligne sera indentee de 5 espaces
Cette ligne ne sera pas indentee
```

Lorsque vous créez des fonctions avec des arguments par défaut, il est important de rappeler que les valeurs par défaut ne doivent être spécifiées qu'une seule fois, lors de leur première déclaration. Dans l'exemple précédent, l'argument par défaut est précisé dans le prototype de **iputs( )**. Si vous essayez d'en préciser un nouveau (même avec la même valeur), le compilateur affichera une erreur et ne compilera pas le programme. Si les arguments par défaut ne peuvent pas être redéfinis pour une même fonction, en revanche vous pouvez spécifier différentes valeurs par défaut, pour chacune des versions surchargées d'une fonction.

Tous les paramètres qui prennent une valeur par défaut doivent apparaître à droite de ceux qui n'en prennent pas. Par exemple, il n'est pas correct de définir **iputs( )** de cette manière :

```
// incorrect!
void iputs(int indent = -1, char *str);
```

Une fois que vous avez commencé à définir des paramètres qui prennent des valeurs par défaut, vous ne pouvez pas en définir d'autres qui n'en prennent pas. Autrement dit, une déclaration comme celle-ci est incorrecte, et ne se compilera pas non plus :

```
int mafonc(float f, char *str, int i=10, int j);
```

Étant donné qu'une valeur par défaut a été attribuée à **i**, il en faut également une pour **j**.

Vous pouvez également utiliser des paramètres par défaut dans des fonctions constructeurs. Par exemple, la classe **cube** présentée ici contient les valeurs des dimensions d'un cube. Son constructeur fixe toutes les dimensions à zéro si aucun autre argument n'est fourni, comme indiqué ici :

```cpp
#include <iostream>
using namespace std;

class cube {
  int x, y, z;
public:
  cube(int i=0, int j=0, int k=0) {
    x=i;
    y=j;
    z=k;
  }

  int volume() {
    return x*y*z;
  }
};

int main()
{
  cube a(2,3,4), b;

  cout << a.volume() << endl;
  cout << b.volume();

  return 0;
}
```

Fournir des arguments par défaut à une fonction constructeur présente deux avantages. D'une part, cela vous évite de définir un constructeur surchargé, qui ne prendrait pas de paramètres. Par exemple, s'il n'y avait pas de valeur par défaut à **cube( )**, un second constructeur comme celui-ci aurait été nécessaire pour gérer la déclaration de **b** (auquel on ne fournit pas d'argument) :

```cpp
cube() {x=0; y=0; z=0}
```

D'autre part, disposer des valeurs courantes par défaut est plus commode que de les préciser à chaque fois que l'objet est déclaré.

Arguments par défaut opposés à la surcharge

Dans certaines situations, les arguments par défaut peuvent être utilisés comme une alternative à la surcharge. Le constructeur de la classe **cube( )** est un exemple. Étudions-en un autre. Imaginons que vous vouliez créer deux versions personnalisées de la fonction standard **strcat( )**. La première fonctionnerait comme **strcat( )**, et concaténerait l'intégralité d'une chaîne au bout d'une autre. La seconde prendrait un troisième argument, spécifiant le nombre de caractères à concaténer. Supposons ensuite que vous appeliez vos fonctions personnalisées **monstrcat( )( )** ; il y aurait alors les deux prototypes suivants :

```
void monstrcat(char *s1, char *s2, int long);
void monstrcat(char *s1, char *s2);
```

La première version copie **long** caractères de **s2** à la fin de **s1**. La seconde version copie la chaîne pointée par **s2** en entier à la fin de la chaîne pointée par **s2**, et fonctionne de la même manière que **strcat( )**.

Bien qu'il ne serait pas faux d'implémenter deux versions de **monstrcat( )** correspondant aux deux versions souhaitées, il existe une manière plus commode de procéder. En utilisant un argument par défaut, vous pouvez ne créer qu'une version de **monstrcat( )** qui gère les deux fonctions à la fois, comme le démontre le programme suivant :

```cpp
// Une version personnalisée de strcat().
#include <iostream>
#include <cstring>
using namespace std;

void monstrcat(char *s1, char *s2, int len = -1);

int main()
{
  char str1[80] = « Ceci est un test »;
  char str2[80] = « 0123456789 »;

  monstrcat(str1, str2, 5); // concatène 5 caractères
  cout << str1 << '\n';

  strcpy(str1, « Ceci est un test »); // réinitialise str1

  monstrcat(str1, str2); // concatène la chaîne entière
  cout << str1 << '\n';

  return 0;
}
```

```
// Une version personnalisée de strcat().
void monstrcat(char *s1, char *s2, int long)
{
  // trouve la fin de s1
  while(*s1) s1++;

  if(long == -1) len = strlen(s2);

  while(*s2 && long) {
    *s1 = *s2; // copie les caractères
    s1++;
    s2++;
    len--;
  }

  *s1 = '\0'; // valeur null indiquant la fin de s1
}
```

Ici, **monstrcat( )** concatène jusqu'à **long** caractères de la chaîne pointée par **s1** à la fin de la chaîne pointée par **s2**. Cependant, si **long** est à -1, comme c'est le cas par défaut, **monstrcat( )** concatène la chaîne entière (ainsi, quand **long** vaut -1, elle opère comme la fonction standard **strcat( )**). En utilisant une valeur par défaut pour **long**, il est possible de combiner les deux opérations dans une unique fonction. De cette manière, les arguments par défaut fournissent parfois une alternative à la surcharge de fonction.

Utilisation correcte des arguments par défaut

Bien que les arguments par défaut puissent constituer un outil très puissant, ils peuvent également être utilisés à mauvais escient. Le point important des arguments par défaut est de permettre qu'une fonction effectue ses traitements d'une manière efficace, facile d'utilisation, tout en gardant une souplesse considérable. Au final, tous les arguments par défaut doivent refléter la manière dont la fonction est utilisée le plus souvent. S'il n'existe pas, pour un paramètre, de valeur qui lui soit couramment associée, il n'y a aucune raison de définir une valeur par défaut pour celui-ci. En fait, déclarer sans raison des arguments par défaut déstructure le code du programme, et risque d'induire en erreur quiconque essaiera de lire plus tard.

Une autre indication qu'il est important de suivre : le manque d'arguments par défaut peut provoquer des effets nuisibles ! Autrement dit, l'utilisation accidentelle d'arguments par défaut n'aura jamais de conséquences catastrophiques.

Surcharge de fonctions et ambiguïté

Vous pouvez créer des situations dans lesquelles le compilateur sera incapable de choisir parmi plusieurs fonctions surchargées. Quand cela arrive, la situation est dire *ambiguë*. Les instructions ambiguës sont des erreurs, et les programmes qui en contiennent ne se compilent pas. De loin, la principale cause d'ambiguïté concerne les conversions de types automatiques du langage C++. Comme vous le savez, le langage C++ tente de convertir automatiquement les arguments fournis à l'appel d'une fonction vers les types attendus par cette dernière. Par exemple, considérons le passage suivant :

```
int mafonc(double d);
// ...
cout << mafonc('c'); // pas d'erreur, la conversion s'applique
```

Comme l'indique le commentaire, cela n'est pas une erreur, car le langage C++ convertit automatiquement le caractère **c** dans son équivalent **double**. En C++, très peu de ces conversions sont interdites. Bien qu'elles soient très pratiques, elles n'en représentent pas moins une cause courante d'ambiguïté. Par exemple, considérons le programme suivant :

```
#include <iostream>
using namespace std;

float mafonc(float i);
double mafonc(double i);

int main()
{
  cout << mafonc(10.1) << «  « ; // non ambiguë, appel mafonc(double)
  cout << mafonc(10); // ambiguë

  return 0;
}

float mafonc(float i)
{
  return i;
}

double mafonc(double i)
{
  return -i;
}
```

Ici, **mafonc( )** est surchargée, de manière à pouvoir prendre un argument soit du type **float**, soit du type **double**. Dans la ligne non ambiguë, **mafonc(double)** est invoquée car, en C++, hormis si elles sont spécifiées explicitement du type **float**, toutes les constantes à virgule flottante sont automatiquement de type **double**. Cela explique que cet appel ne soit pas ambigu. Cependant, quand **mafonc( )** est invoquée avec l'entier 10, l'ambiguïté apparaît, car le compilateur n'a pas de moyen de savoir s'il doit le convertir en **float** ou en **double**. Cela provoque alors l'affichage d'un message d'erreur, et le refus du programme de se compiler.

Comme l'illustre l'exemple précédent, ce n'est pas la surcharge de **mafonc( )** par rapport au type **float** ou **double** qui provoque l'ambiguïté. C'est plutôt l'appel à **mafonc( )** avec un argument de type indéterminé qui cause la confusion. Présenté différemment, ce n'est pas la surcharge de la fonction qui pose problème, mais plutôt l'invocation spécifique qui en est faite.

Voici un autre exemple de situation ambiguë provoquée par la conversion de type automatique du langage C++ :

```cpp
#include <iostream>
using namespace std;

char mafonc(unsigned char ch);
char mafonc(char ch);

int main()
{
  cout << mafonc('c'); // appel de mafonc(char)
  cout << mafonc(88) << « « ; // ambiguë

  return 0;
}

char mafonc(unsigned char ch)
{
  return ch-1;
}

char mafonc(char ch)
{
  return ch+1;
}
```

En C++, **unsigned char** et **char** ne sont pas naturellement ambigus. Cependant, quand **mafonc( )** est invoquée avec la valeur entière 88, le compilateur ne sait pas quelle fonction exécuter. Autrement dit, 88 doit-il être converti en **char** ou en **unsigned char** ?

Une autre manière de provoquer une ambiguïté est l'utilisation d'arguments par défaut dans des fonctions surchargées. Pour mieux comprendre, observez le programme suivant :

```cpp
#include <iostream>
using namespace std;

int mafonc(int i);
int mafonc(int i, int j=1);

int main()
{
  cout << mafonc(4, 5) << «  « ; // non ambiguë
  cout << mafonc(10); // ambiguë

  return 0;
}

int mafonc(int i)
{
  return i;
}

int mafonc(int i, int j)
{
  return i*j;
}
```

Ici, dans le premier appel de **mafonc( )**, deux arguments sont spécifiés ; par conséquent, il n'y a pas de situation ambiguë ici, et **mafonc(int i, int j)** est exécutée. Mais, lors du deuxième appel, l'ambiguïté apparaît, car le compilateur ne sait pas s'il faut invoquer la version de **mafonc( )** qui ne prend qu'un argument, ou celle qui en prend deux, et appliquer l'argument par défaut.

Certains types de fonctions surchargées sont naturellement ambiguës, même si, à première vue, elles ne le paraissent pas. Par exemple, considérons le programme suivant :

```cpp
// Ce programme contient une erreur.
#include <iostream>
using namespace std;

void f(int x);
void f(int &x); // erreur

int main()
{
  int a=10;
```

```
  f(a); // erreur, quel f()?

  return 0;
}

void f(int x)
{
  cout << « Dans f(int)\n »;
}

void f(int &x)
{
  cout << « Dans f(int &)\n »;
}
```

Comme le décrivent les commentaires, deux fonctions ne peuvent pas être surchargées si elles ne se distinguent que par le fait que l'une reçoit un paramètre par référence et l'autre par valeur. Dans cette situation, le compilateur n'a aucun moyen de savoir quelle version de la fonction est concernée. Rappelons qu'il n'y a pas de différence syntaxique dans le passage d'un argument par référence ou par valeur.

CHAPITRE 15

Surcharge d'opérateur

E troitement liée à la surcharge de fonctions, il existe la surcharge d'opérateurs. En C++, vous pouvez surcharger la plupart des opérateurs afin qu'ils effectuent des opérations spéciales, relatives aux classes que vous créez. Par exemple, une classe qui gère une pile pourrait surcharger + pour effectuer une action d'empilement, et – pour effectuer un dépilement. Quand un opérateur est surchargé, il ne perd rien de son sens d'origine. Les types d'objets auxquels il peut s'appliquer sont simplement étendus.

La possibilité de surcharger des opérateurs est l'une des fonctionnalités les plus puissantes du langage C++. Elle permet l'intégration de nouvelles classes d'objets dans l'environnement de programmation. Une fois effectuée la surcharge des opérateurs appropriés, vous pouvez utiliser les objets de la même façon que les types de base du C++. La surcharge d'opérateur constitue également le fondement de l'approche du C++ en matière d'entrée/sortie.

Vous surchargez un opérateur en créant une fonction opérateur. Une *fonction opérateur* définit les traitements effectués par l'opérateur surchargé par rapport à la classe à laquelle il s'applique. Une fonction opérateur est créée par le biais du mot clé **operator**. Les fonctions opérateurs peuvent être soit des fonctions membres, soit des fonctions non membres d'une classe.

Cependant, les fonctions opérateurs non membres sont presque toujours des fonctions amies de la classe. La définition d'une fonction opérateur diffère selon qu'elle soit ou non membre d'une classe. C'est pourquoi chacun de ses deux aspects sera examiné séparément, en commençant par les fonctions opérateurs membres.

Création d'une fonction opérateur membre

Une fonction opérateur membre d'une classe prend la forme générale suivante :

```
type-ret nom-classe::operator#(arg-liste)
{
  // operations
}
```

Le plus souvent, les fonctions opérateurs retournent un objet de la classe sur laquelle ils agissent, mais *type-ret* peut être de n'importe quel type. Quand vous créez une fonction opérateur, remplacez le # par l'opérateur. Par exemple, si vous voulez surcharger l'opérateur **/**, indiquez **operator /**. Si vous surchargez un opérateur unaire, *arg-liste* sera vide. Si vous surchargez un opérateur binaire, *arg-liste* contiendra un élément (les raisons de cette situation à première vue peu commune seront clarifiées dans un moment).

Voici un premier exemple simple de surcharge d'opérateur. Ce programme crée une classe **loc** qui contient des valeurs de longitude et de latitude. L'opérateur **+** est ensuite surchargé pour cette classe. Observons ce programme avec attention, et plus particulièrement la définition de **operator+( )**.

```cpp
#include <iostream>
using namespace std;

class loc {
  int longitude, latitude;
public:
  loc() {}
  loc(int lg, int lt) {
    longitude = lg;
    latitude = lt;
  }

  void affiche() {
    cout << longitude << " ";
    cout << latitude << "\n";
  }

  loc operator+(loc op2);
};

// Surcharge + pour loc.
loc loc::operator+(loc op2)
{
  loc temp;

  temp.longitude = op2.longitude + longitude;
  temp.latitude = op2.latitude + latitude;

  return temp;
}

int main()
{
  loc ob1(10, 20), ob2( 5, 30);

  ob1.affiche(); // affiche 10 20
  ob2.affiche(); // affiche 5 30

  ob1 = ob1 + ob2;
  ob1.affiche(); // affiche 15 50

  return 0;
}
```

Comme vous pouvez le voir, **operator+( )** ne prend qu'un paramètre, alors qu'il surcharge l'opérateur binaire + (vous vous attendiez certainement à voir deux paramètres correspondant aux deux opérandes de l'opérateur binaire). La raison pour laquelle **operator+( )** ne prend qu'un seul paramètre est que l'opérande de la partie gauche est passé de façon implicite à la fonction, par le biais du pointeur **this**. L'opérande de la partie droite est passé dans le paramètre **op2**. Le fait que l'opérande de gauche soit passé par **this** implique un point important : quand des opérateurs binaires sont surchargés, c'est l'objet de la partie gauche qui génère l'appel à la fonction opérateur.

Comme mentionné précédemment, il est fréquent pour une fonction opérateur de retourner un objet du type sur lequel elle s'applique. Ainsi, cela permet d'utiliser l'opérateur pour un plus grand nombre d'expressions. Par exemple, si la fonction **operator+( )** retournait un autre type, l'expression suivante ne serait pas valide :

```
ob1 = ob1 + ob2;
```

Afin de pouvoir affecter la somme de **ob1** et **ob2** à **ob1**, le résultat de cette opération doit forcément être de type **loc**.

Par extension, le fait que **operator+( )** retourne un objet de type **loc** autorise l'expression suivante :

```
(ob1+ob2).affiche(); // affiche le résultat de ob1+ob2
```

Dans cette situation, **ob1+ob2** génère un objet temporaire, qui cesse d'exister à la fin de l'exécution d'**affiche( )**.

Il est important de comprendre qu'une fonction opérateur peut retourner n'importe quel type, lequel dépend uniquement des spécificités de votre application, même si, souvent, il s'agit du type sur lequel elle s'applique.

Un dernier point sur la fonction **operator+( )** : elle ne modifie aucun des opérandes. Dans la mesure où l'utilisation traditionnelle de l'opérateur + ne modifie pas les opérandes, cela paraît logique qu'il en aille de même pour une version surchargée (par exemple, 5+7 donne 12, mais ni 5, ni 7 n'ont été modifiés). Ainsi, bien que vous soyez libre d'effectuer n'importe quelle action au sein d'une fonction opérateur, il est préférable de rester dans le contexte de l'utilisation habituelle de l'opérateur.

Le programme suivant ajoute trois opérateurs à la classe **loc** : le -, le = et l'opérateur unaire ++. Apportez une attention particulière à la définition de ces fonctions :

```
#include <iostream>
using namespace std;
```

```
class loc {
  int longitude, latitude;
public:
  loc() {} // nécessaire pour construire les objets temporaires
  loc(int lg, int lt) {
    longitude = lg;
    latitude = lt;
  }

  void affiche() {
    cout << longitude << " ";
    cout << latitude << "\n";
  }

  loc operator+(loc op2);
  loc operator-(loc op2);
  loc operator=(loc op2);
  loc operator++();
};

// Surcharge de + pour loc.
loc loc::operator+(loc op2)
{
  loc temp;

  temp.longitude = op2.longitude + longitude;
  temp.latitude = op2.latitude + latitude;

  return temp;
}

// Surcharge de - pour loc.
loc loc::operator-(loc op2)
{
  loc temp;

  // notez l'ordre des opérandes
  temp.longitude = longitude - op2.longitude;
  temp.latitude = latitude - op2.latitude;

  return temp;
}
```

```
// Surcharge de l'affectation pour loc.
loc loc::operator=(loc op2)
{
  longitude = op2.longitude;
  latitude = op2.latitude;

  return *this; // i.e., retourne l'objet qui a fait l'appel
}

// Surcharge l'opérateur préfixe ++ pour loc.
loc loc::operator++()
{
  longitude++;
  latitude++;

  return *this;
}

int main()
{
  loc ob1(10, 20), ob2( 5, 30), ob3(90, 90);

  ob1.affiche();
  ob2.affiche();

  ++ob1;
  ob1.affiche(); // affiche 11 21

  ob2 = ++ob1;
  ob1.affiche(); // affiche 12 22
  ob2.affiche (); // affiche 12 22

  ob1 = ob2 = ob3; // affectation multiple
  ob1.affiche(); // affiche 90 90
  ob2.affiche(); // affiche 90 90

  return 0;
}
```

Étudions tout d'abord la fonction **operator-( )**. Notez l'ordre des opérandes dans la soustraction. En gardant le sens d'une soustraction, l'opérande à droite du signe moins est soustrait de l'opérande de gauche. Dans la mesure où c'est l'objet de gauche qui génère l'appel à la fonction **operator-( )**, le contenu d'**op2** doit être soustrait de la donnée pointée par **this**. Il est donc important de se souvenir de l'objet qui a effectué l'appel.

En C++, si le = n'est pas surchargé, une opération d'affectation par défaut est créée automatiquement pour n'importe quelle classe que vous définirez. L'affectation par défaut est une simple copie membre à membre. En surchargeant l'opérateur =, vous pouvez définir explicitement le fonctionnement de l'affectation pour votre classe. Dans cet exemple, le = surchargé produit exactement le même effet que l'affectation par défaut ; mais, dans d'autres situations, il pourrait effectuer d'autres opérations. Notez que la fonction **operator=( )** retourne *****this**, qui correspond à l'objet qui a lancé l'appel. Cet arrangement est nécessaire si vous voulez pouvoir utiliser les affectations multiples comme ceci :

```
ob1 = ob2 = ob3; // affectation multiple
```

Observons maintenant la définition de la fonction **operator++( )**. Comme vous pouvez le voir, elle ne prend pas de paramètre. Étant donné que ++ est un opérateur unaire, son unique opérande lui est passé implicitement par le biais du pointeur **this**.

Vous remarquerez que les deux fonctions **operator=( )** et **operator++( )** modifient la valeur de l'opérande. Dans le cas de l'affectation, l'opérande de gauche (celui qui a fait l'appel à la fonction) se voit affecter une nouvelle valeur. Dans le cas de ++, l'opérande est incrémenté. Comme cela a déjà été précisé, bien que vous soyez libre de faire accomplir à ces fonctions l'action de vote choix, il est plus prudent de rester cohérent avec leur signification première.

Création de formes préfixes et postfixes de l'incrémentation et de la décrémentation

Dans le programme précédent, seule la forme préfixale de l'opérateur d'incrémentation était surchargée. Toutefois, le C++ Standard autorise la création explicite de deux versions préfixe et postfixe des opérateurs d'incrémentation ou de décrémentation. Pour cela, vous devez définir deux versions de la fonction **operator++( )**. L'une est définie comme dans le précédent programme, l'autre est déclarée comme ceci :

```
loc operator++(int x);
```

Si le ++ précède l'opérande, la fonction **operator++( )** est invoquée. Si le ++ suit l'opérande, c'est la fonction **operator++(int x)** qui intervient et **x** a la valeur zéro.

L'exemple cité peut être généralisé. Voici les formes générales pour les opérateurs ++ et --, préfixe et postfixe :

```
// Incrémentation préfixe
type operator++( ) {
  // corps de l'opérateur préfixe
}
```

```
// Incrémentation postfixe
type operator++(int x) {
 // corps de l'opérateur postfixer
}

// Décrémentation préfixe
type operator- -( ) {
  // corps de l'opérateur préfixe
}

// Décrémentation postfix
type operator- -(int x) {
 // corps de l'opérateur postfixe
}
```

Note. Il est recommandé d'être prudent avec les anciens programmes C++ contenant des opérateurs d'incrémentation ou de décrémentation. Dans les anciennes versions de C++, il n'était pas possible de spécifier deux versions séparées pour ++ et –. La forme préfixale était utilisée dans tous les cas.

Surcharge des opérateurs raccourcis

Vous pouvez surcharger les opérateurs « raccourcis » tels que +=, -=. Par exemple, cette fonction surcharge += pour **loc** :

```
loc loc::operator+=(loc op2)
{
  longitude = op2.longitude + longitude;
  latitude = op2.latitude + latitude;

  return *this;
}
```

Quand vous surchargez ce type d'opérateur, il vous faut garder à l'esprit qu'il ne s'agit que d'une combinaison d'une affectation avec une autre opération.

Restrictions de la surcharge d'opérateurs

Il existe des restrictions qui s'appliquent à la surcharge d'opérateurs. Vous ne pouvez pas modifier la précédence d'un opérateur. Vous ne pouvez pas changer le nombre d'opérandes que prend un opérateur (vous pouvez toutefois choisir d'ignorer l'opérateur). À l'exception de l'opérateur d'appel de fonction (décrit ultérieurement), les fonctions opérateurs ne peuvent pas avoir d'arguments par défaut. Pour finir, les opérateurs suivants ne peuvent pas être surchargés :

.   : :   .*   ?

Comme établi, techniquement, vous êtes libre d'insérer n'importe quelle opération au sein de la fonction opérateur. Par exemple, si vous voulez surcharger l'opérateur + de sorte qu'il écrive dans un fichier 10 fois **J'aime le C++**, rien ne vous l'interdit. Cependant, si vous vous éloignez trop du sens premier de l'opérateur, vous courez le risque de déstructurer dangereusement votre programme. Quand quelqu'un lit votre programme et voit l'instruction **Ob1+Ob2**, il s'attend à ce que cela ait un effet ressemblant à une addition – et non pas un accès disque, par exemple. C'est pourquoi, avant de séparer l'opérateur de son sens normal, assurez-vous d'en avoir des raisons suffisantes. Un bon exemple dans lequel c'est efficace est la manière dont le C++ surcharge ses opérateurs **<<** et **>>** pour les opérations d'entrée/sortie. Bien que celles-ci n'aient aucun lien avec le décalage de bit, ces opérateurs fournissent une indication visuelle sur leur signification, aussi bien pour les entrées/sorties que pour le décalage de bit ; cette séparation marche bien dans ce cas. Cependant, de manière générale, il est préférable de rester dans le même contexte que le sens attendu d'un opérateur quand on le surcharge.

À l'exception de l'opérateur =, les fonctions opérateur sont héritées par toutes les classes dérivées. Toutefois, une classe dérivée peut tout à fait redéfinir un opérateur (même si celui-ci a été déjà redéfini dans la classe primitive) pour ses propres besoins.

Surcharge d'opérateur à l'aide d'une fonction amie

Vous pouvez surcharger un opérateur pour une classe en utilisant une fonction non membre, qui est le plus souvent une fonction amie. Étant donné qu'une fonction amie n'est pas membre de la classe, elle ne dispose pas d'un pointeur **this**. C'est pourquoi les opérandes sont passés explicitement à une fonction opérateur amie surchargée. Cela signifie qu'une fonction amie qui surcharge un opérateur binaire prend deux paramètres, et un seul pour un opérateur unaire. Quand on surcharge un opérateur binaire à l'aide d'une fonction amie, l'opérande de gauche est passé dans le premier paramètre et celui de droite dans le second paramètre.

Dans ce programme, la fonction **operator+( )** est une fonction amie :

```
#include <iostream>
using namespace std;

class loc {
  int longitude, latitude;
public:
  loc() {} // nécessaire pour construire les objets temporaires
  loc(int lg, int lt) {
```

```cpp
    longitude = lg;
    latitude = lt;
  }

  void affiche() {
    cout << longitude << " ";
    cout << latitude << "\n";
  }

  friend loc operator+(loc op1, loc op2); // fonction amie
  loc operator-(loc op2);
  loc operator=(loc op2);
  loc operator++();
};

// Maintenant, + est surchargé avec une fonction amie.
loc operator+(loc op1, loc op2)
{
  loc temp;

  temp.longitude = op1.longitude + op2.longitude;
  temp.latitude = op1.latitude + op2.latitude;

  return temp;
}

// Surcharge de - pour loc.
loc loc::operator-(loc op2)
{
  loc temp;

  // notez l'ordre des opérandes
  temp.longitude = longitude - op2.longitude;
  temp.latitude = latitude - op2.latitude;

  return temp;
}

// Surcharge de l'affectation pour loc.

loc loc::operator=(loc op2)
{
  longitude = op2.longitude;
  latitude = op2.latitude;

  return *this; // i.e., retourne l'objet qui a fait l'appel
}
```

```
// Surcharge de ++ pour loc.
loc loc::operator++()
{
  longitude++;
  latitude++;

  return *this;
}

int main()
{
  loc ob1(10, 20), ob2( 5, 30);

  ob1 = ob1 + ob2;
  ob1.affiche();

  return 0;
}
```

Il existe des restrictions qui s'appliquent aux fonctions opérateurs amies. D'une part, vous ne pourrez pas surcharger les opérateurs =, ( ), [ ], -> avec une fonction amie. D'autre part, comme expliqué dans la prochaine partie, pour surcharger les opérateurs d'incrémentation et de décrémentation, vous aurez besoin d'un paramètre référence, si vous utilisez une fonction amie.

Utilisation d'une fonction amie pour surcharger ++ et –

Si vous voulez utiliser une fonction amie pour surcharger les opérateurs d'incrémentation et de décrémentation, vous devrez lui passer les opérandes sous forme de paramètres références. En effet, les fonctions amies n'ont pas de pointeur **this**. Supposons que vous restiez fidèle au sens des opérateurs ++ et --, cela implique que l'opérande sur lequel ils agissent sera modifié. Pourtant, si vous utilisez une fonction amie, l'opérande sera passé par valeur. Cela signifie qu'une fonction amie n'a pas la possibilité de modifier l'opérande : étant donné que la fonction opérateur amie se voit passer non pas un pointeur **this** sur l'opérande, mais plutôt une copie de ce dernier, aucun changement effectué sur le paramètre n'affectera l'objet qui a fait l'appel. Vous pouvez toutefois remédier à cette situation en passant l'opérande sous forme de référence. Cela entraîne que tout changement intervenant sur le paramètre au sein de la fonction amie affecte l'opérande qui a effectué l'appel. Par exemple, ce programme utilise une fonction amie pour surcharger les versions préfixes de ++ et -- pour la classe **loc** :

```cpp
#include <iostream>
using namespace std;

class loc {
  int longitude, latitude;
public:
  loc() {}
  loc(int lg, int lt) {
    longitude = lg;
    latitude = lt;
  }

  void affiche() {
    cout << longitude << " ";
    cout << latitude << "\n";
  }

  loc operator=(loc op2);
  friend loc operator++(loc &op);
  friend loc operator--(loc &op);
};

// Surcharge de l'affectation pour loc.
loc loc::operator=(loc op2)
{
  longitude = op2.longitude;
  latitude = op2.latitude;

  return *this; // i.e., retourne l'objet qui a fait l'appel
}

// Maintenant un ami; utilise un paramètre référence.
loc operator++(loc &op)
{

  op.longitude++;
  op.latitude++;

  return op;
}
```

```
// Fonction op-- amie; utilise une référence.
loc operator--(loc &op)
{
  op.longitude--;
  op.latitude--;

  return op;
}

int main()
{
  loc ob1(10, 20), ob2;

  ob1.affiche();
  ++ob1;
  ob1.affiche(); // affiche 11 21

  ob2 =  ++ob1;
  ob2.affiche(); // affiche 12 22

  --ob2;
  ob2.affiche(); // affiche 11 21

  return 0;
}
```

Si vous voulez surcharger les versions postfixes des opérateurs d'incrémentation ou de décrémentation avec des fonctions amies, vous n'avez qu'à spécifier un deuxième paramètre entier. Par exemple, voici la version postfixe amie de l'opérateur d'incrémentation pour la classe **loc** :

```
// version postfixe amie de ++
friend loc operator++(loc &op, int x);
```

Fonctions opérateurs amies ajoutent de la souplesse

Dans de nombreux cas, que vous surchargiez un opérateur avec une fonction amie ou une fonction membre ne présente pas de différences fonctionnelles. Il est alors préférable d'utiliser une fonction membre. Toutefois, il existe une situation pour laquelle surcharger un opérateur avec une fonction amie augmente véritablement la souplesse d'un opérateur. Étudions ce cas de plus près.

Comme vous le savez déjà, quand vous surchargez un opérateur binaire avec une fonction amie, c'est l'objet à gauche de l'opérateur qui déclenche l'appel à la fonction. De plus, un pointeur sur cet objet est passé par le pointeur **this**. Imaginons maintenant une classe **CL**, contenant une fonction membre **operator+( )** qui permet d'ajouter un objet de cette classe à un entier. Soit **Ob** un objet de cette classe, l'expression suivante est valide :

```
Ob + 100 // valide
```

Dans ce cas, **Ob** déclenche l'appel à la fonction + et l'addition est effectuée. Mais que se passerait-il si l'expression était écrite comme ceci ?

```
100 + Ob // invalide
```

Dans ce cas, c'est un entier qui apparaît à gauche de l'opérateur. Étant donné qu'un entier est un type de base, aucune opération entre un entier et un objet du type d'**Ob** n'est définie. C'est pourquoi le compilateur refusera cette expression. Comme vous pouvez l'imaginer, dans certaines applications, il peut devenir pesant de devoir toujours placer l'objet à gauche de l'opérateur.

La solution à ce problème est alors de surcharger l'opérateur + en utilisant non pas une fonction membre, mais une fonction amie. Cela étant, les deux arguments sont alors passés explicitement à la fonction opérateur. Pour autoriser à la fois *objet+entier* et *entier+objet*, il suffit alors de surcharger deux fois la fonction, une version pour chaque situation. Ainsi, si vous surchargez un opérateur en utilisant deux fonctions **friend**, l'objet peut être placé soit sur la gauche, soit sur la droite de l'opérateur.

Ce programme illustre comment les fonctions **friend** sont employées pour définir une opération qui implique aussi bien un objet qu'un type de base :

```cpp
#include <iostream>
using namespace std;

class loc {
  int longitude, latitude;
public:

  loc() {}
  loc(int lg, int lt) {
    longitude = lg;
    latitude = lt;
  }

  void affiche() {
    cout << longitude << " ";
    cout << latitude << "\n";
  }
```

```
    friend loc operator+(loc op1, int op2);
    friend loc operator+(int op1, loc op2);
};

// + est surcharge pour loc + int.
loc operator+(loc op1, int op2)
{
  loc temp;

  temp.longitude = op1.longitude + op2;
  temp.latitude = op1.latitude + op2;

  return temp;
}
// + est surcharge pour int + loc.
loc operator+(int op1, loc op2)
{
  loc temp;

  temp.longitude = op1 + op2.longitude;
  temp.latitude = op1 + op2.latitude;

  return temp;
}

int main()
{
  loc ob1(10, 20), ob2( 5, 30), ob3(7, 14);

  ob1.affiche();
  ob2.affiche();
  ob3.affiche();

  ob1 = ob2 + 10; // les deux versions
  ob3 = 10 + ob2; // sont valides

  ob1.affiche();
  ob3.affiche();

  return 0;
}
```

Surcharge de new et de delete

Il est possible de surcharger new et delete. Cela peut s'avérer utile si vous utilisez des méthodes d'allocations particulières. Par exemple, vous pouvez créer des routines d'allocation, qui gèrent automatiquement un fichier disque en tant que mémoire virtuelle dès que le tas a été épuisé. Quelle que soit la raison, il est très simple de surcharger ces opérateurs.

Les squelettes des fonctions qui surchargent ces opérateurs sont de la forme suivante :

```
// Alloue un objet.
void *operator new(size_t size)
{
  /* Effectue l'allocation.  Lève bad_alloc sur l'échec.
     Le constructeur est appelé automatiquement. */
  return pointer_to_memory;
}

// Efface un objet.
void operator delete(void *p)
{
  /* Libère la mémoire pointée par p.
     Le destructeur est appelé automatiquement. */
}
```

Le type **size_t** est le type défini, capable de contenir le plus grand emplacement mémoire alloué (**size_t** est généralement un entier non signé). Le paramètre **size** correspondra au nombre d'octets nécessaires pour contenir l'objet à allouer. C'est la quantité de mémoire que votre version de **new** devra allouer. La fonction surchargée **new** doit retourner un pointeur sur l'emplacement mémoire qui vient d'être alloué, ou bien lever une exception **bad_alloc** en cas d'erreur lors de l'allocation. Hormis pour ces contraintes, la fonction **new** peut accomplir tout ce que vous voulez. Quand vous construisez un objet en invoquant **new** (que ce soit votre version surchargée ou non), le constructeur de l'objet est exécuté automatiquement.

La fonction **delete** reçoit un pointeur sur l'emplacement mémoire à libérer. Elle rend alors au système la mémoire précédemment allouée. Quand un objet est effacé, son destructeur est exécuté automatiquement.

Les opérateurs **new** et **delete** peuvent être surchargés de manière globale, de telle sorte que leur utilisation fasse toujours appel à votre version personnalisée. Ils peuvent également être surchargés par rapport à une ou plusieurs classes. Commençons par étudier un exemple de **new** et de **delete** surchargés pour une classe particulière. Pour plus de simplicité, aucune autre procédure d'allocation ne sera employée. Au lieu de cela, les opérateurs surchargés invoqueront simplement les fonctions de bibliothèque standard **malloc( )** et **free( )** (dans votre propre application, vous êtes bien sûr libre d'implémenter n'importe quelle procédure d'allocation mémoire).

Afin de surcharger les opérateurs **new** et **delete** pour une classe, il suffit de rendre les fonctions opérateurs membres de la classe. Voici l'exemple des opérateurs **new** et **delete** surchargés pour la classe **loc** :

```cpp
#include <iostream>
#include <cstdlib>
#include <new>
using namespace std;

class loc {
  int longitude, latitude;
public:
  loc() {}
  loc(int lg, int lt) {
    longitude = lg;
    latitude = lt;
  }

  void affiche() {
    cout << longitude << " ";
    cout << latitude << "\n";
  }

  void *operator new(size_t size);
  void operator delete(void *p);
};

// new surchargé pour loc.
void *loc::operator new(size_t size)

{
  void *p;

  cout << "Dans le new surchargé.\n";
  p = malloc(size);
  if(!p) {
    bad_alloc ba;
    throw ba;
  }
  return p;
}
```

```
// delete surcharge pour loc.
void loc::operator delete(void *p)
{
  cout << "Dans le delete surchargé.\n";
  free(p);
}

int main()
{
  loc *p1, *p2;

  try {
    p1 = new loc (10, 20);
  } catch (bad_alloc xa) {
    cout << "Erreur d'allocation pour p1.\n";
    return 1;
  }

  try {
    p2 = new loc (-10, -20);
  } catch (bad_alloc xa) {
    cout << "Erreur d'allocation pour p2.\n";
    return 1;;
  }

  p1->affiche();
  p2->affiche();

  delete p1;

  delete p2;

  return 0;
}
```

Le programme affiche alors :

```
Dans le new surchargé.
Dans le new surchargé.
10 20
-10 -20
Dans le delete surchargé.
Dans le delete surchargé.
```

Si **new** et **delete** sont définis pour une classe spécifique, pour tout autre type de donnée, ce seront les **new** et **delete** originaux qui seront employés. Les opérateurs surchargés ne s'appliquent qu'à la classe pour laquelle ils ont été définis. Cela signifie que si vous ajoutez la ligne suivante au **main( )**, le **new** par défaut sera exécuté :

```
int *f = new float; // utilise le new par défaut
```

Il est possible de surcharger **new** et **delete** de manière globale, si vous y souscrivez hors de toute déclaration de classe. Si les opérateurs **new** et **delete** sont surchargés globalement, les **new** et **delete** par défaut du C++ seront ignorés et les nouveaux opérateurs utilisés à chaque requête d'allocation. Bien entendu, si vous avez défini des versions particulières de ces opérateurs pour une ou plusieurs classes, elles seront utilisées lors de l'allocation d'objets des classes en question. En d'autre termes, quand il rencontre les mots **new** ou **delete**, le compilateur vérifie d'abord s'ils ont été définis pour la classe sur laquelle ils opèrent. Si c'est le cas, il applique les versions spécifiques. Sinon, le C++ exploite les opérateurs définis globalement. S'ils ont été surchargés, les versions surchargées sont employées.

Pour voir un exemple de surcharge globale de **new** et **delete**, observons le programme suivant :

```cpp
#include <iostream>
#include <cstdlib>
#include <new>
using namespace std;

class loc {

int longitude, latitude;
public:
  loc() {}
  loc(int lg, int lt) {
    longitude = lg;
    latitude = lt;
  }

  void affiche() {
    cout << longitude << " ";
    cout << latitude << "\n";
  }
};

// new global
void *operator new(size_t size)
{
  void *p;
```

II

LANGAGE C++

```
    p =  malloc(size);
    if(!p) {
      bad_alloc ba;
      throw ba;
    }
    return p;
}

// delete global
void operator delete(void *p)
{
  free(p);
}

int main()
{
  loc *p1, *p2;
  float *f;

  try {
    p1 = new loc (10, 20);
  } catch (bad_alloc xa) {

    cout << "Erreur d'allocation pour p1.\n";
    return 1;;
  }

  try {
    p2 = new loc (-10, -20);
  } catch (bad_alloc xa) {
    cout << "Erreur d'allocation pour p2.\n";
    return 1;;
  }

  try {
    f = new float; // utilise le new surchargé, également
  } catch (bad_alloc xa) {
    cout << "Erreur d'allocation pour f.\n";
    return 1;;
  }

  *f = 10.10F;
  cout << *f << "\n";

  p1->affiche();
  p2->affiche();
```

```
  delete p1;
  delete p2;
  delete f;

  return 0;
}
```

Exécutez ce programme par vous-même, pour vous rendre compte que les **new** et **delete** de base ont été surchargés.

Surcharge de new et delete pour les tableaux

Si vous voulez pouvoir allouer des tableaux d'objets en utilisant votre propre système d'allocation, vous devrez à nouveau surcharger **new** et **delete**. Afin d'allouer et de libérer des tableaux, vous devez utiliser les **new** et **delete** de la forme suivante :

```
// Alloue un tableau d'objets.
void *operator new[](size_t size)
{
  /* Exécute l'allocation.  Lève une exception bad_alloc en cas d'échec.
     Le constructeur de chaque element est appelé automatiquement. */
  return pointer_to_memory;
}


// Supprime un tableau d'objets.
void operator delete[](void *p)
{
  /* Libère la mémoire pointée par p.
     Le destructeur de chaque element est appelé automatiquement.
  */
}
```

Lors de l'allocation d'un tableau, la fonction constructeur de chacun de ses éléments est invoquée automatiquement. De la même manière, quand vous détruisez un tableau, la fonction destructeur de chaque élément est exécutée automatiquement. Vous n'avez pas à fournir de code explicitement pour réaliser ces actions.

Le programme suivant alloue et libère un objet et un tableau d'objets du type **loc** :

```
#include <iostream>
#include <cstdlib>
#include <new>
using namespace std;

class loc {
  int longitude, latitude;
```

```cpp
public:
  loc() {longitude = latitude = 0;}
  loc(int lg, int lt) {
    longitude = lg;
    latitude = lt;
  }

  void affiche() {
    cout << longitude << " ";
    cout << latitude << "\n";
  }

  void *operator new(size_t size);

  void operator delete(void *p);

  void *operator new[](size_t size);
  void operator delete[](void *p);
};

// new surchargé pour la classe loc.
void *loc::operator new(size_t size)
{
void *p;

  cout << "Dans le new surchargé.\n";
  p = malloc(size);
  if(!p) {
    bad_alloc ba;
    throw ba;
  }
  return p;
}

// delete surcharge pour la classe loc.
void loc::operator delete(void *p)
{
  cout << "Dans le delete surchargé.\n";
  free(p);
}

// new surcharge pour les tableau de loc.
void *loc::operator new[](size_t size)
{
  void *p;
```

```
    cout << "Utilisation du new[] surchargé.\n";
    p = malloc(size);
    if(!p) {
      bad_alloc ba;
      throw ba;
    }
    return p;
}


// delete surcharge pour les tableaux de loc.
void loc::operator delete[](void *p)
{
  cout << "Libération d'un tableau à l'aide du delete[] surchargé\n";
  free(p);
}

int main()
{
  loc *p1, *p2;
  int i;

  try {
    p1 = new loc (10, 20); // alloue un objet
  } catch (bad_alloc xa) {
    cout << "Erreur d'allocation pour p1.\n";
    return 1;;
  }

  try {
    p2 = new loc [10]; // alloue un tableau
  } catch (bad_alloc xa) {
    cout << "Erreur d'allocation pour p2.\n";
    return 1;;
  }

  p1->affiche();

  for(i=0; i<10; i++)
    p2[i].affiche();

  delete p1; // libère un objet
  delete [] p2; // libère un tableau

  return 0;
}
```

Surcharge des versions nothrow de new et de delete

Vous pouvez également créer des versions **nothrow** surchargées de **new** et de **delete**. Pour cela, vous devez utiliser les squelettes suivants :

```
// Version nothrow de new.
void *operator new(size_t size, const nothrow_t &n)
{
  // Effectue l'allocation.
  if(success) return pointer_to_memory;
  else return 0;
}

// Version nothrow de new pour les tableaux.
void *operator new[](size_t size, const nothrow_t &n)
{
  // Effectue l'allocation.
  if(success) return pointer_to_memory;
  else return 0;
}

void operator delete(void *p, const nothrow_t &n)
{
  // libération de la mémoire
}

void operator delete[](void *p, const nothrow_t &n)
{
  // libération de la mémoire
}
```

Le type **nothrow_t** est défini dans **<new>**. C'est le type de l'objet **nothrow**. Le paramètre **nothrow_t** n'est pas utilisé.

Surcharge d'opérateurs spéciaux

Le langage C++ définit comme des opérations l'appartenance à un tableau, l'appel de fonction et l'accès aux membres d'une classe. Les opérateurs qui effectuent ces fonctions sont respectivement [ ], ( ) et –>. Ceux-ci peuvent être surchargés, fournissant alors des utilisations très intéressantes.

Une restriction importante s'applique à la surcharge de ces trois opérateurs : ils doivent être des fonctions membres non statiques. Ils ne peuvent pas être des fonctions amies.

Surcharge de [ ]

En C++, le symbole [ ] est considéré comme un opérateur binaire pour sa surcharge. C'est pourquoi la forme générale d'une fonction membre **operator[ ]( )** est la suivante :

```
type nom-classe::operator[](int i)
{
  // . . .
}
```

Techniquement, le paramètre ne doit pas nécessairement être du type **int**, mais une fonction **operator[ ]( )** est typiquement utilisée pour l'accès aux éléments d'un tableau, et en tant que telle, une valeur entière est généralement employée.

Soit un objet **O**, l'expression :

```
O[3]
```

se traduit avec l'appel à **operator[ ]( )** par :

```
O.operator[](3)
```

Ainsi, la valeur de l'expression dans l'opérateur d'accès est passée à la fonction **operator[ ]( )** explicitement dans son paramètre. Le pointeur **this** va pointer sur **O**, l'objet qui a déclenché l'appel.

Dans le programme suivant, **atype** déclare un tableau de trois entiers. Sa fonction constructeur initialise chaque élément du tableau à une valeur spécifique. La fonction **operator[ ]( )** retourne la valeur de l'élément du tableau dont l'indice lui est passé en paramètre.

```
#include <iostream>
using namespace std;

class atype {
  int a[3];
public:
  atype(int i, int j, int k) {
    a[0] = i;
    a[1] = j;
    a[2] = k;
  }
  int operator[](int i) { return a[i]; }
};
```

```
int main()
{
  atype ob(1, 2, 3);

  cout << ob[1]; // affiche 2

  return 0;
}
```

Vous pouvez concevoir la fonction **operator[ ]( )** de telle sorte que [ ] puisse être utilisé d'un côté ou de l'autre de l'instruction d'affectation. Pour cela, il suffit de spécifier que la valeur de retour de **operator[ ]( )** soit une référence. Le programme suivant effectue ce changement, et montre son utilisation :

```
#include <iostream>
using namespace std;

class atype {
  int a[3];
public:
  atype(int i, int j, int k) {
    a[0] = i;
    a[1] = j;
    a[2] = k;
  }
  int &operator[](int i) { return a[i]; }
};

int main()
{
  atype ob(1, 2, 3);

  cout << ob[1]; // affiche 2
  cout << " ";

  ob[1] = 25; // [] à gauche de =

  cout << ob[1]; // affiche maintenant 25

  return 0;
}
```

Dans la mesure où **operator[ ]( )** retourne maintenant une référence sur l'élément d'indice **i** du tableau, il peut être utilisé à gauche de l'affectation, afin de modifier un élément du tableau (bien sûr, cela n'empêche pas qu'il soit toujours utilisable à droite de l'affectation).

Un des avantages à pouvoir surcharger l'opérateur [ ] est que cela offre un moyen d'implémenter une indexation plus sûre des tableaux. Comme vous le savez, en C++ il est possible de dépasser les bornes d'un tableau lors de l'exécution, sans pour autant déclencher de message d'erreur. Toutefois, si vous créez une classe qui contient un tableau et n'autorise un accès aux éléments du tableau que par l'intermédiaire de l'opérateur d'accès [ ] surchargé, il est alors possible d'intercepter tout dépassement d'indice. Par exemple, le programme suivant ajoute une vérification des bornes au précédent programme :

```cpp
// Un exemple de tableau sûr.
#include <iostream>
#include <cstdlib>
using namespace std;

class atype {
  int a[3];
public:
  atype(int i, int j, int k) {
    a[0] = i;
    a[1] = j;
    a[2] = k;
  }
  int &operator[](int i);
};

// Fournit une vérification de limite à atype.
int &atype::operator[](int i)
{
  if(i<0 || i> 2) {
    cout << "Erreur de bornes\n";
    exit(1);
  }
  return a[i];
}

int main()
{
  atype ob(1, 2, 3);


  cout << ob[1]; // affiche 2
  cout << " ";

  ob[1] = 25; // [] est à gauche de l'affectation
  cout << ob[1]; // affiche 25
```

```
  ob[3] = 44; // déclenche une erreur d'exécution, 3 est hors bornes

  return 0;
}
```

Dans ce programme, quand l'expression :

```
ob[3] = 44;
```

s'exécute, l'erreur de bornes est interceptée par **operator[ ]( )** et le programme est arrêté avant qu'il n'y ait eu le moindre dommage (en pratique, une fonction de récupération d'erreur pourrait être invoquée pour gérer le problème de dépassement de limite sans que le programme ne doive être arrêté).

Surcharge de ( )

Si vous surchargez l'opérateur d'appel de fonction ( ), vous n'êtes pas en train de définir une nouvelle façon d'exécuter une fonction. Vous êtes plutôt en train de créer une fonction opérateur à laquelle vous pourrez passer un nombre arbitraire de paramètres. Commençons par un exemple. Soit la déclaration d'opérateur :

```
double operator()(int a, float f, char *s);
```

et un objet O de cette classe, puis l'instruction :

```
O(10, 23.34, "hi");
```

qui se traduit en un appel à la fonction opérateur ( ) par :

```
O.operator()(10, 23.34, "hi");
```

En général, quand vous surchargez l'opérateur ( ), vous définissez les paramètres que vous voulez passer à cette fonction. Quand vous employez l'opérateur ( ) dans vos programmes, les arguments que vous passez sont alors copiés dans ces paramètres. Comme toujours, l'objet qui déclenche l'appel (O dans l'exemple) est pointé par **this**.

Voici un exemple de surcharge de ( ) pour la classe **loc**. Il affecte les valeurs qu'il reçoit en argument à la longitude et à la latitude de l'objet sur lequel il s'applique.

```
#include <iostream>
using namespace std;

class loc {
  int longitude, latitude;
```

LANGAGE C++

```cpp
public:
  loc() {}
  loc(int lg, int lt) {
    longitude = lg;
    latitude = lt;
  }

  void affiche() {
    cout << longitude << " ";
    cout << latitude << "\n";
  }

  loc operator+(loc op2);
  loc operator()(int i, int j);
};

// Surcharge de ( ) pour loc.
loc loc::operator()(int i, int j)
{
  longitude = i;
  latitude = j;

  return *this;
}

// Surcharge de + pour loc.
loc loc::operator+(loc op2)
{
  loc temp;

  temp.longitude = op2.longitude + longitude;
  temp.latitude = op2.latitude + latitude;

  return temp;
}

int main()
{
  loc ob1(10, 20), ob2(1, 1);

  ob1.affiche();
  ob1(7, 8); // peut être exécuté par lui-même
  ob1.affiche();

  ob1 = ob2 + ob1(10, 10); // peut être employé dans des expressions
  ob1.affiche();

  return 0;
}
```

L'affichage produit par ce programme est présenté ici :

```
10 20
7 8
11 11
```

Rappelons que, lors de la surcharge de ( ), il est possible d'utiliser n'importe quel type de paramètre et n'importe quel type de valeur de retour. Ces types se déduiront du contexte de votre programme. Il est également possible de définir des paramètres par défaut.

Surcharge de ->

L'opérateur pointeur **->**, également appelé opérateur d'*accès aux membres de classe*, est considéré comme un opérateur unaire lors de sa surcharge. Son usage général se présente sous cette forme :

```
objet->element;
```

Ici, *objet* est l'objet qui déclenche l'appel. La fonction **operator->**( ) doit retourner un pointeur sur un objet de la classe sur laquelle elle opère. L'*element* doit être un membre accessible de l'objet.

Le programme suivant illustre la surcharge de **->** en montrant l'équivalence entre **ob.i** et **ob->i** quand **operator->**( ) retourne un pointeur **this**.

```cpp
#include <iostream>
using namespace std;

class myclass {
public:
  int i;
  myclass *operator->() {return this;}
};

int main()
{
  myclass ob;

  ob->i = 10; // equivalent à ob.i

  cout << ob.i << " " << ob->i;

  return 0;
}
```

Une fonction **operator->**( ) doit être membre de la classe sur laquelle elle fonctionne.

Surcharge de l'opérateur virgule

Il est possible de surcharger l'opérateur de séquence (virgule) du langage C++. La virgule est un opérateur binaire et, comme tous les autres opérateurs surchargés, vous pouvez lui faire subir les manipulations de votre choix. Toutefois, si vous voulez que l'opérateur de séquence surchargé s'exécute de la même manière que normalement, votre version doit laisser de côté les valeurs de tous les opérandes, à l'exception de la partie de droite. Les valeurs de droite deviennent alors le résultat de l'opération virgule. Cela correspond à la façon de fonctionner de l'opérateur de séquence par défaut en C++.

Voici un programme qui illustre les effets de la surcharge de l'opérateur de séquence.

```cpp
#include <iostream>
using namespace std;

class loc {
  int longitude, latitude;
public:
  loc() {}
  loc(int lg, int lt) {
    longitude = lg;
    latitude = lt;

  }

  void affiche() {
    cout << longitude << " ";
    cout << latitude << "\n";
  }

  loc operator+(loc op2);
  loc operator,(loc op2);
};

// Surcharge de virgule pour loc
loc loc::operator,(loc op2)
{
  loc temp;

  temp.longitude = op2.longitude;
  temp.latitude = op2.latitude;
  cout << op2.longitude << " " << op2.latitude << "\n";

  return temp;
}
```

```
// Surcharge de + pour loc
loc loc::operator+(loc op2)
{
  loc temp;

  temp.longitude = op2.longitude + longitude;
  temp.latitude = op2.latitude + latitude;

  return temp;
}

int main()
{
  loc ob1(10, 20), ob2( 5, 30), ob3(1, 1);

  ob1.affiche();
  ob2.affiche();
  ob3.affiche();
  cout << "\n";

  ob1 = (ob1, ob2+ob2, ob3);

  ob1.affiche(); // affiche 1 1, la valeur de ob3

  return 0;
}
```

Ce programme affiche les sorties suivantes :

```
10 20
5 30
1 1

10 60
1 1
1 1
```

Notez que, malgré que les opérandes de gauche soient laissés de côté, chaque expression est quand même évaluée par le compilateur, de telle sorte que tous les effets désirés se réalisent.

Rappelons que l'opérande de gauche est passé à l'opérateur par le pointeur **this**, et sa valeur est laissée de côté par la fonction **operator,( )**. La valeur de l'opération de droite est retournée par la fonction. Ainsi, l'opérateur de séquence surchargé se comporte exactement de la même manière que l'opérateur par défaut. Si vous voulez qu'il réalise d'autres actions, il vous faudra modifier ces deux aspects.

CHAPITRE 16

Héritage

L 'héritage est un des principes fondamentaux de la Programmation Orientée Objet : il permet de créer une structure de programmation hiérarchisée basée sur le concept de classe. Le mécanisme d'héritage permet ainsi de définir une classe générale, spécifiant les traits communs dont seront dotés tous les éléments qui en dérivent. Ces derniers vont hériter ces traits de cette classe mère, et ajouter leurs propres spécificités qui vont les distinguer.

Pour se conformer à la terminologie du C++ standard, une classe dont vont hériter d'autres classes sera qualifiée de *classe mère* (*base class* en anglais). Celles qui héritent seront elles appelées *classes dérivées* (*derived class* en anglais). Une classe dérivée peut également être classe mère pour d'autres classes dérivées ; cela signifie qu'il est possible d'avoir un héritage à plusieurs degrés.

La façon dont C++ gère l'héritage est à la fois riche et flexible. Introduit au chapitre 11, l'héritage sera à présent examiné en détail.

Mode de dérivation de la classe mère

Lorsqu'une classe dérive d'une autre, les membres de la classe mère deviennent également les membres de la classe dérivée. La syntaxe permettant de dériver une classe d'une autre est la suivante :

```
class nom-classe-dérivée : access nom-classe-mère {
    // corps de la classe
};
```

Le mot clé *access* définit le mode de dérivation, c'est-à-dire qu'il contrôle les accès à la classe mère depuis la classe dérivée. Ce mot clé peut être **public**, **private** ou **protected**. Si aucun de ces trois mots n'est présent, le mode de dérivation par défaut est **private** si la classe dérivée est une **class**. S'il s'agit d'une classe **struct**, alors **public** devient le mode par défaut. Examinons maintenant les implications de l'utilisation du mode d'accès **public** ou **private** (le mode **protected** sera traité dans la section suivante).

Lorsque le mode d'accès est **public**, tous les membres publics de la classe mère deviennent des membres publics de la classe dérivée. De la même façon, les membres **protected** deviennent ses membres **protected**. En revanche, dans tous les cas, les membres privés de la classe mère restent inaccessibles par les membres de la classe dérivée.

Comme le montre l'exemple suivant, les objets de type **derived** peuvent directement atteindre les membres publics de l'objet **base** :

```
#include <iostream>
using namespace std;

class base {
  int i, j;
public:
  void set(int a, int b) { i=a; j=b; }
  void show() { cout << i << " " << j << "\n"; }
};

class derived : public base {
  int k;
public:
  derived(int x) { k=x; }
  void showk() { cout << k << "\n"; }
};

int main()
{
  derived ob(3);

  ob.set(1, 2); // Accès possible aux membres de la classe mère
  ob.show();// Accès possible aux membres de la classe mère

  ob.showk(); // Utilisation des membres de la classe dérivée
  return 0;
}
```

Lorsque le mode de dérivation entre la classe dérivée et la classe mère est **private**, tous les membres **public** et **protected** de la classe mère deviennent des membres privés de la classe dérivée. L'exemple suivant ne se compilera pas, car **set( )** et **show( )** sont maintenant des éléments privés de **derived** :

```
// Ce programme ne se compile pas.
#include <iostream>
using namespace std;

class base {
  int i, j;
public:
  void set(int a, int b) { i=a; j=b; }
  void show() { cout << i << " " << j << "\n";}
};

// Les éléments Public de la classe mère sont maintenant private.
class derived : private base {
  int k;
```

```
public:
  derived(int x) { k=x; }
  void showk() { cout << k << "\n"; }
};

int main()
{
  derived ob(3);

  ob.set(1, 2); // erreur, accès à set() refusé
  ob.show(); // erreur, accès à show() refusé

  return 0;
}
```

Note. Lorsque le mode de dérivation est **private**, les membres **public** et **protected** de la classe mère deviennent **private** dans la classe dérivée. Cela signifie qu'ils sont encore accessibles par les membres de la classe dérivée, mais qu'ils ne pourront pas être atteints depuis un quelconque autre endroit du code (uniquement depuis la classe mère et les classes dérivées).

Héritage et membres « protected »

Le mot clé **protected** a été introduit en C++ pour fournir une meilleure flexibilité dans les mécanismes d'héritage. Lorsqu'un membre d'une classe est déclaré comme **protected**, il est exclusivement accessible par les autres membres de la classe. Une seule caractéristique distingue en fait un membre **protected** d'un membre **private** : il s'agit de son comportement lorsqu'il est hérité, qui diffère de celui d'un membre privé.

Comme expliqué dans la section précédente, un membre privé d'une classe mère n'est pas accessible par le reste de votre programme, et cela même depuis ses classes dérivées. Les membres **protected** restent en revanche accessibles pour les classes dérivées. Dans le cas d'une classe mère dérivée en mode **public**, ses membres **protected** deviennent également protégés dans la classe dérivée, et restent ainsi accessibles de l'intérieur de la classe. En utilisant **protected**, vous pouvez dès lors créer des membres de classe qui sont privés pour leur classe, mais qui peuvent quand même être hérités et accessibles pour les classes dérivées. Voici un exemple :

```
#include <iostream>
using namespace std;

class base {
protected:
  int i, j; // "privés" pour la classe mère, mais accessible par les classes
            // dérivées
```

```
public:
  void set(int a, int b) { i=a; j=b; }
  void show() { cout << i << " " << j << "\n"; }
};

class derived : public base {
  int k;
public:
  // Possibilité d'accéder à i et j
  void setk() { k=i*j; }

  void showk() { cout << k << "\n"; }
};

int main()
{
  derived ob;

  ob.set(2, 3); // OK, connu par les classes dérivées
  ob.show(); // OK, connu par les classes dérivées

  ob.setk();
  ob.showk();

  return 0;
}
```

Dans cet exemple, la classe **base** est héritée par la classe **derived** en mode **public**. **i** et **j** étant déclarés en tant que **protected**, la fonction **setk( )** peut y accéder. Si **i** et **j** avaient été déclarés comme **private** dans la classe **base**, la classe **derived** n'aurait pas pu y avoir accès, et le programme n'aurait pas pu se compiler.

Lors d'un double héritage (une classe dérivée devient une classe mère pour une autre classe dérivée), les membres **protected** sont hérités deux fois s'il s'agit d'un héritage public : lors des deux héritages, ces membres restent **protected**. Le programme suivant est correct, et **derived2** a accès à **i** et **j**.

```
#include <iostream>
using namespace std;

class base {
protected:
  int i, j;
public:
  void set(int a, int b) { i=a; j=b; }
  void show() { cout << i << " " << j << "\n"; }
};
```

```
// i et j hérités et restent protected.
class derived1 : public base {
  int k;
public:
  void setk() { k = i*j; } // legal
  void showk() { cout << k << "\n"; }
};

// i et j hérités de derived1 et restent protected.
class derived2 : public derived1 {
  int m;
public:
  void setm() { m = i-j; } // legal
  void showm() { cout << m << "\n"; }
};

int main()
{
  derived1 ob1;
  derived2 ob2;

  ob1.set(2, 3);
  ob1.show();
  ob1.setk();
  ob1.showk();

  ob2.set(3, 4);
  ob2.show();
  ob2.setk();
  ob2.setm();
  ob2.showk();
  ob2.showm();

  return 0;
}
```

Si la classe **base** avait été dérivée en mode **private**, tous les membres de **base** seraient devenus des membres privés pour **derived1**, ce qui signifie qu'ils n'auraient pas été accessibles pour **derived2** (même si **i** et **j** le seraient restés pour **derived1**). Cette situation est illustrée dans le programme suivant, qui contient des erreurs et qui ne se compile pas. Les commentaires décrivent chacune de ces erreurs :

```
// Ce programme ne se compile pas.
#include <iostream>
using namespace std;
```

```
class base {
protected:
  int i, j;
public:
  void set(int a, int b) { i=a; j=b; }
  void show() { cout << i << " " << j << "\n"; }
};

// Désormais, tous les membres de la classe mère deviennent privés.
class derived1 : private base {
  int k;
public:
  // Ceci est encore possible car i et j sont privés pour derived1
  void setk() { k = i*j; } // OK
  void showk() { cout << k << "\n"; }
};

// L'accès à i, j, set(), et show() ne sont pas hérités.
class derived2 : public derived1 {
  int m;
public:
  // Impossible car i et j sont privés pour derived1
  void setm() { m = i-j; } // Erreur
  void showm() { cout << m << "\n"; }
};

int main()
{
  derived1 ob1;
  derived2 ob2;

  ob1.set(1, 2); // erreur, impossible d'utiliser set()
  ob1.show(); // erreur, impossible d'utiliser show()

  ob2.set(3, 4); // erreur, impossible d'utiliser set()
  ob2.show(); // erreur, impossible d'utiliser show()

  return 0;
}
```

Note. Bien que **base** soit dérivé en mode **private**, **derived1** a encore accès aux membres **public** et **protected** de la classe **base**. Une fois devenus privés, ces éléments ne peuvent plus être hérités.

Héritage en mode protected

L'héritage d'une classe mère peut être spécifié en mode **protected**. Dans ce cas, tous les membres publics et protégés de la classe mère deviennent des membres **protected** pour la classe dérivée. Voici un exemple :

```cpp
#include <iostream>
using namespace std;

class base {
protected:
  int i, j; // Reste accessible pour la classe derived
public:
  void setij(int a, int b) { i=a; j=b; }
  void showij() { cout << i << " " << j << "\n"; }
};

// Dérivation de la classe base en mode protected.
class derived : protected base{
  int k;
public:
  // la classe derived peut accéder aux membres hérités i, j et setij().
  void setk() { setij(10, 12); k = i*j; }

  // peut toujours accéder à showij() ici
  void showall() { cout << k << " "; showij(); }
};

int main()
{
  derived ob;

//  ob.setij(2, 3); // impossible, setij() est
//                  un membre protected de la classe derived

  ob.setk(); // OK, membre public de la classe derived
  ob.showall(); // OK, membre public de la classe derived

// ob.showij(); // impossible, showij() est un membre protected
//                 de la classe derived

  return 0;
}
```

Comme vous avez pu le constater en lisant les commentaires, bien que **setij( )** et **showij( )** soient des membres publics de la classe **base**, ils deviennent des membres protégés pour la classe **derived**, parce que la dérivation est spécifiée en mode **protected**. Ils ne sont donc pas accessibles dans le **main( )**.

Héritage multiple

Une classe dérivée peut hériter de plusieurs classes mères. Dans ce court exemple, la classe **derived** hérite à la fois de **base1** et de **base2** : on parle alors d'héritage multiple.

```
// Un exemple d'héritage multiple.
#include <iostream>
using namespace std;

class base1 {
protected:
  int x;
public:
  void showx() { cout << x << "\n"; }
};

class base2 {
protected:
  int y;
public:
  void showy() {cout << y << "\n";}
};

// Héritage multiple.
class derived: public base1, public base2 {
public:
  void set(int i, int j) { x=i; y=j; }
};

int main()
{
  derived ob;

  ob.set(10, 20); // propre à la classe derived
  ob.showx(); // hérité de la classe base1
  ob.showy(); // hérité de la classe base2

  return 0;
}
```

Comme le montre cet exemple, l'héritage multiple se précise en utilisant une liste de classes, séparées par des virgules. Pour chacune des classes, il est nécessaire de préciser le mode de dérivation.

Constructeurs, destructeurs et héritage

Deux questions apparaissent relativement aux constructeurs et aux destructeurs, lorsque les mécanismes d'héritage sont impliqués. D'abord, à quel moment les constructeurs et les destructeurs sont-ils invoqués ? Enfin, comment peut-on passer des paramètres au constructeur de la classe mère ? Cette section examine ces deux points importants.

Quand les constructeurs et les destructeurs sont-ils invoqués ?

Une classe mère, une classe dérivée ou les deux à la fois peuvent posséder un constructeur et/ou un destructeur. Il est important de comprendre l'ordre dans lequel ces fonctions sont exécutées lorsqu'un objet d'une classe dérivée est créé ou, au contraire, lorsqu'il est détruit. Pour commencer, examinez ce court programme :

```cpp
#include <iostream>
using namespace std;

class base {
public:
  base() { cout << "Constructing base\n"; }
  ~base() { cout << "Destructing base\n"; }
};

class derived: public base {
public:
  derived() { cout << "Constructing derived\n"; }
  ~derived() { cout << "Destructing derived\n"; }
};

int main()
{
  derived ob;

  // Ne fait rien à part construire et détruire l'objet ob

  return 0;
}
```

Comme l'indiquent les commentaires du **main( )**, ce programme ne fait que construire et détruire un objet appelé **ob**, instance de la classe **derived**. La trace d'exécution de ce programme est la suivante :

```
Constructing base
Constructing derived
Destructing derived
Destructing base
```

Le constructeur de la classe **base** est exécuté avant celui de la classe **derived**. Ensuite, puisque l'objet **ob** est immédiatement détruit dans ce programme, le destructeur de la classe **derived** est invoqué, suivi par l'appel de celui de la classe **base**.

Les résultats obtenus dans ce test sont généralisables. Lorsqu'un objet d'une classe dérivée est créé, et si sa classe mère possède un constructeur, c'est ce dernier qui sera invoqué avant celui de la classe dérivée. À l'inverse, lorsqu'un objet dérivé est détruit, le destructeur de cette classe dérivée est invoqué avant celui de la classe mère. Dit autrement, les constructeurs sont invoqués selon l'ordre de dérivation des classes, les destructeurs le sont selon l'ordre inverse.

En réfléchissant sur ce point, il paraît logique que les constructeurs soient exécutés dans l'ordre de dérivation : dans la mesure où la classe mère ne possède aucune information sur les classes dérivées, les initialisations que le constructeur de la classe mère a besoin d'effectuer sont indépendantes, et probablement requises par les opérations d'initialisations à effectuer par le constructeur de la classe dérivée. Par conséquent, le constructeur de la classe mère doit intervenir en premier.

De la même manière, l'ordre d'appel des destructeurs, inverse de celui de dérivation, paraît logique dans la mesure où la classe mère compose la structure de base de ses classes dérivées. La destruction d'un objet de la classe mère implique celle préalable de l'objet dérivé.

Dans le cas d'un héritage à plusieurs degrés (une classe dérivée devient classe mère pour une autre classe dérivée), la règle générale s'applique : constructeurs invoqués dans l'ordre de dérivation, destructeurs dans l'ordre inverse. L'exemple suivant le montre :

```cpp
#include <iostream>
using namespace std;

class base {
public:
  base() { cout << "Constructing base\n"; }
  ~base() { cout << "Destructing base\n"; }
};
```

```cpp
class derived1 : public base {
public:
  derived1() { cout << "Constructing derived1\n"; }
  ~derived1() { cout << "Destructing derived1\n"; }
};

class derived2: public derived1 {
public:
  derived2() { cout << "Constructing derived2\n"; }
  ~derived2() { cout << "Destructing derived2\n"; }
};

int main()
{
  derived2 ob;

  // Construction et destruction de l'objet ob

  return 0;
}
```

Sa trace d'exécution est la suivante :

```
Constructing base
Constructing derived1
Constructing derived2
Destructing derived2
Destructing derived1
Destructing base
```

La règle générale s'applique également dans le cadre de l'héritage multiple ; comme le démontre ce programme :

```cpp
#include <iostream>
using namespace std;

class base1 {
public:
  base1() { cout << "Constructing base1\n"; }
  ~base1() { cout << "Destructing base1\n"; }
};
```

```
class base2 {
public:
  base2() { cout << "Constructing base2\n"; }
  ~base2() { cout << "Destructing base2\n"; }
};

class derived: public base1, public base2 {
public:
  derived() { cout << "Constructing derived\n"; }
  ~derived() { cout << "Destructing derived\n"; }
};

int main()
{
  derived ob;

  // Construction et destruction de l'objet ob

  return 0;
}
```

La trace d'exécution est alors la suivante :

```
Constructing base1
Constructing base2
Constructing derived
Destructing derived
Destructing base2
Destructing base1
```

Vous pouvez remarquer que les constructeurs sont invoqués non seulement dans l'ordre de dérivation, mais également de la gauche vers la droite, par rapport à la liste des classes héritées spécifiée dans le code. L'inverse s'applique pour les destructeurs. En modifiant la liste des classes héritées lors de la déclaration de la classe comme suit :

```
class derived: public base2, public base1 {
```

La trace d'exécution aurait été la suivante :

```
Constructing base2
Constructing base1
Constructing derived
Destructing derived
Destructing base1
Destructing base2
```

Comment passer des paramètres au constructeur de la classe mère ?

Jusqu'ici, le cas d'un constructeur attendant des arguments n'a été traité dans aucun des exemples cités. Deux scénarios sont possibles. Le premier correspond au cas où le constructeur paramétré est celui de la classe dérivée, et où vous utilisez simplement la syntaxe standard d'appel au constructeur (voir le chapitre 12). En revanche, comment passez-vous des paramètres au constructeur de la classe mère si c'est ce dernier qui est paramétré ? La réponse est l'utilisation d'une syntaxe différente au moment de la déclaration du prototype du constructeur de la classe dérivée, où les arguments attendus sont passés en paramètres au constructeur des classes mères :

```
derived-constructor(arg-list) : base1(arg-list),
                                base2(arg-list),
                                // ...
                                baseN(arg-list)
{
    // Corps du constructeur de la classe dérivée
}
```

Ici, *base1* à *baseN* correspondent aux noms des classes dont hérite la classe dérivée. Notez bien que deux points séparent la déclaration du constructeur de la classe dérivée du reste, et qu'une virgule sépare chaque classe mère dans la liste spécifiée. Considérez le programme suivant :

```cpp
#include <iostream>
using namespace std;

class base {
protected:
  int i;
public:
  base(int x) { i=x; cout << "Constructing base\n"; }
  ~base() { cout << "Destructing base\n"; }
};

class derived: public base {
  int j;
public:
  // le constructeur de la classe dérivée utilise x ;

  // y étant passé à la classe mère "base".
  derived(int x, int y): base(y)
    { j=x; cout << "Constructing derived\n"; }

  ~derived() { cout << "Destructing derived\n"; }
  void show() { cout << i << " " << j << "\n"; }
};
```

```
int main()
{
  derived ob(3, 4);

  ob.show(); // Affiche 4 3

  return 0;
}
```

Dans ce cas, le constructeur de la classe **derived** est déclaré comme attendant deux paramètres, **x** et **y**. La classe **derived( )** utilise uniquement **x** ; **y** est quant à lui passé au constructeur de la classe **base( )**. En général, le constructeur de la classe dérivée doit spécifier tous les paramètres, qu'ils soient requis par le constructeur de la classe dérivée ou par le constructeur de ses classes mères. L'exemple suivant illustre cette syntaxe, dans le cas d'un héritage multiple :

```
#include <iostream>
using namespace std;

class base1 {
protected:
  int i;
public:
  base1(int x) { i=x; cout << "Constructing base1\n"; }
  ~base1() { cout << "Destructing base1\n"; }
};

class base2 {
protected:
  int k;
public:
  base2(int x) { k=x; cout << "Constructing base2\n"; }
  ~base2() { cout << "Destructing base1\n"; }
};

class derived: public base1, public base2 {
  int j;
public:
  derived(int x, int y, int z): base1(y), base2(z)
    { j=x; cout << "Constructing derived\n"; }

  ~derived() { cout << "Destructing derived\n"; }
  void show() { cout << i << " " << j << " " << k << "\n"; }
};
```

```
int main()
{
  derived ob(3, 4, 5);

  ob.show(); // Affiche 4 3 5

  return 0;
}
```

Il est important de comprendre que les arguments à passer au constructeur de la classe mère sont nécessairement passés *via* le constructeur de la classe dérivée. C'est pourquoi, même si le constructeur de la classe dérivée n'attend pas d'argument, son prototype devra prendre en compte ceux éventuellement requis par le constructeur de la classe mère. Pour exemple, dans ce programme, le constructeur de la classe dérivée ne prend aucun argument, contrairement à **base1( )** et **base2( )** :

```
#include <iostream>
using namespace std;

class base1 {
protected:
  int i;
public:
  base1(int x) { i=x; cout << "Constructing base1\n"; }
  ~base1() { cout << "Destructing base1\n"; }
};

class base2 {
protected:
  int k;
public:
  base2(int x) { k=x; cout << "Constructing base2\n"; }
  ~base2() { cout << "Destructing base2\n"; }
};

class derived: public base1, public base2 {
public:
  /* Le constructeur de la classe dérivée n'attend aucun paramètre,
     mais doit être déclaré comme attendant ceux requis
     par le constructeur de la classe mère
  */

  derived(int x, int y): base1(x), base2(y)
    { cout << "Constructing derived\n"; }
```

```
  ~derived() { cout << "Destructing derived\n"; }
  void show() { cout << i << " " << k << "\n"; }
};

int main()
{
  derived ob(3, 4);

  ob.show(); // Affiche 3 4

  return 0;
}
```

Le constructeur de la classe dérivée est libre d'utiliser chacun des paramètres déclarés, même si ceux-ci sont destinés au constructeur de la classe mère. Autrement dit, passer un argument au constructeur de la classe mère par cette méthode n'empêche pas son utilisation par la classe dérivée. Ce fragment de code est donc parfaitement correct :

```
class derived: public base {
  int j;
public:
  // le constructeur utilise à la fois x et y et ensuite les passent ensuite
à la

  // classe mère .
  derived(int x, int y): base(x, y)
    { j = x*y; cout << "Constructing derived\n"; }
```

Enfin, un point important à garder à l'esprit : les arguments ainsi passés peuvent correspondre à une quelconque expression valide. Cela inclut l'appel d'une fonction et les variables, tout en se rappelant que le langage C++ permet l'initialisation dynamique.

Contrôle d'accès

Lorsqu'une classe mère est héritée en mode **private**, tous les membres publics et protégés deviennent des membres privés pour la classe dérivée. Dans certaines circonstances, il peut pourtant être intéressant de préserver, après dérivation, le mode d'accès tel qu'il est défini à l'origine dans la classe mère. Par exemple, vous pouvez chercher à garder un accès public à un membre qui, étant défini comme public dans la classe mère mais hérité en mode **private**, devrait être privé après dérivation. Selon le C++ Standard, deux solutions s'offrent à vous. La première, et la meilleure, consiste à utiliser le mot clé **using**. Celui-ci est à l'origine prévu pour prendre en charge les namespaces : ce sujet est traité au chapitre 23. La deuxième manière consiste à faire *une déclaration d'accès* au sein même de la classe dérivée. Cette méthode, bien que reconnue par le Standard C++, est déconseillée ; à ce titre, elle ne doit pas être envisagée dans du nouveau code. Dans la mesure où de nombreux programmes existants préconisent pourtant cette solution, elle est examinée ici.

Une déclaration d'accès suit la syntaxe suivante :

```
base-class::member;
```

Cette déclaration doit être effectuée pendant la déclaration de la classe dérivée, juste après les instructions contrôlant l'accès aux membres concernés. Notez bien qu'aucune déclaration de type n'est requise ni autorisée lors de la déclaration d'accès.

Pour illustrer comment fonctionne une déclaration d'accès, commençons par étudier ce fragment de code :

```
class base {
public:
  int j; // public dans la classe mère
};


// Devenu privé après héritage
class derived: private base {
public:

  // Voici la déclaration d'accès
  base::j; // rend j à nouveau public
  .
  .
  .

};
```

Parce que la classe **base** est héritée en mode **private** par la classe **derived**, le membre public **j** est devenu privé dans la classe **derived**. En écrivant la déclaration d'accès :

```
base::j;
```

après l'instruction **public** qui détermine le type d'accès pour ce membre, **j** redevient public.

Vous pouvez envisager une telle déclaration pour restaurer les droits d'accès des membres définis à l'origine comme publics ou protégés. En revanche, vous ne pouvez pas appliquer cette méthode pour accroître ou restreindre le type d'accès pour un membre. Par exemple, un membre déclaré comme privé dans la classe mère ne pourra pas être rendu public dans une classe dérivée (si cela avait été possible, le mécanisme d'encapsulation serait obsolète !).

Le programme suivant montre à nouveau une déclaration d'accès pour restaurer les accès publics aux membres **j**, **seti( )** et **geti( )**.

```cpp
#include <iostream>
using namespace std;

class base {
  int i; // privé dans la classe mère
public:
  int j, k;
  void seti(int x) { i = x; }
  int geti() { return i; }
};

// Les membres hérités deviennent privés
class derived: private base {
public:
  /* Les trois instructions suivantes permettent de passer outre
     les règles d'héritage qui auraient voulu que les membres soient,
     et ainsi de restaurer l'accès public à seti(), et geti(). */
  base::j; // rend j à  nouveau public - et pas k
  base::seti; // rend seti() public
  base::geti; // rend geti() public

// base::i; // impossible, vous ne pouvez pas augmenter le type d'accès

  int a; // public
};

int main()
{
  derived ob;

//ob.i = 10; // impossible car i est privé dans la classe dérivée

  ob.j = 20; // possible car j est redevenu public
//ob.k = 30; // impossible car k est private

  ob.a = 40; // possible car a est public
  ob.seti(10);

  cout << ob.geti() << " " << ob.j << " " << ob.a;

  return 0;
}
```

Les déclarations d'accès sont reconnues par le langage C++ pour satisfaire des situations où l'ensemble des membres hérités doivent devenir privés après dérivation, à l'exception de quelques membres qui doivent maintenir leur accès public ou protégé, tel que défini dans la classe mère.

Note. Bien que le C++ Standard admette les déclarations d'accès, elles sont déconseillées. Cela signifie qu'elles sont encore autorisées mais qu'elles pourraient disparaître et ne plus être prises en charge dans le futur. En remplacement, le standard suggère d'utiliser le mot clé **using**.

Héritage en mode virtual

L'héritage multiple peut introduire une certaine ambiguïté dans un programme C++. Le programme suivant, qui contient une erreur, illustre ce problème :

```cpp
// Ce programme contient une erreur et ne compile pas.
#include <iostream>
using namespace std;

class base {
public:
  int i;
};

// la classe derived1 hérité de base.
class derived1 :  public base {
public:
  int j;
};

// la classe derived2 hérite de base.
class derived2 : public base {
public:
  int k;
};

/* derived3 hérite à la fois de derived1 et de derived2.
   Cela signifie que deux copies de la classe base
   compose la classe derived3! */
class derived3 : public derived1, public derived2 {
public:
  int sum;
};
```

```
int main()
{
  derived3 ob;

  ob.i = 10; // Voici l'ambiguïté : de quel i parle-t-on ???
  ob.j = 20;
  ob.k = 30;

  // i ambigu ici aussi
  ob.sum = ob.i + ob.j + ob.k;

  // nouvelle ambiguïté sur l'origine du membre i ?
  cout << ob.i << " ";

  cout << ob.j << " " << ob.k << " ";
  cout << ob.sum;

  return 0;
}
```

Comme l'indiquent les commentaires, les classe **derived1** et **derived2** héritent de la classe **base**. La classe **derived3** dérive à la fois de **derived1** et de **derived2**. Cela signifie que deux copies de la classe **base** sont présentes dans la structure de la classe **derived3**. Par conséquent, toutes expressions du type :

```
ob.i = 10;
```

dans lesquelles le membre **i** est référencé, portent à confusion : s'agit-il du membre i de la classe **derived1** ou de celui de **derived2** ? À chacune des copies de la classe **base** présente dans l'objet **ob**, correspond un membre **ob.i** ! L'instructions devient donc ambiguë.

Deux solutions sont possibles pour remédier à ce problème. La première consiste à employer l'opérateur de résolution de portée pour déterminer le membre **i** voulu dans le code. Par exemple, cette version du programme se compile et s'exécute :

```
// Ce programme utilise explicitement l'opérateur de résolution de portée.
#include <iostream>
using namespace std;

class base {
public:
  int i;
};
```

```
// derived1 hérite de base.
class derived1 :  public base {
public:
  int j;
};

// derived2 hérite de base.
class derived2 : public base {
public:
  int k;
};

/* derived3 hérite à la fois de derived1 et de derived2.
   A nouveau deux copies de la classe base dans la classe derived3! */
class derived3 : public derived1, public derived2 {
public:
  int sum;
};

int main()
{
  derived3 ob;

  ob.derived1::i = 10; // Problème fixé : il s'agit du membre i de derived1
  ob.j = 20;
  ob.k = 30;

  // Problème fixé
  ob.sum = ob.derived1::i + ob.j + ob.k;

  // aussi fixé ici
  cout << ob.derived1::i << " ";

  cout << ob.j << " " << ob.k << " ";
  cout << ob.sum;

  return 0;
}
```

Comme vous pouvez le constater, l'utilisation de l'opérateur :: permet au programme de lever l'ambiguïté : il est explicitement spécifié dans le code que l'on utilise le membre **i** correspondant à la classe **derived1**. En revanche, cette solution soulève un problème encore plus fin : que se passe-t-il si l'on souhaite avoir une et une seule copie de la classe **base** dans la composition de **derived3** ? Existe-t-il un moyen de s'assurer qu'une seule copie de la classe **base** compose la structure de la classe **derived3** ? La réponse, comme vous l'avez peut-être deviné, est que cela est possible en spécifiant la classe mère virtuelle (**virtual**) lors de la déclaration de l'héritage.

Ce mot clé **virtual** doit précéder le nom de la classe mère lors de la déclaration de l'héritage. Voici une nouvelle version du programme servant d'exemple, où la classe **derived3** ne va contenir qu'une seule copie de la classe **base** :

```
// Ce programme utilise une classe mère virtuelle lors de l'héritage.
#include <iostream>
using namespace std;

class base {
public:
  int i;
};

// derived1 hérite de base en mode virtual.
class derived1 : virtual public base {
public:
  int j;
};

// derived2 hérite de base en mode virtual.
class derived2 : virtual public base {
public:
  int k;
};

/* derived3 hérite à la fois de derived1 et de derived2.
   Cette fois, une seule copie de la classe base compose la structure de
derived3. */
class derived3 : public derived1, public derived2 {
public:
  int sum;
};

int main()
{
  derived3 ob;

  ob.i = 10; // aucune ambiguïté
  ob.j = 20;
  ob.k = 30;

  // aucune ambiguïté
  ob.sum = ob.i + ob.j + ob.k;
```

```
  // aucune ambiguïté
  cout << ob.i << " ";

  cout << ob.j << " " << ob.k << " ";
  cout << ob.sum;
  return 0;
}
```

Le mot clé **virtual** se place au tout début de l'instruction relative à l'héritage.

Dès que les classes **derived1** et **derived2** héritent de la classe **base** en mode **virtual**, tout héritage multiple impliquant ces deux classes ne portera plus à confusion : une et une seule copie du membre **i** existe dans la classe **derived3**, et **ob.i = 10** est une instruction parfaitement valide et dénuée ambiguïté.

Encore un point que vous devez garder à l'esprit : bien que **derived1** et **derived2** spécifient **base** comme **virtual**, **base** est encore présent dans la structure de ces deux classes. Par exemple, les instructions suivantes sont parfaitement correctes :

```
// Déclaration d'un objet de type derived1
derived1 myclass;

myclass.i = 88;
```

Entre une classe mère spécifiée comme virtuelle et une autre qui ne l'est pas, il n'existe pas d'autre différence que celle que nous venons de voir dans le cas d'un héritage multiple.

CHAPITRE 17

Fonctions virtuelles et polymorphisme

L e polymorphisme est pris en charge en C++, tant au moment de la compilation que lors de l'exécution. Comme cela a été affirmé dans les précédents chapitres, le polymorphisme de compilation est obtenu par la surcharge des fonctions et des opérateurs. Le polymorphisme d'exécution est quant à lui réalisé en exploitant l'héritage et les fonctions virtuelles, ce qui constitue le sujet de ce chapitre.

Fonctions virtuelles

Une fonction virtuelle est une fonction membre, déclarée dans une classe mère et redéfinie dans une classe dérivée. Pour créer une fonction virtuelle, il suffit de faire précéder sa déclaration dans la classe mère par le mot clé virtual. Quand une classe contenant une fonction virtuelle est héritée, la classe dérivée redéfinit celle-ci pour qu'elle convienne à ses propres besoins. Dans le principe, les fonctions virtuelles implémentent la philosophie « une interface, plusieurs méthodes » qui est sous-jacente au polymorphisme. La fonction virtuelle dans la classe mère définit la forme de l'interface de cette fonction. Chaque redéfinition de la fonction dans une classe dérivée implémente les opérations spécifiques relativement à cette classe. Autrement dit, la redéfinition crée une méthode spécifique.

Quand on y accède « normalement », les fonctions virtuelles se comportent de la même manière que n'importe quelle autre fonction membre. Toutefois, ce qui les rend importantes, et aptes à assumer le polymorphisme d'exécution, c'est leur comportement quand elles sont accessibles *via* un pointeur. Comme nous l'avons vu au chapitre 13, tout pointeur sur une classe mère peut être utilisé pour pointer sur un objet d'une classe dérivée de celle-ci. Quand un pointeur de base pointe sur une classe dérivée qui contient une fonction virtuelle, le C++ détermine quelle version de la fonction doit être invoquée en se fondant sur le type de l'objet pointé. Ce choix intervient lors de l'exécution. Ainsi, quand des objets différents sont pointés, des versions distinctes de la fonction sont exécutées. C'est le même effet qui s'applique aux références sur des classes de base.

Pour commencer, étudions ce court exemple :

```
#include <iostream>
using namespace std;

class base {
public:
  virtual void vfunc() {
    cout << "Ceci est vfunc() de base.\n";
  }
};
```

```
class derive1 : public base {
public:
  void vfunc() {
    cout << "Ceci est vfunc() de derive1.\n";
  }
};

class derive2 : public base {
public:
  void vfunc() {
    cout << "Ceci est vfunc() de derive2.\n";
  }
};

int main()
{
  base *p, b;
  derive1 d1;
  derive2 d2;

  // pointe sur base
  p = &b;
  p->vfunc(); // accède à vfunc() de base

  // pointe sur derive1
  p = &d1;
  p->vfunc(); // accède à vfunc() de derive1

  // pointe sur derive2
  p = &d2;
  p->vfunc(); // accède à vfunc() de derive2

  return 0;
}
```

Ce programme affiche les sorties suivantes :

```
Ceci est vfunc() de base.
Ceci est vfunc() de derive1.
Ceci est vfunc() de derive2.
```

Ici, la fonction virtuelle **vfunc( )** est déclarée dans la classe **base**. Notez que le mot clé **virtual** précède le reste de la déclaration de la fonction. Quand **vfunc( )** est redéfinie dans **derive1** et **derive2**, le mot clé **virtual** n'est pas nécessaire (cependant, le répéter à ce niveau ne constitue pas une erreur).

Dans ce programme, la classe **base** est héritée deux fois. Dans chaque définition de classe, **vfunc( )** est redéfinie par rapport à sa classe. Au sein du **main( )**, quatre variables sont déclarées :

Nom	Type
P	pointeur sur la classe base
B	objet base
d1	objet derived1
d2	objet derived2

Puis, on affecte à p l'adresse de b, et vfunc( ) est invoquée par l'intermédiaire de p. Dans la mesure où p pointe sur un objet de type base, c'est cette version de vfunc( ) qui est exécutée. Puis p se voit affecter l'adresse de d1, et vfunc( ) est encore invoquée *via* p. Cette fois, p pointe sur un objet de type derive1. C'est donc derive1::vfunc( ) qui est exécutée. Enfin, on affecte à p l'adresse de d2 et p->vfunc( ) est sollicitée, ce qui déclenche l'exécution de la version de vfunc( ) définie dans la classe derive2. Ce qu'il importe de comprendre ici est que la nature de l'objet pointé détermine la version de la fonction virtuelle à exécuter. De plus, cette détermination intervient au moment de l'exécution, et ce processus constitue la base du polymorphisme d'exécution.

Bien qu'il soit toujours possible d'exécuter « normalement » une fonction virtuelle en employant le nom de l'objet et l'opérateur point, c'est seulement quand elle est invoquée *via* un pointeur sur classe mère que le polymorphisme d'exécution s'applique. Par exemple, ceci est correct syntaxiquement :

```
d2.vfunc(); // appel de vfunc() de derive2
```

Exécuter une fonction virtuelle de cette manière n'est pas faux, mais cela ne tient pas compte de la nature virtuelle de vfunc( ).

À première vue, la redéfinition d'une fonction virtuelle dans une classe dérivée peut paraître similaire à la surcharge de fonction. Cependant, ce n'est pas le cas, et le terme de surcharge ne s'applique pas aux fonctions virtuelles, car il existe quelques différences. La plus significative est probablement que le prototype d'une fonction virtuelle redéfinie doit correspondre exactement au prototype spécifié dans la classe mère. Cela diffère de la surcharge d'une fonction normale, pour laquelle le type de retour ainsi que le nombre et le type des paramètres peuvent varier (en fait, quand vous surchargez une fonction, soit le nombre, soit le type des paramètres doit changer ! c'est ce qui permet au compilateur C++ de sélectionner la version correcte de la méthode surchargée). En revanche, pour redéfinir une fonction virtuelle, tous les aspects de son prototype doivent demeurer intacts. Si vous modifiez le prototype en voulant redéfinir une fonction virtuelle, le compilateur C++ considérera qu'il s'agit d'une surcharge de fonction, et vous perdrez sa nature virtuelle. Une autre restriction importante est que les fonctions virtuelles doivent être des fonctions membres non statiques, et qu'elles ne peuvent pas être des fonctions amies. Enfin, les fonctions constructeurs ne peuvent pas être virtuelles alors que les destructeurs le peuvent.

Appel d'une fonction virtuelle par une référence sur une classe mère

Dans l'exemple précédent, une fonction virtuelle était invoquée par l'intermédiaire d'un pointeur sur classe mère ; mais la nature polymorphe d'une fonction virtuelle est également accessible par un appel par le biais d'une référence sur classe mère. Comme expliqué au chapitre 13, une référence est un pointeur implicite. Ainsi, une référence sur une classe mère peut être employée pour pointer sur un objet de la classe mère ou de toute classe dérivée. Lorsqu'une fonction virtuelle est exécutée par le biais d'une référence, la version de la fonction à considérer est déterminée par l'objet auquel il est fait référence au moment de l'appel.

La situation la plus courante pour laquelle une fonction virtuelle est invoquée par une référence survient quand cette dernière est un paramètre de fonction. Par exemple, considérons la variation suivante du précédent programme :

```
/* Ici, une référence est utilisée pour accéder
   à une fonction virtuelle. */
#include <iostream>
using namespace std;

class base {
public:
  virtual void vfunc() {
    cout << "Ceci est vfunc() de base.\n";
  }
};

class derive1 : public base {
public:
  void vfunc() {
    cout << "Ceci est vfunc() de derive1.\n";
  }
};

class derive2 : public base {
public:
  void vfunc() {
    cout << "Ceci est vfunc() de derive2.\n";
  }
};
```

```
// Utilisation d'un paramètre référence.
void f(base &r) {
  r.vfunc();
}

int main()
{
  base b;
  derived1 d1;
  derived2 d2;

  f(b); // passe un objet base à f()
  f(d1); // passe un objet derive1 à f()
  f(d2); // passe un objet derive2 à f()

  return 0;
}
```

Ce programme produit les mêmes affichages que sa version précédente. Dans cet exemple, la fonction f( ) définit un paramètre référence de type base. Dans le main( ), la fonction est exécutée avec des objets de type base, derive1 et derive2. Dans f( ), la version spécifique de vfunc( ) qui est considérée est déterminée par le type d'objet référencé quand la fonction est invoquée.

Pour plus de simplicité, les autres exemples de ce chapitre invoqueront des fonctions virtuelles par le biais de pointeurs sur classe mère, mais les effets sont les mêmes qu'avec les références.

L'attribut virtuel est hérité

Quand une fonction virtuelle est héritée, sa nature virtuelle l'est également. Cela signifie que lorsqu'une classe dérivée, qui a hérité une fonction virtuelle, est elle-même prise comme classe mère pour une autre dérivation, la fonction virtuelle peut encore être transmise. Présenté différemment, peu importe le nombre de dérivations successives que subit une fonction virtuelle, elle demeure virtuelle. Par exemple, considérons le programme suivant :

```
#include <iostream>
using namespace std;

class base {
public:
  virtual void vfunc() {
    cout << " Ceci est vfunc() de base.\n";
  }
};
```

```
class derive1 : public base {
public:
  void vfunc() {
    cout << " Ceci est vfunc() de derive1.\n";
  }
};

/* derive2 hérite de la fonction virtuelle vfunc()
   de derive1. */
class derive2 : public derive1 {
public:
  // vfunc() est toujours virtuelle
  void vfunc() {
    cout << "Ceci est vfunc() de derive2.\n";
  }
};

int main()
{
  base *p, b;
  derive1 d1;
  derive2 d2;

  // pointe sur base
  p = &b;
  p->vfunc(); // accède a vfunc() de base

  // pointe sur derive1
  p = &d1;
  p->vfunc(); // accède a vfunc() de derive1

  // pointe sur derive2
  p = &d2;
  p->vfunc(); // accède a vfunc() de derive2

  return 0;
}
```

Comme prévu, ce programme affiche :

```
Ceci est vfunc() de base.
Ceci est vfunc() de derive1.
Ceci est vfunc() de derive2.
```

Dans ce cas, derive2 hérite de derive1 plutôt que de base, mais vfunc( ) est toujours virtuelle.

Les fonctions virtuelles sont hiérarchisées

Comme expliqué précédemment, quand une fonction est déclarée virtual dans une classe mère, elle peut être redéfinie par la classe dérivée. Cependant, ce n'est pas impératif. Quand une classe dérivée ne redéfinit pas une fonction virtuelle, et qu'un de ses objets fait appel à cette fonction, c'est celle qui est définie dans la classe mère qui est exécutée. Par exemple, considérons ce programme, dans lequel derive2 ne redéfinit pas vfunc( ) :

```cpp
#include <iostream>
using namespace std;

class base {
public:
  virtual void vfunc() {
    cout << "Ceci est vfunc() de base.\n";
  }
};

class derive1 : public base {
public:
  void vfunc() {
    cout << "Ceci est vfunc() de derive1.\n";
  }
};

class derive2 : public base {
public:
// vfunc() n'est pas redéfinit par derived2, la fonction de base est
utilisée
};

int main()
{
  base *p, b;
  derive1 d1;
  derive2 d2;

  // pointe sur base
  p = &b;
  p->vfunc(); // accède à vfunc() de base
```

```
  // pointe sur derived1
  p = &d1;
  p->vfunc(); // accède à vfunc() de derive1

  // pointe sur derived2
  p = &d2;
  p->vfunc(); // utilise vfunc() de base

  return 0;
}
```

Ce programme produit l'affichage

```
Ceci est vfunc() de base.
Ceci est vfunc() de derive1.
Ceci est vfunc() de base.
```

derive2 ne redéfinissant pas vfunc( ), c'est la fonction définie dans base qui est exécutée lorsqu'un objet de type derive2 fait appel à vfunc( ).

Le programme précédent illustre un cas particulier d'une règle plus générale. L'héritage étant hiérarchique en C++, il paraît logique que celui des fonctions virtuelles le soit également. Cela signifie que lorsqu'une classe dérivée ne redéfinit pas une fonction virtuelle, on applique la première redéfinition rencontrée en remontant l'ordre des dérivations. Par exemple, dans le programme suivant, derive2 hérite de derive1, qui hérite de base. Mais derive2 ne redéfinit par la fonction vfunc( ). Cela signifie que, par rapport à derive2, la version la plus proche de vfunc( ) est celle de derive1. C'est pourquoi derive1::vfunc( )est invoquée quand un objet de la classe derive2 fait appel à vfunc( ).

```
#include <iostream>
using namespace std;

class base {
public:
  virtual void vfunc() {
    cout << "Ceci est vfunc() de base.\n";
  }
};

class derive1 : public base {
public:
  void vfunc() {
    cout << "Ceci est vfunc() de derive1.\n";
  }
};
```

```
class derive2 : public derive1 {
public:
/* vfunc() n'est pas redéfinie par derive2.
   Dans ce cas, puisque derive2 est héritée de
   derive1, c'est vfunc() de derive1 qui est utilisée.
*/
};

int main()
{
  base *p, b;
  derive1 d1;
  derive2 d2;

  // pointe sur base
  p = &b;
  p->vfunc(); // accède à vfunc() de base

  // pointe sur derive1
  p = &d1;
  p->vfunc(); // accède à vfunc() de derive1

  // pointe sur derive2
  p = &d2;
  p->vfunc(); // utilise vfunc() de derive1

  return 0;
}
```

Le programme affiche alors :

```
Ceci est vfunc() de base.
Ceci est vfunc() de derive1.
Ceci est vfunc() de derive1.
```

Fonction virtuelle pure

Comme l'illustrent les exemples de la section précédente, lorsqu'une fonction virtuelle n'est pas redéfinie dans une classe dérivée, c'est la fonction de la classe mère qui est exécutée. Cependant, dans certaines situations, il se peut qu'il n'y ait pas de définition significative pour la fonction dans la classe mère. Cela peut être le cas si une classe mère ne définit pas suffisamment un objet pour qu'une fonction virtuelle s'y applique. De plus, vous voudrez parfois vous assurer que toutes les classes dérivées redéfinissent la fonction virtuelle.

Pour gérer ces deux situations, le langage C++ autorise les fonctions virtuelles pures.

Une *fonction virtuelle pure* est une fonction virtuelle qui n'a pas de définition au sein de la classe mère. Pour déclarer une fonction virtuelle pure, il faut utiliser la forme générale :

```
virtual type nom-fonc (liste-param) = 0
```

Quand une fonction virtuelle est dite pure, toute classe dérivée doit en fournir sa propre définition. Si ce n'est pas le cas, une erreur de compilation apparaîtra.

Le programme suivant présente un exemple simple de fonction virtuelle pure. La classe mère nombre contient un entier val, une fonction setval( ) et la fonction virtuelle pure affiche( ). Les classes dérivées hextype, dectype et octtype héritent de nombre et redéfinissent la fonction affiche( ) de telle sorte qu'elle renvoie la valeur de val dans sa base respective (autrement dit, hexadécimale, décimal et octale).

```cpp
#include <iostream>
using namespace std;

class nombre {
protected:
  int val;
public:
  void setval(int i) { val = i; }

  // affiche() est une fonction virtuelle pure
  virtual void affiche() = 0;
};

class hextype : public nombre {
public:
  void affiche() {
    cout << hex << val << "\n";
  }
};

class dectype : public nombre {
public:
  void affiche() {
    cout << val << "\n";
  }
};

class octtype : public nombre {
public:
  void affiche() {
    cout << oct << val << "\n";
  }
};
```

```
int main()
{
  dectype d;
  hextype h;
  octtype o;

  d.setval(20);
  d.affiche(); // affiche 20 - decimale

  h.setval(20);
  h.affiche(); // affiche 14 - hexadecimale

  o.setval(20);
  o.affiche();  // affiche 24 - octale

  return 0;
}
```

Bien qu'étant simple, cet exemple illustre parfaitement comment une classe mère peut ne pas être capable de définir de façon significative une fonction virtuelle. Dans le cas présent, **nombre** fournit simplement une interface commune pour les types dérivés. Il n'y a pas de raison de définir **affiche( )** dans la classe mère, dans la mesure où la base du nombre n'est pas connue. Il est bien sûr toujours possible de créer une définition de remplacement pour une fonction virtuelle. Toutefois, faire d'**affiche( )** une fonction pure vous assure que toutes les classes dérivées la redéfinissent pour qu'elle corresponde à leur propres besoins.

Il est important de garder à l'esprit que si une fonction virtuelle est déclarée pure, toutes les classes dérivées devront la redéfinir, sans quoi une erreur de compilation sera levée.

Classe abstraite

Une classe qui contient au moins une fonction virtuelle pure est dite *abstraite*. Dans la mesure où une classe abstraite comporte une ou plusieurs fonctions pour lesquelles il n'y a pas de définition (autrement dit, des fonctions virtuelles pures), il n'est pas possible de créer un objet d'une classe abstraite. En revanche, une classe abstraite constitue un type incomplet, sur lequel on va se fonder pour dériver d'autres classes.

Bien qu'il soit impossible de créer des objets de classe abstraite, il est possible de créer des pointeurs et des références sur ces classes. Cela permet aux classes abstraites de prendre en charge le polymorphisme d'exécution, qui s'appuie sur des pointeurs ou des références sur classe mère pour sélectionner la fonction virtuelle appropriée.

Utilisation des fonctions virtuelles

Un des aspects centraux de la programmation orientée objet est le principe « une interface, plusieurs méthodes ». Cela signifie qu'une classe d'actions générale peut être définie, pour laquelle l'interface est constante, avec pour chaque dérivation une définition spécifique des opérations. En termes C++, une classe mère peut être utilisée pour définir la nature d'une interface générale d'une classe. Chaque classe dérivée implémente ensuite les opérations spécifiques à son propre type de données.

Une des manières les plus puissantes et souples d'implémenter l'approche « une interface, plusieurs méthodes » est d'utiliser les fonctions virtuelles, les classes abstraites et le polymorphisme d'exécution. En mettant en œuvre ces fonctionnalités, vous créez une hiérarchie de classe allant de la plus générale à la plus spécifique. En appliquant cette philosophie, vous définissez toutes les fonctionnalités et interfaces d'une classe mère. Dans les cas où certaines actions ne peuvent être implémentées que dans les classes dérivées, il faut employer des fonctions virtuelles. En principe, vous créez dans la classe de base tout ce qui a trait au cas général, les classes dérivées complétant les détails spécifiques.

Voici un exemple illustrant l'intérêt de cette philosophie. Une hiérarchie de classe est créée, permettant de réaliser de conversions d'un système d'unités vers l'autre (par exemple, du litre vers le gallon). La classe mère **convert** déclare deux variables **val1** et **val2**, qui contiennent respectivement la valeur initiale et la valeur convertie. Elle définit également les fonctions **getinit( )** et **getconvert( )** qui retournent la valeur initiale et la valeur convertie. Ces éléments de **convert** sont figés, et applicables dans toutes les classes dérivées qui héritent de **convert**. Toutefois, la fonction **compute( )** qui va effectuer les conversions est une fonction virtuelle pure, qui devra être redéfinie dans les classes dérivées de **convert**. La nature spécifique de **compute( )** sera déterminée par le type de conversion qui a lieu.

```
// Exemple pratique de fonction virtuelle.
#include <iostream>
using namespace std;

class convert {
protected:
  double val1;  // valeur initiale
  double val2;  // valeur convertie
public:
  convert(double i) {
    val1 = i;
  }
  double getconv() { return val2; }
  double getinit() { return val1; }

  virtual void compute() = 0;
};
```

```
// Litres en gallons.
class l_en_g : public convert {
public:
  l_en_g(double i) : convert(i) { }
  void compute() {
    val2 = val1 / 3.7854;
  }
};

// Fahrenheit en Celsius
class f_en_c : public convert {
public:
  f_en_c(double i) : convert(i) { }
  void compute() {
    val2 = (val1-32) / 1.8;
  }
};

int main()
{
  convert *p;  // pointeur sur la classe mère

  l_en_g lgob(4);
  f_en_c fcob(70);

  // utilise le mécanisme de fonction virtuelle pour convertir
  p = &lgob;
  cout << p->getinit() << " litres valent ";
  p->compute();
  cout << p->getconv() << " gallons\n";  // l_en_g

  p = &fcob;
  cout << p->getinit() << " Fahrenheit valent ";
  p->compute();
  cout << p->getconv() << " Celsius\n";  // f_en_c

  return 0;
}
```

Le programme précédent crée deux classes dérivées de **convert**, appelées **l_en_g** et **f_en_c**.
Ces classes effectuent respectivement les conversions de litres en gallons et de Fahrenheit en
Celsius. Chacune des classes dérivées redéfinit **compute( )** afin qu'elle réalise la conversion
souhaitée. Cependant, même si la conversion réelle diffère entre **l_en_g** et **f_en_c**, l'interface
reste constante.

Un des avantages des classes dérivées et des fonctions virtuelles est que la gestion d'un nouveau cas se révèle très facile. Par exemple, supposons le programme précédent existant, auquel on veut ajouter une conversion de pieds en mètres ; il suffit dès lors d'y inclure la classe suivante :

```
// Pieds en mètres
class p_en_m : public convert {
public:
  p_en_m(double i) : convert(i) { }
  void compute() {
    val2 = val1 / 3.28;
  }
};
```

Les classes abstraites et les fonctions virtuelles trouvent leur principale application dans les *bibliothèques de classe*. Vous pouvez créer des bibliothèques de classe génériques, extensibles, qui seront exploitées par d'autres programmeurs. Ceux-ci pourront alors hériter vos classes générales et y ajouter les fonctionnalités spécifiques à leurs classes dérivées. En créant des bibliothèques de classes, vous pouvez élaborer et contrôler l'interface de la classe générale, tout en laissant d'autres programmeurs l'adapter à leurs besoins spécifiques.

Un dernier point : la classe **convert** est un exemple de classe abstraite. La fonction virtuelle **compute( )** n'est pas définie dans **convert**, car aucune définition significative ne peut être fournie à ce niveau. C'est uniquement quand **convert** est héritée par une classe dérivée qu'un type complet est créé.

Early binding contre Late binding

Avant de conclure ce chapitre sur les fonctions virtuelles et le polymorphisme d'exécution, deux termes doivent être définis, car récurrents en C++ et dans la programmation orientée objet : *early binding* (lien avant) et *late binding* (lien après).

Early binding se réfère à tout lien intervenant à la compilation. En principe, il y a early binding quand toutes les informations nécessaires à l'appel d'une fonction sont connues au moment de la compilation (présenté différemment, cela signifie qu'un objet et un appel de fonction sont figés lors de la compilation). Les exemples d'early bindings incluent les appels normaux de fonctions (notamment les fonctions de la bibliothèque standard), les appels de fonctions surchargées, et les opérateurs surchargés. Le principal avantage de l'early binding est sont efficacité. Dans la mesure où toutes les informations nécessaires à l'appel d'une fonction sont déterminés à la compilation, les exécutions sont alors très rapides.

L'opposé de l'early binding est le *late binding*. Dans le cadre du C++, le late binding se réfère à tous les appels de fonctions qui ne sont pas résolus avant l'exécution. Les fonctions virtuelles constituent du late binding. Comme vous le savez, quand l'accès s'effectue *via* un pointeur ou une référence sur la classe mère, la fonction virtuelle effectivement exécutée est déterminée par le type d'objet pointé. Dans la majorité des cas, cela ne peut pas être connu à la compilation, ce qui implique que l'objet et la fonction ne sont pas liés avant l'exécution. Contrairement à l'early binding, le late binding vous permet de créer des programmes qui répondent à des événements qui se produisent lors de l'exécution, sans avoir à créer beaucoup de « code d'imprévu ». Il faut garder à l'esprit que, dans la mesure où les appels de fonctions ne sont pas résolus avant l'exécution, le late binding peut engendrer des temps d'exécution plus longs.

CHAPITRE 18

Templates

L es templates sont une des fonctionnalités les plus avancées et les plus puissantes du langage C++. Bien qu'elles ne fassent pas partie des spécifications originales, elles furent ajoutées il y a quelques années et sont maintenant reconnues par la plupart des compilateurs C++ modernes.

L'utilisation des templates permet la création de fonctions et de classes génériques. Le mot générique signifie que le type de données avec lequel la fonction ou la classe va fonctionner sera spécifié comme un paramètre. Ainsi, vous pouvez utiliser une seule fonction ou classe avec différents types de données sans avoir, pour chacun d'eux, à explicitement réécrire une version spécifique du code. Ce chapitre traite donc ces deux sujets : les fonctions génériques et les classes génériques.

Fonctions génériques

Une fonction générique représente une suite d'opérations qu'il sera possible d'appliquer sur différents types de données. Le type de données avec lequel la fonction va réellement travailler est passé en paramètre.

Vous le savez sans doute, de nombreux algorithmes sont identiques, d'un point de vue logique, quel que soit le type des données sur lesquels ils s'appliquent. L'algorithme de tri appelé Quicksort en est un bon exemple : il reste le même qu'il s'agisse de trier un tableau d'entiers ou un tableau de nombres à virgule flottante. Seul le type des données triées diffère. En employant une fonction générique, vous définissez l'algorithme en restant indépendant du type des données manipulées. Une fois cela accompli, le compilateur générera automatiquement le code nécessaire pour le type que vous aurez spécifié. En soi, la création d'une fonction générique revient à créer une fonction qui se surcharge elle-même.

Une telle fonction est créée en employant le mot clé **template**. Le sens habituel de ce mot correspond exactement à l'emploi qui en est fait en C++ : il sert pour créer une structure générale qui décrit ce qu'une fonction va effectuer, laissant au compilateur le soin de spécifier les détails nécessaires. La syntaxe générale d'une fonction template est indiquée ici :

```
template <class Ttype> ret-type func-name(parameter list)
{
 // corps de la fonction
}
```

Ttype est le descripteur qui contiendra par la suite le nom du type des données manipulées par la fonction. Ce nom peut intervenir dans le corps de la fonction. À ce stade, il ne s'agit que d'un nom symbolique, que le compilateur remplacera automatiquement avec le nom du type de données lorsqu'il créera une instance spécifique de la fonction. Bien que l'utilisation du mot clé **class** pour précéder le nom générique du type de données soit la plus traditionnelle, vous pouvez également employer **typename**.

L'exemple suivant décrit une fonction générique, qui échange les valeurs de deux variables passées en arguments. Encore une fois, la procédure pour échanger les valeurs de deux variables étant indépendante du type de données, une fonction générique est une bonne solution pour le problème.

```cpp
// Fonction template.
#include <iostream>
using namespace std;

// Voici la fonction template.
template <class X> void swapargs(X &a, X &b)
{
  X temp;

  temp = a;
  a = b;
  b = temp;
}

int main()
{
  int i=10, j=20;
  double x=10.1, y=23.3;
  char a='x', b='z';

  cout << « Original i, j: «  << i << ' ' << j << '\n';
  cout << « Original x, y: «  << x << ' ' << y << '\n';
  cout << « Original a, b: «  << a << ' ' << b << '\n';

  swapargs(i, j); // échange la valeur de deux entiers
  swapargs(x, y); // échange la valeur de deux floats
  swapargs(a, b); // échange la valeur de deux chars

  cout << « Swapped i, j: «  << i << ' ' << j << '\n';
  cout << « Swapped x, y: «  << x << ' ' << y << '\n';
  cout << « Swapped a, b: «  << a << ' ' << b << '\n';

  return 0;
}
```

Examinons plus en détail le contenu de ce programme. La ligne de code suivante :

```cpp
template <class X> void swapargs(X &a, X &b)
```

fournit deux informations au compilateur : elle l'avise d'une part qu'il s'agit d'une template et, d'autre part, que c'est le début d'une fonction générique. **X** représente le type de données générique. Il est utilisé comme un descripteur symbolique pour ce type. Après cette clause **template**, la fonction **swapargs( )** est déclarée, appliquant **X** comme le type des deux arguments. Dans le **main( )**, la fonction **swapargs( )** est invoquée avec trois types de données différents : **int**, **double**, et **char**. Le compilateur détecte que **swapargs( )** est une fonction générique, et en crée trois versions : l'une va échanger les valeurs de deux entiers, l'autre les valeurs de deux nombres à virgule flottante et la dernière les valeurs de deux caractères.

Voici maintenant quelques termes à connaître, relatifs aux templates. Premièrement, une fonction générique (c'est-à-dire dont la déclaration est précédée par le mot clé **template**) est également appelée une *fonction template*. Les deux termes seront employés dans cet ouvrage. Lorsque le compilateur crée une version spécifique de cette fonction, on parle de la création d'une *spécialisation*. On évoque de même le terme de *fonction générée*. L'action de générer une fonction est appelée une *instanciation*. Pour résumer, une fonction générée est une instance spécifique d'une fonction template.

Dans la mesure où le retour à la ligne n'est pas considéré en C++ comme un élément signifiant la fin d'une instruction, la clause **template** incluse dans la déclaration d'une fonction template ne doit pas nécessairement se trouver sur la même ligne que le nom de la fonction. L'exemple suivant illustre une autre manière commune de déclarer une fonction générique :

```
template <class X>
void swapargs(X &a, X &b)
{
  X temp;

  temp = a;
  a = b;
  b = temp;
}
```

Si vous utilisez cette présentation, il est important de comprendre qu'aucune autre instruction ne peut être intercalée entre la clause **template** et le prototype de la fonction. Le fragment de code qui suit ne pourrait pas se compiler pour cette raison :

```
// Ce code ne compile pas.
template <class X>
int i; // Voici l'erreur
void swapargs(X &a, X &b)
{
  X temp;
```

```
    temp = a;
    a = b;
    b = temp;
}
```

Fonction incluant deux types de données

Il est possible de spécifier plus d'un type de données générique dans la déclaration d'une fonction **template**, en séparant chacun d'eux par une virgule. Le programme suivant propose à titre d'exemple une fonction incluant deux types de données génériques :

```
#include <iostream>
using namespace std;

template <class type1, class type2>
void myfunc(type1 x, type2 y)
{
  cout << x << ' ' << y << '\n';
}

int main()
{
  myfunc(10, "I like C++");

  myfunc(98.6, 19L);

  return 0;
}
```

Ici, les descripteurs **type1** et **type2** sont respectivement remplacés par le compilateur par **int** et **char ***, puis par **double** et **long**, lors de l'instanciation de **myfunc( )** dans le **main( )**.

Note. Lorsque vous créez une fonction template, vous autorisez en fait le compilateur à générer autant de versions différentes que nécessaire, pour prendre en charge les différentes façons dont votre programme l'invoque.

Surcharge explicite d'une fonction générique

Bien qu'en soi une fonction générique se surcharge elle-même à chaque instanciation, vous pouvez également surcharger une fonction template explicitement. Cette opération est appelée *une spécialisation explicite*. Une telle opération aura pour effet de « cacher » la version de la fonction template correspondant à la spécialisation explicite.

Pour mieux comprendre, considérez à nouveau la version suivante, variation de l'exemple précédent :

II

LANGAGE C++

```cpp
// Surcharge d'une fonction template
#include <iostream>
using namespace std;

template <class X> void swapargs(X &a, X &b)
{
  X temp;

  temp = a;
  a = b;
  b = temp;
  cout << « Inside template swapargs.\n »;
}

// Cela surcharge la fonction générique swapargs() pour les int.
void swapargs(int &a, int &b)
{
  int temp;

  temp = a;
  a = b;
  b = temp;
  cout << « Inside swapargs int specialization.\n »;
}

int main()
{
  int i=10, j=20;
  double x=10.1, y=23.3;
  char a='x', b='z';

  cout << « Original i, j: «  << i << ' ' << j << '\n';
  cout << « Original x, y: «  << x << ' ' << y << '\n';
  cout << « Original a, b: «  << a << ' ' << b << '\n';

  swapargs(i, j); // appel la spécialisation explicite de swapargs()
  swapargs(x, y); // appel la version générique de swapargs()
  swapargs(a, b); // appel la version générique de swapargs()

  cout << « Swapped i, j: «  << i << ' ' << j << '\n';
  cout << « Swapped x, y: «  << x << ' ' << y << '\n';
  cout << « Swapped a, b: «  << a << ' ' << b << '\n';

  return 0;
}
```

La trace d'exécution est :

```
Original i, j: 10 20
Original x, y: 10.1 23.3
Original a, b: x z
Inside swapargs int specialization.
Inside template swapargs.
Inside template swapargs.
Swapped i, j: 20 10
Swapped x, y: 23.3 10.1
Swapped a, b: z x
```

Lorsque **swapargs(i, j)** est sollicitée, la spécialisation explicite (la surcharge) de **swapargs( )** est invoquée. Ainsi, le compilateur ne génère pas une version spécifique de **swapargs( )** pour les **int**, la spécialisation explicite « l'emportant sur » la fonction générique.

Une nouvelle syntaxe a récemment été introduite, pour mettre en valeur une spécialisation explicite : elle utilise la mot clé **template**. En appliquant cette nouvelle forme, la même surcharge de la fonction **swapargs( )** serait :

```
// Utilisation de la nouvelle syntaxe de spécialisation.
template<> void swapargs<int>(int &a, int &b)
{
  int temp;

  temp = a;
  a = b;
  b = temp;
  cout << « Inside swapargs int specialization.\n »;
}
```

Cette nouvelle forme syntaxique, utilisant **template<>**, rend plus explicite le fait que ce soit une spécialisation. Le type de données concerné par la spécialisation est placé entre les signes <>, juste après le nom de la fonction. Cette syntaxe est celle adoptée pour écrire toutes spécialisations d'une fonction générique. Même s'il n'y a pas d'avantage particulier à préférer une syntaxe à l'autre, la nouvelle forme se révèle la meilleure approche pour le long terme.

Une spécialisation explicite permet d'adapter une version spécifique d'une fonction générique à une situation particulière – par exemple pour exploiter une méthode permettant l'amélioration des performances pour un type de données en particulier. Mais, en règle générale, si vous avez besoin de disposer de plusieurs versions d'une fonction correspondant à différents types de données, il est préférable d'utiliser la surcharge que des fonctions templates et des spécialisations.

Surcharge d'une template de fonction

En plus de pouvoir surcharger explicitement une fonction générique en créant une spécialisation, il est possible de surcharger la **template** elle-même. Il suffit pour cela d'écrire une version de la template qui diffère des autres au niveau de la liste de ses paramètres. Voici un exemple :

```cpp
// Surcharge d'un template de fonction.
#include <iostream>
using namespace std;

// Première version du template f().
template <class X> void f(X a)
{
  cout << « Inside f(X a)\n »;
}

// Deuxième version.
template <class X, class Y> void f(X a, Y b)
{
  cout << « Inside f(X a, Y b)\n »;
}

int main()
{
  f(10);     // Appel de f(X)
  f(10, 20); // Appel de f(X, Y)

  return 0;
}
```

Dans ce cas, surcharger la template de f( ) a pour intérêt d'accepter un ou deux paramètres.

Utilisation de paramètres standard avec les fonctions templates

Vous pouvez mélanger l'emploi de paramètres standard avec des paramètres de type générique dans une fonction template. Ces paramètres non génériques fonctionnent exactement de la même façon qu'avec n'importe quelle autre fonction.

```cpp
// Utilisation de paramètres standards avec les fonctions template.
#include <iostream>
using namespace std;
```

```
const int TABWIDTH = 8;

// Affiche les données pour la position donnée dans le tableau.
template<class X> void tabOut(X data, int tab)
{
  for(; tab; tab--)
    for(int i=0; i<TABWIDTH; i++) cout << ' ';

    cout << data << « \n »;
}

int main()
{
  tabOut(« This is a test », 0);
  tabOut(100, 1);
  tabOut('X', 2);
  tabOut(10/3, 3);

  return 0;
}
```

La trace d'exécution obtenue est :

```
This is a test
        100
                X
                        3
```

Dans ce programme, la fonction **tabOut( )** affiche son premier argument à la position dans le tableau correspondant à son second paramètre. Puisque le premier argument est un type de donnée générique, **tabOut( )** peut être choisie pour afficher n'importe quel type de données. Le paramètre **tab** est lui un paramètre normal, passé par valeur à la fonction. Le mélange de ces deux types de paramètres ne cause aucun problème particulier, et peut parfois s'avérer fort utile.

Limites des fonctions génériques

Les fonctions génériques ressemblent de très près à des fonctions surchargées, mais elles ont la particularité d'être plus restrictives. Lorsque des fonctions sont surchargées, vous pouvez avoir différentes actions effectuées dans leurs corps respectifs. Ce n'est pas le cas avec une fonction générique : son corps contient les mêmes instructions quelle que soit l'instanciation – seul le type de données diffère. Considérez les fonctions surchargées suivantes. Elles ne pourraient *en aucun cas* être remplacées par une fonction générique, car elles n'effectuent pas les mêmes opérations.

```cpp
#include <iostream>
#include <cmath>
using namespace std;

void myfunc(int i)
{
  cout << « value is: «  << i << « \n »;
}

void myfunc(double d)
{
  double intpart;
  double fracpart;

  fracpart = modf(d, &intpart);
  cout << « Fractional part: «  << fracpart;
  cout << « \n »;
  cout << « Integer part: «  << intpart;
}

int main()
{
  myfunc(1);
  myfunc(12.2);

  return 0;
}
```

Utilisation de fonctions génériques

Les fonctions génériques font partie des fonctionnalités les plus utiles du C++. Elles peuvent être appliquées dans presque toutes les situations. Comme mentionné auparavant, une fonction template est avant tout un moyen de définir un algorithme général, qui pourra être employé avec n'importe quel type de données, en évitant ainsi d'écrire à nouveau du code pour chaque cas. Avant de traiter le sujet des classes génériques, deux exemples d'applications seront proposés. Ils illustrent la facilité d'implémentation de ces puissantes fonctionnalités.

Fonction générique de tri

Le tri correspond exactement au type d'opération pour lequel les fonctions génériques sont prévues : un algorithme de tri reste le même quel que soit le type de données trié. Le programme suivant fournit une version générique de la méthode de tri à bulle, appelé en anglais « bubble sort ». Cet algorithme n'est pas très performant, mais sa logique est claire ; l'exemple est ainsi facile à comprendre. La fonction **bubble( )** permet le tri d'un tableau quelconque après que lui seraient fournis un pointeur sur le premier élément et le nombre d'éléments qu'il contient.

```cpp
// Tri "bubble sort" générique.
#include <iostream>
using namespace std;

template <class X> void bubble(
  X *items,  // pointeur sur le tableau à trier
  int count) // nombre d'élément de ce tableau
{
  register int a, b;
  X t;

  for(a=1; a<count; a++)
    for(b=count-1; b>=a; b--)
      if(items[b-1] > items[b]) {
        // Inverse les deux éléments
        t = items[b-1];
        items[b-1] = items[b];
        items[b] = t;
      }
}

int main()
{
  int iarray[7] = {7, 5, 4, 3, 9, 8, 6};
  double darray[5] = {4.3, 2.5, -0.9, 100.2, 3.0};

  int i;

  cout << "Here is unsorted integer array: ";
  for(i=0;  i<7; i++)
    cout << iarray[i] << ' ';
  cout << endl;

  cout << "Here is unsorted double array: ";
  for(i=0;  i<5; i++)
    cout << darray[i] << ' ';
  cout << endl;

  bubble(iarray, 7);
  bubble(darray, 5);
```

```
cout << "Here is sorted integer array: ";
for(i=0;  i<7; i++)
  cout << iarray[i] << ' ';
cout << endl;

cout << "Here is sorted double array: ";
for(i=0;  i<5; i++)
  cout << darray[i] << ' ';
cout << endl;

return 0;
}
```

La trace d'exécution obtenue est :

```
Here is unsorted integer array: 7 5 4 3 9 8 6
Here is unsorted double array: 4.3 2.5 -0.9 100.2 3
Here is sorted integer array: 3 4 5 6 7 8 9
Here is sorted double array: -0.9 2.5 3 4.3 100.2
```

Comme vous pouvez le constater, ce programme trie deux types de tableaux : l'un contient des entiers (**integer**), l'autre des **double**. Le fait que la fonction **bubble( )** soit une template rend automatique la surcharge, pour prendre en charge le type de données concerné. Vous pouvez ainsi essayer d'utiliser **bubble( )** pour trier tous types de données, y compris des classes que vous êtes vous-même définies. Dans tous les cas, le compilateur va générer la version adéquate de la fonction.

Compacter un tableau

Une autre opération pour laquelle il paraîtrait judicieux de choisir une fonction template est celle permettant de compacter les éléments d'un tableau. Nous l'appellerons **compact( )**. Il n'est pas rare, après avoir effacé les éléments situés au milieu d'un tableau, de vouloir décaler les autres afin de les regrouper. Encore une fois, ce type d'opération reste complètement indépendant du type des données contenues dans le tableau. La fonction générique **compact( )** codée dans l'exemple suivant est invoquée avec un pointeur sur le premier élément du tableau, son nombre d'éléments, ainsi que l'index de début et de fin délimitant les éléments à effacer. La fonction les efface et compacte le tableau. Pour faciliter la compréhension de l'exemple, les éléments n'étant pas effacés, et ensuite déplacés par l'opération de compactage, sont remplacés par des zéros.

```
// Fonction générique de compactage d'un tableau.
#include <iostream>
using namespace std;
```

```cpp
template <class X> void compact(
  X items,  // Pointeur sur le premier élément du tableau
  int count, // Nombre d'éléments du tableau
  int start, // Index de début de la zone de compactage
  int end)   // Index de fin de la zone de compactage
{
  register int i;

  for(i=end+1; i<count; i++, start++)
    items[start] = items[i];

  / Remplacement par des zéros des éléments
     compactés. */
  for( ; start<count; start++) items[start] = (X) 0;
}

int main()
{
  int nums[7] = {0, 1, 2, 3, 4, 5, 6};
  char str[18] = "Generic Functions";

  int i;

  cout << "Here is uncompacted integer array: ";
  for(i=0;  i<7; i++)
    cout << nums[i] << ' ';
  cout << endl;

  cout << "Here is uncompacted string: ";
  for(i=0;  i<18; i++)
    cout << str[i] << ' ';
  cout << endl;

  compact(nums, 7, 2, 4);
  compact(str, 18, 6, 10);

  cout << "Here is compacted integer array: ";
  for(i=0;  i<7; i++)
    cout << nums[i] << ' ';
  cout << endl;

  cout << "Here is compacted string: ";
  for(i=0;  i<18; i++)
    cout << str[i] << ' ';
  cout << endl;

  return 0;
}
```

Ce programme fonctionne avec deux types de tableaux : l'un contient des entiers, l'autre des caractères. La trace d'exécution obtenue est :

```
Here is uncompacted integer array: 0 1 2 3 4 5 6
Here is uncompacted string: G e n e r i c   F u n c t i o n s
Here is compacted integer array: 0 1 5 6 0 0 0
Here is compacted string: G e n e r i c t i o n s
```

Comme l'illustrent les exemples précédents, les applications ne manquent pas et, une fois le principe des templates assimilé, vous allez naturellement en découvrir de nouveaux.

Classes génériques

En plus de fonctions, il est possible de définir des classes génériques. Par analogie aux fonctions, lorsque vous déclarez une classe générique, vous définissez tous les algorithmes qui vont y être utilisés ; seul le type de données reste en suspens, et sera spécifié comme un paramètre lors de la création de l'objet correspondant.

Les classes génériques sont très utiles lorsqu'une classe existe pour une raison logique qui est généralisable. À titre d'exemple, les mêmes algorithmes vont permettre de gérer une file d'entiers et une file de caractères. De la même façon, les mêmes mécanismes vont permettre de manipuler une liste chaînée d'adresses électroniques et une liste chaînée d'informations sur des véhicules. Créer une classe générique pour ces types d'opérations vous permettra de vous assurer que cela marche avec tout autre type de données, le compilateur se chargeant de générer automatiquement le type d'objet nécessaire selon le type de données passé en paramètre.

La syntaxe générale pour déclarer une classe générique est la suivante :

```
template <class Ttype> class class-name {
    .
    .
    .
}
```

Ttype est le descripteur symbolisant le type de données spécifié lors de l'instanciation. Il est, en cas de nécessité, possible de définir plusieurs types de données génériques en les listant entre les signes <> et en les séparant par des virgules.

Une fois la classe définie, vous serez amené à l'instancier en employant la syntaxe qui suit :

```
class-name <type> ob;
```

type est dans ce cas le nom du type de données que la classe va manipuler. Les fonctions membres d'une classe générique sont elles-mêmes automatiquement génériques. Il n'est donc pas nécessaire d'utiliser la clause **template** pour explicitement les spécifier en tant que tel.

Le programme suivant reprend la classe **stack** (déjà traitée au chapitre 11) pour en faire une classe générique. Ainsi, n'importe quel type d'objet pourra y être stocké. Il s'agira ci-dessous d'une pile de caractères et d'une pile de nombres à virgule flottante.

```cpp
// Fonction implémentant une pile générique.
#include <iostream>
using namespace std;

const int SIZE = 10;

// Classe générique stack
template <class StackType> class stack {
  StackType stck[SIZE]; // constitue la pile
  int tos; // index du dernier élément de la pile (top-of-stack)

public:
  stack() { tos = 0; } // initialisation de la pile
  void push(StackType ob); // ajoute un élément de la pile
  StackType pop(); // retire un élément de la pile
};

// Ajoute un élément de la pile.
template <class StackType> void stack<StackType>::push(StackType ob)
{
  if(tos==SIZE) {
    cout << "Stack is full.\n";
    return;
  }
  stck[tos] = ob;
  tos++;
}
// Retire un élément de la pile.
template <class StackType> StackType stack<StackType>::pop()
{
  if(tos==0) {
    cout << "Stack is empty.\n";
    return 0; // return null on empty stack
  }
  tos--;
  return stck[tos];
}
```

```
int main()
{
  // pile de caractère.
  stack<char> s1, s2;  // Contient 2 caractères
  int i;

  s1.push('a');
  s2.push('x');
  s1.push('b');
  s2.push('y');
  s1.push('c');
  s2.push('z');

  for(i=0; i<3; i++) cout << "Pop s1: " << s1.pop() << "\n";
  for(i=0; i<3; i++) cout << "Pop s2: " << s2.pop() << "\n";

  // pile de double
  stack<double> ds1, ds2;  // Contient initialement 2 double

  ds1.push(1.1);
  ds2.push(2.2);
  ds1.push(3.3);
  ds2.push(4.4);
  ds1.push(5.5);
  ds2.push(6.6);

  for(i=0; i<3; i++) cout << "Pop ds1: " << ds1.pop() << "\n";
  for(i=0; i<3; i++) cout << "Pop ds2: " << ds2.pop() << "\n";

  return 0;
}
```

Comme vous pouvez le voir, la méthode pour déclarer une classe générique est très proche de celle permettant de déclarer une fonction générique : le type de données réellement manipulé est inconnu, et le demeure jusqu'à ce qu'un objet **stack** soit déclaré et ce type spécifié. Lors d'une instanciation de **stack**, le compilateur génère automatiquement toutes les fonctions et variables nécessaires pour gérer le type de données concerné. Dans cet exemple, deux types de piles sont déclarés : des piles d'entiers, et des piles de doubles. Soyez particulièrement attentif aux déclarations suivantes :

```
stack<char> s1, s2;  // Crée deux piles de caractères
stack<double> ds1, ds2;  // Crée deux piles de double
```

Vous remarquez donc que le type de données désiré est spécifié entre les signes **<>**. En le changeant au moment de la création des objets **stack**, vous changez le type des données stockées dans la pile. Cette autre déclaration génère une pile stockant des pointeurs sur caractères :

```
stack<char *> chrptrQ;
```

Une pile peut également contenir des types de données que vous avez vous-même créés. Par exemple, il vous suffit d'utiliser la structure suivante pour gérer les coordonnées de personnes :

```
struct addr {
  char name[40];
  char street[40];
  char city[30];
  char state[3];
  char zip[12];
};
```

Ensuite, la déclaration suivante permet de générer simplement une pile stockant des objets de type **addr** :

```
stack<addr> obj;
```

La classe **stack** n'est qu'un exemple parmi d'autres, qui montre l'utilité que peuvent avoir les classes et les fonctions génériques pour optimiser les codes des programmes. En définissant ainsi une forme abstraite d'un objet, pouvant ensuite être utilisé avec n'importe quel type de données, vous faites l'économie d'une programmation de versions distinctes d'un code implémentant un même algorithme, mais pour des types de données différents. Le compilateur l'effectue automatiquement pour vous.

Exemple utilisant deux types de données génériques

Une classe template peut manipuler plusieurs types de données génériques. Pour cela, déclarez simplement au niveau de la clause **template** une liste de types génériques, séparés les uns des autres par des virgules. Le court exemple suivant crée une classe qui utilise deux types de données génériques :

```
/* Utilisation deux types de données génériques dans
   la définition d'une classe générique.
*/
#include <iostream>
using namespace std;
```

```
template <class Type1, class Type2> class myclass
{
  Type1 i;
  Type2 j;
public:
  myclass(Type1 a, Type2 b) { i = a; j = b; }
  void show() { cout << i << ' ' << j << '\n'; }
};

int main()
{
  myclass<int, double> ob1(10, 0.23);
  myclass<char, char *> ob2('X', "Templates add power.");

  ob1.show(); // show int, double
  ob2.show(); // show char, char *

  return 0;
}
```

La trace d'exécution obtenue est :

```
10 0.23
X Templates add power.
```

Le programme déclare deux types d'objet : **ob1** manipulant des **int** et des **double** ; **ob2** manipulant des caractères et des pointeurs sur caractères. Dans les deux cas, c'est le compilateur qui se charge de générer les fonctions et les données requises.

Exemple d'application des classes génériques : un tableau générique

Pour illustrer les avantages pratiques d'une classe générique, concentrons-nous sur un exemple d'application très commun. Comme vous l'avez vu au chapitre 15, il est possible de surcharger l'opérateur [ ]. Vous avez de la sorte la possibilité de créer votre propre implémentation des tableaux, et notamment des tableaux « sécurisés », où la taille serait vérifiée lors de l'exécution. Comme vous le savez déjà, en C++, il est possible de dépasser les limites d'un tableau lors de l'exécution sans déclencher d'erreur d'exécution. Si vous créez une classe contenant un tableau et si vous permettez l'accès à ce tableau uniquement grâce à l'opérateur [ ] que vous aurez surchargé, vous pourrez intercepter toutes erreurs d'indexation.

En combinant l'utilisation de la surcharge de l'opérateur [ ] avec celle d'une classe générique, vous pouvez créer ce tableau sécurisé pour n'importe quel type de données :

```cpp
// Tableau générique et sécurisé.
#include <iostream>
#include <cstdlib>
using namespace std;

const int SIZE = 10;

template <class AType> class atype {
  AType a[SIZE];
public:
  atype() {
    register int i;
    for(i=0; i<SIZE; i++) a[i] = i;
  }
  AType &operator[](int i);
};

// Vérifie la validité de l'index pour le type de données générique atype.
template <class AType> AType &atype<AType>::operator[](int i)
{
  if(i<0 || i> SIZE-1) {
    cout << "\nIndex value of ";
    cout << i << " is out-of-bounds.\n";
    exit(1);
  }
  return a[i];
}

int main()
{
  atype<int> intob; // tableau d'entiers
  atype<double> doubleob; // tableau de double

  int i;

  cout << "Integer array: ";
  for(i=0; i<SIZE; i++) intob[i] = i;
  for(i=0; i<SIZE; i++) cout << intob[i] << " ";
  cout << '\n';

  cout << "Double array: ";
  for(i=0; i<SIZE; i++) doubleob[i] = (double) i/3;
  for(i=0; i<SIZE; i++) cout << doubleob[i] << " ";
  cout << '\n';

  intob[12] = 100; // Génère une erreur d'exécution

  return 0;
}
```

Une fois créé, ce programme montre l'utilisation de ce tableau avec des **int** et des **double**. Une telle classe générique à pour principal intérêt de permettre d'écrire un code unique, de le déboguer une seule fois, pour ensuite pouvoir l'appliquer à des types de données divers, sans avoir à repenser au problème pour chaque contexte d'application.

Déclaration d'arguments non génériques

En déclarant une classe générique, vous avez également la possibilité de spécifier des arguments d'un type standard (donc non générique), comme un entier ou un pointeur. La syntaxe est la même que pour la déclaration de paramètres d'une fonction quelconque : le type de données est précisé avant de spécifier le nom de l'argument. Voici à titre d'exemple une meilleure façon d'implémenter le tableau sécurisé, présenté dans la section précédente :

```cpp
// Déclaration d'arguments non-génériques dans une classe générique.
#include <iostream>
#include <cstdlib>
using namespace std;

// int size est donc l'argument non-générique.
template <class AType, int size> class atype {
  AType a[size]; // la taille du tableau est passée grâce à size
public:
  atype() {
    register int i;
    for(i=0; i<size; i++) a[i] = i;
  }
  AType &operator[](int i);
};

// Vérifie la validité de l'index pour le type de données générique atype.
template <class AType, int size>
AType &atype<AType, size>::operator[](int i)
{
  if(i<0 || i> size-1) {
    cout << "\nIndex value of ";
    cout << i << " is out-of-bounds.\n";
    exit(1);
  }
  return a[i];
}

int main()
{
  atype<int, 10> intob;       // tableau de 10 entiers
  atype<double, 15> doubleob; // tableau de 15 double
```

```
    int i;

    cout << "Integer array: ";
    for(i=0; i<10; i++) intob[i] = i;
    for(i=0; i<10; i++) cout << intob[i] << "  ";
    cout << '\n';

    cout << "Double array: ";
    for(i=0; i<15; i++) doubleob[i] = (double) i/3;
    for(i=0; i<15; i++) cout << doubleob[i] << "  ";
    cout << '\n';

    intob[12] = 100; // Génère une erreur d'exécution

    return 0;
}
```

Lors de la spécification de la template, remarquez que **size** est un **int**. Ce paramètre est ensuite utilisé au sein de la classe **atype** pour définir la taille du tableau **a**. Bien que **size** soit considéré comme toutes autres « variables » dans le code source, sa valeur est connue au moment de la compilation ; c'est pourquoi il est possible de s'en servir pour définir la taille du tableau. **size** est également utilisé dans la surcharge de l'opérateur **operator[ ]( )**. Dans le **main( )**, notez que deux types de tableaux sont créés, et que le deuxième paramètre spécifie dans chaque cas la taille du tableau.

Les types de données non génériques acceptés comme types de paramètres d'une classe générique sont les entiers, les pointeurs et les références. Les autres, comme les **float**, ne sont pas autorisés. Les paramètres non génériques doivent être considérés comme des constantes (constante entière, pointeur ou référence sur des fonctions ou objets globaux) dans la mesure où leur valeur respective ne peut pas être changée. Par exemple, dans le corps de la surcharge de **operator[ ]( )**, l'instruction suivante n'est pas permise :

```
size = 10; // Erreur
```

Comme le montre l'exemple du tableau sécurisé, l'utilisation d'un argument non générique élargit encore le champ d'application des classes génériques. Bien que le contenu d'un paramètre non générique doive être connu au moment de la compilation, cette restriction est insignifiante au regard de l'utilité que peut avoir ce type d'argument.

Déclaration de type de données par défaut pour les arguments

Une classe template peut être déclarée de telle manière que des types de données par défaut sont associés aux arguments génériques :

```
template <class X=int> class myclass { //...
```

Dans ce cas, le type **int** sera employé si aucun autre type n'est spécifié lors de l'instanciation d'un objet de type **myclass**.

Il est par ailleurs possible de définir une valeur par défaut pour les arguments d'un type non générique. Cette valeur est, de la même façon, adoptée lorsque rien n'est spécifié pour l'instanciation de la classe. La syntaxe à employer est similaire à celle qui prévaut pour fixer des valeurs par défaut à des paramètres d'une fonction quelconque.

Voici une nouvelle version de la classe représentant un tableau sécurisé, où le type de données et la valeur de **size** sont fixés par défaut.

```cpp
// Déclaration d'informations par défaut pour les arguments.
#include <iostream>
#include <cstdlib>
using namespace std;

// AType fixé par défaut à int et size fixé par défaut à 10.
template <class AType=int, int size=10> class atype {
  AType a[size]; // tailles du tableau fixée par size
public:
  atype() {
    register int i;
    for(i=0; i<size; i++) a[i] = i;
  }
  AType &operator[](int i);
};

// Vérifie la validité de l'index pour le type de données générique atype.
template <class AType, int size>
AType &atype<AType, size>::operator[](int i)
{
  if(i<0 || i> size-1) {
    cout << "\nIndex value of ";
    cout << i << " is out-of-bounds.\n";
    exit(1);
  }
  return a[i];
}
```

```
int main()
{
  atype<int, 100> intarray;   // tableau d'entiers, de taille 100
  atype<double> doublearray;  // tableau de double, taille par défaut
  atype<> defarray;           // tableau "par défaut" de 10 entiers

  int i;

  cout << "int array: ";
  for(i=0; i<100; i++) intarray[i] = i;
  for(i=0; i<100; i++) cout << intarray[i] << "  ";
  cout << '\n';

  cout << "double array: ";
  for(i=0; i<10; i++) doublearray[i] = (double) i/3;
  for(i=0; i<10; i++) cout << doublearray[i] << "  ";
  cout << '\n';

  cout << "defarray array: ";
  for(i=0; i<10; i++) defarray[i] = i;
  for(i=0; i<10; i++) cout << defarray[i] << "  ";
  cout << '\n';

  return 0;
}
```

Notez la syntaxe employée dans cette instruction :

```
template <class AType=int, int size=10> class atype {
```

AType est fixé par défaut à **int**, et **size** à **10**. Un objet de type **atype** peut ensuite être créé de trois manières différentes :

- En spécifiant explicitement à la fois le type et la taille du tableau ;

- En spécifiant explicitement le type, mais en laissant la taille par défaut de 10 ;

- En laissant le type de données par défaut, à savoir int, et la taille par défaut de 10.

Les déclarations par défaut – notamment pour les types de données – rendent plus flexible l'emploi de votre classe template. Cela permet de définir un type de données par défaut correspondant au type le plus souvent concerné, en laissant toutefois à l'utilisateur de la classe le soin de spécifier un type quelconque lorsqu'il le souhaite.

Spécialisation explicite d'une classe

Comme pour les fonctions template, vous pouvez créer une spécialisation explicite d'une classe générique. La syntaxe, se fondant sur la clause **template<>**, est également la même que pour les fonctions :

```cpp
// Exemple de spécialisation explicite d'une classe générique.
#include <iostream>
using namespace std;

template <class T> class myclass {
  T x;
public:
  myclass(T a) {
    cout << "Inside generic myclass\n";
    x = a;
  }
  T getx() { return x; }
};

// Spécialisation explicite pour les int.
template <> class myclass<int> {
  int x;
public:
  myclass(int a) {
    cout << "Inside myclass<int> specialization\n";
    x = a * a;
  }
  int getx() { return x; }
};

int main()
{
  myclass<double> d(10.1);
  cout << "double: " << d.getx() << "\n\n";

  myclass<int> i(5);
  cout << "int: " << i.getx() << "\n";

  return 0;
}
```

Le programme permet d'obtenir la trace d'exécution suivante :

```
Inside generic myclass
double: 10.1

Inside myclass<int> specialization
int: 25
```

Notez bien l'instruction qui suit :

```
template <> class myclass<int> {
```

Elle permet au compilateur de comprendre qu'une spécialisation explicite de **myclass** est en train d'être créée pour les **int**. Cette même syntaxe est employée pour n'importe quel type de spécialisation.

Les spécialisations explicites sont très utiles, car elles vous permettent de facilement gérer des cas spéciaux isolés, en laissant le compilateur se charger de tous les autres types de données. Bien sûr, méfiez-vous de ne pas créer trop de spécialisations : si c'est le cas, assurez-vous qu'une classe template soit le meilleur moyen de procéder.

Mots clés typename et export

Deux mots clés relatifs aux templates ont été récemment ajoutés au langage C++ : il s'agit de **typename** et **export**. Les deux ont des rôles très spécifiques, et sont traités rapidement dans cette section.

Le terme **typename** est employé dans deux cas. D'abord, il peut remplacer le mot clé **class** dans la déclaration d'une template. Ainsi, la fonction template **swapargs( )** pourrait être écrite comme suit :

```
template <typename X> void swapargs(X &a, X &b)
{
  X temp;

  temp = a;
  a = b;
  b = temp;
}
```

typename représente le type de données générique **X**. Il n'y a aucune différence entre l'emploi du mot **class** et celui du mot **typename** dans ce contexte.

La seconde application du terme **typename** permet d'informer le compilateur que le nom utilisé dans la déclaration d'une template est celui d'un type de données et non un nom d'objet. L'instruction suivante :

```
typename X::Name someObject;
```

permet de s'assurer que **X::Name** est bien traité comme un nom de type de données.

Enfin, le mot clé **export** peut précéder la déclaration d'une **template**. Il permet à d'autres fichiers d'utiliser cette template en spécifiant uniquement sa déclaration, au lieu de reprendre toute sa définition.

Puissance des templates

Les templates permettent aux programmeurs d'atteindre un objectif aussi difficile qu'essentiel : écrire un code source réutilisable. Les classes génériques, d'abord, créent une structure qui peut être exploitée autant de fois que nécessaire, et dans des situations variées. La classe **stack** en a fait la preuve : présentée pour la première fois au chapitre 11, elle pouvait uniquement être utilisée avec des entiers. Bien que l'algorithme sous-jacent puisse servir à la gestion de n'importe quelles données, le type, codé en dur dans la classe, limitait sérieusement son champ d'application. En rendant la classe générique, cette restriction a disparu.

Les fonctions et les classe génériques fournissent ensuite un outil puissant pour optimiser le temps de programmation. Une fois écrite et déboguée, une classe générique fournit un composant logiciel solide et réutilisable. Vous faites ainsi disparaître la charge de travail supplémentaire pour implémenter des classes différentes pour chacun des types de données concernés.

Au final, le temps passé à assimiler entièrement la syntaxe, qui peut s'avérer difficile dans un premier temps, est donc vite « rentabilisé ». Les fonctions et les classes génériques sont déjà devenues des moyens de programmation largement répandus, et cette tendance semble se confirmer. Les STL (*Standard Template Library*) sont par exemples des librairies C++ fondées sur l'emploi des templates. Un dernier point pour terminer : bien que les templates ajoutent un niveau d'abstraction, elles reviennent une fois compilées au même, à savoir du code objet très performant, tel que vous pouvez l'attendre du langage C++.

CHAPITRE 19

Traitement des exceptions

e chapitre examine le sous-système de *traitement des exceptions*. Il permet de gérer les erreurs d'exécution de façon ordonnée. Votre programme peut de la sorte invoquer automatiquement une routine de gestion d'erreurs quand un problème survient. Le principal avantage du traitement d'exception est qu'il automatise la majeure partie du code de traitement d'erreur, qui devait auparavant être implémenté « à la main » dans n'importe quel programme.

Fondamentaux du traitement d'exception

Le traitement d'exception en C++ est fondé sur trois mots clés : **try**, **catch** et **throw**. De manière générale, les instructions que vous voulez contrôler en matière d'exception sont contenues dans un bloc **try**. Si une exception (une erreur) intervient dans le bloc **try**, elle est envoyée (avec **throw**). L'exception est récupérée, avec **catch**, puis traitée. L'analyse suivante revient en détail sur cette description générale.

Le code que vous voulez surveiller doit être exécuté dans un bloc **try** (notez que les fonctions exécutées à l'intérieur du bloc **try** peuvent à leur tour lever une exception). Les éventuelles exceptions levées dans le code contrôlé sont récupérées par une instruction **catch**, qui suit immédiatement le bloc **try** dans lequel l'exception est apparue. La forme générale du **try** et du **catch** est la suivante :

```
try {
  // bloc try
}
catch (type1 arg) {
  // bloc catch
}
catch (type2 arg) {
  // bloc catch
}
catch (type3 arg) {
  // bloc catch
}
 .
 .
 .
catch (typeN arg) {
  // bloc catch
}
```

Le bloc **try** peut être court, et ne contenir que quelques instructions dans une fonction, ou au contraire englober tout le code de la fonction **main( )** (ce qui entraîne le contrôle du programme entier).

Quand une exception est levée, elle est récupérée par l'instruction **catch** correspondante, qui la traite alors. Il peut y avoir plusieurs instructions **catch** associées au **try**. Le **catch** utilisé est déterminé par le type de l'exception. Autrement dit, si le type de données spécifié dans le **catch** correspond à celui de l'exception, le code du **catch** est exécuté (et tous les autres sont ignorés). Quand une exception est récupérée, *arg* reçoit sa valeur. Tous les types de données peuvent être récupérés, y compris les classes que vous créez. Si aucune exception n'est levée (autrement dit, si aucune erreur n'est survenue dans le bloc **try**), aucune instruction **catch** n'est exécutée.

La forme générale d'une instruction **throw** est la suivante :

```
throw exception;
```

throw génère l'exception spécifiée dans *exception*. Si cette exception doit être récupérée, l'instruction **throw** doit être exécutée, soit dans le bloc **try**, soit dans une fonction invoquée dans le bloc **try** (directement ou indirectement).

Si vous levez une exception pour laquelle il n'y a pas d'instruction **catch** correspondante, le programme se terminera de manière anormale. Lever une exception non traitée provoque l'appel de la fonction de la bibliothèque standard **terminate( )**. Par défaut, **terminate( )** invoque **abort( )** qui termine le programme, mais vous pouvez spécifier votre propre traitement de fin, comme décrit ultérieurement dans ce chapitre.

Voici un exemple simple, qui présente le fonctionnement du traitement d'exception du langage C++ :

```cpp
// Un simple exemple de traitement d'exception.
#include <iostream>
using namespace std;

int main()
{
  cout << "Debut\n";

  try { // début du bloc try
    cout << "Dans le bloc try\n";
    throw 100; // lève une erreur
    cout << "Ceci ne s'executera pas.";
  }
  catch (int i) { // récupère une erreur
    cout << "Recupere une exception - sa valeur est : ";
    cout << i << "\n";
  }

  cout << "Fin";

  return 0;
}
```

Ce programme provoque l'affichage suivant :

```
Debut
Dans le bloc try
Recupere une exception - sa valeur est: 100
Fin
```

Observez attentivement ce programme. Vous pouvez constater qu'il y a un bloc **try** qui contient trois instructions, et une instruction **catch(int i)** qui traite une erreur entière. Au sein du bloc **try**, seules deux des trois instructions vont s'exécuter : la première instruction **cout** et le **throw**. Une fois qu'une exception a été levée, la main passe à l'expression **catch** et le bloc **try** est terminé. Autrement dit **catch** n'est *pas* invoqué. On dira plutôt que l'exécution du programme lui est transférée (pour cela, la pile d'exécution du programme est automatiquement initialisée). Ainsi, l'instruction **cout** suivant le **throw** ne sera jamais atteinte.

Le plus souvent, le code inclus dans le bloc **catch** tente de remédier à l'erreur qui vient de se produire en lançant une action appropriée. Si l'erreur peut être réparée, l'exécution continuera avec les instructions qui suivent le **catch**. Toutefois, une erreur ne peut souvent pas être réparée, et le bloc **catch** terminera le programme en invoquant **exit( )** ou **abort( )**.

Comme mentionné précédemment, le type de l'exception doit correspondre à celui spécifié dans l'instruction **catch**. Par exemple, dans le programme précédent, si vous changez le type du **catch** en **double**, l'erreur ne sera pas récupérée, et le programme se terminera de façon anormale, comme vous pouvez le voir ici :

```cpp
// Cet exemple ne marchera pas.
#include <iostream>
using namespace std;

int main()
{
  cout << "Debut\n";

  try { // début du bloc try
    cout << "Dans le bloc try\n";
    throw 100; // lève une erreur
    cout << "Ceci ne s'executera pas";
  }
  catch (double i) { // ne marchera pas pour une exception int
    cout << "Recupere une exception - sa valeur est: ";
    cout << i << "\n";
  }

  cout << "Fin";

  return 0;
}
```

Ce programme génère les affichages suivants, car l'exception **int** n'est pas récupérée par l'instruction **catch(double i)**.

```
Debut
Dans le bloc try
Fin de programme anormale
```

Une exception peut être lancée hors d'un bloc **try** tant qu'elle l'est dans une fonction exécutée dans ce bloc **try**. Par exemple, ce programme est correct :

```cpp
/* Throwing an exception from a function outside the
   try block.
*/
#include <iostream>
using namespace std;

void Xtest(int test)
{
  cout << "Dans Xtest, test vaut: " << test << "\n";
  if(test) throw test;
}

int main()
{
  cout << "Debut\n";

  try { // début du bloc try
    cout << "Dans le bloc try\n";
    Xtest(0);
    Xtest(1);
    Xtest(2);
  }
  catch (int i) { // récupère une erreur
    cout << "Recupere une exception - sa valeur est: ";
    cout << i << "\n";
  }

  cout << "Fin";

  return 0;
}
```

Ce programme génère les affichages suivants :

```
Debut
Dans le bloc try
Dans Xtest, test vaut: 0
Dans Xtest, test vaut: 1
Recupere une exception - sa valeur est: 1
Fin
```

Le bloc **try** peut être déplacé dans une fonction. Dans ce cas, chaque fois qu'on entre dans celle-ci, le traitement d'exception y est réinitialisé. Par exemple, observez ce programme :

```cpp
#include <iostream>
using namespace std;

// Déplace un bloc try/catch vers une fonction.
void Xtraitement(int test)
{
  try{
    if(test) throw test;
  }
  catch(int i) {
    cout << "Recupere Exception #: " << i << '\n';
  }
}

int main()
{
  cout << "Debut\n";

  Xtraitement(1);
  Xtraitement(2);
  Xtraitement(0);
  Xtraitement(3);

  cout << "Fin";

  return 0;
}
```

Ce programme génère ces affichages :

```
Debut
Recupere Exception #: 1
Recupere Exception #: 2
Recupere Exception #: 3
Fin
```

Comme vous pouvez le voir, trois exceptions sont levées. Après chaque exception, la fonction retourne un résultat. Quand la fonction est invoquée à nouveau, le traitement d'exception est réinitialisé.

Il est important de comprendre que le code associé à une instruction **catch** ne sera exécuté que si l'exception est récupérée. Sinon, l'exécution passe outre tous les **catch** (autrement dit, elle ne passe jamais dans les instructions **catch**). Par exemple, dans le programme suivant, aucune exception n'est levée ; l'instruction **catch** ne s'exécute donc pas.

```cpp
#include <iostream>
using namespace std;

int main()
{
  cout << "Debut\n";

  try { // début du bloc try
    cout << "Dans le bloc try \n";
    cout << "Toujours dans le bloc try\n";
  }
  catch (int i) { // récupère une erreur
    cout << "Recupere une exception - sa valeur est: ";
    cout << i << "\n";
  }

  cout << "Fin";

  return 0;
}
```

Ce programme génère les affichages suivants :

```
Debut
Dans le bloc try
Toujours dans le bloc try
Fin
```

Comme vous le voyez, l'instruction **catch** est occultée au cours de l'exécution.

Récupération de classes

Une exception peut être de n'importe quel type, y compris des classes que vous créez. En fait, en pratique, la plupart des exceptions seront des classes plutôt que des types de base. La raison la plus fréquente pour laquelle vous voudrez définir une classe pour une exception est de créer ainsi un objet qui décrit l'erreur qui vient de survenir. Cette information pourra être une aide dans le processus de traitement d'exception, comme le démontre l'exemple suivant.

```cpp
// Récupération de classe d'exception.
#include <iostream>
#include <cstring>
using namespace std;
```

```
class MonException {
public:
  char str_what[80];
  int what;

  MonException() { *str_what = 0; what = 0; }

  MonException(char *s, int e) {
    strcpy(str_what, s);
    what = e;
  }
};

int main()
{
  int i;

  try {
    cout << "Entrez un nombre positif: ";
    cin >> i;
    if(i<0)
      throw MonException("Non Positif", i);
  }
  catch (MonException e) { // récupère une erreur
    cout << e.str_what << ": ";
    cout << e.what << "\n";
  }

  return 0;
}
```

Voici un exemple d'exécution :

```
Entrez un nombre positif: -4
Non Positif: -4
```

Ce programme demande à l'utilisateur de saisir un nombre positif. Si un nombre négatif est tapé, un objet de la classe **MonException** est créé, contenant la description de l'erreur. Ainsi, **MonException** encapsule l'information la concernant. Cette dernière est ensuite exploitée dans le traitement d'exception. En général, vous créerez des classes d'exceptions qui encapsulent l'information concernant une erreur afin de permettre au traitement afférent d'y répondre de façon efficace.

Utilisation des instructions catch multiples

Comme établi précédemment, il est possible d'avoir plus d'une instruction **catch** associée au bloc **try**. En fait, cela est même fréquent. Cependant, chaque **catch** doit récupérer un type d'exception différent. Par exemple, ce programme récupère à la fois les entiers et les chaînes de caractères.

```cpp
#include <iostream>
using namespace std;

// Différents types d'exceptions peuvent être récupérés.
void Xtraitement(int test)
{
  try{
    if(test) throw test;
    else throw "Valeur zero";
  }
  catch(int i) {
    cout << "Recupere Exception #: " << i << '\n';
  }
  catch(const char *str) {
    cout << "Recupere une chaine: ";
    cout << str << '\n';
  }
}

int main()
{
  cout << "Debut\n";

  Xtraitement(1);
  Xtraitement(2);
  Xtraitement(0);
  Xtraitement(3);

  cout << "Fin";

  return 0;
}
```

Ce programme génère les affichages suivants :

```
Debut
Recupere Exception #: 1
Recupere Exception #: 2
Recupere une chaine: Valeur zero
Recupere Exception #: 3
Fin
```

Comme vous pouvez le constater, chaque instruction catch ne répond qu'à son propre type.

En général, les expressions **catch** sont vérifiées dans l'ordre où elles apparaissent dans le programme. Seule une instruction correspondante sera exécutée ; tous les autres blocs **catch** seront ignorés.

Traitement des classes dérivées d'exception

Vous devez être attentif à l'ordre dans lequel vous disposez vos instructions **catch**, quand vous essayez de récupérer des types d'exceptions impliquant aussi bien des classes mères que des classes qui en sont dérivées. En effet, une instruction **catch** qui récupère une classe mère récupère également les classes qui en sont dérivées. Dans ce cas, il est préférable de placer l'instruction **catch** qui concerne les classes dérivées au début de la séquence de **catch**. Sinon, l'instruction **catch** de la classe mère récupèrera également toutes les classes dérivées. Par exemple, considérons le programme suivant :

```cpp
// Catching derived classes.
#include <iostream>
using namespace std;

class M {
};

class D: public M {
};

int main()
{
  D derive;

  try {
    throw derive;
  }
  catch(M m) {
    cout << "Recupere une classe mere.\n";
  }
  catch(D d) {
    cout << "Ceci ne s'executera pas.\n";
  }

  return 0;
}
```

Ici, dans la mesure où **derive** est un objet dont **M** est la classe mère, il sera récupéré par la première clause **catch**, et la suivante ne sera jamais exécutée. Certains compilateurs signaleront cette conditions par un message d'avertissement, d'autres en déduiront une erreur. Dans les deux cas, pour éviter cela, il faut inverser l'ordre des clauses **catch**.

Les options du traitement d'exception

Il existe plusieurs fonctionnalités et nuances supplémentaires dans le traitement d'exception en C++, qui le rendent plus facile et plus confortable à manipuler. Ces attributs sont traités ici.

Récupération de toutes les exceptions

Dans certaines circonstances, vous voudrez que le traitement d'exception récupère toutes les erreurs et non un seul type en particulier. Cela est très simple à réaliser ; il suffit d'exécuter l'instruction **catch** de la manière suivante :

```
catch(...) {
  // traite toutes les exceptions
}
```

Ici, les points de suspension correspondent à tous les types de données. Le programme suivant illustre l'utilisation de **catch(...)**.

```
// Cet exemple récupère toutes les exceptions.
#include <iostream>
using namespace std;

void Xtraitement(int test)
{
  try{
    if(test==0) throw test; // lève un int
    if(test==1) throw 'a'; // lève un char
    if(test==2) throw 123.23; // lève un double
  }
  catch(...) { // récupère toutes les exceptions
    cout << "Une d'attrapee !\n";
  }
}
```

```
int main()
{
  cout << "Debut\n";

  Xtraitement(0);
  Xtraitement(1);
  Xtraitement(2);

  cout << "Fin";

  return 0;
}
```

Ce programme génère les affichages suivants :

```
Debut
Une d'attrapee !
Une d'attrapee !
Une d'attrapee !
Fin
```

Comme vous pouvez le constater, les trois **throw** sont récupérés par l'unique instruction **catch**.

Une utilisation adéquate pour **catch(...)** est en dernière position d'une série de **catch**. Il fournit ainsi un **catch** par défaut très utile. Par exemple, ce programme, légèrement différent de la version précédente, récupère explicitement les exceptions d'entiers, mais s'appuie sur **catch(...)** pour toutes les autres.

```
// Cet exemple utilise catch(...) par défaut.
#include <iostream>
using namespace std;

void Xtraitement(int test)
{
  try{
    if(test==0) throw test; // lève un int
    if(test==1) throw 'a'; // lève un char
    if(test==2) throw 123.23; // lève un double
  }
  catch(int i) { // récupère une exception int
    cout << "Recupere un entier\n";
  }
  catch(...) { // récupère toutes les autres exceptions
    cout << "Une d'attrapee!\n";
  }
}
```

```
int main()
{
  cout << "Debut\n";

  Xtraitement(0);
  Xtraitement(1);
  Xtraitement(2);

  cout << "Fin";

  return 0;
}
```

Ce programme génère les affichages suivants :

```
Debut
Récupère un entier
Une d'attrapee !
Une d'attrapee !
Fin
```

Comme le suggère cet exemple, utiliser **catch(...)** est un bon moyen de récupérer toutes les exceptions que vous ne voulez pas considérer explicitement. De plus, en récupérant toutes les exceptions, vous évitez que le non-traitement de l'une d'elles provoque une fin anormale du programme.

Restriction des exceptions

Vous pouvez restreindre les types d'exceptions qu'une fonction lève et propage vers l'extérieur. En fait, vous pouvez également empêcher une fonction de propager certaines exceptions. Pour cela, il suffit d'ajouter la clause **throw** à la définition de la fonction. Voici la forme générale à employer :

```
type-ret nom-fonc (arg-liste) throw(type-liste)
{
  // ...
}
```

Ici, seuls les types de données contenus dans la liste *type-liste* et séparés par des virgules peuvent être levés par la fonction. Lever une exception d'un autre type provoquerait une fin anormale du programme. Si vous ne voulez pas qu'une fonction lève des exceptions, utilisez une liste vide.

Tenter de lever une exception non reconnue par une fonction aura pour effet l'invocation de la commande de la librairie standard **unexpected( )**. Par défaut, cela déclenche l'appel de la fonction **abort( )** qui génère une fin anormale de programme. Toutefois, vous pouvez spécifier votre propre traitement en cas d'exception inattendue, comme décrit plus loin dans ce chapitre.

Le programme suivant présente la façon de restreindre les types d'exceptions qui peuvent être levés à partir d'une fonction :

```
// Restriction des types levés par une fonction.
#include <iostream>
using namespace std;

// Cette fonction peut uniquement lever des int, char, et double.
void Xtraitement(int test) throw(int, char, double)
{
  if(test==0) throw test; // lève un int
  if(test==1) throw 'a'; // lève un char
  if(test==2) throw 123.23; // lève un double
}

int main()
{
  cout << "Debut\n";

  try{
    Xtraitement(0); // essayer également de passer 1 et 2 à Xtraitement()
  }
  catch(int i) {
    cout << "Recupere un integer\n";
  }
  catch(char c) {
    cout << "Recupere un char\n";
  }
  catch(double d) {
    cout << "Recupere un double\n";
  }

  cout << "Fin";

  return 0;
}
```

Dans ce programme, la fonction **Xtraitement( )** ne peut lever que des exceptions de type **int**, **char** et **double**. Si on tente de lever un autre type d'exception, une fin anormale du programme surviendra (autrement dit, **unexpected** sera invoquée). Pour en voir un exemple, il suffit de retirer **int** de la liste et de relancer le programme.

Il est important de comprendre qu'une fonction ne peut être contrainte que dans les types d'exceptions qu'elle va renvoyer au bloc **try** appelant. Autrement dit, un bloc **try** *au sein* d'une fonction peut lever n'importe quel type d'exception, tant que celle-ci est récupérée en *son sein* même. La restriction ne s'applique que dans la propagation de l'exception à l'extérieur de la fonction.

Le changement suivant dans **Xtraitement( )** l'empêche de lever aucune exception.

```
// Cette fonction ne peut lever AUCUNE exceptions!
void Xtraitement(int test) throw()
{
  /* Les instructions suivantes ne fonctionnent plus.  Au lieu de çà,
     elles vont provoquer un arrêt anormal du programme. */
  if(test==0) throw test;
  if(test==1) throw 'a';
  if(test==2) throw 123.23;
}
```

Note. Au moment où nous écrivons ces lignes, Microsoft's Visual C++ ne reconnaît pas la clause **throw( )** pour les fonctions.

Propagation d'une exception

Si vous souhaitez propager une exception à partir du traitement d'exception, vous devez exécuter **throw**, seul, sans autre précision. Cela va alors renvoyer l'exception courante vers une séquence **try/catch** externe. La raison la plus courante pour réaliser cela est de permettre à différents niveaux de traitements d'accéder à l'exception. Par exemple, un traitement pourrait gérer un aspect de l'exception et un autre traitement serait consacré au reste. Une exception ne peut être relancée que dans un bloc **catch** (ou dans une fonction exécutée dans un bloc **catch**). Quand vous relancez une exception, elle ne sera pas récupérée par le même **catch**. Elle sera propagée vers le prochain **catch** externe. Le programme suivant illustre la propagation d'une exception, de type char* dans ce cas.

```
// Exemple de propagation d'exception.
#include <iostream>
using namespace std;

void Xtraitement()
{
  try {
    throw "hello"; // lève un char *
  }
```

```
    catch(const char *) { // récupère un char *
      cout << "Recupere un char * dans Xtraitement\n";
      throw ; // relance un char * hors de la fonction
    }
}

int main()
{
  cout << "Debut\n";

  try{
    Xtraitement();
  }
  catch(const char *) {
    cout << "Recupere un char * dans le main\n";
  }

  cout << "Fin";

  return 0;
}
```

Ce programme génère les affichages suivants :

```
Debut
Recupere un char * dans Xtraitement
Recupere un char * dans le main
Fin
```

Interprétation de terminate( ) et unexpected( )

Comme mentionné précédemment, **terminate( )** et **unexpected( )** sont exécutés lorsqu'un problème survient dans le traitement de récupération des exceptions. Ces fonctions sont fournies par la bibliothèque Standard C++. Leur prototype est le suivant :

```
void terminate();
void unexpected();
```

Ces fonctions nécessitent l'en-tête **<exception>**.

La fonction **terminate( )** est invoquée à chaque fois que le sous-système de traitement des exceptions ne trouve pas d'instruction **catch** adéquate à la situation. Elle est également exécutée quand le programme tente de relancer une exception qui n'a jamais été lancée auparavant. La fonction **terminate( )** est encore adaptée pour d'autres circonstances variées. Par exemple, lors du déroulement de la pile d'exécution à cause d'une exception, le destructeur d'un objet en cours d'élimination lève une exception. En général, **terminate( )** est le traitement de dernier ressort quand aucun autre traitement n'est disponible pour une exception. Par défaut, **terminate( )** invoque **abort( )**.

La fonction **unexpected( )** est exécutée quand une fonction tente de lever une exception qui n'est pas autorisée dans sa liste **throw**. Par défaut, **unexpected( )** invoque **terminate( )**.

Fixer les traitements de Terminate et Unexpected

Les fonctions **terminate( )** et **unexpected( )** font en fait appel à d'autres fonctions pour traiter les erreurs. Comme nous venons de le voir, par défaut, **terminate( )** fait appel à **abort( )**, et **unexpected( )** à **terminate( )**. Ainsi, par défaut, les deux fonctions arrêtent l'exécution du programme quand une erreur survient dans le traitement d'exception. Cependant, vous pouvez parfaitement changer les fonctions qui sont exécutées par **terminate( )** et **unexpected( )**. Cela permet alors à votre programme d'avoir le contrôle total sur le sous-système de traitement des exceptions.

Pour modifier le traitement de terminaison, utilisez **set_terminate( )** comme ceci :

```
terminate_handler set_terminate(terminate_handler newhandler) throw( );
```

Ici, *newhandler* est un pointeur sur le nouveau traitement de terminaison. La fonction retourne un pointeur sur l'ancien traitement de terminaison. Le nouveau traitement de terminaison doit être du type **terminate_handler**, défini comme ceci :

```
typedef void (*terminate_handler) ( );
```

La seule consigne que votre traitement de terminaison doit respecter est d'arrêter l'exécution du programme. Il ne doit pas retourner au programme ou le continuer d'aucune manière.

Pour modifier le traitement d'exception inattendue, exécutez **set_unexpexted( )** comme ceci :

```
unexpected_handler set_unexpected(unexpected_handler newhandler) throw( );
```

Ici, *newhandler* est un pointeur sur le nouveau traitement d'exception inattendue. La fonction retourne un pointeur sur l'ancien traitement. Le nouveau traitement doit être du type **unexpected_handler**, défini comme ceci :

```
typedef void (*unexpected_handler) ( );
```

Ce traitement peut lui-même renvoyer une exception, arrêter le programme, ou invoquer **terminate( )**. Quoi qu'il en soit, il ne doit pas retourner au programme.

set_terminate( ) et **set_unexpected( )** requièrent tous deux l'en-tête **<exception>**. Voici un exemple qui définit son propre traitement **terminate( )**.

```
// Fixe un nouveau traitement de terminaison.
#include <iostream>
#include <cstdlib>
#include <exception>
using namespace std;

void mon_Thandler() {
  cout << "Dans le nouveau traitement de terminaison\n";
  abort();
}

int main()
{
  // détermine un nouveau traitement de terminaison
  set_terminate(mon_Thandler);

  try {
    cout << "Dans le bloc try\n";
    throw 100; // lève une erreur
  }
  catch (double i) { // ne récupèrera pas d'exception int
    // ...
  }

  return 0;
}
```

Les affichages produits sont :

```
Dans le bloc try
Dans le nouveau traitement de terminaison
Fin de programme anormale
```

Fonction uncaught_exception( )

Le sous-système de traitement des exceptions en C++ fournit une autre fonction, qui peut s'avérer utile : **uncaught_exception( )**. Son prototype est le suivant :

```
bool uncaught_exception( );
```

Cette fonction retourne **true** tant qu'une exception levée n'a pas encore été récupérée. Une fois récupérée, cette fonction retourne **false**.

Classes exception et bad_exception

Quand une fonction de la bibliothèque standard C++ lève une exception, il s'agira d'un objet dérivée de la classe mère **exception**. Un objet de la classe **bad_exception** peut être levé par le traitement d'exception inattendue. Ces classes requièrent l'en-tête **<exception>**.

Application du traitement d'exception

Le traitement d'exception est destiné à fournir un moyen structuré par lequel vos programme peuvent traiter des événements anormaux. Cela implique que le traitement d'erreurs doit réaliser un traitement rationnel quand une erreur survient. Par exemple, considérons le simple programme suivant. Il reçoit deux nombres, et divise le premier par le second. Il exploite le traitement d'exception pour gérer les erreurs de divisions par zéro.

```cpp
#include <iostream>
using namespace std;

void diviser(double a, double b);

int main()
{
  double i, j;

  do {
    cout << "Entrez le numerateur (0 pour arreter): ";
    cin >> i;
    cout << "Entrez le denominateur: ";
    cin >> j;
    diviser(i, j);
  } while(i != 0);

  return 0;
}

void diviser(double a, double b)
{
  try {
    if(!b) throw b; // vérifie la division par zéro
    cout << "Resultat: " << a/b << endl;
  }
```

```
  catch (double b) {
    cout << "On ne peut pas diviser zero.\n";
  }
}
```

Bien qu'il s'agisse d'un exemple très simple, le programme précédent illustre bien la nature essentielle du traitement d'exception. Étant donné que la division par zéro est interdite, le programme ne peut pas continuer si un zéro est tapé en guise de second nombre. Dans ce cas, l'exception est traitée en s'abstenant d'effectuer la division (qui aurait causé une fin anormale du programme) et en notifiant l'erreur à l'utilisateur. Le programme redemande alors deux nombres à ce dernier. Ainsi, l'erreur a été traitée de façon ordonnée et l'utilisateur peut continuer avec le programme. Les même concepts primitifs s'appliquent à des problèmes de traitements d'exceptions plus complexes.

Le traitement d'exception est particulièrement utile pour se sortir d'un ensemble de routines profondément imbriquées, lors de l'apparition d'une erreur catastrophique. De ce point de vue, le traitement d'exception en C++ est destiné à remplacer les fonctions plutôt lourdes **setjmp( )** et **longjmp( )** issues du C.

Rappelez-vous que le point clé dans l'utilisation du traitement d'exception est de fournir une façon ordonnée de traiter les erreurs. Cela signifie rectifier la situation, si possible.

CHAPITRE 20

Bases du système d'E/S en C++

Le langage C++ prend en charge deux systèmes complets d'E/S. L'un d'eux est hérité du C, l'autre est le système d'E/S orienté objet défini par le C++ (qu'on appellera par la suite système C++ d'E/S). Le système d'E/S fondé sur le C a été étudié dans la première partie de cet ouvrage. Ici, nous allons commencer à examiner le système C++ d'E/S. Tout comme les E/S fondées sur le C, le système C++ est complètement intégré. Les différents aspects d'E/S en C++, tels que la console d'E/S ou le disque d'E/S, ne sont en fait que des perspectives différentes sur des mécanismes existants. Ce chapitre s'intéresse aux fondations du système d'E/S en C++. Même si les exemples de ce chapitre font référence à la « console » d'E/S, ils sont valables pour n'importe quel autre périphérique, y compris les fichiers disque (étudiés au chapitre 21).

Dans la mesure où le système d'E/S hérité du C est extrêmement riche, souple et puissant, vous pouvez vous demander pourquoi le C++ a jugé utile d'en définir un autre. La réponse est que le système d'E/S du C ignore tout des objets. C'est pourquoi, pour que le C++ puisse fournir un support complet à la programmation orientée objet, il était nécessaire de redéfinir un système d'E/S capable de manipuler les objets créés par l'utilisateur. En plus de cela, il existe d'autres avantages à préférer le système d'E/S C++, même pour des programmes qui ne mettent pas (ou peu) en œuvre des objets. Pour tout nouveau code, il est préférable d'utiliser le système C++. Le système C n'est désormais pris en charge que pour des raisons de compatibilité.

Ce chapitre explique comment formater des données, comment surcharger les opérateurs d'E/S << et >>, afin qu'ils puissent être utilisés avec les classes que vous créez, et comment élaborer des fonctions spéciales d'E/S, appelées manipulateurs, qui peuvent rendre vos programmes plus efficaces.

Ancien contre nouveau E/S en C++

Il existe actuellement deux versions de la bibliothèque C++ d'E/S orientée objet : l'ancienne, fondée sur les spécifications originales du C++, et la nouvelle, définie par le Standard C++. L'ancienne bibliothèque d'E/S est fournie par l'en-tête de fichier **<iostream.h>**, et la nouvelle par **<iostream>**. Dans leur majeure partie, les deux paraissent semblables pour l'utilisateur. Cela est dû au fait que la nouvelle bibliothèque d'E/S n'est en fait qu'une version mise à jour et améliorée de l'ancienne. En fait, la plupart des différences entre les deux ne sont pas visibles, et concernent la façon dont elles sont implémentées – et non la façon de les utiliser.

Du point de vue du programmeur, il existe deux principales différences entre l'ancienne et la nouvelle version des bibliothèques C++ d'E/S. D'une part, la nouvelle bibliothèque contient quelques fonctionnalités supplémentaires, et définit de nouveaux types de donnée. Ainsi, la nouvelle bibliothèque est essentiellement un sur-ensemble de l'ancienne. Presque tous les programmes écrits pour l'ancienne bibliothèque fonctionneront avec la nouvelle, sans changement significatif. D'autre part, l'ancienne bibliothèque d'E/S se situait dans un espace de nommage global, tandis que la nouvelle se trouve dans l'espace de nommage **std** (rappelons que l'espace de nommage **std** est utilisé par toutes les bibliothèques du Standard C++). Dans la mesure où l'ancienne bibliothèque est désormais obsolète, cet ouvrage ne décrit que la nouvelle version de la bibliothèque d'E/S, même si la plupart des informations proposées sont applicables à l'ancienne version.

Flux C++

Tout comme le système d'E/S fondé sur le C, le système d'E/S en C++ fonctionne à travers des flux. Les flux ont été étudiés en détail dans le chapitre 9 ; ils ne seront donc pas davantage développés ici. Cependant, pour résumer : un *flux* (stream) est un dispositif logique, qui va produire ou consommer des informations. Un flux est relié à un dispositif physique par le biais du système d'E/S. Tous les flux se comportent de la même manière, même si les dispositifs physiques auxquels ils sont connectés peuvent être légèrement différents. Dans la mesure où tous les flux fonctionnent de la même manière, les même fonctions d'E/S peuvent opérer sur n'importe quel type de dispositif physique. Par exemple, vous pouvez utiliser la même fonction pour écrire dans un fichier, sur l'imprimante ou à l'écran. L'avantage de cette approche est que vous n'avez qu'un système d'E/S à connaître.

Classes de flux C++

Comme mentionné précédemment, le Standard C++ fournit un support pour son système d'E/S dans **<iostream>**. Dans cet en-tête, un ensemble plutôt compliqué de hiérarchie de classes est défini, prenant en charge les opérations d'E/S. Les classes d'E/S commencent par un système de classe template. Comme expliqué au chapitre 18, une classe template définit la forme d'une classe sans spécifier complètement les données sur lesquelles elle va opérer. Une fois qu'une classe template a été définie, ses instances spécifiques peuvent être créées. Dans le cadre de la bibliothèque d'E/S, le Standard C++ a créé deux spécialisations de la classe template d'E/S : une pour les caractères 8-bits, l'autre pour les longs (*wide*) caractères. Dans cet ouvrage, on n'utilisera que les classes de caractères 8 bits, dans la mesure où ce sont les plus fréquemment employées. Mais la même technique s'applique aux deux.

Le système d'E/S C++ est fondé sur deux hiérarchies de classes template, liées mais différentes. La première est dérivée d'une classe d'E/S de bas niveau, appelée **basic_streambuf**. Cette classe propose des opérations fondamentales d'entrées et de sorties de bas niveau, et fournit le support sous-jacent au système d'E/S C++ dans son ensemble. Même si vous programmez des opérations avancées d'E/S, vous n'aurez pas à utiliser directement **basic_streambuf**. La hiérarchie de classe avec laquelle vous serez le plus souvent amené à travailler est dérivée de **basic_ios**. Il s'agit d'une classe d'E/S de haut niveau, qui fournit le formatage, la vérification d'erreurs et les informations d'état liées aux flux d'E/S (il existe une classe mère pour **basic_ios** appelée **ios_base** qui définit plusieurs caractéristiques non template utilisées par **basic_ios**). **basic_ios** est utilisée comme base pour plusieurs classes dérivées, dont **basic_istream**, **basic_ostream**, et **basic_iostream**. Ces classes sont utilisées pour créer respectivement des flux d'entrées, de sorties et d'entrées/sorties.

Comme on vient de le voir, la bibliothèque d'E/S crée deux spécialisations dans la hiérarchie de classes template : une pour les caractères de 8 bits, et une pour les caractères longs. Voici la liste de correspondance entre les noms des classes template et leurs versions pour les caractères et pour les caractères longs.

Classe Template	Classe fondée sur les caractères	Classe fondée sur les caractères longs
basic_streambuf	streambuf	wstreambuf
basic_ios	ios	wios
basic_istream	istream	wistream
basic_ostream	ostream	wostream
basic_iostream	iostream	wiostream
basic_fstream	fstream	wfstream
basic_ifstream	ifstream	wifstream
basic_ofstream	ofstream	wofstream

Les noms de classes fondées sur les caractères seront utilisés dans le reste de l'ouvrage, dans la mesure où ce sont ceux-là que vous emploierez normalement dans vos programmes. Ce sont d'ailleurs les même noms qui étaient utilisés dans l'ancienne bibliothèque d'E/S. C'est pourquoi l'ancienne et la nouvelle bibliothèque sont compatibles au niveau du code source.

Un dernier point : la classe **ios** contient de nombreuses fonctions et variables membres, qui permettent de contrôler et de surveiller les opérations fondamentales d'un flux. Il y sera souvent fait référence. Souvenez-vous simplement que si vous incluez **<iostream>** dans vos programmes, vous aurez accès à cette classe importante.

Flux prédéfinis du C++

Quand un programme C++ commence à s'exécuter, quatre flux de base sont automatiquement ouverts. Il s'agit de :

Flux	Signification	Périphérique par défaut
cin	Entrée standard	Keyboard
cout	Sortie standard	Screen
cerr	Sortie d'erreur standard	Screen
clog	Version tampon de cerr	Screen

Les flux **cin**, **cout** et **cerr** correspondent aux **stdin**, **stdout** et **stderr** du C.

Par défaut, ces flux standard sont utilisés pour communiquer avec la console.

Toutefois, avec les environnements qui prennent en charge les redirections d'E/S (tels que DOS, Unix, OS/2, et Windows), les flux standard peuvent être redirigés vers d'autres périphériques ou fichiers. Pour plus de simplicité, on supposera dans les exemples de ce chapitre qu'il n'y a aucune redirection d'E/S.

Le standard C++ définit également ces quatre flux supplémentaires : **win**, **wout**, **werr** et **wlog**. Il s'agit des versions pour caractères longs des flux standard. Les caractères longs sont du type **wchar_t**, et sont généralement d'une longueur de 16 bits. Ils sont utilisés pour contenir des grands ensembles de caractères associés le plus souvent au langage humain.

E/S formatées

Le système d'E/S du C++ vous permet de formater les opérations d'E/S. Par exemple, vous pouvez modifier la longueur d'un champ, spécifier la base d'un nombre, ou déterminer combien de chiffres apparaîtront après la virgule. Il existe deux façons liées, mais conceptuellement différentes, de formater des données. La première consiste à accéder directement aux membres de la classe **ios**. Plus précisément, vous pouvez modifier divers flags (*indicateurs*) d'état du format définis dans la classe **ios**, ou exécuter diverses fonctions membres d'**ios**. La seconde manière consiste à faire appel à des fonctions spéciales, nommées *manipulateurs*, qui peuvent être incluses comme partie d'une expression d'E/S.

Nous commencerons l'étude des E/S formatées par l'utilisation des fonctions membres et des flags d'**ios**.

Formatage à l'aide des membres d'ios

Chaque flux est associé à un ensemble de flags qui contrôlent la façon dont l'information est formatée. Dans la classe **ios** est déclarée une énumération de masques de bits appelés **fmtflags**, dans laquelle les valeurs suivantes sont définies (techniquement, ces valeurs sont définies dans la classe **ios_base** qui est, comme on l'a expliqué, la classe mère d'**ios**).

adjustfield	basefield	boolalpha	dec
fixed	floatfield	hex	internal
left	oct	right	scientific
showbase	showpoint	showpos	skipws
unitbuf	uppercase		

Ces valeurs sont utilisées pour définir ou effacer les flags de format. Si vous utilisez un ancien compilateur, il ne reconnaîtra peut-être pas le type énumération de **fmtflags**. Dans ce cas, les flags seront codés sur un entier long.

Si le flag **skipws** est mis, les caractères d'espaces d'en-têtes (espaces, tabulations et nouvelles lignes) seront ignorés en entrée d'un flux. Si ce flag est effacé, ils seront pris en compte.

Si le flag **left** est mis, la sortie sera justifiée à gauche, à droite si c'est le flag **right**. Si le flag **internal** est mis, une valeur numérique sera complétée par des espaces entre le signe et la valeur, afin de remplir le champ. Si aucun de ces flags n'est spécifié, la sortie sera par défaut justifiée à droite.

Par défaut, les valeurs numériques sont sorties en base décimale. Toutefois, il est possible de modifier la base du nombre. Le flag **oct** permet l'affichage en octale, **hex** en hexadécimale et **dec** en décimale.

showbase permet l'affichage de la base employée. Par exemple, si la base de conversion est l'hexadécimale, la valeur 1F sera affichée 0x1F.

Par défaut, quand la notation scientifique est utilisée, le **e** est en minuscule. De même, quand une valeur hexadécimale est affichée, le **x** est en minuscule. Si **uppercase** est spécifié, ces caractères apparaîtront en majuscules.

Définir **showpos** provoque l'affichage d'un signe plus devant les valeurs positives.

Définir **showpoint** provoque l'affichage d'un point et d'une suite de zéros pour tous les nombres à virgule flottante – même quand cela n'est pas nécessaire.

Avec le flag **scientific**, les valeurs numériques à virgule flottante sont affichées en notation scientifique. Avec **fixed**, elles sont affichées avec la notation normale. Quand aucun des deux n'est spécifié, le compilateur choisit la méthode appropriée.

Quand **unitbuffer** est défini, le tampon est vidé après chaque opération d'insertion.

Quand **boolalpha** est défini, les valeurs booléennes peuvent être spécifiées directement en utilisant les mots clés **true** et **false**.

Étant donné qu'il est fréquent de faire référence aux flags **oct**, **hex** et **dec**, ils peuvent être appelés dans leur ensemble par **basefield**. De même pour **left**, **right**, et **internal** qui peuvent être référencés par **adjustfield**. Et, enfin, les champs **scientific** et **fixed**, qui sont appelés par **floatfield**.

Activation des flags de format

Pour définir un flag, utilisez la fonction **setf( )**. Cette fonction est un membre de la classe **ios**. Sa forme la plus fréquente est la suivante :

```
fmtflags setf(fmtflags flags);
```

Cette fonction renvoie l'ancienne définition des flags, et ajuste ceux spécifiés dans *flags*. Par exemple, pour activer le flag **showpos**, vous pouvez utiliser cette instruction :

```
flux.setf(ios::showpos);
```

Ici, *flux* est le flux que vous voulez modifier. Notez l'utilisation de **ios::** pour qualifier **showpos**. Dans la mesure où **showpos** est une constante définie par la classe **ios**, il faut la préfixer d'**ios**, pour l'utiliser.

Le programme suivant affiche la valeur 100 avec les flags **showpos** et **showpoint** activés.

```
#include <iostream>
using namespace std;

int main()
{
  cout.setf(ios::showpoint);
  cout.setf(ios::showpos);

  cout << 100.0; // affiche +100.0

  return 0;
}
```

Il est important de comprendre que **setf( )** est une fonction membre de la classe **ios**, et affecte donc les flux créés par cette classe. Pour cela, tout appel à **setf( )** est fait relativement à un flux spécifique. On ne peut pas invoquer **setf( )** indépendamment. Présenté différemment, il n'existe pas de gestion globale de l'état des formats en C++. Chaque flux comporte sa propre information individuelle sur l'état de ses formats.

II

LANGAGE C++

Bien qu'il n'y ait rien de faux techniquement, dans l'exemple précédent, il y a une façon plus efficace de l'écrire. Au lieu d'invoquer plusieurs fois **setf( )**, vous pouvez joindre plusieurs valeurs de flags à affecter par un OU dans un seul appel. Par exemple, ce simple appel permet d'obtenir le même résultat :

```
// Vous pouvez joindre plusieurs flags par un OU
cout.setf(ios::showpoint | ios::showpos);
```

Attention. Dans la mesure où les flags de format sont définis au sein de la classe **ios**, vous devez accéder à leur valeur en utilisant **ios** et l'opérateur de visibilité. Par exemple, **showbase** seul ne sera pas reconnu ; vous devez spécifier **ios::showbase**.

Effacement des flags de format

L'inverse de **setf( )** est **unsetf( )**. Cette fonction membre de **ios** est utilisée pour désactiver un ou plusieurs flags de format. Sa forme générale est la suivante :

```
void unsetf(fmtflags flags);
```

Les flags spécifiés dans *flags* sont désactivés (tous les autres ne sont pas touchés). L'ancienne affectation des flags est retournée.

Le programme suivant illustre l'emploi de **unsetf( )**. Il commence par activer les flags **uppercase** et **scientific**, et affiche 100.12 en notation scientifique. Dans ce cas, le « E » utilisé pour la notation scientifique est en majuscule. Puis le programme désactive **uppercase**, et affiche à nouveau 100.12, en utilisant cette fois un « e » minuscule.

```
#include <iostream>
using namespace std;

int main()
{
  cout.setf(ios::uppercase | ios::scientific);

  cout << 100.12;  // affiche 1.0012E+02

  cout.unsetf(ios::uppercase); // désactive uppercase

  cout << " \n" << 100.12; // affiche 1.0012e+02

  return 0;
}
```

Forme surchargée de setf( )

Il existe une forme surchargée de **setf( )** qui a cette forme :

```
fmtflags setf(fmtflags flags1, fmtflags flags2);
```

Dans cette version, seuls les flags spécifiés dans *flags2* sont affectés. Ils sont d'abord désactivés, puis affectés en fonction du contenu de *flags1*. Notez bien que, même si *flags1* contient d'autres flags, seuls ceux spécifiés dans *flags2* seront modifiés. L'ancienne affectation des flags est retournée par la fonction. Par exemple :

```
#include <iostream>
using namespace std;

int main( )
{
  cout.setf(ios::showpoint | ios::showpos, ios::showpoint);

  cout << 100.0; // affiche 100.0, et non +100.0

  return 0;
}
```

Ici, **showpoint** est activé, mais pas **showpos**, puisqu'il n'est pas spécifié dans le second paramètre.

L'utilisation la plus courante de la forme à deux paramètres de **setf( )** est l'affectation des flags de la base numérique, de justification et de format. Comme expliqué précédemment, on peut faire référence à **oct**, **hex** et **dec** dans leur ensemble par **basefield**. Il en va de même pour **left**, **right** et **internal** avec **adjustfield** et enfin, **scientific** et **fixed** avec **floatfield**.

Dans la mesure où les flags contenus dans ces regroupements sont mutuellement exclusifs, vous pouvez avoir besoin d'activer un flag tout en désactivant les autres. Par exemple, le programme suivant définit la sortie en base hexadécimale. Pour avoir la sortie en hexadécimale, certaines implémentations nécessitent que les autres flags de base numérique soient désactivés. Cette opération est plus simple à réaliser avec la forme à deux paramètres de **setf( )**.

```
#include <iostream>
using namespace std;

int main()
{
  cout.setf(ios::hex, ios::basefield);

  cout << 100; // ceci affiche 64

  return 0;
}
```

Ici, les flags **basefield** (soit **dec**, **oct** et **hex**) sont tout d'abord effacés, puis le flag **hex** est activé. Rappelez-vous que seuls les flags spécifiés dans *flags2* peuvent être affectés par ceux spécifiés dans *flags1*. Par exemple, dans ce programme, le premier essai d'affectation de **showpos** échoue.

```
// Ce programme ne fonctionnera pas.
#include <iostream>
using namespace std;

int main()
{
  cout.setf(ios::showpos, ios::hex); // erreur, showpos non affecté

  cout << 100 << '\n'; // affiche 100, et non +100

  cout.setf(ios::showpos, ios::showpos); // ceci est correct

  cout << 100; // affiche maintenant +100

  return 0;
}
```

Il faut garder à l'esprit que, la plupart du temps, vous voudrez utiliser **unsetf( )** pour désactiver les flags, et la version à un paramètre de **setf( )** (décrite plus tôt) pour activer les flags. La version **setf(fmtflag, fmtflag)** de **setf( )** est plus utilisée dans des situations spécifiques, comme modifier la base numérique. Une autre bonne exploitation concerne la situation dans laquelle vous employez le modèle de flag qui spécifie l'état de tous les flags de format, tout en voulant n'en modifier qu'un ou deux. Dans ce cas, vous pouvez préciser le modèle dans *flags1*, et utiliser *flags2* pour préciser lesquels sont à modifier.

Étude des flags de format

Il y aura des situations où vous voudrez simplement connaître l'état des flags, sans vouloir en modifier aucun. Pour cela, **ios** inclut la fonction membre **flags( )** qui retourne l'état actuel de chaque flag de format. Son prototype est le suivant :

```
fmtflags flags( );
```

Le programme suivant exécute **flags( )** pour afficher l'état des flags pour **cout**. Prêtez bien attention à la fonction **afficheflags( )**. Elle pourra s'avérer utile pour vos propres programmes.

```
#include <iostream>
using namespace std;

void afficheflags() ;

int main()
{
  // affiche l'état par défaut des flags de format
  afficheflags();
```

```
    cout.setf(ios::right | ios::showpoint | ios::fixed);

    afficheflags();

    return 0;
}

// Cette fonction affiche l'état des flags de format.
void afficheflags()
{
  ios::fmtflags f;
  long i;

  f = (long) cout.flags(); // récupère l'état des flags

  // vérifie chaque flag
  for(i=0x4000; i; i = i >> 1)
    if(i & f) cout << "1 ";
    else cout << "0 ";

  cout << " \n";
}
```

L'affichage produit est le suivant :

```
0 0 0 0 0 1 0 0 0 0 0 0 0 0 1
0 1 0 0 0 1 0 1 0 0 1 0 0 0 1
```

Affectation de tous les flags

La fonction **flags( )** possède une seconde forme, qui permet d'affecter tous les flags de format associés à un flux. Le prototype de cette version est le suivant :

```
fmtflags flags(fmtflags f);
```

Quand vous utilisez cette version, la suite de bits contenue dans *f* est utilisée pour affecter tous les flags du format associé au flux. La fonction retourne l'ancienne affectation des flags.

Le programme suivant illustre l'emploi de cette version de **flags( )**. Il commence par construire un masque de flags, qui active **showpos**, **showbase**, **oct** et **right**. Tous les autres flags sont désactivés. **flags( )** est ensuite utilisée pour affecter les flags de formats associés à **cout**. La fonction **afficheflags( )** vérifie qu'ils sont affectés comme prévu (c'est la même fonction employée dans le précédent programme).

```
#include <iostream>
using namespace std;
```

```
void afficheflags();

int main()
{
  // affiche l'état par défaut des flags de format
  afficheflags();

  // showpos, showbase, oct, right sont activés, les autres non
  long f = ios::showpos | ios::showbase | ios::oct | ios::right;
  cout.flags(f);  // affecte tous les flags

  afficheflags();

  return 0;
}
```

Utilisation de width( ), de precision( ) et de fill( )

En plus des flags de format, il existe trois fonctions membres, définies par **ios**, qui affectent les paramètres suivants : la taille d'un champ, la précision et le caractère de remplissage. Ces fonctions sont respectivement **width( )**, **precision( )** et **fill( )**.

Elles sont étudiées ici tour à tour.

Par défaut, quand une valeur est extraite, elle occupe autant de place que de caractères nécessaires pour l'afficher. Toutefois, vous pouvez spécifier une taille de champ minimum, à l'aide de la fonction **width( )**. Son prototype est le suivant :

```
streamsize width(streamsize w);
```

Ici, *w* devient la taille du champ, et l'ancienne taille est retournée. Dans certaines implémentations, la taille du champ doit être connue avant chaque sortie. Sinon, la taille par défaut est appliquée. Le type **streamsize** est défini comme une certaine forme d'entier par le compilateur.

Après avoir affecté une taille minimale de champ, quand une valeur en mobilise moins, elle est complétée par le caractère de remplissage courant (un espace par défaut), afin d'atteindre la taille du champ. Si la taille de la valeur est supérieure à la taille minimale spécifiée, le champ sera dépassé. Aucune valeur ne sera tronquée.

Pour sortir une valeur à virgule flottante, vous pouvez déterminer le nombre de chiffres après la virgule en utilisant la fonction **precision( )**. Son prototype est le suivant :

```
streamsize precision(streamsize p);
```

Ici, la précision est affectée à *p*, et l'ancienne valeur est retournée. La précision par défaut est 6. Dans certaines implémentations, la précision doit être fixée avant chaque sortie d'un nombre à virgule flottante. Sinon, la précision par défaut est appliquée.

Par défaut, quand un champ doit être complété, il l'est par des espaces. Vous pouvez préciser un autre caractère de remplissage à l'aide de la fonction **fill( )**. Son prototype est le suivant :

```
char fill(char ch);
```

Après l'appel à **fill( )**, *ch* devient le nouveau caractère de remplissage, et l'ancien est retourné.

Voici un programme qui illustre ces fonctions :

```cpp
#include <iostream>
using namespace std;

int main()
{
  cout.precision(4) ;
  cout.width(10);

  cout << 10.12345 << "\n";  // affiche 10.12

  cout.fill('*');

  cout.width(10);
  cout << 10.12345 << "\n"; // affiche *****10.12

  // la taille de champ s'applique également aux chaînes
  cout.width(10);
  cout << "Salut!" << "\n"; // affiche *******Salut!
  cout.width(10);
  cout.setf(ios::left); // justifie à gauche
  cout << 10.12345; // affiche 10.12*****

  return 0;
}
```

L'affichage produit par ce programme est le suivant :

```
     10.12
*****10.12
*******Salut!
10.12*****
```

Il existe des formes surchargées de **width( )**, **precision( )** et **fill( )** qui permettent d'obtenir les affectations sans les modifier.

Ces formes sont les suivantes :

```
char fill();
streamsize width( );
streamsize precision();
```

Utilisation de manipulateurs pour formater les E/S

La seconde façon de modifier les paramètres de format de flux se fait par l'intermédiaire de fonctions spéciales, appelées *manipulateurs*, qui peuvent être incluses dans une expression d'E/S. Les manipulateurs standard sont présentés dans la table 20-1. Comme vous pouvez le constater en étudiant cette table, la plupart des manipulateurs d'E/S sont équivalents aux fonctions de la classe **ios**. Beaucoup de manipulateurs ont été ajoutés récemment au C++, et ne seront pas reconnus par d'anciens compilateurs.

Manipulateur	Objectif	Entrée/Sortie
boolalpha	Active le flag boolalpha	Entrée/Sortie
dec	Active le flag dec	Entrée/Sortie
endl	Génère un caractère de nouvelle ligne et vide le flux	Sortie
ends	Génère un null	Sortie
fixed	Active le flag fixed	Sortie
flush	Vide le flux	Sortie
hex	Active le flag hex	Entrée/Sortie
internal	Active le flag internal	Sortie
left	Active le flag left	Sortie
noboolalpha	Désactive le flag boolalpha	Entrée/Sortie
noshowbase	Désactive le flag showbase	Sortie
noshowpoint	Désactive le flag showpoint	Sortie
noshowpos	Désactive le flag showpos	Sortie
noskipws	Désactive le flag skipws	Entrée
nounitbuf	Désactive le flag unitbuf	Sortie
nouppercase	Désactive le flag uppercase	Sortie
oct	Active le flag oct	Entrée/Sortie
resetiosflags (fmtflags f)	Désactive les flags spécifiés dans f	Entrée/Sortie
right	Active le flag right	Sortie
scientific	Active le flag scientific	Sortie

Table 20-1 Manipulateurs C++

Manipulateur	Objectif	Entrée/Sortie
setbase (int base)	Affecte la base numérique à base	Entrée/Sortie
setfill (int ch)	Affecte le caractère de remplissage à ch	Sortie
setiosflags (fmtflags f)	Active les flags spécifiés dans f	Entrée/Sortie
setprecision (int p)	Affecte la précision des valeurs flottantes à p	Sortie
setw (int w)	Affecte la largeur du champ à w	Sortie
showbase	Active le flag showbase	Sortie
showpoint	Active le flag showpoint	Sortie
showpos	Active le flag showpos	Sortie
skipws	Active le flag skipws	Entrée
unitbuf	Active le flag unitbuf	Sortie
uppercase	Active le flag uppercase	Sortie
ws	Ignore les espaces d'en-tête	Entrée

Table 20-1   Manipulateurs C++ *(suite)*

Pour accéder aux manipulateurs qui prennent des paramètres (tels que **setw( )**), il vous faut inclure **<iomanip>** dans vos programmes.

Voici un exemple qui met en œuvre quelques manipulateurs :

```cpp
#include <iostream>
#include <iomanip>
using namespace std;

int main()
{
  cout << hex << 100 << endl;

  cout << setfill('?') << setw(10) << 2343.0;

  return 0;
}
```

Cela produit l'affichage suivant :

```
64
??????2343
```

Notez comment les manipulateurs apparaissent au sein d'une expression d'E/S plus longue. Vous remarquerez également que les manipulateurs qui ne prennent pas d'arguments, tel que **endl( )** dans l'exemple, ne sont pas suivis de parenthèses. Cela s'explique, car c'est en fait l'adresse de la fonction qui est passée à l'opérateur **<<** surchargé.

À titre de comparaison, voici une version équivalente au programme précédent, qui utilise les fonctions membres d'**ios** pour obtenir les même résultats :

```cpp
#include <iostream>
#include <iomanip>
using namespace std;

int main()
{
  cout.setf(ios::hex, ios::basefield);
  cout << 100 << "\n";  // 100 en hexa

  cout.fill('?');
  cout.width(10);
  cout << 2343.0;

  return 0;
}
```

Comme le suggère l'exemple, le principal avantage à utiliser les manipulateurs plutôt que les fonctions membres d'**ios** est qu'ils permettent d'écrire facilement du code plus compact.

Vous pouvez exploiter le manipulateur **setiosflags( )** pour affecter directement les divers flags de format associés à un flux. Par exemple, ce programme utilise **setiosflags( )** pour affecter **showbase** et **showpoint**.

```cpp
#include <iostream>
#include <iomanip>
using namespace std;

int main()
{
  cout << setiosflags(ios::showpos);
```

```
  cout << setiosflags(ios::showbase);
  cout << 123 << " " << hex << 123;

  return 0;
}
```

Le manipulateur **setiosflags( )** effectue les mêmes opérations que la fonction membre **setf( )**.

Un des opérateurs les plus intéressants est **boolalpha**. Il permet aux valeurs vraies et fausses d'être introduites ou extraites avec les mots « true » et « false », plutôt qu'avec des nombres. Par exemple :

```
#include <iostream>
using namespace std;

int main()
{
  bool b;

  b = true;
  cout << b << " " << boolalpha << b << endl;

  cout << "Saisissez une valeur booleenne : ";
  cin >> boolalpha >> b;
  cout << "Voici ce que vous avez saisi :  " << b;

  return 0;
}
```

Voici un exemple d'exécution :

```
1 true
Saisissez une valeur booleenne : false
Voici ce que vous avez saisi :  false
```

Surcharge de << et >>

Comme vous le savez, en C++, les opérateurs << et >> sont surchargés, pour effectuer des opérations d'E/S sur des types primitifs de C++. Vous pouvez également surcharger ces opérateurs afin qu'ils effectuent des opérations d'E/S sur les types que vous créez.

Dans le langage C++, on fait référence à l'opérateur de sortie << par *opérateur d'insertion*, car il permet d'insérer des caractères dans un flux. De même l'opérateur d'entrée >> est appelé *opérateur d'extraction*, car il extrait des caractères du flux.

Créer vos propres opérateurs d'insertion

Il est assez aisé de créer un opérateur d'insertion pour un classe que vous créez. Toutes les fonctions d'insertion ont cette forme générale :

```
ostream &operator<<(ostream &stream, type-classe obj)
{
   // corps de l'opérateur d'insertion
   return stream;
}
```

Vous remarquerez que la fonction retourne une référence sur un flux du type **ostream** (rappelez-vous, **ostream** est la classe dérivée de **iostream**, qui prend en charge les sorties). De plus, le premier paramètre de cette fonction est une référence sur un flux de sortie. Le second paramètre est l'objet à insérer (il peut également être une référence sur l'objet à insérer). La dernière opération que doit accomplir un opérateur d'insertion est de retourner *stream*. Cela permet à l'opérateur d'être utilisé dans les longues expressions d'E/S.

Au sein d'une fonction d'insertion, vous pouvez inclure tous les types de procédures et d'opérations que vous voulez. Autrement dit, ce que fait précisément un opérateur d'insertion dépend complètement de vous. Toutefois, afin d'adopter de bonnes habitudes de programmation, il est préférable que vous limitiez ses opérations à la sortie d'informations sur un flux. Par exemple, disposer d'un opérateur d'insertion qui, en plus, calcule pi à 30 chiffres après la virgule n'est probablement pas une bonne idée !

Pour présenter l'utilisation d'un opérateur d'insertion personnalisé, nous allons en créer un pour gérer les objets de type **phonebook**.

```
class phonebook {
public:
  char nom[80];
  int codezone;
  int prefixe;
  int num;
  phonebook(char *n, int c, int p, int nm)
  {
    strcpy(nom, n);
    codezone = c;
    prefixe = p;
    num = nm;
  }
};
```

Cette classe contient le nom d'une personne et un numéro de téléphone. Voici une façon de créer un opérateur d'insertion pour des objets de type **phonebook**.

```
// Affiche le nom et le numéro de téléphone
ostream &operator<<(ostream &stream, phonebook o)
{
  stream << o.nom << " ";
  stream << "(" << o.codezone << ") ";
  stream << o.prefixe << "-" << o.num << "\n";

  return stream; // doit retourner stream
}
```

Voici un court programme qui illustre l'utilisation de l'opérateur d'insertion pour **phonebook**.

```
#include <iostream>
#include <cstring>
using namespace std;

class phonebook {
public:
  char nom[80];
  int codezone;
  int prefixe;
  int num;
  phonebook(char *n, int c, int p, int nm)
  {
    strcpy(nom, n);
    codezone = c;
    prefixe = p;
    num = nm;
  }
};

// Affiche le nom et le numéro de téléphone.
ostream &operator<<(ostream &stream, phonebook o)
{
  stream << o.nom << " ";
  stream << "(" << o.codezone << ") ";
  stream << o.prefixe << "-" << o.num << "\n";

  return stream; // doit retourner stream
}
```

```
int main()
{
  phonebook a("Ted", 111, 555, 1234);
  phonebook b("Alice", 312, 555, 5768);
  phonebook c("Tom", 212, 555, 9991);

  cout << a << b << c;

  return 0;
}
```

Ce programme produit l'affichage suivant :

```
Ted (111) 555-1234
Alice (312) 555-5768
Tom (212) 555-9991
```

Dans le précédent programme, vous noterez que l'opérateur d'insertion de **phonebook** n'est pas un membre de ce dernier. Même si cette méthode paraît étrange à première vue, la raison en est simple. Quand une fonction opérateur, de quelque type que ce soit, est membre d'une classe, l'opérande de gauche (passé par **this**) est l'objet qui a déclenché l'appel de la fonction. De plus, cet objet est *un objet de la classe* dont l'opérateur est une fonction membre. Il n'y a aucun moyen de changer cela. Si une fonction opérateur surchargée est membre d'une classe, l'opérande de gauche doit être un objet de cette classe. Cependant, quand vous surchargez un opérateur d'insertion, l'opérande de gauche est un flux, et l'opérande de droite est un objet de la classe. C'est pourquoi les opérateurs d'insertion surchargés ne peuvent pas être membres de la classe pour laquelle ils sont surchargés. Les variables **nom**, **codezone**, **prefixe** et **num** sont publiques dans le précédent programme, et sont donc accessibles par l'opérateur d'insertion.

Le fait que les opérateurs d'insertion ne puissent pas être des membres de la classe pour laquelle ils sont définis semble constituer une faille importante du C++. Dans la mesure où ils ne sont pas membres, comment peuvent-ils accéder aux membres privés de la classe ? Dans le précédent programme, toutes les variables membres étaient publiques. Cependant, l'encapsulation est un composant essentiel de la programmation orientée objet. Exiger que toutes les variables à sortir soient publiques s'oppose à ce principe. Fort heureusement, il existe une solution à ce dilemme : faire de l'opérateur d'insertion un ami de la classe. Cela préserve ainsi le fait que le premier argument de l'opérateur d'insertion soit un flux, et permet que la fonction accède aux membres privés de la classe pour laquelle elle est surchargée. Voici le même programme, modifié pour que l'opérateur d'insertion soit une fonction **friend**.

```
#include <iostream>
#include <cstring>
using namespace std;
```

```
class phonebook {
  // maintenant private
  char nom[80];
  int codezone;
  int prefixe;
  int num;
public:
  phonebook(char *n, int c, int p, int nm)
  {
    strcpy(nom, n);
    codezone = c;
    prefixe = p;
    num = nm;
  }
  friend ostream &operator<<(ostream &stream, phonebook o);
};

// Affiche le nom et le numéro de téléphone.
ostream &operator<<(ostream &stream, phonebook o)
{
  stream << o.nom << " ";
  stream << "(" << o.codezone << ") ";
  stream << o.prefixe << "-" << o.num << "\n";

  return stream; // doit retourner stream
}

int main()
{
  phonebook a("Ted", 111, 555, 1234);
  phonebook b("Alice", 312, 555, 5768);
  phonebook c("Tom", 212, 555, 9991);

  cout << a << b << c;

  return 0;
}
```

Quand vous définissez le corps d'une fonction d'insertion, essayez de le garder le plus général possible. Par exemple, l'opérateur d'insertion présenté dans l'exemple précédent peut être utilisé avec n'importe quel flux, car le corps de la fonction dirige sa sortie vers **stream**, qui est le flux qui a invoqué l'opérateur.

Même s'il n'aurait pas été faux d'écrire :

```
stream << o.name << " ";
```

ainsi :

```
cout << o.name << " ";
```

cela aurait eu pour effet de définir en dur **cout** comme flux de sortie. La version originale fonctionnera avec n'importe quel flux, y compris ceux liés aux fichiers disque. Bien que dans certaines situations (et plus spécialement quand des périphériques de sortie particuliers sont impliqués) vous voudrez coder en dur le flux de sortie, dans la plupart des cas, vous vous en abstiendrez. Plus vos opérateurs d'insertion sont souples, plus ils ont de valeur.

Note. L'opérateur d'insertion fonctionne correctement, sauf quand la valeur de **num** est du type 00034, auquel cas les zéros ne seront pas affichés. Pour remédier à cela, vous pouvez soit mettre **num** dans une chaîne, soit affecter le caractère de remplissage à zéro, et utiliser la fonction de format **width( )** pour générer les zéros d'en-tête. La solution est laissée au lecteur en tant qu'exercice.

Avant de passer aux opérateurs d'extraction, étudions un autre exemple de fonction d'insertion. Un opérateur d'insertion ne doit pas se limiter à gérer du texte. Il peut être utilisé pour produire des données sous n'importe quelle forme sensée. Par exemple, un opérateur d'insertion associé à un système de CAD peut produire des instructions de traces. Un autre peut produire des images graphiques. Un opérateur pour un programme Windows peut afficher une boîte de dialogue. Pour avoir un avant-goût de l'affichage non textuel, étudiez le programme suivant, qui dessine des boîtes à l'écran (étant donné que le C++ ne définit pas de bibliothèque graphique, le programme utilise des caractères pour dessiner les boîtes, mais rien ne vous empêche de les remplacer par des dessins si votre système le prend en charge).

```cpp
#include <iostream>
using namespace std;

class box {
  int x, y;
public:
  box(int i, int j) { x=i; y=j; }
  friend ostream &operator<<(ostream &stream, box o);
};

// Produit une boite.
ostream &operator<<(ostream &stream, box o)
{
  register int i, j;

  for(i=0; i<o.x; i++)
    stream << "*";

  stream << "\n";
```

```
  for(j=1; j<o.y-1; j++) {
    for(i=0; i<o.x; i++)
      if(i==0 || i==o.x-1) stream << "*";
      else stream << " ";
    stream << "\n";
  }

  for(i=0; i<o.x; i++)
    stream << "*";
  stream << "\n";

  return stream;
}

int main()
{
  box a(14, 6), b(30, 7), c(40, 5);

  cout << "Voici quelques boites :\n";
  cout << a << b << c;

  return 0;
}
```

Ce programme génère l'affichage suivant :

```
Voici quelques boîtes :
**************
*            *
*            *
*            *
*            *
**************
******************************
*                            *
*                            *
*                            *
*                            *
*                            *
******************************
****************************************
*                                      *
*                                      *
*                                      *
****************************************
```

Créer vos propres opérateurs d'extraction

Les opérateurs d'extraction sont les compléments des opérateurs d'insertion. La forme générale d'une fonction d'extraction est :

```
istream &operator>>(istream &stream, type-classe &obj)
{
  // corps de l'opérateur d'extraction
  return stream;
}
```

Les opérateurs d'extraction retournent une référence sur un flux de type **istream**, qui est un flux d'entrée. Le premier paramètre doit également être une référence sur un flux de type **istream**. Vous remarquerez que le second paramètre doit être une référence sur un objet de la classe pour laquelle l'opérateur est surchargé. Cela permet à l'objet d'être modifiable par l'opération d'extraction.

En continuant avec la classe **phonebook**, voici une façon d'écrire une fonction d'extraction :

```
istream &operator>>(istream &stream, phonebook &o)
{
  cout << "Entrez le nom: ";
  stream >> o.nom;
  cout << "Entrer le code de la zone: ";
  stream >> o.codezone;
  cout << "Entrer le prefixe: ";
  stream >> o.prefixe;
  cout << "Entrer le numero: ";
  stream >> o.num;
  cout << "\n";

  return stream;
}
```

Bien qu'il s'agisse d'une fonction d'entrée, elle produit des sorties en affichant le prompt à l'utilisateur. En fait, bien que l'objectif principal d'un opérateur d'extraction soit la récupération de données, il peut effectuer n'importe quelle opération nécessaire pour atteindre cet objectif. Cependant, comme pour les opérateurs d'insertion, il est important de ne conserver que les opérations directement liées à l'extraction de données. À défaut, vous risquer de perdre beaucoup en termes de structure et de clarté du code.

Voici un programme qui illustre l'opérateur d'extraction de **phonebook**.

```
#include <iostream>
#include <cstring>
using namespace std;
```

```
class phonebook {
  char nom[80];
  int codezone;
  int prefixe;
  int num;
public:
  phonebook() { };
  phonebook(char *n, int c, int p, int nm)
  {
    strcpy(nom, n);
    codezone = c;
    prefixe = p;
    num = nm;
  }
  friend ostream &operator<<(ostream &stream, phonebook o);
  friend istream &operator>>(istream &stream, phonebook &o);
};

// Affiche le nom et le numéro de téléphone.
ostream &operator<<(ostream &stream, phonebook o)
{
  stream << o.nom << " ";
  stream << "(" << o.codezone << ") ";
  stream << o.prefixe << "-" << o.num << "\n";

  return stream; // doit retourner stream
}

// Reçoit le nom et le numéro de téléphone.
istream &operator>>(istream &stream, phonebook &o)
{
  cout << "Entrer le nom: ";
  stream >> o.nom;
  cout << "Entrer le code de la zone: ";
  stream >> o.codezone;
  cout << "Entrer le prefixe: ";
  stream >> o.prefixe;
  cout << "Entrer le numéro: ";
  stream >> o.num;
  cout << "\n";

  return stream;
}
```

```
int main()
{
  phonebook a;

  cin >> a;

  cout << a;

  return 0;
}
```

En fait, l'opérateur d'extraction de **phonebook** est moins parfait, car les instructions **cout** ne sont nécessaires que si le flux d'entrée est connecté à un périphérique interactif comme une console (autrement dit, si le flux d'entrée est **cin**). Si l'opérateur d'extraction est utilisé avec un flux connecté à un fichier disque, par exemple, alors les instructions **cout** ne seront pas applicables. Pour vous amuser, vous pouvez essayer de supprimer les instructions **cout**, sauf quand le flux d'entrée se réfère à **cin**. Par exemple, vous pouvez utiliser des instructions **if** comme ceci :

```
if(stream == cin) cout << "Enter name: ";
```

Désormais, le prompt n'apparaîtra que quand le dispositif de sortie est l'écran.

Créer vos propres fonctions manipulateurs

En plus de surcharger les opérateurs d'insertion et d'extraction, vous pouvez aller jusqu'à personnaliser le système d'E/S C++ en créant vos propres fonctions manipulateurs. Les manipulateurs personnalisés sont importants pour deux raisons principales. Premièrement, vous pouvez consolider une suite de plusieurs opérations séparées d'E/S en une seule fonction manipulateur. Par exemple, il est fréquent d'avoir, au cours d'un programme, une séquence d'opérations d'E/S qui apparaît plusieurs fois. Dans ces cas-là, vous pouvez utiliser un manipulateur personnalisé pour réaliser ces actions, et ainsi simplifier votre code et éviter des erreurs accidentelles. Un manipulateur personnalisé peut également se révéler utile si vous devez effectuer des opérations d'E/S sur un périphérique non standard. Par exemple, vous pourriez utiliser un manipulateur pour envoyer des codes à un type particulier d'imprimante ou vers un système de reconnaissance optique.

Les manipulateurs personnalisés sont une fonctionnalité du C++ qui appuie la programmation orientée objet, mais qui peut également être bénéfique pour des programmes non orientés objet. Comme vous allez le voir, les manipulateurs personnalisés peuvent rendre plus propres et plus efficaces des programmes impliquant beaucoup d'E/S.

Comme vous le savez, il existe deux types de manipulateurs : ceux qui agissent sur les flux en entrée, et ceux qui agissent sur les flux en sortie. En plus de ces deux grandes catégories, il existe une autre division : les manipulateurs qui prennent un argument, et ceux qui n'en prennent pas. La procédure nécessaire à la création d'un manipulateur paramétré varie radicalement d'un compilateur à l'autre, et même entre différentes versions du même compilateur. Pour cette raison, vous devez consulter la documentation du vôtre pour les informations sur la création de manipulateurs paramétrés. Toutefois, la création de manipulateurs dénués de paramètres est simple, et identique pour tous les compilateurs. Elle est décrite maintenant.

Toutes les fonctions manipulateurs de sortie, sans paramètres, ont le squelette suivant :

```
ostream &nom-manip (ostream &stream)
{
    // votre code ici
    return stream;
}
```

Ici, *nom-manip* est le nom du manipulateur. Vous remarquerez qu'une référence sur un flux de type **ostream** est retournée. Cela est indispensable pour que le manipulateur soit utilisé dans une longue expression d'E/S. Il est important de noter que, même si le manipulateur a dans son seul argument une référence sur le flux sur lequel il agit, aucun argument n'est utilisé quand le manipulateur est inséré dans une opération de sortie.

À titre de premier exemple simple, le programme suivant crée un manipulateur, appelé **sethex( )**, qui active le flag **showbase** et qui définit la sortie en hexadécimale.

```cpp
#include <iostream>
#include <iomanip>
using namespace std;

// Un simple manipulateur de sortie.
ostream &sethex(ostream &stream)
{
  stream.setf(ios::showbase);
  stream.setf(ios::hex, ios::basefield);

  return stream;
}

int main()
{
  cout << 256 << " " << sethex << 256;

  return 0;
}
```

Ce programme affiche **256 0x100**. Comme vous pouvez le constater, **sethex( )** est utilisé au sein d'une expression d'E/S de la même manière que n'importe quel manipulateur de base.

Les manipulateurs personnalisés n'ont pas besoin d'être compliqués pour être utiles. Par exemple, les simples opérateurs **fg( )** et **fd( )** affichent respectivement une flèche à gauche et à droite, comme ceci :

```
#include <iostream>
#include <iomanip>
using namespace std;

// Flèche droite
ostream &fd(ostream &stream)
{
  stream << "-------> ";
  return stream;
}

// Flèche gauche
ostream &fg(ostream &stream)
{
  stream << " <-------";
  return stream;
}

int main()
{
  cout << "Exemple un " << ra << 1233.23 << "\n";
  cout << "Exemple deux " << ra << 567.66 << la;

  return 0;
}
```

Ce programme affiche :

```
Exemple un -------> 1233.23
Exemple deux -------> 567.66 <-------
```

Utilisés fréquemment, ces opérateurs vous évitent une saisie ennuyeuse.

L'utilisation de manipulateur de sortie se révèle très particulièrement utile pour envoyer des codes spéciaux à un périphérique particulier. Par exemple, une imprimante peut accepter des codes qui permettent de modifier la taille ou la police de caractères. Si ces changements sont susceptibles d'intervenir fréquemment, il serait judicieux d'employer un manipulateur. Toutes les fonctions manipulateurs d'entrée, sans paramètres, ont le squelette suivant :

```
istream &nom-manip (istream &stream)
{
   // votre code ici
   return stream;
}
```

Un manipulateur d'entrée reçoit une référence sur le flux sur lequel il s'applique. Ce flux doit être retourné par le manipulateur.

Le programme suivant crée le manipulateur d'entrée **getpass( )**, qui déclenche une sonnerie, puis propose le prompt en attente d'un mot de passe :

```cpp
#include <iostream>
#include <cstring>
using namespace std;

// Un simple manipulateur d'entrée.
istream &getpass(istream &stream)
{
  cout << '\a';  // sonne
  cout << "Entrer votre mot de passe: ";

  return stream;
}

int main()
{
  char pw[80];

  do {
    cin >> getpass >> pw;
  } while (strcmp(pw, "password"));

  cout << "Authentification reussie\n";

  return 0;
}
```

Rappelez-vous qu'il est crucial que votre manipulateur retourne **stream**. À défaut, il ne pourra pas être utilisé dans une série d'opérations d'E/S.

CHAPITRE 21

E/S de fichier en C++

ien que les E/S en C++ constituent un système global, les E/S de fichiers sont tellement spécialisées qu'elles sont souvent pensées comme un cas particulier, sujet à ses propres contraintes et caprices. Cela est dû en partie au fait que le type le plus courant est le fichier disque, qui dispose de capacités et de fonctionnalités que les autres dispositifs n'ont pas. Il faut toutefois garder à l'esprit que les E/S de fichiers disque ne sont qu'un cas particulier du système d'E/S général, et que la majorité de ce qui va être développé dans ce chapitre s'applique également à des flux, qui seraient connectés à d'autres types de dispositifs.

<fstream> et les classes de fichiers

Afin de pouvoir effectuer des E/S sur fichier, vous devez inclure **<fstream>** en tête de vos programmes. Ce package définit plusieurs classes, comprenant **ifstream**, **ofstream** et **fstream**. Ces classes sont dérivées respectivement de **istream**, **ostream** et **iostream**. Rappelons que **istream**, **ostream** et **iostream** sont elles-mêmes dérivées de **ios** ; ainsi, **ifstream**, **ofstream** et **fstream** ont accès à toutes les fonctions définies dans **ios** (étudiées dans le chapitre précédent). Une autre classe utilisée par le système de fichier est **filebuf**, qui fournit les structures de bas niveau, pour permettre de gérer les flux de fichiers. Généralement, **filebuf** n'est pas utilisée directement, mais comme partie des autres classes de fichiers.

Ouverture et fermeture d'un fichier

En C++, l'ouverture d'un fichier s'effectue en le liant à un flux. Avant de pouvoir ouvrir un fichier, vous devez donc obtenir un flux. Il en existe de trois types : entrée, sortie et entrée/sortie. Pour créer un flux d'entrée, vous devez en déclarer un de la classe **istream**. Pour créer un flux de sortie, vous devez en déclarer un de la classe **ostream**. Les flux destinés à effectuer aussi bien des entrées que des sorties doivent être déclarés de la classe **fstream**. Par exemple, ce morceau de code crée un flux d'entrée, un flux de sortie et un flux d'entrée/sortie :

```
ifstream in;   // entrée
ofstream out;  // sortie
fstream io;    // entrée et sortie
```

Une fois le flux créé, la seule façon de l'associé à un fichier est d'utiliser **open( )**. Cette fonction est membre de chacune des trois classes. Le prototype pour chacune est :

```
void ifstream::open(const char *nomfic, ios::openmode mode = ios::in);
void ofstream::open(const char * nomfic, ios::openmode mode = ios::out |
ios::trunc);
void fstream::open(const char * nomfic, ios::openmode mode = ios::in |
ios::out);
```

Ici, *nomfic* est le nom du fichier, pouvant contenir un chemin. La valeur de *mode* détermine de quelle manière le fichier est ouvert. Cela doit être une ou plusieurs des valeurs suivantes, définies par **openmode**, qui est une énumération définie par **ios** (de sa classe mère **ios_base**).

```
ios::app
ios::ate
ios::binary
ios::in
ios::out
ios::trunc
```

Il est possible de combiner une ou plusieurs de ces valeurs, en les liant par un OU logique. Le mode **ios::app** entraîne le fait que toutes les sorties vers ce fichier sont ajoutées à la fin. Cette valeur n'est utilisable qu'avec des fichiers sur lesquels on peut effectuer des sorties. Le mode **ios::ate** déclenche une recherche de la fin du fichier au moment où celui-ci est ouvert. Bien que **ios::ate** entraîne la recherche de la fin du fichier, les opérations d'E/S peuvent toujours avoir lieu à n'importe quel endroit du fichier.

La valeur **ios::in** indique que le fichier est ouvert en lecture. La valeur **ios::out** indique que le fichier est ouvert en écriture.

La valeur **ios::binary** indique que le fichier est ouvert en mode binaire. Par défaut, tous les fichiers sont ouverts en mode texte. De la sorte, différentes traduction de caractères peuvent avoir lieu, comme une série de retours chariots/changements de lignes convertie en nouvelles lignes. Cependant, en mode binaire, aucun changement de caractère ne survient lors de l'ouverture d'un fichier. Il faut comprendre que tout fichier, qu'il contienne du texte ou des données brutes, peut être aussi bien lu en mode binaire qu'en mode texte. La seule différence est que les conversions de caractères ont lieu ou non.

Avec la valeur **ios::trunc**, le contenu du fichier existant portant le même nom est détruit, et le fichier est tronqué à la longueur zéro. Lors de la création d'un flux en écriture avec **ofstream**, tout fichier existant du même nom est détruit.
Le morceau de programme suivant ouvre un fichier normal en écriture :

```
ofstream out;
out.open("test", ios::out);
```

Cependant, vous verrez rarement **open( )** utilisé de cette manière, car le paramètre *mode* fournit des valeurs par défaut pour chaque type de flux. Comme le montrent leurs prototypes, par défaut, le mode d'**ifstream** est **ios::in**, le mode d'**ofstream** est **ios::out | ios::trunc**, et le mode de **fstream** est **ios::in | ios::out**. Ainsi, l'instruction précédente sera plutôt :

```
out.open("test"); // par défaut, fichier normal en écriture
```

Note. Selon votre compilateur, il se peut que le mode de **fstream::open( )** ne prenne pas la valeur par défaut de **in | out**. Vous aurez peut-être à le spécifier explicitement.

Si **open( )** échoue, le flux sera évalué à faux, dans une expression booléenne. C'est pourquoi, avant d'utiliser un fichier, il est préférable d'effectuer un test, afin d'être sûr que l'opération d'ouverture a fonctionné. Vous pouvez y souscrire avec une instruction de la forme :

```
if(!monflux) {
  cout << "Impossible d'ouvrir le fichier.\n";
  // gestion d'erreur
}
```

Bien qu'il soit tout à fait correct d'ouvrir un fichier à l'aide de la fonction **open( )**, la plupart du temps, vous ne l'utiliserez pas ; les classes **ifstream**, **ofstream** et **fstream** disposent en effet de fonctions constructeurs qui ouvrent automatiquement le fichier. Celles-ci ont les mêmes paramètres et les mêmes valeurs par défaut que la fonction **open( )**. Ainsi, vous effectuerez plus fréquemment l'ouverture d'un fichier comme ceci :

```
ifstream monflux("monfichier"); // ouverture d'un fichier en lecture
```

Comme établi précédemment, si, pour une raison quelconque, l'ouverture du fichier n'a pas fonctionné, la valeur associée à la variable du flux sera évaluée à faux. C'est pourquoi, que vous ouvriez un fichier par le biais d'un constructeur ou d'un appel explicite à **open( )**, il sera préférable d'avoir confirmation de la réussite de l'opération, en testant la valeur du flux.

Vous pouvez également vérifier que l'ouverture d'un fichier a fonctionné en utilisant la fonction **is_open( )**, qui est membre des classes **fstream**, **ifstream** et **ofstream**. Cette fonction a pour prototype :

```
bool is_open( );
```

Elle retourne vrai si le flux est lié à un fichier ouvert, et faux dans les autres cas. Par exemple, le programme suivant vérifie que **monflux** est bien ouvert :

```
if(!monflux.is_open()) {
  cout << "Le fichier n'est pas ouvert.\n";
  // ...
```

Pour fermer un fichier, il suffit d'invoquer la fonction membre **close( )**. Par exemple, pour fermer un fichier associé au flux **monflux**, exécutez les instructions :

```
monflux.close();
```

La fonction **close( )** ne prend pas de paramètres, et ne renvoie pas de valeurs.

Lecture et écriture de fichiers textes

Il est très simple de lire et d'écrire dans un fichier. Il suffit d'utiliser les opérateurs **<<** et **>>** de la même manière que pour des E/S sur une console, et de remplacer **cin** et **cout** par le nom d'un flux associé à un fichier. Par exemple, ce programme génère un petit fichier d'inventaire, contenant le nom de chaque article et son prix.

```cpp
#include <iostream>
#include <fstream>
using namespace std;

int main()
{
  ofstream out("INVENTAIRE"); // fichier normal en écriture

  if(!out) {
    cout << "Impossible d'ouvrir le fichier INVENTAIRE.\n";
    return 1;
  }

  out << "Radios " << 39.95 << endl;
  out << "Toasters " << 19.95 << endl;
  out << "Mixers " << 24.80 << endl;

  out.close();
  return 0;
}
```

Le programme suivant lit le fichier d'inventaire rempli par le programme précédent, et affiche son contenu à l'écran.

```cpp
#include <iostream>
#include <fstream>
using namespace std;

int main()
{
  ifstream in("INVENTAIRE"); // lecture

  if(!in) {
    cout << "Impossible d'ouvrir le fichier INVENTAIRE.\n";
    return 1;
  }

  char element[20];
  float cout;
```

LANGAGE C++

```
    in >> element >>  cout;
    cout << element << " " << cout << "\n";
    in >> element >> cost;
    cout << element << " " << cout << "\n";
    in >> element >> cout;
    cout << element << " " << cout << "\n";

    in.close();
    return 0;
}
```

D'une certaine manière, lire et écrire dans des fichiers avec **>>** et **<<** est équivalent à utiliser les fonctions du C **fprintf( )** et **fscanf( )**. Toutes les informations sont stockées dans un fichier avec le même format que celui par lequel elles s'afficheraient à l'écran.

Voici un autre exemple d'E/S sur un fichier disque. Ce fichier lit des lignes saisies au clavier, et les insère dans un fichier. Le programme s'arrête lorsque l'utilisateur saisit un point d'exclamation. Pour utiliser ce programme, il faut spécifier le nom du fichier dans la ligne de commande :

```
#include <iostream>
#include <fstream>
using namespace std;

int main(int argc, char *argv[])
{
  if(argc!=2) {
    cout << "Usage: output <nomfichier>\n";
    return 1;
  }

  ofstream out(argv[1]); // fichier normal en écriture

  if(!out) {
    cout << "Impossible d'ouvrir le fichier en écriture.\n";
    return 1;
  }

  char str[80];
  cout << "Saisissez des chaines dans le fichier. Entrez ! pour arreter.\n";

  do {
    cout << ": ";
    cin >> str;
    out << str << endl;
  } while (*str != '!');
```

```
  out.close();
  return 0;
}
```

Lors de la lecture d'un fichier avec l'opérateur **>>**, il faut garder à l'esprit que certaines conversions de caractères vont avoir lieu. Par exemple, les espaces seront omis. Si vous voulez empêcher toute conversion de caractère, il faut ouvrir le fichier en mode binaire, et exploiter les fonctions étudiées dans la partie suivante.

Lors d'une lecture, si la fin du fichier est rencontrée, le flux associé sera évalué à faux (comme illustré dans la prochaine partie).

E/S non formatées et binaires

Si la lecture et l'écriture de fichiers textes formatés sont très simples, ce n'est pas forcément la manière la plus efficace de gérer des fichiers. Ainsi, dans certains cas, vous aurez à stocker des données binaires brutes, et non du texte. Les fonctions qui vous le permettent sont décrites ici.

Si vous effectuez des opérations binaires sur un fichier, assurez-vous qu'il ait bien été ouvert avec **ios::binary**. Même si les fonctions dédiées aux fichiers non formatés fonctionnent également avec des fichiers ouverts en mode texte, quelques conversions de caractères sont susceptibles d'apparaître. Les conversions de caractères annulent alors tout l'intérêt des opérations sur fichier binaire.

Caractères contre octets

Avant d'entamer cette étude des E/S non formatées, il est important de clarifier un concept majeur. Pendant des années, les E/S en C et en C++ ont été pensées *orientées octet*. Cela est dû au fait qu'un **char** est équivalent à un octet, et que les seuls types de flux disponibles étaient des flux de **char**. Pourtant, avec l'apparition des caractères longs (du type **wchar_t**) et des flux correspondant, on ne peut plus dire que les E/S en C++ sont orientées octet. Au contraire, on doit dire qu'elles sont *orientées caractère*. Bien sûr, les flux de **char** sont toujours orientés octet, et on peut continuer de penser en termes d'octets, plus particulièrement avec les données non textuelles. Mais l'équivalence entre un octet et un caractère ne peut plus être prise telle quelle.

Comme nous l'avons vu au chapitre 20, tous les flux utilisés dans cet ouvrage sont de type **char**, dans la mesure où il s'agit de loin des plus fréquents. Ils facilitent également la gestion des fichiers non formatés, car un flux de **char** établit une correspondance individuelle entre les octets et les caractères, ce qui est bénéfique lors de la lecture ou l'écriture de blocs de données binaires.

put( ) et get( )

Vous pouvez lire et écrire des données non formatées à l'aide des fonctions membres **get( )** et **put( )**. Ces fonctions agissent sur les caractères. Autrement dit, **get( )** lit un caractère, et **put( )** en écrit un. Bien entendu, si le fichier est ouvert en mode binaire, et si vous traitez des **char** (plutôt que des flux **wchar_t**), alors ces fonctions lisent et écrivent des octets de données.

La fonction **get( )** a de nombreuses formes, mais la version la plus courante est présentée ici, ainsi que **put( )** :

```
istream &get(char &ch);
ostream &put(char ch);
```

La fonction **get( )** lit un seul caractère à partir du flux invoqué, et place cette valeur dans *ch*. Elle retourne une référence sur le flux. La fonction **put( )** écrit *ch* sur le flux, et retourne une référence sur celui-ci.

Le programme suivant affiche à l'écran le contenu d'un fichier, qu'il contienne du texte ou des données binaires. Il fait appel à la fonction **get( )** :

```cpp
#include <iostream>
#include <fstream>
using namespace std;

int main(int argc, char *argv[])
{
  char ch;

  if(argc!=2) {
    cout << "Usage: PR <nomfic>\n";
    return 1;
  }

  ifstream in(argv[1], ios::in | ios::binary);
  if(!in) {
    cout << "Impossible d'ouvrir le fichier.";
    return 1;
  }

  while(in) { // in vaudra faux quand la fin du fichier sera atteinte
    in.get(ch);
    if(in) cout << ch;
  }

  return 0;
}
```

Comme établi dans la partie précédente, lorsqu'on arrive à la fin du fichier, le flux associé à celui-ci devient faux. C'est pourquoi, quand **in** atteint la fin du fichier, il devient faux, provoquant l'arrêt de la boucle **while**.

Il existe en fait une façon plus réduite de coder une boucle qui lit et affiche le contenu d'un fichier :

```
while(in.get(ch))
  cout << ch;
```

Cette instruction fonctionne, car **get( )** renvoie une référence sur le flux **in**, et **in** vaudra faux à la fin du fichier.

Le programme suivant utilise **put( )** pour écrire tous les caractères de zéro à 255 dans un fichier appelé CHARS. Comme vous le savez probablement, les caractères ASCII n'occupent qu'à peine la moitié des valeurs disponibles que peut gérer un **char**. Les autres valeurs sont généralement appelées *ensemble de caractères étendus*, et comprennent entre autres des symboles mathématiques et des signes de certains langages (bien qu'ils le devraient, tous les systèmes ne reconnaissent pas l'ensemble de caractères étendus).

```
#include <iostream>
#include <fstream>
using namespace std;

int main()
{
  int i;
  ofstream out("CHARS", ios::out ¦ ios::binary);

  if(!out) {
    cout << "Impossible d'ouvrir le fichier.\n";
    return 1;
  }

  // écrit tous les caractères sur le disque
  for(i=0; i<256; i++) out.put((char) i);

  out.close();
  return 0;
}
```

Il est intéressant pour vous d'examiner le contenu du fichier CHARS, afin de savoir quels caractères étendus sont gérés par votre ordinateur.

read( ) et write( )

Une autre méthode pour lire et écrire des blocs de données binaires consiste à utiliser les fonctions C++ **read( )** et **write( )**. Leurs prototypes sont :

```
istream &read(char *buf, streamsize num);
ostream &write(const char *buf, streamsize num);
```

La fonction **read( )** lit *num* caractères dans le flux invoqué, et les stocke dans le tampon pointé par *buf*. La fonction **write( )** écrit *num* caractères dans le flux invoqué à partir du tampon pointé par *buf*. Comme mentionné dans le précédent chapitre, **streamsize** est un type défini par la bibliothèque C++ comme une sorte d'entier. Il est capable de contenir le plus grand nombre de caractères transférables dans une opération d'E/S.

Le programme suivant écrit une structure dans un fichier disque, puis la relit :

```cpp
#include <iostream>
#include <fstream>
#include <cstring>
using namespace std;

struct status {
  char name[80];
  double balance;
  unsigned long account_num;
};

int main()
{
  struct status acc;

  strcpy(acc.name, "Ralph Trantor");
  acc.balance = 1123.23;
  acc.account_num = 34235678;

  // écrit les données
  ofstream outbal("balance", ios::out | ios::binary);
  if(!outbal) {
    cout << "Impossible d'ouvrir le fichier.\n";
    return 1;
  }

  outbal.write((char *) &acc, sizeof(struct status));
  outbal.close();
```

```
  // maintenant, relit les données;
  ifstream inbal("balance", ios::in | ios::binary);
  if(!inbal) {
    cout << "Impossible d'ouvrir le fichier.\n";
    return 1;
  }

  inbal.read((char *) &acc, sizeof(struct status));

  cout << acc.name << endl;
  cout << "Compte # " << acc.account_num;
  cout.precision(2);
  cout.setf(ios::fixed);
  cout << endl << "Balance: $" << acc.balance;

  inbal.close();
  return 0;
}
```

Comme vous pouvez le constater, un seul appel à **read( )** ou à **write( )** suffit pour lire ou écrire la structure dans son ensemble. Il n'est pas nécessaire de lire ou d'écrire les éléments de la structure séparément. Comme l'illustre cet exemple, le tampon peut être n'importe quel type d'objet.

Note. La conversion de type au sein des fonctions **read( )** et **write( )** est nécessaire dans les cas où le tampon n'est pas défini comme un tableau de caractères. Dans la mesure où le C++ est un langage fortement typé, un pointeur sur un type ne sera pas automatiquement converti en un pointeur sur un autre type.

Si la fin du fichier est rencontrée avant que *num* caractères ne soient lus, la fonction **read( )** s'arrête simplement, et le tampon contient autant de caractères qu'il y en a de disponibles dans le fichier. Vous pouvez déterminer combien de caractères ont été lus à l'aide d'une autre fonction membre, nommée **gcount( )**, qui a pour prototype :

```
streamsize gcount();
```

Elle retourne le nombre de caractères lus par la dernière opération binaire d'entrée. Le programme suivant présente un autre exemple de **read( )** et de **write( )**, et illustre l'emploi de **gcount( )** :

```
#include <iostream>
#include <fstream>
using namespace std;
```

```
int main()
{
  double fnum[4] = {99.75, -34.4, 1776.0, 200.1};
  int i;

  ofstream out("nombres", ios::out | ios::binary);
  if(!out) {
    cout << "Impossible d'ouvrir le fichier.";
    return 1;
   }

  out.write((char *) &fnum, sizeof fnum);

  out.close();

  for(i=0; i<4; i++) // vide le tableau
    fnum[i] = 0.0;

  ifstream in("numbers", ios::in | ios::binary);
  in.read((char *) &fnum, sizeof fnum);

  // regarde combien d'octets ont été lus
  cout << in.gcount() << " octets lus\n";

  for(i=0; i<4; i++) // affiche les valeurs lues dans le fichier
  cout << fnum[i] << " ";

  in.close();

  return 0;
}
```

Ce programme écrit un tableau de valeurs à virgule flottante sur le disque, puis le relit. Après l'appel de **read( )**, **gcount( )** est utilisée afin de déterminer combien d'octets ont été lus.

Fonctions get( ) supplémentaires

En plus de sa forme présentée précédemment, la fonction **get( )** est surchargée en plusieurs autres fonctions. Les prototypes des trois formes les plus courantes sont présentés ici :

```
istream &get(char *buf, streamsize num);
istream &get(char *buf, streamsize num, char delim);
int get( );
```

La première forme lit des caractères, qu'elle stocke dans le tableau pointé par *buf*, jusqu'à ce que *num*-1 caractères soient lus, ou qu'une nouvelle ligne soit rencontrée, ou encore que la fin du fichier soit atteinte. Le tableau pointé par *buf*, rempli par **get( )**, n'inclura pas de **null** de terminaison. Si le caractère de nouvelle ligne est rencontré dans le flux d'entrée, il n'en est pas extrait. Au contraire, il reste dans le flux jusqu'à la prochaine opération d'entrée.

La seconde forme de **get( )** lit des caractères qu'elle stocke dans le tableau pointé par *buf* jusqu'à ce que *num*-1 caractères soient lus, que le caractère spécifié dans *delim* soit rencontré, ou encore que la fin du fichier soit atteinte. Le tableau pointé par *buf* ne sera pas terminé par **null**. Si le caractère délimiteur est rencontré dans le flux d'entrée, il n'en est pas extrait. Au contraire, il reste dans le flux jusqu'à la prochaine opération d'entrée.

La troisième forme retourne le caractère suivant du flux. Elle retourne **EOF**(*End Of File* : fin de fichier) si la fin du fichier est rencontrée. Cette forme de **get( )** est équivalente à la fonction C **getc( )**.

getline( )

getline( ) est une autre fonction de lecture. C'est une fonction membre de toutes les classes de flux d'entrée. Ses prototypes sont les suivants :

```
istream &getline(char *buf, streamsize num);
istream &getline(char *buf, streamsize num, char delim);
```

La première forme lit des caractères, qu'elle stocke dans le tableau pointé par *buf*, jusqu'à ce que *num*-1 caractères soient lu, qu'un caractère de nouvelle ligne soit trouvé ou que la fin du fichier soit rencontrée. Le tableau pointé par *buf* ne sera pas terminé par **null**. Si le caractère de nouvelle ligne est rencontré dans le flux, il est lu, mais n'est pas placé dans le *buf*.

La seconde forme lit des caractères, qu'elle stocke dans le tableau pointé par *buf*, jusqu'à ce que *num*-1 caractères soient lu, que le caractère spécifié dans *delim* soit trouvé ou que la fin du fichier soit rencontrée. Le tableau pointé par *buf* (par **getline( )**) ne sera pas terminé par **null**. Si le caractère délimiteur est rencontré dans le flux, il est lu, mais n'est pas placé dans le *buf*.

Comme vous pouvez le voir, les deux versions de **getline( )** sont identiques aux versions **get(buf, num)** et **get(buf, num, delim)** de la fonction **get( )**. Les deux lisent des caractères d'un flux d'entrée, et les placent dans un tableau pointé par *buf*, jusqu'à ce que *num*-1 caractères soient lus ou que le caractère délimiteur soit rencontré. La différence est que **getline( )** lit et supprime le caractère délimiteur du flux d'entrée, ce que **get( )** ne fait pas.

Voici un programme qui présente la fonction **getline( )**. Il lit le contenu d'un fichier texte, une ligne à la fois, et l'affiche à l'écran :

```
// Lit et affiche le contenu d'un fichier texte, ligne par ligne.

#include <iostream>
#include <fstream>
using namespace std;

int main(int argc, char *argv[])
{
  if(argc!=2) {
    cout << "Usage: Display <nomfic>\n";
    return 1;
  }

  ifstream in(argv[1]); // entrée

  if(!in) {
    cout << "Impossible d'ouvrir le fichier en lecture.\n";
    return 1;
  }

  char str[255];

  while(in) {
    in.getline(str, 255);  // delim vaut '\n' par défaut
    if(in) cout << str << endl;
  }

  in.close();

  return 0;
}
```

Détection de la fin du fichier

Il est possible de détecter quand la fin d'un fichier est atteinte en utilisant la fonction membre **eof( )**, qui a pour prototype :

```
bool eof( );
```

Elle retourne vrai si la fin du fichier est atteinte, faux sinon.

Le programme suivant utilise **eof( )** pour afficher le contenu d'un fichier à la fois en format hexadécimal et en ASCII :

```
/* Affiche le contenu du fichier spécifié
   à la fois en ASCII et en hexadécimale.
*/
#include <iostream>
#include <fstream>
#include <cctype>
#include <iomanip>
using namespace std;

int main(int argc, char *argv[])
{
  if(argc!=2) {
    cout << "Usage: Display <nomfic>\n";
    return 1;
  }

  ifstream in(argv[1], ios::in | ios::binary);

  if(!in) {
    cout << "Impossible d'ouvrir le fichier en lecture.\n";
    return 1;
  }

  register int i, j;
  int count = 0;
  char c[16];

  cout.setf(ios::uppercase);
  while(!in.eof()) {
    for(i=0; i<16 && !in.eof(); i++) {
      in.get(c[i]);
    }
    if(i<16) i--; // se débarrasse du caractère eof

    for(j=0; j<i; j++)
      cout << setw(3) << hex << (int) c[j];
    for(; j<16; j++) cout << "   ";

    cout << "\t";
    for(j=0; j<i; j++)
      if(isprint(c[j])) cout << c[j];
      else cout << ".";

    cout << endl;
```

```
      count++;
      if(count==16) {
        count = 0;
        cout << "Tapez ENTREE pour continuer: ";
        cin.get();
        cout << endl;
      }
    }

    in.close();

    return 0;
}
```

Quand le programme est utilisé pour s'afficher lui-même, le premier écran a cet aspect :

```
2F 2A 20 44 69 73 70 6C 61 79 20 63 6F 6E 74 65      /* Affiche le con
6E 74 73 20 6F 66 20 73 70 65 63 69 66 69 65 64      tenu du fichier
20 66 69 6C 65  D  A 20 20 20 69 6E 20 62 6F 74      spécifié en ASCI
68 20 41 53 43 49 49 20 61 6E 64 20 69 6E 20 68      I en hexadécimal
65 78 2E  D  A 2A 2F  D  A 23 69 6E 63 6C 75 64      e .. */..#includ
65 20 3C 69 6F 73 74 72 65 61 6D 3E  D  A 23 69      e <iostream>..#i
6E 63 6C 75 64 65 20 3C 66 73 74 72 65 61 6D 3E      nclude <fstream>
 D  A 23 69 6E 63 6C 75 64 65 20 3C 63 63 74 79      ..#include <ccty
70 65 3E  D  A 23 69 6E 63 6C 75 64 65 20 3C 69      pe>..#include <i
6F 6D 61 6E 69 70 3E  D  A 75 73 69 6E 67 20 6E      omanip>..using n
61 6D 65 73 70 61 63 65 20 73 74 64 3B  D  A  D      amespace std;...
 A 69 6E 74 20 6D 61 69 6E 28 69 6E 74 20 61 72      .int main(int ar
67 63 2C 20 63 68 61 72 20 2A 61 72 67 76 5B 5D      gc, char *argv[]
29  D  A 7B  D  A 20 20 69 66 28 61 72 67 63 21      )..{..  if(argc!
3D 32 29 20 7B  D  A 20 20 20 20 63 6F 75 74 20      =2) {..    cout
3C 3C 20 22 55 73 61 67 65 3A 20 44 69 73 70 6C      << "Usage: Displ
Tapez ENTREE pour continuer:
```

Fonction ignore( )

Vous pouvez utiliser la fonction membre **ignore( )** pour lire et ignorer des caractères du flux d'entrée. Son prototype est le suivant :

```
istream &ignore(streamsize num=1, int_type delim=EOF);
```

Cette fonction lit et occulte les caractères jusqu'à ce que *num* caractères soient ignorés (1 par défaut), ou que le caractère spécifié dans *delim* soit rencontré (**EOF** par défaut). Si le caractère délimiteur est rencontré, il n'est pas supprimé du flux d'entrée. Ici, **int_type** est défini comme une sorte d'entier.

Le prochain programme lit un fichier appelé TEST. Il ignore les caractères jusqu'à ce qu'un espace soit rencontré, ou que 10 caractères soient lus. Il affiche ensuite le reste du fichier :

```cpp
#include <iostream>
#include <fstream>
using namespace std;

int main()
{
  ifstream in("test");

  if(!in) {
    cout << "Impossible d'ouvrir le fichier.\n";
    return 1;
  }

  /* Ignore jusqu'à 10 caractères ou jusqu'à ce
     qu'un espace soit trouvé. */
  in.ignore(10, ' ');
  char c;
  while(in) {
    in.get(c);
    if(in) cout << c;
  }

  in.close();
  return 0;
}
```

peek( ) et putback( )

Il est possible d'obtenir la valeur du prochain caractère dans le flux d'entrée, sans pour autant l'en retirer, grâce à la fonction **peek( )**. Son prototype est le suivant :

```cpp
int_type peek( );
```

Cette fonction renvoie le prochain caractère présent dans le flux, ou **EOF** si on a atteint la fin du fichier (**int_type** est défini comme une sorte d'entier).

Il est possible de remettre dans le flux le dernier caractère qui y a été lu, grâce à la fonction **putback( )**. Son prototype est le suivant :

```cpp
istream &putback(char c);
```

où *c* est le dernier caractère lu.

flush( )

Lors d'une opération d'écriture, les données ne sont pas toujours immédiatement transférées sur le support physique lié au flux. Au contraire, l'information est stockée dans une mémoire tampon interne, jusqu'à ce que ce tampon soit plein. C'est seulement à ce moment-là que le contenu du tampon est transcrit sur le disque. Toutefois, vous pouvez forcer l'écriture physique de l'information sur le disque avant que le tampon ne soit plein, en exécutant la fonction **flush( )**. Son prototype est le suivant :

```
ostream &flush( );
```

Les appels à **flush( )** sont particulièrement justifiés quand le programme est utilisé dans des conditions défavorables (par exemple, dans des situations où les coupures de courant sont fréquentes).

Note. La fermeture d'un fichier ou la fin d'un programme déclenche également la purge des zones tampons.

Accès aléatoire

Avec le système d'E/S du C++, vous pouvez accéder au hasard dans un fichier en utilisant les fonctions **seekg( )** et **seekp( )**. Leurs formes les plus courantes sont :

```
istream &seekg(off_type offset, seekdir origine);
ostream &seekp(off_type offset, seekdir origine);
```

Ici, **off_type** est un type entier défini par **ios**, capable de contenir la plus grande valeur valide d'*offset*. **seekdir** est une énumération définie par **ios**, qui détermine comment s'effectue la recherche.

Le système d'E/S C++ gère deux pointeurs associés à un fichier. L'un est le *pointeur get*, qui précise où aura lieu, dans le fichier, la prochaine opération de lecture. L'autre est le *pointeur put*, qui précise où aura lieu la prochaine écriture. À chaque opération de lecture où d'écriture, le pointeur approprié est automatiquement déplacé séquentiellement. Cependant, les fonctions **seekg( )** et **seekp( )** vous permettent d'accéder au fichier de façon non séquentielle.

La fonction **seekg( )** déplace le pointeur *get* associé au fichier courant de *offset* caractères, à partir de l'*origine* spécifiée. Cette origine doit être une des trois valeurs suivantes :

ios::beg	Beginning-of-file
ios::cur	Current location
ios::end	End-of-file

La fonction **seekp( )** déplace le pointeur *put* associé au fichier courant de *offset* caractères, à partir de l'*origine* spécifiée. Cette origine doit être une des valeurs citées précédemment.

Généralement, les opérations d'E/S avec accès aléatoire ne doivent être invoquées qu'avec des fichiers ouverts en mode binaire. Les éventuelles conversions de caractères avec un fichier texte pourraient désynchroniser certaines requêtes de position, par rapport au contenu courant du fichier.

Le programme suivant présente la fonction **seekp( )**. Il vous permet de modifier un caractère spécifique dans un fichier. Il faut préciser le nom du fichier dans la ligne de commande, suivi du numéro du caractère que vous souhaitez modifier dans le fichier, suivi du nouveau caractère.

Notez que le fichier est ouvert pour des opérations de lecture/écriture :

```cpp
#include <iostream>
#include <fstream>
#include <cstdlib>
using namespace std;

int main(int argc, char *argv[])
{
  if(argc!=4) {
    cout << "Usage: CHANGE <nomfic> <emplacementcar> <nouveaucar>\n";
    return 1;
  }

  fstream out(argv[1], ios::in | ios::out | ios::binary);
  if(!out) {
    cout << "Impossible d'ouvrir le fichier.";
    return 1;
  }

  out.seekp(atoi(argv[2]), ios::beg);

  out.put(*argv[3]);
  out.close();

  return 0;
}
```

Par exemple, pour modifier en Z le douzième caractère d'un fichier appelé TEST, utilisez la commande :

```
change test 12 Z
```

Le programme suivant exécute **seekg( )**. Il affiche le contenu d'un fichier en commençant à l'endroit que vous aurez spécifié dans la ligne de commande :

```cpp
#include <iostream>
#include <fstream>
#include <cstdlib>
using namespace std;

int main(int argc, char *argv[])
{
  char ch;

  if(argc!=3) {
    cout << "Usage: SHOW <nomfic> <posdebut>\n";
    return 1;
  }

  ifstream in(argv[1], ios::in | ios::binary);
  if(!in) {
    cout << "Impossible d'ouvrir le fichier.";
    return 1;
  }

  in.seekg(atoi(argv[2]), ios::beg);

  while(in.get(ch))
    cout << ch;

  return 0;
}
```

Le prochain programme exploite à la fois **seekg( )** et **seekp( )**, afin d'inverser les <nb> premiers caractères du fichier :

```cpp
#include <iostream>
#include <fstream>
#include <cstdlib>
using namespace std;

int main(int argc, char *argv[])
{
  if(argc!=3) {
    cout << "Usage: Inverse <nomfic> <nb>\n";
    return 1;
  }

  fstream inout(argv[1], ios::in | ios::out | ios::binary);
```

```
  if(!inout) {
    cout << "Impossible d'ouvrir le fichier en lecture.\n";
    return 1;
  }

  long e, i, j;
  char c1, c2;
  e = atol(argv[2]);

  for(i=0, j=e; i<j; i++, j--) {
    inout.seekg(i, ios::beg);
    inout.get(c1);
    inout.seekg(j, ios::beg);
    inout.get(c2);

    inout.seekp(i, ios::beg);
    inout.put(c2);
    inout.seekp(j, ios::beg);
    inout.put(c1);
  }

  inout.close();
  return 0;
}
```

Pour exécuter ce programme, il faut spécifier le nom du fichier sur lequel vous voulez agir, suivi du nombre de caractères à inverser. Par exemple, pour inverser les 10 premiers caractères d'un fichier nommé TEST, voici la commande adéquate :

```
reverse test 10
```

Si le fichier contenait :

```
Ceci est un test.
```

il aurait le contenu suivant, après l'exécution de ce programme :

```
u tse iceCn test.
```

Obtenir la position courante dans le fichier

Il est possible de connaître la position courante de chaque pointeur de fichier, par le biais de ces fonctions :

```
pos_type tellg( );
pos_type tellp( );
```

Ici, **pos_type** est un type entier défini par **ios**, et capable de contenir la plus grande valeur retournée par une fonction. Vous pouvez exploiter les valeurs retournées par **tellg( )** et **tellp( )** comme arguments des fonctions **seekg( )** et **seekp( )** sous la forme :

```
istream &seekg(pos_type pos);
ostream &seekp(pos_type pos);
```

Ces fonctions vous permettent par exemple de conserver la position courante dans le fichier, d'effectuer d'autres opérations sur ce dernier, et d'y réinitialiser ensuite la position avec la valeur précédemment sauvée.

Statut d'E/S

Le système d'E/S du C++ conserve des informations concernant les résultats de chaque opération d'E/S. L'état courant du système d'E/S est contenu dans un objet du type **iostate**, qui est une énumération définie par **ios**, contenant les membres suivants :

Nom	Signification
ios::goodbit	Pas d'erreur
ios::eofbit	1 si la fin du fichier a été rencontrée ; 0 sinon
ios::failbit	1 si une éventuelle erreur d'E/S non fatale a eu lieu ; 0 sinon
ios::badbit	1 si une erreur d'E/S fatale a eu lieu ; 0 sinon

Il existe deux façons d'obtenir les informations de statut des E/S. La première consiste à invoquer la fonction **rdstate( )**, dont le prototype est :

```
iostate rdstate();
```

Cette fonction renvoie l'état courant des flags d'erreur. Comme vous pouvez le deviner au vu de la précédente liste de flags, **rdstate( )** retourne **goodbit** si aucune erreur n'est apparue. Sinon, un flag d'erreur est activé.

Le programme suivant illustre l'utilisation de **rdstate( )**. Il affiche le contenu d'un fichier texte. Si une erreur survient, le programme l'indique à l'aide de **checkstatus( )**.

```
#include <iostream>
#include <fstream>
using namespace std;
```

```
void checkstatus(ifstream &in);

int main(int argc, char *argv[])
{
  if(argc!=2) {
    cout << "Usage: Display <nomfic>\n";
    return 1;
  }

  ifstream in(argv[1]);

  if(!in) {
    cout << "Impossible d'ouvrir le fichier en lecture.\n";
    return 1;
  }

  char c;
  while(in.get(c)) {
    if(in) cout << c;
    checkstatus(in);
  }

  checkstatus(in);  // vérifie le statut final
  in.close();
  return 0;
}

void checkstatus(ifstream &in)
{
  ios::iostate i;

  i = in.rdstate();

  if(i & ios::eofbit)
    cout << "EOF rencontree\n";
  else if(i & ios::failbit)
    cout << "Erreur d'E/S non-fatale\n";
  else if(i & ios::badbit)
    cout << "Erreur d'E/S fatale\n";
}
```

Ce programme rapportera toujours une « erreur ». Après la fin de la boucle **while**, l'appel final à **checkstatus( )** rapporte, comme prévu, que la fin du fichier a été rencontrée. Vous pourrez trouver la fonction **checkstatus( )** utile pour vos propres programmes.

L'autre façon de déterminer si une erreur est apparue est d'utiliser une ou plusieurs des fonctions suivantes :

```
bool bad();
bool eof();
bool fail();
bool good();
```

La fonction **bad( )** retourne vrai si le flag **badbit** est actif. La fonction **eof( )** a été étudiée un peu plus tôt. La fonction **fail( )** retourne vrai si le flag **failbit** est actif. La fonction **good( )** retourne vrai s'il n'y a eu aucune erreur, faux sinon.

Une fois qu'une erreur est apparue, il peut être nécessaire de l'effacer avant que votre programme ne continue. Pour cela, utilisez la fonction **clear( )**, qui a le prototype suivant :

```
void clear(iostate flags=ios::goodbit);
```

Si *flags* vaut **goodbit** (comme c'est le cas par défaut), tous les flags d'erreurs sont effacés ; sinon, affecter à *flags* la valeur que vous souhaitez.

E/S et fichiers personnalisés

Dans le chapitre 20, vous avez appris comment surcharger les opérateurs d'insertion et d'extraction pour vos propres classes. Dans ce chapitre, seules des E/S sur console ont été effectuées ; mais, étant donné que tous les flux fonctionnent de la même manière en C++, vous pouvez utiliser les mêmes fonctions surchargées d'insertion et d'extraction pour effectuer des E/S sur la console ou sur un disque, sans avoir à effectuer de changement. À titre d'exemple, le programme suivant reprend l'exemple du carnet d'adresses du chapitre 20, de telle sorte qu'il stocke une liste sur le disque. Le programme est très simple. Il vous permet d'ajouter des noms à la liste, et d'afficher cette dernière à l'écran. Il applique les opérateurs d'insertion et d'extraction pour lire et écrire les numéros de téléphone. Il serait même intéressant d'améliorer le programme, afin qu'il puisse rechercher un numéro en particulier, ou effacer ceux que l'on ne veut plus conserver.

```
#include <iostream>
#include <fstream>
#include <cstring>
using namespace std;

class phonebook {
  char nom[80];
  char codezone[4];
  char prefixe[4];
  char num[5];
```

```
public:
  phonebook() { };
  phonebook(char *n, char *c, char *p, char *nm)
  {
    strcpy(nom, n);
    strcpy(codezone, c);
    strcpy(prefixe, p);
    strcpy(num, nm);
  }
  friend ostream &operator<<(ostream &stream, phonebook o);
  friend istream &operator>>(istream &stream, phonebook &o);
};

// Affiche le nom et le numéro de téléphone.
ostream &operator<<(ostream &stream, phonebook o)
{
  stream << o.nom << " ";
  stream << "(" << o.codezone << ") ";
  stream << o.prefixe << "-";
  stream << o.num << "\n";
  return stream; // doit retourner stream
}

// Lecture du nom et du numéro de téléphone.
istream &operator>>(istream &stream, phonebook &o)
{
  cout << "Entrer le nom : ";
  stream >> o.nom;
  cout << "Entrer le code zone: ";
  stream >> o.codezone;
  cout << "Entrer le prefixe: ";
  stream >> o.prefixe;
  cout << "Entrer le numero: ";
  stream >> o.num;
  cout << "\n";
  return stream;
}

int main()
{
  phonebook a;
  char c;

  fstream pb("phone", ios::in | ios::out | ios::app);
```

```
if(!pb) {
  cout << "Impossible d'ouvrir le fichier du carnet.\n";
  return 1;
}

for(;;) {
  do {
    cout << "1. Entrer les numeros\n";
    cout << "2. Afficher les numeros\n";
    cout << "3. Quitter\n";
    cout << "\nEntrer votre choix: ";
    cin >> c;
  } while(c<'1' || c>'3');

  switch(c) {
    case '1':
      cin >> a;
      cout << "L'entree est: ";
      cout << a;  // affichage à l'écran
      pb << a;  // écriture sur le disque
      break;
    case '2':
      char ch;
      pb.seekg(0, ios::beg);
      while(!pb.eof()) {
        pb.get(ch);
        if(!pb.eof()) cout << ch;
      }
      pb.clear();  // reset eof
      cout << endl;
      break;
    case '3':
      pb.close();
      return 0;
  }
}
}
```

Vous remarquerez que l'opérateur surchargé **<<** peut être aussi bien utilisé pour écrire dans un fichier que sur l'écran, sans aucune modification. C'est l'un des aspects les plus importants de l'approche des E/S en C++.

CHAPITRE 22

Identification dynamique des types et opérateurs de transtypage

L e langage C++ standard intègre deux fonctionnalités permettant d'assurer une
programmation moderne et orientée objet : l'identification dynamique des types de
données et les opérateurs de transtypage. Pour des raisons pratiques, nous utiliserons le
raccourci anglais RTTI, initiales du terme « run-time type identification », pour désigner l
e premier mécanisme.

Aucune de ces deux fonctionnalités ne faisait initialement partie des spécifications du C++,
mais les deux se sont révélées nécessaires pour prendre en charge le polymorphisme. RTTI
vous permet d'identifier le type d'un objet lors de l'exécution d'un programme. Les
opérateurs de transtypage fournissent quant à eux un moyen plus sécurisé et contrôlé de
modifier le type d'une donnée. Dans la mesure où l'un des opérateurs de transtypage, à savoir
dynamic_cast, se rapporte directement au RTTI, ces deux sujets sont traités ici, dans le
même chapitre.

Identification dynamique des types de données (RTTI)

L'identification dynamique des types de données peut apparaître pour certains comme un
concept nouveau, car il ne se rencontre pas dans des langages, tels que le C, ne connaissant
pas le polymorphisme. Dans ces langages de programmation, le besoin du RTTI ne se fait pas
sentir, pour la simple raison que le type d'un objet est connu lors de la compilation (soit lors
de l'écriture d'un programme). En revanche, dans des langages tels que le C++, il peut arriver
que le type d'un objet soit inconnu à la compilation, et qu'il ne se précise que lors de
l'exécution. Comme l'explique le chapitre 17, le langage C++ implémente le polymorphisme
grâce à l'utilisation d'une hiérarchie de classes, de fonctions virtuelles et de pointeurs sur la
classe de base. Or, de tels pointeurs peuvent certes désigner un objet dont le type est la classe
mère, mais ils peuvent également pointer sur *n'importe quel objet d'un type dérivé*. C'est la
raison pour laquelle il n'est pas toujours possible de connaître à l'avance, et pour un moment
donné, le type d'un objet qui sera désigné par un tel pointeur. Cette identification du type
doit donc intervenir lors de l'exécution, en appliquant le mécanisme RTTI.

Pour obtenir le type d'un objet, utilisez le mot clé **typeid**, et mentionnez l'include **<typeinfo>**
en tête de fichier. La syntaxe la plus courante est :

```
typeid(object)
```

object représente ici l'objet dont on souhaite connaître le type. Il peut être d'un type
quelconque, propre à C++, ou correspondant à une classe que vous avez vous-même créé.
typeid retourne une référence sur un objet de type **type_info**, qui contient toutes les
informations sur le type d'*object*.

La classe **type_info** comprend les membres publics suivants :

```
bool operator==(const type_info &ob);
bool operator!=(const type_info &ob);
bool before(const type_info &ob);
const char *name();
```

La surcharge des opérateurs == et != permet la comparaison de types. La fonction **before( )** retourne vrai si l'objet invoquant cette fonction se trouve avant l'objet indiqué en paramètre, dans l'ordre d'ajout en mémoire (cette fonction est essentiellement exploitée en interne par le C++ ; la valeur retournée ne fournit aucune indication sur l'héritage ou la hiérarchie entre classes). La fonction **name( )** retourne, quant à elle, un pointeur sur le nom du type de données.

Voici un exemple simple d'utilisation de **typeid** :

```
// Simple exemple d'utilisation de typeid.
#include <iostream>
#include <typeinfo>
using namespace std;

class myclass1 {
  // ...
};

class myclass2 {
  // ...
};

int main()
{
  int i, j;
  float f;
  char *p;
  myclass1 ob1;
  myclass2 ob2;

  cout << "The type of i is: " << typeid(i).name();
  cout << endl;
  cout << "The type of f is: " << typeid(f).name();
  cout << endl;
  cout << "The type of p is: " << typeid(p).name();
  cout << endl;

  cout << "The type of ob1 is: " << typeid(ob1).name();
  cout << endl;
  cout << "The type of ob2 is: " << typeid(ob2).name();
  cout << "\n\n";
```

```
   if(typeid(i) == typeid(j))
     cout << "The types of i and j are the same\n";

   if(typeid(i) != typeid(f))
     cout << "The types of i and f are not the same\n";

   if(typeid(ob1) != typeid(ob2))
     cout << "ob1 and ob2 are of differing types\n";

   return 0;
 }
```

La trace d'exécution laissée par ce programme est :

```
The type of i is: int
The type of f is: float
The type of p is: char *
The type of ob1 is: class myclass1
The type of ob2 is: class myclass2

The types of i and j are the same
The types of i and f are not the same
ob1 and ob2 are of differing types
```

L'utilisation principale de **typeid** consiste à l'appliquer à un pointeur désignant une classe de base polymorphe. Dans une telle situation, **typeid** va automatiquement retourner le type réel de l'objet pointé, correspondant au type de la classe de base, ou à tous types obtenus après dérivation (rappelez-vous qu'un pointeur sur une classe mère peut désigner un objet de cette classe, mais également tout objet d'un type dérivé de cette classe mère). Vous déterminez ainsi le type de l'objet pointé lors de l'exécution. Le programme suivant illustre ce principe.

```
// Exemple d'utilisation de typeid en cas de polymorphisme.
#include <iostream>
#include <typeinfo>
using namespace std;

class Mammal {
public:
  virtual bool lays_eggs() { return false; } // Mammal est polymorphic
  // ...
};

class Cat: public Mammal {
public:
  // ...
};
```

```
class Platypus: public Mammal {
public:
  bool lays_eggs() { return true; }
  // ...
};

int main()
{
  Mammal *p, AnyMammal;
  Cat cat;
  Platypus platypus;

  p = &AnyMammal;
  cout << "p is pointing to an object of type ";
  cout << typeid(*p).name() << endl;

  p = &cat;
  cout << "p is pointing to an object of type ";
  cout << typeid(*p).name() << endl;

  p = &platypus;
  cout << "p is pointing to an object of type ";
  cout << typeid(*p).name() << endl;

  return 0;
}
```

La trace d'exécution obtenue est :

```
p is pointing to an object of type class Mammal
p is pointing to an object of type class Cat
p is pointing to an object of type class Platypus
```

Cette trace montre bien que l'utilisation de **typeid** avec un pointeur sur une classe de base polymorphe permet de déterminer le type de l'objet pointé, lors de l'exécution.

Dans tous les cas, si **typeid** est utilisé avec un pointeur sur une classe de base non polymorphe, le type de base du pointeur est obtenu ; c'est-à-dire que la détermination du type ne se fait pas de manière dynamique. Par exemple, mettez en commentaire le mot clé **virtual** précédant la fonction **lays_eggs( )** dans la classe **Mammal**, compilez et exécutez le programme. La trace d'exécution sera alors :

```
p is pointing to an object of type class Mammal
p is pointing to an object of type class Mammal
p is pointing to an object of type class Mammal
```

Mammal n'étant plus une classe polymorphe, le type de chaque objet sera **Mammal**, car c'est le type de base du pointeur.

Le mot clé **typeid** est de même communément employé avec un pointeur déréférencé (c'est-à-dire un pointeur sur lequel l'opérateur * a été appliqué) ; c'est pourquoi une exception particulière a été créée, pour gérer une situation dans laquelle le pointeur ayant été déréférencé est nul. Dans un tel cas, **typeid** soulève l'erreur **bad_typeid**.

Les références sur une classe polymorphe fonctionnent de la même façon que les pointeurs. Lorsque **typeid** est appliqué à une telle référence, le type réel de l'objet est retourné, type pouvant correspondre à la classe de base ou à une classe dérivée. Le passage de paramètres par référence crée des situations où le mot clé **typeid** est très utile. À titre d'exemple, dans le programme suivant, la fonction **WhatMammal( )** est déclarée avec pour argument une référence sur un objet de type **Mammal**. Cela signifie que **WhatMammal( )** peut recevoir des objets de type **Mammal**, ou tous types qui en sont dérivés. Lorsque l'opérateur **typeid** est appliqué à cet argument, le type de données réellement référencé est retourné.

```cpp
// Application de l'opérateur typeid à une référence.
#include <iostream>
#include <typeinfo>
using namespace std;

class Mammal {
public:
  virtual bool lays_eggs() { return false; } // Mammal est polymorphe
  // ...
};

class Cat: public Mammal {
public:
  // ...
};

class Platypus: public Mammal {
public:
  bool lays_eggs() { return true; }
  // ...
};


 // Exemple d'utilisation de typeid avec une référence.
void WhatMammal(Mammal &ob)
{
  cout << "ob is referencing an object of type ";
  cout << typeid(ob).name() << endl;
}
```

```
int main()
{
  Mammal AnyMammal;
  Cat cat;
  Platypus platypus;

  WhatMammal(AnyMammal);
  WhatMammal(cat);
  WhatMammal(platypus);

  return 0;
}
```

La trace d'exécution obtenue est la suivante :

```
ob is referencing an object of type class Mammal
ob is referencing an object of type class Cat
ob is referencing an object of type class Platypus
```

Il existe une deuxième syntaxe pour **typeid**, où l'argument correspond à un nom de type. Voici cette forme :

```
typeid(type-name)
```

L'instruction suivante est donc parfaitement acceptable :

```
cout << typeid(int).name();
```

Cette syntaxe est principalement utilisée pour obtenir un objet de type **type_info**, décrivant le type concerné, de telle façon que l'on puisse par la suite utiliser cet objet **type_info** dans une instruction de comparaison de types. Dans l'exemple qui suit, la nouvelle version de la fonction **WhatMammal( )** permet de savoir que les chats n'aiment pas l'eau.

```
void WhatMammal(Mammal &ob)
{
  cout << "ob is referencing an object of type ";
  cout << typeid(ob).name() << endl;
  if(typeid(ob) == typeid(Cat))
    cout << "Cats don't like water.\n";
}
```

Simple application du mécanisme RTTI

Le programme suivant fournit une preuve de la puissance du mécanisme RTTI. La fonction appelée **factory( )** crée des instances d'objets de différents types, dérivés de la classe **Mammal** (une fonction qui crée des objets est parfois appelée « *object factory* »). Le type de chaque objet créé est déterminé par le retour de la fonction **rand( )**, fonction C++ générant aléatoirement un nombre. Il est ainsi impossible de connaître à l'avance le type d'un objet. 10 objets sont créés, et le nombre d'objets pour chacun des types descendant de **Mammal** est calculé. Dans la mesure où les types sont aléatoires, le programme repose sur le bon fonctionnement de **typeid**, pour déterminer les types réels de chaque objet.

```cpp
// Exemple d'utilisation de l'identification dynamique de types.
#include <iostream>
using namespace std;

class Mammal {
public:
  virtual bool lays_eggs() { return false; } // Mammal est polymorphe
  // ...
};

class Cat: public Mammal {
public:
  // ...
};

class Platypus: public Mammal {
public:
  bool lays_eggs() { return true; }
  // ...
};

class Dog: public Mammal {
public:
 // ...
};

// A factory for objects derived from Mammal.
Mammal *factory()
{
  switch(rand() % 3) {
    case 0: return new Dog;
    case 1: return new Cat;
    case 2: return new Platypus;
  }
  return 0;
}
```

```
int main()
{
  Mammal *ptr; // pointeur sur la classe de base
  int i;
  int c=0, d=0, p=0;

  // Génère et compte les objets
  for(i=0; i<10; i++) {
    ptr = factory(); // génère un objet

    cout << "Object is " << typeid(*ptr).name();
    cout << endl;

    // comptage
    if(typeid(*ptr) == typeid(Dog)) d++;
    if(typeid(*ptr) == typeid(Cat)) c++;
    if(typeid(*ptr) == typeid(Platypus)) p++;
  }

  cout << endl;
  cout << "Animals generated:\n";
  cout << "  Dogs: " << d << endl;
  cout << "  Cats: " << c << endl;
  cout << "  Platypuses: " << p << endl;

  return 0;
}
```

La trace d'exécution est :

```
Object is class Platypus
Object is class Platypus
Object is class Cat
Object is class Cat
Object is class Platypus
Object is class Cat
Object is class Dog
Object is class Dog
Object is class Cat
Object is class Platypus

Animals generated:
  Dogs: 2
  Cats: 4
  Platypuses: 4
```

Opérateur typeid appliqué aux classes génériques

L'opérateur **typeid** peut être appliqué aux classes génériques. Le type d'un objet instançiant une classe template est en particulier déterminé par les types utilisés pour ses membres génériques, lors de l'instanciation. Deux instances de la même classe template qui sont créées en utilisant des types différents deviennent des objets de types distincts. Voici un exemple :

```cpp
// Exemple d'utilisation de typeid avec une classe template.
#include <iostream>
using namespace std;

template <class T> class myclass {
  T a;
public:
  myclass(T i) { a = i; }
  // ...
};

int main()
{
  myclass<int> o1(10), o2(9);
  myclass<double> o3(7.2);

  cout << "Type of o1 is ";
  cout << typeid(o1).name() << endl;

  cout << "Type of o2 is ";
  cout << typeid(o2).name() << endl;

  cout << "Type of o3 is ";
  cout << typeid(o3).name() << endl;

  cout << endl;

  if(typeid(o1) == typeid(o2))
    cout << "o1 and o2 are the same type\n";

  if(typeid(o1) == typeid(o3))
    cout << "Error\n";
  else
    cout << "o1 and o3 are different types\n";

  return 0;
}
```

La trace d'exécution obtenue est :

```
Type of o1 is class myclass<int>
Type of o2 is class myclass<int>
Type of o3 is class myclass<double>

o1 and o2 are the same type
o1 and o3 are different types
```

Comme vous pouvez le voir, ces objets sont générés depuis la même classe générique. En revanche, si l'argument du template représentant le type de donnée est différent, cela suffit à en faire des objets de types différents : **o1** est du type **myclass<int>**, et **o3** est du type **myclass<double>**.

L'identification dynamique d'un type de données n'est pas une fonctionnalité employée par tous les programmes. Mais, dès lors que vous utilisez les mécanismes de polymorphisme, RTTI vous donne la possibilité de déterminer dynamiquement le type réel des données que vous manipulez dans n'importe quelle situation.

Opérateurs de transtypage

Le langage C++ définit cinq opérateurs de transtypage (*cast* en anglais). Le premier est le traditionnel opérateur hérité du langage C. Les quatre restants furent ajoutés il y a quelques années, et sont nommés **dynamic_cast**, **const_cast**, **reinterpret_cast** et **static_cast**. Ces opérateurs fournissent différents niveaux de contrôle dans la mise en œuvre du transtypage.

Opérateur dynamic_cast

dynamic_cast est sans doute le plus important des quatre opérateurs ajoutés au langage C++. Il réalise l'opération de transtypage de manière dynamique (c'est-à-dire lors de l'exécution), en vérifiant la validité de l'opération. Si le transtypage n'est pas possible au moment de l'exécution de l'instruction contenant le **dynamic_cast**, l'opération échoue. La syntaxe employée est :

```
dynamic_cast<target-type> (expr)
```

target-type représente ici le type de données cible du transtypage, et *expr* est l'expression convertie. Le type de données cible doit impérativement être un pointeur ou une référence, tout comme l'expression évaluée. **dynamic_cast** permet en effet de modifier le type primitif d'un pointeur ou d'une référence.

L'intérêt de cet opérateur est de permettre des opérations de transtypage sur des types de données polymorphes. Prenons, par exemple, deux classes polymorphes B et D, avec D dérivant de B. L'opérateur **dynamic_cast** pourra toujours passer d'un pointeur D* à un pointeur B* ; en effet, un pointeur sur une classe mère peut toujours désigner un objet dérivé. En revanche, il ne pourra pas toujours transformer un pointeur B* en un pointeur D* : cela sera uniquement possible si l'objet *réellement* désigné par le pointeur modifié est un objet de type D. De manière générale, l'opération menée par l'opérateur **dynamic_cast** n'échouera pas si le pointeur (respectivement la référence) modifié est un pointeur (respectivement une référence) sur un objet dont le type est celui des données cibles ou qui est dérivé de celui-ci. Dans toutes les autres situations, le **dynamic_cast** échouera, et deux cas se présenteront : soit l'opération met en jeu des pointeurs, et l'opérateur renvoie alors une valeur nulle, soit l'opération s'effectue sur des références, et une exception **bad_cast** est soulevée.

Voici un exemple simple : supposez que **Base** soit une classe polymorphe et que **Derived** soit dérivée de **Base**.

```
Base *bp, b_ob;
Derived *dp, d_ob;

bp = &d_ob; // défini pour désigner un objet Base et pointant sur un objet
Derived
dp = dynamic_cast<Derived *> (bp); // modifier en pointeur sur objets
Derived - OK
if(dp) cout << "Cast OK";
```

Dans ce cas, le transtypage de **bp** (défini comme pointeur sur un objet **Base**) en **dp** (défini comme pointeur sur un objet **Derived**) est possible, car **bp** désigne en réalité un objet de type **Derived**. Le programme affiche donc « **Cast OK** ». En revanche, dans le fragment de code qui suit, le transtypage échoue, car **bp** désigne un objet **Base**, et il n'est pas permis de transformer un objet de type primitif en un objet dérivé.

```
bp = &b_ob; // défini pour désigner un objet Base et pointant sur un objet
Base
dp = dynamic_cast<Derived *> (bp); // Erreur
if(!dp) cout << "Cast Fails";
```

En raison de l'erreur soulevée, le programme affiche « **Cast Fails** ».

Le programme suivant illustre différentes situations dans lesquelles l'opérateur **dynamic_cast** peut s'avérer fort utile.

```
// Exemples d'utilisation du dynamic_cast.
#include <iostream>
using namespace std;

class Base {
public:
  virtual void f() { cout << "Inside Base\n"; }
  // ...
};

class Derived : public Base {
public:

  void f() { cout << "Inside Derived\n"; }
};

int main()
{
  Base *bp, b_ob;
  Derived *dp, d_ob;

  dp = dynamic_cast<Derived *> (&d_ob);
  if(dp) {
    cout << "Cast from Derived * to Derived * OK.\n";
    dp->f();
  } else
    cout << "Error\n";

  cout << endl;

  bp = dynamic_cast<Base *> (&d_ob);
  if(bp) {
    cout << "Cast from Derived * to Base * OK.\n";
    bp->f();
  } else
    cout << "Error\n";

  cout << endl;

  bp = dynamic_cast<Base *> (&b_ob);
  if(bp) {
    cout << "Cast from Base * to Base * OK.\n";
    bp->f();
  } else
    cout << "Error\n";
```

```
  cout << endl;

  dp = dynamic_cast<Derived *> (&b_ob);
  if(dp)
    cout << "Error\n";
  else
    cout << "Cast from Base * to Derived * not OK.\n";

  cout << endl;
  bp = &d_ob; // bp désigne un objet de type Derived
  dp = dynamic_cast<Derived *> (bp);
  if(dp) {
    cout << "Casting bp to a Derived * OK\n" <<
      "because bp is really pointing\n" <<
      "to a Derived object.\n";
    dp->f();
  } else
    cout << "Error\n";

  cout << endl;

  bp = &b_ob; // bp désigne un objet de type Base
  dp = dynamic_cast<Derived *> (bp);
  if(dp)
    cout << "Error";
  else {
    cout << "Now casting bp to a Derived *\n" <<
      "is not OK because bp is really \n" <<
      "pointing to a Base object.\n";
  }
  cout << endl;

  dp = &d_ob; // dp désigne un objet de type Derived
  bp = dynamic_cast<Base *> (dp);
  if(bp) {
    cout << "Casting dp to a Base * is OK.\n";
    bp->f();
  } else
    cout << "Error\n";

  return 0;
}
```

La trace d'exécution obtenue est la suivante :

```
Cast from Derived * to Derived * OK.
Inside Derived

Cast from Derived * to Base * OK.
Inside Derived

Cast from Base * to Base * OK.
Inside Base

Cast from Base * to Derived * not OK.

Casting bp to a Derived * OK
because bp is really pointing
to a Derived object.
Inside Derived

Now casting bp to a Derived *
is not OK because bp is really
pointing to a Base object.

Casting dp to a Base * is OK.
Inside Derived
```

Remplacement de typeid par dynamic_cast

L'opérateur **dynamic_cast** peut être utilisé à la place de **typeid**, dans certaines situations. Dans ce nouvel exemple, supposez à nouveau **Base** comme une classe polymorphe, et **Derived** comme une classe dérivée de **Base**. Le bout de code affecte à **dp** l'adresse de l'objet désigné par le pointeur **bp** si et seulement si l'objet réellement désigné est de type **Derived**.

```
Base *bp;
Derived *dp;
// ...
if(typeid(*bp) == typeid(Derived)) dp = (Derived *) bp;
```

La forme traditionnelle de l'opérateur de transtypage est employée ici. Celle-ci est suffisante en terme de sécurité, dans la mesure où l'instruction **if** s'assure de la faisabilité de l'opération en utilisant la clause **typeid** avant de l'effectuer. En revanche, une meilleure manière d'accomplir cette séquence consiste à remplacer la combinaison **typeid** suivi d'un **if** par **dynamic_cast**.

```
dp = dynamic_cast<Derived *> (bp);
```

Puisque l'opérateur **dynamic_cast** effectue dynamiquement et automatiquement les vérifications de type, une fois l'instruction exécutée, le pointeur **dp** contiendra soit une valeur nulle soit un pointeur sur un objet de type **Derived**. Dans de telles situations, l'écriture du code est simplifiée par l'utilisation de ces fonctionnalités. Le programme suivant montre des exemples d'emploi de l'opérateur **dynamic_cast** pour remplacer **typeid**. Chaque opération est effectuée deux fois – la première avec **typeid**, la deuxième avec **dynamic_cast**.

```cpp
// Exemple d'utilisation de dynamic_cast à la place de typeid.
#include <iostream>
#include <typeinfo>
using namespace std;

class Base {
public:
  virtual void f() {}
};

class Derived : public Base {
public:
  void derivedOnly() {
    cout << "Is a Derived Object.\n";
  }
};

int main()
{
  Base *bp, b_ob;
  Derived *dp, d_ob;

  // ************************************
  // Utilisation de typeid
  // ************************************
  bp = &b_ob;
  if(typeid(*bp) == typeid(Derived)) {
    dp = (Derived *) bp;
    dp->derivedOnly();
  }
  else
    cout << "Cast from Base to Derived failed.\n";

  bp = &d_ob;
  if(typeid(*bp) == typeid(Derived)) {
    dp = (Derived *) bp;
    dp->derivedOnly();
  }
  else
    cout << "Error, cast should work!\n";
```

```
// ********************************
// Utilisation de dynamic_cast
// ********************************
bp = &b_ob;
dp = dynamic_cast<Derived *> (bp);
if(dp) dp->derivedOnly();
else
  cout << "Cast from Base to Derived failed.\n";

bp = &d_ob;
dp = dynamic_cast<Derived *> (bp);
if(dp) dp->derivedOnly();
else
  cout << "Error, cast should work!\n";

  return 0;
}
```

Comme vous pouvez le constater, l'opérateur **dynamic_cast** simplifie les tests requis pour transformer un pointeur sur une classe mère en un pointeur sur classe dérivée. La trace d'exécution obtenue est indiquée ci-dessous :

```
Cast from Base to Derived failed.
Is a Derived Object.
Cast from Base to Derived failed.
Is a Derived Object.
```

Application du dynamic_cast avec des classes génériques

Comme dans l'exemple suivant, l'opérateur **dynamic_cast** peut être appliqué à des classes génériques :

```
// Exemple d'application du dynamic_cast sur des classes templates.
#include <iostream>
using namespace std;

template <class T> class Num {
protected:
  T val;
public:
  Num(T x) { val = x; }
  virtual T getval() { return val; }
  // ...
};
```

```cpp
template <class T> class SqrNum : public Num<T> {
public:
  SqrNum(T x) : Num<T>(x) { }
  T getval() { return val * val; }
};

int main()
{
  Num<int> *bp, numInt_ob(2);
  SqrNum<int> *dp, sqrInt_ob(3);
  Num<double> numDouble_ob(3.3);

  bp = dynamic_cast<Num<int> *> (&sqrInt_ob);
  if(bp) {
    cout << "Cast from SqrNum<int>* to Num<int>* OK.\n";
    cout << "Value is " << bp->getval() << endl;
  } else
    cout << "Error\n";

  cout << endl;

  dp = dynamic_cast<SqrNum<int> *> (&numInt_ob);
  if(dp)
    cout << "Error\n";
  else {
    cout << "Cast from Num<int>* to SqrNum<int>* not OK.\n";
    cout << "Can't cast a pointer to a base object into\n";
    cout << "a pointer to a derived object.\n";
  }
  cout << endl;

  bp = dynamic_cast<Num<int> *> (&numDouble_ob);
  if(bp)
    cout << "Error\n";
  else
    cout << "Can't cast from Num<double>* to Num<int>*.\n";
    cout << "These are two different types.\n";

  return 0;
}
```

La trace d'exécution obtenue est :

```
Cast from SqrNum<int>* to Num<int>* OK.
Value is 9
```

```
Cast from Num<int>* to SqrNum<int>* not OK.
Can't cast a pointer to a base object into
a pointer to a derived object.

Can't cast from Num<double>* to Num<int>*.
These are two different types.
```

Un point clé mis en avant par ce programme est qu'il n'est pas possible d'utiliser l'opérateur **dynamic_cast** pour modifier un pointeur sur une instance de classe template en un pointeur sur une autre instance de cette classe, si les deux spécialisations ne correspondent pas. Souvenez-vous bien de ce point : le type précis d'un objet instanciant une classe template est déterminé par le type de données spécifié lors de l'instanciation. C'est pourquoi **Num<double>** et **Num<int>** sont des types distincts.

const_cast

L'opérateur **const_cast** est employé pour explicitement remplacer la clause **const** et/ou **volatile** dans une opération de transtypage. Le type de données cible doit alors être le même que le type de donnée source, mais leurs attributs **const** ou **volatile** seront différents. **const_cast** est principalement utilisé pour supprimer une condition **const**. La syntaxe de **const_cast** est :

```
const_cast<type> (expr)
```

type représente le type de données cible de l'opération, *expr* étant l'expression convertie.

Voici un exemple d'utilisation de **const_cast**.

```
// Exemple d'utilisation de const_cast.
#include <iostream>
using namespace std;

void sqrval(const int *val)
{
  int *p;

  // Supprime la restriction const.
  p = const_cast<int *> (val);

  *p = *val * *val; // Modifie maintenant l'objet grâce à v
}

int main()
{
  int x = 10;
```

```
    cout << "x before call: " << x << endl;
    sqrval(&x);
    cout << "x after call: " << x << endl;

    return 0;
}
```

La trace d'exécution obtenue est :

```
x before call: 10
x after call: 100
```

x a été modifié par la fonction **sqrval( )**, alors que le paramètre passé à **sqrval( )** était précisé comme **const**.

const_cast est également appliqué pour supprimer la clause **const** d'une référence. Voici ainsi le programme précédent modifié pour que l'argument soit une référence **const**.

```
// Exemple d'utilisation de const_cast sur une référence const.
#include <iostream>
using namespace std;

void sqrval(const int &val)
{
  // Supprime la restriction const de val
  const_cast<int &> (val) = val * val;
}

int main()
{
  int x = 10;

  cout << "x before call: " << x << endl;
  sqrval(x);
  cout << "x after call: " << x << endl;

  return 0;
}
```

La trace d'exécution est semblable à celle obtenue précédemment. Encore une fois, ce programme fonctionne grâce à l'effet du **const_cast** pour supprimer l'attribut **const** de **val**, permettant ainsi de modifier la valeur de la variable passée en argument (dans notre cas **x**).

Il faut toutefois se rendre compte, et mettre en avant, le potentiel danger que peut engendrer l'utilisation de l'opérateur **const_cast** pour supprimer les restrictions **const**.

Enfin, un dernier point : l'opérateur **const_cast** est le seul moyen de se défaire de l'attribut **const**. Aucun des autres opérateurs (**dynamic_cast**, **static_cast** et **reinterpret_cast**) ne peut modifier cela.

static_cast

L'opérateur **static_cast** permet d'effectuer des opérations de transtypage entre types non polymorphes. Il peut être utilisé pour n'importe quelle conversion « normale ». Aucune vérification dynamique n'est effectuée. La syntaxe générale est :

```
static_cast<type> (expr)
```

type représente le type de données cible de l'opération, *expr* étant l'expression convertie.

static_cast est essentiellement là pour remplacer l'opérateur de conversion traditionnel. À titre d'exemple, le programme suivant convertit un **int** en **double**.

```cpp
// Exemple d'utilisation static_cast.
#include <iostream>
using namespace std;

int main()
{
  int i;

  for(i=0; i<10; i++)
    cout << static_cast<double> (i) / 3 << " ";

  return 0;
}
```

reinterpret_cast

L'opérateur **reinterpret_cast** permet de convertir d'un type de donnée vers un autre, fondamentalement différent du premier. Il est ainsi possible de convertir un pointeur en entier, ou inversement. Il peut également être utilisé pour convertir des pointeurs sur des classes incompatibles, car ne dérivant pas l'une de l'autre. La syntaxe générale est :

```
reinterpret_cast<type> (expr)
```

type représente le type de données cible de l'opération, *expr* étant l'expression convertie.

Voici un exemple d'utilisation de **reinterpret_cast**.

```
// Exemple d'utilisation de reinterpret _cast.
#include <iostream>
using namespace std;

int main()
{
  int i;
  char *p = "This is a string";

  i = reinterpret_cast<int> (p); // convertit un pointeur en integer

  cout << i;

  return 0;
}
```

Dans ce cas, **reinterpret_cast** convertit un pointeur en entier. Cette conversion vers un type complètement différent est un cas typique du bon usage de **reinterpret_cast**.

CHAPITRE 23

Espaces de nommage, fonctions de conversion et autres propriétés avancées

C e chapitre vous présente les espaces de nommage (« namespaces » en anglais) ainsi que plusieurs autres propriétés avancées, telles que les fonctions de conversion, les constructeurs explicites, les fonctions membres définies, comme **const** ou **volatile**, le mot clé **asm** et les méthodes pour spécifier l'édition de liens. Il se termine par une discussion sur les E/S de tableaux en C++, et par un résumé des principales divergences entre le C et le C++.

Espaces de nommage (namespaces)

La notion d'espace de nommage, brièvement abordée dans le début de cet ouvrage, correspond à une fonctionnalité récemment ajoutée au langage C++. Le but de ces espaces de nommage est d'établir des zones de localisation pour les noms des divers identifiants, et éviter ainsi toutes collisions en termes d'identification. L'environnement de programmation C++ a vu le nombre de variables, de fonctions et de noms de classes se multiplier au cours du temps. Avant l'invention de ces espaces, tous ces noms se disputaient l'espace de nommage global, et de nombreux conflits apparaissaient. À titre d'exemple, si votre programme définissait une fonction **abs( )**, cela aurait pu avoir pour effet (en fonction de la liste de paramètres qu'elle aurait attendue) de masquer la fonction **abs( )** des librairies standard ; la raison en est que les deux noms auraient été placés dans l'unique espace de nommage existant. Les collisions de noms étaient encore plus courantes lorsque plus d'une librairie tierce était impliquée dans le même programme. Dans une telle situation, il était possible – même probable – qu'un nom défini dans l'une des librairies rentre en conflit avec le même nom défini dans une autre librairie. Cela pouvait s'avérer particulièrement ennuyeux pour les noms de classes. Par exemple, si votre programme définissait une classe **ThreeDCircle**, et qu'une librairie utilisait le même nom, un conflit apparaissait.

Bref, la création du mot clé **namespace** a apporté une réponse à tous ces problèmes. En permettant de définir un espace logique, au sein duquel la visibilité des noms qui sont définis est assurée, le même nom peut être utilisé dans différents contextes sans causer le moindre conflit. Les premiers bénéficiaires de l'apparition des **namespace** sont sans doute les librairies standard C++ elles-mêmes, qui se partageaient auparavant un seul et unique espace de nommage global. Désormais, les librairies C++ sont définies dans leur propre espace, nommé **std**. Vous pouvez, vous aussi, créer vos espaces de nommage au sein de vos programmes, pour limiter la visibilité d'un nom qui pourrait soulever des conflits. Cette fonctionnalité est particulièrement importante si vous développez des librairies de classes ou de fonctions.

Principes de base

Le mot clé **namespace** permet de partitionner l'espace de nommage global en créant une zone de déclaration. En soi, un **namespace** définit la portée des noms qui y sont déclarés. La syntaxe à utiliser est :

```
namespace name {
   // déclarations
}
```

Toutes déclarations effectuées au sein d'un **namespace** ne sont pas visibles en dehors de celui-ci.

Voici un exemple de **namespace** permettant de localiser les noms utiles à l'implémentation de la classe correspondant à un compte à rebours. La classe **counter** est définie dans cet espace, ainsi que les variables **upperbound** et **lowerbound**, qui représentent respectivement les limites supérieure et inférieure du décompte.

```
namespace CounterNameSpace {
  int upperbound;
  int lowerbound;

  class counter {
    int count;
   public:
    counter(int n) {
      if(n <= upperbound) count = n;
      else count = upperbound;
    }

    void reset(int n) {
      if(n <= upperbound) count = n;
    }

    int run() {
      if(count > lowerbound) return count--;
      else return lowerbound;
    }
  };
}
```

upperbound, **lowerbound** et la classe **counter** ont une portée définie par l'espace de nommage **CounterNameSpace**.

Dans un espace donné, les identifiants déclarés peuvent être directement référencés sans précision de l'espace de nommage concerné. Pour reprendre l'exemple, dans l'espace nommé **CounterNameSpace**, la fonction **run( )** peut directement faire référence à la variable **lowerbound** dans l'instruction :

```
if(count > lowerbound) return count--;
```

Cependant, puisque **namespace** définit une « zone », vous devez appliquer l'opérateur de résolution de portée pour faire référence à des objets qui sont déclarés dans un espace de nommage différent. Par exemple, pour affecter la valeur 10 à **upperbound** depuis un code autre que celui contenu dans **CounterNameSpace**, vous devez employer la syntaxe suivante :

```
CounterNameSpace::upperbound = 10;
```

Pour déclarer un objet de type **counter** depuis l'extérieur de **CounterNameSpace**, vous allez de même utiliser une instruction semblable à :

```
CounterNameSpace::counter ob;
```

La règle générale consiste donc à faire précéder le nom du membre que vous désirez atteindre par le nom de l'espace de nommage, suivi par l'opérateur de résolution de nom (et cela à chaque fois que vous atteignez un espace différent de celui où vous vous trouvez).

Voici un programme complet, illustrant l'emploi de l'espace **CounterNameSpace**.

```cpp
// Exemple d'utilisation d'un espace de nommage.
#include <iostream>
using namespace std;

namespace CounterNameSpace {
  int upperbound;
  int lowerbound;

  class counter {
    int count;
   public:
    counter(int n) {
      if(n <= upperbound) count = n;
      else count = upperbound;
    }

    void reset(int n) {
      if(n <= upperbound) count = n;
    }

    int run() {
      if(count > lowerbound) return count--;
      else return lowerbound;
    }
  };
}
```

```
int main()
{
  CounterNameSpace::upperbound = 100;
  CounterNameSpace::lowerbound = 0;

  CounterNameSpace::counter ob1(10);
  int i;

  do {
    i = ob1.run();
    cout << i << " ";
  } while(i > CounterNameSpace::lowerbound);
  cout << endl;

  CounterNameSpace::counter ob2(20);

  do {
    i = ob2.run();
    cout << i << " ";
  } while(i > CounterNameSpace::lowerbound);
  cout << endl;

  ob2.reset(100);
  CounterNameSpace::lowerbound = 90;
  do {
    i = ob2.run();
    cout << i << " ";
  } while(i > CounterNameSpace::lowerbound);

  return 0;
}
```

Notez bien les déclarations de l'objet **counter** et des références sur **upperbound** et
sur **lowerbound**, toutes les trois précédées du nom de l'espace de nommage
CounterNameSpace. Cependant, une fois l'objet déclaré, il n'est plus nécessaire de préciser
quoi que ce soit ; ni pour l'objet lui-même, ni pour ses membres. Ainsi, **ob1.run( )** peut être
directement invoquée ; la résolution de l'espace de nommage a en effet déjà été réalisée.

Clause using

Comme vous pouvez l'imaginer, si votre programme fait souvent référence aux membres d'un
autre espace de nommage, il peut s'avérer très fastidieux de devoir spécifier à chaque fois le
namespace, ainsi que l'opérateur de résolution de portée. La clause **using** a été inventée pour
parer ce problème.

Il en existe deux formes syntaxiques :

```
using namespace name;
using name::member;
```

Dans la première forme, *name* désigne le nom de l'espace de nommage auquel vous voulez avoir accès. De cette manière, tous les membres de cet espace deviennent visibles (c'est-à-dire qu'ils sont intégrés à l'espace de nommage courant) et utilisables sans aucune autre précision. Dans la seconde forme, seul un membre est rendu visible. En supposant l'espace **CounterNameSpace** tel que défini préalablement, les instructions suivantes sont valides :

```
using CounterNameSpace::lowerbound; // seul lowerbound devient visible
lowerbound = 10; // OK - lowerbound est visible

using namespace CounterNameSpace; // tous les membres deviennent visibles
upperbound = 100; // OK - tous les membres sont maintenant visibles
```

Le programme suivant reprend l'exemple précédent, pour illustrer l'emploi de la clause **using**.

```cpp
// Exemple d'utilisation de la clause using.
#include <iostream>
using namespace std;

namespace CounterNameSpace {
  int upperbound;
  int lowerbound;

  class counter {
    int count;
  public:
    counter(int n) {
      if(n <= upperbound) count = n;
      else count = upperbound;
    }

    void reset(int n) {
      if(n <= upperbound) count = n;
    }

    int run() {
      if(count > lowerbound) return count--;
      else return lowerbound;
    }
  };
}
```

```
int main()
{
  // Utilise uniquement upperbound de l'espace CounterNameSpace
  using CounterNameSpace::upperbound;

  // Pas de précision nécessaire pour atteindre upperbound
  upperbound = 100;

  // Précision encore nécessaire pour atteindre lowerbound
  CounterNameSpace::lowerbound = 0;

  CounterNameSpace::counter ob1(10);
  int i;

  do {
    i = ob1.run();
    cout << i << " ";
  } while(i > CounterNameSpace::lowerbound);
  cout << endl;

  // utilisation de l'espace CounterNameSpace entier
  using namespace CounterNameSpace;

  counter ob2(20);

  do {
    i = ob2.run();
    cout << i << " ";
  } while(i > lowerbound);
  cout << endl;

  ob2.reset(100);
  lowerbound = 90;
  do {
    i = ob2.run();
    cout << i << " ";
  } while(i > lowerbound);

  return 0;
}
```

Ce programme met en avant un autre point important : la présence de plusieurs espaces de nommage simultanément ne pose aucun problème en terme de visibilité, en ce sens que le contenu de l'un ne va pas rendre invisible le contenu d'un autre. Autrement dit, lorsque vous rendez visible des éléments d'un espace, cela a pour simple effet d'ajouter leurs noms à celui qui est en cours d'utilisation. Ainsi, à la fin du programme, **std** et **CounterNameSpace** sont ajoutés à l'espace de nommage global sans problème.

Espace de nommage sans nom

Il existe un type d'espace de nommage particulier, désigné par le terme anglais *unnamed namespace*, qui vous permet de créer des identifiants qui auront la particularité d'être uniques au sein d'un fichier. Ce type d'espaces de nommage est également désigné par le terme de *d'espace de nommage anonyme*. La syntaxe à employer est :

```
namespace {
    // déclarations
}
```

La portée d'un tel espace de nommage est réduite au simple fichier où il est défini : ses membres y sont directement accessibles, mais ils resteront inconnus de l'extérieur.

Les espaces anonymes sont parfois une solution pour éliminer le recours à des classes **static**. Comme expliqué dans le chapitre 2, une façon de limiter la portée d'un élément au fichier dans lequel il est déclaré passe par l'emploi de la clause **static**. Pour exemple, considérez les deux fichiers suivants, qui composent le même programme.

Fichier Un

```
static int k;
void f1() {
  k = 99; // OK
}
```

Fichier Deux

```
extern int k;
void f2() {
  k = 10; // erreur
}
```

Parce que **k** est défini dans le Fichier Un, il peut y être utilisé. Dans le Fichier Deux, **k** est spécifié comme **extern**, ce qui signifie que son nom et son type sont connus, mais que **k** n'est pas défini. Lorsque ces deux fichiers passent l'édition de liens et que la variable **k** tente d'être utilisée au sein du Fichier Deux, une erreur est levée, car aucune définition de **k** n'est accessible. En effet, en précédant **k** par la clause **static** dans le Fichier Un, sa portée est réduite à celui-ci, ce qui la rend inaccessible pour le Fichier Deux.

Bien que l'utilisation de déclarations globales et **static** soit encore acceptée en C++, une meilleure manière d'arriver au même résultat est d'utiliser un espace de nommage anonyme, comme dans l'exemple qui suit :

Fichier Un

```
namespace {
  int k;
}
void f1() {
  k = 99; // OK
}
```

Fichier Deux

```
extern int k;
void f2() {
    k = 10; // erreur
}
```

L'utilisation de **k** est ainsi également réduite au Fichier Un. Cette façon de procéder, c'est-à-dire en favorisant l'emploi d'un espace de nommage anonyme, est recommandé pour le nouveau code.

Autres options pour utiliser un namespace

Il est possible d'avoir plusieurs déclarations d'un namespace du même nom. Cela permet notamment de répartir la déclaration d'un espace de nommage sur plusieurs fichiers ou bien même de diviser la déclaration au sein d'un même fichier.
Voici un exemple :

```cpp
#include <iostream>
using namespace std;

namespace NS {
  int i;
}

// ...

namespace NS {
  int j;
}

int main()
{
  NS::i = NS::j = 10;

  // Fait référence à NS
  cout << NS::i * NS::j << "\n";

  // Utilise l'espace de nommage NS
  using namespace NS;

  cout << i * j;

  return 0;
}
```

La trace d'exécution obtenue est :

```
100
100
```

Ici, **NS** est déclaré en deux fois au sein du même fichier, mais les deux parties composent bien le même espace de nommage.

Un espace de nommage doit impérativement être déclaré indépendamment de tout autre indicateur de portée. Cela signifie par exemple qu'il n'est pas possible de déclarer un **namespace** dans le corps d'une fonction. Il y a pourtant une exception : un **namespace** peut être déclaré au sein d'un autre espace de nommage. Considérez le programme suivant :

```
#include <iostream>
using namespace std;

namespace NS1 {
  int i;
  namespace NS2 { // namespaces "emboités"
    int j;
  }
}

int main()
{
  NS1::i = 19;
  // NS2::j = 10 provoquerait une erreur car NS2 n'est pas visible
  NS1::NS2::j = 10; // this is right

  cout << NS1::i << " "<<  NS1::NS2::j << "\n";

  // utilisation de NS1
  using namespace NS1;

  /* Maintenant que NS1 est visible, NS2 peut être utilisée pour
     faire référence à j. */
  cout << i * NS2::j;
  return 0;
}
```

La trace d'exécution obtenue par ce programme est :

```
19 10
190
```

L'espace de nommage **NS2** est déclaré au sein de son homologue **NS1**. Lorsque le programme commence, **j** n'est accessible qu'en précisant à la fois **NS1** et **NS2** avec les opérateurs de résolution de portée. **NS2** seul ne suffit pas. En revanche, une fois l'instruction suivante exécutée :

```
using namespace NS1;
```

NS2 peut être directement référencée, **NS1** devenant visible sous l'effet de la clause **using**.

De manière générale, vous n'aurez pas besoin de créer d'espaces de nommage pour des programmes de taille petite ou moyenne. En revanche, si vous devez écrire des librairies de code réutilisable, ou si vous vous voulez assurer une plus grande portabilité à votre code source, il est intéressant d'encapsuler celui-ci dans un espace de nommage.

Espace de nommage standard : std

Le langage C++ standard définit toutes ses librairies dans son propre espace de nommage appelé **std**. C'est la raison pour laquelle la plupart des programmes de cet ouvrage commencent par l'instruction suivante :

```
using namespace std;
```

Ainsi, le programmeur s'assure que cet espace standard **std** est rendu visible dans l'espace de nommage courant : un accès direct aux fonctions ou classes définies dans les librairies standard est ainsi possible sans avoir à préciser **std::**.

Bien entendu, si vous le souhaitez, vous pouvez explicitement spécifier pour chaque nom le préfixe de résolution de portée **std::**. Le programme suivant, par exemple, ne rend pas visibles les librairies standard :

```cpp
// Exemple d'utilisation explicite de la qualification std::.
#include <iostream>

int main()
{
  int val;

  std::cout << "Enter a number: ";

  std::cin >> val;

  std::cout << "This is your number: ";
  std::cout << std::hex << val;


  return 0;
}
```

cout, **cin** et **hex** doivent être explicitement précédés par le nom de l'espace de nommage standard, ce qui signifie que pour écrire sur la sortie standard, on écrit **std::cout** ; il en va de même pour **std::cin** et **std::hex**.

Cette volonté de ne pas inclure l'espace de nommage standard dans l'espace courant n'a d'intérêt que si votre programme n'exploite que très modérément les librairies standard. Dans ce cas, il peut apparaître encore plus logique de spécifier une instruction **using** pour chacune des quelques fonctions standard concernées. Ainsi, l'utilisation de ces fonctions devient aisée, et l'espace de nommage **std** n'est pas inclus dans sa globalité. Voici un exemple de cette méthode :

```
// Rend accessible quelques fonctions standard sans inclure std dans sa
globalité.
#include <iostream>

// Rend accessible les fonctions cout, cin et hex
using std::cout;
using std::cin;
using std::hex;

int main()
{
  int val;

  cout << "Enter a number: ";

  cin >> val;
  cout << "This is your number: ";
  cout << hex << val;
  return 0;
}
```

Comme nous l'avons déjà précisé, les librairies d'origine du C++ étaient définies dans l'espace de nommage global. Si vous devez convertir d'anciens programmes C++, il vous sera nécessaire d'ajouter soit l'instruction **using namespace std**, soit précéder chaque référence faite à un membre des librairies du préfixe **std::**. Ce point est particulièrement important dans le cas où vous transformez d'anciens fichiers d'en-tête (.H) en fichiers d'en-tête « modernes ». En effet, les anciens fichiers .H exploitaient exclusivement le namespace global, alors que les fichiers d'en-tête « modernes » utilisent l'espace standard **std**.

Créer des fonctions de conversion

Dans certaines situations, il peut vous arriver d'utiliser un objet d'une classe quelconque dans une expression impliquant des types de données différents. Certaines de ces situations sont résolues par surcharge d'opérateurs. Dans les cas restant, ce dont vous avez besoin est une simple fonction de conversion de type, pour rendre compatible la classe quelconque avec le reste de l'expression. C++ permet de créer vos propres *fonctions de conversion*, en suivant la syntaxe suivante :

```
operator type() { return value; }
```

type désigne ici le type de données que l'on veut obtenir après conversion (on parlera de type cible) et *value*, la valeur retournée. Les fonctions de conversion renvoient des données du type cible. Aucun autre type de retour n'est accepté, et aucun paramètre ne peut être passé. Ces fonctions sont nécessairement membres de la classe qu'elles transforment, sont héritées et peuvent être virtuelles.

L'exemple pris pour illustrer ces fonctions de conversions reprend la classe **stack** définie pour la première fois dans le chapitre 11. Supposez que vous ayez besoin d'utiliser des objets de type **stack** dans une expression impliquant des entiers. Supposez de plus que la valeur de l'objet **stack** à employer dans cette expression doive représenter le nombre courant d'éléments de cette pile (cela peut s'avérer utile dans une simulation, pour suivre la vitesse avec laquelle les objets **stack** se remplissent). Pour effectuer cela, vous écrirez une fonction de conversion semblable à ce qui suit :

```
operator int() { return tos; }
```

Voici un programme exploitant cette fonction :

```
#include <iostream>
using namespace std;

const int SIZE=100;

// Création de la classe stack
class stack {
  int stck[SIZE];
  int tos;
public:
  stack() { tos=0; }
  void push(int i);
  int pop(void);
  operator int() { return tos; } // conversion de la pile en un entier
};
```

```
void stack::push(int i)
{
  if(tos==SIZE) {
    cout << "Stack is full.\n";
    return;
  }
  stck[tos] = i;
  tos++;
}

int stack::pop()
{
  if(tos==0) {
    cout << "Stack underflow.\n";
    return 0;
  }
  tos--;
  return stck[tos];
}

int main()
{
  stack stck;
  int i, j;

  for(i=0; i<20; i++)  stck.push(i);

  j = stck; // Conversion

  cout << j << " items on stack.\n";

  cout << SIZE - stck << " spaces open.\n";
  return 0;
}
```

La trace d'exécution obtenue est :

```
20 items on stack.
80 spaces open.
```

Lorsqu'un objet **stack** est impliqué dans une expression entière, comme dans l'instruction **j = stck**, la fonction de conversion est invoquée, et retourne 20. Cette fonction est également exécutée lorsque **stck** est soustrait à **SIZE**.

Voici un autre exemple d'utilisation des fonctions de conversion : une classe appelée **pwr( )** est créée pour calculer et mémoriser des nombres élevés à différentes puissances. Les résultats sont enregistrés sous la forme de **double**. En développant une fonction de conversion retournant des **double**, vous pouvez utiliser des objets de type **pwr** dans une expression de **double**.

```cpp
#include <iostream>
using namespace std;

class pwr {
  double b;
  int e;
  double val;
public:
  pwr(double base, int exp);
  pwr operator+(pwr o) {
    double base;
    int exp;
    base = b + o.b;
    exp = e + o.e;

    pwr temp(base, exp);
    return temp;
  }
  operator double() { return val; } // Conversion en double
};

pwr::pwr(double base, int exp)
{
  b = base;
  e = exp;
  val = 1;
  if(exp==0) return;
  for( ; exp>0; exp--) val = val * b;
}

int main()
{
  pwr x(4.0, 2);
  double a;

  a = x; // Conversion
  cout << x + 100.2; // Conversion de x en double et ajoute 100.2
  cout << "\n";

  pwr y(3.3, 3), z(0, 0);
```

```
    z = x + y;  // Pas de conversion
    a = z;  // Conversion en double
    cout << a;

    return 0;
}
```

Voici la trace d'exécution obtenue :

```
116.2
20730.7
```

Dans l'instruction **x + 100.2**, la fonction de conversion est invoquée, pour fournir la valeur sous forme de **double**. Notez également que dans l'expression **x + y**, aucune conversion n'est effectuée, car seul des objets du type **pwr** sont impliqués.

Comme vous pouvez le déduire de ces exemples, il existe de nombreuses situations où il est bénéfique de créer des fonctions de conversion pour une classe. Elles fournissent souvent une syntaxe plus naturelle dans des expressions où vos propres classes sont mélangées avec les types de base du C++. Dans le cas particulier de la classe **pwr**, le fait de disposer de cette fonction de conversion vers le type **double** rend les objets de cette classe utilisables dans des expressions mathématiques « normales » : le code source est ainsi plus facile à écrire et plus lisible.

Vous pouvez créer différentes fonctions de conversion pour satisfaire des besoins divers : pour rendre possible non seulement la conversion en **double**, mais également en **long** par exemple. La fonction adéquate sera alors automatiquement exécutée en fonction du type de données évalué nécessaire.

Fonctions membres const et mutable

Les fonctions membres d'une classe peuvent être déclarées comme **const** pour obliger le pointeur **this** à être considéré également comme **const**. En d'autres termes, cela signifie que cette fonction ne sera pas autorisée à modifier l'objet qui l'invoque. Il faut savoir qu'un objet **const** ne peut pas invoquer une fonction membre qui n'est pas déclarée **const**. En revanche, une fonction membre **const** peut être invoquée par un objet, qu'il soit déclaré comme **const** ou pas.

Pour déclarer une fonction membre comme **const**, employez la syntaxe présentée ci-dessous :

```
class X {
  int some_var;
public:
  int f1() const; // fonction membre const
};
```

La clause **const** est donc placée à la suite de la déclaration des paramètres.

L'intérêt de déclarer une fonction comme **const** est de s'assurer que l'objet qui l'invoque ne sera pas modifié. Considérez, par exemple, le programme suivant :

```
/*
   Exemple d'utilisation de fonction membre const.
   Ce programme ne compile pas.
*/
#include <iostream>
using namespace std;

class Demo {
  int i;
public:
  int geti() const {
    return i; // ok
  }

  void seti(int x) const {
    i = x; // erreur!
  }
};

int main()
{
  Demo ob;

  ob.seti(1900);
  cout << ob.geti();

  return 0;
}
```

LANGAGE C++

II

Ce programme ne se compile pas, car **seti( )** est déclarée comme **const** ; cela signifie que l'objet invoquant **seti( )** ne peut y être modifié. Étant donné que la fonction tente de modifier la valeur de **i**, la compilation soulève une erreur. À l'inverse, **geti( )** ne tente pas de modifier **i** : le **const** est parfaitement acceptable.

Il arrive parfois que seuls certains membres d'une classe doivent rester accessibles et modifiables par une fonction **const** (les autres membres doivent rester « protégés »). Vous pouvez imposer de telles contraintes en utilisant le mot clé **mutable**, qui permet de passer outre les implications de la clause **const**. Un membre **mutable** peut être modifié par une fonction membre **const** :

```cpp
// Exemple d'utilisation de la clause mutable.
#include <iostream>
using namespace std;

class Demo {
  mutable int i;
  int j;
public:
  int geti() const {
    return i; // ok
  }

  void seti(int x) const {
    i = x; // Maintenant, OK.
  }

/* La fonction suivante ne compile pas.
  void setj(int x) const {
    j = x; // Encore impossible !
  }
*/
};

int main()
{
  Demo ob;

  ob.seti(1900);
  cout << ob.geti();

  return 0;
}
```

Dans ce cas, **i** est déclarée comme **mutable**, et peut ainsi être modifiée par la fonction **seti( )**. En revanche, **j** n'est pas **mutable**, et **setj( )** n'est pas autorisée à en modifier la valeur.

Fonction membre volatile

Une fonction membre d'une classe peut être déclarée comme **volatile**, ce qui implique que le pointeur **this** est considéré également comme **volatile**. L'exemple suivant précise la syntaxe à respecter pour une telle déclaration :

```
class X {
public:
  void f2(int a) volatile; // Fonction membre volatile
};
```

Constructeurs explicites

Comme l'a expliqué le chapitre 12, à chaque fois que vous disposez d'un constructeur requérant un seul argument, vous pouvez appliquer soit la forme *ob*(*x*) soit la forme *ob* = *x*, afin d'initialiser l'objet. Cela s'explique par le fait qu'en créant un constructeur à un seul paramètre, vous créez également, mais de manière implicite, un moyen de convertir un élément du type de l'argument en un élément dont le type est la classe du constructeur. Il peut pourtant arriver que vous vouliez éviter ce mécanisme automatique de conversion ; pour cela, le langage C++ dispose du mot clé **explicit**. Pour comprendre ses implications, considérez le programme qui suit :

```
#include <iostream>
using namespace std;

class myclass {
  int a;
public:
  myclass(int x) { a = x; }
  int geta() { return a; }
};

int main()
{
  myclass ob = 4; // Devient automatiquement myclass(4)

  cout << ob.geta();

  return 0;
}
```

Le constructeur de **myclass** n'attend ici qu'un seul argument. Notez bien la manière avec laquelle **ob** est déclaré dans le **main( )**. L'instruction :

```
myclass ob = 4; // Devient automatiquement myclass(4)
```

devient automatiquement un appel au constructeur de **myclass** avec pour argument 4 pour le compilateur, comme si vous aviez écrit :

```
myclass ob(4);
```

Pour éviter un tel comportement, utilisez le mot clé **explicit**. Cette clause s'applique uniquement aux constructeurs. Ainsi spécifié, un constructeur ne sera invoqué que lorsque la syntaxe normale d'initialisation sera employée, pour éviter toutes conversions. Voici **myclass( )** définie comme **explicit** :

```
#include <iostream>
using namespace std;

class myclass {
  int a;
public:
  explicit myclass(int x) { a = x; }
  int geta() { return a; }
};
```

Seule la syntaxe suivante sera alors tolérée :

```
myclass ob(4);
```

En revanche, une telle instruction soulèvera une erreur :

```
myclass ob = 4; // erreur
```

Utilisation du mot clé asm

Bien que le C++ soit un langage de programmation adapté et puissant, il existe quelques situations très particulières qu'il ne sait pas gérer (à titre d'exemple, il n'existe pas de moyen en C++ de désactiver les signaux). Pour y remédier, le langage C++ fournit une « échappatoire » qui vous permet d'intégrer du code assembleur au sein même du code C++, en passant outre le compilateur. Cela est rendu possible grâce au mot clé **asm**. Le code assembleur ainsi intégré est compilé, sans qu'aucune modification n'y soit apportée, pour se fondre totalement dans le code exécutable de votre programme.

La syntaxe à suivre pour utiliser **asm** est indiquée ci-dessous :

```
asm ("op-code");
```

op-code désigne les instructions en langage assembleur à intégrer. Plusieurs compilateurs acceptent également les formes suivantes :

```
asm instruction ;
asm instruction newline
asm {
instruction sequence
}
```

instruction représente toute instruction en langage assembleur valide. Du fait de la manière particulière avec laquelle cette instruction est implémentée, consultez la documentation accompagnant votre compilateur pour plus de détails sur **asm**.

Au moment de l'écriture de cet ouvrage, Microsoft Visual C++ utilise **_ _asm** pour intégrer du code assembleur. Le reste est similaire.

Voici un exemple simple (et relativement « sécurisé ») d'utilisation du mot clé **asm** :

```
#include <iostream>
using namespace std;

int main()
{
  asm int 5; // generate interrupt 5

  return 0;
}
```

Lorsqu'il est exécuté sous DOS, ce programme génère le signal INT 5, qui invoque la fonction d'affichage à l'écran.

Note. Une connaissance approfondie de la programmation assembleur est requise pour exploiter l'instruction **asm**. Si vous n'êtes pas compétent dans ce domaine, il est préférable d'éviter son utilisation, pour éviter toutes erreurs désagréables.

Spécifier l'édition de liens

En C++, il vous est permis de paramétrer l'édition de liens pour forcer l'édition d'une fonction en un langage de programmation différent du C++, qui est bien entendu celui défini par défaut. En anglais, on parle de « *linkage specification* » pour une telle opération.

La syntaxe générale à suivre est indiquée ci-dessous :

```
extern "language" function-prototype
```

language désigne le langage de programmation concerné. Tous les compilateurs C++ reconnaissent à la fois l'édition de lien C et C++. Parmi eux, certains autorisent l'édition de liens en Fortran, Pascal ou Basic (vérifiez encore une fois la documentation de votre compilateur).

Ce programme force l'édition de **myCfunc( )** en C.

```cpp
#include <iostream>
using namespace std;

extern "C" void myCfunc();

int main()
{
  myCfunc();

  return 0;
}

// Fonction éditée en C
void myCfunc()
{
  cout << "This links as a C function.\n";
}
```

Note. Le mot clé **extern** fait nécessairement partie de l'instruction spécifiant l'édition de liens. De plus, ces spécifications sont globales et ne peuvent pas être utilisées au sein d'une fonction.

Vous pouvez spécifier plus d'une fonction à la fois, en donnant de telles spécifications pour l'édition de liens :

```
extern  "language" {
  prototypes
}
```

E/S de tableaux

En plus des E/S de console et de fichiers, le système de flux d'E/S du C++ permet des E/S de tableaux. De telles E/S se fondent sur l'emploi d'un tableau de caractères en entrée et/ou en sortie, et sont ensuite prises en charge comme un flux C++ normal. Tout ce que vous connaissez à propos des E/S C++ est en effet applicable aux E/S de tableaux. La seule caractéristique qui distingue les E/S de tableaux réside dans le fait que l'élément lié au flux est un tableau de caractères. On parle d'ailleurs souvent de flux **char ***. Pour pouvoir implémenter des flux de ce type, votre programme doit inclure **<strstream>** en guise d'en-tête.

Note. Les classes sur lesquelles ces flux de tableaux de caractères se fondent sont décrites dans cette section, mais leurs utilisations sont déconseillées par le Standard C++. Cela signifie qu'elles sont encore valides, mais pas recommandées pour l'écriture de nouveau code. Elles sont toutefois traitées dans ce chapitre, car largement répandues aujourd'hui.

Classes pour les E/S de tableaux

Les classes primitives des E/S de tableaux sont **istrstream**, **ostrstream** et **strstream**. Elles sont respectivement exploitées pour créer des flux d'entrée, de sortie ou d'E/S. La classe **istrstream** est dérivée de **istream**, la classe **ostrstream** de **ostream**, et **strstream** de **iostream**. Par conséquent, toutes ces classes sont indirectement dérivées de **ios**, et ont accès aux mêmes fonctions membres que les classes reconnaissant les E/S « normales ».

Utilisation d'un tableau pour un flux sortant

Pour effectuer un flux sortant de tableaux, vous devez utiliser le constructeur de la classe **ostrstream** pour associer le tableau concerné au flux :

```
ostrstream ostr(char *buf, streamsize size, openmode mode=ios::out);
```

buf est un pointeur sur le tableau où seront placés les caractères du flux nommé *ostr*. La taille du tableau est passée par le biais du paramètre *size*. Par défaut, le flux est ouvert pour des sorties de données « normales », mais il est possible de préciser différents modes grâce au paramètre *mode*. Par exemple, vous pouvez déclarer le mode d'ouverture comme **ios::app**, pour que la sortie de données soit écrite à la suite des données déjà contenues dans le tableau. Dans la plupart des cas, *mode* conservera sa valeur par défaut.

Une fois le flux ouvert, toutes les données sortantes sont placées dans le tableau, dans la limite de sa taille. Toute tentative d'écriture au-delà de ses bornes soulève une erreur.

Voici un exemple illustrant l'utilisation d'un flux sortant de tableaux.

```
#include <strstream>
#include <iostream>
using namespace std;

int main()
{
  char str[80];

  ostrstream outs(str, sizeof(str));
```

```
    outs << "C++ array-based I/O. ";
    outs << 1024 << hex << " ";
    outs.setf(ios::showbase);
    outs << 100 << ' ' << 99.789 << ends;

    cout << str;  // Affiche de la chaîne à l'écran

    return 0;
}
```

Ce programme permet d'afficher :

```
C++ array-based I/O. 1024 0x64 99.789
```

Gardez à l'esprit que **outs** est un flux tout à fait ordinaire, qui a exactement les mêmes possibilités que tout autre type de flux précédemment traité. L'unique différence vient du fait que c'est un tableau qui est attaché au flux. Mais il s'agit toujours d'un flux et, par conséquent, **hex** et **ends** sont des instructions parfaitement valides. Les fonctions membres de la classe **ostream**, telle que **setf( )**, sont également disponibles.

Dans ce programme, le tableau est manuellement initialisé pour se terminer par une valeur nulle, grâce à l'utilisation de **ends**. Cette caractéristique n'est pas automatique, et dépend de la manière dont vous avez implémenté votre tableau : si cela paraît important dans le cadre de votre application, effectuez cette opération manuellement, grâce à **ends**.

Il est possible de déterminer combien de caractères sont placés dans le tableau en invoquant la fonction membre **pcount( )**. Son prototype est :

```
streamsize pcount();
```

Le nombre retourné par **pcount( )** comptabilise la valeur nulle de fin de tableau, si elle existe.

Le programme suivant présente un cas d'utilisation de **pcount( )**. Il rapporte que **outs** contient 18 caractères : 17 caractères en fait, auxquels s'ajoute le caractère **null** de fin de tableau.

```
#include <strstream>
#include <iostream>
using namespace std;

int main()
{
    char str[80];

    ostrstream outs(str, sizeof(str));
```

```
  outs << "abcdefg ";
  outs << 27 << " "  << 890.23;
  outs << ends;  // Ajoute le caractère null

  cout << outs.pcount(); // Affiche le nombre de caractère

  cout << " " << str;

  return 0;
}
```

Utilisation d'un tableau pour un flux entrant

Pour associer un flux entrant à un tableau, vous devez utiliser le constructeur de **istrstream** :

```
istrstream istr(const char *buf);
```

buf est un pointeur sur le tableau qui va servir de source d'où seront extraits les caractères à chaque fois qu'une entrée est effectuée dans le flux *istr*. Le contenu du tableau pointé par *buf* doit se terminer par un caractère **null**, bien que ce délimiteur ne soit jamais lu.

Voici un exemple impliquant une chaîne comme entrée :

```
#include <iostream>
#include <strstream>
using namespace std;

int main()
{
  char s[] = "10 Hello 0x75 42.73 OK";

  istrstream ins(s);

  int i;
  char str[80];
  float f;

  // Lecture de « 10 Hello »
  ins >> i;
  ins >> str;
  cout << i << " " << str << endl;

  // Lecture de « 0x75 42.73 OK »
  ins >> hex >> i;
  ins >> f;
  ins >> str;
```

```
cout << hex << i << " " << f << " " << str;

return 0;
}
```

Si vous ne voulez utiliser qu'une partie de la chaîne de caractères comme entrée, exploitez cette forme du constructeur de la classe **istrstream** :

```
istrstream istr(const char *buf, streamsize size);
```

Dans ce cas, seul les *size* premiers éléments du tableau seront placés en entrée. Cette chaîne n'est plus nécessairement terminée par un caractère **null**, dans la mesure où c'est la valeur de *size* qui détermine sa taille.

Les flux associés à la mémoire se comportent comme ceux liés à d'autres types d'éléments. Le programme suivant fournit un moyen de lire n'importe quel tableau de caractères. Lorsque la fin du tableau est atteinte (de façon analogue à une fin de fichier), **ins** sera fixée à faux.

```
/* Exemple montrant comment lire le contenu de n'importe quel
   tableau contenant du texte. */
#include <iostream>
#include <strstream>
using namespace std;

int main()
{
  char s[] = "10.23 this is a test <<>><<?!\n";

  istrstream ins(s);

  char ch;

  /* Lecture et affichage du contenu
     de n'importe quel tableau de caractères. */

  ins.unsetf(ios::skipws); // Ne saute pas les espaces
  while (ins) { // Devient false à la fin du tableau
    ins >> ch;
    cout << ch;
  }

  return 0;
}
```

Utilisation d'un tableau pour un flux d'entrées/sorties

Pour créer un flux d'entrées/sorties en utilisant un tableau, vous devez vous servir du constructeur de la classe **strstream** :

```
strstream iostr(char *buf, streamsize size, openmode mode = ios::in |
ios::out);
```

buf désigne la chaîne de caractères qui sera exploitée pour les opérations d'E/S. La valeur de *size* fournit la taille du tableau, et la valeur de *mode* détermine comment le flux *iostr* fonctionne. Pour des opérations d'entrées/sorties normales, *mode* est fixé à **ios::in | ios::out**. Pour les opérations d'entrées, le tableau doit se terminer par une valeur nulle.

Voici un exemple où des E/S sont effectuées.

```cpp
// Exemple d'E/S.
#include <iostream>
#include <strstream>
using namespace std;

int main()
{
  char iostr[80];

  strstream strio(iostr, sizeof(iostr), ios::in | ios::out);

  int a, b;
  char str[80];

  strio << "10 20 testing ";
  strio >> a >> b >> str;
  cout << a << " " << b << " " << str << endl;

  return 0;
}
```

Ce programme écrit dans un premier temps **10 20 testing** dans le tableau, puis lit à nouveau son contenu.

Utilisations de tableaux dynamiques

Dans les exemples précédents, lorsque le flux est associé à un tableau de sortie, le tableau et sa taille sont passés en paramètres au constructeur de la classe **ostrstream**. Cette approche est parfaite tant qu'il vous est possible de connaître le nombre maximal de caractères de votre sortie. Que se passe-t-il en revanche si vous ne connaissez pas cette taille ? La solution pour parer ce problème consiste à utiliser une seconde forme du constructeur de la classe **ostrstream** indiquée ci-dessous :

```
ostrstream();
```

ostrstream crée et maintient de cette manière un tableau alloué dynamiquement, qui va automatiquement grandir en taille, pour s'adapter au contenu sortant qu'il doit stocker.

Pour atteindre ce tableau dynamique, il vous est nécessaire d'utiliser une autre fonction appelée **str( )**, dont le prototype suit :

```
char *str();
```

Cette fonction « fige » le tableau, et retourne un pointeur sur ce dernier. Vous exploitez alors ce pointeur pour parcourir le tableau comme une chaîne. Une fois que le tableau a été « figé », il ne peut plus être utilisé pour une opération de sortie, tant qu'il n'a pas été rendu à nouveau dynamique (voir ci-dessous). C'est pourquoi vous ne devez pas « figer » le tableau tant que les opérations de sorties ne sont pas terminées.

Voici un programme exploitant un tableau dynamique pour ses sorties :

```cpp
#include <strstream>
#include <iostream>
using namespace std;

int main()
{
  char *p;

  ostrstream outs;  // Tableau dynamiquement alloué

  outs << "C++ array-based I/O ";
  outs << -10 << hex << " ";
  outs.setf(ios::showbase);
  outs << 100 << ends;

  p = outs.str(); // Fige le tableau dynamique et retourne un
                  // pointeur sur ce dernier.
```

```
  cout << p;

  return 0;
}
```

Il est également possible d'utiliser des tableaux d'E/S dynamiques avec la classe **strstream**, capable elle aussi d'effectuer des opérations d'entrées/sorties sur des tableaux.

Pour « figer » et rendre à nouveau dynamique un tableau, exécutez la fonction **freeze( )**, dont voici le prototype :

```
void freeze(bool action = true);
```

Si *action* vaut **true**, le tableau est figé. Si *action* vaut **false**, le tableau est toujours dynamique.

E/S binaires avec des tableaux

Souvenez-vous, il a été expliqué que les opérations d'E/S fondées sur des tableaux possédaient les mêmes ressources fonctionnelles que les E/S dites « normales ». En conséquence, un tableau associé à un flux peut contenir des informations binaires. Lors de leur lecture, vous aurez besoin de la fonction **eof( )** permettant de déterminer si oui ou non la fin du tableau est atteinte. Le programme suivant montre comment lire le contenu d'un tableau quelconque – binaire ou texte – en utilisant la fonction **get( )**.

```
#include <iostream>
#include <strstream>
using namespace std;

int main()
{
  char *p = "this is a test\1\2\3\4\5\6\7";

  istrstream ins(p);

  char ch;

  // Lit et afficher les données binaires
  while (!ins.eof()) {
    ins.get(ch);
    cout << hex << (int) ch << ' ';

  }
  return 0;
}
```

Dans cet exemple, les valeurs formées par \1\2\3… ne sont pas affichables.

Pour lire des caractères binaires, servez-vous de la fonction **put( )**. Si vous devez lire une mémoire tampon de données binaires, vous pouvez également utiliser la fonction membre **read( )**. Pour les opérations d'écriture sur ces mémoires tampon, utilisez la fonction **write( )**.

Principales différences distinguant le C du C++

De manière générale, le langage C++ standard est une version améliorée du langage C standard, et tous les programmes C sont presque des programmes C++. Quelques différences existent cependant, et ont été entrevues à travers les parties Un et Deux de cet ouvrage. Les principales distinctions sont résumées ici.

En C++, les variables locales peuvent être déclarées n'importe où au sein d'un bloc d'instructions. En C, les déclarations doivent apparaître en début de bloc, avant qu'une quelconque « action » n'ait lieu.

En C, une fonction déclarée de la manière suivante :

```
int f();
```

ne donne *aucune information* sur le paramétrage de celle-ci. En d'autres termes, cela signifie qu'en C, si aucune spécification n'est indiquée entre les parenthèses qui suivent le nom de la fonction, rien n'est fixé sur ses paramètres potentiels. Il est possible que cette fonction ait des paramètres, tout autant que l'inverse. En revanche, en C++, une telle déclaration signifie que la fonction n'a *aucun* paramètre. De plus, en C++, ces deux déclarations sont équivalentes :

```
int f();

int f(void);
```

En C++, **void** est optionnel pour représenter une liste de paramètres vide. Nombre de programmeurs C++ présentent **void** comme un moyen de mettre en évidence, pour tout lecteur, le fait qu'une fonction n'attende aucun argument (bien que ce ne soit pas techniquement requis).

En C++, toutes les fonctions doivent être déclarées dans un premier temps sous la forme d'un prototype. Ce comportement est optionnel en C (bien qu'il s'agisse d'une façon de programmer recommandée même en C).

Une petite différence, mais pas des moindres, entre le C et le C++ vient du fait qu'en C, une constante correspondant à un caractère est automatiquement transformée en entier ; ce n'est pas le cas en C++.

En C, ce n'est pas une erreur de déclarer une variable globale plusieurs fois, même s'il s'agit là d'une manière de programmer peu recommandable. En C++, cela soulève une erreur.

En C, un identifiant aura au moins 31 caractères significatifs. En C++, tous les caractères sont significatifs. Cependant, d'un point de vue pratique, les identifiants extrêmement longs sont encombrants et rarement utiles.

En C, bien que ce soit peu habituel, il vous est permis d'exécuter le **main( )** depuis le corps de votre programme. Ce n'est pas autorisé en C++.

En C, vous ne pouvez pas récupérer l'adresse d'une variable **register**. En C++, cela est possible.

Enfin, en C, si aucun type n'est spécifié dans une déclaration, le type **int** est adopté par défaut. Cette règle ne s'applique plus en C++ (les futures versions du C abandonneront sans doute également cette règle).

CHAPITRE 24

Introduction à la bibliothèque standard

C e chapitre étudie ce qui est considéré par beaucoup comme l'enrichissement le plus conséquent qu'a enregistré le langage C++ ces dernières années : la bibliothèque standard, ou STL (pour *standard template library*). L'introduction de la STL est un des efforts majeurs réalisés lors de la phase de standardisation du C++. Elle fournit des objectifs généraux, des classes modélisées, des fonctions qui implémentent les algorithmes et les structures de données les plus couramment utilisés, y compris le support pour les vecteurs, les listes, les files et les piles. Elle définit également diverses routines qui permettent d'y accéder. Dans la mesure où la bibliothèque est construite sur des classes templates, les algorithmes et les structures de données peuvent s'appliquer à pratiquement tout type de donnée.

La STL est une partie complexe de la mécanique logicielle qui utilise quelques-unes des fonctionnalités les plus sophistiquées du C++. Pour bien appréhender la STL, et l'exploiter à bon escient, il est indispensable d'avoir une compréhension globale du langage C++, incluant les pointeurs, les références et les templates. La syntaxe modélisée que décrit la STL peut sembler intimidante – bien qu'elle ne soit compliquée qu'en apparence. Même s'il n'y a rien de plus difficile dans ce chapitre que dans les autres de cet ouvrage, ne soyez pas surpris si vous trouvez la STL confuse au premier abord. Soyez patient, étudiez les exemples, et ne laissez pas les formes syntaxiques non familières prendre le pas sur la simplicité de la STL.

L'objectif de ce chapitre est de présenter une vue d'ensemble de la bibliothèque standard, comprenant sa philosophie de conception, son organisation, ses composants, et les techniques de programmation nécessaires pour l'exploiter. La STL étant une bibliothèque très vaste, il n'est pas possible d'étudier toutes ses caractéristiques ici. Cependant, une référence complète à la STL est fournie dans la partie IV.

Ce chapitre décrit également une des plus importantes nouvelles classes du C++ : **string**. La classe **string** définit un type *chaîne*, qui vous permet de gérer des chaînes de caractères comme vous pouvez le faire avec les autres types de données : par le biais d'opérateurs. La classe **string** est étroitement liée à la bibliothèque standard.

Vue d'ensemble de la STL

Bien que la bibliothèque standard soit très vaste, et que sa syntaxe paraisse intimidante, il est en fait très facile de l'exploiter une fois que vous avez maîtrisé son architecture et les éléments qu'elle met en œuvre. C'est pourquoi, avant même d'examiner tout exemple de code, il est nécessaire d'avoir une vue d'ensemble de la STL.

Au centre de la bibliothèque standard, il y a trois éléments fondamentaux : les *conteneurs*, les *algorithmes* et les *itérateurs*. Ces éléments fonctionnent conjointement pour fournir des solutions préétablies à un grand nombre de problèmes de programmation.

Conteneurs

Les *conteneurs* sont des objets qui contiennent d'autres objets ; il en existe de plusieurs types différents. Par exemple, la classe **vector** définit un tableau dynamique ; **deque** crée quant à lui une file à double entrée et **list** propose une liste linéaire. Ces conteneurs sont appelés *conteneurs séquentiels* car, dans la terminologie STL, une séquence est une liste linéaire. En plus des conteneurs primitifs, la STL définit également les *conteneurs associatifs*, qui permettent de récupérer efficacement une valeur dans la liste à partir d'une clé. Par exemple, une **map** fournit un accès aux valeurs par des clés uniques.

Chaque classe conteneur définit un ensemble de fonctions qui s'y appliquent. Par exemple, un conteneur liste inclut des fonctions permettant d'insérer, d'effacer et de fusionner les éléments. Une pile inclut des fonctions permettant d'ajouter et de retirer des éléments.

Algorithmes

Les *algorithmes* agissent sur les conteneurs. Ils fournissent le moyen de manipuler leur contenu. Leurs capacités incluent l'initialisation, le tri, la recherche et la modification du contenu. De nombreux algorithmes opèrent sur un éventail d'éléments au sein du conteneur.

Itérateurs

Les *itérateurs* sont des objets qui ont plus ou moins le rôle de pointeurs. Ils vous donnent la possibilité de parcourir le contenu d'un conteneur, de la même manière qu'un tableau avec un pointeur. Il existe cinq types d'itérateurs :

Itérateur	Mode d'accès
Accès Aléatoire	Stocke et récupère les valeurs. L'accès aux éléments peut être effectué au hasard.
Bidirectionnel	Stocke et récupère les valeurs. Se déplace vers l'avant et vers l'arrière.
En avant	Stocke et récupère les valeurs. Se déplace uniquement vers l'avant.
Lecture	Récupère mais ne stocke pas les valeurs. Se déplace uniquement vers l'avant.
Écriture	Stocke mais ne récupère pas les valeurs. Se déplace uniquement vers l'avant.

En général, un itérateur qui a des possibilités d'accès plus étendues peut être exploité à la place d'un autre qui en a moins. Par exemple, un itérateur vers l'avant peut être utilisé à la place d'un itérateur de lecture.

Les itérateurs sont gérés exactement comme des pointeurs. Vous pouvez les incrémenter et les décrémenter. Vous pouvez leur appliquer l'opérateur *. Les itérateurs sont déclarés en utilisant le type **iterator**, défini par les divers conteneurs.

La STL intègre également les *itérateurs inverses*. Ceux-ci sont soit les itérateurs bidirectionnels soit les itérateurs aléatoires, qui se déplacent en sens inverse dans une séquence. Ainsi, si un itérateur inverse est positionné sur le dernier élément d'une liste, le fait de l'incrémenter le fera pointer sur l'avant-dernier élément.

Pour faire référence aux divers types d'itérateurs dans le reste de l'ouvrage, on utilisera les termes suivants :

Terme	Représente
BiIter	Itérateur bidirectionnel
ForIter	Itérateur vers l'avant
InIter	Itérateur de lecture
OutIter	Itérateur d'écriture
RandIter	Itérateur d'accès aléatoire

Autres éléments de la STL

En plus des conteneurs, des algorithmes et des itérateurs, la STL repose sur d'autres composants standard. Parmi ceux-là, il y a notamment les allocateurs, les prédicats, les fonctions de comparaison, et les objets fonctions.

Pour chaque conteneur est défini un *allocateur*. Les allocateurs gèrent l'allocation de mémoire pour un conteneur. L'allocateur par défaut est un objet de la classe **allocator** ; mais il vous est possible de créer vos propres allocateurs, si des applications spécifiques le nécessitent. Pour l'usage courant, l'allocateur par défaut est suffisant.

Certains des algorithmes et conteneurs font appel à des fonctions spéciales, appelées *prédicats*. Il existe deux sortes de prédicats : unaires et binaires. Un prédicat *unaire* prend un unique argument, tandis qu'un prédicat *binaire* en nécessite deux. Ces fonctions retournent les valeurs vrai ou faux, mais c'est vous qui définissez les conditions précises pour lesquelles la valeur retournée sera vraie ou fausse. Dans le reste de ce chapitre, quand une fonction prédicat unaire est nécessaire, elle sera notée avec le type **UnPred**. Quand un prédicat binaire sera utilisé, il sera noté avec le type **BinPred**. Dans un prédicat binaire, les arguments sont toujours dans l'ordre *premier, second*. Pour les deux types de prédicats, les arguments contiennent des valeurs du type des objets triés par le conteneur.

Certains algorithmes et classes utilisent un type spécial de prédicat binaire, qui compare deux éléments. Ces fonctions de comparaison retournent vrai si le premier argument vaut moins que le second. Les fonctions de comparaison seront notées avec le type **Comp**.

En plus des fichiers d'en-tête requis par les divers classes de la STL, la bibliothèque standard du C++ incluent leurs homologues **<utility>** et **<functional>**, qui fournissent le support pour la STL. Par exemple, la classe template **pair**, qui peut contenir un couple de valeur, est définie dans **<utility>**. La classe **pair** est utilisée un peu plus loin dans ce chapitre.

Les template contenus dans **<functional>** vous aident à construire des objets qui définissent **operator( )**. Il s'agit des *objets fonction* qui peuvent être utilisées en tant que pointeurs de fonctions dans bien des cas. Il existe plusieurs objets fonctions prédéfinis, déclarés dans **<functional>**. En voici la liste :

plus	minus	multiplies	divides	modulus
negate	equal_to	not_equal_to	greater	greater_equal
less	less_equal	logical_and	logical_or	logical_not

L'objet fonction probablement le plus couramment utilisé est **less**, qui détermine si un objet est plus petit qu'un autre. Les objets fonctions peuvent en fait être exploités à la place des pointeurs fonctions, dans les algorithmes de la STL décrits plus loin. L'utilisation d'objets fonction plutôt que de pointeurs fonctions permet à la STL de générer du code plus efficace.

Deux autres éléments contenus dans la STL sont les opérateurs d'association (*binder*) et les opérateurs de négation (*negator*). Un opérateur d'attachement lie un argument à un objet fonction. Un opérateur de négation retourne le complément d'un prédicat.

Un dernier terme employé est celui d'*adaptateur*. Un adaptateur transforme une entité en une autre. Par exemple, le conteneur **queue** (qui crée une file standard) est un adaptateur pour le conteneur **deque**.

Classes conteneur

Comme expliqué précédemment, les conteneurs sont en fait les objets de la bibliothèque standard qui permettent de contenir des données. Les conteneurs définis par la STL sont présentés dans le tableau 24-1. Les fichiers d'en-tête nécessaires pour chacun sont également indiqués. La classe **string** qui gère les chaînes de caractères est également un conteneur, mais elle sera étudiée plus loin dans le chapitre.

II

LANGAGE C++

Conteneur	Description	Fichier d'en-tête requis
bitset	Un ensemble de bits	<bitset>
deque	Une file à double entrée	<deque>
list	Une liste linéaire	<list>
map	Stocke les couples clé/valeur, dans lesquels chaque clé est associée à une seule valeur	<map>
multimap	Stocke les couples clé/valeur, dans lesquels une clé peut être associée à plusieurs valeurs	<map>
multiset	Un ensemble pour lequel chaque élément n'est pas nécessairement unique	<set>
priority_queue	Une file de priorité	<queue>
queue	Une file	<queue>
set	Un ensemble pour lequel chaque élément est unique	<set>
stack	Une pile	<stack>
vector	Un tableau dynamique	<vector>

Tableau 24-1 Conteneurs définis dans la STL

Dans la mesure où les noms des types génériques employés dans les déclarations des classes templates sont arbitraires, les classes conteneurs déclarent des versions de ses types (par **typedef**). C'est ce qui rend concrets les noms des types employés. Les plus courants sont présentés ici :

size_type	Un type entier
reference	Une référence sur un élément
const_reference	Une référence const sur un élément
iterator	Un itérateur
const_iterator	Un itérateur const
reverse_iterator	Un itérateur inverse
const_reverse_iterator	Un itérateur inverse const
value_type	Le type d'une valeur stockée dans un conteneur
allocator_type	Le type d'un allocateur
key_type	Le type d'une clé
key_compare	Le type d'une fonction qui compare deux clés
value_compare	Le type d'une fonction qui compare deux valeurs

Principe général de fonctionnement

Bien que le fonctionnement interne de la STL soit relativement sophistiqué, son maniement est assez simple. Tout d'abord, vous devez décider quel type de conteneur vous voulez utiliser, chacun offrant des avantages et des compromis différents. Par exemple, un **vector** est idéal pour un accès aléatoire dans un objet de type tableau, s'il n'y a pas trop d'insertions et de suppressions. Une liste en revanche propose des coûts faibles pour l'insertion et la suppression, mais reste moins avantageuse en terme de vitesse. Une **map** propose un conteneur associatif, mais implique d'autre part des coûts supplémentaires.

Une fois le conteneur choisi, vous allez utiliser les fonctions membres associées pour y insérer, modifier ou supprimer des éléments. À l'exception des **bitset**, un conteneur s'agrandira automatiquement lors d'insertions d'éléments, et se rétrécira lorsque des éléments y sont retirés.

Les éléments peuvent être ajoutés ou retirés d'un conteneur de différentes façons. Par exemple, les conteneurs séquentiels (**vector**, **list** et **deque**) et les conteneurs associatifs (**map**, **multimap**, **set** et **multiset**) disposent des fonctions membres **insert( )** pour l'insertion, et **erase( )** pour la suppression. Les conteneurs séquentiels disposent également des fonctions **push_back( )** et **push_front( )**, qui ajoutent respectivement un élément à la fin ou au début du conteneur. Ces fonctions constituent certainement la façon la plus simple d'insérer des éléments individuellement, dans un conteneur séquentiel. De la même manière, vous pouvez retirer des éléments à un conteneur séquentiel à l'aide des fonctions **pop_back( )** et **pop_front( )**, qui retire respectivement un élément au début ou à la fin.

La façon la plus simple d'accéder aux éléments d'un conteneur est de passer par un itérateur. Les conteneurs séquentiels et associatifs disposent des fonctions membres **begin( )** et **end( )**, qui retournent respectivement un itérateur sur le début ou la fin du conteneur. Pour parcourir les éléments d'un conteneur, vous pouvez par exemple obtenir un itérateur sur le début de la liste, à l'aide de **begin( )**, et l'incrémenter jusqu'à ce que sa valeur soit égale à **end( )**.

Les conteneurs associatifs disposent de la fonction **find( )** qui permet de localiser un élément dans la liste par rapport à sa clé. Dans la mesure où les conteneurs associatifs associent une valeur à une clé, **find( )** constitue la façon la plus commode d'y localiser un élément.

Le **vector**, qui est un tableau dynamique, reconnaît la syntaxe standard d'indexation de tableau pour accéder à ses éléments.

Une fois que votre conteneur contient de l'information, il peut être manipulé à l'aide de divers algorithmes. Les algorithmes vous permettent non seulement de modifier son contenu, mais également de modifier un type de séquence en un autre.

Dans les parties suivantes, vous allez apprendre à appliquer ces différentes techniques à trois conteneurs représentatifs : les **vector**, les **list** et les **map**.

LANGAGE C++

Vecteurs

Le type de conteneur le plus utilisé est probablement **vector**. La classe **vector** prend en charge un tableau dynamique. Il s'agit d'un tableau qui s'agrandit à chaque fois que c'est nécessaire. Comme vous le savez, en C++ la taille d'un tableau est fixée à la compilation. Même s'il s'agit de la façon la plus efficace d'implémenter un tableau, c'est également la plus restrictive, car la taille ne peut alors plus être modifiée, hormis pour s'adapter aux situations du programme. Le vecteur résout ce problème en allouant la mémoire à chaque fois que cela s'impose. Bien qu'un vecteur soit dynamique, il est toujours possible d'utiliser les notations standard des tableaux pour accéder à ses éléments.

La spécification template pour un **vector** est la suivante :

```
template <class T, class Allocator = allocator<T>> class vector
```

Ici, **T** correspond au type de données stockées dans le vecteur, et **Allocator** spécifie l'allocateur, qui est l'allocateur standard par défaut. La classe **vector** dispose des constructeurs suivants :

```
explicit vector(const Allocator &a = Allocator( ) );
explicit vector(size_type num, const T &val = T ( ),
                    const Allocator &a = Allocator( ));
vector(const vector<T, Allocator> &ob);
template <class InIter> vector(InIter start, InIter end,
                    const Allocator &a = Allocator( ));
```

La première forme construit un vecteur vide. La seconde forme construit un vecteur de *num* éléments, ayant la valeur *val*. La valeur de *val* peut être laissée à celle par défaut. La troisième forme construit un vecteur qui contient les mêmes éléments que l'objet *ob*. La quatrième forme construit un vecteur qui contient les éléments de l'intervalle spécifié par *start* et *end*.

Tout objet stocké dans un **vector** doit définir un constructeur par défaut. Il doit également définir les opérations < et ==. Certains compilateurs peuvent nécessiter que d'autres opérations soient également définies (dans la mesure où les implémentations varient, il est préférable de consulter la documentation du vôtre, pour plus d'informations). Tous les types primitifs remplissent automatiquement ces conditions.

Bien que la syntaxe template semble plutôt compliquée, il n'y a rien de difficile dans la déclaration d'un vecteur. En voici quelques exemples :

```
vector<int> iv;            // crée un vecteur d'entiers vide
vector<char> cv(5);        // crée un vecteur de caractères de taille 5
vector<char> cv(5, 'x');   // initialise un vecteur de caractères de taille 5
vector<int> iv2(iv);       /* crée un vecteur d'entiers à partir d'un autre
                              vecteur d'entiers */
```

Les opérateurs de comparaison suivants sont définis pour un vecteur :

```
==,  <,  <=,  !=,  >,  >=
```

L'opérateur d'accès [ ] est également défini pour **vector**. Cela vous permet d'accéder aux éléments d'un vecteur avec la même notation qu'un tableau standard.

Certaines fonctions membres définies par **vector** sont présentées dans le tableau 24-2 (la partie IV contient une référence complète des classes de la STL). Les fonctions membres les plus couramment utilisées sont **size( )**, **begin( )**, **end( )**, **push_back( )**, **insert( )** et **erase( )**. La fonction **size( )** retourne la taille courante du vecteur. Cette fonction est très utile, car elle vous permet de connaître la taille du vecteur lors de l'exécution. Rappelez-vous que cette taille peut augmenter si nécessaire ; il est donc plus intéressant de la déterminer lors de l'exécution que lors de la compilation.

La fonction **begin( )** retourne un itérateur sur le début du vecteur. La fonction **end( )** retourne un itérateur sur la fin du vecteur.

La fonction **push_back( )** ajoute une valeur à la fin du vecteur. Si nécessaire, la taille du vecteur est augmentée pour accueillir le nouvel élément. Vous pouvez également ajouter un élément au milieu du vecteur en exécutant **insert( )**. Un vecteur peut également être initialisé. Dans tous les cas, une fois que celui-ci contient des éléments, vous pouvez accéder à eux ou les modifier. Il est également possible de supprimer des éléments d'un vecteur, à l'aide d'**erase( )**.

Fonction membre	Description
reference back( ); const_reference back( ) const;	Retourne une référence sur le dernier élément du vecteur.
iterator begin( ); const_iterator begin( ) const;	Retourne un itérateur sur le premier élément du vecteur.
void clear( );	Supprime tous les éléments d'un vecteur.
bool empty( ) const;	Retourne vrai si le vecteur est vide, faux sinon.
iterator end( ); const_iterator end( ) const;	Retourne un itérateur sur la fin du vecteur.
iterator erase(iterator i);	Supprime l'élément pointé par i. Retourne un itérateur sur l'élément suivant celui qui a été supprimé.
iterator erase(iterator *start*, iterator *end*);	Supprime les éléments dans l'intervalle entre *start* et *end*. Retourne un itérateur sur l'élément suivant le dernier qui a été supprimé.

Tableau 24-2   Fonctions membres définies par vector

Fonction membre	Description
reference front( ); const_reference front( ) const;	Retourne une référence sur le premier élément d'un vecteur.
iterator insert(iterator *i*, const T &*val*);	Insère *val* juste avant l'élément spécifié par *i*. Un itérateur sur l'élément est retourné.
void insert(iterator *i*, size_type *num*, const T &*val*);	Insère *num* copies de *val* juste avant l'élément spécifié par *i*.

template <class InIter>
    void insert(iterator *i*, InIter *start*,
        InIter *end*);
	Insère la séquence spécifiée par *start* et *end* juste avant l'élément spécifié par *i*.

reference operator[ ](size_type *i*) const;
    const_reference operator[ ](size_type *i*)
        const;
	Retourne une référence sur l'élément spécifié par *i*.

void pop_back( );	Supprime le dernier élément du vector.
void push_back(const T &*val*);	Ajoute un élément de valeur *val* à la fin du vecteur.
size_type size( ) const;	Retourne le nombre d'éléments du vecteur.

Tableau 24-2 Fonctions membres définies par vector *(suite)*

Voici un court exemple qui illustre le fonctionnement d'un vecteur :

```cpp
// Présente un vecteur.
#include <iostream>
#include <vector>
#include <cctype>
using namespace std;

int main()
{
  vector<char> v(10); // crée un vecteur de taille 10
  int i;

  // Affiche la taille originale de v
  cout << "Taille = " << v.size() << endl;

  // Affecte des valeurs aux elements du vecteur
  for(i=0; i<10; i++) v[i] = i + 'a';

  // Affiche le contenu du vecteur
  cout << "Contenu actuel:\n";
```

```
    for(i=0; i<v.size(); i++) cout << v[i] << " ";
    cout << "\n\n";

    cout << "Extension du vecteur\n";
    /* ajoute des valeurs à la fin du vecteur,
       sa taille va augmenter comme nécessaire */
    for(i=0; i<10; i++) v.push_back(i + 10 + 'a');

    // Affiche la taille courante de v
    cout << "Taille actuelle = " << v.size() << endl;

    // Affiche le contenu du vecteur
    cout << "Contenu actuel:\n";
    for(i=0; i<v.size(); i++) cout << v[i] << " ";
    cout << "\n\n";

    // Change le contenu du vecteur
    for(i=0; i<v.size(); i++) v[i] = toupper(v[i]);
    cout << "Modification du contenu:\n";
    for(i=0; i<v.size(); i++) cout << v[i] << " ";
    cout << endl;

    return 0;
}
```

L'affichage généré par le programme est :

```
Taille = 10
Contenu actuel:
a b c d e f g h i j

Extension du vecteur
Taille actuelle = 20
Contenu actuel:
a b c d e f g h i j k l m n o p q r s t

Contenu modifié:
A B C D E F G H I J K L M N O P Q R S T
```

Examinons ce programme attentivement. Dans **main( )**, un vecteur de caractères nommé **v** est créé, avec une capacité initiale de 10. Autrement dit, **v** contient initialement 10 éléments. Cela est confirmé par l'appel à la fonction membre **size( )**. Ces 10 éléments sont ensuite initialisés par l'intermédiaire de j, et le contenu de **v** est affiché. Vous remarquerez qu'ici la notation d'accès à un tableau standard est adoptée. 10 éléments supplémentaires sont ensuite ajoutés à la fin de **v**, à l'aide de la fonction **push_back( )**. Cela déclenche alors l'augmentation de la taille de **v** pour les accueillir. Comme le montrent les affichages, sa taille passe ainsi à 20. Enfin, les valeurs contenues par **v** sont modifiées.

Il y a un autre aspect intéressant dans ce programme : la boucle qui affiche le contenu de **v** exploite **v.size( )** comme test d'arrêt. En effet, un des avantages des vecteurs par rapport aux tableaux standard est de pouvoir déterminer leur taille à tout moment. Comme vous pouvez l'imaginer, cela peut se révéler très utile dans de nombreuses situations.

Accès à un vecteur par un itérateur

Comme vous le savez, les tableaux et les pointeurs sont étroitement liés en C++. Il est possible d'accéder à un tableau soit par la notation d'accès standard, soit par un pointeur. Avec la STL, le parallèle à cela est le lien entre les vecteurs et les itérateurs. Il est possible d'accéder aux membres d'un vecteur, soit par la notation d'accès standard, soit par un itérateur. L'exemple suivant présente comment :

```cpp
// Accès aux elements d'un vecteur par l'intermédiaire d'un itérateur.
#include <iostream>
#include <vector>
#include <cctype>
using namespace std;

int main()
{
  vector<char> v(10); // création d'un vecteur de taille 10
  vector<char>::iterator p; // création d'un itérateur
  int i;

  // affecte une valeur aux éléments du vecteur
  p = v.begin();
  i = 0;
  while(p != v.end()) {
    *p = i + 'a';
    p++;
    i++;
  }

  // affiche le contenu du vecteur
  cout << "Contenu initial:\n";
  p = v.begin();
  while(p != v.end()) {
    cout << *p << " ";
    p++;
  }
  cout << "\n\n";
```

```
// modifie le contenu du vecteur
p = v.begin();
while(p != v.end()) {
  *p = toupper(*p);
  p++;
}

// affiche le contenu du vecteur
cout << "Contenu modifie:\n";
p = v.begin();
while(p != v.end()) {
  cout << *p << " ";
  p++;
}
cout << endl;

return 0;
}
```

L'affichage généré est alors :

```
Contenu initial:
a b c d e f g h i j

Contenu modifie:
A B C D E F G H I J
```

Dans ce programme, observez comment l'itérateur **p** est déclaré. Le type **iterator** est défini dans les classes conteneurs. Ainsi, pour obtenir un itérateur pour un conteneur particulier, vous n'aurez qu'à utiliser une déclaration similaire à celle présentée dans l'exemple : qualifier **iterator** avec le nom du conteneur. Dans le programme, **p** est initialisé pour pointer sur le début du vecteur, à l'aide de la fonction **begin( )**. Cet itérateur peut ensuite servir pour accéder au vecteur, un élément à la fois, en l'incrémentant si nécessaire. On peut faire un parallèle direct entre ce mécanisme et la façon dont un pointeur peut être exploité pour accéder aux éléments d'un tableau. La fonction membre **end( )** peut servir pour déterminer si la fin du vecteur est atteinte. Cette fonction renvoie un itérateur sur le dernier élément du vecteur. Ainsi, lorsque **p** est égal à **v.end( )**, cela signifie qu'on est à la fin du tableau.

Insérer et supprimer des éléments dans un vecteur

En plus d'ajouter des valeurs à la fin d'un vecteur, il est également possible d'en insérer en son milieu, en employant la fonction **insert( )**. Vous pouvez également supprimer des éléments avec la fonction **erase( )**.

Le programme suivant présente **insert( )** et **erase( )** :

```cpp
// Présentation d'insert et erase.
#include <iostream>
#include <vector>
using namespace std;

int main()
{
  vector<char> v(10);
  vector<char> v2;
  char str[] = "<Vector>";
  int i;

  // initialise v
  for(i=0; i<10; i++) v[i] = i + 'a';

  // copie les caractères de str vers v2
  for(i=0; str[i]; i++) v2.push_back(str[i]);

  // affiche le contenu initial du vecteur
  cout << "Contenu initial de v:\n";
  for(i=0; i<v.size(); i++) cout << v[i] << " ";
  cout << "\n\n";

  vector<char>::iterator p = v.begin();
  p += 2; // pointe sur le troisième élément

  // insère 10 X dans v
  v.insert(p, 10, 'X');

  // affiche le contenu après insertion
  cout << "Taille apres insertion de X = " << v.size() << endl;
  cout << "Contenu apres insertion:\n";
  for(i=0; i<v.size(); i++) cout << v[i] << " ";
  cout << "\n\n";

  // supprime ces éléments
  p = v.begin();
  p += 2; // pointe sur le troisième élément
  v.erase(p, p+10); // supprime les 10 éléments suivants

  // affichage après la suppression
  cout << "Taille apres suppression = " << v.size() << endl;
  cout << "Contenu apres suppression:\n";
  for(i=0; i<v.size(); i++) cout << v[i] << " ";
  cout << "\n\n";
```

```
    // Insère v2 dans v
    v.insert(p, v2.begin(), v2.end());
    cout << "Taille apres l'insertion de v2 = ";
    cout << v.size() << endl;
    cout << "Contenu apres l'insertion:\n";
    for(i=0; i<v.size(); i++) cout << v[i] << " ";
    cout << endl;

    return 0;
}
```

Ce programme génère l'affichage suivant :

```
Contenu initial de v:
a b c d e f g h i j

Taille apres insertion de X = 20
Contenu apres insertion:
a b X X X X X X X X X X c d e f g h i j

Taille apres suppression = 10
Contenu apres suppression:
a b c d e f g h i j

Taille apres l'insertion de v2: = 18
Contenu apres l'insertion:
a b < V e c t o r > c d e f g h i j
```

Ce programme présente deux formes pour la fonction **insert( )**. La première fois, la fonction insère 10 X dans **v**. La seconde fois, elle y insère le contenu d'un second vecteur, **v2**. Cette utilisation alternative est la plus intéressante. Elle prend trois itérateurs en arguments. Le premier précise l'endroit où doit avoir lieu l'insertion dans le vecteur. Les deux autres indiquent le début et la fin de la séquence à insérer.

Stockage d'objets dans un vecteur

Bien que l'exemple précédent montre la manipulation de types de base dans un vecteur, les **vector** ne sont pas limités à cela. Ils peuvent contenir n'importe quel type d'objet, y compris des classes que vous avez créées. Voici un exemple de programme qui exploite un **vector** pour stocker les températures maximales journalières durant une semaine. Remarquez que **TempJour** définit un constructeur par défaut, et surcharge les opérateurs < et = =. Souvenez-vous que, selon le compilateur que vous utilisez, d'autres opérateurs de comparaison peuvent devoir être redéfinis.

```cpp
// Stocke des objets dans un vecteur.
#include <iostream>
#include <vector>
#include <cstdlib>
using namespace std;

class TempJour {
  int temp;
public:
  TempJour() { temp = 0; }
  TempJour(int x) { temp = x; }

  TempJour &operator=(int x) {
    temp = x; return *this;
  }

  double get_temp() { return temp; }
};

bool operator<(TempJour a, TempJour b)
{
  return a.get_temp() < b.get_temp();
}

bool operator==(TempJour a, TempJour b)
{
  return a.get_temp() == b.get_temp();
}

int main()
{
  vector<TempJour> v;
  int i;

  for(i=0; i<7; i++)
    v.push_back(TempJour(60 + rand()%30));

  cout << "Temperatures Farenheit:\n";
  for(i=0; i<v.size(); i++)
    cout << v[i].get_temp() << " ";

  cout << endl;

  // convertit de Farenheit en Centigrade
  for(i=0; i<v.size(); i++)
    v[i] = (v[i].get_temp()-32) * 5/9 ;
```

```
  cout << "Temperatures Centigrade:\n";
  for(i=0; i<v.size(); i++)
    cout << v[i].get_temp() << " ";

  return 0;
}
```

Ce programme génère l'affichage suivant :

```
Temperatures Farenheit:
71 77 64 70 89 64 78
Temperatures Centigrade:
21 25 17 21 31 17 25
```

Les vecteurs sont puissants, et proposent une grande sécurité et une souplesse d'utilisation appréciable ; mais ils restent moins efficaces que les tableaux classiques. Ainsi, pour la plupart des tâches de programmes, les tableaux doivent garder votre préférence. Cependant, dans certaines situations, les avantages apportés par les **vector** l'emportent sur leur coût.

Listes

La classe **list** propose une liste linéaire, bidirectionnelle. Contrairement à un vecteur, qui est accessible aléatoirement, l'accès à une liste ne peut être que séquentiel. Dans la mesure où les listes sont bidirectionnelles, il est possible d'y accéder dans les deux sens.

La spécification template d'une **list** est la suivante :

```
template <class T, class Allocator = allocator<T>> class list
```

Ici, T est le type de données stockées dans la liste. L'allocateur est spécifié par **Allocator**, qui, par défaut, est l'allocateur standard. Voici les constructeurs de **list** :

```
explicit list(const Allocator &a = Allocator( ) );
explicit list(size_type num, const T &val = T ( ),
                              const Allocator &a = Allocator( ));
list(const list<T, Allocator> &ob);
template <class InIter>list(InIter start, InIter end,
                              const Allocator &a = Allocator( ));
```

La première forme construit une liste vide. La seconde construit une liste de *num* éléments de valeur *val*. La troisième forme construit une liste qui contient les mêmes éléments qu'*ob*. La quatrième construit une liste qui contient les éléments de l'intervalle spécifié par *start* et *end*.

Les opérateurs de comparaison suivants sont définis pour **list** :

==, <, <=, !=, >, >=

Certaines des fonctions membres de **list** les plus couramment utilisées sont présentées dans le tableau 24-3. Comme pour les vecteurs, des éléments peuvent être ajoutés à une liste à l'aide de la fonction **push_back( )**. Vous pouvez également ajouter des éléments en tête de liste, avec la fonction **push_front( )**. Il est par ailleurs possible d'insérer un élément en milieu de liste, par le biais d'**insert( )**. L'union de deux listes s'effectue avec la fontion **splice( )**. Deux listes peuvent être fusionnées avec la fonction **merge( )**.

Fonction membre	Description
reference back( ); const_reference back( ) const;	Retourne une référence sur le dernier élément de la liste.
iterator begin( ); const_iterator begin( ) const;	Retourne un itérateur sur le premier élément de la liste.
void clear( );	Supprime tous les éléments d'une liste.
bool empty( ) const;	Retourne vrai si la liste est vide, faux sinon.
iterator end( ); const_iterator end( ) const;	Retourne un itérateur sur la fin de la liste.
iterator erase(iterator i);	Supprime l'élément pointé par i. Retourne un itérateur sur l'élément suivant celui qui a été supprimé.
iterator erase(iterator *start*, iterator *end*);	Supprime les éléments dans l'intervalle entre *start* et *end*. Retourne un itérateur sur l'élément suivant le dernier qui a été supprimé.
reference front( ); const_reference front( ) const;	Retourne une référence sur le premier élément de la liste.
iterator insert(iterator i, const T &*val*);	Insère *val* juste avant l'élément spécifié par i. Un itérateur sur l'élément est retourné.
void insert(iterator i, size_type *num*, const T &*val*);	Insère *num* copies de *val* juste avant l'élément spécifié par i.

template <class InIter>
    void insert(iterator i,
        InIter *start*, InIter *end*);
	Insère la séquence spécifiée par *start* et *end* juste avant l'élément spécifié par i.

Tableau 24-3 Fonctions membres définies par **list**

Fonction membre	Description

void merge(list <T, Allocator> &ob);
template <class Comp>
  void merge(<list<T, Allocator> &ob,
    Comp cmpfn);
	Fusionne la liste ordonnée contenue dans ob avec la liste ordonnée appelante. Le résultat est ordonné. Après la fusion, la liste contenue dans ob est vide. Avec la seconde forme, une fonction de comparaison peut être spécifiée, afin de déterminer si un élément est plus petit qu'un autre.

void pop_back( );	Supprime le dernier élément de la liste.
void pop_front( );	Supprime le premier élément de la liste.
void push_back(const T &val);	Ajoute un élément de valeur val à la fin de la liste.
void push_front(const T &val);	Ajoute un élément de valeur val en début de liste.
void remove(const T &val);	Supprime de la liste les éléments de valeur val.
void reverse( );	Inverse la liste appelante.
size_type size( ) const;	Retourne le nombre d'éléments de la liste.

void sort( );
template <class Comp>
  void sort(Comp cmpfn);
	Trie la liste. La seconde forme trie à l'aide de la fonction de comparaison cmpfn.

void splice(iterator i, list<T, Allocator> &ob);	Le contenu d'ob est inséré dans la liste appelante à l'endroit pointé par i. Après l'opération, ob est vide.
void splice(iterator i, list<T, Allocator> &ob, iterator el);	L'élément pointé par el est supprimé de la liste ob, et stocké dans la liste appelante à l'endroit spécifié par i.

void splice(iterator i,
    list<T, Allocator> &ob,
    iterator start, iterator end);
	L'intervalle défini par start et end est supprimé de ob, et stocké dans la liste appelante, à partir de l'endroit pointé par i.

Tableau 24-3 Fonctions membres définies par **list** *(suite)*

Tout type de donnée susceptible d'être stocké dans une liste doit avoir un constructeur par défaut défini. Il doit également définir les différents opérateurs de comparaison. Au moment d'écrire ces pages, les prérequis précis pour un objet à stocker dans une liste varient d'un compilateur à l'autre ; vous devrez donc consulter la documentation du vôtre à ce sujet.

Voici un exemple simple d'une liste :

```cpp
// Les bases d'une liste.
#include <iostream>
#include <list>
using namespace std;

int main()
{
  list<int> lst; // crée une liste vide
  int i;

  for(i=0; i<10; i++) lst.push_back(i);

  cout << "Taille = " << lst.size() << endl;

  cout << "Contenu: ";
  list<int>::iterator p = lst.begin();
  while(p != lst.end()) {
    cout << *p << " ";
    p++;
  }
  cout << "\n\n";

  // modifie le contenu d'une liste
  p = lst.begin();
  while(p != lst.end()) {
    *p = *p + 100;
    p++;
  }

  cout << "Contenu modifie: ";
  p = lst.begin();
  while(p != lst.end()) {
    cout << *p << " ";
    p++;
  }

  return 0;
}
```

L'affichage produit est :

```
Taille = 10
Contenu: 0 1 2 3 4 5 6 7 8 9

Contenu modifie: 100 101 102 103 104 105 106 107 108 109
```

Ce programme crée une liste d'entiers. Pour commencer, un objet **list** vide est créé. Puis 10 entiers y sont insérés, en invoquant la fonction **push_back( )**, qui insère toute nouvelle valeur à la fin de la liste existante. Puis, la taille de la liste et la liste elle-même sont affichées. La liste est affichée *via* un itérateur, en appliquant ce code :

```
list<int>::iterator p = lst.begin();
while(p != lst.end()) {
  cout << *p << " ";
  p++;
}
```

Ici, l'itérateur **p** est initialisé pour pointer sur le début de la liste. À chaque passage dans la boucle, **p** est incrémenté, le faisant ainsi pointer sur l'élément suivant. La boucle s'arrête lorsque **p** pointe sur la fin de la liste. Ce code est quasi identique à celui utilisé pour parcourir un vecteur à l'aide d'un itérateur. Ce type de boucle est courant dans du code STL, et le fait d'appliquer les mêmes constructions de code pour accéder à différents types de conteneurs constitue la force de la STL.

Comprendre end( )

C'est maintenant le moment de mettre l'accent sur un aspect inattendu de la fonction **end( )**. En effet, celle-ci ne renvoie pas un pointeur sur le dernier élément d'un conteneur. Au lieu de cela, elle renvoie un pointeur *juste après* le dernier élément. Ainsi, le dernier élément d'un conteneur est pointé par **end( )-1**. Cette caractéristique permet d'écrire des algorithmes très efficace, qui parcourent à l'aide d'un itérateur tous les éléments d'un conteneur, y compris le dernier. Quand l'itérateur a la même valeur que celle renvoyée par la fonction **end( )**, on sait que tous les éléments du conteneur ont été visités. Toutefois, vous devez garder cet aspect à l'esprit, car il est quelque peu paradoxal. Par exemple, considérez le programme suivant, qui parcourt une liste dans un sens, puis dans l'autre :

```
// Comprendre end().
#include <iostream>
#include <list>
using namespace std;

int main()
{
  list<int> lst; // crée une liste vide
  int i;

  for(i=0; i<10; i++) lst.push_back(i);

  cout << "Liste affichee en avant:\n";
```

```
list<int>::iterator p = lst.begin();
while(p != lst.end()) {
  cout << *p << " ";
  p++;
}
cout << "\n\n";

cout << "Liste affichee en arriere:\n";
p = lst.end();
while(p != lst.begin()) {
  p--; // decremente le pointeur avant son utilisation
  cout << *p << " ";
}

return 0;
}
```

L'affichage produit par ce programme est le suivant :

```
Liste affichee en avant:
 0 1 2 3 4 5 6 7 8 9

 Liste affichee en arriere:
 9 8 7 6 5 4 3 2 1 0
```

Prêtez une attention particulière au code qui affiche la liste dans le sens inverse. L'itérateur **p** est situé initialement à la fin de la liste, à l'aide de la fonction **end( )**. Dans la mesure où **end( )** renvoie un itérateur sur un objet, qui se trouve après le dernier objet réellement stocké dans la liste, **p** doit d'abord être décrémenté avant d'être utilisé. C'est pourquoi **p** est décrémenté avant l'instruction **cout** de la boucle, plutôt qu'après.

push_front( ) contre push_back( )

Il est possible de construire une liste en ajoutant des éléments soit à la fin, soit au début de la liste. Jusqu'à maintenant, nous avons ajouté des éléments à la fin par le bais de la fonction **push_back( )**. Pour ajouter des éléments au début, exécutez la fonction **push_front( )**. Par exemple :

```
/* Presentation des differences entre
   push_back() et push_front(). */
#include <iostream>
#include <list>
using namespace std;
```

```
int main()
{
  list<int> lst1, lst2;
  int i;

  for(i=0; i<10; i++) lst1.push_back(i);
  for(i=0; i<10; i++) lst2.push_front(i);

  list<int>::iterator p;

  cout << "Contenu de lst1:\n";
  p = lst1.begin();
  while(p != lst1.end()) {
    cout << *p << " ";
    p++;
  }
  cout << "\n\n";

  cout << "Contenu de lst2:\n";
  p = lst2.begin();
  while(p != lst2.end()) {
    cout << *p << " ";
    p++;
  }

  return 0;
}
```

L'affichage produit par ce programme est :

```
Contenu de lst1:
0 1 2 3 4 5 6 7 8 9

Contenu de lst2:
9 8 7 6 5 4 3 2 1 0
```

Dans la mesure où **lst2** est construite en ajoutant des éléments en tête de liste, la liste résultante est dans l'ordre inverse de **lst1**.

Trier une liste

Une liste peut être triée à l'aide de la fonction membre **sort( )**. Le programme suivant crée une liste d'entiers aléatoires, puis la trie.

II

LANGAGE C++

```cpp
// Tri d'une liste.
#include <iostream>
#include <list>
#include <cstdlib>
using namespace std;

int main()
{
  list<int> lst;
  int i;

  // crée une liste d'entiers aléatoires
  for(i=0; i<10; i++)
    lst.push_back(rand());

  cout << "Contenu initial:\n";
  list<int>::iterator p = lst.begin();
  while(p != lst.end()) {
    cout << *p << " ";
    p++;
  }
  cout << endl << endl;

  // Trie la liste
  lst.sort();

  cout << "Contenu trie:\n";
  p = lst.begin();
  while(p != lst.end()) {
    cout << *p << " ";
    p++;
  }

  return 0;
}
```

Voici un exemple d'affichage produit par ce programme :

```
Contenu initial:
41 18467 6334 26500 19169 15724 11478 29358 26962 24464

Contenu trie:
41 6334 11478 15724 18467 19169 24464 26500 26962 29358
```

Fusionner deux listes

Une liste ordonnée peut être fusionnée avec une autre. Le résultat obtenu est une liste ordonnée, contenant les éléments des deux listes initiales. La nouvelle est créée dans la liste appelante, et la seconde liste est vidée. Le prochain exemple présente la fusion de deux listes. La première contient les nombres pairs entre 0 et 9, la seconde contient les nombres impairs. Ces deux sont ensuite fusionnées, pour produire le résultat attendu 0 1 2 3 4 5 6 7 8 9.

```cpp
// Fusion de deux listes.
#include <iostream>
#include <list>
using namespace std;

int main()
{
  list<int> lst1, lst2;
  int i;

  for(i=0; i<10; i+=2) lst1.push_back(i);
  for(i=1; i<11; i+=2) lst2.push_back(i);

  cout << "Contenu de lst1:\n";
  list<int>::iterator p = lst1.begin();
  while(p != lst1.end()) {
    cout << *p << " ";
    p++;
  }
  cout << endl << endl;

  cout << "Contenu de lst2:\n";
  p = lst2.begin();
  while(p != lst2.end()) {
    cout << *p << " ";
    p++;
  }
  cout << endl << endl;

  // fusion des deux listes
  lst1.merge(lst2);
  if(lst2.empty())
    cout << "lst2 est maintenant vide\n";

  cout << "Contenu de lst1 apres la fusion:\n";
  p = lst1.begin();
  while(p != lst1.end()) {
    cout << *p << " ";
    p++;
  }

  return 0;
}
```

L'affichage généré est alors :

```
Contenu de lst1:
0 2 4 6 8

Contenu de lst2:
1 3 5 7 9

lst2 est maintenant vide
Contenu de lst1 apres la fusion:
0 1 2 3 4 5 6 7 8 9
```

Un autre point à noter à propos de cet exemple : l'utilisation de la fonction **empty( )**.
Elle retourne vrai si le conteneur appelant est vide. Dans la mesure où la fonction **merge( )**
supprime tous les éléments de la liste à fusionner, elle sera vide une fois la fusion réalisée,
comme le montre l'affichage du programme.

Stockage d'objets dans une liste

Voici un exemple de programme qui exploite une liste pour stocker des objets de la classe
maclasse. Vous remarquerez que les opérateurs <, >, != et = = sont surchargés pour les objets
de la classe **maclasse**. Il s'agit des opérateurs requis par Microsoft Visual C++ (le compilateur
utilisé pour tester les exemples de la STL tout au long de ce chapitre). Certains compilateurs
peuvent en nécessiter d'autres. La STL utilise ces fonctions pour déterminer l'ordre et l'égalité
entre les objets d'un conteneur. Même si une liste n'est pas nécessairement un conteneur
ordonné, il n'en est pas moins nécessaire de disposer d'un moyen de comparaison entre les
éléments, lors d'une recherche, d'un tri, ou d'une fusion.

```cpp
// Stocke des objets dans une liste.
#include <iostream>
#include <list>
#include <cstring>
using namespace std;

class maclasse {
  int a, b;
  int sum;
public:
  maclasse() { a = b = 0; }
  maclasse(int i, int j) {
    a = i;
    b = j;
    sum = a + b;
  }
```

```
  int getsum() { return sum; }

  friend bool operator<(const maclasse &o1,
                        const maclasse &o2);
  friend bool operator>(const maclasse &o1,
                        const myclasse &o2);
  friend bool operator==(const maclasse &o1,
                         const maclasse &o2);
  friend bool operator!=(const maclasse &o1,
                         const maclasse &o2);
};

bool operator<(const maclasse &o1, const maclasse &o2)
{
  return o1.sum < o2.sum;
}

bool operator>(const maclasse &o1, const maclasse &o2)
{
  return o1.sum > o2.sum;
}

bool operator==(const maclasse &o1, const maclasse &o2)
{
  return o1.sum == o2.sum;
}

bool operator!=(const maclasse &o1, const maclasse &o2)
{
  return o1.sum != o2.sum;
}

int main()
{
  int i;

  // cree une premiere liste
  list<maclasse> lst1;
  for(i=0; i<10; i++) lst1.push_back(maclasse(i, i));

  cout << "Premiere liste: ";
  list<maclasse>::iterator p = lst1.begin();
  while(p != lst1.end()) {
    cout << p->getsum() << " ";
    p++;
  }
  cout << endl;
```

II

LANGAGE C++

```
// cree une seconde liste
list<maclasse> lst2;
for(i=0; i<10; i++) lst2.push_back(maclasse(i*2, i*3));

cout << "Seconde liste: ";
p = lst2.begin();
while(p != lst2.end()) {
  cout << p->getsum() << " ";
  p++;
}
cout << endl;

// fusionne lst1 et lst2
lst1.merge(lst2);

// affiche la liste fusionnee
cout << "Liste fusionnee: ";
p = lst1.begin();
while(p != lst1.end()) {
  cout << p->getsum() << " ";
  p++;
}

return 0;
}
```

Le programme crée deux listes d'objets **maclasse**, et affiche le contenu de chacune. Il fusionne ensuite les deux, et affiche le résultat obtenu. L'affichage généré est le suivant :

```
Premiere liste: 0 2 4 6 8 10 12 14 16 18
Seconde liste: 0 5 10 15 20 25 30 35 40 45
Liste fusionnee: 0 0 2 4 5 6 8 10 10 12 14 15 16 18 20 25 30 35 40 45
```

Classe maps

La classe **map** admet un conteneur associatif dans lequel des clés uniques correspondent à des valeurs. Dans le principe, une clé est simplement un nom que vous attribuez à une valeur. Une fois qu'une valeur a été stockée, vous pouvez la récupérer en utilisant sa clé. Ainsi, une map peut être considérée comme une liste de paires clé/valeur. La puissance des maps réside alors dans la capacité qu'elles permettent de consulter une valeur avec une clé déterminée. Par exemple, vous pouvez définir une map qui utilise le nom d'une personne comme clé, et stocke son numéro de téléphone comme valeur. L'utilisation de conteneurs associatifs devient de plus en plus fréquente dans la programmation.

Comme mentionné précédemment, une map ne peut gérer que des clés uniques. Les clés dupliquées ne sont pas permises. Pour créer une map qui autorise les clés multiples, utilisez plutôt une **multimap**.

La spécification template du conteneur **map** est la suivante :

```
template <class Key, class T, class Comp = less<Key>,
            class Allocator = allocator<T>> class map
```

Ici, **Key** est le type de données des clés, **T** est le type de données des valeurs stockées, et **Comp** est une fonction qui permet de comparer des clés. Par défaut, il s'agit de la fonction standard **less( )**. **Allocator** est l'allocateur (par défaut, **allocator**).

Une **map** dispose des constructeurs suivants :

```
explicit map(const Comp &cmpfn = Comp( ),
            const Allocator &a = Allocator( ) );
map(const map<Key, T, Comp, Allocator> &ob);
template <class InIter> map(InIter start, InIter end,
            const Comp &cmpfn = Comp( ), const Allocator &a =
Allocator( ));
```

La première forme construit une map vide. La seconde construit une map qui contient les mêmes éléments que *ob*. La troisième forme construit une map qui contient les éléments de l'intervalle spécifié par les itérateurs *start* et *end*. La fonction *cmpf*, si elle est présente, spécifie l'ordre de la map.

De manière générale, tout objet utilisé en tant que clé doit disposer d'un constructeur par défaut, et des opérateurs de comparaison nécessaires surchargés.

Les opérateurs de comparaison suivants sont surchargés pour **map**.

```
==, <, <=, !=, >, >=
```

Plusieurs des fonctions membres de **map** sont présentées dans le tableau 24-4. Dans les descriptions, **key_type** est le type d'une clé et **value_type** représente la paire **pair<Key, T>**.

Fonction membre	Description
iterator begin( ); const_iterator begin( ) const;	Retourne un itérateur sur le premier élément de la map.
void clear( );	Supprime tous les éléments d'une map.
size_type count(const key_type &k) const;	Retourne le nombre de fois où *k* est présent dans la map (0 ou 1).

Tableau 24-4   Fonctions membres définies par map

LANGAGE C++

Fonction membre	Description
bool empty( ) const;	Retourne vrai si la map est vide, faux sinon.
iterator end( ); const_iterator end( ) const;	Retourne un itérateur sur la fin de la liste.
iterator erase(iterator i);	Supprime l'élément pointé par i.
iterator erase(iterator start, iterator end);	Supprime les éléments dans l'intervalle entre start et end.
size_type erase(const key_type &k) const;	Supprime les éléments dont la clé est k.
iterator find(const key_type &k); const_iterator find(const key_type &k) const;	Retourne un itérateur sur la clé spécifiée. Si la clé n'est pas trouvée, un itérateur sur la fin de la map est renvoyé.
iterator insert(iterator i, const value_type &val);	Insère val juste avant l'élément spécifié par i. Un itérateur sur l'élément est retourné.
template <class InIter> void insert(InIter start, InIter end);	Insère un intervalle d'éléments
pair<iterator, bool> insert(const value_type &val);	Insère val dans la map appelante. Un itérateur sur l'élément est retourné. L'élément n'est inséré que s'il n'existe pas déjà. Si l'élément est inséré, pair<iterator, true> est retourné, sinon pair<iterator, false> est retourné.
reference operator[ ](const key_type &i);	Retourne une référence sur l'élément spécifié par i. Si cet élément n'existe pas, il est inséré.
size_type size( ) const;	Retourne le nombre d'éléments de la liste.

Tableau 24-4   Fonctions membres définies par map *(suite)*

Les paires clé/valeur sont stockées dans la map, comme des objets de type **pair**, qui ont la spécification suivante :

```
template <class Ktype, class Vtype> struct pair {
  typedef Ktype first_type; // type de la clé
  typedef Vtype second_type; // type de la valeur
  Ktype first; // contient la clé
  Vtype second; // contient la valeur


  // constructeurs
  pair();
  pair(const Ktype &k, const Vtype &v);
  template<class A, class B> pair(const<A, B> &ob);
}
```

Comme l'indiquent les commentaires, la clé est contenue dans **first** et la valeur associée à cette clé dans **second**. Il est possible de créer une paire, soit en utilisant l'un des constructeurs de la classe **pair**, soit en employant la fonction **make_pair( )**, qui construit un objet **pair** fondé sur les types de données passés en paramètres. **make_pair( )** est une fonction générique qui a le prototype suivant :

```
template <class Ktype, class Vtype>
  pair<Ktype, Vtype> make_pair(const Ktype &k, const Vtype &v);
```

Comme vous pouvez le voir, cette fonction renvoie un objet constitué des valeurs de types spécifiés par *Ktype* et *Vtype*. L'avantage de la fonction **make_pair( )** est que le type des objets stockés est déterminé automatiquement par le compilateur, au lieu d'avoir à être spécifié par vous-même.

Le programme suivant illustre l'utilisation de base d'une map. Il stocke des paires clé/valeur qui présentent la correspondance entre les lettres majuscules et leur codes ASCII. Ainsi, la clé est un caractère et la valeur est un entier. Les paires clé/valeur stockées sont :

```
A          65
B          66
C          67
```

Une fois que les valeurs sont stockées, une clé vous est demandée (i.e. une lettre entre A et Z), et le code ASCII pour cette lettre est affiché.

```cpp
// Demonstration simple d'une map.
#include <iostream>
#include <map>
using namespace std;

int main()
{
  map<char, int> m;
  int i;

  // insère des paires dans la map
  for(i=0; i<26; i++) {
    m.insert(pair<char, int>('A'+i, 65+i));
  }

  char ch;
  cout << "Saisissez une clé: ";
  cin >> ch;

  map<char, int>::iterator p;
```

```
  // trouve la valeur pour la clé donnée
  p = m.find(ch);
  if(p != m.end())
    cout << "Son code ASCII est  " << p->second;
  else
    cout << "La clé n'est pas dans la map.\n";

  return 0;
}
```

Remarquez l'emploi de la classe template **pair** pour construire les paires clé/valeur. Les types de données spécifiés par **pair** doivent correspondre à ceux de la **map** dans laquelle les paires sont insérées.

Une fois que la map est initialisée avec des clés et des valeurs, vous pouvez rechercher une valeur à partir d'une clé donnée, à l'aide de la fonction **find( )**. **find( )** renvoie un itérateur sur l'élément correspondant, ou sur la fin de la map si la clé n'est pas trouvée. Quand la clé est trouvée, la valeur associée est contenue dans le membre **second** de l'objet **pair**.

Dans l'exemple précédent, les paires clé/valeur étaient construites explicitement, en employant **pair<char, int>**. Bien qu'il n'y ait rien de faux dans cette technique, il est souvent plus facile d'exploiter **make_pair( )**, qui construit une paire fondée sur les types de données passés en paramètres. Par exemple, dans le précédent programme, on aurait pu utiliser la ligne de code suivante pour insérer une paire dans **m** :

```
m.insert(make_pair((char)('A'+i), 65+i));
```

Ici, la conversion en **char** est indispensable pour passer outre la conversion automatique en **int** quand **i** est ajouté à "A". Hormis cela, la détermination de type est automatique.

Stocker des objets dans une map

Comme pour tous les conteneurs, vous pouvez utiliser une map pour stocker des objets de classe que vous avez créée. Par exemple, le programme suivant crée un simple répertoire téléphonique. Autrement dit, il produit une map de noms associés à des numéros. Pour cela, il crée deux classes appelées **nom** et **numero**. Dans la mesure où une map contient une liste triée de clés, le programme définit l'opérateur < pour les objets de types **nom**. En général, vous devrez définir l'opérateur < pour tous les types de données que vous voudrez utiliser comme clés (certains compilateurs peuvent même nécessiter de redéfinir d'autres opérateurs).

```
// Utilisation d'une map pour créer un repertoire téléphonique.
#include <iostream>
#include <map>
#include <cstring>
using namespace std;
```

```
class nom {
  char str[40];
public:
  nom() { strcpy(str, ""); }
  nom(char *s) { strcpy(str, s); }
  char *get() { return str; }


};

// Doit définir l'opérateur inférieur pour les objets nom.
bool operator<(name a, name b)
{
    return strcmp(a.get(), b.get()) < 0;
}

class numero {
  char str[80];
public:
  numero() { strcmp(str, ""); }
  numero(char *s) { strcpy(str, s); }
  char *get() { return str; }
};


int main()
{
  map<nom, numero> directory;

 // insère les noms et les numéros dans la map
  directory.insert(pair<nom, numero>(nom("Tom"),
                     numero("555-4533")));
  directory.insert(pair<nom, numero>(nom("Chris"),
                     numero("555-9678")));
  directory.insert(pair<nom, numero>(nom("John"),
             numero("555-8195")));
  directory.insert(pair<nom, numero>(nom("Rachel"),
                     numero("555-0809")));

  // Trouve le numéro à partir d'un nom donné
  char str[80];
  cout << "Saisissez un nom: ";
  cin >> str;

  map<nom, numero>::iterator p;

  p = directory.find(nom(str));
```

```
  if(p != directory.end())
    cout << "Numero de telephone: " <<  p->second.get();
  else
    cout << "Le nom n'est pas dans le repertoire.\n";

  return 0;
}
```

Voici un exemple d'exécution :

```
Saisissez un nom: Rachel
Numero de telephone: 555-0809.
```

Dans ce programme, chaque entrée dans la map est un tableau de caractères, qui contient une chaîne terminée par **null**. Plus loin dans ce chapitre, vous verrez une manière plus aisée d'écrire un tel programme en utilisant le type standard **string**.

Algorithmes

Comme expliqué précédemment, les algorithmes agissent sur les conteneurs. Bien que chaque conteneur fournisse déjà un support pour ses propres opérations, les algorithmes permettent des actions plus complexes ou plus approfondies. Ils vous permettent également de gérer deux types de conteneurs différents en même temps. Pour accéder aux algorithmes de la STL, vous devez inclure **<algorithm>** dans vos programmes.

La STL définit un grand nombre d'algorithmes qui sont résumés dans le tableau 24-5. Tous les algorithmes sont des fonctions template. Cela signifie qu'ils peuvent s'appliquer à n'importe quel type de conteneur. Tous les algorithmes de la STL sont étudiés dans la Partie IV. Les sections suivantes en présentent un échantillon représentatif.

Calcul

Une des opérations les plus élémentaires que vous pouvez effectuer sur une suite est de calculer le nombre d'éléments qu'elle contient. Pour cela, vous pouvez recourir soit à la fonction **count( )** soit à la fonction **count_if( )**. Leur forme générale est présentée ici :

```
template <class InIter, class T>
    size_t count(InIter start, InIter end, const T &val);
template <class InIter, class UnPred>
    size_t count_if(InIter start, InIter end, UnPred pfn);
```

Algorithme	Description
adjacent_find	Recherche le plus proche élément correspondant, et retourne un itérateur sur le premier élément trouvé.
binary_search	Effectue une recherche binaire sur une suite ordonnée.
copy	Copie une séquence ordonnée.
copy_backward	Identique à copy(), à part que la copie commence par la fin de la liste.
count	Renvoie le nombre d'éléments de la liste.
count_if	Renvoie le nombre d'éléments qui satisfont une condition.
equal	Détermine si deux intervalles sont identiques.
equal_range	Renvoie un intervalle dans lequel un élément peut être inséré au sein d'une séquence, sans perturber l'ordre de celle-ci.
fill et fill_n	Remplit un intervalle avec la valeur spécifiée.
find	Recherche une valeur dans un intervalle, et retourne un itérateur sur la première occurrence trouvée.
find_end	Recherche une sous-séquence dans un intervalle, et retourne un itérateur sur la fin de celle-ci au sein de l'intervalle.
find_first_of	Trouve dans une série le premier élément qui corresponde à un élément de l'intervalle spécifié.
find_if	Recherche dans un intervalle un élément pour lequel une condition définie par l'utilisateur est satisfaite.
for_each	Applique la fonction à un intervalle d'éléments.
generate et generate_n	Affecte aux éléments d'un intervalle les valeurs retournées par une fonction de génération.
includes	Détermine si une séquence inclut tous les éléments d'une autre séquence.
inplace_merge	Fusionne un intervalle avec un autre intervalle. Les deux intervalles doivent être classés dans l'ordre croissant. La séquence résultante est triée.
iter_swap	Échange les valeurs pointées par les deux itérateurs en paramètre.
lexicographical_compare	Compare deux séquences alphabétiquement.

Tableau 24-5   Algorithmes de la STL

LANGAGE C++

II

Algorithme	Description
lower_bound	Trouve dans une séquence le premier élément qui est inférieur à la valeur spécifiée.
make_heap	Construit un tas à partir d'une séquence.
max	Retourne le maximum de deux valeurs.
max_element	Retourne un itérateur sur le plus grand élément d'un intervalle.
merge	Fusionne deux séquences ordonnées, et place le résultat dans une troisième.
min	Retourne le minimum de deux valeurs.
min_element	Retourne un itérateur sur le plus petit élément d'un intervalle.
mismatch	Trouve la première différence entre deux séquences. Des itérateurs sur les deux éléments sont renvoyés.
next_permutation	Construit la permutation suivante d'une séquence.
nth_element	Range une séquence de telle sorte que les éléments inférieurs à l'élément spécifié E soient placés en premier, et les éléments supérieurs ensuite.
partial_sort	Trie un intervalle.
partial_sort_copy	Trie un intervalle, puis copie autant d'éléments que possible dans une séquence résultante.
partition	Range une séquence de telle sorte que tous les éléments qui satisfont une condition soient placés avant ceux qui ne la satisfont pas.
pop_heap	Échange le premier et l'avant-dernier éléments, puis reconstruit le tas.
prev_permutation	Construit la permutation précédente d'une séquence.
push_heap	Ajoute un élément à la fin du tas.
random_shuffle	Mélange une suite de façon aléatoire.
remove, remove_if, remove_copy et remove_copy_if	Supprime les éléments de l'intervalle spécifié.

Tableau 24-5 Algorithmes de la STL *(suite)*

Algorithme	Description
replace, replace_if, replace_copy et replace_copy_if	Remplace les éléments dans un intervalle.
reverse et reverse_copy	Inverse l'ordre d'un intervalle.
rotate et rotate_copy	Alterne vers la gauche les éléments d'un intervalle.
search	Recherche une sous-séquence au sein d'une séquence.
search_n	Recherche une suite de x éléments identiques.
set_difference	Génère une séquence qui contient les différences entre deux ensembles ordonnés.
set_intersection	Génère une séquence qui contient l'intersection entre deux ensembles ordonnés.
set_symmetric_difference	Génère une séquence qui contient la différence entre deux ensembles ordonnés.
set_union	Génère une séquence qui contient l'union entre deux ensembles ordonnés.
sort	Trie un intervalle.
sort_heap	Trie un tas au sein d'un intervalle.
stable_partition	Range une séquence de telle sorte que tous les éléments qui satisfont une condition soient placés avant ceux qui ne la satisfont pas. Le partage est stable, ce qui signifie que l'ordre relatif de la séquence est conservé.
stable_sort	Trie un intervalle. Le tri est stable, ce qui signifie que les éléments égaux ne sont pas déplacés.
swap	Intervertit deux valeurs.
swap_ranges	Intervertit les éléments d'un intervalle.
transform	Applique une fonction aux éléments d'un intervalle, et stocke le résultat obtenu dans une nouvelle séquence.
unique et unique_copy	Élimine les doublons dans un intervalle.
upper_bound	Trouve dans une séquence le premier élément qui est supérieur à la valeur spécifiée.

Tableau 24-5   Algorithmes de la STL *(suite)*

L'algorithme **count( )** retourne le nombre d'éléments correspondant à la valeur *val*, dans une séquence commençant par *start* et finissant par *end*. L'algorithme **count_if( )** retourne le nombre d'éléments pour lesquels le prédicat unaire *pfn* retourne vrai, dans une séquence commençant par *start* et finissant par *end*.

Le programme suivant présente **count( )**.

```cpp
// Présentation de count().
#include <iostream>
#include <vector>
#include <cstdlib>
#include <algorithm>
using namespace std;

int main()
{
  vector<bool> v;
  int i;

  for(i=0; i < 10; i++) {
   if(rand() % 2) v.push_back(true);
   else v.push_back(false);
  }

  cout << "Sequence:\n";
  for(i=0; i<v.size(); i++)
    cout << boolalpha << v[i] << " ";
  cout << endl;

  i = count(v.begin(), v.end(), true);
  cout << i << " elements valent true.\n";

  return 0;
}
```

Ce programme produit l'affichage suivant :

```
Sequence:
true true false false true false false false false false
3 elements valent true.
```

Ce programme commence par créer un vecteur composé aléatoirement de valeurs *true* et *false*. Puis **count( )** est invoquée pour déterminer le nombre de valeurs *true*.

Le programme suivant présente **count_if( )**. Il crée un vecteur contenant les nombres de 1 à 19. Il compte ensuite, parmi eux, ceux qui sont divisibles par 3. Pour cela, il applique un prédicat unaire appelé **divisePar3( )**, qui retourne vrai si l'élément est divisible par 3.

```cpp
// Présentation de count_if().
#include <iostream>
#include <vector>
#include <algorithm>
using namespace std;

/* Ceci est un prédicat unaire qui détermine
   si un nombre est divisible par 3. */
bool divisePar3(int i)
{
  if((i%3) == 0) return true;

  return false;
}

int main()
{
  vector<int> v;
  int i;

  for(i=1; i < 20; i++) v.push_back(i);

  cout << "Sequence:\n";
  for(i=0; i<v.size(); i++)
    cout << v[i] << " ";
  cout << endl;

  i = count_if(v.begin(), v.end(), divisePar3);
  cout << i << " nombres sont divisibles par 3.\n";

  return 0;
}
```

Ce programme génère l'affichage :

```
Sequence:
1 2 3 4 5 6 7 8 9 10 11 12 13 14 15 16 17 18 19
6 nombres sont divisibles par 3.
```

Notez comment le prédicat **divisePar3( )** est codé. Tous les prédicats unaires reçoivent en paramètre un objet qui est du même type que ceux stockés dans le conteneur sur lequel le prédicat s'applique. Il retourne ensuite vrai ou faux selon l'objet passé.

Suppression et remplacement d'objets

Il peut parfois s'avérer utile de générer une nouvelle séquence constituée de certains éléments d'une séquence initiale. L'algorithme qui accomplit cela est **remove_copy( )**. Sa forme générale est la suivante :

```
template <class InIter, class OutIter, class T>
    OutIter remove_copy(InIter start, InIter end,
                        OutIter result, const T &val);
```

L'algorithme **remove_copy( )** copie les éléments de l'intervalle spécifié, en supprimant ceux qui sont égaux à *val*. Le résultat est inséré dans la séquence pointée par *result*, et renvoie un itérateur sur la fin du résultat. Le conteneur de sortie doit être assez grand pour contenir le résultat.

Pour remplacer un élément par un autre dans une séquence lors d'une copie, il faut employer la fonction **replace_copy( )**. Sa forme générale est la suivante :

```
template <class InIter, class OutIter, class T>
    OutIter replace_copy(InIter start, InIter end,
                        OutIter result, const T &old, const T &new);
```

L'algorithme **replace_copy( )** copie les éléments d'un intervalle, en remplaçant les éléments valant *old* par *new*. Il insère le résultat dans la séquence pointée par *result*, et renvoie un itérateur sur la fin du résultat. Le conteneur de sortie doit être assez grand pour contenir le résultat.

Le programme suivant présente **remove_copy( )** et **replace_copy( )**. Il crée une suite de caractères. Il supprime ensuite tous les espaces de la séquence. Enfin, il remplace les espaces par des signes « : ».

```
// Présentation de remove_copy et de replace_copy.
#include <iostream>
#include <vector>
#include <algorithm>

using namespace std;
```

```
int main()
{
  char str[] = "La STL permet de programmer efficacement.";
  vector<char> v, v2(30);
  int i;

  for(i=0; str[i]; i++) v.push_back(str[i]);

  // **** présentation de remove_copy ****
  cout << "Sequence en entree:\n";
  for(i=0; i<v.size(); i++) cout << v[i];
  cout << endl;

  // supprime tous les espaces
  remove_copy(v.begin(), v.end(), v2.begin(), ' ');

  cout << "Resultat apres la suppression des espaces:\n";
  for(i=0; i<v2.size(); i++) cout << v2[i];
  cout << endl << endl;

  // **** presentation de replace_copy ****
  cout << "Sequence en entree:\n";
  for(i=0; i<v.size(); i++) cout << v[i];
  cout << endl;

  // remplace les espaces par des ':'
  replace_copy(v.begin(), v.end(), v2.begin(), ' ', ':');

  cout << "Resultat apres le remplacement des espaces par des ':' :\n";
  for(i=0; i<v2.size(); i++) cout << v2[i];
  cout << endl << endl;

  return 0;
}
```

L'affichage est alors :

```
Sequence en entree:
La STL permet de programmer efficacement.
Resultat apres la suppression des espaces:
LaSTLpermetdeprogrammerefficacement.

Sequence en entree:
La STL permet de programmer efficacement.
Resultat apres le remplacement des espaces par des ':' :
La:STL:permet:de:programmer:efficacement.
```

Inversion d'une séquence

Un autre algorithme couramment utilisé est **reverse( )**, qui permet d'inverser une séquence. Sa forme générale est :

```
template <class BiIter> void reverse(BiIter start, BiIter end);
```

L'algorithme **reverse( )** inverse l'ordre de l'intervalle spécifié par *start* et *end*.

Son utilisation est présentée dans le programme suivant :

```cpp
// Présente reverse.
#include <iostream>
#include <vector>
#include <algorithm>
using namespace std;

int main()
{
  vector<int> v;
  int i;

  for(i=0; i<10; i++) v.push_back(i);

  cout << "Initial: ";
  for(i=0; i<v.size(); i++) cout << v[i] << " ";
  cout << endl;

  reverse(v.begin(), v.end());

  cout << "Inverse: ";
  for(i=0; i<v.size(); i++) cout << v[i] << " ";

  return 0;
}
```

L'affichage généré par le programme est alors :

```
Initial: 0 1 2 3 4 5 6 7 8 9
Inverse: 9 8 7 6 5 4 3 2 1 0
```

Modification d'une séquence

Un des algorithmes les plus intéressants est **transform( )**, car il permet de modifier chaque élément d'un intervalle selon la fonction que vous lui fournissez. L'algorithme **transform( )** admet les deux formes générales suivantes :

```
template <class InIter, class OutIter, class Func)
    OutIter transform(InIter start, InIter end, OutIter result,
                                            Func unaryfunc);
template <class InIter1, class InIter2, class OutIter, class Func)
    OutIter transform(InIter1 start1, InIter1 end1, InIter2 start2,
                                    OutIter result, Func binaryfunc);
```

Cet algorithme applique une fonction à un intervalle d'éléments, et stocke le résultat dans *result*. Dans la première forme, l'intervalle est spécifié par *start* et *end*, et la fonction qui s'applique est *unaryfunc*. Cette dernière reçoit en paramètre la valeur d'un élément, et retourne sa valeur modifiée. Dans la seconde forme, la modification est appliquée en employant une fonction binaire qui reçoit la valeur de l'élément à modifier dans son premier argument, et un élément de la seconde séquence dans son second argument. Les deux formes de l'algorithme retournent un itérateur sur la fin de la séquence résultante.

Le programme suivant utilise une fonction de transformation simple, appelée **inverse( )**, qui transforme le contenu d'une liste de nombres en leurs inverses. Vous remarquerez que la séquence résultante est stockée dans la même liste que celle qui contenait la séquence initiale.

```cpp
// Exemple de l'algorithme transform.
#include <iostream>
#include <list>
#include <algorithm>
using namespace std;

// Fonction de transformation.
double inverse(double i) {
  return 1.0/i; // retourne l'inverse
}

int main()

{

  list<double> vals;
  int i;

  // insère des valeurs dans la liste
  for(i=1; i<10; i++) vals.push_back((double)i);

  cout << "Contenu initial de vals:\n";
  list<double>::iterator p = vals.begin();
  while(p != vals.end()) {
    cout << *p << " ";
    p++;
  }
```

```
  cout << endl;

  // transformation de vals
  p = transform(vals.begin(), vals.end(),
              vals.begin(), inverse);

  cout << "Contenu transforme de vals:\n";
  p = vals.begin();
  while(p != vals.end()) {
    cout << *p << " ";
    p++;
  }

  return 0;
}
```

L'affichage généré par le programme est alors :

```
Contenu initial de vals:
1 2 3 4 5 6 7 8 9
Contenu transforme de vals:
1 0.5 0.333333 0.25 0.2 0.166667 0.142857 0.125 0.111111
```

Comme vous pouvez le constater, tous les éléments de **vals** ont été transformés en leur inverse.

Utilisation d'objets fonction

Comme expliqué en début de chapitre, la STL reconnaît (et exploite intensivement) les objets fonctions. Rappelons que les objets fonctions sont simplement des classes qui définissent **operator( )**. La STL fournit de nombreux objets fonctions primitifs, tels que **less**, **minus**, *etc*. Elle vous permet également de définir vos propres objets fonctions. La description exhaustive de tout ce qui concerne leur création et leur utilisation dépasse le cadre de cet ouvrage. Fort heureusement, comme le montrent les exemples précédents, il est tout à fait possible d'en faire une exploitation intéressante, sans avoir à nécessairement créer les vôtres. Toutefois, étant donné que les objets fonctions constituent une part importante de la STL, il est intéressant d'en connaître le fonctionnement général.

Objets fonction unaires et binaires

Tout comme il y a des prédicats unaires et binaires, il existe des objets fonctions unaires et binaires. Un objet fonction unaire requiert un argument, tandis qu'un objet fonction binaire en requiert deux. Vous devez utiliser le type d'objet requis.

Utilisation des objets fonctions primitifs

La STL fournit un assortiment riche d'objets fonctions primitifs. Les objets fonctions binaires sont présentés ici :

plus	minus	multiplies	divides	modulus
equal_to	not_equal_to	greater	greater_equal	less
less_equal	logical_and	logical_or		

Et voici les objets fonctions unaires :

logical_not	negate

Les objets fonctions primitifs sont des classes template surchargeant **operator( )**, qui retournent le résultat de l'opération spécifiée sur le type de donnée que vous sélectionnez. Par exemple, pour invoquer l'objet fonction binaire **plus**, utilisez la syntaxe suivante :

```
plus<float>()
```

Les objets fonctions primitifs nécessitent l'en-tête **<functional>**.

Commençons par un exemple simple. Le programme suivant applique l'algorithme **transform( )** (décrit dans la partie précédente) et l'objet fonction **negate( )**, qui inverse le signe d'une liste de valeurs.

```cpp
// Utilise un objet fonction unaire.
#include <iostream>
#include <list>
#include <functional>
#include <algorithm>
using namespace std;

int main()
{
  list<double> vals;
  int i;
```

```
// insère des valeurs dans la liste
for(i=1; i<10; i++) vals.push_back((double)i);

cout << "Contenu initial de vals:\n";
list<double>::iterator p = vals.begin();
while(p != vals.end()) {
  cout << *p << " ";
  p++;
}
cout << endl;

// utilise l'objet fonction negate
p = transform(vals.begin(), vals.end(),
              vals.begin(),
              negate<double>()); // appel l'objet fonction

cout << "Contenu inverse de vals:\n";
p = vals.begin();
while(p != vals.end()) {
  cout << *p << " ";
  p++;
}

return 0;
}
```

Ce programme génère l'affichage suivant :

```
Contenu initial de vals:
1 2 3 4 5 6 7 8 9
Contenu inverse de vals:
-1 -2 -3 -4 -5 -6 -7 -8 -9
```

Dans le programme, notez de quelle manière est exécutée **negate( )**. Dans la mesure où **vals** est une liste de valeurs **double**, **negate( )** est invoquée par **negate<double>( )**. L'algorithme **transform( )** fait automatiquement appel à **negate( )** pour chaque élément de la séquence. Ainsi, **negate( )s** reçoit en argument un élément de la séquence.

Le prochain programme présente l'utilisation de l'objet fonction binaire **divides( )**. Il crée deux listes de valeurs doubles, dont l'une est la division de l'autre. Le programme applique la forme binaire de l'algorithme **transform( )**.

```
// Utilisation d'un objet fonction binaire.
#include <iostream>
#include <list>
#include <functional>
#include <algorithm>
using namespace std;

int main()
{
  list<double> vals;
  list<double> divisors;
  int i;

  // insère des valeurs dans la liste.
  for(i=10; i<100; i+=10) vals.push_back((double)i);
  for(i=1; i<10; i++) divisors.push_back(3.0);

  cout << "Contenu initial de vals:\n";
  list<double>::iterator p = vals.begin();
  while(p != vals.end()) {
    cout << *p << " ";
    p++;
  }

  cout << endl;

  // transformation de vals
  p = transform(vals.begin(), vals.end(),
                divisors.begin(), vals.begin(),
                divides<double>()); // appel de l'objet fonction

  cout << "Contenu divise de vals:\n";
  p = vals.begin();
  while(p != vals.end()) {
    cout << *p << " ";
    p++;
  }

  return 0;
}
```

L'affichage généré est alors :

```
Contenu initial de vals:
10 20 30 40 50 60 70 80 90
Contenu divise de vals:
3.33333 6.66667 10 13.3333 16.6667 20 23.3333 26.6667 30
```

LANGAGE C++

Dans ce cas, l'objet fonction binaire **divide( )** divise les éléments d'une première liste par leur élément correspondant de la deuxième liste. Ainsi, **divide( )** reçoit ses arguments dans cet ordre :

```
divides(first, second)
```

Création d'un objet fonction

En plus d'utiliser les objets fonctions primitifs, il vous est possible de créer vos propres objets fonctions. Pour cela, il vous suffit de créer une classe qui surcharge la fonction **operator( )**. Toutefois, pour plus de confort, vous pourrez exploiter les classes suivantes, définies par la STL, comme classe mère de vos objets fonctions.

```
template <class Argument, class Result> struct unary_function {
  typedef Argument argument_type;
  typedef Result result_type;
};

template <class Argument1, class Argument2, class Result>
struct binary_function {
  typedef Argument1 first_argument_type;
  typedef Argument2 second_argument_type;
  typedef Result result_type;
};
```

Ces classes template fournissent des noms de types concrets aux types de données génériques utilisés par l'objet fonction. Étant donné qu'elles constituent un avantage technique certain, elles sont presque toujours exploitées lors de la création d'objets fonctions.

Le programme suivant présente un objet fonction personnalisé. Il convertit la fonction **inverse( )** (utilisée précédemment pour présenter l'algorithme **transform( )**) en un objet fonction.

```
// Crée l'objet fonction inverse.
#include <iostream>
#include <list>
#include <functional>
#include <algorithm>
using namespace std;
```

```
// Un simple objet fonction.
class inverse: unary_function<double, double> {
public:
  result_type operator()(argument_type i)
  {
    return (result_type) 1.0/i; // retourne l'inverse
  }
};

int main()
{
  list<double> vals;
  int i;

  // insère des valeurs dans la liste
  for(i=1; i<10; i++) vals.push_back((double)i);

  cout << "Contenu initial de vals:\n";
  list<double>::iterator p = vals.begin();
  while(p != vals.end()) {
    cout << *p << " ";
    p++;
  }
  cout << endl;

  // utilise l'objet fonction inverse
  p = transform(vals.begin(), vals.end(),
                vals.begin(),
                inverse()); // appel de l'objet fonction

  cout << "Contenu transforme de vals:\n";
  p = vals.begin();
  while(p != vals.end()) {
    cout << *p << " ";
    p++;
  }

  return 0;
}
```

Notez bien deux aspects importants dans **inverse( )**. Tout d'abord, cette classe hérite de la classe mère **unary_function**. Cela lui donne accès aux types **argument_type** et **result_type**. D'autre part, elle définit **opertor( )**, de telle sorte qu'elle retourne l'inverse de l'argument reçu. De manière générale, pour créer un objet fonction, il suffit d'hériter de la classe adéquate, et de surcharger la fonction **operator( )**.

Utilisation des opérateurs d'association

Lors de l'utilisation d'un objet fonction binaire, il est possible de lier une valeur à l'un des arguments. Cela peut se révéler utile dans de nombreuses situations, par exemple si vous voulez supprimer dans une liste tous les éléments qui sont supérieurs à une valeur donnée, telle que 8. Pour cela, vous devez pouvoir attacher la valeur 8 à l'opérande de droite de l'objet fonction **greater( )** (*supérieur*). Autrement dit, vous voulez que **greater( )** effectue la comparaison :

```
val > 8
```

pour chaque élément de la liste. La STL fournit pour cela un mécanisme appelé opérateur d'association (*binder*).

Il existe deux opérateurs d'association, **bind1st( )** et **bind2nd( )** qui ont la forme suivante :

```
bind1st(binfunc_obj, value)
bind2nd(binfunc_obj, value)
```

Ici, *binfunc_obj* est l'objet fonction binaire. **bind1st( )** retourne un objet fonction unaire pour lequel l'opérande de gauche de *binfunc_obj* est limité à *value*. **bind2nd( )** retourne un objet fonction unaire pour lequel l'opérande de droite de *binfunc_obj* est limité à *value*. L'opérateur d'association **bind2nd( )** est de loin le plus utilisé des deux. Dans les deux cas, le résultat d'un opérateur d'association est un objet fonction unaire, limité à la valeur spécifiée.

Afin de présenter l'utilisation des opérateurs d'association, nous allons employer l'algorithme **remove_if( )**. Celui-ci supprime les éléments d'une liste en fonction du résultat d'un prédicat. Il a le prototype suivant :

```
template <class ForIter, class UnPred>
    ForIter remove_if(ForIter start, ForIter end, UnPred func);
```

L'algorithme supprime les éléments d'une séquence définie par *start* et *end* si le prédicat unaire défini par *func* renvoie vrai. L'algorithme retourne un pointeur sur la fin de la séquence modifiée après suppression des éléments.

Le programme suivant supprime d'une séquence toutes les valeurs qui sont supérieures à 8. Dans la mesure où **remove_if( )** requiert un prédicat unaire, on ne peut pas employer l'objet fonction **greater( )** tel quel, car il s'agit d'un objet binaire. Au lieu de cela, il faut associer la valeur 8 au second argument de **greater( )** en utilisant l'opérateur d'association **bind2nd( )**, comme présenté dans le programme.

```
// Présentation de bind2nd().
#include <iostream>
#include <list>
#include <functional>
#include <algorithm>
using namespace std;
```

```
int main()
{
  list<int> lst;
  list<int>::iterator p, endp;

  int i;

  for(i=1; i < 20; i++) lst.push_back(i);

  cout << "Sequence initiale:\n";
  p = lst.begin();
  while(p != lst.end()) {
    cout << *p << " ";
    p++;
  }
  cout << endl;

  endp = remove_if(lst.begin(), lst.end(),
                   bind2nd(greater<int>(), 8));

  cout << "Sequence resultante:\n";
  p = lst.begin();
  while(p != endp) {
    cout << *p << " ";
    p++;
  }

  return 0;
}
```

L'affichage généré est alors :

```
Sequence initiale:
1 2 3 4 5 6 7 8 9 10 11 12 13 14 15 16 17 18 19
Sequence resultante:
1 2 3 4 5 6 7 8
```

Vous pouvez tester ce programme en essayant différents objets fonctions et en associant différentes valeurs. Vous réaliserez alors que les opérateurs d'association étendent la puissance de la STL de façon significative.

Un dernier point : il existe un objet étroitement lié aux opérateurs d'association, appelé opérateur de négation (*negator*). Les opérateurs de négation sont **not1( )** et **not2( )**. Ils retournent la négation (i.e. le complément) du prédicat qu'ils modifient.

Ils ont la forme suivante :

```
not1(unary_predicate)
not2(binary_predicate)
```

Par exemple, si vous remplacez la ligne :

```
 endp = remove_if(lst.begin(), lst.end(),
                  not1(bind2nd(greater<int>(), 8)));
```

dans le programme précédent, il supprimera tous les éléments de **lst** qui ne sont pas supérieurs à 8.

Classe string

Comme vous le savez, le C++ ne reconnaît pas un type chaîne primitif. En revanche, il vous fournit deux façons de gérer les chaînes. Tout d'abord, vous pouvez exploiter un tableau de caractères terminé par une valeur nulle, avec lequel vous êtes déjà familier. Il y est parfois fait référence en tant que *chaîne C*. La seconde façon consiste à utiliser un objet de la classe **string** ; c'est cette seconde technique qui est étudiée ici.

En fait, la classe **string** est une spécialisation d'une classe template plus générale, appelée **basic_string**. Il existe deux spécialisations de **basic_string** : **string** qui gère les chaînes de caractères 8 bits, et **wstring** qui gère les chaînes de caractères longs. Dans la mesure où les caractères 8 bits sont de loin les plus couramment utilisés, c'est la classe **string** qui sera étudiée ici.

Avant d'examiner la classe **string**, il est important de comprendre pourquoi elle fait partie de la bibliothèque C++. Les classes standard n'ont pas été ajoutées à la légère au C++. En fait, des réflexions et des débats en nombre ont accompagné chaque nouvel ajout. Étant donné que le C++ contenait déjà une façon de gérer les chaînes avec les tableaux de caractères, il pourrait sembler à première vue que l'inclusion de la classe **string** soit une exception à la règle. Pourtant, ce n'est pas la réalité. En effet, les chaînes de caractères terminées par une valeur nulle ne peuvent pas être gérées par tous les opérateurs standard C++. Elles ne peuvent pas non plus être intégrées à n'importe quelle instruction normale. Par exemple, considérons le morceau de programme suivant :

```
char s1[80], s2[80], s3[80];

s1 = "Alpha"; // impossible
s2 = "Beta"; // impossible
s3 = s1 + s2; // erreur, ce n'est pas autorisé
```

Comme l'indiquent les commentaires, il n'est pas possible en C++ d'utiliser l'opérateur d'affectation pour donner une nouvelle valeur à un tableau de caractères (à l'exception des initialisations) ; il n'est pas non plus possible d'exploiter l'opérateur + pour concaténer deux chaînes. Ces opérations doivent être écrites à l'aide des fonctions de la bibliothèques, comme montré ici :

```
strcpy(s1, "Alpha");
strcpy(s2, "Beta");
strcpy(s3, s1);
strcat(s3, s2);
```

Dans la mesure où les tableaux de caractères ne constituent pas véritablement de type de données en soi, les opérateurs C++ ne peuvent pas s'y appliquer. Cela alourdit alors n'importe quelle opération rudimentaire. Plus que tout, c'est donc l'incapacité à manipuler les chaînes à l'aide des opérateurs standard qui à amené à développer une classe chaîne standard. Rappelez-vous que lorsque vous définissez une classe, vous définissez un nouveau type de donnée, qui peut être complètement intégré à l'environnement du C++. Cela signifie bien sûr que les opérateurs peuvent être surchargés pour la nouvelle classe. Par conséquent, en ajoutant une classe chaîne standard, il devient possible de gérer les chaînes de la même manière que n'importe quel autre type de donnée, en utilisant les opérateurs.

Toutefois, il y a une autre raison qui justifie une classe chaîne standard : la sécurité. Un programmeur inexpérimenté peut très facilement dépasser la fin d'un tableau de caractères. Par exemple, considérons la fonction standard **strcpy( )**. Cette fonction ne fournit pas de garantie sur la vérification des limites du tableau cible. Si le tableau source contient plus de caractères que le tableau cible, une erreur de programme ou un crash système sont possibles. Comme vous allez le voir, la classe **string** permet d'éviter de telles erreurs.

Pour résumer, il y a trois raisons qui justifient l'inclusion de la classe standard **string** : la cohérence (une chaîne constitue maintenant un type de donnée en soi), le confort (il est possible de lui appliquer les opérateurs C++) et la sécurité (pas de dépassement de bornes). Il faut garder à l'esprit qu'il n'y a pas de raison d'abandonner pour autant l'utilisation des tableaux de caractères. Ils constituent toujours la façon la plus efficace d'implémenter les chaînes. Toutefois, dans les cas où la vitesse n'est pas une question primordiale, les **string** vous donnent accès à un moyen sûr et complètement intégré pour gérer les chaînes.

Bien qu'elle ne soit pas traditionnellement considérée comme faisant partie de la STL, la classe **string** est une autre classe conteneur définie par le C++. Cela signifie qu'elle reconnaît les algorithmes décrits dans la partie précédente. Toutefois, les chaînes ont d'autres fonctionnalités. Pour accéder à la classe **string**, vous devez inclure **<string>** dans vos programmes.

La classe **string** est très vaste, et dispose de nombreux constructeurs et fonctions membres. De plus, certaines fonctions membres ont plusieurs formes surchargées. Pour cette raison, il ne va pas être possible d'étudier dans ce chapitre l'ensemble du contenu de la classe **string**. En revanche, nous allons étudier quelques-unes des fonctionnalités les plus couramment utilisées. Une fois que vous avez assimilé le fonctionnement général de **string**, il est aisé d'étudier le reste par vous-même.

La classe **string** admet plusieurs constructeurs. Les prototypes des trois formes les plus courantes sont présentés ici :

```
string( );
string(const char *str);
string(const string &str);
```

La première forme crée un objet chaîne vide. La seconde forme crée un objet **string** à partir de la chaîne de caractères pointée par *str*. Cette forme fournit ainsi une conversion entre les chaînes de caractères terminées par une valeur nulle et la classe **string**. La troisième forme crée un objet **string** à partir d'un autre objet **string**.

Un certain nombre d'opérateurs qui peuvent s'appliquer aux chaînes sont définis pour la classe **string**, parmi lesquels :

Operateur	Signification
=	Affectation
+	Concaténation
+=	Concaténation et affectation
= =	Égalité
!=	Inégalité
<	Inférieur
<=	Inférieur ou égal
>	Supérieur
>=	Supérieur ou égal
[ ]	Accès
<<	Écriture
>>	Lecture

Ces opérateurs permettent une utilisation des objets **string** dans des expressions normales, et évitent les appels à des fonctions telles que **strcpy( )** ou **strcat( )**. En général, vous pouvez mélanger les objets **string** avec les chaînes de caractères normales dans des expressions. Par exemple, il est possible d'affecter une chaîne de caractères terminée par une valeur nulle à un objet **string**.

L'opérateur + peut être utilisé pour concaténer un objet chaîne à un autre objet chaîne, ou un objet chaîne avec une chaîne de type C. Ainsi, les opérations suivantes sont admises :

```
string + string
string + C-string
C-string + string
```

L'opérateur + peut également être appliqué pour concaténer un caractère à la fin d'une chaîne. La classe **string** définit la constante **npos**, qui correspond à -1. Cette constante représente la taille de la plus longue chaîne possible.

Les classes chaînes C++ rendent extraordinairement aisée la gestion des chaînes. Par exemple, avec les objets **string**, vous pouvez utiliser l'opérateur d'affectation pour affecter une chaîne entre guillemets à une **string**, l'opérateur + pour concaténer des chaînes et l'opérateur de comparaison pour les comparer. Le programme suivant illustre ces manipulations.

```
// Courte demonstration de string.
#include <iostream>
#include <string>
using namespace std;

int main()
{
  string str1("Alpha");
  string str2("Beta");
  string str3("Omega");
  string str4;

  // affecte une chaîne
  str4 = str1;
  cout << str1 << "\n" << str3 << "\n";

  // concatène deux chaînes
  str4 = str1 + str2;
  cout << str4 << "\n";

  // concatène une chaîne type C à une string
  str4 = str1 + " to " + str3;
  cout << str4 << "\n";

  // comparaison de chaînes
  if(str3 > str1) cout << "str3 > str1\n";
  if(str3 == str1+str2)
    cout << "str3 == str1+str2\n";

  /* Un objet string peut également être
     affecté à une chaîne normale */
  str1 = "Ceci est une chaine terminee par une valeur nulle.\n";
  cout << str1;
```

```
// crée un objet string à l'aide d'un autre objet string
string str5(str1);
cout << str5;

// lit une chaîne
cout << "Saisissez une chaine: ";
cin >> str5;
cout << str5;

return 0;
}
```

Ce programme génère l'affichage suivant :

```
Alpha
Omega
AlphaBeta
Alpha to Omega
str3 > str1
Ceci est une chaine terminee par une valeur nulle.
Ceci est une chaine terminee par une valeur nulle.
Enter a string: STL
STL
```

Vous noterez la facilité avec laquelle les chaînes sont gérées. Par exemple, l'opérateur + est utilisé pour concaténer des chaînes, et l'opérateur < pour les comparer. Pour réaliser la même opération avec des chaînes de type C, il aurait fallu faire des appels beaucoup moins commodes aux fonctions **strcat( )** et **strcmp( )**. Dans la mesure où les objets **string** peuvent être librement mélangés avec des chaînes de caractères de type C, cela ne présente aucun inconvénient de les utiliser dans vos programmes – et il y a même beaucoup d'avantages à en tirer.

Il y a encore un point à noter, concernant le précédent programme : la taille des chaînes n'est pas spécifiée. La taille des objets **string** est automatiquement modifiée pour contenir la chaîne qui leur est fournie. Ainsi, lors de l'affectation ou de la concaténation de chaînes, la chaîne cible va s'agrandir suffisamment pour s'adapter à la taille de la nouvelle chaîne. Il n'est pas possible de dépasser la fin d'une chaîne. L'aspect dynamique des objets **string** est une des caractéristiques qui les rend plus avantageux que les chaînes standard.

Quelques fonctions membres de string

Bien que la plupart des opérations élémentaires sur les chaînes puissent être réalisées à l'aide des opérateurs de chaînes, les opérations plus subtiles nécessitent l'emploi des fonctions membres de **string**. La classe **string** dispose de trop nombreuses fonctions membres pour qu'on puisse toutes les étudier ici ; nous allons donc examiner quelques-unes parmi les plus couramment utilisées.

Manipulations basiques de string

Pour affecter une chaîne à une autre, il suffit d'exécuter la fonction **assign( )**. Deux des formes de cette fonction sont présentées ici :

```
string &assign(const string &strob, size_type start, size_type num);
string &assign(const char *str, size_type num);
```

Dans sa première forme, *num* caractères de *strob* commençant à l'indice spécifié par *start* sont affectés à l'objet appelant. Dans sa seconde forme, les *num* premiers caractères de la chaîne *str* sont affectés à l'objet appelant. Dans les deux cas, la fonction retourne une référence sur l'objet appelant. Bien sûr, il reste plus facile d'utiliser = pour affecter une chaîne entière à une autre. Vous exécuterez donc plutôt la fonction **assign( )** pour affecter une partie de chaîne.

Vous pouvez ajouter une partie d'une chaîne à une autre en exploitant la fonction membre **append( )**. Deux des formes de cette fonction sont présentées ici :

```
string &append(const string &strob, size_type start, size_type num);
string &append(const char *str, size_type num);
```

Dans sa première forme, *num* caractères de *strob* commençant à l'indice spécifié par *start* sont ajoutés à l'objet appelant. Dans sa seconde forme, les *num* premiers caractères de la chaîne *str* sont ajoutés à l'objet appelant. Bien sûr, il reste plus facile d'utiliser = pour ajouter une chaîne entière à une autre. Vous utiliserez donc plutôt la fonction **assign( )** pour affecter une partie de chaîne.

Il est possible d'insérer ou de remplacer des caractères au sein d'une chaîne en employant **insert( )** et **replace( )**. Les prototypes de leurs formes les plus fréquentes sont :

```
string &insert(size_type start, const string &strob);
string &insert(size_type start, const string &strob,
                    size_type insStart, size_type num);
string &replace(size_type start, size_type num, const string &strob);
string &replace(size_type start, size_type orgNum, const string &strob,
                    size_type replaceStart, size_type replaceNum);
```

La première forme d'**insert( )** insère *strob* dans la chaîne appelante, à l'indice spécifié par *start*. La seconde forme insère *num* caractères de *strob*, en commençant à l'indice spécifié par *insStart*, dans la chaîne appelante, à partir de l'index *start*.

En commençant à l'index *start*, **replace( )** remplace *num* caractères de la chaîne appelante par *strob*. La seconde forme remplace *orgNum* caractères dans la chaîne appelante, en commençant à l'indice *start*, par les *replaceNum* caractères de la chaîne *strob*, en commençant à l'indice *replaceStart*. Dans tous les cas, la fonction renvoie une référence sur la chaîne appelante.

Il est possible d'effacer des caractères dans une chaîne en utilisant la fonction **erase( )**. Une de ces formes est présentée ici :

```
string &erase(size_type start = 0, size_type num = npos);
```

Cette fonction efface *num* caractères dans la chaîne appelante en commençant à l'indice *start*.

Le programme suivant présente l'utilisation des fonctions **insert( )**, **erase( )** et **replace( )**.

```cpp
// Présentation de insert(), erase(), et replace().
#include <iostream>
#include <string>
using namespace std;

int main()
{
  string str1("Gestion des chaines en C++.");
  string str2("Puissance de la STL");

  cout << "Chaines initiales:\n";
  cout << "str1: " << str1 << endl;
  cout << "str2: " << str2 << "\n\n";

  // présente insert()
  cout << "Insert str2 dans str1:\n";
  str1.insert(7, str2);
  cout << str1 << "\n\n";

  // présente erase()
  cout << "Supprime 19 caracteres de str1:\n";
  str1.erase(6, 19);
  cout << str1 <<"\n\n";

  // présente replace
  cout << "Remplace 19 caracteres dans str1 par str2:\n";
  str1.replace(8, 19, str2);
  cout << str1 << endl;

  return 0;
}
```

L'affichage généré est alors :

```
Chaines initiales:
str1: Gestion des chaines en C++.
str2: Puissance de la STL
```

```
Insert str2 dans str1:
GestionPuissance de la STL des chaines en C++.

Supprime 9 caracteres de str1:
Gestion des chaines en C++.

Remplace 19 caracteres dans str1 par str2:
Gestion Puissance de la STL
```

Recherche dans une chaîne

La classe **string( )** fournit un certain nombre de fonctions membres qui recherchent dans une chaîne ; parmi celles-ci, il y a **find( )** et **rfind( )**. Voici les prototypes des versions les plus courantes de ces fonctions :

```
size_type find(const string &strob, size_type start=0) const;
size_type rfind(const string &strob, size_type start=npos) const;
```

À partir de l'indice *start*, **find( )** recherche dans la chaîne appelante la première occurrence de *strob*. Si elle en trouve une, la fonction retourne l'indice correspondant dans la chaîne appelante. Si elle ne trouve rien, **npos** est retourné. **rfind( )** est l'opposé de **find( )**. À partir de l'indice *start*, **rfind( )** recherche en sens inverse dans la chaîne appelante la première occurrence de *strob*. Si elle en trouve une, la fonction retourne l'indice correspondant dans la chaîne appelante. Si elle ne trouve rien, **npos** est retourné.

Voici un exemple simple d'utilisation de **find( )** et **rfind( )**.

```cpp
#include <iostream>
#include <string>
using namespace std;

int main()
{
  int i;
  string s1 =
    " Vif d'Esprit, Fort de Corps, Pur de Coeur";
  string s2;

  i = s1.find("Vif");
  if(i!=string::npos) {
    cout << "Element trouve a l'indice " << i << endl;
    cout << "Phrase restante :\n";
    s2.assign(s1, i, s1.size());
    cout << s2;
  }
  cout << "\n\n";
```

```
  i = s1.find("Fort");
  if(i!=string::npos) {
    cout << "Element trouve a l'indice " << i << endl;
    cout << "Phrase restante :\n";
    s2.assign(s1, i, s1.size());
    cout << s2;
  }
  cout << "\n\n";

  i = s1.find("Pur");
  if(i!=string::npos) {
    cout << "Element trouve a l'indice " << i << endl;
    cout << "Phrase restante :\n";
    s2.assign(s1, i, s1.size());
    cout << s2;
  }
  cout << "\n\n";

  // trouve les "de"
  i = s1.rfind("de");
  if(i!=string::npos) {
    cout << "Element trouve a l'indice " << i << endl;
    cout << "Phrase restante :\n";
    s2.assign(s1, i, s1.size());
    cout << s2;
  }

  return 0;
}
```

L'affichage généré est alors :

```
Element trouve a l'indice 0
Phrase restante :
Vif d'Esprit, Fort de Corps, Pur de Coeur

Element trouve a l'indice 14
Phrase restante :
Fort de Corps, Pur de Coeur

Element trouve a l'indice 29
Phrase restante :
Pur de Coeur

Element trouve a l'indice 33
Phrase restante :
de Coeur
```

Comparaison de chaînes

Pour comparer tout le contenu de deux chaînes, vous utiliserez normalement les opérateurs relationnels surchargés décrits précédemment. Cependant, si vous voulez comparer une partie d'une chaîne, vous devrez exécuter la fonction membre **compare( )** présentée ici :

```
int compare(size_type start, size_type num, const string &strob) const;
```

Ici, à partir de l'indice *start*, *num* caractères de *strob* sont comparés avec la chaîne appelante. Si cette dernière est inférieure à *strob*, **compare( )** renvoie une valeur inférieure à zéro. Si elle est supérieure à *strob*, **compare( )** renvoie une valeur supérieure à zéro. Si elle est égale à *strob*, **compare( )** renvoie zéro.

Récupérer une chaîne standard

Même si les objets **string** sont très utiles en soi, vous aurez parfois besoin de récupérer la chaîne sous forme d'une chaîne standard, terminée par une valeur nulle. Par exemple, vous utiliserez peut-être un objet **string** pour construire un nom de fichier. Toutefois, pour ouvrir un fichier, vous devrez spécifier un pointeur sur une chaîne standard. Pour résoudre ce problème, il existe la fonction membre **c_str( )**. Son prototype est présenté ici :

```
const char *c_str( ) const;
```

Cette chaîne retourne un pointeur sur la version chaîne standard du contenu de l'objet **string** appelant. La chaîne standard ne doit pas être modifiée par la suite. De plus, il n'est pas garanti qu'elle soit encore valide si d'autres opérations sont effectuées sur l'objet **string**.

Les chaînes sont des conteneurs

La classe **string** regroupe toutes les conditions nécessaires pour être un conteneur. Ainsi, elle admet les fonctions de conteneurs courantes, telles que **begin( )**, **end( )** et **size( )**. Elle reconnaît également les itérateurs. Par conséquent, la classe **string** peut être manipulée par des algorithmes. En voici un exemple simple :

```
// Les chaînes en tant que conteneurs.
#include <iostream>
#include <string>
#include <algorithm>
using namespace std;

int main()
{
  string str1("La gestion de chaine est aisee en C++");
  string::iterator p;
  int i;
```

```
// utilise size()
for(i=0; i<str1.size(); i++)
  cout << str1[i];
cout << endl;

// utilise iterator
p = str1.begin();
while(p != str1.end())
  cout << *p++;
cout << endl;

// utilise l'algorithme count()
i = count(str1.begin(), str1.end(), 'i');
cout << "Il y a " << i << "'i' dans str1.\n";

// utilise transform() pour mettre la chaine en majuscule
transform(str1.begin(), str1.end(), str1.begin(),
          toupper);
p = str1.begin();
while(p != str1.end())
  cout << *p++;
cout << endl;


  return 0;
}
```

L'affichage généré est alors :

```
La gestion de chaine est aisee en C++
La gestion de chaine est aisee en C++
Il y a 3 'i' dans str1.
LA GESTION DE CHAINE EST AISEE EN C++
```

Insertion de chaînes dans d'autres conteneurs

Même si **string** est un conteneur, les objets de type chaîne sont fréquemment contenus dans d'autres conteneurs, tels que les maps ou les listes. Par exemple, il existe une façon plus commode d'écrire le programme de répertoire téléphonique présenté précédemment. Ce programme utilise une map d'objets **string**, plutôt que de chaînes standard, pour gérer les noms et les numéros de téléphone.

```
// Utilise une map de string pour créer un repertoire téléphonique.
#include <iostream>
#include <map>
#include <string>
using namespace std;

int main()
{
  map<string, string> directory;

  directory.insert(pair<string, string>("Nicolas", "555-4533"));
  directory.insert(pair<string, string>("Clement", "555-9678"));
  directory.insert(pair<string, string>("Eric", "555-8195"));
  directory.insert(pair<string, string>("Stephane", "555-0809"));

  string s;
  cout << "Saisissez un nom : ";
  cin >> s;

  map<string, string>::iterator p;

  p = directory.find(s);
  if(p != directory.end())
    cout << "Numero de telephone: " << p->second;
  else
    cout << "Le nom n'est pas dans le repertoire.\n";

  return 0;
}
```

Dernière remarque concernant la STL

La STL fait désormais partie intégrante du langage C++. De nombreuses tâches de programmation sont déjà (et seront dans une plus large mesure dans le futur) articulées autour de cette bibliothèque standard. La STL allie la puissance à la souplesse de programmation ; et même si sa syntaxe est quelque peu complexe, sa facilité d'utilisation est remarquable. Aucun programmeur C++ ne peut aujourd'hui négliger la STL, car elle va jouer un rôle important dans la façon d'écrire les programmes à l'avenir.

PARTIE III

Bibliothèque de fonctions standard

Le langage C++ comprend deux types de bibliothèque : l'une se compose de fonctions standard ; l'autre correspond à une bibliothèque de classes. Concernant la première, ses fonctions sont « d'intérêt général » et autonomes, dans le sens où elles ne font partie d'aucune classe. Cette bibliothèque est héritée du langage C. Cette troisième partie est consacrée à sa description. Le deuxième type, orienté objet, est une bibliothèque proposant des classes et sera quant à lui traité en détail dans la quatrième partie de l'ouvrage.

La bibliothèque de fonctions standard est divisée en plusieurs catégories, listées ci-dessous :

- Fonctions d'entrées/sorties

- Fonctions de manipulation de chaînes et de caractères

- Fonctions mathématiques

- Fonctions de gestion de dates, relatives au temps et aux paramètres régionaux

- Fonctions d'allocation dynamique

- Fonctions diverses

- Fonctions de manipulation des caractères longs (sur 16 bits)

Cette dernière catégorie a été ajoutée à la bibliothèque standard du langage C en 1995, et fut par la suite intégrée à celle du C++. Les fonctions qui y sont fournies permettent de manipuler le type **wchar_t**, et sont équivalentes à de nombreuses autres fonctions de la bibliothèque. C'est pourquoi, au final, l'utilisation de cette partie de la bibliothèque est très limitée. Le langage C++ fournit de meilleurs mécanismes de gestion pour les environnements impliquant ces caractères sur 16 bits ; mais, dans un souci d'exhaustivité, cette catégorie est tout de même décrite dans le chapitre 31.

Un dernier point : les compilateurs reconnaissent plus de fonctions que celles définies par le Standard C/C++. Ces fonctionnalités supplémentaires fournissent en particulier des moyens d'interfacer le système d'exploitation ou autres opérations relatives à un environnement spécifique. Pour cela, consultez la documentation de votre compilateur.

CHAPITRE 25

Fonctions d'entrées/ sorties héritées du C

e chapitre présente les fonctions standards d'entrées/sorties, héritées du langage C et définies par le Standard C/C++. Malgré la tentation qui guette d'utiliser le système d'E/S orienté objet du C++ dans vos nouveaux programmes, rien ne vous empêche d'exploiter les fonctions d'E/S du C, quand elles vous semblent appropriées. Les fonctions décrites dans ce chapitre furent dans un premier temps spécifiées par le Standard C ANSI. Elles sont maintenant référencées le système d'E/S du C ANSI.

Le fichier d'en-tête associé à ces fonctions d'E/S est **<cstdio>** (en C, il s'agit **stdio.h**). Il définit plusieurs macros et types utilisés par le système de fichiers, le plus important d'entre eux étant le type **FILE**, qui permet de déclarer un pointeur sur fichier. Deux autres types importants sont **size_t** et **fpos_t**.

size_t (correspondant généralement à une forme d'entier non signé) désigne un objet pouvant contenir un entier inférieur ou égal à la taille maximale autorisée par un système d'exploitation pour un fichier.

fpos_t désigne lui un objet permettant de gérer toutes les informations utiles pour spécifier sans équivoque une position à l'intérieur d'un fichier. Enfin, la macro la plus communément exploitée dans ce fichier d'en-tête est **EOF**, qui correspond à la valeur indiquant la fin d'un ficher (End Of File).

Nombre de ces fonctions d'E/S initialisent elles-mêmes la variable entière **errno.** Cette variable globale primitive peut vous être utile lorsqu'une erreur est soulevée, pour obtenir de plus amples informations sur elle. Les valeurs qu'**errno** peut prendre dépendent de l'implémentation.

Pour avoir une vue générale du système d'E/S de base, référez-vous aux chapitres 8 et 9 de la Partie I.

Note. Ce chapitre décrit les fonctions d'E/S de caractères. Elles correspondent aux fonctions définies à l'origine par le Standard C/C++, et sont de loin les plus largement utilisées. En 1995, plusieurs fonctions de manipulation des caractères sur 16 bits (**wchar_t**) ont été ajoutées. Ces dernières sont brièvement décrites dans le chapitre 31.

clearerr

```
#include <cstdio>
void clearerr(FILE *stream);
```

La fonction **clearerr( )** fixe à zéro le flag d'erreur, associé au flux désigné par le pointeur *stream*. L'indicateur de fin de fichier est également réinitialisé à zéro.

Le flag d'erreur de chacun des flux est normalement fixé à zéro, suite à un appel réussi de la fonction **fopen( )**. Après qu'une erreur soit survenue, ce flag garde sa valeur, jusqu'à ce qu'un appel explicite de la fonction **clearerr( )** ou **rewind( )** soit effectué.

Les erreurs relatives aux fichiers peuvent se produire pour de nombreuses raisons, dont la plupart sont directement liées au système d'exploitation. La nature exacte de l'erreur peut être déterminée en exécutant **perror( )** (voir **perror( )** plus loin dans cette section).

Les autres fonctions relatives à **clearerr** sont **feof( )**, **ferror( )** et **perror( )**.

fclose

```
#include <cstdio>
int fclose(FILE *stream);
```

La fonction **fclose( )** ferme le fichier désigné par le pointeur *stream* indiqué en paramètre, et libère la mémoire tampon associée. Après un appel à **fclose( )**, le pointeur *stream* ne permet plus d'atteindre le fichier initial ; toute mémoire tampon relative à ce fichier, et préalablement allouée, est par ailleurs libérée.

Zéro est retourné si l'appel à **fclose( )** est réussi, **EOF** dans le cas contraire. Tenter de fermer un fichier qui l'est déjà soulève une erreur. De même, effacer la mémoire tampon associée à un fichier avant de le fermer va générer une erreur, puisque cela sera interprété comme un manque d'espace disque.

Les autres fonctions relatives à **fclose** sont **fopen( )**, **freopen( )** et **fflush( )**.

feof

```
#include <cstdio>
int feof(FILE *stream);
```

La fonction **feof( )** vérifie la valeur de l'indicateur de position associé au flux *stream*, pour déterminer si la fin du fichier est atteinte. Une valeur non nulle est renvoyée si c'est le cas, zéro autrement.

Une fois la fin d'un fichier atteinte, les opérations ultérieures de lecture retourneront **EOF** jusqu'à ce que la fonction **rewind( )** soit exécutée, ou que l'indicateur de position soit modifié par l'utilisation de **fseek( )**.

La fonction **feof( )** est particulièrement intéressante lorsque vous travaillez avec des fichiers binaires, dans la mesure où la marque de fin de fichier correspond à un entier binaire valide. Un appel à **feof( )** est donc nécessaire, car tester la valeur retournée par la fonction **getc( )** est insuffisant pour déterminer s'il s'agit de la fin d'un fichier ou d'un entier binaire.

Les autres fonctions relatives à **feof** sont **clearerr( )**, **ferror( )**, **perror( )**, **putc( )** et **getc( )**.

ferror

```
#include <cstdio>
int ferror(FILE *stream);
```

La fonction **ferror( )** vérifie si aucune erreur n'est associée au fichier désigné en paramètre par *stream*. Une valeur de retour égale à zéro signifie un déroulement normal. Une valeur non nulle indique la présence d'une erreur.

Les flags d'erreurs associés au fichier *stream* gardent leurs valeurs, à moins que le fichier ne soit fermé, ou que la fonction **rewind( )** ou **clearerr( )** ne soit invoquée.

Pour déterminer la nature exacte de l'erreur, utilisez la fonction **perror( )**.

Les autres fonctions relatives à **ferror** sont **clearerr( )**, **feof( )** et **perror( )**.

fflush

```
#include <cstdio>
int fflush(FILE *stream);
```

Si *stream* pointe sur un fichier ouvert en écriture, un appel à la fonction **fflush( )** va permettre d'y écrire le contenu de la mémoire tampon correspondante. Dans le cas où *stream* désigne un fichier ouvert en lecture, **fflush( )** se contente d'effacer le contenu de la mémoire tampon associée. Dans tous les cas de figure, le fichier reste ouvert. Zéro est retourné si tout se déroule correctement. Le renvoi d'**EOF** indique en revanche qu'une erreur d'écriture s'est produite.

Toutes les mémoires tampons sont automatiquement vidées de leur contenu après la fin normale d'un programme, ou lorsqu'elles sont pleines. La fermeture d'un fichier entraîne également la purge de la mémoire tampon associée.

Les autres fonctions relatives à **fflush** sont **fclose( )**, **fopen( )**, **fread( )**, **fwrite( )**, **getc( )** et **putc( )**.

fgetc

```
#include <cstdio>
int fgetc(FILE *stream);
```

La fonction **fgetc( )** retourne le caractère suivant la position courante du fichier pointé par *stream*. La position dans le fichier est ensuite incrémentée. Le caractère est lu comme un **unsigned char** qui est converti et retourné en entier.

Si la fin de fichier est atteinte, **fgetc( )** retourne **EOF**. Vous devez toutefois exploiter la fonction **feof( )** si vous désirez tester la concordance du caractère renvoyé avec le caractère de fin de fichier, dans la mesure où **EOF** représente une valeur entière valide en binaire. **EOF** est également retourné si **fgetc( )** rencontre une erreur. Si vous travaillez avec des fichiers binaires, utilisez la fonction **ferror( )** pour vérifier les erreurs de fichiers.

Les autres fonctions relatives à **fgetc( )** sont **fputc( )**, **getc( )**, **putc( )** et **fopen( )**.

fgetpos

```
#include <cstdio>
int fgetpos(FILE *stream, fpos_t *position);
```

La fonction **fgetpos( )** permet d'enregistrer, dans l'objet désigné en paramètre par *position*, la valeur courante de l'indicateur de position du fichier *stream*. L'objet pointé par *position* est impérativement du type **fpos_t**. La valeur ainsi récupérée peut ensuite être utilisée dans les appels postérieurs à **fsetpos( )**.

fgetpos( ) retourne une valeur non nulle en cas d'erreur, et zéro si tout se déroule correctement.

Les autres fonctions relatives à **fgetpos( )** sont **fsetpos( )**, **fseek( )** et **ftell( )**.

fgets

```
#include <cstdio>
char *fgets(char *str, int num, FILE *stream);
```

La fonction **fgets( )** lit jusqu'à *num*-1 caractères dans le fichier *stream*, et les place dans le tableau de caractères pointé par *str*. Les caractères sont lus jusqu'à ce qu'une nouvelle ligne ou qu'un caractère **EOF** soit rencontré, ou que la limite spécifiée soit atteinte. Une valeur nulle est placée dans le tableau à la suite du dernier caractère lu, ainsi qu'un caractère de nouvelle ligne.

fgets( ) retourne un pointeur nul en cas d'erreur, et *str* si tout se déroule correctement. Si une erreur d'écriture se produit, le contenu du tableau *str* n'est pas initialisé. Dans la mesure où un pointeur nul est retourné, soit lorsqu'une erreur s'est produite, soit lorsque la fin du fichier est atteinte, vous devez exécuter les fonctions **feof( )** ou **ferror( )** pour connaître la réelle cause du problème.

Les autres fonctions relatives à **fgets( )** sont **fputs( )**, **fgetc( )**, **gets( )** et **puts( )**.

fopen

```
#include <cstdio>
FILE *fopen(const char *fname, const char *mode);
```

La fonction **fopen( )** permet d'ouvrir un fichier dont le nom est passé en paramètre (ici *fname*), et de retourner un pointeur sur le flux qui lui est associé. Les types d'opérations qui seront acceptés sur ce fichier sont définis par la valeur du paramètre *mode*, les valeurs possibles étant récapitulées dans le tableau 25-1. Le nom de fichier doit correspondre à une chaîne de caractères définissant un nom de fichier valide, tel que le système d'exploitation l'impose. Si l'environnement l'admet, cette chaîne peut éventuellement inclure le chemin d'accès au fichier.

Mode	Signification
« **r** »	Ouverture d'un fichier texte en lecture
« **w** »	Ouverture d'un fichier texte en écriture
« **a** »	Ajout en fin d'un fichier texte
« **rb** »	Ouverture d'un fichier binaire en lecture
« **wb** »	Ouverture d'un fichier binaire en écriture
« **ab** »	Ajout en fin d'un fichier binaire
« **r+** »	Ouverture d'un fichier texte en lecture/écriture
« **w+** »	Création d'un fichier texte en lecture/écriture
« **a+** »	Ouverture d'un fichier texte en lecture/écriture
« **rb+** » ou « **r+b** »	Ouverture d'un fichier binaire en lecture/écriture
« **wb+** » ou « **w+b** »	Création d'un fichier binaire en lecture/écriture
« **ab+** » ou « **a+b** »	Ouverture d'un fichier binaire en lecture/écriture

Tableau 25-1 Valeurs possibles pour le paramètre *mode* de la fonction fopen( )

Si l'appel à **fopen( )** et l'ouverture du fichier se déroulent correctement, un pointeur sur un objet de type **FILE** est renvoyé par la fonction. Si le fichier ne peut pas être ouvert, un pointeur nul est retourné.

Comme le montre le tableau, un fichier peut être ouvert soit en mode texte, soit en mode binaire. En mode texte, certains caractères seront substitués. Par exemple, les caractères de nouvelle ligne peuvent être remplacés par la séquence composée d'un caractère retour chariot et d'un caractère de changement de ligne. Aucun de ces remplacements n'est effectué en mode binaire.

Le fragment de code suivant vous propose une méthode sécurisée pour ouvrir un fichier :

```
FILE *fp;

if ((fp = fopen("test", "w"))==NULL) {
  printf("Cannot open file.\n");
  exit(1);
}
```

Cette séquence d'instructions permet de détecter n'importe quelle erreur lors de l'ouverture du fichier, qu'il s'agisse d'une protection en écriture ou d'un manque d'espace disque, avant de tenter d'y écrire quelque donnée. **NULL** sert pour indiquer qu'une erreur s'est produite, dans la mesure où aucun pointeur sur fichier ne se verra attribuer cette valeur.

Si vous utilisez **fopen( )** pour ouvrir un fichier dans lequel vous comptez écrire, tout fichier préexistant du même nom sera effacé, un nouveau fichier étant créé. Si aucun fichier de ce nom existe, celui-ci sera créé. L'ouverture d'un fichier pour des opérations de lecture nécessite en revanche son existence préalable. Si ce n'est pas le cas, une erreur est retournée. Pour écrire à la fin d'un fichier, utilisez le mode « a ». Là encore, si le fichier n'existe pas, il sera créé.

Lors de l'accès à un fichier pour des opérations de lecture et d'écriture, une opération d'écriture ne doit pas succéder à une opération de lecture sans un appel intermédiaire à **fflush( )**, **fseek( )**, **fsetpos( )** ou **rewind( )**. De la même façon, vous devez éviter de faire suivre une opération de lecture et une opération d'écriture sans intercaler un appel de l'une des fonctions précitées.

Les autres fonctions relatives à **fopen( )** sont **fclose( )**, **fread( )**, **fwrite( )**, **putc( )** et **getc( )**.

fprintf

```
#include <cstdio>
int fprintf(FILE *stream, const char *format, ...);
```

La fonction **fprintf( )** écrit dans le fichier pointé par *stream* les valeurs passées en argument, en suivant le format spécifié dans la chaîne *format*. La valeur de retour correspond au nombre de caractères réellement écrits dans le fichier. En cas d'erreur, un nombre négatif est retourné.

Vous pouvez préciser de 0 à autant de paramètres que votre système d'exploitation vous le permet.

Les opérations et les commandes de contrôle de format précisées dans la chaîne *format* sont semblables à celles prévalant pour **printf( )** ; consultez donc **printf( )** pour une description complète.

Les autres fonctions relatives à **fprintf( )** sont **printf( )** et **fscanf( )**.

fputc

```
#include <cstdio>
int fputc(int ch, FILE *stream);
```

La fonction **fputc( )** écrit le caractère *ch* dans le flux spécifié, à la position courante, et avance ensuite l'indicateur de position du fichier correspondant. Bien que *ch* soit déclaré comme un **int**, pour des raisons historiques, **fputc( )** le convertit en **unsigned char**. Dans la mesure où les caractères passés en argument sont transformés en entiers, au moment de l'appel, ils sont généralement spécifiés sous forme de caractères. Si une valeur entière était passée en argument, le ou les octets de poids fort seraient simplement ignorés.

La valeur retournée par **fputc( )** correspond à celle du caractère écrit. En cas d'erreur, **EOF** est renvoyé. Pour les fichiers ouverts pour des opérations binaires, le caractère **EOF** peut correspondre à un caractère valide, et la fonction **ferror( )** est alors utile pour déterminer s'il s'agit réellement d'une erreur.

Les autres fonctions relatives à **fputc( )** sont **fgetc( )**, **fopen( )**, **fprintf( )**, **fread( )** et **fwrite( )**.

fputs

```
#include <cstdio>
int fputs(const char *str, FILE *stream);
```

La fonction **fputs( )** écrit le contenu de la chaîne pointée par *str* dans le flux spécifié. Aucune valeur nulle n'est positionnée en fin de chaîne.

La fonction **fputs( )** retourne une valeur positive ou nulle si aucune erreur ne survient, et **EOF** dans le cas contraire.

Si le flux est ouvert en mode texte, certaines conversions de caractère peuvent avoir lieu, ce qui signifie que la chaîne dans le fichier ne sera pas forcément une copie caractère par caractère de celle fournie en paramètre. En revanche, si le flux est ouvert en mode binaire, aucune substitution ne sera opérée, et une correspondance exacte existera entre le fichier et la chaîne passée.

Les autres fonctions relatives à **fputs( )** sont **fgets( )**, **gets( )**, **puts( )**, **fprintf( )** et **fscanf( )**.

fread

```
#include <cstdio>
size_t fread(void *buf, size_t size, size_t count, FILE *stream);
```

La fonction **fread( )** lit dans le flux pointé par *stream count* objets, chacun de ces derniers étant d'une taille de *size* octets. Ils sont ensuite placés dans le tableau pointé par *buf*. L'indicateur de position dans le fichier est incrémenté du nombre de caractères lus.

La fonction **fread( )** retourne le nombre de caractères réellement lus. Si le nombre de caractères lus est inférieur à celui demandé dans l'appel, soit une erreur s'est produite, soit la fin du fichier a été atteinte. Vous devez utiliser **feof( )** ou **ferror( )** pour déterminer dans quel cas vous vous trouvez.

Si le flux est ouvert en mode texte, certaines substitutions de caractères ont lieu, telle que le remplacement de la séquence caractère retour chariot/caractère de changement de ligne par le caractère de nouvelle ligne.

Les autres fonctions relatives à **fread( )** sont **fwrite( )**, **fopen( )**, **fscanf( )**, **fgetc( )** et **getc( )**.

freopen

```
#include <cstdio>
FILE *freopen(const char *fname, const char *mode, FILE *stream);
```

La fonction **freopen( )** associe un fichier différent à un flux existant. Le nom du nouveau fichier est pointé par *fname*, le mode d'accès par *mode* et le flux par *stream*. La chaîne de caractères *mode* applique le même format que celui en vigueur dans **fopen( )** ; tous les détails sont fournis dans la description de cette fonction.

Lorsqu'elle est invoquée, **freopen( )** tente d'abord de fermer le fichier qui peut être associé à *stream* au moment de l'appel. Si l'essai de fermeture du fichier échoue, la fonction continue en ouvrant l'autre fichier.

La fonction **freopen( )** retourne un pointeur sur *stream*, si tout se déroule correctement, et un pointeur nul dans les autres cas.

L'utilisation principale de **freopen( )** consiste à rediriger les fichiers prédéfinis que sont **stdin**, **stdout** et **stderr** vers d'autres fichiers.

Les autres fonctions relatives à **freopen( )** sont **fopen( )** et **fclose( )**.

fscanf

```
#include <cstdio>
int fscanf(FILE *stream, const char *format, ...);
```

La fonction **fscanf( )** fonctionne exactement de la même manière que **scanf( )**, hormis que les informations lues proviennent du flux désigné par *stream* et non de **stdin**. Référez-vous à la fonction **scanf( )** pour obtenir tous les détails.

La fonction **fscanf( )** retourne le nombre d'arguments auxquels une valeur a été attribuée, sans prendre en compte les arguments pour lesquels cette assignation n'a éventuellement pas fonctionné. Une valeur de retour égale à **EOF** signifie qu'une erreur s'est produite avant que la première affectation n'ait lieu.

Les autres fonctions relatives à **fscanf( )** sont **scanf( )** et **fprintf( )**.

fseek

```
#include <cstdio>
int fseek(FILE *stream, long offset, int origin);
```

La fonction **fseek( )** fixe la valeur de l'indicateur de position associé au flux *stream*, en considérant les valeurs du décalage (argument nommé *offset*) et de l'origine (argument nommé *origin*). L'intérêt de cette fonction est de permettre un accès aléatoire pour des opérations d'entrées/sorties. Le paramètre *offset* définit le nombre d'octet, depuis *origin*, sur lequel la recherche va s'effectuer. La valeur du paramètre *origin* doit correspondre à une des macros suivantes (macros définies dans **<cstdio>**) :

Nom	Signification
SEEK_SET	Recherche depuis le début du fichier
SEEK_CUR	Recherche depuis la position courante
SEEK_END	Recherche depuis la fin du fichier

Une valeur de retour égale à zéro signifie que tout s'est déroulé correctement. Une valeur non nulle indique au contraire qu'une erreur s'est produite.
Vous pouvez utiliser **fseek( )** pour modifier la valeur de l'indicateur de position d'un fichier, même pour lui affecter une valeur au-delà de sa fin. En revanche, une erreur se produira si vous tentez d'affecter à cet indicateur une valeur qui précède le début du fichier.

La fonction **fseek( )** efface le drapeau de fin de fichier associé au flux passé en paramètre. De plus, **fseek** annule l'effet de tous les appels antérieurs à la fonction **ungetc( )** effectués sur le même fichier (voir **ungetc( )** plus loin dans cette section).

Les autres fonctions relatives à **fseek( )** sont **ftell( )**, **rewind( )**, **fopen( )**, **fgetpos( )** et **fsetpos( )**.

fsetpos

```
#include <cstdio>
int fsetpos(FILE *stream, const fpos_t *position);
```

La fonction **fsetpos( )** affecte à la valeur de l'indicateur de position d'un fichier la position définie par l'objet pointé par le paramètre *position*. Cette valeur doit avoir été obtenue *via* un appel à la fonction **fgetpos( )**. Après que **fsetpos( )** soit exécutée, l'indicateur de fin de fichier est réinitialisé. De plus, l'effet de tout appel antérieur à **ungetc( )** est annulé.

Si **fsetpos( )** échoue, une valeur non nulle est renvoyée et, dans le cas contraire, zéro est retourné.

Les autres fonctions relatives à **fsetpos( )** sont **fgetpos( )**, **fseek( )** et **ftell( )**.

ftell

```
#include <cstdio>
long ftell(FILE *stream);
```

La fonction **ftell( )** retourne la valeur courante de l'indicateur de position du flux correspondant à *stream*. Dans le cas de flux binaires, la valeur est le nombre d'octets qui sépare la position de l'indicateur du début du fichier. Pour des flux texte, la valeur retournée n'a pas réellement de sens, hormis si elle est passée en argument de la fonction **fseek( )** à cause des éventuelles substitutions de caractères effectuées, qui affectent la taille apparente du fichier.

La fonction **ftell( )** retourne –1 en cas d'erreur. Si le flux ne permet pas une recherche aléatoire – dans le cas d'un modem par exemple – la valeur retournée est indéfinie.

Les autres fonctions relatives à **ftell( )** sont **fseek( )** et **fgetpos( )**.

III

BIBLIOTHÈQUE DE FONCTIONS STANDARD

fwrite

```
#include <cstdio>
size_t fwrite(const void *buf, size_t size, size_t count, FILE *stream);
```

La fonction **fwrite( )** écrit, depuis le tableau de caractères pointé par *buf* et dans le flux pointé par *stream*, autant d'objets que spécifiés par le paramètre *count*, chacun d'eux étant de taille *size* octets. L'indicateur de position du fichier est incrémenté du nombre de caractères écrits.

La fonction **fwrite( )** retourne le nombre d'éléments réellement écrits, qui, si tout se déroule correctement, est égal au paramètre *count*. Si tel n'est pas le cas, une erreur s'est produite. Pour des flux textes, différentes substitutions de caractères peuvent avoir lieu, sans avoir d'effet sur la valeur de retour.

Les autres fonctions relatives à **ftell( )** sont **fread( )**, **fscanf( )**, **getc( )** et **fgetc( )**.

getc

```
#include <cstdio>
int getc(FILE *stream);
```

La fonction **getc( )** retourne le caractère suivant du flux d'entrée, et incrémente l'indicateur de position. Le caractère est lu comme un **unsigned char**, et ensuite converti en entier.

Si la fin du fichier est atteinte, **getc( )** retourne **EOF**. En revanche, dans la mesure où **EOF** correspond à une valeur entière valide dans un contexte binaire, vous devez utiliser **feof( )** pour vérifier qu'il s'agit réellement de la fin d'un fichier. En cas d'erreur, **EOF** est renvoyé. Là encore, avec des flux binaires, vous devez vous servir de **ferror( )** pour vérifier s'il s'agit d'erreurs de fichiers.

Les fonctions **getc( )** et **fgetc( )** sont semblables et, dans la plupart des implémentations, **getc( )** est simplement défini comme la macro suivante :

```
#define getc(fp) fgetc(fp)
```

Cela a pour effet de remplacer la macro **getc( )** par la fonction **fgetc( )**.

Les autres fonctions relatives à **getc( )** sont **fputc( )**, **fgetc( )**, **putc( )** et **fopen( )**.

getchar

```
#include <cstdio>
int getchar(void);
```

La fonction **getchar( )** retourne le caractère suivant du flux **stdin**. Le caractère est lu comme un **unsigned char**, et ensuite converti en entier.

Si la fin du fichier est atteinte, **getchar( )** retourne **EOF**. Dans la mesure où **EOF** correspond à une valeur entière valide dans un contexte binaire, vous devez utiliser **feof( )** pour vérifier qu'il s'agit réellement de la fin d'un fichier. En cas d'erreur, **EOF** est renvoyé. Là encore, avec des flux binaires, vous devez utiliser **ferror( )** pour vérifier s'il s'agit d'erreur de fichiers.

La fonction **getchar( )** est souvent implémentée sous forme de macro.

Les autres fonctions relatives à **getchar( )** sont **fputc( )**, **fgetc( )**, **putc( )** et **fopen( )**.

gets

```
#include <cstdio>
char *gets(char *str);
```

La fonction **gets( )** lit des caractères dans le flux **stdin**, et les place dans le tableau de caractères pointé par *str*. Les caractères sont lus jusqu'à ce qu'une nouvelle ligne ou le caractère **EOF** soit reçu. Le caractère de nouvelle ligne n'est pas copié dans le tableau, mais remplacé par une valeur nulle pour terminer la chaîne.

Si aucune erreur ne survient, **gets( )** retourne *str*. Un pointeur nul est renvoyé en cas d'échec. En cas d'erreur de lecture, le contenu du tableau pointé par *str* est indéfini. Dans la mesure où un pointeur nul est renvoyé en cas d'erreur, mais également si la fin du flux est atteinte, vous devez exécuter **feof( )** ou **ferror( )** pour déterminer ce qu'il s'est réellement passé.

Il n'existe aucune façon de limiter le nombre de caractères que **gets( )** lira ; c'est par conséquent de votre responsabilité de vous assurer que le tableau pointé par *str* est d'une taille suffisante.

Les autres fonctions relatives à **gets( )** sont **fputs( )**, **fgetc( )**, **fgets( )** et **puts( )**.

perror

```
#include <cstdio>
void perror(const char *str);
```

La fonction **perror( )** permet de faire la correspondance entre la valeur de la variable globale **errno** et une chaîne, pour ensuite écrire cette dernière dans **stderr**. Si la valeur de *str* n'est pas nulle, celle-ci est écrite, suivie de deux-points et du message défini par l'application.

printf

```
#include <cstdio>
int printf(const char *format...);
```

La fonction **printf( )** écrit dans **stdout** les arguments qui lui sont passés, tels qu'ils sont définis dans la chaîne *format*.

La chaîne pointée par *format* comprend donc deux éléments : d'une part, les caractères qui seront affichés et, d'autre part, le format des arguments ensuite listés. Un format est spécifié sous la forme du symbole % suivi par le caractère identifiant le format. À chaque argument, doit correspondre une spécification de format, la correspondance entre le format et l'argument se faisant dans l'ordre d'apparition. Dans l'exemple suivant, l'instruction **printf( )** affiche "Hi c 10 there!".

```
printf("Hi %c %d %s", 'c', 10, "there!");
```

Si le nombre de formats spécifiés dépasse le nombre d'arguments à afficher, la sortie est indéfinie. À l'inverse, s'il y a plus d'arguments que de formats, les arguments suivants sont ignorés. Les formats sont récapitulés dans le tableau 25-2.

Code	Format
%c	Caractère
%d	Entier décimal signé
%i	Entier décimal signé
%e	Notation scientifique (e minuscule)
%E	Notation scientifique (E majuscule)
%f	Décimal à virgule flottante
%g	Utilise %e ou %f, en prenant la forme la plus courte (si c'est le format %e, utilise e minuscule)
%G	Utilise %e ou %f, en prenant la forme la plus courte (si c'est le format %e, utilise E majuscule)
%o	Octal non signé
%s	Chaîne de caractères
%u	Entier décimal non signé
%x	Hexadécimal non signé (lettres minuscules)
%X	Hexadécimal non signé (lettres majuscules)
%p	Affiche un pointeur
%n	L'argument associé est un pointeur sur un entier, entier précisant le nombre de caractères écrits à ce stade de progression
%%	Affiche le symbole %

Tableau 25-2   Les indicateurs de format pour la fonction printf( )

La fonction **printf( )** retourne le nombre de caractères réellement affichés. Une erreur est indiquée par une valeur de retour négative.

Les codes définissant les différents formats peuvent être complétés par des indicateurs de taille, des indicateurs de précision, ou par un flag de justification à gauche. Ainsi, un entier placé entre le symbole **%** et la lettre définissant le format a pour effet de spécifier une taille minimale pour le format concerné. Les éléments affichés par la fonction sont alors complétés par des espaces ou par des zéros, pour assurer qu'ils sont d'une taille au moins égale à ce minimum. Si la chaîne ou le nombre est d'une taille dépassant le minimum défini par cet indicateur, l'élément correspondant sera affiché dans sa totalité. Par défaut, la complétion se fait avec des espaces. Si vous désirez que cela se fasse avec des 0, précédez l'indicateur de taille par un 0. Par exemple, **%05d** permettra de compléter un nombre de moins de cinq chiffres par des 0, de telle manière qu'il soit d'une taille de cinq chiffres au final.

La signification exacte de l'indicateur de précision dépend du code de format affecté. Pour spécifier une précision, vous devez placer, à la suite de l'indicateur de taille, un point suivi d'un nombre (lequel déterminera réellement la précision). Pour les formats **e**, **E** et **f**, l'indicateur de précision détermine le nombre de décimales affichées. Par exemple, **%10.4f** affichera un nombre d'au moins 10 chiffres, avec 4 après la virgule. Quand cet indicateur est appliqué au format **g** ou **G**, il détermine le nombre maximal de chiffres significatifs affichés. Quand il s'agit d'entiers, cet indicateur permet de spécifier le nombre minimal de chiffres qui sera affiché. Des zéros sont ajoutés en-tête du nombre, si nécessaire. Enfin, lorsqu'il est appliqué à une chaîne de caractères, le nombre suivant le point définit la taille maximale. Par exemple, **%5.7s** permet d'afficher une chaîne qui sera composée d'au moins cinq caractères et qui ne dépassera pas les sept caractères. Si la chaîne est plus longue que cette taille maximale, elle sera tronquée par la fin.

Par défaut, les sorties de la fonction **printf( )** sont justifiées à droite : si la taille du champ est plus grande que les données qu'il contient, les données affichées sont « calées » sur le bord droit. Vous pouvez forcer une justification des données à gauche en plaçant un signe moins directement après le symbole **%**. Par exemple, **%–10.2f** justifiera à gauche une nombre à virgule flottante, composé de 10 chiffres dont deux décimales.

Il existe deux indicateurs à insérer dans les codes de format pour permettre à **printf( )** d'afficher des entiers « courts » et des entiers longs. Ces indicateurs ne s'appliquent qu'aux types correspondant à **d**, **i**, **o**, **u** et **x**. L'indicateur **l** informe **printf( )** qu'une donnée de type long est affichée. Par exemple, **%ld** désigne un entier long. L'indicateur **h** lui, indique à **printf( )** qu'il s'agit d'une donnée de type court. Par conséquent, **%hu** représente un entier court non signé.

Si vous utilisez un compilateur moderne reconnaissant les caractères longs (caractéristique ajoutée en 1995), vous pouvez alors utiliser l'indicateur **l** avec le code de format **c** pour une donnée de type **wchar_t**. Vous pouvez également combiner l'indicateur **l** avec le code de format **s** pour signifier une chaîne de caractères longs.

L'indicateur **L** peut précéder les formats à virgule flottante que sont **e**, **f** et **g**, pour indiquer un **long double**.

La commande **%n** a pour effet de placer dans la variable entière, spécifiée dans la liste des arguments, le nombre de caractères déjà écrits au moment où la séquence **%n** est rencontrée. Par exemple, ce fragment de code affiche le nombre 14 après "This is a test" :

```
int i;

printf("This is a test%n", &i);
printf("%d", i);
```

Le caractère **#** à une signification particulière lorsqu'il est utilisé avec certains formats de la fonction **printf( )**. En précédant les formats **g**, **G**, **f**, **e** ou **E** d'un **#**, vous vous assurez que le point décimal soit présent, même si le nombre ne compte aucune décimale. Utilisé avec **x** ou **X**, **#** permettra d'afficher le nombre hexadécimal avec le préfixe **0x**. Enfin, avec le format **o**, **#** permettra d'afficher la valeur octale avec le préfixe **0**. Le symbole **#** ne peut être appliqué à aucun autre format.

L'indicateur de taille et de précision peuvent être fournis à **printf( )** sous forme d'arguments (à la place des constantes usuelles). Pour ce faire, utilisez le symbole * : lorsque la chaîne *format* sera analysée, **printf( )** fera correspondre chacune des * à un argument, dans l'ordre d'apparition.

Les autres fonctions relatives à **printf( )** sont **scanf( )** et **fprintf( )**.

putc

```
#include <cstdio>
int putc(int ch, FILE *stream);
```

La fonction **putc( )** écrit, dans le flux de sortie pointé par *stream*, le caractère défini par l'octet de poids faible de l'entier *ch*. Vous pouvez directement passer en argument le caractère que vous désirez écrire dans le flux, dans la mesure où celui-ci est ensuite transformé en entier au moment de l'appel.

La fonction **putc( )** retourne le caractère écrit si aucune erreur n'est survenue, ou **EOF** en cas d'erreur. Si le flux spécifié est ouvert en mode binaire, **EOF** est une valeur valide pour *ch*. Cela signifie que vous devez utiliser **ferror( )** pour déterminer si une erreur est survenue.

Les autres fonctions relatives à **putc( )** sont **fgetc( )**, **fputc( )**, **getchar( )** et **putchar( )**.

putchar

```
#include <cstdio>
int putchar(int ch);
```

La fonction **putchar( )** écrit dans le flux de sortie standard **stdout** le caractère défini par l'octet de poids faible de l'entier *ch*. Fonctionnellement, **putchar(ch)** correspond à **putc(ch, stdout)**. Vous pouvez directement passer en argument de la fonction **putchar( )** le caractère que vous désirez écrire, dans la mesure où celui-ci est ensuite transformé en entier au moment de l'appel.

La fonction **putchar( )** retourne le caractère écrit si aucune erreur n'est survenue, ou **EOF** en cas d'erreur. Si le flux spécifié est ouvert en mode binaire, **EOF** est une valeur valide pour *ch*. Cela signifie que vous devez utiliser **ferror( )** pour déterminer si une erreur est survenue.

Une fonction relative à **putchar( )** est **putc( )**.

puts

```
#include <cstdio>
int puts(const char *str);
```

La fonction **puts( )** écrit dans la sortie standard la chaîne pointée par *str*. Le caractère nul de terminaison de chaîne est substitué par un caractère de nouvelle ligne.

La fonction **puts( )** retourne une valeur positive ou nulle si aucune erreur ne survient, et **EOF** en cas d'erreur.

Les autres fonctions relatives à **puts( )** sont **putc( )**, **gets( )** et **printf( )**.

remove

```
#include <cstdio>
int remove(const char *fname);
```

La fonction **remove( )** efface le fichier désigné par le paramètre *fname*. Zéro est retourné si le fichier à été effacé sans problème, et une valeur non nulle en cas d'erreur.

Une fonction relative à **remove( )** est **rename( )**.

rename

```
#include <cstdio>
int rename(const char *oldfname, const char *newfname);
```

La fonction **rename( )** change le nom du fichier désigné par *oldfname* en *newfname*. Le paramètre *newfname* ne doit correspondre à aucun nom de fichier existant dans le répertoire.

La fonction **rename( )** retourne zéro si tout se déroule correctement, et une valeur non nulle en cas d'erreur.

Une fonction relative à **rename( )** est **remove( )**.

rewind

```
#include <cstdio>
void rewind(FILE *stream);
```

La fonction **rewind( )** place l'indicateur de position au début du flux passé en paramètre, en effaçant l'indicateur de fin de fichier et les flags d'erreurs associés à *stream*. La fonction ne retourne rien.

Une fonction relative à **rewind( )** est **fseek( )**.

scanf

```
#include <cstdio>
int scanf(const char *format, ...);
```

La fonction **scanf( )** est particulièrement adaptée aux opérations de lecture. Elle permet de lire dans le flux standard **stdin**, et d'enregistrer les informations dans les variables pointées par la liste d'arguments. Tous les types de données primitifs peuvent être lus, et sont automatiquement convertis selon les spécificités internes des formats.

La chaîne pointée par *format* contrôle le formatage des données lues, et se compose de trois catégories de caractères :

- les indicateurs de format
- les caractères d'espacement
- les autres caractères

Les indicateurs de formats commencent par le symbole **%** et permettent de préciser à **scanf( )** de quel type de donnée sont les prochaines informations lues. Les indicateurs de format sont listés dans le tableau 25-3. Par exemple, **%s** permet la lecture d'une chaîne, tandis que **%d** désignera un entier. La chaîne *format* est analysée de gauche à droite, la correspondance entre les indicateurs de formats et les arguments étant réalisée dans l'ordre de leur apparition dans la liste de paramètres.

Pour lire un entier long, placez la lettre **l** après le symbole % de l'indicateur de format. Au contraire, lorsqu'il s'agit de lire un entier court, placez de la même manière la lettre **h** dans l'indicateur. Cette méthode s'applique pour les formats **d**, **i**, **o**, **u** et **x**.

Code	Signification
%c	Lecture d'un caractère simple
%d	Lecture d'un entier décimal
%i	Lecture d'un entier
%e	Lecture d'un nombre à virgule flottante
%f	Lecture d'un nombre à virgule flottante
%g	Lecture d'un nombre à virgule flottante
%o	Lecture d'un nombre octal
%s	Lecture d'une chaîne de caractères
%u	Lecture d'un entier non signé
%x	Lecture d'un nombre hexadécimal
%p	Lecture d'un pointeur
%n	Récupère un entier précisant le nombre le nombre de caractères lus à ce stade de progression
%[ ]	Lecture d'un jeu de caractères
%%	Affiche le symbole %

Tableau 25-3 Les indicateurs de format pour la fonction scanf( )

Par défaut, les codes de formats **f**, **e** et **g** spécifient à **scanf( )** d'affecter les données lues à une variable de type **float**. Si vous placez la lettre **l** après le **%** de l'indicateur de format, **scanf( )** assignera la donnée lue à un **double**. En indiquant la lettre majuscule **L**, **scanf( )** placera la donnée lue dans une variable de type **long double**.

Si vous utilisez un compilateur moderne, qui prend en charge les caractères longs (caractéristique ajoutée en 1995), vous pouvez également exploiter la lettre **l** pour modifier le code de format **c**, et ainsi indiquer qu'il s'agit d'un caractère long de type **wchar_t**. De la même manière, la lettre **l** peut être utilisée avec le code de format **s** pour indiquer une chaîne de caractères longs. Enfin, **l** peut servir, lors de la lecture d'un jeu de caractères, pour les spécifier comme longs.

Un caractère d'espacement dans la chaîne de formatage de **scanf( )** permet à la fonction d'ignorer les caractères espaces successivement rencontrés dans le flux d'entrée. Les caractères d'espacement comprennent le caractère espace, la tabulation ou le caractère de nouvelle ligne. Un caractère d'espacement dans la chaîne de formatage force **scanf( )** à lire, sans rien enregistrer, autant de caractères d'espacement qu'il s'en présente successivement.

Un caractère qui ne correspond pas à un caractère d'espacement dans la chaîne de formatage force **scanf( )** à lire en ignorant celui-ci. Par exemple, **%d,%d** permet à **scanf( )** de lire dans un premier temps un entier, puis d'ignorer une virgule, avant de finalement lire un autre entier. Si le caractère correspondant (ici la virgule) n'est pas trouvé, **scanf( )** se termine.

Toutes les variables utilisées pour enregistrer des données lues par **scanf( )** doivent être passées sous forme d'adresses, ce qui signifie en d'autres termes que tous les arguments sont des pointeurs.

Les éléments lus doivent être séparés par des espaces, des tabulations ou situés sur des lignes différentes. Les signes de ponctuations comme la virgule, le point-virgule ainsi que tous les autres ne sont pas considérés comme des caractères de séparation. Cela veut dire que l'instruction :

```
scanf("%d%d", &r, &c);
```

acceptera une entrée de la forme **10 20**, mais échouera avec **10,20**.

Une * placée juste après le symbole **%** du code de format permettra de lire la donnée du type correspondant sans l'assigner à une variable. Ainsi, étant donné l'entrée **10/20**, l'instruction :

```
scanf("%d%*c%d", &x, &y);
```

placera la valeur 10 dans **x**, ignorera le symbole **/** et assignera 20 à **y**.

La chaîne de formatage peut également spécifier la taille maximale d'une entrée, en plaçant un nombre entre le **%** et la lettre définissant le format. Le nombre de caractères lus sera ainsi limité pour n'importe quel type de donnée. Dans cet exemple, 20 caractères seront au maximum placés dans la chaîne **address** :

```
scanf("%20s", address);
```

Si le flux d'entrée comptait plus de 20 caractères, des appels successifs à **scanf( )** permettraient à chaque fois de reprendre la lecture là où elle s'est arrêtée lors de l'appel précédent. La lecture d'un élément peut être stoppée avant que sa taille maximale ne soit atteinte si un caractère d'espacement est rencontré. Dans un tel cas, **scanf( )** se déplace jusqu'au prochain élément à lire.

Bien que les caractères d'espacement soient utilisés comme des séparateurs entre les éléments lus, ils peuvent cependant être considérés comme des caractères normaux lorsque vous effectuez votre lecture caractère par caractère. Par exemple, en considérant le flux d'entrée **x y** :

```
scanf("%c%c%c", &a, &b, &c);
```

se terminera après avoir affecté x à **a**, un caractère espace à **b** et y à **c**.

Attention : Tout autre caractère rencontré dans la chaîne de formatage – y compris les caractères espaces, les tabulations et les caractères de nouvelle ligne – seront pris en compte dans la lecture, et ignorés dans le flux d'entre. Tout caractère correspondant est ignoré. Par exemple, étant donné le flux d'entrée **10t20** :

```
scanf("%dt%d", &x, &y);
```

placera 10 dans **x** et 20 dans **y**. La lettre **t** du flux est ignorée à cause de la lettre **t** intercalée dans la chaîne de formatage.

Une autre spécificité de **scanf( )**, appelée en anglais *scanset*, est de pouvoir définir un jeu de caractères qui vont être lus par **scanf( )** et affectés au tableau de caractères correspondant. Cela est possible en définissant un ensemble de caractères que vous placez entre crochets, le premier crochet devant être précédé du signe %. Par exemple, le jeu de caractères définis ci-dessous permet à **scanf( )** de lire seulement les caractères A, B et C :

```
%[ABC]
```

Lorsque vous utilisez cette fonctionnalité, **scanf( )** continue de lire des caractères, et de les placer dans le tableau correspondant tant qu'un caractère, qui n'est pas défini dans le jeu de caractères spécifié, n'est pas rencontré. La variable dans laquelle la lecture enregistre doit être un pointeur sur un tableau de caractères. Lorsqu'il est retourné, le tableau contient une chaîne comprenant les caractères lus, et se terminant par une valeur nulle.

Vous pouvez également spécifier un jeu de caractères sous la forme d'un complément en plaçant la symbole ^ après le premier crochet. **scanf( )** acceptera ainsi tous les caractères qui ne sont pas compris dans l'ensemble spécifié.

Il est possible de préciser une plage de caractères en utilisant un trait d'union. Par exemple, l'ensemble suivant permet à **scanf( )** de lire les caractères compris entre A et Z.

```
%[A-Z]
```

Un point important, dont il faut se souvenir, est que le jeu de caractère défini prend en compte la casse. Par conséquent, si vous voulez lire les lettres minuscules et les lettres majuscules, vous devez spécifier les deux séparément, dans la définition de l'ensemble de caractères.

La fonction **scanf( )** retourne le nombre d'éléments lus et assignés avec succès aux variables. Ce nombre ne comprend pas les éléments lus et non affectés à une variable à cause de l'opérateur *. **EOF** est retourné si une erreur survient avant que le premier élément ne soit affecté.

Les autres fonctions relatives à **scanf( )** sont **printf( )** et **fscanf( )**.

setbuf

```
#include <cstdio>
void setbuf(FILE *stream, char *buf);
```

La fonction **setbuf( )** permet deux opérations : soit de spécifier la mémoire tampon que le flux désigné en paramètre va exploiter ; soit d'arrêter la mise en mémoire tampon, dans le cas où *buf* est passé à la fonction avec une valeur nulle. Si un programmeur doit définir sa propre mémoire tampon, celle-ci doit être de taille suffisante pour enregistrer **BUFSIZ** caractères. **BUFSIZ** est défini dans **<cstdio>**.

La fonction **setbuf( )** ne retourne rien.

Les autres fonctions relatives à **setbuf( )** sont **fopen( )**, **fclose( )** et **setvbuf( )**.

setvbuf

```
#include <cstdio>
int setvbuf(FILE *stream, char *buf, int mode, size_t size);
```

La fonction **setvbuf( )** permet au programmeur de définir, pour le flux passé en paramètre, la mémoire tampon correspondante, en spécifiant sa taille et son mode. Le tableau de caractères pointé par *buf* est utilisé comme mémoire tampon pour les opérations d'E/S. Sa taille est fixée par *size*, et *mode* détermine comment la mise en mémoire tampon sera gérée. Si *buf* est nul, **setvbuf( )** va allouer sa propre mémoire tampon.

Les valeurs possibles pour *mode* sont **_IOFBF**, **_IONBF** et **_IOLBF**, toutes les trois définies dans **<cstdio>**. Lorsque *mode* est fixé à **_IOFBF**, tout est mis en mémoire tampon. Si *mode* est égal à **_IOLBF**, le flux sera mis en mémoire tampon ligne par ligne. Lors de l'écriture dans le flux, cela signifie que la mémoire tampon sera vidée chaque fois qu'un caractère de nouvelle ligne est écrit et, à l'inverse, que chaque lecture se fait jusqu'à la rencontre d'un caractère de nouvelle ligne. Dans tous les cas, la mémoire tampon est vidée lorsqu'elle est pleine. Enfin, si le mode est fixé à **_IONBF**, aucune mise en mémoire tampon n'est effectuée.

La valeur de *size* doit être supérieure à zéro.

La fonction **setvbuf( )** retourne zéro en cas de succès, et une valeur non nulle en cas d'erreur.

Une fonction relative à **setvbuf( )** est **setbuf( )**.

sprintf

```
#include <cstdio>
int sprintf(char *buf, const char *format, ...);
```

La fonction **sprintf( )** est semblable à **printf( )**, hormis que la sortie s'effectue vers le tableau pointé par *buf*, au lieu de l'écran. Référez-vous à **printf( )** pour tous les détails.

La valeur de retour est égale au nombre de caractères réellement placés dans le tableau.

Les autres fonctions relatives à **sprintf( )** sont **printf( )** et **fsprintf( )**.

sscanf

```
#include <cstdio>
int sscanf(const char *buf, const char *format, ...);
```

La fonction **sscanf( )** est semblable à **scanf( )**, hormis que les données soient lues depuis le tableau pointé par *buf*, plutôt que depuis **stdin**. Référez-vous à **scanf( )** pour tous les détails.

La valeur retournée est égale au nombre de variables auxquelles une valeur a été affectée. Ce nombre ne prend pas en compte les affectations qui n'ont pas été effectuées à cause de l'opérateur *. Une valeur nulle signifie qu'aucune affectation n'a eu lieu. **EOF** indique en revanche qu'une erreur s'est produite avant la première affectation.

Les autres fonctions relatives à **sscanf( )** sont **scanf( )** et **fscanf( )**.

tmpfile

```
#include <cstdio>
FILE *tmpfile(void);
```

La fonction **tmpfile( )** permet d'ouvrir un fichier temporaire, pour une mise à jour, et retourne un pointeur sur le flux. La fonction utilise un nom de fichier unique, pour éviter tout conflit avec des fichiers existants.

La fonction **tmpfile( )** retourne un pointeur nul en cas d'échec, et un pointeur sur le flux autrement.

Le fichier temporaire créé par **tmpfile( )** est automatiquement effacé lorsque le fichier est fermé, ou que le programme est terminé.

Une fonction relative à **tmpfile( )** est **tmpnam( )**.

tmpnam

```
#include <cstdio>
char *tmpnam(char *name);
```

La fonction **tmpnam( )** génère un nom de fichier unique, et l'enregistre dans le tableau pointé par *name*. L'intérêt principal de **tmpnam( )** est de générer un nom de fichier temporaire différent de tout autre nom de fichier dans le répertoire courant.

La fonction peut être invoquée jusqu'à **TMP_MAX** fois, cette valeur définie dans **<cstdio>** étant au moins égale à 25. Chaque fois que **tmpnam( )** est exécutée, un nouveau nom de fichier temporaire est généré.

Un pointeur sur *name* est renvoyé si tout se déroule correctement, un pointeur nul l'étant en cas d'erreur.

Une fonction relative à **tmpnam( )** est **tmpfile( )**.

ungetc

```
#include <cstdio>
int ungetc(int ch, FILE *stream);
```

La fonction **ungetc( )** écrit dans le flux *stream* le caractère défini par l'octet de poids faible de l'entier *ch*. Ce caractère sera ensuite récupéré par la prochaine opération de lecture effectuée sur le flux. Un appel à **fflush( )** ou **fseek( )** annule l'effet d'**ungetc( )**, et permet d'ignorer le caractère.

L'écriture d'un caractère est toujours possible, mais certaines implémentations permettront d'en faire plusieurs à la fois.

Vous ne pouvez pas écrire dans un flux **EOF** grâce à cette méthode.

Un appel à **ungetc( )** permet d'effacer le flag de fin de fichier associé au flux spécifié. La valeur de l'indicateur de position pour un flux texte est indéfinie, jusqu'à ce que tous les caractères écrits à l'aide de cette méthode n'aient été lus. Quand cela est accompli, l'indicateur de position reprend la valeur qu'il avait avant le premier appel à **ungetc( )**. Avec des flux binaires, chaque appel à **ungetc( )** décrémente la valeur de l'indicateur de position.

La valeur retournée est égale à *ch* en cas de succès, et à **EOF** en cas d'erreur.

Une fonction relative à **ungetc( )** est **getc( )**.

vprintf, vfprintf et vsprintf

```
#include <cstdarg>
#include <cstdio>
int vprintf(char *format, va_list arg_ptr);
int vfprintf(FILE *stream, const char *format, va_list arg_ptr);
int vsprintf(char *buf, const char *format, va_list arg_ptr);
```

Les fonctions **vprintf()**, **vfprintf( )** et **vsprintf( )** sont du point de vue fonctionnel équivalentes à **printf( )**, **fprintf( )** et **sprintf( )** (respectivement) hormis que la liste des arguments est remplacée par un pointeur sur une liste d'argument. Ce pointeur doit être du type **va_list**, type défini dans le fichier d'en-tête **<cstdarg>** (en C, il s'agit de **stdarg.h**).

Les autres fonctions relatives à ces fonctions sont **va_arg( )**, **va_start( )** et **va_end( )**.

CHAPITRE 26

Fonctions relatives aux chaînes et aux caractères

Ca bibliothèque de fonctions standard fournit de nombreuses fonctions relatives aux caractères ou aux chaînes de caractères. Concernant ces dernières, les fonctions se fondent sur des tableaux de caractères terminés par une valeur **null**. Elles requièrent le fichier d'en-tête **<cstring>**, tandis que les fonctions manipulant de simples caractères nécessiteront **<cctype>**. Les programmes C devront, eux, utiliser respectivement **string.h** et **ctype.h**.

Dans la mesure où les langages C et C++ n'effectuent aucune vérification de bornes, lors des opérations mettant en jeu des tableaux, il en incombe au programmeur d'éviter les problèmes de dépassement de capacité. Négliger cette problématique peut entraîner la fin prématurée de votre programme.

En C comme en C++, un caractère imprimable est un caractère qui peut être affiché sur votre terminal. Ces caractères sont généralement compris entre l'espace (0x20) et le tilde (0xFE). Les caractères de contrôle quant à eux ont des valeurs entre (0) et (0x1F), auxquelles s'ajoute DEL (0x7F).

Pour des raisons historiques, les paramètres de ces fonctions sont passées sous forme d'entiers, dont seul l'octet de poids faible est utilisé ; la conversion des arguments en **unsigned char** est automatique. Cependant, il vous est permis d'invoquer ces fonctions en passant directement des caractères, ceux-ci étant automatiquement convertis en entiers au moment de l'appel.

Le fichier d'en-tête **<cstring>** définit le type de données **size_t**, qui est de manière générale très proche du type **unsigned**.

Ce chapitre se borne à décrire les fonctions manipulant des caractères de type **char**, fonctions qui correspondent à celles définies par le Standard C et C++ d'origine. Elles sont également, et de loin, les plus utiles et les plus courantes. Les fonctions gérant les caractères longs, manipulant donc des données de type **wchar_t**, font l'objet du chapitre 31.

isalnum

```
#include <cctype>
int isalnum(int ch);
```

La fonction **isalnum( )** retourne une valeur non nulle si son argument correspond à un caractère alphanumérique. Dans tous les autres cas, zéro est renvoyé.

Les fonctions apparentées à **isalnum( )** sont **isalpha( )**, **iscntrl( )**, **isdigit( )**, **isgraph( )**, **isprint( )**, **ispunct( )** et **isspace( )**.

isalpha

```
#include <cctype>
int isalpha(int ch);
```

La fonction **isalpha( )** retourne une valeur non nulle si *ch* est une lettre de l'alphabet. Dans tous les autres cas, zéro est renvoyé. Ce à quoi correspond un caractère alphabétique varie d'une langue à l'autre. En anglais, cela comprend toutes les lettres majuscules et minuscules comprises entre A et Z.

Les fonctions apparentées à **isalpha( )** sont **isalnum( )**, **iscntrl( )**, **isdigit( )**, **isgraph( )**, **isprint( )**, **ispunct( )** et **isspace( )**.

iscntrl

```
#include <cctype>
int iscntrl(int ch);
```

La fonction **iscntrl( )** retourne une valeur non nulle si *ch* est compris entre zéro et 0x1F, ou si *ch* est égal à 0x7F (DEL). Dans tous les autres cas, zéro est renvoyé.

Les fonctions apparentées à **iscntrl( )** sont **isalnum( )**, **isalpha( )**, **isdigit( )**, **isgraph( )**, **isprint( )**, **ispunct( )** et **isspace( )**.

isdigit

```
#include <cctype>
int isdigit(int ch);
```

La fonction **isdigit( )** retourne une valeur non nulle si *ch* est un chiffre, compris entre 0 et 9. Dans tous les autres cas, zéro est renvoyé.

Les fonctions apparentées à **isdigit( )** sont **isalnum( )**, **isalpha( )**, **iscntrl( )**, **isgraph( )**, **isprint( )**, **ispunct( )** et **isspace( )**.

isgraph

```
#include <cctype>
int isgraph(int ch);
```

La fonction **isgraph( )** retourne une valeur non nulle si *ch* correspond à un caractère imprimable autre qu'un espace. Dans tous les autres cas, zéro est renvoyé. Les caractères imprimables sont compris dans la plage 0x21 à 0x7E.

Les fonctions apparentées à **isgraph( )** sont **isalnum( )**, **isalpha( )**, **iscntrl( )**, **isdigit( )**, **isprint( )**, **ispunct( )** et **isspace( )**.

islower

```
#include <cctype>
int islower(int ch);
```

La fonction **islower( )** retourne une valeur non nulle si *ch* est une lettre minuscule. Dans tous les autres cas, zéro est renvoyé.

Une fonction apparentée à **islower( )** est **isupper( )**.

isprint

```
#include <cctype>
int isprint(int ch);
```

La fonction **isprint( )** retourne une valeur non nulle si *ch* est un caractère imprimable, y compris si c'est un caractère espace. Dans tous les autres cas, zéro est renvoyé. Les caractères imprimables sont compris dans la plage 0x21 à 0x7E.

Les fonctions apparentées à **isprint( )** sont **isalnum( )**, **isalpha( )**, **iscntrl( )**, **isdigit( )**, **isgraph( )**, **ispunct( )** et **isspace( )**.

ispunct

```
#include <cctype>
int ispunct(int ch);
```

La fonction **ispunct( )** retourne une valeur non nulle si *ch* est un caractère correspondant à signe de ponctuation. Dans tous les autres cas, zéro est renvoyé. Les signes de ponctuation, tel que l'entend cette fonction, correspondent à tous les caractères qui ne sont ni alphanumériques ni un espace.

Les fonctions apparentées à **ispunct( )** sont **isalnum( )**, **isalpha( )**, **iscntrl( )**, **isdigit( )**, **isgraph( )** et **isspace( )**.

isspace

```
#include <cctype>
int isspace(int ch);
```

La fonction **isspace( )** retourne une valeur non nulle si *ch* est un caractère d'espacement, c'est-à-dire un espace, une tabulation horizontale ou verticale, un saut de page, un caractère retour chariot ou un caractère de nouvelle ligne. Dans tous les autres cas, zéro est renvoyé.

Les fonctions apparentées à **isspace( )** sont **isalnum( )**, **isalpha( )**, **iscntrl( )**, **isdigit( )**, **isgraph( )** et **ispunct( )**.

isupper

```
#include <cctype>
int isupper(int ch);
```

La fonction **isupper( )** retourne une valeur non nulle si *ch* est un caractère correspondant à une lettre majuscule. Dans tous les autres cas, zéro est renvoyé.

Une fonction relative à **isupper( )** est **islower( )**.

isxdigit

```
#include <cctype>
int isxdigit(int ch);
```

La fonction **isxdigit( )** retourne une valeur non nulle si *ch* est un caractère correspondant à un chiffre hexadécimal. Dans tous les autres cas, zéro est renvoyé. Un chiffre hexadécimal sera compris dans une de ces plages : A-F, a-f ou 0-9.

Les fonctions relatives à **isxdigit( )** sont **isalnum( )**, **isalpha( )**, **iscntrl( )**, **isdigit( )**, **isgraph( )**, **ispunct( )** et **isspace( )**.

memchr

```
#include <cstring>
void *memchr(const void *buffer, int ch, size_t count);
```

La fonction **memchr( )** recherche, dans le tableau pointé par *buffer*, la première occurrence de *ch* parmi les *count* premiers caractères.

La fonction **memchr( )** retourne le pointeur sur la première occurrence de *ch* dans *buffer*, ou un pointeur **null** si *ch* n'est pas trouvé.

Les fonctions apparentées à **memchr( )** sont **memcpy( )** et **isspace( )**.

memcmp

```
#include <cstring>
int memcmp(const void *buf1, const void *buf2, size_t count);
```

La fonction **memcmp( )** compare les *count* premiers caractères des tableaux pointés par *buf1* et *buf2*.

La fonction **memcmp( )** retourne un entier à interpréter comme suit :

Valeur retournée	Signification
Inférieur à zéro	*buf1* est inférieur à *buf2*.
Zéro	*buf1* est égal à *buf2*.
Supérieur à zéro	*buf1* est supérieur à *buf2*.

Les fonctions apparentées à **memcmp( )** sont **memchr( )**, **memcpy( )** et **strcmp( )**.

memcpy

```
#include <cstring>
void *memcpy(void *to, const void *from, size_t count);
```

La fonction **memcpy( )** copie *count* caractères depuis le tableau pointé par *from* dans le tableau désigné par *to*. Si les tableaux se superposent, le comportement de **memcpy( )** est indéterminé.

La fonction **memcpy( )** retourne un pointeur sur *to*.

Une fonction relative à **memcpy( )** est **memmove( )**.

memmove

```
#include <cstring>
void *memmove(void *to, const void *from, size_t count);
```

La fonction **memmove( )** copie *count* caractères du tableau pointé par *from* dans le tableau désigné par *to*. Si les tableaux se superposent, la copie a lieu correctement, en plaçant les contenus dans la tableau *to*, et en modifiant par conséquent *from* (sur la zone de superposition des deux tableaux).

La fonction **memmove( )** retourne un pointeur sur *to*.

Une fonction apparentée à **memmove( )** est **memcpy( )**.

memset

```
#include <cstring>
void *memset(void *buf, int ch, size_t count);
```

La fonction **memset( )** copie l'octet de poids faible de *ch* dans les *count* premiers caractères du tableau pointé par *buf*. *buf* est ensuite renvoyé.

L'intérêt principal de **memset( )** est de permettre l'initialisation à une valeur particulière d'une zone mémoire.

Les fonctions apparentées à **memset( )** sont **memcmp( )**, **memcpy( )** et **memmove( )**.

strcat

```
#include <cstring>
char *strcat(char *str1, const char *str2);
```

La fonction **strcat( )** concatène une copie de *str2* à *str1*, et positionne une valeur nulle à la fin de *str1*. La valeur nulle qui déterminait initialement la fin de la chaîne *str1* est écrasée par le premier caractère de *str2*. La chaîne *str2* reste inchangée par cette fonction. Si les tableaux se superposent, le comportement de **strcat( )** est indéterminé.

La fonction **strcat( )** retourne *str1*.

Souvenez-vous qu'il n'y a pas de mécanisme automatique pour vérifier qu'il n'y a pas de problème de dépassement de capacité : il est de la responsabilité du programmeur de s'assurer que *str1* est suffisamment grande pour accommoder son contenu d'origine ainsi que celui de la chaîne *str2*.

Les fonctions apparentées à **strcat( )** sont **strchr( )**, **strcmp( )** et **strcpy( )**.

strchr

```
#include <cstring>
char *strchr(const char *str, int ch);
```

La fonction **strchr( )** retourne un pointeur sur la première occurrence du caractère correspondant à l'octet de poids faible de *ch*, dans la chaîne de caractère *str*. S'il n'est pas trouvé, un pointeur **null** est renvoyé.

Les fonctions apparentées à **strchr( )** sont **strpbrk( )**, **strspn( )**, **strstr( )** et **strtok( )**.

strcmp

```
#include <cstring>
int strcmp(const char *str1, const char *str2);
```

La fonction **strcmp( )** compare de manière lexicographique deux chaînes, et retourne un entier, à interpréter comme suit :

Valeur	Signification
Inférieur à zéro	*str1* est inférieure à *str2*.
Zéro	*str1* est égale à *str2*.
Supérieur à zéro	*str1* est supérieure à *str2*.

Les fonctions apparentées à **strcmp( )** sont **strchr( )**, **strcpy( )** et **strcmp( )**.

strcoll

```
#include <cstring>
int strcoll(const char *str1, const char *str2);
```

La fonction **strcoll( )** compare la chaîne pointée par *str1* avec celle pointée par *str2*, en tenant compte des options régionales définies avec la fonction **setlocale( )** (voir **setlocale** pour plus de détails).

La fonction **strcoll( )** retourne un entier à interpréter comme suit :

Valeur	Signification
Inférieur à zéro	*str1* est inférieure à *str2*.
Zéro	*str1* est égale à *str2*.
Supérieur à zéro	*str1* est supérieure à *str2*.

Les autres fonctions relatives à **strcoll( )** sont **memcmp( )** et **strcmp( )**.

strcpy

```
#include <cstring>
char *strcpy(char *str1, const char *str2);
```

La fonction **strcpy( )** est utilisée pour copier le contenu de la chaîne *str2* dans *str1*. *str2* doit être un pointeur désignant une chaîne terminée par une valeur nulle. La fonction **strcpy( )** retourne un pointeur sur la chaîne copiée *str1*.

Si *str1* et *str2* se superposent, le comportement de **strcpy( )** est indéterminé.

Les autres fonctions apparentées à **strcpy( )** sont **memcpy( )**, **strchr( )**, **strcmp( )** et **strncmp( )**.

strcspn

```
#include <cstring>
size_t strcspn(const char *str1, const char *str2);
```

La fonction **strcspn( )** retourne la longueur de la sous-chaîne pointée par *str1*, et uniquement composée de caractères qui ne se trouvent pas dans la chaîne *str2*. Autrement dit, **strcspn( )** retourne la position, dans la chaîne *str1*, du premier caractère qui ne se trouve pas dans la chaîne pointée par *str2*.

Les autres fonctions apparentées à **strcspn( )** sont **strrchr( )**, **strpbrk( )**, **strstr( )** et **strtok( )**.

strerror

```
#include <cstring>
char *strerror(int errnum);
```

La fonction **strerror( )** retourne un pointeur sur la chaîne définie par le programmeur dans un certain contexte applicatif, et associée à l'erreur de valeur *errnum*. Vous ne devez jamais modifier cette chaîne.

strlen

```
#include <cstring>
size_t strlen(const char *str);
```

La fonction **strlen( )** retourne la longueur de la chaîne pointée par *str*. Le délimiteur de fin de chaîne doit être pour *str* une valeur nulle, valeur qui n'est pas prise en compte dans la taille retournée.

Les autres fonctions apparentées à **strlen( )** sont **memcpy( )**, **strchr( )**, **strcmp( )** et **strncmp( )**.

strncat

```
#include <cstring>
char *strncat(char *str1, const char *str2, size_t count);
```

La fonction **strncat( )** concatène à la chaîne *str1* les *count* premiers caractères de la chaîne pointée par *str2*. Un délimiteur **null** est placé à la fin de *str1*. Le délimiteur **null** qui terminait *str1* à l'origine est écrasé par le premier caractère de *str2*. La chaîne *str2* n'est affectée d'aucune manière par toutes ces opérations. Si les tableaux de caractères se superposent, le comportement de **strncat( )** est indéterminé.

La fonction retourne *str1*.

Souvenez-vous qu'aucune vérification n'est effectuée concernant les problèmes de dépassement de capacité : il est de la responsabilité du programmeur de s'assurer que *str1* est suffisamment grande pour accommoder son contenu d'origine et la partie de la chaîne *str2* concaténée.

Les autres fonctions apparentées à **strncat( )** sont **strcat( )**, **strnchr( )**, **strncmp( )** et **strncpy( )**.

strncmp

```
#include <cstring>
int strncmp(const char *str1, const char *str2, size_t count);
```

La fonction **strncmp( )** compare de manière lexicographique les *count* premiers caractères des deux chaînes passées en paramètres. **strncmp( )** retourne un entier, à interpréter comme suit :

Valeur	Signification
Inférieur à zéro	*str1* est inférieure à *str2*.
Zéro	*str1* est égale à *str2*.
Supérieur à zéro	*str1* est supérieure à *str2*.

S'il y a moins de *count* caractères dans une des chaînes, la comparaison se termine lorsque le premier élément nul est rencontré.

Les autres fonctions apparentées à **strncmp( )** sont **strcmp( )**, **strnchr( )** et **strncpy( )**.

strncpy

```
#include <cstring>
char *strncpy(char *str1, const char *str2, size_t count);
```

La fonction **strncpy( )** permet de copier jusqu'à *count* caractères de la chaîne *str2* à la fin de celle pointée par *str1*. *str2* doit désigner une chaîne délimitée par une valeur nulle.

Si *str1* et *str2* se superposent, le comportement de **strncpy( )** est indéterminé.

Si la chaîne *str2* compte moins de *count* caractères, des valeurs nulles seront placées à la fin de la chaîne *str1*, jusqu'à ce que *count* caractères aient été copiés.

Si la chaîne *str2* compte plus de *count* caractères, la chaîne *str1* obtenue à la fin de **strncpy( )** ne se terminera pas par un délimiteur **null**.

La fonction **strncpy( )** retourne un pointeur sur la chaîne *str1*.

Les autres fonctions apparentées à **strncpy( )** sont **memcpy( )**, **strchr( )**, **strncat( )** et **strncmp( )**.

strpbrk

```
#include <cstring>
char *strpbrk(const char *str1, const char *str2);
```

La fonction **strpbrk( )** retourne un pointeur sur le premier caractère de la chaîne *str1*, et qui se trouve dans la chaîne pointée par *str2*. Le délimiteur **null** de fin de chaîne n'est pas compris dans cette « comparaison ». Si aucun caractère commun n'existe, un pointeur **null** est retourné.

Les autres fonctions apparentées à **strbrk( )** sont **strspn( )**, **strrchr( )**, **strstr( )** et **strtok( )**.

strrchr

```
#include <cstring>
char *strrchr(const char *str, int ch);
```

La fonction **strrchr( )** retourne un pointeur sur la dernière occurrence du caractère correspondant à l'octet de poids faible de *ch*, dans la chaîne *str*. Si aucune occurrence n'est trouvée, un pointeur est retourné.

Les autres fonctions apparentées à **strrchr( )** sont **strpbrk( )**, **strspn( )**, **strstr( )** et **strtok( )**.

strspn

```
#include <cstring>
size_t strspn(const char *str1, const char *str2);
```

La fonction **strspn( )** retourne la taille de la sous-chaîne de *str1* uniquement composée des caractères se trouvant dans la chaîne *str2*. Dit différemment, **strspn( )** renvoie la position du premier caractère de la chaîne *str1* ne se trouvant pas dans la chaîne pointée par *str2*.

Les autres fonctions apparentées à **strspn( )** sont **strpbrk( )**, **strrchr( )**, **strstr( )** et **strtok( )**.

strstr

```
#include <cstring>
char *strstr(const char *str1, const char *str2);
```

La fonction **strstr( )** retourne un pointeur sur la première occurrence de la chaîne *str2* dans la chaîne pointée par *str1*. Un pointeur **null** est renvoyé si aucune occurrence n'est trouvée.

Les autres fonctions apparentées à **strstr( )** sont **strchr( )**, **strcspn( )**, **strpbrk( )**, **strspn( )**, **strtok( )** et **strrchr( )**.

strtok

```
#include <cstring>
char *strtok(char *str1, const char *str2);
```

La fonction **strtok( )** permet de décomposer la chaîne *str1* en ses différents éléments lexicaux, *str2* contenant les caractères jouant le rôle de séparateurs. Le premier appel s'effectue avec la chaîne *str1* comme paramètre, les suivants avec **null** à la place. À chaque appel, la fonction renvoie un pointeur sur le début d'un nouvel élément lexical dans *str1*, et **null** si aucun élément n'est trouvé.

Il est possible d'utiliser un jeu différent de délimiteurs à chaque appel de **strtok( )**.

Les autres fonctions apparentées à **strtok( )** sont **strchr( )**, **strcspn( )**, **strpbrk( )**, **strrchr( )** et **strspn( )**.

strxfrm

```
#include <cstring>
size_t strxfrm(char *str1, const char *str2, size_t count);
```

La fonction **strxfrm( )** transforme les *count* premiers caractères de la chaîne *str2* de telle manière qu'elle puisse être utilisée par la fonction **strcmp( )**. Le résultat est placé dans la chaîne *str1*. Après la transformation, le résultat obtenu par **strcmp( )** avec *str1* sera le même que celui obtenu par **strcoll( )**, en utilisant *str2*.

La fonction **strxfrm( )** retourne la taille de la chaîne transformée.

Une fonction apparentée à **strxfrm( )** est **strcoll( )**.

tolower

```
#include <cctype>
int tolower(int ch);
```

La fonction **tolower( )** retourne la minuscule équivalente à *ch* si celle-ci est une lettre ; *ch* reste inchangée dans les autres cas.

Une fonction apparentée à **tolower ( )** est **toupper ( )**.

toupper

```
#include <cctype>
int toupper(int ch);
```

La fonction **toupper( )** retourne la majuscule équivalente à *ch* si celle-ci est une lettre ; *ch* reste inchangée dans les autres cas.

Une fonction apparentée à **toupper( )** est **tolower( )**.

CHAPITRE 27

Fonctions mathématiques

La bibliothèque de fonctions standards comprend plusieurs fonctions mathématiques, que l'on peut répartir selon les catégories suivantes :

- Les fonctions trigonométriques
- Les fonctions hyperboliques
- Les fonctions exponentielles et logarithmiques
- Des fonctions diverses

Toutes les fonctions mathématiques requièrent le fichier d'en-tête **<cmath>** (les programmes C devront quant à eux inclure **math.h**). En plus de contenir les déclarations de ces fonctions, ce fichier d'en-tête définit la macro **HUGE_VAL**. Les macros **EDOM** et **ERANGE** sont également exploitées par les fonctions mathématiques, et sont définies dans **<cerrno>** (en C, le fichier correspondant est **errno.h**). Si un argument d'une fonction mathématique n'est pas dans le domaine attendu, une valeur d'erreur définie par l'application est retournée, ainsi que la variable globale **errno**, dont la valeur est fixée à **EDOM**. En générant une valeur trop grande pour être représentée, une routine engendre un dépassement de capacité : la valeur **HUGE_VAL** est alors retournée, et **errno** est initialisée à **ERANGE**, pour indiquer que la valeur est hors des plages autorisées. À l'inverse, si la valeur est trop petite, la fonction retourne zéro et **errno** est fixée à **ERANGE**.

Tous les angles sont en radians.

À l'origine, les fonctions mathématiques étaient définies pour travailler avec le type **double**, mais le Standard C++ les a surchargées pour leur permettre de travailler avec les types **float** et **long double**, en laissant leur contenu inchangé.

acos

```
#include <cmath>
float acos(float arg);
double acos(double arg);
long double acos(long double arg);
```

La fonction **acos( )** retourne l'arc cosinus de *arg*. L'argument de **acos( )** doit être compris entre -1 et 1. Une erreur de domaine est autrement soulevée.

Les autres fonctions relatives à **acos( )** sont **asin( )**, **atan( )**, **atan2( )**, **sin( )**, **cos( )**, **tan( )**, **sinh( )**, **cosh( )** et **tanh( )**.

asin

```
#include <cmath>
float asin(float arg);
double asin(double arg);
long double asin(long double arg);
```

La fonction **asin( )** retourne l'arc sinus de *arg*. L'argument de **asin( )** doit être compris entre -1 et 1. Une erreur de domaine est autrement soulevée.

Les autres fonctions relatives à **asin( )** sont **acos( )**, **atan( )**, **atan2( )**, **sin( )**, **cos( )**, **tan( )**, **sinh( )**, **cosh( )** et **tanh( )**.

atan

```
#include <cmath>
float atan(float arg);
double atan(double arg);
long double atan(long double arg);
```

La fonction **atan( )** retourne l'arc tangente de *arg*.

Les autres fonctions relatives à **atan( )** sont **asin( )**, **acos( )**, **atan2( )**, **tan( )**, **cos( )**, **sin( )**, **sinh( )**, **cosh( )** et **tanh( )**.

atan2

```
#include <cmath>
float atan2(float y, float x);
double atan2(double y, double x);
long double atan2(long double y, long double x);
```

La fonction **atan2( )** retourne l'arctangente de *y/x*. Le signe des arguments est utilisé pour calculer le quadrant de la valeur retournée.

Les autres fonctions relatives à **acos( )** sont **asin( )**, **acos( )**, **atan( )**, **tan( )**, **cos( )**, **sin( )**, **sinh( )**, **cosh( )** et **tanh( )**.

ceil

```
#include <cmath>
float ceil(float num);
double ceil(double num);
long double ceil(long double num);
```

La fonction **ceil( )** retourne l'entier immédiatement supérieur à l'argument *num* (représenté comme un nombre à virgule flottante). Par exemple, avec 1.02 comme argument, **ceil( )** retournerait 2.0, et -1 si vous lui passiez -1.02.

Les autres fonctions relatives à **ceil( )** sont **floor( )** et **fmod( )**.

cos

```
#include <cmath>
float cos(float arg);
double cos(double arg);
long double cos(long double arg);
```

La fonction **cos( )** retourne le cosinus de *arg*. La valeur de *arg* doit être en radians.

Les autres fonctions relatives à **cos( )** sont **asin( )**, **acos( )**, **atan2( )**, **atan( )**, **tan( )**, **sin( )**, **sinh( )**, **cos( )** et **tanh( )**.

cosh

```
#include <cmath>
float cosh(float arg);
double cosh(double arg);
long double cosh(long double arg);
```

La fonction **cosh( )** retourne le cosinus hyperbolique de *arg*.

Les autres fonctions relatives à **cosh( )** sont **asin( )**, **acos( )**, **atan2( )**, **atan( )**, **tan( )**, **sin( )**, **cosh( )** et **tanh( )**.

exp

```
#include <cmath>
float exp(float arg);
double exp(double arg);
long double exp(long double arg);
```

La fonction **exp( )** retourne le logarithme base *e* (logarithme normal) élevé à la puissance *arg*.

Une fonction relative à **exp( )** est **log( )**.

fabs

```
#include <cmath>
float fabs(float num);
double fabs(double num);
long double fabs(long double num);
```

La fonction **fabs( )** retourne la valeur absolue de *num*.

Une fonction relative à **fabs( )** est **abs( )**.

floor

```
#include <cmath>
float floor(float num);
double floor(double num);
long double floor(long double num);
```

La fonction **floor( )** retourne l'entier immédiatement supérieur à l'argument *num* (représenté comme un nombre à virgule flottante). Par exemple, en passant 1.02, **floor( )** retournerait 1.0, et -2.0 en indiquant -1.02 en argument.

Les autres fonctions relatives à **floor( )** sont **fceil( )** et **fmod( )**.

fmod

```
#include <cmath>
float fmod(float x, float y);
double fmod(double x, double y);
long double fmod(long double x, long double y);
```

La fonction **fmod( )** retourne le reste de la division *x/y*.

Les autres fonctions relatives à **fmod( )** sont **ceil( )**, **floor( )** et **fabs( )**.

frexp

```
#include <cmath>
float frexp(float num, int *exp);
double frexp(double num, int *exp);
long double frexp(long double num, int *exp);
```

La fonction **frexp( )** décompose le nombre *num* pour l'écrire sous la forme d'une mantisse, comprise entre 0.5 à 1, et d'un exposant, pour donner l'équation suivante *num = mantissa * 2^{exp}*. La fonction retourne la mantisse, l'exposant étant enregistré dans la variable pointée par *exp*.

Une fonction relative à **frexp( )** est **ldexp( )**.

ldexp

```
#include <cmath>
float ldexp(float num, int exp);
double ldexp(double num, int exp);
long double ldexp(long double num, int exp);
```

La fonction **ldexp( )** retourne la valeur de *num* * 2^*exp*. Si la valeur obtenue est trop grande pour être représentée, l'erreur **HUGE_VAL** est levée.

Les autres fonctions relatives à **ldexp( )** sont **frexp( )** et **modf( )**.

log

```
#include <cmath>
float log(float num);
double log(double num);
long double log(long double num);
```

La fonction **log( )** retourne le logarithme de *num*. Une erreur de domaine est soulevée si *num* est négatif, et une erreur de plage se produit si l'argument est égal à zéro.

Une fonction relative à **log( )** est **log10( )**.

log10

```
#include <cmath>
float log10(float num);
double log10(double num);
long double log10(long double num);
```

La fonction **log10( )** retourne le logarithme base 10 de *num*. Une erreur de domaine est soulevée si *num* est négatif, et une erreur de plage se produit si l'argument est égal à zéro.

Une fonction relative à **log10( )** est **log( )**.

modf

```
#include <cmath>
float modf(float num, float *i);
double modf(double num, double *i);
long double modf(long double num, long double *i);
```

La fonction **modf( )** décompose *num* en sa partie entière et sa partie décimale. Cette dernière est renvoyée par la fonction, tandis que la partie décimale est placée dans l'entier pointé par i.

Les autres fonctions relatives à **modf( )** sont **frexp( )** et **ldexp( )**.

pow

```
#include <cmath>
float pow(float base, float exp);
float pow(float base, int exp);
double pow(double base, double exp);
double pow(double base, int exp);
long double pow(long double base, long double exp);
long double pow(long double base, int exp);
```

La fonction **pow( )** retourne *base* élevée à la puissance *exp* ($base^{exp}$). Une erreur de domaine peut être soulevée si *base* est égale à zéro, si *exp* est inférieure ou égale à zéro, si *base* est négative ou si *exp* n'est pas un entier. Une valeur trop grande produit une erreur de plage.

Les autres fonctions relatives à **pow( )** sont **exp( )**, **log( )** et **sqrt( )**.

sin

```
#include <cmath>
float sin(float arg);
double sin(double arg);
long double sin(long double arg);
```

La fonction **sin( )** retourne le sinus d'*arg*. La valeur d'*arg* doit être en radians.

Les autres fonctions relatives à **sin( )** sont **asin( )**, **acos( )**, **atan2( )**, **atan( )**, **tan( )**, **cos( )**, **sinh( )**, **cosh( )** et **tanh( )**.

sinh

```
#include <cmath>
float sinh(float arg);
double sinh(double arg);
long double sinh(long double arg);
```

La fonction **sinh( )** renvoie le sinus hyperbolique d'*arg*.

Les autres fonctions relatives à **sinh( )** sont **asin( )**, **acos( )**, **atan2( )**, **atan( )**, **tan( )**, **cos( )**, **tanh( )**, **cosh( )** et **sin( )**.

sqrt

```
#include <cmath>
float sqrt(float num);
double sqrt(double num);
long double sqrt(long double num);
```

La fonction **sqrt( )** renvoie la racine carrée de *num*. Si **sqrt( )** est exécutée avec une valeur négative, une erreur de domaine sera soulevée.

Les autres fonctions relatives à **sqrt( )** sont **exp( )**, **log( )** et **pow( )**.

tan

```
#include <cmath>
float tan(float arg);
double tan(double arg);
long double tan(long double arg);
```

La fonction **tan( )** retourne la tangente d'*arg*. La valeur d'*arg* doit être en radians.

Les autres fonctions relatives à **tan( )** sont **acos( )**, **asin( )**, **atan( )**, **atan2( )**, **cos( )**, **sin( )**, **sinh( )**, **cosh( )** et **tanh( )**.

tanh

```
#include <cmath>
float tanh(float arg);
double tanh(double arg);
long double tanh(long double arg);
```

La fonction **tanh( )** renvoie la tangente hyperbolique d'*arg*.

Les autres fonctions relatives à **tanh( )** sont **acos( )**, **asin( )**, **atan( )**, **atan2( )**, **cos( )**, **sin( )**, **cosh( )**, **sinh( )** et **tan( )**.

CHAPITRE 28

Fonctions relatives à l'heure, aux dates et aux paramètres régionaux

La bibliothèque de fonctions standard définit de nombreuses fonctions, permettant de gérer l'heure et les dates. Elle comprend également certaines fonctions pour gérer les informations géopolitiques associées à un programme. Ce chapitre se consacre à les décrire.

Les fonction relatives au temps et aux dates requièrent le fichier d'en-tête **<ctime>** (le fichier C correspondant est **time.h**). Trois types de données y sont définis : **clock_t**, **time_t** et **tm**. Les types **clock_t** et **time_t** permettent de représenter l'heure système et la date, sous une forme dérivée d'un entier. Ils représentent l'heure calendaire. Le type **tm** est une structure contenant la date et l'heure, décomposées comme suit :

```
struct tm {
  int tm_sec;   /* secondes, 0-61 */
  int tm_min;   /* minutes, 0-59 */
  int tm_hour;  /* heures, 0-23 */
  int tm_mday;  /* jour du mois, 1-31 */
  int tm_mon;   /* mois écoulés à partir de janvier, 0-11 */
  int tm_year;  /* années passées depuis 1900 */
  int tm_wday;  /* jours écoulés depuis dimanche, 0-6 */
  int tm_yday;  /* jours depuis le 1 janvier, 0-365 */
  int tm_isdst  /* Indicateur pour l'observation automatique
                   de l'heure d'été */
}
```

La valeur de **tm_isdst** est positive si l'indicateur pour l'observation automatique de l'heure d'été est positionné. Elle est égale à zéro dans le cas contraire et négative si aucune information relative à ce point n'est disponible. Le type **tm** représente l'heure sous sa forme décomposée.

En plus de ces trois types, **<ctime>** définit la macro **CLOCKS_PER_SEC**, qui correspond au nombre de pas de l'horloge système par seconde.

Enfin, les fonctions relatives à la situation géopolitique requièrent le fichier d'en-tête **<clocale>** (correspondant à **locale.h** pour un programme C).

asctime

```
#include <ctime>
char *asctime(const struct tm *ptr);
```

La fonction **asctime( )** retourne un pointeur sur une chaîne de caractères, contenant les informations enregistrées dans la structure pointée par *ptr,* converties en respectant le format suivant :

```
jour mois date heures:minutes:secondes années\n\0
```

Par exemple :

```
Wed Jun 19 12:05:34 1999
```

Le pointeur sur la structure que l'on passe en argument à **asctime( )** est généralement obtenu après un appel à **localtime( )** ou à **gmtime( )**.

La mémoire tampon exploitée par **asctime( )** pour stocker la chaîne correspondant à la sortie de la fonction est un tableau de caractères statiquement alloué, et écrasé à chaque appel de la fonction. Si vous voulez sauvegarder le contenu de la chaîne, il vous est nécessaire de le copier ailleurs.

Les autres fonctions relatives à **asctime( )** sont **localtime( )**, **gmtime( )**, **time( )** et **ctime( )**.

clock

```
#include <ctime>
clock_t clock(void);
```

La fonction **clock( )** renvoie une valeur donnant une approximation du temps d'exécution du programme appelant (au moment de l'invocation). Pour transformer cette valeur en secondes, divisez la valeur retournée par **CLOCKS_PER_SEC**. Une valeur -1 est retournée si ce temps n'est pas accessible.

Les autres fonctions relatives à **clock( )** sont **time( )**, **asctime( )** et **ctime( )**.

ctime

```
#include <ctime>
char *ctime(const time_t *time);
```

La fonction **ctime( )** renvoie un pointeur sur une chaîne, respectant le format

jour mois année heures:minutes:secondes année\n\0, étant donné un pointeur sur une heure calendaire. Cette dernière est souvent obtenue grâce à un appel à **time( )**.

La mémoire tampon exploitée par **ctime( )** pour stocker la chaîne correspondant à la sortie de la fonction est un tableau de caractères statiquement alloué, et écrasé à chaque appel de la fonction. Si vous voulez sauvegarder le contenu de la chaîne, il vous est nécessaire de le copier ailleurs.

Les autres fonctions relatives à **ctime( )** sont **localtime( )**, **gmtime( )**, **time( )** et **asctime( )**.

difftime

```
#include <ctime>
double difftime(time_t time2, time_t time1);
```

La fonction **difftime( )** retourne la différence en secondes entre les *time1* et *time2*, soit *time2 - time1*.

Les autres fonctions relatives à **difftime( )** sont **localtime( )**, **gmtime( )**, **time( )**, **asctime( )**.

gmtime

```
#include <ctime>
struct tm *gmtime(const time_t *time);
```

La fonction **gmtime( )** renvoie un pointeur sur une structure de type **tm**, décomposant *time*. L'heure est indiquée selon la valeur GMT, c'est-à-dire l'heure universelle calée sur le fuseau de Greenwich (UTC : Coordinated Universal Time). Le paramètre *time* est généralement obtenu grâce à un appel à **time( )**. Si le système ne reconnaît pas l'heure UTC, **NULL** est renvoyé.

La structure exploitée par **gmtime( )** pour stocker la version décomposée de l'heure est statiquement allouée, et écrasée à chaque appel à la fonction. Pour sauvegarder son contenu, vous devez le copier ailleurs.

Les autres fonctions relatives à **gmtime( )** sont **localtime( )**, **time( )** et **asctime( )**.

localeconv

```
#include <clocale>
struct lconv *localeconv(void);
```

La fonction **localeconv( )** renvoie un pointeur sur une structure de type **lconv**, contenant différentes informations concernant l'environnement géopolitique, et notamment la façon dont les nombres sont formatés. La structure **lconv** est organisée comme suit :

```
struct lconv {
  char *decimal_point;       /* caractère correspondant au
                                point décimal pour des valeurs
                                non monétaires uniquement*/
  char *thousands_sep;       /* séparateur des milliers
                                pour des valeurs non
                                monétaires*/
```

```
    char *grouping;             /* définit le système de
                                   groupement des chiffres pour
                                   les valeurs non monétaires*/
    char *int_curr_symbol;      /* symbole international de la
                                   monnaie */
    char *currency_symbol;      /* symbole local de la monnaie */
    char *mon_decimal_point;    /* caractère correspondant au
                                   point décimal pour des valeurs
                                   monétaires */
    char *mon_thousands_sep;    /* séparateur des milliers
                                   pour des valeurs monétaires */
    char *mon_grouping;         /* définit le système de
                                   groupement des chiffres pour
                                   les valeurs monétaires */
    char *positive_sign;        /* signe positif pour les
                                   valeurs monétaires*/
    char *negative_sign;        /* signe négatif pour les
                                   valeurs monétaires*/
    char int_frac_digits;       /* nombre de décimales affichées
                                   pour les valeurs monétaires,
                                   représentées selon le format
                                   international */
    char frac_digits;           /* nombre de décimales affichées
                                   pour les valeurs monétaires,
                                   représentées selon le format
                                   local */
    char p_cs_precedes;         /* 1 si le symbole de la monnaie
                                   précède une valeur positive, 0
                                   s'il succède à cette valeur*/
    char p_sep_by_space;        /* 1 si le symbole de la monnaie
                                   est séparé d'une valeur
                                   positive par un  espace, 0
                                   autrement */
    char n_cs_precedes;         /* 1 si le symbole de la monnaie
                                   précède une valeur négative, 0
                                   s'il succède à cette valeur */
    char n_sep_by_space;        /* 1 si le symbole de la monnaie
                                   est séparé d'une valeur
                                   négative par un espace, 0
                                   autrement */
    char p_sign_posn;           /* indique la position du
                                   du signe positif */
    char n_sign_posn;           /* indique la position du
                                   du signe négatif */
}
```

La fonction **localeconv( )** renvoie un pointeur sur une structure **lconv**. Vous ne devez pas modifier le contenu de cette structure. Référez-vous à la documentation de votre compilateur pour obtenir des informations spécifiques à vos besoins d'implémentation, concernant cette structure **lconv**.

Une fonction relative à **localconv( )** est **setlocale( )**.

localtime

```
#include <ctime>
struct tm *localtime(const time_t *time);
```

La fonction **localtime( )** retourne un pointeur sur une structure de type **tm**, forme décomposée de *time*. L'heure correspond ici à l'heure locale. La valeur du paramètre *time* est généralement obtenue grâce à un appel à **time( )**.

La structure utilisée par **localtime( )** pour stocker la version décomposée de l'heure est statiquement allouée, et écrasée à chaque appel à la fonction. Pour sauvegarder son contenu, vous devez le copier ailleurs.

Les autres fonctions relatives à **localtime( )** sont **gmtime( )**, **time( )** et **asctime( )**.

mktime

```
#include <ctime>
time_t mktime(struct tm *time);
```

La fonction **mktime( )** retourne l'heure calendaire équivalente à l'heure décomposée, spécifiée dans la structure pointée par *time*. Les éléments **tm_wday** et **tm_yday** sont fixés par la fonction, de telle manière qu'il n'est plus nécessaire de les définir au moment de l'appel.

Si **mktime( )** ne peut pas retranscrire sous forme calendaire les informations, -1 est renvoyé.

Les autres fonctions relatives à **mktime( )** sont **time( )**, **gmtime( )**, **asctime( )** et **ctime( )**.

setlocale

```
#include <clocale>
char *setlocale(int type, const char *locale);
```

La fonction **setlocale( )** permet d'initialiser ou de lire certains paramètres relatifs à l'environnement géopolitique dans lequel s'exécute un programme. Si *locale* est une valeur nulle, **setlocale( )** retourne un pointeur sur une chaîne de caractères, spécifiant les paramètres régionaux. Autrement, **setlocale( )** tente d'exploiter la chaîne désignée par *locale* pour initialiser les paramètres régionaux désignés par *type*. Référez-vous à la documentation de votre compilateur pour les chaînes reconnues pour spécifier les paramètres régionaux.

Au moment de l'appel, *type* doit correspondre à une des macros suivantes :

LC_ALL
LC_COLLATE
LC_CTYPE
LC_MONETARY
LC_NUMERIC
LC_TIME

LC_ALL fait référence à toutes les catégories de paramètres régionaux. **LC_COLLATE** affecte le fonctionnement de **strcoll( )**. **LC_CTYPE** altère le mode de fonctionnement des fonctions manipulant des caractères. **LC_MONETARY** détermine le format monétaire. **LC_NUMERIC** modifie le caractère correspondant au « point » décimal pour toutes les fonctions de formatage d'E/S. Enfin, **LC_TIME** fixe le comportement de la fonction **strftime( )**.

La fonction **setlocale( )** retourne un pointeur sur une chaîne associée au paramètre désigné par *type*.

Les autres fonctions relatives à **setlocale( )** sont **localeconv( )**, **time( )**, **strcoll( )** et **strftime( )**.

strftime

```
#include <ctime>
size_t strftime(char *str, size_t maxsize, const char *fmt,
                const struct tm *time);
```

La fonction **strftime( )** place l'heure et la date, parmi d'autres informations, dans une chaîne pointée par *str*, selon le format spécifié par la chaîne pointée par *fmt*, et en appliquant la forme décomposée du temps indiquée par *time*. Un maximum de *maxsize* caractères seront initialisés dans *str*.

La fonction **strftime( )** a un mode de fonctionnement proche de celui de **sprintf( )**, dans la mesure où elle utilise une chaîne de formatage dont les éléments commencent par le signe pourcentage (%) pour placer les éléments lus dans la chaîne de sortie. Les commandes de formatage servent pour spécifier la manière exacte dont les différentes données relatives à la date et à l'heure sont représentées dans *str*. Tous les autres caractères dans la chaîne de formatage sont placés dans *str*, sans aucune modification. L'heure et la date affichées sont locales. Les notations de formatage sont indiquées dans le tableau suivant. Notez bien que, parmi ces commandes, nombreuses sont celles qui doivent respecter la casse.

La fonction **strftime( )** retourne le nombre de caractères placés dans la chaîne pointée par *str*, ou zéro en cas d'erreur.

Commande	Remplacé par
%a	Abréviation du jour de la semaine
%A	Nom complet du jour de la semaine
%b	Abréviation du nom du mois
%B	Nom complet du mois
%c	Dates et heures standard
%d	Jour du mois (1–31)
%H	Heure (0–23)
%I	Heure (1–12)
%j	Jour de l'année (1–366)
%m	Mois (1–12)
%M	Minute (0–59)
%p	Équivalent local de AM ou de PM
%S	Secondes (0–61)
%U	Semaine de l'année, dimanche étant le premier jour (0–53)
%w	Jour de la semaine (0–6, dimanche étant 0)
%W	Semaine de l'année, lundi étant le premier jour(0–53)
%x	Date standard
%X	Heure standard
%y	Année sans le siècle (0–99)
%Y	Année avec le siècle
%Z	Nom du fuseau horaire
%%	Le signe pourcentage

Les autres fonctions relatives à **strftime( )** sont **time( )**, **localtime( )** et **gmtime( )**.

time

```
#include <ctime>
time_t time(time_t *time);
```

La fonction **time( )** retourne l'heure courante du système, sous sa forme calendaire. Si le système n'a pas d'heure, -1 est retourné.

La fonction **time( )** peut être invoquée soit avec un pointeur nul, soit avec un pointeur sur une variable de type **time_t**. Dans ce dernier cas, la variable sera initialisée à l'heure calendaire.

Les autres fonctions relatives à **time( )** sont **localtime( )**, **gmtime( )**, **strftime( )** et **ctime( )**.

CHAPITRE 29

Fonctions d'allocation dynamique

e chapitre décrit les fonctions d'allocation dynamique, héritées du langage C, et dont les principales sont **malloc( )** et **free( )**. Un appel à **malloc( )** permet d'allouer une zone de mémoire encore libre. À l'inverse, chaque appel à la fonction **free( )** permet de restituer la mémoire au système. La partie de la mémoire encore libre, et où les allocations sont effectuées, est appelée *heap* en anglais. Les prototypes de ces fonctions sont définis dans **<cstdlib>**, qui correspond au fichier **stdlib.h** en C.

Tous les compilateurs C++ intègrent les quatre fonctions suivantes : **calloc( )**, **malloc( )**, **free( )** et **realloc( )**. En revanche, votre compilateur contiendra de manière presque certaine plusieurs variantes de ces fonctions, pour proposer diverses options et prendre en charge des différences d'environnements. Pour cela, référez-vous à la documentation de votre compilateur.

À cause des opérateurs d'allocation dynamique **new** et **delete** proposés par le langage C++, les fonctions d'allocation dynamique y sont peu utilisées. Ces opérateurs présentent de nombreux avantages. D'abord, **new** adapte automatiquement la taille de la zone mémoire allouée pour le type de donnée concerné. Deuxièmement, **new** retourne le type de pointeur également adapté pour cette zone mémoire. Enfin, **new** et **delete** peuvent être surchargés. Ces avantages rendent les fonctions décrites dans ce chapitre, et héritées du C, peu recommandables, au profit des opérateurs.

calloc

```
#include <cstdlib>
void *calloc(size_t num, size_t size);
```

La fonction **calloc( )** alloue une zone mémoire dont la taille est égale à *num* * *size*. **calloc( )** permet ainsi d'allouer de la mémoire pour un tableau de *num* objets de taille *size*.

La fonction **calloc( )** retourne un pointeur sur le premier octet de la zone allouée. S'il n'y a pas suffisamment de mémoire pour satisfaire la requête, un pointeur **null** est renvoyé. Il est toujours très important de vérifier que la valeur retournée n'est pas nulle, avant de tenter d'exploiter cette mémoire.

Les autres fonctions relatives à **calloc( )** sont **free( )**, **malloc( )** et **realloc( )**.

free

```
#include <cstdlib>
void free(void *ptr);
```

La fonction **free( )** libère la mémoire pointée par *ptr*, afin de la rendre disponible pour de futures allocations.

Il est impératif que **free( )** soit invoquée avec un pointeur désignant une zone mémoire allouée préalablement, grâce à une des fonctions système d'allocation dynamique (c'est-à-dire **malloc( )** ou **calloc( )**). L'utilisation d'un pointeur invalide entraînera l'arrêt du processus de gestion de mémoire, et le crash du système.

Les autres fonctions relatives à **free( )** sont **calloc( )**, **malloc( )** et **realloc( )**.

malloc

```
#include <cstdlib>
void *malloc(size_t size);
```

La fonction **malloc( )** alloue une zone mémoire de taille *size*, et renvoie un pointeur sur le premier octet de cette zone. S'il n'y a pas un espace mémoire suffisant pour satisfaire la requête, **malloc( )** renvoie un pointeur **null**. Il est toujours très important de vérifier que la valeur retournée n'est pas nulle, avant de tenter d'exploiter cette mémoire : toute tentative de manipuler un pointeur **null** entraînera le crash du système.

Les autres fonctions relatives à **malloc( )** sont **free( )**, **realloc( )** et **calloc( )**.

realloc

```
#include <cstdlib>
void *realloc(void *ptr, size_t size);
```

La fonction **realloc( )** change la taille de la zone mémoire déjà allouée, et pointée par *ptr*, pour atteindre la taille spécifiée par *size*. *size* peut être supérieure ou inférieure à la taille d'origine. Un pointeur sur le bloc mémoire est renvoyé, dans la mesure où il peut être nécessaire pour **realloc( )** de changer de bloc pour en augmenter la taille. Si cela arrive, le contenu de l'ancien bloc est copié dans le nouveau – aucune information n'étant perdue.

Si *ptr* est **null**, **realloc( )** alloue simplement *size* octets de mémoire, et retourne un pointeur désignant la zone. Si *size* est égale à zéro, la mémoire pointée par *ptr* est libérée.

S'il n'y pas assez de mémoire disponible pour allouer *size* octets, est pointeur **null** est renvoyé, et le bloc mémoire original n'est aucunement modifié.

Les autres fonctions relatives à **realloc( )** sont **free( )**, **malloc( )** et **calloc( )**.

CHAPITRE 30

Autres fonctions utiles

L a bibliothèque de fonctions standard définit de nombreuses fonctions, dont certaines très pratiques, qui fournissent des services communément utilisés : conversion de types, gestion de la taille des variables, tri et recherche et génération aléatoire de nombres. Beaucoup des fonctions concernées par ce chapitre requièrent le fichier d'en-tête **<cstdlib>** (équivalent du **stdlib.h** en C). Il définit les types de données **div_t** et **ldiv_t**, qui correspondent respectivement aux types renvoyés par les fonctions **div( )** et **ldiv( )**. Le type **size_t** y est également spécifié comme une valeur non signée, et qui correspond au type de retour de la fonction **sizeof** Les macros qui se trouvent dans ce fichier sont récapitulées dans le tableau suivant :

Macro	Signification
NULL	Valeur nulle pour un pointeur.
RAND_MAX	Valeur maximale pouvant être retournée par **rand( )**.
EXIT_FAILURE	Valeur retournée au processus appelant si le programme s'est terminé anormalement.
EXIT_SUCCESS	Valeur retournée au processus appelant si le programme s'est terminé normalement.

Si une fonction requiert un fichier d'en-tête **<cstdlib>** différent, sa description indiquée ci-dessous le précisera.

abort

```
#include <cstdlib>
void abort(void);
```

La fonction **abort( )** entraîne l'interruption immédiate et anormale du programme. De manière générale, aucun fichier n'est purgé. Dans les environnements reconnaissant cette fonction, **abort( )** retourne au processus appelant (généralement, le système d'exploitation) une valeur propre au système, qui indique l'échec du programme.

Les autres fonctions relatives à **abort( )** sont **exit( )** et **atexit( )**.

abs

```
#include <cstdlib>
int abs(int num);
long abs(long num);
double abs(double num);
```

La fonction **abs( )** renvoie la valeur absolue de *num*. La version d'**abs( )** retournant un **long** correspond exactement à la fonction **labs( )**. De même, celle renvoyant un **double** correspond exactement à la fonction **fabs( )**.

Une autre fonction relative à **abs( )** est **labs( )**.

assert

```
#include <cassert>
void assert(int exp);
```

La macro **assert( )**, définie dans le fichier d'en-tête **<cassert>**, écrit les informations relatives aux erreurs dans **stderr**, et interrompt l'exécution du programme si l'expression *exp* est évaluée à zéro. Autrement, **assert( )** ne fait rien. Bien que le résultat d'exécution exact soit propre au système, de nombreux compilateurs utilisent un message proche de ce qui suit :

```
Assertion failed: <expression>, file <file>, line <linenum>
```

La macro **assert( )** est généralement exploitée pour permettre de vérifier si un programme s'exécute de manière correcte ; l'expression passée est alors étudiée pour être évaluée à vrai si des erreurs ont été soulevées.

Il n'est pas nécessaire d'enlever les lignes de code comprenant un appel à la fonction **assert( )** après que le programme ait été débogué, car si la macro **NDEBUG** est définie (comme n'importe quel autre macro), **assert( )** y sera ignorée.

Une autre fonction relative à **assert( )** est **abort( )**.

atexit

```
#include <cstdlib>
int atexit(void (*func)(void));
```

La fonction **atexit( )** a pour effet d'invoquer la fonction pointée par *func* après la fin normale du programme. **atexit( )** retourne zéro si la fonction est bien enregistrée pour s'exécuter à la suite du programme, et une valeur non nulle autrement.

Au moins 32 appels de fonctions peuvent ainsi être programmés. Elles seront ensuite exécutées dans le sens inverse de leurs définitions.

Les autres fonctions relatives à **atexit( )** sont **exit( )** et **abort( )**.

atof

```
#include <cstdlib>
double atof(const char *str);
```

La fonction **atof( )** permet de convertir la chaîne pointée par *str* en une valeur de type **double**. La chaîne doit contenir un nombre à virgule flottante valide. Si ce n'est pas le cas, la valeur retournée est indéterminée.

Le nombre peut être délimité par n'importe quel caractère ne pouvant pas appartenir à un nombre à virgule flottante. Cela comprend donc les espaces, les signes de ponctuation (autres que le point décimal) et les caractères autres que E et e. Cela signifie que si **atof( )** est exécutée avec la chaîne « 100.00HELLO », la valeur 100.00 sera renvoyée.

Les autres fonctions relatives à **atof( )** sont **atoi( )** et **atol( )**.

atoi

```
#include <cstdlib>
int atoi(const char *str);
```

La fonction **atoi( )** convertit la chaîne pointée par *str* en une valeur de type **int**. La chaîne doit contenir un entier valide. Si ce n'est pas le cas, la valeur retournée est indéterminée, bien que la plupart des systèmes retourneront zéro.

Le nombre peut être délimité par n'importe quel caractère ne pouvant pas appartenir à un nombre entier. Cela comprend donc les espaces, les signes de ponctuation et les caractères alphabétiques. Cela signifie que si **atoi( )** est exécutée avec la chaîne « 123.23 », 123 sera renvoyé et « .23 » ignoré.

Les autres fonctions relatives à **atoi( )** sont **atof( )** et **atol( )**.

atol

```
#include <cstdlib>
long atol(const char *str);
```

La fonction **atol( )** convertit la chaîne pointée par *str* en une valeur de type **long**. La chaîne doit contenir un entier long valide. Si ce n'est pas le cas, la valeur retournée est indéterminée, bien que la plupart des systèmes retourneront zéro.

Le nombre peut être délimité par n'importe quel caractère ne pouvant pas appartenir à un nombre entier long, ce qui comprend les espaces, les signes de ponctuation et les caractères alphabétiques. Cela signifie que si **atol( )** est invoquée avec la chaîne « 123.23 », l'entier long 123L sera renvoyé, et « .23 » ignoré.

Les autres fonctions relatives à **atol( )** sont **atof( )** et **atoi( )**.

bsearch

```
#include <cstdlib>
void *bsearch(const void *key, const void *buf,
              size_t num, size_t size,
              int (*compare)(const void *, const void *));
```

La fonction **bsearch( )** effectue une recherche binaire sur le tableau trié pointé par *buf*, et retourne un pointeur sur le premier élément correspondant à la clé spécifiée par le paramètre *key*. Le nombre d'éléments du tableau est précisé par *num*, la taille (en octet) de chaque élément l'étant par le paramètre *size*.

La fonction pointée par *compare* est utilisée pour comparer un élément du tableau avec la clé de recherche. La fonction *compare* doit avoir le prototype suivant :

```
int func_name(const void *arg1, const  void *arg2);
```

Elle doit retourner un entier selon les règles suivantes :

Comparaison	Valeur retournée
arg1 est inférieur à *arg2*	Inférieur à zéro
Arg1 est égal à *arg2*	Zéro
Arg1 est supérieur à *arg2*	Supérieur à zéro

Le tableau doit être trié par ordre croissant.

Si le tableau ne contient pas l'élément recherché, un pointeur **null** est renvoyé.

Une autre fonction relative à **bsearch( )** est **qsort( )**.

div

```
#include <cstdlib>
div_t div(int numerator, int denominator);
ldiv_t div(long numerator, long denominator);
```

La version de **div( )** prenant un entier en paramètre retourne le quotient et le reste de l'opération *numerator/denominator*, dans une structure de type **div_t**. La version attendant un

long renvoie le quotient et le reste de l'opération *numerator/denominator* dans une structure de type **ldiv_t**. Cette dernière version propose le même service que la fonction **ldiv( )**.

Le type **div_t** est une structure contenant au moins ces deux éléments :

```
int quot; /* quotient */
int rem;  /* reste */
```

Le type **ldiv_t** est une structure contenant au moins ces deux éléments :

```
long quot; /* quotient */
long rem;  /* remainder */
```

Une fonction relative à **div( )** est **ldiv( )**.

exit

```
#include <cstdlib>
void exit(int exit_code);
```

La fonction **exit( )** entraîne l'interruption immédiate mais normale d'un programme.

La valeur du paramètre *exit_code* est passée au processus appelant, correspondant généralement au système d'exploitation, si l'environnement l'admet. Par convention, si la valeur d'*exit_code* est zéro ou **EXIT_SUCCESS**, l'interruption du programme est considérée comme normale. Une valeur non nulle ou égale à **EXIT_FAILURE** indique une erreur définie par le système.

Les autres fonctions relatives à **exit( )** sont **atexit( )** et **abort( )**.

getenv

```
#include <cstdlib>
char *getenv(const char *name);
```

La fonction **getenv( )** retourne un pointeur sur la variable d'environnement associée à la chaîne pointée par *name*, dans le tableau de définition des variables d'environnement du système. La chaîne retournée ne doit jamais être modifiée par le programme.

L'environnement d'un programme peut comprendre des informations telles que les chemins ou les périphériques actifs. La nature exacte de ces données est propre au système. Vous aurez besoin de vous référer à la documentation de votre compilateur pour plus de détails.

Si un appel à **getenv( )** est fait avec pour argument une chaîne ne correspondant à aucune donnée environnementale, un pointeur **null** est renvoyé.

Une fonction relative à **getenv( )** est **system( )**.

labs

```
#include <cstdlib>
long labs(long num);
```

La fonction **labs( )** renvoie la valeur absolue du paramètre *num*.

Une fonction relative à **labs( )** est **abs( )**.

ldiv

```
#include <cstdlib>
ldiv_t ldiv(long numerator, long denominator);
```

La fonction **ldiv( )** retourne le quotient et le reste de l'opération *numerator/denominator*.

La structure correspondant au type **ldiv_t** contiendra au moins ces deux champs :

```
long quot; /* quotient */
long rem;  /* reste */
```

Une fonction relative à **ldiv( )** est **div( )**.

longjmp

```
#include <csetjmp>
void longjmp(jmp_buf envbuf, int status);
```

La fonction **longjmp( )** force le programme à reprendre son exécution là où elle en était lors du dernier appel à **setjmp( )**. Ces deux fonctions fournissent un moyen de passer d'une fonction à l'autre. Notez bien que le fichier d'en-tête **<csetjmp>** est requis.

longjmp( ) fonctionne en effaçant le contenu de la pile, puis en l'initialisant dans l'état où elle a été enregistrée dans *envbuf* grâce à un appel préalable à la fonction **setjmp( )**. Ainsi, l'exécution du programme reprend exactement de la même manière que s'il s'était poursuivi après l'invocation de la fonction **setjmp( )**, l'ordinateur « croyant » qu'il n'a jamais quitté la fonction d'où **setjmp( )** est invoquée.

La mémoire tampon *envbuf* est du type **jmp_buf**. Ce dernier est défini dans le fichier d'en-tête **<csetjmp>**. *Envbuf* doit être initialisé grâce à un appel à **setjmp( )** antérieur à celui de **longjmp( )**.

La valeur de *status* prend celle de retour de **setjmp( )**, et peut servir à déterminer d'où le saut est intervenu. La seule valeur qui n'est pas autorisée est zéro.

L'utilisation la plus commune de **longjmp( )** consiste à l'employer pour revenir d'appels successifs à des fonctions lorsqu'une erreur survient.

Une fonction apparentée à **longjmp( )** est **setjmp( )**.

mblen

```
#include <cstdlib>
int mblen(const char *str, size_t size);
```

La fonction **mblen( )** retourne la taille (en octets) des caractères *multibyte* pointés par *str*. Seuls les *size* premiers caractères sont examinés. -1 est retourné en cas d'erreur.

Si *str* est **null**, **mblen( )** renvoie une valeur non nulle à la condition près que les caractères multibyte soient encodés en fonction de leur état. Dans la cas contraire, zéro est retourné.

Les autres fonctions relatives à **mblen( )** sont **mbtowc( )** et **wctomb( )**.

mbstowcs

```
#include <cstdlib>
size_t mbstowcs(wchar_t *out, const char *in, size_t size);
```

La fonction **mbstowcs( )** convertit la chaîne de caractères multibyte pointée par *in* en une chaîne de caractères longs. Le résultat est mis dans le tableau pointé par *out*. Seuls *size* octets seront enregistrés dans *out*.

La fonction **mbstowcs( )** retourne le nombre de caractères multibyte qui sont convertis. Si une erreur survient, la fonction renvoie -1.

Les autres fonctions relatives à **mbstowcs( )** sont **wcstombs( )**, **mbtowc( )**.

mbtowc

```
#include <cstdlib>
int mbtowc(wchar_t *out, const char *in, size_t size);
```

La fonction **mbtowc( )** convertit le caractère multibyte du tableau pointé par *in* en son équivalent pour le type caractère long. Le résultat est mis dans le tableau pointé par *out*. Seuls *size* octets seront enregistrés dans *out*.

La fonction **mbtowc( )** retourne le nombre d'octets placés dans *out*. Si une erreur survient, la fonction renvoie -1. Si *in* est nul, **mbtowc( )** retourne une valeur non nulle, à la condition près que les caractères multibytes soient encodés en fonction de leur état. Dans la cas contraire, zéro est retourné.

Les autres fonctions relatives à **mbtowc( )** sont **mblen( )**, **wctomb( )**.

qsort

```
#include <cstdlib>
void qsort(void *buf, size_t num, size_t size,
           int (*compare) (const void *, const void *));
```

La fonction **qsort( )** trie le tableau pointé par *buf* en appliquant la méthode du Quicksort (développée par Hoare, C.A.R). Le Quicksort est l'algorithme le plus efficace dans la majeure partie des cas. À la fin du programme, le tableau sera trié. Le nombre d'éléments est défini par le paramètre *num*, la taille (en octets) de chacun de ces éléments étant définie par *size*.

La fonction pointée par l'argument *compare* est utilisée pour comparer un élément du tableau avec la clé de recherche. Le prototype de la fonction *compare* doit être de la forme :

```
int func_name(const void *arg1, const void *arg2);
```

Les valeurs de retour doivent suivre les règles suivantes :

Comparaison	Valeur de retour
arg1 plus petit que *arg2*	Inférieure à zéro
arg1 égal à *arg2*	Zéro
arg1 plus grand que *arg2*	Supérieure à zéro

Le tableau est trié par ordre croissant : l'adresse mémoire la plus petite contient l'élément le plus petit.

Une fonction relative à **qsort( )** est **bsearch( )**.

raise

```
#include <csignal>
int raise(int signal);
```

La fonction **raise( )** envoie le signal défini par le paramètre *signal* au programme en cours d'exécution. Zéro est renvoyé si aucune erreur ne survient, et une valeur non nulle autrement. Cette fonction utilise le fichier d'en-tête **<csignal>**.

Les signaux suivants font partie intégrante du Standard C++, votre compilateur étant bien entendu libre de fournir des signaux supplémentaires.

Macro	Signification
SIGABRT	Erreur de fin de programme
SIGFPE	Erreur liée à un nombre à virgule flottante
SIGILL	Ligne de commande incorrecte
SIGINT	L'utilisateur a appuyé sur Ctrl-C
SIGSEGV	Accès mémoire impossible
SIGTERM	Fin du programme

Une fonction relative à **raise( )** est **signal( )**.

rand

```
#include <cstdlib>
int rand(void);
```

La fonction **rand( )** génère une séquence de nombres pseudo-aléatoires. À chaque appel, un entier compris entre zéro et **RAND_MAX** est renvoyé.

Une fonction relative à **rand( )** est **srand( )**.

setjmp

```
#include <csetjmp>
int setjmp(jmp_buf envbuf);
```

La fonction **setjmp( )** sauvegarde le contenu de la pile d'appels du système dans la mémoire tampon correspondant au paramètre *envbuf*, pour son utilisation postérieure par **longjmp( )**. Cette fonction utilise le fichier d'en-tête **<csetjmp>**.

La fonction **setjmp( )** retourne zéro après avoir été invoquée. En revanche, **longjmp( )** passe un argument à **setjmp( )** lors de l'exécution, et c'est cette valeur (toujours différente de zéro) qui apparaîtra comme étant la valeur de **setjmp( )** après que l'appel **longjmp( )** ait été fait.

Référez-vous à **longjmp** pour plus d'information.

Une fonction relative à **setjmp( )** est **longjmp( )**.

signal

```
#include <csignal>
void (*signal(int signal, void (*func)(int))) (int);
```

La fonction **signal( )** permet d'associer la fonction pointée par le paramètre *func* au signal désigné par *signal* : de cette manière, la fonction pointée sera exécutée lorsque le signal *signal* sera reçu par votre programme.

La valeur de *func* doit correspondre à l'adresse d'une fonction gérant les signaux, ou à l'une des macros suivantes (définies dans le fichier d'en-tête **<csignal>**) :

Macro	Signification
SIG_DFL	Utilise le système de gestion de signaux par défaut
SIG_IGN	Ignore les signaux

S'il s'agit d'une adresse de fonction, la partie du programme dédiée au signal reçu sera exécuté.

En cas de succès, **signal( )** renvoie l'adresse de la fonction préalablement associée pour le signal spécifié. En cas d'erreur, **SIG_ERR** (défini dans **<csignal>**) est retourné.

Une fonction relative à **signal( )** est **raise( )**.

srand

```
#include <cstdlib>
void srand(unsigned seed);
```

La fonction **srand( )** permet d'initialiser le point de départ d'une séquence de nombres générée par **rand( )** (cette dernière retourne des nombres pseudo-aléatoires).

srand( ) est généralement utilisée pour permettre un programme de s'exécuter plusieurs fois, avec des séquences de nombres pseudo-aléatoires différentes, grâce à des initialisations différentes. L'inverse est également possible : vous pouvez utiliser **srand( )** pour générer plusieurs fois la même séquence en invoquant la fonction avec le même paramètre d'initialisation.

Une fonction relative à **srand( )** est **rand( )**.

III

BIBLIOTHÈQUE DE
FONCTIONS STANDARD

strtod

```
#include <cstdlib>
double strtod(const char *start, char **end);
```

La fonction **strtod( )** convertit le nombre représenté par la chaîne pointée par *start* en un **double**, et le renvoie comme résultat.

La fonction **strtod( )** fonctionne de la manière suivante : dans un premier temps, tous les espaces de la chaîne *start* sont enlevés. Ensuite, chaque caractère faisant partie du nombre est lu, lecture qui est arrêtée par n'importe quel caractère qui ne peut pas appartenir à un nombre à virgule flottante. Cela comprend les signes de ponctuation (autres que le point) et les caractères autres que E et e. Enfin, *end* est initialisé pour pointer sur le reste de la chaîne, ce qui signifie que si **strtod( )** est invoquée avec la chaîne « 100.00 Pliers », la valeur 100.00 sera retournée et *end* pointera sur l'espace précédant « Pliers ».

Si aucune conversion n'a lieu, zéro est retourné. En cas de dépassement de capacité, **strtod( )** retourne soit **HUGE_VAL**, soit **-HUGE_VAL** (indiquant un dépassement positif ou négatif). La variable globale **errno** est fixée à **ERANGE** pour indiquer une erreur d'intervalle. Zéro est retourné suite à un dépassement de capacité par le bas (underflow), et la variable globale **errno** est positionnée à **ERANGE**.

Une fonction relative à **strtod( )** est **atof( )**.

strtol

```
#include <cstdlib>
long strtol(const char *start, char **end,
            int radix);
```

La fonction **strtol( )** convertit le nombre représenté par la chaîne pointée par *start* en un **long**, et le renvoie comme résultat. La base du nombre est déterminée par le paramètre *radix*. Si *radix* est égal à zéro, la base est fixée par les règles s'appliquant aux constantes. Si *radix* est différent de zéro, il doit être compris entre 2 et 36.

La fonction **strtol( )** fonctionne de la manière suivante : dans un premier temps, tous les espaces de la chaîne *start* sont enlevés. Ensuite, chaque caractère faisant partie du nombre est lu. La rencontre d'un caractère qui ne peut pas appartenir à un entier long stoppe cette lecture. Ces caractères comprennent les signes de ponctuation (autres que le point) et les autres caractères. Enfin, *end* est initialisé pour pointer sur le reste de la chaîne, ce qui signifie que si **strtol( )** est exécutée avec la chaîne « 100 Pliers », la valeur 100 sera retournée, et *end* pointera sur l'espace précédant « Pliers ».

Si le résultat de la conversion ne peut pas être représentée par un entier de type **long**, **strtol( )** retourne soit **LONG_MAX**, soit **LONG_MIN**. La variable globale **errno** est initialisée à **ERANGE** pour indiquer une erreur d'intervalle. Si aucune conversion n'a lieu, zéro est renvoyé.

Une autre fonction apparentée à **strtol( )** est **atol( )**.

strtoul

```
#include <cstdlib>
unsigned long strtoul(const char *start, char **end, int radix);
```

La fonction **strtoul( )** convertit le nombre représenté par la chaîne pointée par *start* en un entier de type **unsigned long**, et le renvoie comme résultat. La base du nombre est déterminée par le paramètre *radix*. Si *radix* est égal à zéro, la base est fixée par les règles s'appliquant aux constantes. Si *radix* est différent de zéro, il doit être compris entre 2 et 36.

strtoul( ) fonctionne de la manière suivante : dans un premier temps, tous les espaces de la chaîne *start* sont enlevés. Ensuite, chaque caractère faisant partie du nombre est lu. La rencontre d'un caractère qui ne peut pas appartenir à un entier long stoppe cette lecture. Ces caractères comprennent les signes de ponctuation (autres que le point) et les autres caractères. Enfin, *end* est initialisé pour pointer sur le reste de la chaîne, ce qui signifie que si **strtol( )** est invoquée avec la chaîne « 100 Pliers », la valeur 100L sera retournée, et *end* pointera sur l'espace précédant « Pliers ».

Si le résultat de la conversion ne peut pas être représenté par un entier de type **unsigned long**, **strtoul( )** retourne **ULONG_MAX**. La variable globale **errno** est initialisée à **ERANGE**, pour indiquer une erreur d'intervalle. Si aucune conversion n'a lieu, zéro est renvoyé.

Une autre fonction apparentée à **strtoul( )** est **strtol( )**.

system

```
#include <cstdlib>
int system(const char *str);
```

La fonction **system( )** passe la chaîne pointée par *str* en instruction à l'invite de commande du système d'exploitation.

Si **system( )** est invoquée avec un pointeur **null**, une valeur non nulle est retournée si le système d'exploitation possède une invite de commande, et zéro dans le cas contraire (certains codes C++ sont exécutés dans des systèmes dédiés, qui ne possèdent pas de système d'exploitation et d'invite de commande ; vous ne devez donc pas supposer acquise l'existence d'une invite de commande). La valeur de retour de **system( )** est définie par le système. En revanche, de manière générale, elle retourne zéro si la commande a été exécuté avec succès, et une valeur non nulle autrement.

Une autre fonction relative à **system( )** est **exit( )**.

va_arg, va_start et va_end

```
#include <cstdarg>
type va_arg(va_list argptr, type);
void va_end(va_list argptr);
void va_start(va_list argptr, last_parm);
```

Les macros **va_arg( )**, **va_start( )** et **va_end( )** fonctionnent ensemble, pour permettre de passer à une fonction un nombre d'arguments variable. L'exemple le plus commun d'une telle fonction est **printf( )**. Le type **va_list** est défini dans le fichier d'en-tête **<cstdarg>**.

La procédure générale pour créer ce type de fonction est la suivante. La fonction doit avoir au moins un paramètre fixe (mais peut en avoir plus) avant la liste de paramètres variables. Le paramètre fixe le plus à droite est désigné par le terme anglais « *last_parm* ». Le nom du paramètre *last_parm* est utilisé comme second paramètre lors de l'appel de **va_start( )**. Avant de pouvoir accéder à un des paramètres variables, le pointeur sur les arguments *argptr* doit être initialisé grâce à un appel à la fonction **va_start( )**. Après cela, les paramètres sont retournés *via* des appels à **va_arg( )**, en précisant le type du prochain paramètre grâce à l'argument *type*. Enfin, une fois tous les paramètres lus, et avant que la fonction ne retourne quoi que ce soit, un appel à **va_end( )** doit être effectué pour s'assurer que la pile est rétablie correctement. Si cet appel n'est pas effectué, le crash du programme est très probable.

Une fonction proche de ces macros est **vprintf( )**.

wcstombs

```
#include <cstdlib>
size_t wcstombs(char *out, const wchar_t *in, size_t size);
```

La fonction **wcstombs( )** convertit le tableau de caractères longs désigné par le pointeur *in* en son équivalent multibyte. Le résultat est placé dans le tableau pointé par *out*. Seuls les *size* premiers octets de *in* sont convertis, bien que la conversion puisse s'arrêter avant si le délimiteur **null** de fin de chaîne ne soit rencontré.

Si aucune erreur ne survient, **wcstombs( )** retourne le nombre d'octets convertis. En cas d'erreur, elle retourne -1.

Les autres fonctions apparentées à **wcstombs( )** sont **wctomb( )** et **mbstowcs( )**.

wctomb

```
#include <cstdlib>
int wctomb(char *out,  wchar_t in);
```

La fonction **wctomb( )** convertit le caractère long défini par *in* en son équivalent multibyte. Le résultat est placé dans le tableau pointé par *out*. Ce tableau doit être défini d'une taille de **MB_CUR_MAX** caractères.

Si aucune erreur ne survient, **wctomb( )** retourne le nombre d'octets contenus dans le caractère multibyte. En cas d'échec, -1 est renvoyé.

Dans le cas où *out* est **null**, **wctomb( )** retourne une valeur non nulle si le caractère multibyte est dépendant de son état, et zéro autrement.

Les autres fonctions relatives à **wctomb( )** sont **wcstombs( )** and **mbtowc( )**.

CHAPITRE 31

Fonctions relatives aux caractères longs

En 1995, un nombre important de fonctions relatives aux caractères longs ont été ajoutées au Standard C, et adoptées par la suite par le Standard C++. Elles manipulent des caractères de type **wchar_t**, qui sont codés sur 16 bits. La plupart de ces fonctions ont leur équivalent pour les caractères **char**. Par exemple, **iswspace( )** est le pendant en caractères longs de la fonction **isspace( )**. De manière générale, les fonctions gérant les caractères longs portent le même nom que leur équivalent gérant les **char**, à un 'w' près.

Les fonctions relatives aux caractères longs font appel à deux fichiers d'inclusion, **<cwchar>** et **<cwctype>**. Les fichiers d'en-tête C **wchar.h** et **wctype.h** sont également reconnus.

L'inclusion **<cwctype>** définit les types **wint_t**, **wctrans_t** et **wctype_t**. La plupart des fonctions caractères longs reçoivent en paramètre un caractère long. Celui-ci est du type **wint_t**. Le type **wint_t** dans ces fonctions répond au même mode d'emploi que le type **int** dans celles gérant les **char**. **wctrans_t** et **wctype_t** sont les types des objets utilisés respectivement pour représenter la projection d'un caractère (i.e., traduction de caractère) et la classification d'un caractère. L'équivalent en caractère long de la marque **EOF** se note **WEOF**.

Outre **wint_t**, l'inclusion **<cwchar>** définit le type **mstate_t**. Celui-ci décrit un objet qui contient l'état de la conversion de multibyte vers caractère long. L'inclusion **<cwchar>** définit également les macros **NULL**, **WEOF**, **WCHAR_MAX** et **WCHAR_MIN**. Ces deux derniers définissent les valeurs maximale et minimale qui peuvent être gérées par un objet de type **wchar_t**.

Bien que le support des fonctions de la bibliothèque standard pour la manipulation des caractères longs soit vaste, celles-ci ne sont pas fréquemment utilisées. La raison en est que le système d'E/S du Standard C++, ainsi que les bibliothèques de classes, reconnaissent à la fois les caractères normaux et les caractères longs à travers l'emploi des classes template. Ainsi, l'intérêt des programmes compatibles caractères longs s'en trouve limité.

Nous nous contenterons ici d'une brève description de ces fonctions de caractères longs, dans la mesure où la plupart d'entre elles ne sont qu'un parallèle à leur équivalent gérant les **char**, et que les programmeurs C++ ne les utilisent pas souvent.

Fonctions de classification des caractères longs

Le fichier d'en-tête **<cwctype>** fournit les prototypes des fonctions de caractères longs qui prennent en charge la classification de caractères. Ces fonctions classent les caractères longs selon leur type, ou convertissent la casse des caractères. Le tableau 31-1 fournit la liste de ces fonctions et de leurs équivalents **char** décrits dans le chapitre 26.

En plus des fonctions présentées dans le tableau 31-1, **<cwctype>** définit les fonctions suivantes, qui fournissent un moyen souple de classer les caractères.

```
wctype_t wctype(const char *attr);
int iswctype(wint_t ch, wctype_t attr_ob);
```

La fonction **wctype( )** renvoie une valeur qui peut être passée dans *attr_ob* comme paramètre de la fonction **iswctype( )**. La chaîne pointée par *att* spécifie la propriété qu'un caractère doit avoir. La valeur de *attr_ob* est utilisée pour déterminer si le caractère *ch* a cette propriété. Si c'est le cas, **iswctype( )** renvoie une valeur différente de zéro ; sinon, elle renvoie zéro. Les propriétés suivantes sont définies pour tous les environnements d'exécution.

alnum	alpha	cntrl	digit
graph	lower	print	punct
space	upper	xdigit	

Fonction	Équivalent char
int iswalnum(wint_t ch)	isalnum( )
int iswalpha(wint_t ch)	isalpha( )
int iswcntrl(wint_t ch)	iscntrl( )
int iswdigit(wint_t ch)	isdigit( )
int iswgraph(wint_t ch)	isgraph( )
int iswlower(wint_t ch)	islower( )
int iswprint(wint_t ch)	isprint( )
int iswpunct(wint_t ch)	ispunct( )
int iswspace(wint_t ch)	isspace( )
int iswupper(wint_t ch)	isupper( )
int iswxdigit(wint_t ch)	isxdigit( )
wint_t tolower(wint_t ch)	tolower( )
wint_t toupper(wint_t ch)	toupper( )

Tableau 31-1 Fonctions de classification des caractères longs

Le programme suivant présente les fonctions **wctype( )** et **iswctype( )**.

III

BIBLIOTHÈQUE DE FONCTIONS STANDARD

```
#include <iostream>
#include <cwctype>
using namespace std;

int main()
{
  wctype_t x;

  x = wctype("space");

  if(iswctype(L' ', x))
    cout << "Est un espace.\n";

  return 0;
}
```

Ce programme affiche : « Est un espace. ».

Les fonctions **wctrans( )** et **iswctrans( )** sont également définies dans **<cwctype>**. Elles sont présentées ici :

```
wctrans_t wctrans(const char *mapping);
wint_t towctrans(wint_t ch, wctrans_t mapping_ob);
```

La fonction **wctrans( )** renvoie une valeur qui peut être passée dans *mapping_ob* comme paramètre de la fonction **towctrans( )**. Ici, la chaîne pointée par *mapping* spécifie une projection d'un caractère sur un autre. Cette valeur peut être utilisée par **towctrans( )** pour projeter *ch*. La valeur projetée est retournée. Les projections suivantes sont définies pour tous les environnements d'exécution.

tolower   toupper

Voici un court exemple de l'utilisation de **wctrans( )** et de **towctrans( )**.

```
#include <iostream>
#include <cwctype>
using namespace std;

int main()
{
  wctrans_t x;
```

```
  x = wctrans("tolower");

  wchar_t ch = towctrans(L'W', x);
  cout << (char) ch;

  return 0;
}
```

Ce programme affiche un « w » en minuscule.

Fonctions d'E/S de caractères longs

Plusieurs des fonctions d'E/S décrites au chapitre 25 ont des versions relatives aux caractères longs. Celles-ci sont présentées dans le tableau 31-2. Les fonctions d'E/S de caractères longs requièrent l'en-tête **<cwchar>**. Vous noterez que **swprintf( )** et **vswprintf( )** nécessitent un paramètre supplémentaire qui n'est pas requis dans leurs équivalents pour les **char**.

En plus de celles présentées dans le tableau 31-2, la fonction suivante a également été ajoutée :

```
int fwide(FILE *stream, int how);
```

Si *how* est positif, **fwide( )** fait de *stream* un flux de caractères longs. Si *how* est négatif, **fwide( )** fait de *stream* un flux de **char**. Si *how* vaut zéro, le flux n'est pas affecté. Si le flux a déjà été défini auparavant comme étant un flux de caractères longs ou de **char**, il ne sera pas modifié. La fonction retourne une valeur positive si le flux utilise des caractères longs, une valeur négative s'il utilise des **char**, et zéro en cas d'échec. L'orientation d'un flux est déterminée lors de sa première utilisation.

Fonctions de chaînes de caractères longs

Il existe des versions relatives aux caractères longs pour les fonctions de manipulation de chaînes décrites dans le chapitre 26. Celles-ci sont présentées dans le tableau 31-3. Elles font appel au fichier d'en-tête **<cwchar>**. Vous noterez que **wcstok( )** nécessite un paramètre supplémentaire qui n'est pas requis dans son équivalent pour les **char**.

Fonctions de conversion de chaînes de caractères longs

Les fonctions présentées dans le tableau 31-4 fournissent la version relative aux caractères longs des fonctions standard de conversion numérique et de conversion de date. Ces fonctions utilisent **<cwchar>**.

Fonction	Équivalent char
wint_t fgetwc(FILE *stream)	fgetc( )
wchar_t *fgetws(wchar_t *str, int num, FILE *stream)	fgets( )
wint_t fputwc(wchar_t ch, FILE *stream)	fputc( )
int fputws(const wchar_t *str, FILE *stream)	fputs( )
int fwprintf(FILE *stream, const wchar_t fmt, ...)	fprintf( )
int fwscanf(FILE *stream, const wchar_t fmt,...)	fscanf( )
wint_t getwc(FILE *stream)	getc( )
wint_t getwchar( )	getchar( )
wint_t putwc(wchar_t ch, FILE *stream)	putc( )
wint_t putwchar(wchar_t ch)	putchar( )
int swprintf(wchar_t *str, size_t num, const wchar_t *fmt, ...)	sprintf( ) Notez l'ajout du paramètre *num*, qui limite le nombre de caractères écrits sur *str*
int swscanf(const wchar_t *str, const wchar_t *fmt, ...)	sscanf( )
wint_t ungetwc(wint_t ch, FILE *stream)	ungetc( )
int vfwprintf(FILE *stream, const wchar_t fmt, va_list arg)	vfprintf( )
int vfwprintf(wchar_t *str, size_t num, const wchar_t fmt, va_list arg)	vsprintf( ) Notez l'ajout du paramètre *num*, qui limite le nombre de caractères écrits sur *str*
int vwprintf(const wchar_t *fmt, va_list arg)	vprintf( )
int wprintf(const wchar_t *fmt, ...)	printf( )
int wscanf(const wchar_t *fmt, ...)	scanf( )

Tableau 31-2   Fonctions d'E/S de caractères longs

Fonction	Équivalent char
wchar_t *wcscat(wchar_t *str1, const wchar_t *str2)	strcat( )
wchar_t *wcschr(const wchar_t *str, wchar_t ch)	strchr( )
int wcscmp(const wchar_t *str1, const wchar_t *str2)	strcmp( )
int wcscoll(const wchar_t *str1, const wchar_t *str2)	strcoll( )
size_t wcscspn(const wchar_t *str1, const wchar_t *str2)	strcspn( )
wchar_t *wcscpy(wchar_t *str1, const wchar_t *str2)	strcpy( )
size_t wcslen(const wchar_t *str)	strlen( )
wchar_t *wcsncpy(wchar_t *str1, const wchar_t str2, size_t num)	strncpy( )
wchar_t *wcsncat(wchar_t *str1, const wchar_t str2, size_t num)	strncat( )
int wcsncmp(const wchar_t *str1, const wchar_t *str2, size_t num)	strncmp( )
wchar_t *wcspbrk(const wchar_t *str1, const wchar_t *str2)	strpbrk( )
wchar_t *wcsrchr(const wchar_t *str, wchar_t ch)	strrchr( )
size_t wcsspn(const wchar_t *str1, const wchar_t str2)	strspn( )
wchar_t *wcstok(wchar_t *str1, const wchar_t *str2, wchar_t **endptr)	strtok( ) Ici, *endptr* est un pointeur qui contient l'information nécessaire pour continuer le processus de décomposition.
wchar_t *wcsstr(const wchar_t *str1, const wchar_t *str2)	strstr( )
size_t wcsxfrm(wchar_t *str1, const wchar_t *str2, size_t num)	strxfrm( )

Tableau 31-3 Fonctions de chaînes de caractères longs

Fonction	Équivalent char

size_t wcsftime(wchar_t *str, size_t max,
          const wchar_t *fmt,
          const struct tm *ptr)
	strftime( )

double wcstod(const wchar_t *start, wchar_t **end);	strtod( )
long wcstol(const wchar_t *start, wchar_t **end, int radix)	strtol( )
unsigned long wcstoul(const wchar_t *start, wchar_t **end, int radix)	strtoul( )

Tableau 31-4   Fonctions de conversion de caractères longs

Fonctions de tableaux de caractères longs

Les fonctions standard de manipulation de tableaux de caractères, telles que **memcpy( )**, ont également leur équivalent pour les caractères longs. Elles sont présentées dans le tableau 31-5. Ces fonctions nécessitent le fichier d'en-tête **<cwchar>**.

Fonction	Équivalent char
wchar_t *wmemchr(const wchar_t *str, wchar_t ch, size_t num)	memchr( )
int wmemcmp(const wchar_t *str1, const wchar_t *str2, size_t num)	memcmp( )

wchar_t *wmemcpy(wchar_t *str1,
          const wchar_t *str2,
          size_t num)
	memcpy( )

wchar_t *wmemmove(wchar_t *str1,
          const wchar_t *str2,
          size_t num)
	memmove( )

wchar_t *wmemset(wchar_t *str, wchar_t ch, size_t num)	memset( )

Tableau 31-5   Fonctions de tableaux de caractères longs

Fonctions de conversion multibyte/caractère long

La bibliothèque de fonction du Standard C++ fournit diverses fonctions qui effectuent la conversion entre multibyte et caractère long. Ces fonctions, présentées dans le tableau 31-6, requièrent le fichier d'en-tête **<cwchar>**. La plupart d'entre elles sont des versions adaptées des fonctions multibytes normales. Ces versions exploitent l'information d'état qui leur est passée dans un paramètre de type **mbstate_t**. Si ce paramètre vaut **null**, la fonction fournira elle-même son propre objet **mbstate_t**.

Fonction	Équivalent char
wint_t btowc(int *ch*)	Convertit *ch* en son équivalent caractère long, et renvoie le résultat. Renvoie **WEOF** en cas d'erreur ou si *ch* n'est pas un caractère d'un octet.
size_t mbrlen(const char **str*, size_t *num*, mbstate_t **state*)	Version adaptée de **mblen( )**. Retourne une valeur positive qui indique la longueur du prochain caractère multibyte. Zéro est retourné si le prochain caractère est **null**. Une valeur négative est retournée en cas d'erreur.
size_t mbrtowc(wchar_t **out*, const char **str*, size_t *num*, mbstate_t **state*)	Version adaptée de **mbtowc( )**. Retourne une valeur positive qui indique la longueur du prochain caractère multibyte. Zéro est retourné si le prochain caractère est **null**. Une valeur négative est retournée en cas d'erreur, et la macro **EILSEQ** est affectée à **errno**.
int mbsinit(const mbstate_t **state*)	Retourne vrai si *state* représente un état de conversion initial.
size_t mbsrtowcs(wchar_t **out*, const char **str*, size_t *num*, mbstate_t **state*)	Version adaptée de **mbstowcs( )**. **mbstowcs( )** diffère de **mbsrtowcs( )** par le fait que *in* représente un pointeur indirect sur le tableau source.

Tableau 31-6 Fonctions de conversion multibyte/caractères longs

PARTIE IV

Bibliothèque de classes standard

Le Standard C++ définit un ensemble de classes supplémentaires, qui permettent de prendre en charge un certain nombre d'activités, comprenant notamment les opérations d'E/S, le traitement des chaînes et des nombres. La bibliothèque de classes s'ajoute à la bibliothèque de fonctions décrite dans la partie III. Elle constitue une partie importante du langage C++, et représente sa principale particularité. Malgré sa taille, cette bibliothèque est facile à maîtriser, dans la mesure où elle se fonde sur les principes de la programmation orientée objet.

La bibliothèque C++ standard est large, et une description détaillée de toutes ses classes, caractéristiques, attributs, en plus des détails d'implémentation, dépasse l'objectif de ce livre (une description complète de la bibliothèque de classes pourrait facilement être le sujet d'un livre de taille conséquente !). Cependant, alors que la majeure partie de cette bibliothèque est destinée à une utilisation d'ordre général, une autre partie s'adresse plus précisément à des développeurs de compilateurs ou aux programmeurs implémentant des applications très spécifiques. Cette section se contente de décrire la partie consacrée à des applications générales. Si cela ne correspond pas à vos travaux, vous aurez besoin de vous procurer une copie du standard C++ contenant la description technique de cette bibliothèque.

CHAPITRE 32

Classes C++ standard d'E/S

Ce chapitre décrit la bibliothèque C++ standard de classes d'E/S. Comme déjà expliqué dans la partie II, il existe actuellement deux versions de la bibliothèque E/S : l'une correspond à l'ancienne bibliothèque, et n'est pas définie par le Standard C++ ; l'autre, plus récente, modélise l'ensemble du système d'E/S du Standard C++. Dans la mesure où elle représente une extension de la première, seule la bibliothèque de classes est décrite dans cette section. En revanche, la plupart des informations sont encore applicables à l'ancienne bibliothèque.

Note. Pour avoir une vue complète du système d'E/S du C++, consultez les chapitres 20 et 21.

Classes d'E/S

Le système d'E/S standard du C++ se fonde sur un ensemble relativement complexe de classes template. Celles-ci sont récapitulées dans le tableau suivant.

Classe	Intérêt
Basic_ios	Permet les opérations d'E/S générales
Basic_streambuf	Permet les opérations d'E/S de bas niveau
Basic_istream	Permet les opérations de lecture
Basic_ostream	Permet les opérations d'écriture
Basic_iostream	Permet les opérations de lecture et d'écriture
Basic_filebuf	Permet les opérations d'E/S de bas niveau depuis des fichiers
Basic_ifstream	Permet la lecture depuis un fichier
Basic_ofstream	Permet l'écriture dans un fichier
Basic_fstream	Permet la lecture ou l'écriture dans un fichier
Basic_stringbuf	Permet les opérations d'E/S de bas niveau depuis des chaînes de caractères
Basic_istringstream	Permet la lecture depuis des chaînes de caractères
Basic_ostringstream	Permet l'écriture dans des chaînes de caractères
Basic_stringstream	Permet l'écriture ou la lecture dans des chaînes de caractères

La classe non template **ios_base** fait partie de la hiérarchie des classes prenant en charge les E/S. Elle définit différents éléments du système d'E/S.

Ce système d'E/S du C++ se fonde sur deux hiérarchies (différentes mais liées) de classes template. L'une est dérivée de la classe **basic_streambuf** permettant les E/S de bas niveau. Cette classe fournit les opérations de lecture et d'écriture de bas niveau, qui servent de fondement pour tout le système d'E/S. Les classes **basic_filebuf** et **basic_stringbuf** sont dérivées de **basic_streambuf**. À moins de programmer des opérations d'E/S très évoluées, vous n'aurez pas besoin d'utiliser **basic_streambuf**, ni elle directement ni ses sous-classes.

La hiérarchie de classes que vous allez probablement utiliser plus souvent est dérivée de la classe **basic_ios**. Celle-ci correspond à une classe d'E/S de haut niveau, et fournit les méthodes de formatage, de gestion d'erreurs et les données relatives aux flux d'E/S. **basic_ios** est la classe dont héritent de nombreuses autres classes, notamment **basic_istream**, **basic_ostream** et **basic_iostream**. Ces trois classes sont utilisées pour créer des flux permettant respectivement de lire, d'écrire et de lire et écrire. Ensuite, les classes **basic_ifstream** et **basic_istringstream** héritent de la classe **basic_istream**, **basic_ofstream** et **basic_ostringstream** de **basic_ostream** et **basic_fstream** et **basic_stringstream** sont dérivées de **basic_iostream**. La classe de base de **basic_ios** est **ios_base**. Ainsi, toutes les classes dérivées de **basic_ios** ont accès aux membres de la classe **ios_base**.

Les classes d'E/S reçoivent en paramètres le type de caractères avec lequel elles fonctionnent, ainsi que les caractéristiques qui sont associées. Par exemple, voici une spécification de template pour **basic_ios** :

```
template <class CharType, class Attr = char_traits<CharType> >
   class basic_ios: public ios_base
```

Dans ce cas, **CharType** définit le type de caractères (tel que **char** ou **wchar_t**), et **Attr** spécifie le type décrivant les attributs de ce type. Le type générique **char_traits** est une classe qui contient les attributs associés à un type de caractère.

Comme expliqué dans le chapitre 20, la bibliothèque d'E/S crée deux hiérarchies de classes template telles qu'elles viennent d'être décrites : l'une pour les caractères codés sur 8 bits, et l'autre pour les caractères longs. Voici une liste complète permettant d'établir la correspondance entre les noms des classes template et leurs équivalents pour, d'une part, les caractères « normaux » et, d'autre part, la version dédiée aux caractères longs.

Classe template	Classe équivalente pour les caractères	Classe équivalente pour les caractères longs
basic_ios	ios	wios
basic_istream	istream	wistream
basic_ostream	ostream	wostream
basic_iostream	iostream	wiostream
basic_ifstream	ifstream	wifstream
basic_ofstream	ofstream	wofstream
basic_fstream	fstream	wfstream
basic_istringstream	istringstream	wistringstream
basic_ostringstream	ostringstream	wostringstream
basic_stringstream	stringstream	wstringstream
basic_streambuf	streambuf	wstreambuf
basic_filebuf	filebuf	wfilebuf
basic_stringbuf	stringbuf	wstringbuf

Dans la mesure où une large majorité des programmeurs utilisent la hiérarchie dédiée aux caractères « normaux » pour les opérations d'E/S, ce sont les noms de ces classes qui sont utilisés dans ce chapitre. Ainsi, pour faire référence aux classes d'E/S, on n'emploiera pas les noms des classes template internes, mais plutôt le nom de la classe correspondante pour les caractères.

Par exemple, on utilisera plutôt **ios** que **basic_ios**, plutôt **istream** que **basic_istream** et plutôt **fstream** que **basic_fstream**. Souvenez-vous juste qu'il existe une fonction équivalente pour les flux de caractères longs, et qu'elles fonctionnent de la même manière que celle décrite pour les caractères.

Fichiers d'en-tête d'E/S

Le système d'E/S standard du C++ utilise les fichiers d'en-tête suivants :

Fichier d'en-tête	Utilisation
<fstream>	E/S depuis un fichier
<iomanip>	Paramétrer les manipulateurs d'E/S
<ios>	E/S de base
<iosfwd>	Appliquer les déclarations utilisées par le système d'E/S
<iostream>	E/S générales
<istream>	Prendre en charge les opérations de lecture de base
<ostream>	Prendre en charge les opérations d'écriture de base
<sstream>	Flux de chaînes de caractères
<streambuf>	Prendre en charge les E/S de bas niveau

Plusieurs de ces fichiers d'en-tête sont utilisés de manière interne par le système d'E/S. En général, votre programme comprendra **<iostream>**, **<fstream>**, **<sstream>** ou **<iomanip>**.

flags de formatage et manipulateurs d'E/S

Un certain nombre de flags de formatage sont associés à chaque flux : ils permettent de contrôler la façon dont les informations sont formatées. La classe **ios_base** déclare une énumération, appelée **fmtflags**, correspondant à un masque bit à bit, et dans laquelle les valeurs suivantes sont initialisées.

adjustfield	basefield	boolalpha	dec
fixed	floatfield	hex	internal
left	oct	right	scientific
showbase	showpoint	showpos	skipws
unitbuf	uppercase		

Ces valeurs sont utilisées pour positionner ou non les flags de formatage, *via* des fonctions telles que **setf( )** et **unsetf( )**. Une description détaillée de ces flags est disponible dans le chapitre 20.

En plus de pouvoir initialiser directement les flags de formatage, vous pouvez modifier les paramètres de formatage associés à un flux, grâce à des fonctions spéciales appelées manipulateurs, qui peuvent être intégrés dans des expressions d'E/S. Les manipulateurs standard sont récapitulés dans le tableau suivant :

Manipulateur	Objectif	Lecture/Écriture
boolalpha	Positionne à 1 le flag **boolapha**.	Lecture/Écriture
dec	Positionne à 1 le flag **dec**.	Lecture/Écriture
endl	Écrit un caractère de nouvelle ligne, et efface le contenu du flux.	Écriture
ends	Écrit un caractère nul.	Écriture
fixed	Positionne à 1 le flag **fixed**.	Écriture
flush	Efface le contenu d'un flux.	Écriture
hex	Positionne à 1 le flag **hex**.	Lecture/Écriture
internal	Positionne à 1 le flag **internal**.	Écriture
left	Positionne à 1 le flag **left**.	Écriture
noboolalpha	Positionne à 0 le flag **boolalpha**.	Lecture/Écriture
noshowbase	Positionne à 0 le flag **showbase**.	Écriture
noshowpoint	Positionne à 0 le flag **showpoint**.	Écriture
noshowpos	Positionne à 0 le flag **showpos**.	Écriture
noskipws	Positionne à 0 le flag **skipws**.	Lecture
nounitbuf	Positionne à 0 le flag **unitbuf**.	Écriture
nouppercase	Positionne à 0 le flag **uppercase**.	Écriture
oct	Positionne à 1 le flag **oct**.	Lecture/Écriture
resetiosflags (fmtflags *f*)	Positionne à 0 les flags spécifiés dans *f*.	Lecture/Écriture
right	Positionne à 1 le flag **right**.	Écriture
scientific	Positionne à 1 le flag **scientific**.	Écriture
setbase(int *base*)	Initialise à *base* la base des nombres.	Lecture/Écriture
setfill(int *ch*)	Initialise à *ch* le caractère de complétion.	Écriture

Manipulateur	Objectif	Lecture/Écriture
setiosflags(fmtflags *f*)	Positionne à 1 les flags spécifiés dans *f*.	Lecture/Écriture
setprecision (int *p*)	Initialise le nombre de chiffres voulus pour la précision.	Écriture
setw(int *w*)	Fixe la taille du champ à *w*.	Écriture
showbase	Positionne à 1 le flag **showbase**.	Écriture
showpoint	Positionne à 1 le flag **showpoint**.	Écriture
showpos	Positionne à 1 le flag **showpos**.	Écriture
skipws	Positionne à 1 le flag **skipws**.	Lecture
unitbuf	Positionne à 1 le flag **unitbuf**.	Écriture
uppercase	Positionne à 1 le flag **uppercase**.	Écriture
ws	Ignore les espaces de début de chaîne.	Lecture

Dans le cas où un manipulateur attend un paramètre, votre programme doit inclure le fichier d'en-tête **<iomanip>**.

Types de données

En plus du type de données **fmtflags** qui vient d'être décrit, le système d'E/S standard du C++ définit plusieurs autres nouveaux types de données.

Types streamsize et streamoff

Un objet de type **streamsize** spécifie le plus grand nombre d'octets qu'il est possible de transférer dans une opération d'E/S. Ce type correspond en fait à une forme d'entier. Un objet de type **streamoff** permet de définir la valeur qui indique un décalage au sein d'un flux. Ce type correspond en fait à une forme d'entier. Ces deux types de données sont définis dans le fichier d'en-tête **<ios>**, qui est automatiquement inclus par le système d'E/S.

Types streampos et wstreampos

Un objet de type **streampos** permet de définir la valeur qui représente la position au sein d'un flux de **char**. Le type **wstreampos** définit lui la valeur de la position au sein d'un flux de **wchar_t**. Ces deux types sont déclarés dans le fichier d'en-tête **<iosfwd>** qui est automatiquement inclus par le système d'E/S.

Types pos_type et off_type

Les types **pos_type** et **off_type** permettent de créer des objets (généralement des entiers) spécifiant une valeur représentant respectivement la position et un décalage à l'intérieur d'un flux. Ces deux types de données sont définis par la classe **ios** (ainsi que d'autres classes) et se rapprochent beaucoup des types **streamoff** et **streampos** (ou leurs équivalents pour les caractères longs).

Type openmode

Le type **openmode** est défini par la classe **ios_base**, et spécifie comment un fichier sera ouvert. Cela devra correspondre à l'une des valeurs suivantes.

App	Écriture à la fin du fichier.
Ate	Recherche la fin du fichier au moment de son ouverture.
Binary	Ouverture d'un fichier pour des opérations binaires.
In	Ouverture d'un fichier en lecture.
Out	Ouverture d'un fichier en écriture.
Trunc	Efface le fichier existant.

Vous pouvez combiner plusieurs de ces valeurs en utilisant un OR logique.

Type iostate

Le statut courant d'un flux d'E/S est défini par un objet du type **iostate**, et correspond à une énumération définie par la classe **ios_base**. Voici les attributs de cette classe :

Nom	Signification
Goodbit	Aucune erreur n'est survenue.
Eofbit	Le caractère de fin de fichier (**EOF**) a été rencontré.
Failbit	Une erreur non fatale d'E/S est survenue.
Badbit	Une erreur fatale d'E/S est survenue.

Type seekdir

Le type **seekdir** décrit comment un accès aléatoire effectué sur un fichier va fonctionner. Ce type est défini par **ios_base**. Les valeurs possibles sont les suivantes :

Beg	Début de fichier
Cur	Position courante
End	Fin de fichier

Classe failure

La classe **ios_base** permet également de définir le type d'exception **failure**. Cette classe sert de classe de base pour tous les types d'exceptions que le système d'E/S peut soulever. Elle hérite de la classe **exception** (la classe standard concernant les exceptions) et a le constructeur suivant :

```
explicit failure(const string &str);
```

str correspond à un descriptif de l'erreur, qui peut ensuite être obtenue depuis une objet de type **failure** par l'invocation de la fonction **what( )**, comme suit :

```
virtual const char *what() const throw();
```

Surcharge des opérateurs << et >>

Les classes suivantes surchargent les opérateurs **<<** et/ou **>>** relativement à tous les types de données primitifs.

```
basic_istream
basic_ostream
basic_iostream
```

Toutes les classes dérivant de ces trois-là héritent de ces surcharges d'opérateurs.

Principales fonctions d'E/S

Le reste de ce chapitre décrit les principales fonctions d'E/S fournies par le Standard C++. Comme déjà expliqué, le système standard d'E/S se fonde sur une hiérarchie de classes template compliquée. La plupart des membres des classes de bas niveau ne sont pas utilisés pour le développement d'applications ; c'est pourquoi ils ne sont pas décrits ici.

bad

```
#include <iostream>
bool bad() const;
```

La fonction **bad( )** est un membre de la classe **ios**.

Elle renvoie **true** si une erreur fatale d'E/S s'est produite pour le flux associé, et **false** autrement.

Une fonction apparentée à **bad( )** est **good( )**.

clear

```
#include <iostream>
void clear(iostate flags = goodbit);
```

La fonction **clear( )** est un membre de la classe **ios**.

Elle permet d'effacer le flag de statut associé à un flux. Si *flags* correspond à **goodbit** (comme c'est le cas par défaut), tous les flags d'erreurs sont alors initialisés à zéro. Autrement, le flag de statut sera positionné à la valeur précisée par le paramètre *flags*.

Une fonction apparentée à **clear( )** est **rdstate( )**.

eof

```
#include <iostream>
bool eof() const;
```

La fonction **eof( )** est un membre de la classe **ios**.

Elle retourne **true** lorsque le caractère de fin de fichier a été rencontré au cours de la lecture du fichier associé au flux, et **false** autrement.

Les autres fonctions apparentées à **eof( )** sont **bad( )**, **fail( )**, **good( )**, **rdstate( )** et **clear( )**.

exceptions

```
#include <iostream>
iostate exceptions() const;
void exceptions(iostate flags);
```

La fonction **exceptions( )** est membre de la classe **ios**.

L'une des formes de cette fonction retourne un objet de type **iostate**, indiquant quels sont les flags qui permettent de soulever une exception. L'autre forme permet d'initialiser ces mêmes flags.

Une fonction apparentée à **exceptions( )** est **rdstate( )**.

fail

```
#include <iostream>
bool fail() const;
```

La fonction **fail( )** est membre de la classe **ios**.

Elle retourne **true** si une erreur d'E/S est survenue, et concerne le flux associé. Autrement, cette fonction renvoie **false**.

Les autres fonctions apparentées à **fail( )** sont **good( )**, **eof( )**, **bad( )**, **clear( )** et **rdstate( )**.

fill

```
#include <iostream>
char fill() const;
char fill(char ch);
```

La fonction **fill( )** est membre de la classe **ios**.

Par défaut, lorsqu'un champ doit être renseigné, des caractères espaces y sont placés. Il est possible de spécifier le caractère de complétion en utilisant la fonction **fill( )**, et en précisant le caractère désiré avec le paramètre *ch*. L'ancien caractère de complétion est retourné.

Pour obtenir le caractère de complétion appliqué, exécutez la première forme de la fonction **fill( )** qui renvoie celui-ci.

Les autres fonctions apparentées à **fill( )** sont **precision( )** et **width( )**.

flags

```
#include <iostream>
fmtflags flags() const;
fmtflags flags(fmtflags f);
```

La fonction **flags( )** est membre de la classe **ios** (héritée de la classe de base **ios_base**).

La première forme de **flags( )** retourne simplement les flags de formatage fixés pour le flux associé.

L'autre forme de la fonction **flags( )** permet d'initialiser les flags de formatage du flux associé, tel qu'ils sont définis par *f*. Lorsque vous utilisez cette version, la combinaison de bits placée dans *f* est copiée dans les flags de formatage du flux concerné. La fonction renvoie la configuration de ces flags avant la modification.

Les autres fonctions apparentées à **flags( )** sont **unsetf( )** et **setf( )**.

flush

```
#include <iostream>
ostream &flush();
```

La fonction **flush( )** est un membre de la classe **ostream**.

La fonction permet d'écrire physiquement (sur le périphérique) le contenu de la mémoire tampon associée au flux. La fonction retourne une référence sur le flux concerné.

Les autres fonctions apparentées à **flush( )** sont **put( )** et **write( )**.

fstream, ifstream et ofstream

```
#include <fstream>
fstream();
explicit fstream(const char *filename,
                 ios::openmode mode = ios::in ¦ ios::out);
ifstream();
explicit ifstream(const char *filename, ios::openmode mode=ios::in);

ofstream();
explicit ofstream(const char *filename,
                  ios::openmode mode=ios::out ¦ ios::trunc);
```

Les fonctions **fstream( )**, **ifstream( )** et **ofstream( )** sont respectivement les constructeurs des classes **fstream**, **ifstream** et **ofstream**.

La version de ces fonctions ne prenant aucun paramètre permet de créer un flux auquel aucun fichier n'est associé. La liaison avec un fichier peut ensuite être affectée grâce à la fonction **open( )**.

Les versions de **fstream( )**, **ifstream( )** et **ofstream( )** prenant un nom de fichier comme premier paramètre sont les plus communément utilisées pour le développement d'applications. Bien que ce soit une solution parfaitement correcte d'associer un fichier à un flux grâce à la fonction **open( )**, vous allez dans la plupart des cas profiter de la forme de ces constructeurs qui le font automatiquement lorsque le flux est créé. Ces constructeurs attendent les mêmes paramètres que la fonction **open( )**, et ont les mêmes valeurs par défaut (référez-vous à **open** pour les détails). Voici, par exemple, la manière la plus commune que vous rencontrerez pour l'ouverture d'un fichier :

```
ifstream mystream("myfile");
```

Si, pour certaines raisons, le fichier ne peut pas être ouvert, la valeur de la variable concernée pour le flux affecté par l'opération sera **false**. Par conséquent, que vous utilisiez pour ouvrir un fichier les constructeurs ou un appel explicite à la fonction **open( )**, vous devrez vous assurer que l'ouverture s'est correctement déroulée, en testant la valeur de ce flux.

Les autres fonctions apparentées à ces fonctions sont **close( )** et **open( )**.

gcount

```
#include <iostream>
streamsize gcount() const;
```

La fonction **gcount( )** est un membre de la classe **istream**.

La fonction **gcount( )** retourne le nombre de caractères lus par la dernière opération de lecture.

Les autres fonctions relatives à **gcount( )** sont **get( )**, **getline( )** et **read( )**.

get

```
#include <iostream>
int get();
istream &get(char &ch):
istream &get(char *buf, streamsize num);
istream &get(char *buf, streamsize num, char delim);
istream &get(streambuf &buf);
istream &get(streambuf &buf, char delim);
```

La fonction **get( )** est un membre de la classe **istream**.

De manière génarale, **get( )** lit des caractères dans un flux. La version de cette fonction n'attendant aucun paramètre lit un seul caractère dans le flux associé, et renvoie sa valeur.

La version **get(char &ch)** lit un caractère dans le flux associé, et place sa valeur dans le paramètre *ch*. Une référence sur le flux est alors retournée.

La version **get(char *_buf_, streamsize _num_)** lit les caractères, et les place dans le tableau pointé par _buf_, jusqu'à ce que _num_−1 caractères soient lus, qu'une nouvelle ligne soit rencontrée ou que la fin du fichier soit atteinte. Un caractère **null** sera placé par la fonction **get( )** à la fin du tableau pointé par _buf_. Si le caractère de nouvelle ligne est rencontré dans le flux lors de la lecture, ce dernier n'est pas retourné, et reste dans le flux jusqu'à la prochaine opération de lecture. Cette version renvoie une référence sur le flux.

La version **get(char *_buf_, streamsize _num_, char _delim_)** lit les caractères et les place dans le tableau pointé par _buf_ jusqu'à ce que _num_−1 soient lus, que le caractère spécifié par _delim_ soit rencontré ou que la fin du fichier soit atteinte. Un caractère **null** sera placé par la fonction **get( )** à la fin du tableau pointé par _buf_. Si le caractère de nouvelle ligne est rencontré dans le flux lors de la lecture, ce dernier n'est pas retourné, et reste dans le flux jusqu'à la prochaine opération de lecture. Cette version renvoie une référence sur le flux.

La version **get(streambuf &_buf_)** lit des caractères dans le flux, et les place dans l'objet **streambuf**. Les caractères sont lus jusqu'à ce qu'une nouvelle ligne ou que la fin du fichier soient atteintes. Une référence sur le flux est retournée. Si le caractère de nouvelle ligne est rencontré dans le flux, lors de la lecture, ce dernier n'est pas retourné.

La version **get(streambuf &_buf_, char _delim_)** lit les caractères dans le flux d'entrée, et les place dans l'objet **streambuf**. Les caractères sont lus jusqu'à ce que _num_−1 caractères soient lus, que le caractère spécifié par _delim_ soit rencontré ou que la fin du fichier soit atteinte. Une référence sur le flux est retournée. Si le caractère de nouvelle ligne est rencontré dans le flux, lors de la lecture, ce dernier n'est pas retourné.

Les autres fonctions apparentées à **get( )** sont **put( )**, **read( )** et **getline( )**.

getline

```
#include <iostream>
istream &getline(char *buf, streamsize num);
istream &getline(char *buf, streamsize num, char delim);
```

La fonction **getline( )** est un membre de la classe **istream**.

La version **getline(char *_buf_, streamsize _num_)** lit des caractères et les place dans le tableau pointé par _buf_ jusqu'à ce que _num_−1 caractères soient lus, que le caractère de nouvelle ligne soit rencontré ou que la fin du fichier soit atteinte. Un caractère **null** sera placé par la fonction **getline( )** à la fin du tableau pointé par _buf_. Si le caractère de nouvelle ligne est rencontré dans le flux, lors de la lecture, ce dernier est retourné, mais n'est pas placé dans _buf_. Une référence sur le flux est retournée.

La version **getline(char *_buf_, streamsize _num_, char _delim_)** lit des caractères et les place dans le tableau pointé par _buf_ jusqu'à ce que _num_−1 caractères soient lus, que le caractère spécifié par *delim* soit rencontré ou que la fin du fichier soit atteinte. Un caractère **null** sera placé par la fonction **getline( )** à la fin du tableau pointé par *buf*. Si le caractère de nouvelle ligne est rencontré dans le flux, lors de la lecture, ce dernier est retourné, mais n'est pas placé dans *buf*. Une référence sur le flux est retournée.

Les autres fonctions apparentées à **getline( )** sont **get( )** et **read( )**.

good

```
#include <iostream>
bool good() const;
```

La fonction **good( )** est un membre de la classe **ios**.

Elle retourne **true** si aucune erreur d'E/S n'a été soulevée pour le flux associé ; elle renvoie **false** autrement.

Les autres fonctions apparentées à **good( )** sont **bad( )**, **fail( )**, **eof( )**, **clear( )** et **rdstate( )**.

ignore

```
#include <iostream>
istream &ignore(streamsize num = 1, int delim = EOF);
```

La fonction **ignore( )** est un membre de la classe **istream**.

La fonction **ignore( )** vous permet de lire, ou au contraire d'ignorer, les caractères lus dans un flux. Elle lit ou ignore les caractères jusqu'à ce que *num* caractères soient considérés (1 par défaut) ou que le caractère spécifié par *delim* soit rencontré (**EOF** par défaut). Si ce caractère de délimitation est trouvé, il est effacé du flux dans lequel la lecture s'effectue. La fonction renvoie une référence sur le flux.

Les autres fonctions apparentées à **ignore( )** sont **get( )** et **getline( )**.

open

```
#include <fstream>
 void fstream::open(const char *filename,
                    ios::openmode mode = ios::in ¦ ios:: out);
void ifstream::open(const char *filename,
                    ios::openmode mode = ios::in);
void ofstream::open(const char *filename,
                    ios::openmode mode = ios:: out ¦ ios::trunc);
```

La fonction **open( )** est un membre des classes **fstream**, **ifstream** et **ofstream**.

La fonction **open( )** permet d'associer un fichier à un flux. La paramètre *filename* correspond au nom du fichier concerné, et peut inclure son chemin d'accès. La valeur du paramètre *mode* détermine comment l'ouverture se déroule, et peut correspondre à au moins une des valeurs suivantes :

```
ios::app
ios::ate
ios::binary
ios::in
ios::out
ios::trunc
```

Vous pouvez combiner plusieurs de ces valeurs en plaçant un OR entre elles.

ios::app permet d'écrire en fin de fichier. Cette valeur ne peut être utilisée que lorsqu'il s'agit de fichier ouvert en écriture. **ios::ate** a pour effet de déclencher une recherche de la fin du fichier, lors de son ouverture. Malgré cette recherche, **ios::ate** permet de lire ou d'écrire n'importe où dans le fichier.

La valeur **ios::binary** permet d'ouvrir un fichier pour des opérations d'E/S binaires. Par défaut, les fichiers sont ouverts en mode texte.

ios::in permet d'ouvrir un fichier en lecture, **ios::out** spécifiant à l'inverse une ouverture de fichier pour des opérations d'écriture. En revanche, du type de flux dépend le type d'opérations. Ainsi, la création d'un flux de type **ifstream** signifie que vous allez effectuer des opérations de lecture ; un flux de type **ofstream** implique à l'inverse des opérations d'écriture, et un flux de type **fstream** permet à la fois l'écriture et la lecture.

La valeur **ios::trunc** entraîne la destruction du contenu d'un éventuel fichier déjà existant, et portant le même nom que celui spécifié. La taille du fichier est réduit à zéro.

Dans tous les cas, si la fonction **open( )** échoue, la valeur du flux sera **false**. Avant d'ouvrir un fichier, vous devez donc vous assurer que l'opération d'ouverture s'est déroulée correctement.

Les autres fonctions apparentées à **open( )** sont **close( )**, **fstream( )**, **ifstream( )** et **ofstream( )**.

peek

```
#include <iostream>
int peek();
```

La fonction **peek( )** est un membre de la classe **istream**.

peek( ) retourne le caractère suivant d'un flux, ou **EOF** si la fin d'un fichier est atteinte. En aucun cas, le caractère lu n'est effacé du flux.

Une fonction apparentées à **open( )** est **get( )**.

precision

```
#include <iostream>
streamsize precision() const;
streamsize precision(streamsize p);
```

La fonction **precision( )** est un membre de la classe **ios** (héritée de la classe **ios_base**).

Par défaut, six chiffres après la virgule sont affichés lorsqu'un nombre à virgule flottante est écrit. En revanche, la deuxième version de **precision( )** vous permet de fixer le nombre de chiffres après la virgule que vous désirez afficher, en le spécifiant avec le paramètre *p*. La valeur, avant d'apporter la modification, est alors retournée.

La première version de **precision( )** renvoie quant à elle la valeur courante.

Les autres fonctions apparentées à **precision( )** sont **width( )** et **fill( )**.

put

```
#include <iostream>
ostream &put(char ch);
```

La fonction **put( )** est un membre de la classe **ostream**.

put( ) écrit le paramètre *ch* dans le flux associé. Une référence sur ce même flux est retournée.

Les autres fonctions apparentées à **put( )** sont **write( )** et **get( )**.

putback

```
#include <iostream>
istream &putback(char ch);
```

La fonction **putback( )** est un membre de la classe **istream**.

putback( ) renvoie *ch* au flux en entrée correspondant.

Une autre fonction relative à **putback( )** est **peek( )**.

rdstate

```
#include <iostream>
iostate rdstate() const;
```

La fonction **rdstate( )** est un membre de la classe **ios**.

rdstate( ) retourne le statut du flux associé. Le système d'E/S du C++ maintient les informations relatives au statut de chaque flux actif après chaque opération d'E/S. Le statut courant d'un flux est géré dans un objet de type **iostate**, dans lequel les flags suivants sont définis :

Nom du flag	Signification
goodbit	Aucune erreur n'est survenue.
eofbit	La fin du fichier est atteinte.
failbit	Une erreur d'E/S non fatale s'est produite.
badbit	Une erreur d'E/S fatale est produite.

Ces flags sont énumérés dans la classe **ios** (*via* **ios_base**).

rdstate( ) retourne **goodbit** lorsque nulle erreur ne s'est produite. Autrement, un bit d'erreur a été positionné à 1.

Les autres fonctions apparentées à **rdstate( )** sont **eof( )**, **good( )**, **bad( )**, **clear( )**, **setstate( )** et **fail( )**.

read

```
#include <iostream>
istream &read(char *buf, streamsize num);
```

La fonction **read( )** est un membre de la classe **istream**.

read( ) lit *num* octets dans le flux d'entrée associé, et les place dans la mémoire tampon désignée par *buf*. Si la fin du fichier est atteinte avant que *num* caractères soient lus, **read( )** s'interrompt et positionne à 1 le flag **failbit**. La mémoire tampon contient alors autant de caractères qu'il était possible de lire (voir la fonction **gcount( )**). **read( )** retourne une référence sur le flux.

Les autres fonctions apparentées à **read( )** sont **gcount( )**, **readsome( )**, **get( )**, **getline( )** et **write( )**.

readsome

```
#include <iostream>
streamsize readsome(char *buf, streamsize num);
```

La fonction **readsome( )** est un membre de la classe **istream**.

readsome( ) lit *num* octets dans le flux d'entrée associé, et les place dans la mémoire tampon désignée par *buf*. Si le flux contient moins de *num* caractères, tous sont lus. **readsome( )** renvoie le nombre de caractères lus. La différence entre **read( )** et **readsome( )** tient au fait que **readsome( )** ne positionne pas le flag **failbit** à 1 si moins de *num* caractères sont disponibles dans le flux.

Les autres fonctions apparentées à **readsome( )** sont **gcount( )**, **read( )** et **write( )**.

seekg et seekp

```
#include <iostream>
istream &seekg(off_type offset, ios::seekdir origin)
istream &seekg(pos_type position);

ostream &seekp(off_type offset, ios::seekdir origin);
ostream &seekp(pos_type position);
```

La fonction **seekg( )** est un membre des classes **istream**, alors que **seekp( )** est un membre de la classe **ostream**.

Dans le système d'E/S du C++, les fonctions **seekg( )** et **seekp( )** vous permettent d'accéder aléatoirement à des fichiers. Pour arriver à cela, le système d'E/S gère deux pointeurs par fichier. L'un est appelé *pointeur de lecture*(« get pointer » en anglais), et permet de définir l'endroit où la prochaine opération de lecture va débuter. L'autre, appelé *pointeur d'écriture*(« put pointer » en anglais), spécifie la position dans le fichier où la prochaine opération d'écriture s'effectuera. À chaque opération, le pointeur concerné est automatiquement incrémenté de manière séquentielle. En utilisant les fonctions **seekg( )** et **seekp( )**, il est possible d'accéder à un fichier de manière non séquentielle.

La version de **seekg( )** attendant deux paramètres incrémente la valeur du pointeur de lecture de *offset* octets, en partant de la position définie par *origin*. La version équivalente de **seekp( )** modifie le pointeur d'écriture de *offset* octets en partant, de la même façon, de la position définie par *origin*. La paramètre *offset* est du type **off_type**, et contient la plus grande valeur que *offset* peut avoir.

La paramètre *origin* est du type **seekdir**, et correspond à une énumération qui peut avoir les valeurs suivantes :

ios::beg	Seek from beginning (à partir du début)
ios::cur	Seek from current position (à partir de la position courante)
ios::end	Seek from end (à partir de la fin)

Les versions de **seekg( )** et **seekp( )** n'attendant qu'un seul paramètre affectent la valeur de *position* aux deux pointeurs sur fichier. Cette valeur doit avoir été respectivement obtenue *via* un appel à la fonction **tellg( )** ou **tellp( )**. **pos_type** définit la plus grande valeur valide pour le paramètre *position*. Ces fonctions renvoient une référence sur le flux associé.

Les autres fonctions relatives à **seekg( )** et **seekp( )** sont **tellg( )** et **tellp( )**.

setf

```
#include <iostream>
fmtflags setf(fmtflags flags);
fmtflags setf(fmtflags flags1, fmtflags flags2);
```

La fonction **setf( )** est un membre de la classe **ios** (héritée de la classe **ios_base**).

setf( ) permet de positionner les flags de formatage associés à un flux. Référez-vous à la discussion concernant ces flags menée précédemment dans cette section.

La première version de **setf( )** positionne à 1 les flags de formatage spécifiés par *flags* (tout autre flag reste inchangé). Par exemple, pour positionner le flag **showpos** pour le flux **cout**, voici une ligne de code possible :

```
cout.setf(ios::showpos);
```

Lorsque vous voulez positionner plusieurs flags en un appel, séparez chacun d'eux par un OR.

Il est important de comprendre qu'un appel à **setf( )** n'affecte qu'un flux. Invoquer **setf( )** n'a aucune signification d'un point de vue global : les flags de formatage sont spécifiques à un flux.

La seconde version de **setf( )** affecte uniquement les flags qui sont positionnés dans *flags2*. Ceux qui sont concernés sont d'abord réinitialisés à zéro avant d'être positionnés tels qu'ils sont spécifiés par *flags1*. Même si *flags1* contient d'autres flags, seuls ceux définis dans *flags2* seront affectés par l'opération.

Les deux versions de **setf( )** retournent les valeurs de ces flags avant la modification.

Les autres fonctions apparentées à **setf( )** sont **unsetf( )** et **flags( )**.

setstate

```
#include <iostream>
void setstate(iostate flags) const;
```

La fonction **setstate( )** est un membre de la classe **ios**.

setstate( ) initialise le statut du flux associé tel que le paramètre *flags* le décrit (voir **rdstate( )** pour plus de détails).

Les autres fonctions apparentées à **setstate( )** sont **clear( )** et **rdstate( )**.

str

```
#include <sstream>
string str() const;
void str(string &s)
```

La fonction **str( )** est un membre des classes **stringstream**, **istringstream** et **ostringstream**.

La première version de **str( )** retourne une objet string stockant le contenu courant du flux de chaîne de caractères associé.

La deuxième version efface la chaîne que le flux contient au moment de l'appel, et y place la chaîne désignée par le paramètre s.

Les autres fonctions apparentées à **str( )** sont **get( )** et **put( )**.

stringstream, istringstream, ostringstream

```
#include <sstream>
explicit stringstream(ios::openmode mode = ios::in ¦ ios::out);
explicit stringstream(const string &str,
                      ios::openmode mode = ios::in ¦ ios::out);
explicit istringstream(ios::openmode mode=ios::in);
explicit istringstream(const string str, ios::openmode mode=ios::in);
explict ostringstream(ios::openmode mode=ios::out);
explict ostringstream(const string str, ios::openmode
mode=ios::out);
```

Les fonctions **stringstream( )**, **istringstream( )** et **ostringstream( )** correspondent respectivement aux constructeurs des classes **stringstream**, **istringstream** et **ostringstream**. Les flux créés sont des flux de chaînes de caractères.

Les versions de **stringstream( )**, **istringstream( )** et **ostringstream( )** ne spécifiant que le mode d'ouverture (paramètre **openmode**) créent des flux vides. Les versions attendant un paramètre de type **string** initialisent le flux avec cette même chaîne.

Voici un exemple illustrant l'utilisation d'un flux de chaînes de caractères :

```cpp
// Exemple d'utilisation d'un flux basé sur des chaînes de caractères.
#include <iostream>
#include <sstream>
using namespace std;

int main()
{
  stringstream s("This is initial string.");

  // Récupère la chaîne
  string str = s.str();
  cout << str << endl;

  // Écrit dans le flux
  s << "Numbers: " << 10 << " " << 123.2;

  int i;
  double d;
  s >> str >> i >> d;
  cout << str << " " << i << " " << d;

  return 0;
}
```

La trace d'exécution obtenue par ce programme est la suivante :

```
This is initial string.
Numbers: 10 123.2
```

Une fonction apparentées à **stringstream( )**, **istringstream( )** et **ostringstream( )** est **str( )**.

sync_with_stdio

```cpp
#include <iostream>
bool sync_with_stdio(bool sync = true);
```

La fonction **sync_with_stdio( )** est un membre de la classe **ios** (héritée de la classe **ios_base**).

L'appel à **sync_with_stdio( )** permet de synchroniser le système d'E/S standard hérité du C avec celui orienté objet du C++. Pour stopper cette synchronisation, passez **false** en paramètre de la fonction **sync_with_stdio( )**. Le statut de cette synchronisation avant l'appel est retourné : **true** ou **false** si aucune synchronisation n'avait lieu. Par défaut, les flux standard sont synchronisés. Cette fonction opère correctement si l'appel est effectué avant toute autre opération d'E/S.

tellg et tellp

```
#include <iostream>
pos_type tellg();
pos_type tellp():
```

La fonction **tellg( )** est un membre de la classe **istream**, **tellp( )** étant lui membre de la classe **ostream**.

Le système d'E/S C++ gère deux pointeurs pour chaque fichier. L'un est appelé *pointeur de lecture*, et permet de définir l'endroit où la prochaine opération de lecture va débuter. L'autre, appelé *pointeur d'écriture*, spécifie la position dans le fichier où la prochaine opération d'écriture s'effectuera. À chaque opération, le pointeur concerné est automatiquement incrémenté de manière séquentielle. Vous pouvez déterminer la position courante du pointeur de lecture en utilisant **tellg( )** et celle du pointeur d'écriture en invoquant **tellp( )**.

pos_type est un type permettant de définir la plus grande valeur valide que les deux fonctions peuvent retourner. Les valeurs de retour des fonctions **tellg( )** et **tellp( )** peuvent respectivement être utilisées comme paramètres pour des appels à **seekg( )** et **seekp( )**.

Les autres fonctions apparentées à **tellg( )** et **tellp( )** sont **seekg( )** et **seekp( )**.

unsetf

```
#include <iostream>
void unsetf(fmtflags flags);
```

La fonction **unsetf( )** est un membre de la classe **ios** (héritée de la classe **ios_base**).

unsetf( ) est utilisé pour réinitialiser à zéro les flags de formatage.

Seuls les flags spécifiés par *flags* sont réinitialisés (tous les autres restants inchangés).

Les autres fonctions apparentées à **unsetf( )** sont **setf( )** et **flags( )**.

width

```
#include <iostream>
streamsize width() const;
streamsize width(streamsize w);
```

La fonction **width( )** est un membre de la classe **ios** (héritée de la classe **ios_base**).

Pour obtenir la taille courante d'un champ, utilisez la première version de **width( )**. Pour affecter une taille à un champ, utilisez la deuxième version. *w* devient la nouvelle taille du champ, alors que l'ancienne est retournée.

Les autres fonctions apparentées à **width( )** sont **precision( )** et **fill( )**.

write

```
#include <iostream>
ostream &write(const char *buf, streamsize num);
```

La fonction **write( )** est un membre de la classe **ostream**.

write( ) écrit *num* octets de la mémoire tampon désignée par *buf* dans le flux associé. Une référence sur le flux est renvoyée.

Les autres fonctions apparentées à **write( )** sont **read( )** et **put( )**.

CHAPITRE 33

Classes conteneurs de la STL

Ce chapitre décrit les classes qui implémentent les conteneurs définis par la bibliothèque standard (STL). Les conteneurs constituent la partie de la STL concernant le stockage d'objets. Outre le fait qu'ils fournissent la mémoire nécessaire à cette opération, ils définissent également les mécanismes permettant l'accès à ces objets. Ainsi, les conteneurs constituent des systèmes de stockage de haut niveau.

Note. Pour une vue d'ensemble concernant la STL, consultez le chapitre 24.

Dans les descriptions de conteneurs, on observera les conventions suivantes. Pour faire référence aux divers types d'itérateurs dans le reste de l'ouvrage, on utilisera les termes suivants :

Terme	Représente
BiIter	Itérateur bidirectionnel
ForIter	Itérateur vers l'avant
InIter	Itérateur de lecture
OutIter	Itérateur d'écriture
RandIter	Itérateur d'accès aléatoire

Quand une fonction prédicat unaire est nécessaire, elle sera notée avec le type **UnPred**. Quand un prédicat binaire sera utilisé, il sera noté avec le type **BinPred**. Dans un prédicat binaire, les arguments sont toujours dans l'ordre *premier, second*. Pour les deux types de prédicats, les arguments contiennent des valeurs du type des objets stockés par le conteneur.

Les fonctions de comparaison seront notées avec le type **Comp**.

Un dernier point : dans les descriptions qui suivent, quand on dit qu'un itérateur pointe sur la fin d'un conteneur, cela signifie qu'il pointe juste après le dernier objet stocké dans celui-ci.

Classes conteneurs

Conteneur	Description	Fichier d'en-tête requis
bitset	Un ensemble de bits.	<bitset>
deque	Une file à double entrée.	<deque>
list	Une liste linéaire.	<list>
map	Stocke les couples clé/valeur dans lesquels chaque clé est associée à une seule valeur.	<map>

Conteneur	Description	Fichier d'en-tête requis
multimap	Stocke les couples clé/valeur dans lesquels une clé peut être associée à plusieurs valeurs.	<map>
multiset	Un ensemble pour lequel chaque élément n'est pas nécessairement unique.	<set>
priority_queue	Une file de priorité.	<queue>
queue	Une file.	<queue>
set	Un ensemble pour lequel chaque élément est unique.	<set>
stack	Une pile.	<stack>
vector	Un tableau dynamique.	<vector>

Chacun des conteneurs est résumé dans les sections suivantes. Dans la mesure où les conteneurs sont implémentés à l'aide de classe template, divers types de données sont employés. Dans les descriptions, le type de donnée générique **T** représente le type de données stockées dans le conteneur.

Dans la mesure où les types de données utilisés sont arbitraires, les classes conteneurs déclarent des versions de ses types (par **typedef**). C'est ce qui rend concrets les noms des types employés. Voici les noms des **typedef** utilisés par les classes conteneurs :

size_type	Un type entier
Reference	Une référence sur un élément
const_reference	Une référence const sur un élément
difference_type	Peut représenter la différence entre deux adresses
Iterator	Un itérateur
const_iterator	Un itérateur const
reverse_iterator	Un itérateur inverse
const_reverse_iterator	Un itérateur inverse const
value_type	Le type d'une valeur stockée dans un conteneur
allocator_type	Le type d'un allocateur
key_type	Le type d'une clé
key_compare	Le type d'une fonction qui compare deux clés

IV

BIBLIOTHÈQUE DE CLASSES STANDARD

mapped_type	Le type de donnée stocké dans une map (équivalent au type générique T)
value_compare	Le type d'une fonction qui compare deux valeurs
value_type	Le type de valeur sur lequel on agit (équivalent au type générique T)
Pointer	Le type d'un pointeur
const_pointer	Le type d'un pointeur const
container_type	Le type d'un conteneur

bitset

La classe **bitset** prend en charge les opérations sur les ensembles de bits. Sa spécification template est :

```
template <size_t N> class bitset;
```

Ici, *N* spécifie, en bits, la longueur du champ de bits. Cette classe a les constructeurs suivants :

```
bitset();
bitset(unsigned long bits);
explicit bitset(const string &s, size_t i = 0, size_t num = npos);
```

La première forme construit un champ de bits vide. La seconde forme construit un champ de bits dont les valeurs sont celles spécifiées dans *bits*. La troisième forme construit un champ de bits à l'aide de la chaîne *s*, en commençant à l'indice *i*.

La chaîne ne doit contenir que des 1 et des 0. Le nombre de valeurs utilisées est le plus petit parmi *num* ou s.**size**( )-*i*. La constante **npos** est une valeur suffisamment grande pour décrire la taille maximale de *s*.

Les opérateurs d'écriture **<<** et **>>** sont définis pour **bitset**.

bitset contient les fonctions membres suivantes :

Membre	Description
bool any( ) const;	Retourne vrai si au moins 1 bit du bitset appelant vaut 1 ; retourne faux sinon.
size_type count( ) const;	Retourne le nombre de bits à 1.

Membre	Description
bitset<N> &flip( );	Inverse l'état de tous les bits du bitset appelant, et retourne *this.
bitset<N> &flip(size_t *i*);	Inverse l'état du bit à la position *i* du bitset appelant, et retourne *this.
bool none( ) const;	Retourne vrai si aucun bit n'est affecté dans le bitset appelant.
bool operator !=(const bitset<N> &*op2*) const;	Retourne vrai si le bitset appelant est différent de celui spécifié dans l'opérateur de droite *op2*.
bool operator = =(const bitset<N> &*op2*) const;	Retourne vrai si le bitset appelant est identique à celui spécifié dans l'opérateur de droite *op2*.
bitset<N> &operator &=(const bitset<N> &*op2*);	Effectue un ET binaire entre chaque bit du bitset appelant et celui correspondant dans *op2*, et laisse le résultat dans le bitset appelant. Retourne *this.
bitset<N> &operator ^=(const bitset<N> &*op2*);	Effectue un OU exclusif binaire entre chaque bit du bitset appelant et celui correspondant dans *op2*, et laisse le résultat dans le bitset appelant. Retourne *this.
bitset<N> &operator |=(const bitset<N> &*op2*);	Effectue un OU binaire entre chaque bit du bitset appelant et celui correspondant dans *op2*, et laisse le résultat dans le bitset appelant. Retourne *this.
bitset<N> &operator ~=( ) const;	Inverse l'état de tous les bits du bitset appelant, et renvoie le résultat.
bitset<N> &operator <<=(size_t *num*);	Décale de *num* positions vers la gauche chaque bit du bitset appelant, et laisse le résultat dans le bitset appelant. Retourne *this.

Membre	Description
bitset<N> &operator >>=(size_t *num*);	Décale de *num* positions vers la droite chaque bit du bitset appelant, et laisse le résultat dans le bitset appelant. Retourne *this.
reference operator[ ] (size_type *i*);	Retourne une référence sur le bit *i* du bitset appelant.
bitset<N> &reset( );	Efface tous les bits du bitset appelant, et retourne *this.
bitset<N> &reset(size_type *i*);	Efface le bit à la position *i* du bitset appelant, et retourne *this.
bitset<N> &set( );	Active tous les bits du bitset appelant, et retourne *this.
bitset<N> &set(size_type *i*, int *val* = 1);	Affecte la valeur *val* au bit *i* du bitset appelant, et retourne *this. Toute valeur différente de zéro pour *val* sera assimilée à 1.
size_t size( ) const;	Retourne le nombre de bits que le bitset peut contenir.
bool test(size_t *i*) const;	Retourne l'état du bit à la position *i*.
string to_string( ) const;	Retourne une chaîne contenant la représentation des bits du bitset appelant.
unsigned long to_ulong( ) const;	Convertit le bitset appelant en un entier long non signé.

deque

La classe **deque** prend en charge une file à double entrée. Sa spécification template est la suivante :

```
template <class T, class Allocator = allocator<T>> class deque
```

Ici, **T** est le type de données stockées dans **deque**. Cette classe admet les constructeurs suivants :

```
explicit deque(const Allocator &a = Allocator());
```

```
explicit deque(size_type num, const T &val = T (),
        const Allocator &a = Allocator());
deque(const deque<T, Allocator> &ob);
template <class InIter> deque(InIter start, InIter end,
        const Allocator &a = Allocator());
```

La première forme construit une file vide. La seconde forme construit une file contenant *num* éléments de valeur *val*. La troisième forme construit une file qui a les mêmes éléments que *ob*. La quatrième forme construit une file qui contient les éléments de l'intervalle spécifié par *start* et *end*.

Les opérateurs de comparaisons qui suivent sont définis pour **deque** :

==, <, <=, !=, >, >=

deque dispose des fonctions membres suivantes.

Membre	Description
template <class InIter> void assign(InIter *start*, InIter *end*);	Affecte à la file une séquence définie par *start* et *end*.
void assign(size_type *num*, const T &*val*);	Affecte à la file *num* éléments de valeur *val*.
reference at(size_type *i*); const_reference at(size_type *i*) const;	Retourne une référence sur l'élément *i*.
reference back( ); const_reference back( ) const;	Retourne une référence sur le dernier élément de la file.
iterator begin( ); const_iterator begin( ) const;	Retourne un itérateur sur le premier élément de la file.
void clear( );	Supprime tous les éléments de la file.
bool empty( ) const;	Retourne vrai si la file appelante est vide, et faux sinon.
const_iterator end( ) const; iterator end( );	Retourne un itérateur sur la fin de la liste.
iterator erase(iterator *i*);	Supprime l'élément pointé par *i*. Retourne un itérateur sur l'élément suivant celui qui est supprimé.
iterator erase(iterator *start*, iterator *end*);	Supprime les éléments de l'intervalle défini par *start* et *end*. Retourne un itérateur sur l'élément suivant le dernier supprimé.
reference front( ); const_reference front( ) const;	Retourne une référence sur le premier élément de la file.

Membre	Description
allocator_type get_allocator( ) const;	Renvoie l'allocateur de la file.
iterator insert(iterator i, const T &val);	Insère val immédiatement avant l'élément spécifié par i. Un itérateur sur l'élément est retourné.
void insert(iterator i, size_type num, const T &val);	Insère num copies de val immédiatement avant l'élément spécifié par i.

template <class InIter>
    void insert(iterator i,
            InIter start, InIter end);
	Insère la séquence définie par start et end immédiatement avant l'élément spécifié par i.

size_type max_size( ) const;	Retourne le nombre maximal d'éléments que peut contenir la file.
reference operator[ ](size_type i); const_reference operator[ ](size_type i) const;	Retourne une référence sur l'élément d'indice i.
void pop_back( );	Supprime le dernier élément de la file.
void pop_front( );	Supprime le premier élément de la file.
void push_back(const T &val);	Ajoute un élément de valeur val à la fin de la file.
void push_front(const T &val);	Ajoute un élément de valeur val en tête de file.
reverse_iterator rbegin( ); const_reverse_iterator rbegin( ) const;	Retourne un itérateur inverse sur la fin de la file.
reverse_iterator rend( ); const_reverse_iterator rend( ) const;	Retourne un itérateur inverse sur le début de la liste.
void resize(size_type num, T val = T ( ));	Change la taille de la file par la valeur spécifiée par num. Si la file doit être allongée, des éléments de valeur val sont ajoutés à la fin.
size_type size( ) const;	Retourne le nombre d'éléments présents dans la file.
void swap(deque<T, Allocator> &ob);	Échange les éléments stockés dans la file appelante par ceux contenus dans ob.

list

La classe **list** prend en charge une liste. Sa spécification template est la suivante :

```
template <class T, class Allocator = allocator<T>> class list
```

Ici, **T** est le type de données stockées dans la liste. Cette classe a les constructeurs suivants :

```
explicit list(const Allocator &a = Allocator());
explicit list(size_type num, const T &val = T (),
                              const Allocator &a = Allocator());
list(const list<T, Allocator> &ob);
template <class InIter>list(InIter start, InIter end,
                              const Allocator &a = Allocator());
```

La première forme construit une liste vide. La seconde forme construit une liste contenant *num* éléments de valeurs *val*. La troisième forme construit une liste qui a le même contenu que *ob*. La quatrième forme construit une liste dont les éléments sont définis par l'intervalle *start* et *end*.

Les opérateurs de comparaison qui suivent sont définis pour **list** :

```
==, <, <=, !=, >, >=
```

La classe **list** dispose des fonctions membres suivantes :

Membre	Description
template <class InIter> void assign(InIter *start*, InIter *end*);	Affecte à la liste la séquence définie par *start* et *end*.
void assign(size_type *num*, const T &*val*);	Affecte à la liste *num* éléments de valeur *val*.
reference back( ); const_reference back( ) const;	Retourne une référence sur le dernier élément de la liste.
iterator begin( ); const_iterator begin( ) const;	Retourne un itérateur sur le premier élément de la liste.
void clear( );	Supprime tous les éléments de la liste.
bool empty( ) const;	Retourne vrai si la liste appelante est vide, et faux sinon.
iterator end( ); const_iterator end( ) const;	Retourne un itérateur sur la fin de la liste.
iterator erase(iterator *i*);	Supprime l'élément pointé par *i*. Retourne un itérateur sur l'élément suivant celui qui est supprimé.

Membre	Description
iterator erase(iterator *start*, iterator *end*);	Supprime les éléments de l'intervalle de *start* à *end*. Retourne un itérateur sur l'élément suivant le dernier supprimé.
reference front( ); const_reference front( ) const;	Retourne une référence sur le premier élément de la liste.
allocator_type get_allocator( ) const;	Retourne l'allocateur de la liste.
iterator insert(iterator *i*, const T &*val* = T( ));	Insère *val* immédiatement avant l'élément spécifié par *i*. Un itérateur sur l'élément est retourné.
void insert(iterator *i*, size_type *num*, const T & *val*);	Insère *num* copies de *val* immédiatement avant l'élément spécifié par *i*.

template <class InIter>
  void insert(iterator *i*,
   InIter *start*, InIter *end*);
	Insère la séquence définie par *start* et *end* immédiatement avant l'élément spécifié par *i*.

size_type max_size( ) const;	Retourne le nombre maximal d'éléments que peut contenir la liste.

void merge(list<T, Allocator> &*ob*);
 template <class Comp>
  void merge(<list<T, Allocator> &*ob*,
   Comp *cmpfn*);
	Fusionne la liste ordonnée *ob* avec la liste ordonnée appelante. Le résultat est ordonné. Après la fusion, la liste contenue dans *ob* est vide. Dans la seconde forme, une fonction de comparaison peut être spécifiée pour déterminer si un élément est inférieur à un autre.

void pop_back( );	Supprime le dernier élément de la liste.
void pop_front( );	Supprime le premier élément de la liste.
void push_back(const T &*val*);	Ajoute un élément de valeur *val* à la fin de la liste.
void push_front(const T &*val*);	Ajoute un élément de valeur *val* en tête de liste.
reverse_iterator rbegin( ); const_reverse_iterator rbegin( ) const;	Retourne un itérateur inverse sur la fin de la liste.
void remove(const T &*val*);	Supprime de la liste les éléments de valeur *val*.
template <class UnPred> void remove_if(UnPred *pr*);	Supprime de la liste les éléments pour lesquels le prédicat unaire *pr* est vrai.

Membre	Description
reverse_iterator rend( ); const_reverse_iterator rend( ) const;	Retourne un itérateur inverse sur le début de la liste.
void resize(size_type *num*, T *val* = T ( ));	Change la taille de la liste appelante par la valeur *num*. Si la liste doit être allongée, des éléments de valeur *val* sont ajoutés à la fin.
void reverse( );	Inverse la liste appelante.
size_type size( ) const;	Retourne le nombre d'éléments présents dans la liste.

void sort( );
template <class Comp>
  void sort(Comp *cmpfn*);
	Trie la liste. La seconde forme trie la liste à l'aide de la fonction de comparaison *cmpfn*.

void splice(iterator *i*, list<T, Allocator> &*ob*);	Le contenu de *ob* est inséré dans la liste appelante à l'emplacement pointé par *i*. Une fois l'opération effectuée, *ob* est vide.

void splice(iterator *i*,
      list<T, Allocator> &*ob*,
      iterator *el*);
	L'élément pointé par *el* est supprimé de la liste *ob*, et stocké dans la liste appelante à l'emplacement pointé par *i*.

void splice(iterator *i*,
      list<T, Allocator> &ob,
      iterator *start*, iterator *end*);
	La plage définie par *start* et *end* est supprimée de *ob* et stocké dans la liste appelante à la position pointée par *i*.

void swap(list<T, Allocator> &*ob*);	Échange les éléments stockés dans la liste appelante avec ceux contenus dans *ob*.

void unique( );
template <class BinPred>
  void unique(BinPred *pr*);
	Supprime les doublons de la liste appelante. La seconde forme utilise *pr* pour déterminer l'unicité.

map

La classe **map** gère un conteneur associatif, dans lequel des clés uniques sont associées à des valeurs. Sa spécification template est la suivante :

```
template <class Key, class T, class Comp = less<Key>,
                class Allocator = allocator<T>> class map
```

Ici, **Key** est le type de donnée des clés, **T** est le type de donnée des valeurs stockées (associées), et **Comp** est une fonction de comparaison entre deux clés. La classe **map** a les constructeurs suivants :

```
explicit map(const Comp &cmpfn = Comp(),
                    const Allocator &a = Allocator());
map(const map<Key, T, Comp, Allocator> &ob);
template <class InIter> map(InIter start, InIter end,
                const Comp &cmpfn = Comp(),
                const Allocator &a = Allocator());
```

La première forme construit une map vide. La seconde forme construit une map qui contient les même éléments que *ob*. La troisième forme construit une map dont les éléments sont définis par l'intervalle *start* et *end*. La fonction spécifiée par *cmpfn*, si elle existe, détermine l'ordre de la map.

Les opérateurs de comparaison qui suivent sont définis pour la classe **map** :

```
==, <, <=, !=, >, >=
```

Les fonctions membres dont dispose **map** sont présentées ici. Dans les descriptions, **key_type** est le type d'une clé et **value_type** représente **pair<Key, T>**.

Membre	Description
iterator begin( ); const_iterator begin( ) const;	Retourne un itérateur sur le premier élément de la liste.
void clear( );	Supprime tous les éléments de la map.
size_type count(const key_type &k) const;	Retourne le nombre d'occurrences de *k* dans la map (1 ou zéro).
bool empty( ) const;	Retourne vrai si la liste appelante est vide, faux sinon.
iterator end( ); const_iterator end( ) const;	Retourne un itérateur sur la fin de la map.

pair<iterator, iterator>
  equal_range(const key_type &k);
pair<const_iterator, const_iterator>
  equal_range(const key_type &k) const;
	Retourne une paire d'itérateurs qui pointent sur le premier et le dernier éléments de la map, qui contiennent la clé spécifiée.

void erase(iterator i);	Supprime l'élément pointé par *i*.
void erase(iterator start, iterator end);	Supprime les éléments de l'intervalle de *start* à *end*.
size_type erase(const key_type &k);	Supprime de la map les éléments dont la clé est *k*.

Membre	Description
iterator find(const key_type &k); const_iterator find(const key_type &k) const;	Retourne un itérateur sur la clé spécifiée. Si la clé n'est pas trouvée, un itérateur sur la fin de la liste est retourné.
Allocator_type get_allocator( ) const;	Retourne l'allocateur de la map.
iterator insert(iterator i, const value_type &val);	Insère val à l'élément spécifié par i, ou juste après. Un itérateur sur l'élément est retourné.
template <class InIter> void insert(InIter start, InIter end);	Insert un intervalle d'éléments.
pair<iterator, bool> insert(const value_type &val);	Inère val dans la map appelante. Un itérateur sur l'élément est retourné. L'élément n'est inséré que s'il n'existe pas déjà. Si l'élément est inséré, **pair<iterator, true>** est retourné. Sinon, **pair<iterator, false>** est retourné.
key_compare key_comp( ) const;	Retourne l'objet fonction qui compare les clés.

iterator lower_bound(const key_type &k);
const_iterator
   lower_bound(const key_type &k) const;
	Retourne un itérateur sur le premier élément de la map dont la clé est inférieure ou égale à k.

size_type max_size( ) const;	Retourne le nombre maximal d'éléments que peut contenir la map.
Reference operator[ ](const key_type &i);	Retourne une référence sur l'élément spécifié par i. Si cet élément n'existe pas, il est inséré.
reverse_iterator rbegin( ); const_reverse_iterator rbegin( ) const;	Retourne un itérateur inverse sur la fin de la map.
reverse_iterator rend( ); const_reverse_iterator rend( ) const;	Retourne un itérateur inverse sur le début de la map.
size_type size( ) const;	Retourne le nombre d'éléments présents dans la map.
void swap(map<Key, T, Comp, Allocator> &ob);	Échange les éléments stockés dans la map appelante avec ceux de ob.

iterator upper_bound(const key_type &k);
const_iterator
   upper_bound(const key_type &k) const;
	Retourne un itérateur sur le premier élément de la map dont la clé est supérieure à k.

value_compare value_comp( ) const;	Retourne l'objet fonction qui compare les valeurs.

multimap

La classe **multimap** gère un conteneur associatif, pour lequel il est possible d'avoir des clés non uniques associées à une valeur. Sa spécification template est la suivante :

```
template <class Key, class T, class Comp = less<Key>,
             class Allocator = allocator<T>> class multimap
```

Ici, **Key** est le type de donnée des clés, **T** est le type de donnée des valeurs stockées (associées), et **Comp** est une fonction de comparaison entre deux clés. La classe **multimap** a les constructeurs suivants :

```
explicit multimap(const Comp &cmpfn = Comp(),
                const Allocator &a = Allocator());
multimap(const multimap<Key, T, Comp, Allocator> &ob);
template <class InIter> multimap(InIter start, InIter end,
                const Comp &cmpfn = Comp(),
                const Allocator &a = Allocator());
```

La première forme construit une multimap vide. La seconde forme construit une multimap qui contient les même éléments que *ob*. La troisième forme construit une multimap dont les éléments sont définis par l'intervalle *start* et *end*. La fonction spécifiée par *cmpfn*, si elle existe, détermine l'ordre de la multimap.

Les opérateurs de comparaison qui suivent sont définis pour la classe **multimap** :

```
==, <, <=, !=, >, >=
```

Les fonctions membres dont dispose **multimap** sont présentées ici. Dans les descriptions, **key_type** est le type d'une clé, et **value_type** représente **pair<Key, T>**.

Membre	Description
iterator begin( ); const_iterator begin( ) const;	Retourne un itérateur sur le premier élément de la multimap.
void clear( );	Supprime tous les éléments de la multimap.
size_type count(const key_type &k) const;	Retourne le nombre d'occurrence de *k* dans la multimap (1 ou zéro).
bool empty( ) const;	Retourne vrai si la liste appelante est vide, faux sinon.
iterator end( ); const_iterator end( ) const;	Retourne un itérateur sur la fin de la liste.

Membre	Description

pair<iterator, iterator>
    equal_range(const key_type &*k*);
pair<const_iterator, const_iterator>
    equal_range(const key_type &*k*) const;
	Retourne un paire d'itérateurs qui pointent sur le premier et le dernier éléments de la multimap qui contiennent la clé spécifiée.

void erase(iterator *i*);	Supprime l'élément pointé par *i*.
void erase(iterator *start*, iterator *end*);	Supprime les éléments de l'intervalle de *start* à *end*.
size_type erase(const key_type &*k*);	Supprime de la multimap les éléments dont la clé est *k*.
iterator find(const key_type &*k*); const_iterator find(const key_type &*k*) const;	Retourne un itérateur sur la clé spécifiée. Si la clé n'est pas trouvée, un itérateur sur la fin de la liste est retourné.
allocator_type get_allocator( ) const;	Retourne l'allocateur de la multimap.
iterator insert(iterator *i*, const value_type &*val*);	Insère *val* à l'élément spécifié par *i*, ou juste après. Un itérateur sur l'élément est retourné.
template <class InIter> void insert(InIter *start*, InIter *end*);	Insère un intervalle d'éléments.
iterator insert(const value_type &*val*);	Insère *val* dans la multimap appelante.
key_compare key_comp( ) const;	Retourne l'objet fonction qui compare les clés.

iterator lower_bound(const key_type &*k*);
const_iterator
    lower_bound(const key_type &*k*) const;
	Retourne un itérateur sur le premier élément de la multimap dont la clé est inférieure ou égale à *k*.

size_type max_size( ) const;	Retourne le nombre maximum d'éléments que peut contenir la multimap.
reverse_iterator rbegin( ); const_reverse_iterator rbegin( ) const;	Retourne un itérateur inverse sur la fin de la multimap.
reverse_iterator rend( ); const_reverse_iterator rend( ) const;	Retourne un itérateur inverse sur le début de la multimap.
size_type size( ) const;	Retourne le nombre d'éléments présents dans la multimap.
void swap(multimap<Key, T, Comp, Allocator> &*ob*);	Échange les éléments stockés dans la multimap appelante avec ceux de *ob*.

Membre	Description

iterator upper_bound(const key_type &k);
const_iterator
  upper_bound(const key_type &k) const;
	Retourne un itérateur sur le premier élément de la multimap dont la clé est supérieure à k.

value_compare value_comp( ) const;	Retourne l'objet fonction qui compare les valeurs.

multiset

La classe **multimap** gère un conteneur associatif pour lequel il est possible d'avoir des clés non uniques associées à une valeur. Sa spécification template est la suivante :

```
template <class Key, class T, class Comp = less<Key>,
               class Allocator = allocator<T>> class multimap
```

Ici, **Key** est le type de donnée des clés, **T** est le type de donnée des valeurs stockées (associées), et **Comp** est une fonction de comparaison entre deux clés. La classe **multiset** a les constructeurs suivants :

```
explicit multiset(const Comp &cmpfn = Comp(),
                  const Allocator &a = Allocator());
multiset(const multiset<Key, Comp, Allocator> &ob);
template <class InIter> multiset(InIter start, InIter end,
               const Comp &cmpfn = Comp(),
               const Allocator &a = Allocator());
```

La première forme construit un multiset vide. La seconde forme construit un multiset qui contient les mêmes éléments que *ob*. La troisième forme construit un multiset dont les éléments sont définis par l'intervalle *start* et *end*. La fonction spécifiée par *cmpfn*, si elle existe, détermine l'ordre du multiset.

Les opérateurs de comparaison qui suivent sont définis pour la classe **multiset** :

```
==, <, <=, !=, >, >=
```

Les fonctions membres dont dispose **multiset** sont présentées ici. Dans les descriptions, **key_type** est le type d'une clé, et **value_type** représente **pair<Key, T>**.

Membre	Description
iterator begin( ); const_iterator begin( ) const;	Retourne un itérateur sur le premier élément du multiset.
void clear( );	Supprime tous les éléments du multiset.

Membre	Description
size_type count(const key_type &k) const;	Retourne le nombre d'occurrences de k dans le multiset (1 ou zéro).
bool empty( ) const;	Retourne vrai si la liste appelante est vide, faux sinon.
iterator end( ); const_iterator end( ) const;	Retourne un itérateur sur la fin de la liste.
pair<iterator, iterator> equal_range(const key_type &k) const;	Retourne un paire d'itérateurs qui pointent sur le premier et le dernier éléments du multiset qui contiennent la clé spécifiée.
void erase(iterator i);	Supprime l'élément pointé par i.
void erase(iterator start, iterator end);	Supprime les éléments de l'intervalle de start à end.
size_type erase(const key_type &k);	Supprime du multiset les éléments dont la clé est k.
iterator find(const key_type &k) const;	Retourne un itérateur sur la clé spécifiée. Si la clé n'est pas trouvée, un itérateur sur la fin de la liste est retourné.
allocator_type get_allocator( ) const;	Retourne l'allocateur du multiset.
iterator insert(iterator i, const value_type &val);	Insère val à l'élément spécifié par i, ou juste après. Un itérateur sur l'élément est retourné.
template <class InIter> void insert(InIter start, InIter end);	Insère un intervalle d'éléments.
iterator insert(const value_type &val);	Insert val dans le multiset appelant.
key_compare key_comp( ) const;	Retourne l'objet fonction qui compare les clés.
iterator lower_bound(const key_type &k) const;	Retourne un itérateur sur le premier élément du multiset dont la clé est inférieure ou égale à k.
size_type max_size( ) const;	Retourne le nombre maximum d'éléments que peut contenir le multiset.
reverse_iterator rbegin( ); const_reverse_iterator rbegin( ) const;	Retourne un itérateur inverse sur la fin du multiset.

IV

BIBLIOTHÈQUE DE CLASSES STANDARD

Membre	Description
reverse_iterator rend( ); const_reverse_iterator rend( ) const;	Retourne un itérateur inverse sur le début du multiset.
size_type size( ) const;	Retourne le nombre d'éléments présents dans le multiset.
void swap(multiset<Key, Comp, Allocator> &ob);	Échange les éléments stockés dans le multiset appelant avec ceux de *ob*.
iterator upper_bound(const key_type &k) const;	Retourne un itérateur sur le premier élément du multiset dont la clé est supérieure à *k*.
value_compare value_comp( ) const;	Retourne l'objet fonction qui compare les valeurs.

queue

La classe **queue** gère une file à simple entrée. Sa spécification template est présentée ici :

```
template <class T, class Container = deque<T>> class queue
```

Ici, **T** est le type de données stockées, et **Container** est le type de conteneur utilisé pour gérer la file. La classe **queue** a le constructeur suivant :

```
explicit queue(const Container &cnt = Container());
```

Le constructeur **queue( )** crée une file vide. Par défaut, elle utilise un conteneur **deque**, mais l'accès à une **queue** ne peut être effectué que par la méthode premier entré, premier sorti. Vous pouvez également utiliser une **list** comme conteneur pour une **queue**. Le conteneur est géré par un objet protected appelé **c**, de type **Container**.

Le opérateurs de comparaison qui suivent sont définis pour **queue** :

```
==, <, <=, !=, >, >=
```

La classe **queue** dispose des fonctions membres suivantes :

Membre	Description
value_type &back( ); const value_type &back( ) const;	Retourne une référence sur le dernier élément de la file.
bool empty( ) const;	Retourne vrai si la file appelante est vide, et faux sinon.
value_type &front( ); const value_type &front( ) const;	Retourne une référence sur le premier élément de la file.
void pop( );	Supprime le premier élément de la file.

Membre	Description
void push(const T &*val*);	Ajoute un élément de valeur *val* à la fin de la file.
size_type size( ) const;	Retourne le nombre d'éléments présents dans la file.

priority_queue

La classe **priority_queue** gère un file prioritaire à une entrée. Sa spécification template est présentée ici :

```
template <class T, class Container = vector<T>,
            class Comp = less<Container::value_type>>
            class priority_queue
```

Ici, **T** est le type de données stockées. **Container** est le type de conteneur utilisé pour gérer la

file, et **Comp** spécifie la fonction de comparaison utilisée pour déterminer si un membre de la file est plus prioritaire qu'un autre. La classe **priority_queue** a les constructeurs suivants :

```
explicit priority_queue(const Comp &cmpfn = Comp(),
                Container &cnt = Container());
template <class InIter> priority_queue(InIter start, InIter end,
                const Comp &cmpfn = Comp(),
                Container &cnt = Container());
```

Le premier constructeur crée une file prioritaire vide. Le second crée une file contenant des éléments dans l'intervalle spécifié par *start* et *end*. Par défaut, le conteneur utilisé est un **vector**. Vous pouvez également utiliser une **deque**. Le conteneur est situé dans un objet protected appelé **c**, de type **Container**.

La classe **priority_queue** dispose des fonctions membres suivantes :

Membre	Description
bool empty( ) const;	Retourne vrai si la file appelante est vide, et faux sinon.
void pop( );	Supprime le premier élément de la file prioritaire.
void push(const T &*val*);	Ajoute un élément à la file prioritaire.
size_type size( ) const;	Retourne le nombre d'éléments présents dans la file.
const value_type &top( ) const;	Retourne une référence sur l'élément avec la priorité la plus haute. L'élément n'est pas supprimé.

set

La classe **set** gère un ensemble contenant des clés uniques. Sa spécification template est présentée ici :

```
template <class Key, class Comp = less<Key>,
               class Allocator = allocator<Key>> class set
```

Ici, **Key** est le type des clés et **Comp** la fonction permettant de comparer deux clés. La classe **set** a les constructeurs suivants :

```
explicit set(const Comp &cmpfn = Comp(),
                const Allocator &a = Allocator());
set(const set<Key, Comp, Allocator> &ob);
template <class InIter> set(InIter start, InIter end,
               const Comp &cmpfn = Comp(),
               const Allocator &a = Allocator());
```

La première forme du constructeur crée un ensemble vide. La seconde forme crée un ensemble contenant les mêmes éléments que *ob*. La troisième forme crée un ensemble contenant les éléments de l'intervalle spécifié par *start* et *end*. La fonction *cmpfn*, si elle existe, détermine l'ordre de l'ensemble.

Les opérateurs de comparaisons qui suivent sont définis pour la classe **set** :

==, <, <=, !=, >, >=

Les fonctions membres définies pour la classe **set** sont les suivantes :

Membre	Description
iterator begin( ); const_iterator begin() const;	Retourne un itérateur sur le premier élément de l'ensemble.
void clear( );	Supprime tous les éléments de la liste.
size_type count(const key_type &k) const;	Retourne le nombre d'occurrence de *k* dans le set (1 ou zéro).
bool empty( ) const;	Retourne vrai si la liste appelante est vide, faux sinon.
const_iterator end( ) const; iterator end( );	Retourne un itérateur sur la fin de la liste.
pair<iterator, iterator> equal_range(const key_type &k) const;	Retourne un paire d'itérateurs qui pointent sur le premier et le dernier éléments du set qui contiennent la clé spécifiée.

Membre	Description
void erase(iterator *i*);	Supprime l'élément pointé par *i*.
void erase(iterator *start*, iterator *end*);	Supprime les éléments de l'intervalle de *start* à *end*.
size_type erase(const key_type &*k*);	Supprime du set les éléments dont la clé est *k*.
iterator find(const key_type &*k*) const;	Retourne un itérateur sur la clé spécifiée. Si la clé n'est pas trouvée, un itérateur sur la fin de la liste est retourné.
allocator_type get_allocator( ) const;	Retourne l'allocateur du set.
iterator insert(iterator *i*, const value_type &*val*);	Insert *val* à l'élément spécifié par *i* ou juste après. Un itérateur sur l'élément est retourné.
template <class InIter> void insert(InIter *start*, InIter *end*);	Insère un intervalle d'éléments.
pair<iterator, bool> insert(const value_type &*val*);	Insère *val* dans le set appelant.
iterator lower_bound(const key_type &*k*) const;	Retourne un itérateur sur le premier élément du set qui est inférieur ou égal à *k*.
key_compare key_comp( ) const;	Retourne l'objet fonction qui compare les clés.
size_type max_size( ) const;	Retourne le nombre maximum d'éléments que peut contenir un set.
reverse_iterator rbegin( ); const_reverse_iterator rbegin( ) const;	Retourne un itérateur inverse sur la fin du set.
reverse_iterator rend( ); const_reverse_iterator rend( ) const;	Retourne un itérateur inverse sur le début du set.
size_type size( ) const;	Retourne le nombre d'éléments présents dans le set.
void swap(set<Key, Comp,Allocator> &*ob*);	Échange les éléments stockés dans le set appelant par ceux de *ob*.
iterator upper_bound(const key_type &*k*) const;	Retourne un itérateur sur le premier élément du set qui est supérieur à *k*.
value_compare value_comp( ) const;	Retourne l'objet fonction qui compare les valeurs.

stack

La classe **stack** permet de gérer une pile. Sa spécification template est présentée ici :

```
template <class T, class Container = deque<T>> class stack
```

Ici, **T** est le type de données stockées dans le conteneur, et **Container** est le type du conteneur utilisé pour gérer la pile. La classe **stack** dispose du constructeur suivant :

```
explicit stack(const Container &cnt = Container());
```

Le constructeur **stack( )** construit une pile vide. Par défaut, le conteneur utilisé est **deque**, même si l'accès à une **stack** ne peut être effectué que par la méthode dernier entré, premier sorti. Vous pouvez également utiliser un conteneur de type **vector** ou **list** pour une pile. Le conteneur est situé dans un objet membre protected appelé **c**, de type **Container**.

Les opérateurs de comparaison qui suivent sont définis pour la classe **stack** :

```
==, <, <=, !=, >, >=
```

La classe **stack** dispose des fonctions membres suivantes :

Mvector

embre	Description
bool empty( ) const;	Retourne vrai si la pile appelante est vide, faux sinon.
void pop( );	Supprime le sommet de la pile, qui est techniquement le dernier élément du conteneur.
void push(const T &val);	Empile un élément. Le dernier élément du conteneur représente le sommet de la pile.
size_type size( ) const;	Retourne le nombre d'éléments présents dans la pile.
value_type &top( ); cont value_type &top( ) const;	Retourne une référence sur le sommet de la pile, qui est le dernier élément du conteneur. L'élément n'est pas supprimé.

La classe **vector** exploite un tableau dynamique. Sa spécification template est présentée ici :

```
template <class T, class Allocator = allocator<T>> class vector
```

Ici, **T** est le type de données stockées, et **Allocator** spécifie l'allocateur. La classe **vector** a les constructeurs suivants :

```
explicit vector(const Allocator &a = Allocator());
explicit vector(size_type num, const T &val = T (),
                const Allocator &a = Allocator());
vector(const vector<T, Allocator> &ob);
template <class InIter> vector(InIter start, InIter end,
                const Allocator &a = Allocator());
```

La première forme construit un vecteur vide. La seconde forme construit un vecteur qui a *num* éléments de valeur *val*. La troisième forme construit un vecteur contenant les mêmes éléments que *ob*. La quatrième forme construit un vecteur contenant des éléments dans l'intervalle spécifié par *start* et *end*.

Les opérateurs de comparaison qui suivent sont définis pour la classe **vector** :

==, <, <=, !=, >, >=

La classe **vector** dispose des fonctions membres suivantes :

Membre	Description
template <class InIter> void assign(InIter *start*, InIter *end*);	Affecte au vecteur la séquence définie par *start* et *end*.
void assign(size_type *num*, const T &*val*);	Affecte au vecteur *num* éléments de valeur *val*.
reference at(size_type *i*); const_reference at(size_type *i*) const;	Retourne une référence sur l'élément spécifié par *i*.
reference back( ); const_reference back( ) const;	Retourne une référence sur le dernier élément du vecteur.
iterator begin( ); const_iterator begin( ) const;	Retourne un itérateur sur le premier élément du vecteur.
size_type capacity( ) const;	Retourne la capacité actuelle du vecteur. C'est le nombre d'éléments qu'il peut contenir avant de devoir allouer plus de mémoire.
void clear( );	Supprime tous les éléments du vecteur.
bool empty( ) const;	Retourne vrai si le vecteur appelant est vide, faux sinon.
iterator end( ); const_iterator end( ) const;	Retourne un itérateur sur la fin du vecteur.
iterator erase(iterator *i*);	Supprime l'élément pointé par *i*. Retourne un itérateur sur l'élément suivant celui supprimé.

Membre	Description
iterator erase(iterator *start*, iterator *end*);	Supprime les éléments de l'intervalle de *start* à *end*. Retourne un itérateur sur l'élément suivant le dernier supprimé.
reference front( ); const_reference front( ) const;	Retourne une référence sur le premier élément du vecteur.
Allocator_type get_allocator( ) const;	Retourne l'allocateur du vecteur.
iterator insert(iterator *i*, const T &*val*);	Insère *val* immédiatement avant l'élément spécifié par *i*. Un itérateur sur l'élément est renvoyé.
void insert(iterator *i*, size_type *num*, const T & *val*);	Insère *num* copies de *val* immédiatement avant l'élément spécifié par *i*.

template <class InIter>
    void insert(iterator *i*, InIter *start*,
        InIter *end*);
	Insère la séquence définie par *start* et *end* immédiatement avant l'élément spécifié par *i*.

size_type max_size( ) const;	Retourne le nombre maximum d'éléments que peut contenir le vecteur.
reference operator[ ](size_type *i*) const; const_reference operator[ ](size_type *i*) const;	Retourne une référence sur l'élément spécifié par *i*.
void pop_back( );	Supprime le dernier élément du vecteur.
void push_back(const T &*val*);	Ajoute un élément de valeur *val* à la fin du vecteur.
reverse_iterator rbegin( ); const_reverse_iterator rbegin( ) const;	Retourne un itérateur inverse sur la fin du vecteur.
reverse_iterator rend( ); const_reverse_iterator rend( ) const;	Retourne un itérateur inverse sur le début du vecteur.
void reserve(size_type *num*);	Affecte la capacité du vecteur de manière qu'elle soit au moins égale à *num*.
void resize(size_type *num*, T val = T ( ));	Change la taille du vecteur par la valeur spécifiée par *num*. Si le vecteur doit être rallongé, des éléments de valeur *val* sont ajoutés à la fin.
size_type size( ) const;	Retourne le nombre d'éléments présents dans le vecteur.

Membre	Description
void swap(vector<T, Allocator> &*ob*);	Échange les éléments stockés dans le vecteur appelant par ceux contenus par *ob*.

La STL contient également une spécialisation de **vector** pour les valeurs booléennes. Elle inclut toutes les fonctionnalités de **vector**, et y ajoute ces deux membres :

void flip( );	Inverse tous les bits du vecteur.
static void swap(reference *i*, reference *j*);	Échange les bits spécifiés par *i* et *j*.

CHAPITRE 34

Algorithmes de la STL

L es algorithmes définis par la STL sont décrits ci-après. Ils agissent sur les conteneurs par l'intermédiaires d'itérateurs. Tous les algorithmes sont des fonctions template. Voici la liste des noms de types génériques utilisés par les algorithmes.

Nom Générique	Représente
BiIter	Itérateur bidirectionnel
ForIter	Itérateur vers l'avant
InIter	Itérateur de lecture
OutIter	Itérateur d'écriture
RandIter	Itérateur d'accès aléatoire
T	Type de donnée
Size	Type d'entier
Func	Type de fonction
Generator	Fonction qui génère des objets
BinPred	Prédicat binaire
UnPred	Prédicat unaire
Comp	Fonction de comparaison

adjacent_find

```
template <class ForIter>
  ForIter adjacent_find(ForIter start, ForIter end);
template <class ForIter, class BinPred>
  ForIter adjacent_find(ForIter start, ForIter end, BinPred pfn);
```

L'algorithme **adjacent_find( )** recherche les éléments adjacents assortis, dans la séquence commençant par *start* et finissant par *end* ; il retourne ensuite un itérateur sur le premier d'entre eux. Si aucune paire adjacente n'est trouvée, *end* est retourné. La première version recherche les éléments équivalents. La seconde version vous laisse spécifier votre propre méthode pour déterminer les éléments assortis.

binary_search

```
template <class ForIter, class T>
  bool binary_search(ForIter start, ForIter end, const T &val);
template <class ForIter, class T, class Comp>
  bool binary_search(ForIter start, ForIter end, const T &val, Comp cmpfn);
```

L'algorithme **binary_search( )** effectue une recherche binaire de la valeur *val* sur une séquence ordonnée commençant par *start* et finissant par *end*. Il retourne vrai si la valeur *val* est trouvée, et faux sinon. La première version teste l'égalité des éléments dans la séquence spécifiée. La seconde version vous permet de spécifier votre propre fonction de comparaison.

copy

```
template <class InIter, class OutIter>
  OutIter copy(InIter start, InIter end, OutIter result);
```

L'algorithme **copy( )** copie une séquence commençant par *start* et finissant par *end*, et écrit le résultat dans la séquence pointée par *result*. Il retourne un pointeur sur la fin de la séquence résultante. L'intervalle à copier ne doit pas chevaucher *result*.

copy_backward

```
template <class BiIter1, class BiIter2>
  BiIter2 copy_backward(BiIter1 start, BiIter1 end, BiIter2 result);
```

L'algorithme **copy_backward( )** est semblable à **copy( )**, mais la copie commence par la fin de la séquence.

count

```
template <class InIter, class T>
  size_t count(InIter start, InIter end, const T &val);
```

L'algorithme **count( )** retourne le nombre d'éléments de valeur *val* dans la séquence commençant par *start* et finissant par *end*.

count_if

```
template <class InIter, class UnPred>
  size_t count(InIter start, InIter end, UnPred pfn);
```

L'algorithme **count_if( )** retourne le nombre d'éléments satisfaisant la condition *pfn*, dans la séquence commençant par *start* et finissant par *end*.

equal

```
template <class InIter1, class InIter2>
  bool equal(InIter1 start1, InIter1 end1, InIter2 start2);
template <class InIter1, class InIter2, class BinPred>
  bool equal(InIter1 start1, InIter1 end1, InIter2 start2, BinPred pfn);
```

L'algorithme **equal( )** détermine si deux intervalles sont identiques. L'intervalle entre *start1* et *end1* est comparé à la séquence pointée par *start2*. Si les intervalles sont identiques, vrai est renvoyé, faux sinon.

La seconde forme de l'algorithme vous permet de spécifier un prédicat binaire déterminant l'égalité entre deux éléments.

equal_range

```
template <class ForIter, class T>
  pair<ForIter, ForIter> equal_range(ForIter start, ForIter end,
                                     const T &val);
template <class ForIter, class T, class Comp>
  pair<ForIter, ForIter> equal_range(ForIter start, ForIter end,
                                     const T &val, Comp cmpfn);
```

L'algorithme **equal_range( )** retourne un intervalle dans lequel un élément peut être inséré sans perturber l'ordre de la séquence. La zone dans laquelle chercher l'intervalle est spécifiée par *start* et *end*. La valeur à insérer est définie dans *val*. Pour spécifier votre propre critère de recherche, précisez la fonction de comparaison *cmpfn*.

La classe template **pair** est une classe utilitaire qui peut contenir une paire d'objets dans ses membres **first** et **second**.

fill et fill_n

```
template <class ForIter, class T>
  void fill(ForIter start, ForIter end, const T &val);
template <class ForIter, class Size, class T>
  void fill_n(ForIter start, Size num, const T &val);
```

Les algorithmes **fill( )** et **fill_n( )** remplissent un intervalle avec la valeur *val*. Dans le cas de **fill( )**, l'intervalle est spécifié par *start* et *end*. Avec **fill_n( )**, l'intervalle commence à *start* et continue sur *num* éléments.

find

```
template <class InIter, class T>
  InIter find(InIter start, InIter end, const T &val);
```

L'algorithme **find( )** recherche la valeur *val* dans l'intervalle spécifié par *start* et *end*. Il retourne un itérateur sur la première occurrence de *val*, ou sur *end* si la valeur n'apparaît pas dans la séquence.

find_end

```
template <class ForIter1, class ForIter2>
  FwdIter1 find_end(ForIter1 start1, ForIter1 end1,
                    ForIter2 start2, ForIter2 end2);
template <class ForIter1, class ForIter2, class BinPred>
  FwdIter1 find_end(ForIter1 start1, ForIter1 end1,
                    ForIter2 start2, ForIter2 end2, BinPred pfn);
```

L'algorithme **find_end( )** trouve le dernier itérateur de la sous-séquence définie par *start2* et *end2*, dans l'intervalle allant de *start1* à *end1*. Si la séquence est trouvée, un itérateur sur le dernier élément de la séquence est retourné ; sinon, l'itérateur *end1* est retourné.

La seconde forme de l'algorithme vous permet de spécifier un prédicat binaire afin de déterminer quels éléments sont assortis.

find_first_of

```
template <class ForIter1, class ForIter2>
  FwdIter1 find_first_of(ForIter1 start1, ForIter1 end1,
                         ForIter2 start2, ForIter2 end2);
template <class ForIter1, class ForIter2, class BinPred>
  FwdIter1 find_first_of(ForIter1 start1, ForIter1 end1,
                         ForIter2 start2, ForIter2 end2, BinPred pfn);
```

L'algorithme **find_first_of( )** trouve dans la séquence spécifiée par *start2* et *end2* le premier élément correspondant à un élément de l'intervalle allant de *start1* à *end1*. Si aucun élément correspondant n'est trouvé, l'itérateur *end1* est retourné.

La seconde forme de l'algorithme vous permet de spécifier un prédicat binaire, afin de déterminer quels éléments sont assortis.

find_if

```
template <class InIter, class UnPred>
  InIter find_if(InIter start, InIter end, UnPred pfn);
```

L'algorithme **find_if( )** cherche dans l'intervalle spécifié par *start1* et *end1* un élément
satisfaisant le prédicat unaire *pfn*. Il retourne un itérateur sur la première occurrence
d'élément correspondant, ou l'itérateur *end1* si aucun élément ne concorde.

for_each

```
template<class InIter, class Func>
  Func for_each(InIter start, InIter end, Func fn);
```

L'algorithme **for_each( )** applique la fonction *fn* à l'ensemble d'éléments spécifié par *start1* et
end1. Il retourne *fn*.

generate et generate_n

```
template <class ForIter, class Generator>
  void generate(ForIter start, ForIter end, Generator fngen);
template <class ForIter, class Size, class Generator>
  void generate_n(OutIter start, Size num, Generator fngen);
```

Les algorithmes **generate( )** et **generate_n( )** affectent aux éléments d'un intervalle les
valeurs produites par une fonction de génération. Dans le cas de **generate( )**, l'intervalle
affecté est défini par les itérateurs *start* et *end*. Dans le cas de **generate_n( )**, l'intervalle
débute à *start* et comprend *num* éléments. La fonction de génération de valeurs est passée en
paramètre dans *fngen*. Cette fonction ne prend pas de paramètres.

includes

```
template <class InIter1, class InIter2>
  bool includes(InIter1 start1, InIter1 end1,
                InIter2 start2, InIter2 end2);
template <class InIter1, class InIter2, class Comp>
  bool includes(InIter1 start1, InIter1 end1,
                InIter2 start2, InIter2 end2, Comp cmpfn);
```

L'algorithme **includes( )** détermine si la séquence spécifiée par *start2* et *end2* est incluse dans
l'intervalle allant de *start1* à *end1*. Si tous les éléments sont inclus, l'algorithme retourne vrai,
et faux dans les autres cas.

La seconde forme de l'algorithme vous permet de spécifier une fonction de comparaison, afin de déterminer quand un élément est inférieur à un autre.

inplace_merge

```
template <class BiIter>
  void inplace_merge(BiIter start, BiIter mid, BiIter end);
template <class BiIter, class Comp>
  void inplace_merge(BiIter start, BiIter mid, BiIter end, Comp cmpfn);
```

Au sein d'une séquence, l'algorithme **inplace_merge( )** fusionne l'intervalle allant de *start* à *mid* avec celui allant de *mid* à *end*. Les deux intervalles doivent être triés dans l'ordre croissant, et le résultat obtenu est également trié.

La seconde forme de l'algorithme vous permet de spécifier une fonction de comparaison, afin de déterminer quand un élément est inférieur à un autre.

iter_swap

```
template <class ForIter1, class ForIter2>
  void iter_swap(ForIter1 i, ForIter2 j)
```

L'algorithme **iter_swap( )** intervertit les valeurs pointées par les deux itérateurs fournis en argument.

lexicographical_compare

```
template <class InIter1, class InIter2>
  bool lexicographical_compare(InIter1 start1, InIter1 end1,
                               InIter2 start2, InIter2 end2);
template <class InIter1, class InIter2, class Comp>
  bool lexicographical_compare(InIter1 start1, InIter1 end1,
                               InIter2 start2, InIter2 end2, Comp cmpfn);
```

L'algorithme **lexicographical_compare( )** compare alphabétiquement deux séquences, et retourne vrai si la première est inférieure à la seconde (autrement dit, si la première séquence apparaît avant la seconde dans l'ordre d'un dictionnaire).

La seconde forme de l'algorithme vous permet de spécifier une fonction de comparaison, afin de déterminer quand un élément est inférieur à un autre.

lower_bound

```
template <class ForIter, class T>
  ForIter lower_bound(ForIter start, ForIter end, const T &val);
template <class ForIter, class T, class Comp>
  ForIter lower_bound(ForIter start, ForIter end, const T &val, Comp cmpfn);
```

L'algorithme **lower_bound( )** trouve le premier élément de la séquence définie par *start* et *end* qui ne soit pas inférieur à *val*. Il retourne un itérateur sur cet élément.

La seconde forme de l'algorithme vous permet de spécifier une fonction de comparaison, afin de déterminer quand un élément est inférieur à un autre.

make_heap

```
template <class RandIter>
  void make_heap(RandIter start, RandIter end);
template <class RandIter, class Comp>
  void make_heap(RandIter start, RandIter end, Comp cmpfn);
```

L'algorithme **make_heap( )** construit un tas à partir de la séquence définie par *start* et *end*.

La seconde forme de l'algorithme vous permet de spécifier une fonction de comparaison, afin de déterminer quand un élément est inférieur à un autre.

max

```
template <class T>
  const T &max(const T &i, const T &j);
template <class T, class Comp>
  const T &max(const T &i, const T &j, Comp cmpfn);
```

L'algorithme **max( )** retourne le maximum de deux valeurs.

La seconde forme de l'algorithme vous permet de spécifier votre propre fonction de comparaison pour déterminer si un élément est inférieur à un autre.

max_element

```
template <class ForIter>
  ForIter max_element(ForIter start, ForIter last);
template <class ForIter, class Comp>
  ForIter max_element(ForIter start, ForIter last, Comp cmpfn);
```

L'algorithme **max_element( )** retourne un itérateur sur le plus grand élément dans l'intervalle de *start* à *last*.

La seconde forme de l'algorithme vous permet de spécifier votre propre fonction de comparaison, pour déterminer si un élément est inférieur à un autre.

merge

```
template <class InIter1, class InIter2, class OutIter>
  OutIter merge(InIter1 start1, InIter1 end1,
                InIter2 start2, InIter2 end2,
                OutIter result);
template <class InIter1, class InIter2, class OutIter, class Comp>
  OutIter merge(InIter1 start1, InIter1 end1,
                InIter2 start2, InIter2 end2,
                OutIter result, Comp cmpfn);
```

L'algorithme **merge( )** fusionne deux listes ordonnées, et place le résultat dans une troisième liste. Les séquences à fusionner sont définies par *start1*, *end1* et *start2*, *end2*.

Le résultat est mis dans la séquence pointée par *result*.

La seconde forme de l'algorithme vous permet de spécifier une fonction de comparaison, afin de déterminer quand un élément est inférieur à un autre.

min

```
template <class T>
  const T &min(const T &i, const T &j);
template <class T, class Comp>
  const T &min(const T &i, const T &j, Comp cmpfn);
```

L'algorithme **min( )** retourne le minimum de deux valeurs.

La seconde forme de l'algorithme vous permet de spécifier votre propre fonction de comparaison, pour déterminer si un élément est inférieur à un autre.

min_element

```
template <class ForIter>
  ForIter min_element(ForIter start, ForIter last);
template <class ForIter, class Comp>
  ForIter min_element(ForIter start, ForIter last, Comp cmpfn);
```

L'algorithme **min_element( )** retourne un itérateur sur le plus petit élément dans l'intervalle de *start* à *last*.

La seconde forme de l'algorithme vous permet de spécifier votre propre fonction de comparaison, pour déterminer si un élément est inférieur à un autre.

mismatch

```
template <class InIter1, class InIter2>
  pair<InIter1, InIter2> mismatch(InIter1 start1, InIter1 end1,
                                  InIter2 start2);
template <class InIter1, class InIter2, class BinPred>
  pair<InIter1, InIter2> mismatch(InIter1 start1, InIter1 end1,
                                  InIter2 start2, BinPred pfn);
```

L'algorithme **mismatch( )** trouve la première disparité parmi les éléments de deux séquences. Des itérateurs sur les deux éléments discordants sont retournés. Si aucune différence n'est trouvée, des itérateurs sur le dernier élément de chaque séquence sont retournés.

La seconde forme de l'algorithme vous permet de spécifier une fonction de comparaison, afin de déterminer quand un élément est inférieur à un autre.

La classe template **pair** contient deux données membres, nommées **first** et **second**, qui permettent de contenir un couple de valeurs.

next_permutation

```
template <class BiIter>
  bool next_permutation(BiIter start, BiIter end);
template <class BiIter, class Comp>
  bool next_permutation(BiIter start, BiIter end, Comp cmfn);
```

L'algorithme **next_permutation( )** effectue la prochaine permutation d'une séquence. Les permutations sont générées en supposant une liste ordonnée : du plus petit au plus grand représente la première permutation. Si la prochaine permutation n'existe pas, **next_permutation( )** trie la séquence selon sa première permutation, et renvoie faux. Sinon, l'algorithme renvoie vrai.

La seconde forme de l'algorithme vous permet de spécifier une fonction de comparaison, afin de déterminer quand un élément est inférieur à un autre.

nth_element

```
template <class RandIter>
  void nth_element(RandIter start, RandIter element, RandIter end);
template <class RandIter, class Comp>
  void nth_element(RandIter start, RandIter element,
                   RandIter end, Comp cmpfn);
```

L'algorithme **nth_element( )** range la séquence spécifiée par *start* et *end* de telle sorte que tous les éléments inférieurs à *element* soit placés avant lui, et tous les éléments plus grands après lui.

La seconde forme de l'algorithme vous permet de spécifier une fonction de comparaison, afin de déterminer quand un élément est inférieur à un autre.

partial_sort

```
template <class RandIter>
  void partial_sort(RandIter start, RandIter mid, RandIter end);
template <class RandIter, class Comp>
  void partial_sort(RandIter start, RandIter mid,
                    RandIter end, Comp cmpfn);
```

L'algorithme **partial_sort( )** trie l'intervalle de *start* à *end*. Toutefois, après l'exécution, seuls les éléments de l'intervalle de *start* à *mid* seront triés.

La seconde forme de l'algorithme vous permet de spécifier une fonction de comparaison, afin de déterminer quand un élément est inférieur à un autre.

partial_sort_copy

```
template <class InIter, class RandIter>
  RandIter partial_sort_copy(InIter start, InIter end,
                             RandIter res_start, RandIter res_end);
template <class InIter, class RandIter, class Comp>
  RandIter partial_sort_copy(InIter start, InIter end,
                             RandIter res_start, RandIter res_end,
                             Comp cmpfn);
```

L'algorithme **partial_sort_copy( )** trie l'intervalle de *start* à *end*, puis copie autant d'éléments que peut en contenir la liste résultante définie par *res_start* et *res_end*. Il retourne un itérateur sur le dernier élément copié de la liste résultante.

La seconde forme de l'algorithme vous permet de spécifier une fonction de comparaison, afin de déterminer quand un élément est inférieur à un autre.

partition

```
template <class BiIter, class UnPred>
  BiIter partition(BiIter start, BiIter end, UnPred pfn);
```

L'algorithme **partition( )** range la séquence définie par *start* et *end* de telle sorte que les éléments satisfaisant le prédicat *pfn* soit placés avant ceux qui ne le satisfont pas. L'algorithme retourne un itérateur sur le premier élément de la séquence ne satisfaisant pas le prédicat.

pop_heap

```
template <class RandIter>
  void pop_heap(RandIter start, RandIter end);
template <class RandIter, class Comp>
  void pop_heap(RandIter start, RandIter end, Comp cmpfn);
```

L'algorithme **pop_heap( )** échange les éléments *first* et *last*-1, puis reconstruit le tas.

La seconde forme de l'algorithme vous permet de spécifier une fonction de comparaison, afin de déterminer quand un élément est inférieur à un autre.

prev_permutation

```
template <class BiIter>
  bool prev_permutation(BiIter start, BiIter end);
template <class BiIter, class Comp>
  bool prev_permutation(BiIter start, BiIter end, Comp cmpfn);
```

L'algorithme **prev_permutation( )** effectue la permutation précédente d'une séquence. Les permutations sont générées en supposant une liste ordonnée : du plus petit au plus grand représente la première permutation. Si la prochaine permutation n'existe pas, **prev_permutation( )** trie la séquence selon sa première permutation et renvoie faux. Sinon, l'algorithme renvoie vrai.

La seconde forme de l'algorithme vous permet de spécifier une fonction de comparaison, afin de déterminer quand un élément est inférieur à un autre.

push_heap

```
template <class RandIter>
  void push_heap(RandIter start, RandIter end);
template <class RandIter, class Comp>
  void push_heap(RandIter start, RandIter end, Comp cmpfn);
```

L'algorithme **push_heap( )** ajoute un élément au sommet du tas. L'intervalle spécifié par *start* et *end* est supposé représenter un tas valide.

La seconde forme de l'algorithme vous permet de spécifier une fonction de comparaison, afin de déterminer quand un élément est inférieur à un autre.

random_shuffle

```
template <class RandIter>
  void random_shuffle(RandIter start, RandIter end);
template <class RandIter, class Generator>
  void random_shuffle(RandIter start, RandIter end, Generator rand_gen);
```

L'algorithme **random_shuffle( )** mélange aléatoirement la séquence définie par *start* et *end*.

La seconde forme de l'algorithme permet de spécifier une fonction personnalisée de génération de nombres aléatoires. Cette fonction doit avoir la forme générale :

```
rand_gen(num);
```

Elle doit retourner un nombre aléatoire entre zéro et *num*.

remove, remove_if, remove_copy, et remove_copy_if

```
template <class ForIter, class T>
  ForIter remove(ForIter start, ForIter end, const T &val);
template <class ForIter, class UnPred>
  ForIter remove_if(ForIter start, ForIter end,  UnPred pfn);
template <class ForIter, class OutIter, class T>
  OutIter remove_copy(InIter start, InIter end,
                      OutIter result, const T &val);
template <class ForIter, class OutIter, class UnPred>
  OutIter remove_copy_if(InIter start, InIter end,
                         OutIter result, UnPred pfn);
```

L'algorithme **remove( )** supprime de l'intervalle spécifié les éléments égaux à *val*. Il retourne un itérateur sur la fin des éléments restants.

L'algorithme **remove_if( )** supprime de l'intervalle spécifié les éléments satisfaisant le prédicat *pfn*. Il retourne un itérateur sur la fin des éléments restants.

L'algorithme **remove_copy( )** copie les éléments de l'intervalle spécifié qui sont égaux à *val*, puis place le résultat dans la séquence pointée par *result*. Il retourne un itérateur sur la fin du résultat.

L'algorithme **remove_copy_if( )** copie les éléments de l'intervalle spécifié qui satisfont le prédicat *pfn*, puis place le résultat dans la séquence pointée par *result*. Il retourne un itérateur sur la fin du résultat.

replace, replace_if, replace_copy et replace_copy_if

```
template <class ForIter, class T>
  void replace(ForIter start, ForIter end,
               const T &old, const T &new);
template <class ForIter, class UnPred, class T>
  void replace_if(ForIter start, ForIter end,
                  UnPred pfn, const T &new);
template <class ForIter, class OutIter, class T>
  OutIter replace_copy(InIter start, InIter end, OutIter result,
                       const T &old, const T &new);
template <class ForIter, class OutIter, class UnPred, class T>
  OutIter replace_copy_if(InIter start, InIter end, OutIter result,
                          UnPred pfn, const T &new);
```

Dans l'intervalle spécifié, l'algorithme **replace( )** remplace les éléments ayant la valeur *old* par des éléments de valeur *new*.

Dans l'intervalle spécifié, l'algorithme **replace_if( )** remplace les éléments satisfaisant le prédicat *pfn* par des éléments de valeur *new*.

Dans l'intervalle spécifié, l'algorithme **replace_copy( )** copie des éléments dans *result*. Au cours du processus, il remplace les éléments ayant la valeur *old* par des éléments de valeur *new*. L'intervalle original reste inchangé. Un itérateur sur la fin de *result* est retourné.

Dans l'intervalle spécifié, l'algorithme **replace_copy_if( )** copie des éléments dans *result*. Au cours du processus, il remplace les éléments satisfaisant le prédicat *pfn* par des éléments de valeur *new*. L'intervalle original reste inchangé. Un itérateur sur la fin de *result* est retourné.

reverse et reverse_copy

```
template <class BiIter>
  void reverse(BiIter start, BiIter end);
template <class BiIter, class OutIter>
  OutIter reverse_copy(BiIter first, BiIter last, OutIter result);
```

L'algorithme **reverse( )** inverse l'ordre de l'intervalle spécifié par *start* et *end*.

L'algorithme **reverse_copy( )** copie en ordre inverse l'intervalle spécifié par *start* et *end*, et stocke le résultat dans *result*. Il retourne un itérateur sur la fin de *result*.

rotate et rotate_copy

```
template <class ForIter>
  void rotate(ForIter start, ForIter mid, ForIter end);
template <class ForIter, class OutIter>
  OutIter rotate_copy(ForIter start, ForIter mid, ForIter end,
                      OutIter result);
```

L'algorithme **rotate( )** effectue une rotation gauche des éléments de l'intervalle allant de *start* à *end*, de telle sorte que l'élément pointé par *mid* devienne le premier élément.

L'algorithme **rotate_copy( )** copie les éléments de l'intervalle allant de *start* à *end*, puis stocke le résultat dans *result*. Au cours du processus, il effectue une rotation gauche des éléments, de telle sorte que l'élément pointé par *mid* devienne le premier élément.

search

```
template <class ForIter1, class ForIter2>
  ForIter1 search(ForIter1 start1, ForIter1 end1,
                  ForIter2 start2, ForIter2 end2);
template <class ForIter1, class ForIter2, class BinPred>
  ForIter1 search(ForIter1 start1, ForIter1 end1,
                  ForIter2 start2, ForIter2 end2, BinPred pfn);
```

L'algorithme **search( )** recherche une sous-séquence au sein d'une séquence. Cette dernière est spécifiée par *start1* et *end1*. La sous-séquence recherchée est définie par *start2* et *end2*. Si la sous-séquence est trouvée, un itérateur sur son début est retourné. Sinon, *end1* est retourné.

La seconde forme de l'algorithme vous permet de spécifier une fonction de comparaison, afin de déterminer quand un élément est inférieur à un autre.

IV

BIBLIOTHÈQUE DE
CLASSES STANDARD

search_n

```
template <class ForIter, class Size, class T>
  ForIter search_n(ForIter start, ForIter end,
                   Size num, const T &val);
template <class ForIter, class Size, class T, class BinPred>
  ForIter search_n(ForIter start, ForIter end,
                   Size num, const T &val, BinPred pfn);
```

L'algorithme **search_n( )** recherche au sein d'une séquence une suite de *num* éléments de valeur *val*. La séquence dans laquelle s'effectue la recherche est spécifiée par *start1* et *end1*. Si la sous-séquence est trouvée, un itérateur sur son début est retourné. Sinon, *end1* est retourné.

La seconde forme de l'algorithme vous permet de spécifier une fonction de comparaison, afin de déterminer quand un élément est inférieur à un autre.

set_difference

```
template <class InIter1, class InIter2, class OutIter>
  OutIter set_difference(InIter1 start1, InIter1 end1,
           InIter2 start2, InIter2 last2, OutIter result);
template <class InIter1, class InIter2, class OutIter, class Comp>
  OutIter set_difference(InIter1 start1, InIter1 end1,
           InIter2 start2, InIter2 last2,
           OutIter result, Comp cmpfn);
```

L'algorithme **set_difference( )** génère une séquence constituant la différence entre deux ensembles ordonnés définis pas *start1, end1* et *start2, end2*. Autrement dit, l'ensemble *star2, end2* est soustrait à l'ensemble *start1, end1*. Le résultat est ordonné et stocké dans *result*. L'algorithme retourne un itérateur sur la fin du résultat.

La seconde forme de l'algorithme vous permet de spécifier une fonction de comparaison, afin de déterminer quand un élément est inférieur à un autre.

set_intersection

```
template <class InIter1, class InIter2, class OutIter>
  OutIter set_intersection(InIter1 start1, InIter1 end1,
           InIter2 start2, InIter2 last2, OutIter result);
template <class InIter1, class InIter2, class OutIter, class Comp>
  OutIter set_intersection(InIter1 start1, InIter1 end1,
           InIter2 start2, InIter2 last2,
           OutIter result, Comp cmpfn);
```

L'algorithme **set_intersection( )** génère une séquence constituant l'intersection entre deux ensembles ordonnés définis pas *start1, end1* et *start2, end2*. Il s'agit des éléments communs aux deux ensembles. Le résultat est ordonné et stocké dans *result*. L'algorithme retourne un itérateur sur la fin du résultat.

La seconde forme de l'algorithme vous permet de spécifier une fonction de comparaison, afin de déterminer quand un élément est inférieur à un autre.

set_symmetric_difference

```
template <class InIter1, class InIter2, class OutIter>
  OutIter set_symmetric_difference(InIter1 start1, InIter1 end1,
          InIter2 start2, InIter2 last2, OutIter result);
template <class InIter1, class InIter2, class OutIter, class Comp>
  OutIter set_symmetric_difference(InIter1 start1, InIter1 end1,
          InIter2 start2, InIter2 last2, OutIter result, Comp cmpfn);
```

L'algorithme **set_symmetric_difference( )** génère une séquence constituant la différence symétrique entre deux ensembles ordonnés définis pas *start1, end1* et *start2, end2*. Il s'agit des éléments qui ne sont pas communs aux deux ensembles. Le résultat est ordonné et stocké dans *result*. L'algorithme retourne un itérateur sur la fin du résultat.

La seconde forme de l'algorithme vous permet de spécifier une fonction de comparaison, afin de déterminer quand un élément est inférieur à un autre.

set_union

```
template <class InIter1, class InIter2, class OutIter>
  OutIter set_union(InIter1 start1, InIter1 end1,
          InIter2 start2, InIter2 last2, OutIter result);
template <class InIter1, class InIter2, class OutIter, class Comp>
  OutIter set_union(InIter1 start1, InIter1 end1,
          InIter2 start2, InIter2 last2, OutIter result, Comp cmpfn);
```

L'algorithme **set_union( )** génère une séquence constituant l'union de deux ensembles ordonnés définis pas *start1, end1* et *start2, end2*. L'ensemble résultant contient les éléments des deux ensembles. Le résultat est ordonné et stocké dans *result*. L'algorithme retourne un itérateur sur la fin du résultat.

La seconde forme de l'algorithme vous permet de spécifier une fonction de comparaison, afin de déterminer quand un élément est inférieur à un autre.

sort

```
template <class RandIter>
  void sort(RandIter start, RandIter end);
template <class RandIter, classComp>
  void sort(RandIter start, RandIter end, Comp cmpfn);
```

L'algorithme **sort( )** trie l'intervalle spécifié par *start* et *end*.

La seconde forme de l'algorithme vous permet de spécifier une fonction de comparaison, afin de déterminer quand un élément est inférieur à un autre.

sort_heap

```
template <class RandIter>
  void sort_heap(RandIter start, RandIter end);
template <class RandIter, class Comp>
  void sort_heap(RandIter start, RandIter end, Comp cmpfn);
```

L'algorithme **sort_heap( )** trie le tas défini par *start* et *end*.

La seconde forme de l'algorithme vous permet de spécifier une fonction de comparaison, afin de déterminer quand un élément est inférieur à un autre.

stable_partition

```
template <class BiIter, class UnPred>
  BiIter stable_partition(BiIter start, BiIter end, UnPred pfn);
```

L'algorithme **stable_partition( )** range la séquence définie par *start* et *end* de telle sorte que les éléments satisfaisant le prédicat *pfn* soient placés avant ceux qui ne le satisfont pas. Le partage est dit stable. Cela signifie que l'ordre relatif de la séquence est préservé. L'algorithme retourne un itérateur sur le premier élément de la séquence ne satisfaisant pas le prédicat.

stable_sort

```
template <class RandIter>
  void stable_sort(RandIter start, RandIter end);
template <class RandIter, class Comp>
  void stable_sort(RandIter start, RandIter end, Comp cmpfn);
```

L'algorithme **stable_sort( )** trie l'intervalle spécifié par *start* et *end*. Le tri est dit stable. Cela signifie que les éléments égaux ne sont pas déplacés.

La seconde forme de l'algorithme vous permet de spécifier une fonction de comparaison, afin de déterminer quand un élément est inférieur à un autre.

swap

```
template <class T>
  void swap(T &i, T &j);
```

L'algorithme **swap( )** échange les valeurs pointées par *i* et *j*.

swap_ranges

```
template <class ForIter1, class ForIter2>
  ForIter2 swap_ranges(ForIter1 start1, ForIter1 end1,
ForIter2 start2);
```

L'algorithme **swap_range( )** échange les éléments de l'intervalle spécifié par *start1* et *end1* avec ceux de la séquence débutant à *start2*. Il retourne un itérateur sur la fin de la séquence spécifiée par *start2*.

transform

```
template <class InIter, class OutIter, class Func>
  OutIter transform(InIter start, InIter end,
                    OutIter result, Func unaryfunc);
template <class InIter1, class InIter2, class OutIter, class Func>
  OutIter transform(InIter1 start1, InIter1 end1,
                    InIter2 start2, OutIter result,
                    Func binaryfunc);
```

L'algorithme **transform( )** applique une fonction à un intervalle d'éléments, et stocke le résultat obtenu dans *result*. Dans sa première forme, l'intervalle est spécifié par *start1* et *end1*, et la fonction à appliquer est donnée par *unaryfunc*. Cette fonction reçoit la valeur d'un élément en paramètre, et retourne sa valeur transformée.

Dans la seconde forme de l'algorithme, la transformation s'applique en employant une fonction

binaire qui reçoit la valeur d'un élément de la séquence à transformer, dans son premier argument, et un élément de sa seconde séquence, dans son deuxième argument.

Les deux versions retournent un itérateur sur la fin de la séquence résultante.

unique et unique_copy

```
template <class ForIter>
  ForIter unique(ForIter start, ForIter end);
template <class ForIter, class BinPred>
  ForIter unique(ForIter start, ForIter end, BinPred pfn);
template <class ForIter, class OutIter>
  OutIter unique_copy(ForIter start, ForIter end, OutIter result);
template <class ForIter, class OutIter, class BinPred>
  OutIter unique_copy(ForIter start, ForIter end, OutIter result,
                      BinPred pfn);
```

L'algorithme **unique( )** élimine les doublons de l'intervalle spécifié. La seconde forme de l'algorithme vous permet de spécifier une fonction de comparaison, afin de déterminer si un élément est égal à un autre. **unique( )** retourne un itérateur sur la fin de l'intervalle.

L'algorithme **unique_copy( )** copie les éléments de l'intervalle spécifié en éliminant les doublons. Le résultat est stocké dans *result*. La seconde forme de l'algorithme vous permet de spécifier une fonction de comparaison, afin de déterminer si un élément est égal à un autre. **unique_copy( )** retourne un itérateur sur la fin de l'intervalle.

upper_bound

```
template <class ForIter, class T>
  ForIter upper_bound(ForIter start, ForIter end, const T &val);
template <class ForIter, class T, class Comp>
  ForIter upper_bound(ForIter start, ForIter end, const T &val,
                      Comp cmpfn);
```

L'algorithme **upper_bound( )** trouve le dernier élément de la séquence définie par *start* et *end* qui ne soit pas supérieur à *val*. Il retourne un itérateur sur cet élément.

La seconde forme de l'algorithme vous permet de spécifier une fonction de comparaison, afin de déterminer quand un élément est inférieur à un autre.

CHAPITRE 35

Itérateurs, allocateurs et objets fonctions de la STL

C e chapitre décrit les classes et les fonctions qui fournissent le support aux itérateurs, aux allocateurs ainsi qu'aux objets fonctions. Ces composants font partie de la bibliothèque standard. Il peuvent également être utilisés dans d'autres contextes.

Itérateurs

Tandis que les conteneurs et les algorithmes constituent les fondations de la bibliothèque standard, les itérateurs forment le ciment qui les lie entre eux. Un *itérateur* est une généralisation (ou plus précisément, une abstraction) d'un pointeur. Les itérateurs sont gérés dans vos programmes comme des pointeurs, et ils implémentent les opérateurs de pointeurs standard. Ils vous donnent la capacité de parcourir le contenu d'un conteneur de la même manière que les pointeurs permettent de parcourir un tableau.

Le Standard C++ définit un ensemble de classes et de fonctions qui prennent en charge les itérateurs.

Toutefois, dans la majorité des programmes fondés sur la STL, vous n'utiliserez pas directement ces classes. Au lieu de cela, vous mettrez en œuvre les itérateurs fournis par les divers conteneurs de la STL pour manipuler ces derniers. Il s'avère néanmoins précieux d'avoir une compréhension générale des classes d'itérateurs et de leur contenu. Par exemple, il est possible de créer vos propres itérateurs, pour les adapter à des situations spéciales.

Les itérateurs nécessitent l'en-tête **<iterator>**.

Types d'itérateurs primitifs

Il existe cinq types d'itérateurs.

Itérateur	Mode d'accès
Acces direct	Stocke et récupère des valeurs. Les éléments sont accessibles directement.
Bidirectionnel	Stocke et récupère des valeurs. Se déplace dans les deux sens.
En avant	Stocke et récupère des valeurs. Ne se déplace qu'en avant.
Lecture	Récupère mais ne stocke pas de valeurs. Ne se déplace qu'en avant.
Écriture	Stocke mais ne récupère pas de valeur. Ne se déplace qu'en avant.

De manière générale, un itérateur ayant de grandes capacités d'accès peut être exploité à la place d'un itérateur moins doté. Par exemple, un itérateur en avant peut être utilisé à la place d'un itérateur en lecture.

La STL reconnaît également les *itérateurs inverses*. Ceux-ci peuvent être soit des itérateurs bidirectionnels, soit des itérateurs d'accès direct qui se déplacent à travers une séquence dans la direction inverse. Ainsi, si un itérateur inverse pointe sur la fin d'un liste, l'incrémenter revient à le faire pointer sur l'avant-dernier élément de celle-ci.

Il existe également des itérateurs fondés sur les flux : il est alors possible d'agir directement sur les flux par leur biais. Enfin, il existe des classes d'itérateurs d'insertion, qui simplifient considérablement l'insertion d'éléments dans un conteneur.

Tous les itérateurs doivent reconnaître les opérations de pointeurs prévues pour le type sur lequel ils agissent. Par exemple, une classe d'itérateur de lecture doit intégrer les opérateurs ->, ++, *, = = et !=. De plus, l'opérateur * ne peut pas être utilisé pour affecter une valeur. En revanche, un itérateur d'accès direct doit prendre en charge les opérateurs ->, +, ++, -, - -, *, <, >, <=, >=, - =, +=, != et [ ]. L'opérateur * doit alors permettre l'affectation.

Classes d'itérateurs de bas niveau

L'en-tête **<iterator>** définit plusieurs classes qui fournissent support et aide à l'implémentation des itérateurs. Comme expliqué au chapitre 24, chacun des conteneurs de la STL définit son propre type d'itérateur à l'aide d'un **typedef**. Ainsi, lors de l'utilisation des conteneurs standard de la STL, vous n'aurez pas à manipuler directement ces classes d'itérateurs de bas niveau. Vous pouvez en revanche utiliser les classes décrites ici pour en dériver vos propres itérateurs.

Plusieurs des classes d'itérateurs font usage du type **ptrdiff_t**. Celui-ci permet de représenter les différences entre deux pointeurs.

iterator

La classe **iterator** est la base de tous les itérateurs. Elle est présentée ici :

```
template <class Cat, class T, class Dist = ptrdiff_t,
  class Pointer = T *, class Ref = T &>
struct iterator {
  typedef T value_type;
  typedef Dist difference_type;
  typedef Pointer pointer;
  typedef Ref reference;
  typedef Cat iterator_category;
};
```

Ici, **difference_type** est le type qui contient la différence entre deux adresses. **value_type** est le type de valeur manipulée, **pointer** est le type de pointeur sur une valeur, **reference** est le type d'une référence sur une valeur et **iterator_category** décrit le type d'itérateur (tel que lecture, accès direct, *etc.*).

```
struct input_iterator_tag {};
struct output_iterator_tag {};
struct forward_iterator_tag: public input_iterator_tag {};
struct bidirectional_iterator_tag: public forward_iterator_tag {};
struct random_access_iterator_tag: public
bidirectional_iterator_tag {};
```

iterator_traits

La classe **iterator_traits** fournit un moyen commode d'exposer les différents types définis par un itérateur. Elle est définie comme ceci :

```
template<class Iterator> struct iterator_traits {
  typedef Iterator::difference_type difference_type;
  typedef Iterator::value_type value_type;
  typedef Iterator::pointer pointer;
  typedef Iterator::reference reference;
  typedef Iterator::iterator_category iterator_category;
}
```

Itérateurs prédéfinis

Le fichier d'insertion **<iterator>** contient plusieurs itérateurs prédéfinis, que vous pouvez utiliser directement dans vos programmes, ou sur la base desquels vous pouvez en créer d'autres. Ces itérateurs sont présentés dans le tableau 35-1. Vous noterez qu'il en existe quatre types, qui agissent sur les flux. Leur principal intérêt est de permettre aux algorithmes de manipuler les flux. Vous noterez également l'existence des itérateurs d'insertion. Quand ils sont utilisés dans une instruction d'affectation, ils insèrent directement les éléments dans la séquence, sans écraser les éléments préexistants.

Chacun des itérateurs prédéfinis est étudié ici.

insert_iterator

La classe **insert_iterator** constitue le support pour les itérateurs d'écriture qui insèrent des objets dans un conteneur. Sa définition template est présentée ici :

```
template <class Cont> class insert_iterator:
    public iterator<output_iterator_tag, void, void, void, void>
```

Ici, **Cont** est le type de conteneur sur lequel agit l'itérateur. La classe **insert_iterator** a le constructeur suivant :

```
insert_iterator(Cont &cnt, typename Cont::iterator itr);
```

Ici, *cnt* est le conteneur sur lequel on agit, et *itr* est l'itérateur du conteneur qui va initialiser **insert_iterator**.

La classe **insert_iterator** définit les opérateurs suivants : =, *, ++. Un pointeur sur le conteneur est stocké dans un champ protected nommé **container**. L'itérateur du conteneur est stocké dans un champ protected nommé **iter**.

Il existe la fonction **inserter( )** permettant de créer un **insert_iterator**. Elle est présentée ici :

```
template <class Cont, class Iterator> insert_iterator<Cont>
    inserter(Cont &cnt, Iterator itr);
```

Les itérateurs d'insertion effectuent une véritable insertion dans le conteneur, sans écraser les éléments préexistants. Afin de comprendre leurs effets, considérons le programme suivant. Il commence par créer un vecteur d'entiers, puis utilise un **insert_iterator** pour y insérer de nouveaux éléments, tout en préservant les anciens.

```cpp
// Présentation de insert_iterator.
#include <iostream>
#include <iterator>
#include <vector>
using namespace std;

int main()
{
  vector<int> v;
  vector<int>::iterator itr;
  int i;

  for(i=0; i<5; i++)
    v.push_back(i);

  cout << "Tableau d'origine: ";
  itr = v.begin();
  while(itr != v.end())
    cout << *itr++ << " ";
  cout << endl;

  itr = v.begin();
  itr += 2; // pointe sur l'élément 2
```

```
// crée un insert_iterator sur l'élément 2
insert_iterator<vector<int> > i_itr(v, itr);

// insert sans écraser
*i_itr++ = 100;
*i_itr++ = 200;

cout << "Tableau apres insertion: ";
itr = v.begin();
while(itr != v.end())
  cout << *itr++ << " ";

return 0;
}
```

Le résultat affiché est alors :

```
Tableau d'origine: 0 1 2 3 4
Tableau apres insertion: 0 1 100 200 2 3 4
```

Dans le programme, si 100 et 200 avaient été affectés en utilisant un itérateur standard, les éléments d'origine auraient été écrasés. Le même fonctionnement s'applique à **back_insert_iterator** et **front_insert_iterator**.

back_insert_iterator

La classe **back_insert_iterator** intègre les itérateurs d'écriture qui insèrent des objets en fin de conteneur en employant **push_back( )**. Sa définition template est présentée ici :

```
template <class Cont> class back_insert_iterator:
    public iterator<output_iterator_tag, void, void, void, void>
```

Ici, **Cont** est le type de conteneur sur lequel agit l'itérateur. La classe **back_insert_iterator** connaît le constructeur suivant :

```
explicit back_insert_iterator(Cont &cnt);
```

Ici, *cnt* est le conteneur sur lequel on agit. Toutes les insertions s'effectuent en fin de liste.

La classe **back_insert_iterator** définit les opérateurs suivants : =, *, ++. Un pointeur sur le conteneur est stocké dans un champ protected nommé **container**. L'itérateur du conteneur est stocké dans un champ protected nommé **iter**.

Il existe la fonction **back_inserter( )** permettant de créer un **back_insert_iterator**. Elle est présentée ici :

```
template <class Cont> back_insert_iterator<Cont> back_inserter(Cont &cnt);
```

front_insert_iterator

La classe **front_insert_iterator** intègre les itérateurs d'écriture qui insèrent des objets en tête de conteneur, en employant **push_front( )**. Voici sa définition template :

```
template <class Cont> class front_insert_iterator:
    public iterator<output_iterator_tag, void, void, void, void>
```

Ici, **Cont** est le type de conteneur sur lequel agit l'itérateur. La classe **front_insert_iterator** admet le constructeur suivant :

```
explicit front_insert_iterator(Cont &cnt);
```

Ici, *cnt* est le conteneur sur lequel on agit. Toutes les insertions s'effectuent en fin de liste.

La classe **front_insert_iterator** définit les opérateurs suivants : =, *, ++. Un pointeur sur le conteneur est stocké dans un champ protected nommé **container**. L'itérateur du conteneur est stocké dans un champ protected nommé **iter**.

Il existe la fonction **front_inserter( )** permettant de créer un **front_insert_iterator**. Elle est présentée ici :

```
template <class Cont> front_insert_iterator<Cont> inserter(Cont &cnt);
```

reverse_iterator

La classe **reverse_iterator** reconnaît les opérations d'itérateurs inverses. Un itérateur inverse fonctionne dans le sens opposé à celui d'un itérateur normal. Par exemple, l'opérateur ++ provoque le recul de l'itérateur. Sa spécification template est présentée ici :

```
template <class Iter> class reverse_iterator:
    public iterator<iterator_traits<Iter>::iterator_category,
                          iterator_traits<Iter>::value_type,
                          iterator_traits<Iter>::difference_type,
                          iterator_traits<Iter>::pointer,
                          iterator_traits<Iter>::reference>
```

Ici, **Iter** peut être soit un itérateur d'accès direct, soit un itérateur bidirectionnel. La classe **reverse_iterator** admet le constructeur suivant :

```
reverse_iterator();
explicit reverse_iterator(Iter itr);
```

Ici, *itr* est un itérateur qui précise l'emplacement de départ.

Si **Itr** est un itérateur d'accès direct, les opérateurs suivants sont disponibles : ->, +, ++, -, - -, <, >, <=, >=, - =, +=, *, = =, != et [ ]. Si **Iter** est un itérateur bidirectionnel, alors seuls les opérateurs suivants sont disponibles : ->, ++, *, = = et !=.

La classe **reverse_iterator** définit un membre protected nommé **current**, qui est un itérateur sur la position courante.

Il existe également la fonction **base( )** définie par **reverse_iterator**. Son prototype est présenté ici :

```
Iter base() const;
```

Elle retourne un itérateur sur la position courante.

istream_iterator

La classe **istream_iterator** reconnaît les opérations d'itérateurs de lecture sur un flux. Sa définition template est présentée ici :

```
template <class T, class CharType, class Attr = char_traits<CharType>,
               class Dist = ptrdiff_t> class istream_iterator:
    public iterator<input_iterator_tag, T, Dist, const T *, const T &>
```

Ici, **T** est le type de donnée transférée, et **CharType** est le type de caractère (**char** ou **wchar_t**) manipulé par le flux. **Dist** est un type capable de contenir la différence entre deux adresses.

La classe **istream_iterator** admet les constructeurs suivants :

```
istream_iterator();
istream_iterator(istream_type &stream);
istream_iterator(const istream_iterator<T, CharType, Attr, Dist> &ob);
```

Le premier constructeur crée un itérateur sur un flux vide. Le second crée un itérateur sur le flux *stream*. Le type **istream_type** spécifie le type du flux d'entrée. Le troisième constructeur crée une copie d'un objet **istream_iterator**.

La classe **istream_iterator** définit les opérateurs suivants : ->, *, ++. Les opérateurs = = et != sont également définis pour les objets du type **istream_iterator**.

Voici un court programme qui présente cette classe. Il lit des caractères dans **cin**, et les affiche jusqu'à rencontrer un point.

```
// Utilisation de istream_iterator
#include <iostream>
#include <iterator>
using namespace std;

int main()
{
  istream_iterator<char> in_it(cin);
```

```
  do {
    cout << *in_it++;
  } while (*in_it != '.');

  return 0;
}
```

istreambuf_iterator

La classe **istreambuf_iterator** intègre les opérations d'itérateurs de lecture de caractères sur un flux. Sa définition template est présentée ici :

```
template <class CharType, class Attr = char_traits<CharType> >
class istreambuf_iterator:
    public iterator<input_iterator_tag, CharType, typename Attr::off_type,
                    CharType *, CharType &>
```

Ici, **CharType** est le type de caractères (**char** ou **wchar_t**) manipulé par le flux.

La classe **istreambuf_iterator** admet les constructeurs suivants :

```
istreambuf_iterator() throw();
istreambuf_iterator(istream_type &stream) throw();
istreambuf_iterator(streambuf_type *streambuf) throw();
```

Le premier constructeur crée un itérateur sur un flux vide. Le second crée un itérateur sur le flux spécifié par *stream*. Le type **istream_type** spécifie le type du flux d'entrée. Le troisième constructeur crée un itérateur à partir de *streambuf*.

La classe **istreambuf_iterator** définit les opérateurs suivants : *, ++. Les opérateurs = = et != sont de même définis pour les objets du type **istreambuf_iterator**.

Il existe également la fonction membre **equal( )**, présentée ici :

```
bool equal(istreambuf_iterator<CharType, Attr> &ob);
```

Son fonctionnement est un peu paradoxal. Cette fonction retourne vrai si, à la fois, l'itérateur appelant et *ob* pointent sur la fin du flux. Elle retourne également vrai si les deux itérateurs ne pointent pas sur la fin du flux, même s'ils ne pointent pas sur le même emplacement. Elle retourne faux dans les autres cas. Les opérateurs == et != fonctionnent de la même manière.

ostream_iterator

La classe **ostream_iterator** intègre les opérations d'itérateurs d'écriture sur un flux. Sa définition template est présentée ici :

```
template <class T, class CharType, class Attr = char_traits<CharType> >
class ostream_iterator:
    public iterator<output_iterator_tag, void, void, void, void>
```

Ici, **T** est le type de donnée transférée, et **CharType** est le type de caractère (**char** ou **wchar_t**) manipulé par le flux. **Dist** est un type capable de contenir la différence entre deux adresses.

La classe **ostream_iterator** admet les constructeurs suivants :

```
ostream_iterator(ostream_type &stream);
ostream_iterator(ostream_type &stream, const CharType *delim);
ostream_iterator(const ostream_iterator<T, CharType, Attr> &ob);
```

Le premier constructeur crée un itérateur sur le flux *stream*. Le type **ostream_type** spécifie le type du flux de sortie. Le seconde crée un itérateur sur le flux spécifié par *stream* et utilise les délimiteurs spécifiés par *delim*. Le troisième constructeur crée une copie d'un objet **ostream_iterator**.

La classe **ostream_iterator** définit les opérateurs suivants : =, *, ++.

Voici un court programme qui présente cette classe.

```cpp
// Utilisation de ostream_iterator
#include <iostream>
#include <iterator>
using namespace std;

int main()
{
  ostream_iterator<char> out_it(cout);

  *out_it = 'X';
  out_it++;
  *out_it = 'Y';
  out_it++;
  *out_it = ' ';

  char str[] = "Les itérateurs C++ sont puissants.\n";
  char *p = str;

  while(*p) *out_it++ = *p++;

  ostream_iterator<double> out_double_it(cout);
  *out_double_it = 187.23;
  out_double_it++;
  *out_double_it = -102.7;

  return 0;
}
```

L'affichage produit est alors :

```
XY Les itérateurs C++ sont puissants.
187.23-102.7
```

ostreambuf_iterator

La classe **ostreambuf_iterator** reconnaît les opérations d'itérateurs d'écriture de caractères sur un flux. Sa définition template est présentée ici :

```
template <class CharType, class Attr = char_traits<CharType> >
class ostreambuf_iterator:
    public iterator<output_iterator_tag, void, void, void, void>
```

Ici, **CharType** est le type de caractères (**char** ou **wchar_t**) manipulé par le flux.

La classe **ostreambuf_iterator** admet les constructeurs suivants :

```
ostreambuf_iterator(ostream_type &stream) throw();
ostreambuf_iterator(streambuf_type *streambuf) throw();
```

Le premier constructeur crée un itérateur sur le flux spécifié par *stream*. Le type **ostream_type** spécifie le type du flux de sortie. Le troisième constructeur crée un itérateur à partir de *streambuf*.

Le type **streambuf_type** spécifie le type du tampon de flux.

La classe **ostreambuf_iterator** définit les opérateurs suivants : =, *, ++.

Il existe également la fonction membre **failed( )**, présentée ici :

```
bool failed() const throw();
```

Elle retourne faux si aucune erreur n'est survenue, et vrai sinon.

Classe	Description
insert_iterator	Itérateur d'écriture capable d'insérer n'importe où dans le conteneur.
back_insert_iterator	Itérateur d'écriture qui insère en fin de conteneur.
front_insert_iterator	Itérateur d'écriture qui insère en tête de conteneur.
reverse_iterator	Itérateur inverse (bidirectionnel ou accès direct)
istream_iterator	Itérateur de flux d'entrée
istreambuf_iterator	Itérateur de tampon de flux d'entrée

Tableau 35-1   Classes d'itérateurs prédéfinies

Classe	Description
ostream_iterator	Itérateur de flux de sortie
ostreambuf_iterator	Itérateur de tampon de flux de sortie

Tableau 35-1 Classes d'itérateurs prédéfinies *(suite)*

Deux fonctions d'itérateurs

Il existe deux fonctions spéciales, définies pour les itérateurs : **advance( )** et **distance( )**. Elles sont présentées ici :

```
template <class InIter, class Dist> void advance(InIter &itr, Dist d);
template <class InIter>  distance(InIter start, InIter end);
```

La fonction **advance( )** incrémente *itr* du nombre spécifié par *d*.

La fonction **distance( )** retourne le nombre d'éléments entre *start* et *end*.

La raison qui justifie l'existence de ces deux fonctions est que seuls les itérateurs d'accès direct permettent d'ajouter ou de soustraire une valeur à un itérateur. Les fonctions **advance( )** et **distance( )** contournent cette restriction. On doit cependant noter que certains itérateurs ne seront pas capables d'implémenter efficacement ces fonctions.

Objets fonctions

Les objets fonctions sont des classes qui définissent **operator( )**. La STL contient plusieurs objets fonctions primitifs, auxquels vos programmes peuvent faire appel. Vous pouvez également définir vos propres objets fonctions. Le support pour les objets fonctions se situe dans le fichier d'en-tête **<functional>**. Dans **<functional>**, sont également définis d'autres éléments qui prennent en charge les objets fonctions, tels que les opérateurs d'association (*binder*), de négation (*negator*) et les adaptateurs (*adaptator*). Chacun d'eux est décrit ici.

Note. Consultez le chapitre 24 pour une vue d'ensemble sur les objets fonctions.

Objets fonctions

Les objets fonctions peuvent être classés en deux catégories : unaire et binaire. Les objets fonctions binaires primitifs sont présentés ici :

| plus | minus | multiplies | divides | modulus |
| less_equal | logical_and | logical_or | | |

equal_to   not_equal_to   greater   greater_equal   less

less_equal   logical_and   logical_or

Et voici les objets fonction unaires primitifs :

logical_not   negate

La forme générale lors de l'appel à un objet fonction est :

```
func_ob<type>()
```

Par exemple :

```
less<int>()
```

invoque **less( )** par rapport à un opérande de type **int**.

La classe primitive de tous les objets fonctions binaires est **binary_function**, présentée ici :

```
template <class Argument1, class Argument2, class Result>
struct binary_function {
  typedef Argument1 first_argument_type;
  typedef Argument2 second_argument_type;
  typedef Result result_type;
};
```

La classe primitive de tous les objets fonctions unaires est **unary_function**, présentée ici :

```
template <class Argument, class Result> struct unary_function {
  typedef Argument argument_type;
  typedef Result result_type;
};
```

Ces classes templates fournissent les noms de types concrets pour les types de données génériques utilisés par l'objet fonction. Cela étant un avantage technique certain, elles sont presque toujours utilisées lors de la création d'objets fonctions.

Les spécifications templates de tous les objets fonctions binaires sont similaires, de même que celles de tous les objets fonctions unaires. Voici un exemple de chacun d'eux :

```
template <class T> struct plus : binary_function<T, T, T>
{
  T operator() (const T &arg1, const T&arg2) const;
};

template <class T> struct negate : unary_function<T, T>
{
  T operator() (const T &arg) const;
};
```

Chaque fonction **operator( )** retourne le résultat spécifié.

Opérateurs d'association

Les opérateurs d'association (ou *binder*) associent une valeur à un argument d'un objet
fonction binaire, créant ainsi un objet fonction unaire. Il existe deux opérateurs
d'association : **bind2nd( )** et **bind1st( )**. Voici comment ils sont définis :

```
template <class BinFunc, class T>
            binder1st<BinFunc> bind1st(const BinFunc &op, const T &value);
template <class BinFunc, class T>
            binder2nd<BinFunc> bind2nd(const BinFunc &op, const T &value);
```

Ici, *op* est un objet fonction binaire, tel que **less( )** ou **greater( )**, qui réalise l'opération
voulue ; *value* est la valeur fixe. **bind1st( )** retourne un objet fonction binaire pour lequel *op*
a la valeur fixe *value* comme opérande gauche. **bind2nd( )** retourne un objet fonction binaire
pour lequel *op* a la valeur fixe *value* comme opérande droit. **bind2nd( )** est de loin l'opérateur
d'association le plus utilisé. Dans les deux cas, le résultat d'un opérateur d'association est un
objet fonction unaire dont la valeur spécifiée est fixe.

Les classes **bind1st** et **bind2nd** sont présentées ici :

```
template <class BinFunc> class binder1st:
  public unary_function(typename BinFunc::second_argument_type,
                        typename BinFunc::result_type>
{
protected:
  BinFunc op;
  typename BinFunc::first_argument_type value;
public:
  binder1st(const BinFunc &op,
            const typename BinFunc::first_argument_type &v);
  result_type operator()(const argument_type &v) const;
 };

template <class BinFunc> class binder2nd:
  public unary_function(typename BinFunc::first_argument_type,
                        typename BinFunc::result_type>
```

```
{
protected:
  BinFunc op;
  typename BinFunc::second_argument_type value;
public:
  binder2nd(const BinFunc &op,
            const typename BinFunc::second_argument_type &v);
  result_type operator()(const argument_type &v) const;
};
```

Ici, *BinFunc* est le type d'un objet fonction binaire. Vous remarquerez que les deux classes héritent de **unary_function**. C'est pourquoi l'objet résultant de **bind1st( )** et **bind2nd( )** peut être utilisé partout où une fonction unaire peut l'être.

Opérateurs de négation

Les opérateurs de négation (ou *negator*) retournent des prédicats qui fournissent l'opposé du prédicat qu'ils modifient. Les opérateurs de négation sont **not1** et **not2**, et sont définis comme ceci :

```
template <class UnPred> unary_negate<UnPred> not1(const UnPred &pred);
template <class BinPred> binary_negate<BinPred> not2(const BinPred &pred);
```

Les classes sont présentées ici :

```
template <class UnPred> class unary_negate:
  public unary_function<typename UnPred::argument_type, bool>
{
public:
  explicit unary_negate(const UnPred &pred);
  bool operator()(const argument_type &v) const;
};

template <class BinPred> class binary_negate:
  public binary_function<typename BinPred::first_argument_type,
                         typename BinPred::second_argument_type,
                         bool>
{
public:
  explicit binary_negate(const BinPred &pred);
  bool operator()(const first_argument_type &v1,
                  const second_argument_type &v2) const;
};
```

Dans les deux cas, **operator( )** renvoie la négation du prédicat passé dans *pred*.

Adaptateurs

Le fichier d'en-tête **<functional>** définit un ensemble de classes appelées adaptateurs (ou *adaptor*), qui permettent de modifier un pointeur sur fonction dans une forme utilisable par la STL. Par exemple, vous pouvez utiliser un adaptateur pour permettre qu'une fonction telle que **strcmp( )** soit exploitable comme un prédicat. Des adaptateurs existent également pour les fonctions membres.

Adaptateurs pointeur-vers-fonction

Les adaptateurs pointeur-vers-fonction sont présentés ici :

```
template <class Argument, class Result>
    pointer_to_unary_function<Argument, Result>
        ptr_fun(Result (*func)(Argument));
template <class Argument1, class Argument2, class Result>
    pointer_to_binary_function<Argument1, Argument2, Result>
        ptr_fun(Result (*func)(Argument1, Argument2));
```

Ici, **ptr_fun( )** retourne un objet soit du type **pointer_to_unary_function**, soit du type **pointer_to_binary_function**. Ces classes sont présentées ici :

```
template <class Argument, class Result>
class pointer_to_unary_function:
  public unary_function<Argument, Result>
{
public:
  explicit pointer_to_unary_function(Result (*func)(Argument));
  Result operator()(Argument arg) const;
};

template <class Argument1, class Argument2, class Result>
class pointer_to_binary_function:
  public binary_function<Argument1, Argument2, Result>
{
public:
  explicit pointer_to_binary_function(
            Result (*func)(Argument1, Argument2));
  Result operator()(Argument1 arg1, Argument2 arg2) const;
};
```

Pour les fonctions unaires, **operator( )** retourne :

```
func(arg).
```

Pour les fonctions binaires, **operator( )** retourne :

```
func(arg1, arg2);
```

Le type du résultat de l'opération est précisé par le type générique **Result**.

Adaptateurs pointeur-vers-fonction-membre

Les adaptateurs pointeur-vers-fonction-membre sont présentés ici :

```
template<class Result, class T>
        mem_fun_t<Result, T> mem_fun(Result (T::*func)());
template<class Result, class T, class Argument>
        mem_fun1_t<Result, T, Argument>
            mem_fun1(Result (T::*func)(Argument));
```

Ici, **mem_fun** retourne un objet du type **mem_fun_t**, et **mem_fun1** retourne un objet du type **mem_fun1_t**. Ces classes sont présentées ici :

```
template <class Result, class T> class mem_fun_t:
  public unary_function<T *, Result> {
public:
  explicit mem_fun_t(Result (T::*func)());
  Result operator() (T *func) const;
};

template <class Result, class T,
          class Argument> class mem_fun1_t:
  public binary_function<T *, Argument, Result> {
public:
  explicit mem_fun1_t(Result (T::*func)(Argument));
  Result operator() (T *func, Argument arg) const;
};
```

Ici, le constructeur de **mem_fun_t** invoque la fonction membre spécifiée en paramètre. Le constructeur de **mem_fun1_t** exécute la fonction membre spécifiée dans son premier paramètre, en lui passant une valeur du type **Argument** spécifié dans son deuxième paramètre.

Il existe des classes et des fonctions équivalentes, permettant d'utiliser les références sur membres. La forme générale de ces fonctions est présentée ici :

```
template<class Result, class T>
      mem_fun_t<Result, T> mem_fun_ref(Result (T::*func)());

template<class Result, class T, class Argument>
      mem_fun1_t<Result, T, Argument>
        mem_fun1_ref(Result (T::*func)(Argument));
```

Les classes **mem_fun_ref** et **mem_fun1_ref** sont présentées ici :

```
template <class Result, class T> class mem_fun_ref_t:
  public unary_function<T, Result>
{
public:
  explicit mem_fun_ref_t(Result (T::*func)());
  Result operator()(T &func) const;
};

template <class Result, class T, class Argument>
  class mem_fun1_ref_t:
    public binary_function<T, Result, Argument>
{
public:
  explicit mem_fun1_ref_t(Result (T::*func)(Argument));
  Result operator()(T &func, Argument arg) const;
};
```

Allocateurs

Un allocateur gère l'allocation de mémoire pour un conteneur. Dans la mesure où la STL définit un allocateur par défaut utilisé automatiquement par les conteneurs, la plupart des programmeurs auront rarement à connaître les détails concernant les allocateurs, ou la façon d'en créer un. Toutefois, ceux-ci peuvent se révéler utiles, notamment lors de la création de vos propres bibliothèques de classes.

Tous les allocateurs doivent remplir plusieurs conditions. Tout d'abord, ils doivent définir les types qui suivent :

const_pointer	Un pointeur **const** sur un objet de type **value_type**.
const_reference	Une référence **const** sur un objet de type **value_type**.
difference_type	Peut représenter la différence entre deux adresses.
pointer	Un pointeur sur un objet de type **value_type**.
reference	Une référence sur un objet de type **value_type**.
size_type	Peut contenir la taille du plus grand objet susceptible d'être alloué.
value_type	Le type de l'objet alloué.

Ensuite, ils doivent définir les fonctions suivantes :

address	Retourne un pointeur pour une référence donnée.
allocate	Alloue la mémoire.
deallocate	Libère la mémoire.
max_size	Retourne le nombre maximal d'objets allouables.
construct	Construit un objet.
destroy	Détruit un objet.

Les opérations == et != doivent être définies.

L'allocateur par défaut est **allocator**, qui est défini dans le fichier d'en-tête **<memory>**. Sa spécification template est présentée ici :

```
template <class T> class allocator
```

Ici, **T** est le type d'objets alloués par **allocator**. La classe **allocator** dispose des constructeurs suivants :

```
allocator() throw();
allocator(const allocator<T> &ob) throw();
```

Le premier constructeur crée un nouvel allocateur. Le second crée une copie de *ob*.

Les opérateurs == et != sont définis pour **allocator**. Les fonctions membres définies pour **allocator** sont présentées dans le tableau 35-2.

Dernier point : il existe une spécialisation d'**allocator** pour les pointeurs **void** *.

Fonction	Description
pointer address(reference *ob*) const; const_pointer address(const_reference *ob*) const;	Retourne l'adresse de *ob*.
pointer allocate(size_type *num*, typename allocator<void>::const_pointer *h* = 0);	Retourne un pointeur sur la mémoire allouée, qui doit être suffisamment grande pour contenir *num* objets de type T. La valeur de *h* est une information sur la fonction, qui peut être utilisée pour satisfaire la requête, ou être ignorée.
void construct(pointer *ptr*, const_reference *val*);	Construit un objet de type T à *ptr*.
void deallocate(pointer *ptr*, size_type *num*);	Désalloue *num* objets de type T en commençant à *ptr*. La valeur de *ptr* doit avoir été allouée par **allocate( )**.

Tableau 35-2 Fonctions membres d'allocator

Fonction	Description
void destroy(pointer *ptr*);	Détruit l'objet en *ptr*. Son destructeur est invoqué automatiquement.
size_type max_size() const throw();	Retourne le nombre maximal d'objets de type T susceptibles d'être alloués.

Tableau 35-2　Fonctions membres d'allocator *(suite)*

CHAPITRE 36

Classe String

Ce chapitre décrit la classe standard String. La langage C++ gère les chaînes de caractères de deux manières. La première consiste à utiliser un tableau de caractères, délimité à la fin par un caractère **null**. On parle alors de *chaîne C*. L'autre manière repose sur l'emploi d'un objet de type **basic_string**. Il existe deux spécialisations de la classe **basic_string** : **string**, gérant les chaînes de caractères, et **wstring**, gérant les chaînes de caractères longs (type wchar_t). La plupart du temps, vous exploiterez des objets de type String.

La classe **basic_string** se comporte essentiellement comme un conteneur ; cela signifie que les itérateurs et les algorithmes de la STL fonctionnent sur les objets de type String. En revanche, d'autres fonctionnalités propres aux objets String existent.

La classe **char_traits** est utilisée par la classe **basic_string** pour définir plusieurs attributs des caractères que comprend la chaîne. Il est important de comprendre que les chaînes sont la plupart du temps composées de caractères de type **char** ou **wchar_t**, mais que **basic_string** peut contenir n'importe quel type d'objet pouvant représenter un texte de caractères. Les classes **basic_string** et **char_traits** sont décrites dans cette section.

Note. Pour avoir une vue globale de la classe String, référez-vous au chapitre 24.

Classe basic_string

Voici la spécification de la classe template **basic_string** :

```
template <class CharType, class Attr = char_traits<CharType>,
            class Allocator = allocator<T> > class basic_string
```

CharType correspond ici au type de caractères concerné, **Attr** à la classe qui décrit les caractéristiques de ceux-ci, et **Allocator** spécifie l'allocateur. La classe **basic_string** propose les constructeurs suivants :

```
explicit basic_string(const Allocator &a = Allocator());
basic_string(size_type len, CharType ch , const Allocator &a = Allocator());
basic_string(const CharType *str,  const Allocator &a = Allocator());
basic_string(const CharType *str, size_type len,
            const Allocator &a = Allocator());
basic_string(const basic_string &str, size_type indx = 0,
            size_type len=npos, const Allocator &a = Allocator());
template <class InIter> basic_string(InIter start, InIter end,
            const Allocator &a = Allocator());
```

La première forme permet de construire une chaîne vide, la deuxième construit une chaîne composée de *len* fois le caractère *ch*, la troisième construit une chaîne contenant une copie de *str*, la quatrième forme construit une chaîne contenant la sous-chaîne de *str* composée de ses *len* premiers caractères. La cinquième forme construit une chaîne depuis un autre objet de type **basic_string**, en copiant la sous-chaîne commençant à l'indice *indx* et de longueur *len* caractères. Enfin, la dernière forme crée une chaîne contenant les éléments compris dans la plage de caractères définie par les paramètres *start* et *end*.

Les opérateurs de comparaison suivants sont redéfinis par la classe **basic_string** :

```
==, <, <=, !=, >, >=
```

L'opérateur **+** est également redéfini, et permet de concaténer deux chaînes. Les opérateurs d'E/S **<<** et **>>** peuvent être utilisés pour, respectivement, lire ou écrire une chaîne.

L'opérateur **+** permet la concaténation d'un objet de type String avec un autre objet de type String, ou avec une « chaîne C ». Les combinaisons suivantes sont donc possibles :

```
Objet string + Objet string
Objet string + « chaîne C »
« chaîne C » + Objet string
```

L'opérateur **+** peut bien sûr être utilisé pour adjoindre un caractère à la fin d'une chaîne.

La classe **basic_string** définit la constante **npos**, d'habitude égale à -1, qui représente la longueur de la plus grande chaîne tolérée.

Le type générique **CharType** contient tous les éléments descriptifs du type de caractères qui composent la chaîne. Le nom symbolisant le type de donnée attendu par une classe template étant arbitraire, **basic_string** met en œuvre des **typedef** pour définir ces types et les rendre concrets. Les types définis par la classe **basic_string** sont récapitulés dans le tableau suivant :

size_type	Un type de base, à peu près équivalent à **size_t**.
Reference	Une référence sur un caractère au sein d'une chaîne.
const_reference	Une référence **const** sur un caractère au sein du chaîne.
Iterator	Un itérateur.
const_iterator	Un itérateur **const**.
reverse_iterator	Un itérateur permettant un parcours de droite à gauche.
const_reverse_iterator	Un itérateur **const** permettant un parcours de droite à gauche.
value_type	Le type de caractères qui composent la chaîne.
Allocator_type	Le type d'allocateur.
Pointer	Un pointeur sur un caractère au sein d'une chaîne.
const_pointer	Un pointeur **const** sur un caractère au sein d'une chaîne.
traits_type	Un **typedef** pour **char_traits<CharType>**
difference_type	Un type de données permettant de stocker la différence entre deux adresses.

Les fonctions membres de la classe **basic_string** sont indiquées dans le tableau 36-1. Puisqu'une large majorité de développeurs exploitent des chaînes de caractères de type **char** (et pour rendre la description facile à comprendre), le tableau utilise le type **string**. En revanche, toutes ces fonctions s'appliquent également aux objets de type **wstring** (et à n'importe quel autre type d'objet **basic_string**).

Fonction membre	Description
string &append(const string &str);	Place *str* à la fin de la chaîne correspondant à l'objet invoquant. Retourne *this.
string &append(const string &str, size_type *indx*, size_type *len*);	Place la sous-chaîne de *str* à la fin de la chaîne correspondant à l'objet invoquant. La sous-chaîne débute à l'indice *indx de str*, et comprend *len* caractères. Retourne *this.
string &append(const CharType *str*);	Place *str* à la fin de la chaîne correspondant à l'objet invoquant. Retourne *this.
string &append(const CharType *str, size_type num);	Place les *num* premiers caractères de *str* à la fin de la chaîne correspondant à l'objet invoquant. Retourne *this.
string &append(size_type *len*, CharType *ch*);	Place *len* caractères spécifiés par *ch* à la fin de la chaîne correspondant à l'objet invoquant. Retourne *this.
template <class InIter> string &append(InIter *start*, InIter *end*);	Place la séquence de caractères définie par *start* et *end* à la fin de la chaîne correspondant à l'objet invoquant. Retourne *this.
string &assign(const string &str);	Affecte la valeur de *str* à la chaîne correspondant à l'objet invoquant. Retourne *this.
string &assign(const string &str, size_type *indx*, size_type *len*);	Affecte la valeur de la sous-chaîne de *str* à la chaîne correspondant à l'objet invoquant. La sous-chaîne commence à l'indice *indx* et comprend *len* caractères. Retourne *this.

Tableau 36-1 Fonctions membres de la classe String

Fonction membre	Description
string &assign(const CharType *str);	Affecte la valeur de *str* à la chaîne correspondant à l'objet invoquant. Retourne ***this**.
string &assign(const CharType *str, size_type *len*);	Affecte la valeur des *len* premiers caractères de *str* à la chaîne correspondant à l'objet invoquant. Retourne ***this**.
string &assign(size_type *len*, CharType *ch*);	Affecte la valeur des *len* caractères spécifiés par *ch*, et les place à la fin de la chaîne correspondant à l'objet invoquant. Retourne ***this**.
template<class InIter> string &assign (InIter *start*, InIter *end*);	Affecte la valeur de la séquence de caractères définie par *start* et *end* à la chaîne correspondant à l'objet invoquant. Retourne ***this**.
reference at(size_type *indx*); const_reference at(size_type *indx*) const;	Retourne une référence sur le caractère désigné par *indx*.
Iterator begin( ); const_iterator begin( ) const;	Retourne un itérateur sur le premier élément de la chaîne.
const CharType *c_str( ) const;	Retourne un pointeur sur la « chaîne C » (i.e. sur le tableau terminé par un caractère **null**) équivalente à la chaîne représentée par l'objet invoquant.
size_type capacity( ) const;	Retourne la capacité courante de la chaîne. Cela correspond au nombre de caractères que cette chaîne peut comprendre, sans avoir besoin de réallouer de la mémoire.
int compare(const string &str) const;	Compare *str* à la chaîne correspondant à l'objet invoquant. Une des trois valeurs suivantes est renvoyée : Valeur inférieure à zéro si ***this** < *str* Valeur égale à zéro si ***this** == *str* Valeur supérieure à zéro si ***this** > *str*

Tableau 36-1   Fonctions membres de la classe String *(suite)*

IV

BIBLIOTHÈQUE DE CLASSES STANDARD

Fonction membre	Description

int compare (size_type *indx*,
         size_type *len*,
         const string &*str*) const;
	Compare *str* à une sous-chaîne de l'objet invoquant. La sous-chaîne débute à l'indice *indx* de l'objet invoquant, et comprend les *len* caractères suivants. Une des trois valeurs suivantes est renvoyée :
	Valeur inférieure à zéro si *this < *str*
	Valeur égale à zéro si *this == *str*
	Valeur supérieure à zéro si *this > *str*

int compare(size_type *indx*,
         size_type *len*,
         const string &*str*,
         size_type *indx2*,
         size_type *len2*) const;
	Compare une sous-chaîne de *str* à une sous-chaîne de l'objet invoquant. La sous-chaîne de l'objet invoquant débute à l'indice *indx*, et comprend les *len* caractères suivants. L'autre sous-chaîne débute à l'indice *indx2 de str*, et comprend les *len2* caractères suivants. Une des trois valeurs suivantes est renvoyée :
	Valeur inférieure à zéro si *this < *str*
	Valeur égale à zéro si *this == *str*
	Valeur supérieure à zéro si *this > *str*

int compare(const CharType **str*) const;	Compare *str* à l'objet invoquant. Une des trois valeurs suivantes est renvoyée : Valeur inférieure à zéro si *this < *str* Valeur égale à zéro si *this == *str* Valeur supérieure à zéro si *this > *str*

int compare(size_type *indx*,
         size_type *len*,
         const CharType **str*,
         size_type *len2* = npos) const;
	Compare une sous-chaîne de *str* à une sous-chaîne de l'objet invoquant. La sous-chaîne de l'objet invoquant débute à l'indice *indx*, et comprend les *len* caractères suivants. L'autre sous-chaîne débute à l'indice *indx2 de str*, et comprend les *len2* caractères suivants. Une des trois valeurs suivantes est renvoyée :
	Valeur inférieure à zéro si *this < *str*
	Valeur égale à zéro si *this == *str*
	Valeur supérieure à zéro si *this > *str*

Tableau 36-1   Fonctions membres de la classe String *(suite)*

Fonction membre	Description

size_type copy(CharType *str,
        size_type len,
        size_type indx = 0) const;
	Copie les len caractères à partir de l'indice indx de l'objet invoquant, et les place dans le tableau pointé par str. Retourne le nombre de caractères copiés.

const CharType *data( ) const;	Retourne un pointeur sur le premier caractère de la chaîne représentée par l'objet invoquant.
bool empty( ) const;	Retourne **true** si la chaîne représentée par l'objet invoquant est vide, et **false** autrement.
iterator end( ); const_iterator end( ) const;	Retourne un itérateur positionné en fin de la chaîne.
iterator erase(iterator i);	Efface le caractère pointé par i. Retourne un itérateur positionné sur le caractère suivant celui effacé.
iterator erase(iterator start, iterator end);	Efface les caractères compris dans la plage définie par start et end. Retourne un itérateur positionné sur le caractère suivant le dernier élément effacé.
string &erase(size_type indx = 0, size_type len = npos);	Efface les len caractères à partir de l'indice indx de la chaîne représentée par l'objet invoquant. Retourne *this.
size_type find(const string &str, size_type indx = 0) const;	Retourne l'indice de la première occurrence de str dans la chaîne représentée par l'objet invoquant. La recherche débute à l'indice indx. **npos** est retourné si aucune occurrence n'est trouvée.
size_type find(const CharType *str, size_type indx = 0) const;	Retourne l'indice de la première occurrence de str dans la chaîne représentée par l'objet invoquant. La recherche débute à l'indice indx. **npos** est retourné si aucune occurrence n'est trouvée.

Tableau 36-1   Fonctions membres de la classe String *(suite)*

IV

BIBLIOTHÈQUE DE
CLASSES STANDARD

Fonction membre	Description
size_type find(const CharType *str, size_type indx, size_type len) const;	Retourne l'indice de la première occurrence des *len premiers* caractères de *str*, trouvée dans la chaîne représentée par l'objet invoquant. La recherche débute à l'indice *indx*. **npos** est retourné si aucune occurrence n'est trouvée.
size_type find(CharType *ch, size_type indx = 0) const;	Retourne l'indice de la première occurrence de *ch* dans la chaîne représentée par l'objet invoquant. La recherche débute à l'indice *indx*. **npos** est retourné si aucune occurrence n'est trouvée.
size_type find_first_of (const string &str, size_type indx = 0) const;	Retourne l'indice du premier caractère de l'objet invoquant, présent dans la chaîne *str*. La recherche commence à partir de l'indice *indx*. **npos** est retourné si aucune correspondance n'existe.
size_type find_first_of (const CharType *str, size_type indx = 0) const;	Retourne l'indice du premier caractère de l'objet invoquant, présent dans la chaîne *str*. La recherche commence à partir de l'indice *indx*. **npos** est retourné si aucune correspondance n'existe.
size_type find_first_of (const CharType *str, size_type indx, size_type len) const;	Retourne l'indice du premier caractère de l'objet invoquant, présent dans la chaîne *str*. La recherche commence à partir de l'indice *indx*. **npos** est retourné si aucune correspondance n'existe.
size_type find_first_of(CharType ch, size_type indx = 0) const;	Retourne l'indice de la première occurrence de *ch* dans la chaîne représentée par l'objet invoquant. La recherche commence à partir de l'indice *indx*. **npos** est retourné si aucune correspondance n'existe.

Tableau 36-1   Fonctions membres de la classe String *(suite)*

Fonction membre	Description

size_type find_first_not_of(
        const string &*str*,
        size_type *indx* = 0) const;
	Retourne l'indice du premier caractère de l'objet invoquant qui ne correspond à aucun des caractères de la chaîne *str*. La recherche commence à partir de l'indice *indx*. **npos** est retourné si aucune dissemblance n'est trouvée.

size_type find_first_not_of(
        const CharType **str*,
        size_type *indx* = 0) const;
	Retourne l'indice du premier caractère de l'objet invoquant qui ne correspond à aucun des caractères de la chaîne *str*. La recherche commence à partir de l'indice *indx*. **npos** est retourné si aucune dissemblance n'est trouvée.

size_type find_first_not_of(
        const CharType **str*,
        size_type *indx*,
        size_type *len*) const;
	Retourne l'indice du premier caractère de l'objet invoquant qui ne correspond à aucun des caractères de la chaîne *str*. La recherche commence à partir de l'indice *indx*, et s'effectue sur les *len* caractères suivants. **npos** est retourné si aucune dissemblance n'est trouvée.

size_type find_first_not_of(
        CharType *ch*,
        size_type *indx* = 0) const;
	Retourne l'indice du premier caractère de l'objet invoquant qui ne correspond pas au caractère *ch*. La recherche commence à partir de l'indice *indx*. **npos** est retourné si aucune dissemblance n'est trouvée.

size_type find_last_of(const string &*str*, size_type *indx* = npos) const;	Retourne l'indice du dernier caractère de la chaîne représentée par l'objet invoquant qui correspond à un caractère de la chaîne *str*. La recherche s'effectue à partir de l'indice *indx*. **npos est** renvoyé si aucune correspondance n'est trouvée.

size_type find_last_of(
        const CharType **str*,
        size_type *indx* = npos) const;
	Retourne l'indice du dernier caractère de la chaîne représentée par l'objet invoquant qui correspond à un caractère de la chaîne *str*. La recherche s'effectue à partir de l'indice *indx*. **npos est** renvoyé si aucune correspondance n'est trouvée.

Tableau 36-1   Fonctions membres de la classe String *(suite)*

Fonction membre	Description

size_type find_last_of(
        const CharType *str,
        size_type indx,
        size_type len) const;
	Retourne l'indice du dernier caractère, de la chaîne représentée par l'objet invoquant, qui correspond à un caractère compris dans str. La recherche s'effectue sur les len caractères suivant l'indice indx. **npos est** renvoyé si aucune correspondance n'est trouvée.

size_type find_last_of(CharType ch, size_type indx = npos) const;	Retourne l'indice de la dernière occurrence du caractère ch trouvée dans la chaîne représentée par l'objet invoquant. La recherche s'effectue à partir de l'indice indx. **npos** est retourné si aucune occurrence n'est trouvée.

size_type find_last_not_of(
        const string &str,
        size_type indx = npos) const;
	Retourne l'indice du dernier caractère, de la chaîne représentée par l'objet invoquant, qui ne correspond à aucun caractère de str. La recherche s'effectue à partir de l'indice indx. **npos est** renvoyé si aucune dissemblance n'est trouvée.

size_type find_last_not_of(
        const CharType *str,
        size_type indx = npos) const;
	Retourne l'indice du dernier caractère, de la chaîne représentée par l'objet invoquant, qui ne correspond à aucun caractère de str. La recherche s'effectue à partir de l'indice indx. **npos est** renvoyé si aucune dissemblance n'est trouvée.

size_type find_last_not_of(
        const CharType *str,
        size_type indx,
        size_type len) const;
	Retourne l'indice du dernier caractère, de la chaîne représentée par l'objet invoquant, qui ne correspond à aucun caractère de str. La recherche s'effectue sur les len caractères suivant l'indice indx. **npos est** renvoyé si aucune dissemblance n'est trouvée.

Tableau 36-1   Fonctions membres de la classe String *(suite)*

Fonction membre	Description
size_type find_last_not_of(CharType *ch*, size_type *indx* = npos) const;	Retourne l'indice du dernier caractère, de la chaîne représentée par l'objet invoquant, qui ne correspond pas au caractère *ch*. La recherche s'effectue à partir de l'indice *indx*. **npos est** renvoyé si aucune dissemblance n'est trouvée.
allocator_type get_allocator( ) const;	Retourne l'allocateur de chaînes.
iterator insert(iterator *i*, const CharType &*ch*);	Insère la caractère *ch* immédiatement avant le caractère désigné par l'indice *indx*. Un itérateur sur ce caractère est renvoyé.
string &insert(size_type *indx*, const string &*str*);	Insère *str* à l'indice *indx* de la chaîne représentée par l'objet invoquant. Retourne ***this**.
string &insert(size_type *indx1*, const string &*str*, size_type *indx2*, size_type *len*);	Insère la sous-chaîne de *str* commençant à l'indice *indx2*, et comprenant les *len* caractères suivants, dans la chaîne représentée par l'objet invoquant. L'insertion se fait à partir de l'indice *indx1*. Retourne ***this**.
string &insert(size_type *indx*, const CharType *str);	Insère *str* à l'indice *indx* de la chaîne représentée par l'objet invoquant. Retourne ***this**.
string &insert(size_type *indx*, const CharType *str, size_type *len*);	Insère les *len* premiers caractères de *str* à l'indice *indx* de la chaîne représentée par l'objet invoquant. Retourne ***this**.
string &insert(size_type *indx*, size_type *len*, CharType *ch*);	Insère les *len* caractères suivant l'indice *indx* de *ch* dans la chaîne représentée par l'objet invoquant. Retourne ***this**.
void insert(iterator *i*, size_type *len*, const CharType &*ch*)	Insère *len* fois le caractère *ch* immédiatement avant l'élément désigné par l'itérateur *i*.
template <class InIter> void insert(iterator *i*, InIter *start*, InIter *end*);	Insère la séquence définie par *start* et *end* immédiatement avant l'élément désigné par l'itérateur *i*.

Tableau 36-1   Fonctions membres de la classe String *(suite)*

IV

BIBLIOTHÈQUE DE
CLASSES STANDARD

Fonction membre	Description
size_type length( ) const;	Retourne le nombre de caractères de la chaîne.
size_type max_size( ) const;	Retourne le nombre maximum de caractères qu'une chaîne peut comprendre.
reference operator[ ](size_type *indx*) const; const_reference operator[ ](size_type *indx*) const;	Retourne une référence sur le caractère placé à l'indice *indx*.
string &operator=(const string &*str*); string &operator=(const CharType **str*); string &operator=(CharType *ch*);	Affecte la valeur de la chaîne ou du caractère passé en paramètre à l'objet invoquant. Retourne *this.
string &operator+=(const string &*str*); string &operator+=(const CharType **str*); string &operator+=(CharType *ch*);	Écrit à la fin de l'objet invoquant la chaîne ou le caractère passé en paramètre. Retourne *this.
reverse_iterator rbegin( ); const_reverse_iterator rbegin( ) const;	Retourne un itérateur positionné à la fin de chaîne pour un parcours vers la gauche.
reverse_iterator rend( ); const_reverse_iterator rend( ) const;	Retourne un itérateur positionné en début de chaîne pour un parcours vers la gauche.
string &replace(size_type *indx*, size_type *len*, const string &*str*);	Remplace par *str* les *len* caractères suivant l'indice *indx* de la chaîne représentée par l'objet invoquant. Retourne *this.
string &replace(size_type *indx1*, size_type *len1*, const string &*str*, size_type *indx2*, size_type *len2*);	Remplace par les *len2* caractères suivant l'indice *indx2* de *str* les *len1* caractères suivant l'indice *indx1* de la chaîne représentée par l'objet invoquant. Retourne *this.
string &replace(size_type *indx*, size_type *len*, const CharType **str*);	Remplace *par str* les *len* caractères suivant l'indice *indx* de la chaîne représentée par l'objet invoquant. Retourne *this.

Tableau 36-1 Fonctions membres de la classe String *(suite)*

Fonction membre	Description

string &replace(size_type *indx1*,
              size_type *len1*,
              const CharType *str*,
              size_type *len2*);
	Remplace par les *len2* caractères suivant l'indice *indx2* de *str* les *len1* caractères suivant l'indice *indx1* de la chaîne représentée par l'objet invoquant. Retourne *this.

string &replace(size_type *indx*,
              size_type *len1*,
              size_type *len2*,
              CharType *ch*);.
	Remplace, au plus, les *len1* caractères suivant l'indice *indx* de la chaîne représentée par l'objet invoquant, par *len2* fois le caractère *ch*. Retourne *this.

string &replace(iterator *start*,
              iterator *start*,
              const string &*str*);
	Remplace par *str* la partie de la chaîne se trouvant entre les itérateurs *start* et *end*. Retourne *this.

string &replace(iterator *start*,
              iterator *start*,
              const CharType *str*);
	Remplace par *str* la partie de la chaîne se trouvant entre les itérateurs *start* et *end*. Retourne *this.

string &replace(iterator *start*,
              iterator *end*,
              const CharType *str*,
              size_type *len*);
	Remplace, par *len* premiers caractères de *str*, la partie de la chaîne se trouvant entre les itérateurs *start* et *end*. Retourne *this.

string &replace(iterator *start*,
              interator *end*, size_type *len*,
              CharType *ch*);
	Remplace, par les *len* caractères spécifiés par *ch*, la partie de la chaîne se trouvant entre les itérateurs *start* et *end*. Retourne *this.

template <class InIter>
  string &replace(iterator *start1*,
              interator *end1*,
              InIter *start2*,
              InIter *end2*);
	Remplace, par les caractères spécifiés par *start2* et *end2*, la partie de la chaîne se trouvant entre les itérateurs *start1* et *end1*. Retourne *this.

void reserve(size_type *num* = 0);	Fixe la capacité de la chaîne de telle manière qu'elle soit au moins égale à *num*.
void resize(size_type *num*) void resize(size_type *num*, CharType *ch*);	Modifie la taille de la chaîne à *num*. Si la chaîne est rallongée, les éléments ajoutés sont initialisés à *ch*.

Tableau 36-1   Fonctions membres de la classe String *(suite)*

Fonction membre	Description
size_type rfind(const string &*str*,　　　　　　size_type *indx* = npos) const;	Retourne l'indice de la dernière occurrence de *str* au sein de la chaîne représentée par l'objet invoquant. La recherche débute à l'indice *indx*. **npos** est renvoyé si aucune occurrence n'est trouvée.
size_type rfind(const CharType **str*,　　　　　　size_type *indx* = npos) const;	Retourne l'indice de la dernière occurrence de *str* au sein de la chaîne représentée par l'objet invoquant. La recherche débute à l'indice *indx*. **npos** est renvoyé si aucune occurrence n'est trouvée.
size_type rfind(const CharType **str*,　　　　　　size_type *indx*,　　　　　　size_type *len*) const;	Retourne l'indice de la dernière occurrence des *len* premiers caractères de *str* au sein de la chaîne représentée par l'objet invoquant. La recherche débute à l'indice *indx*. **npos** est renvoyé si aucune occurrence n'est trouvée.
size_type rfind(CharType *ch*,　　　　　　size_type *indx* = npos) const;	Retourne l'indice de la dernière occurrence de *ch* au sein de la chaîne représentée par l'objet invoquant. La recherche débute à l'indice *indx*. **npos** est renvoyé si aucune occurrence n'est trouvée.
size_type size( ) const;	Retourne le nombre courant de caractères la chaîne.
string substr(size_type *indx* = 0,　　　　　　size_type *len* = npos) const;	Retourne la sous-chaîne composée des *len* caractères suivant l'indice *indx* de la chaîne représentée par l'objet invoquant.
void swap(string &*str*)	Intervertit les valeurs de la chaîne *ob* et de celle représentée par l'objet invoquant.

Tableau 36-1　Fonctions membres de la classe String *(suite)*

Classe char_traits

La classe **char_traits** décrit les attributs associés à un caractère. Sa spécification, faite sous forme de template, est la suivante :

```
template<class CharType> struct char_traits
```

CharType précise le type de caractères concerné.

La bibliothèque C++ propose deux spécialisations de la classe **char_traits** : l'une pour les caractères de type **char**, l'autre pour les caractères de type **wchar_t**.

La classe **char_traits** définit les cinq types de données suivants :

char_type	Le type le plus répandu de caractère. Il s'agit d'un **typedef** pour **CharType**.
int_type	Un type correspondant à un entier permettant de stocker un caractère de type **char_type**, ou le caractère EOF.
off_type	Un type correspondant à un entier permettant de représenter un décalage dans un flux.
pos_type	Un type correspondant à un entier permettant de stocker la position dans un flux.
state_type	Un type d'objet qui permet de stocker l'état de conversion (s'applique aux caractères multibytes).

Les fonctions membres de la classe **char_traits** sont listées dans le tableau 36-2.

Fonction membre	Description
static void assign(char_type &ch1, const char_type &ch2)	Affecte *ch2* à *ch1*
static char_type *assign(char_type *str, size_t *num*, char_type ch2);	Affecte *ch2* aux *num* premiers caractères de *str*. Retourne *str*.
static int compare(const char_type *str1, const char_type *str2, size_t *num*);	Compare les *num* caractères de *str1* à ceux de *str2*. Retourne zéro si les chaînes sont identiques, une valeur inférieure à zéro si *str1* est inférieure à *str2* et une valeur supérieure à zéro si *str1* est supérieure à *str2*.

Tableau 36-2   Fonctions membres de la classe char_traits

Fonction membre	Description
static char_type *copy(char_type *to, const char_type *from, size_t num);	Copie les num caractères de from dans to. Renvoie to.
static int_type eof( );	Retourne le caractère de fin de fichier.
static bool eq(const char_type &ch1, const char_type &ch2);	Compare ch1 et ch2. Renvoie **true** si les caractères sont identiques, et **false** dans le cas contraire.
static bool eq_int_type(const int_type &ch1, const int_type &ch2);	Renvoie **true** si ch1 est égal à ch2, et **false** autrement.
static const char_type *find(const char_type *str, size_t num, const char_type *ch);	Retourne un pointeur sur la première occurrence de ch dans str. Seuls les num premiers caractères sont examinés. Retourne un pointeur **null** si la fonction échoue.
static size_t length(const char_type *str);	Retourne la longueur de la chaîne str.
static bool lt(const char_type &ch1, const char_type &ch2);	Retourne **true** si ch1 est inférieur à ch2, et **false** autrement.
static char_type *move(char_type *to, const char_type *from, size_t num);	Copie num caractères de from dans to. Renvoie to.
static int_type not_eof(const int_type &ch);	Si ch ne correspond pas au caractère de fin de fichier, ch est renvoyé. Autrement, le caractère de fin de fichier est renvoyé.
static state_type get_state(pos_type pos);	Renvoie l'état de conversion
static char_type to_char_type(const int_type &ch);	Convertit ch en **char_type**, et renvoie le résultat de l'opération.
static int_type to_int_type(const char_type &ch);	Convertit ch en **int_type**, et renvoie le résultat de l'opération.

Tableau 36-2 Fonctions membres de la classe char_traits *(suite)*

CHAPITRE 37

Classes numériques

L a bibliothèque de classes numériques est l'une des nouvelles caractéristiques ajoutées lors de la standardisation du C++. Ces classes aident dans le développement de programmes numériques. Plusieurs de leurs fonctions membres sont similaires à celles héritées du C. La différence tient au fait que la plupart des fonctions numériques décrites dans cette section fonctionnent également avec des objets de type **valarray** (correspondant à un tableau de valeurs) ou **complex** (représentant des nombres complexes).

Classe Complex

Le fichier d'en-tête **<complex>** définit la classe **complex**, qui permet de représenter un nombre complexe. La classe définit également une série de fonctions et d'opérateurs qui fonctionnent avec des objets de type **complex**.

La spécification sous forme de template de la classe **complex** est la suivante :

```
template <class T> class complex
```

T définit le type utilisé pour stocker les composants d'un nombre complexe. Il existe trois spécifications prédéfinies de **complex** :

```
class complex<float>
class complex<double>
class complex<long double>
```

La classe **complex** admet les constructeurs suivants :

```
complex(const T &real = T(), const T &imaginary = T());
complex(const complex &ob);
template <class T1> complex(const complex<T1> &ob);
```

La première forme permet la construction d'un objet **complex**, comprenant une partie réelle et une partie imaginaire. Ces valeurs sont initialisées à zéro par défaut. La seconde forme crée une copie de l'objet *ob*, tandis que la dernière crée un objet complexe depuis *ob*.

Les opérations suivantes sont définies pour des objets complexes :

+	-	*	/
-=	+=	/=	*=
=	==	!=	

Les opérateurs de non-affectation sont surchargés de trois manières différentes : l'une permet d'impliquer un opérande gauche de type **complex** et un opérande droit correspondant à un objet scalaire ; la deuxième permet des opérations mettant en jeu un scalaire en opérande gauche et un objet **complex** en opérande droit ; enfin, la dernière surcharge permet des opérations entre deux objets **complex**. Au final, les types d'opérations suivants sont autorisés :

```
obj_complexe + scalaire
scalaire + obj_complexe
obj_complexe + obj_complexe
```

Les opérations impliquant des scalaires n'affectent que la partie réelle d'un objet complexe.

Deux fonctions membres sont définies pour des objets de type **complex** : **real( )** et **imag( )**. Elles sont les suivantes :

```
T real() const;
T imag() const;
```

La fonction **real( )** retourne la partie réelle de l'objet invoquant, **imag( )** retournant la partie imaginaire. Les fonctions définies dans le tableau 37-1 concernent les objets de type **complex**.

Fonction	Description
template \<class T\> T abs(const complex\<T\> &*ob*);	Retourne la valeur absolue de *ob*.
template \<class T\> T arg(const complex\<T\> &*ob*);	Retourne l'angle de déphasage de *ob*.
template \<class T\> complex\<T\> conj(const complex\<T\> &*ob*);	Retourne le conjugué de *ob*.
template \<class T\> complex\<T\> cos(const complex\<T\> &*ob*);	Retourne le cosinus de *ob*.

template \<class T\>
  complex\<T\>
    cosh(const complex\<T\> &*ob*);
	Retourne le cosinus hyperbolique de *ob*.

template \<class T\>
  complex\<T\>
    exp(const complex\<T\> &*ob*);
	Retourne e^{ob}.

template \<class T\> T imag(const complex\<T\> &*ob*);	Retourne la partie imaginaire de *ob*.

template \<class T\>
  complex\<T\>
    log(const complex\<T\> &*ob*);
	Retourne le logarithme de *ob*.

Tableau 37-1　Fonctions définies pour la classe **complex**

Fonction	Description

template <class T>
  complex<T>
  log10(const complex<T> &*ob*);
	Retourne le logarithme base 10 de *ob*.

template <class T> T norm(const complex<T> &*ob*);	Retourne le module de *ob* élevé au carré.

template <class T>
  complex<T>
    polar(const T &*v*, const T &*theta*=0);
	Retourne un nombre complexe, dont le module est égal à *v*, et d'argument *theta*.

template <class T>
  complex<T>
    pow(const complex<T> &*b*, int *e*);
	Retourne b^e.

template <class T>
  complex<T>
    pow(const complex<T> &b, const T &*e*);
	Retourne b^e.

template <class T>
  complex<T>
    pow(const complex<T> &*b*,
        const complex<T> &*e*);
	Retourne b^e.

template <class T>
  complex<T>
    pow(const T &*b*,
        const complex<T> &*e*);
	Retourne b^e.

template <class T> T real(const complex<T> &*ob*);	Retourne la partie réelle de *ob*.
template <class T> complex<T> sin(const complex<T> &*ob*);	Retourne le sinus de *ob*.

template <class T>
  complex<T>
    sinh(const complex<T> &*ob*);
	Retourne la sinus hyperbolique de *ob*.

template <class T>
  complex<T>
    sqrt(const complex<T> &*ob*);
	Retourne la racine carrée de *ob*.

template <class T>
  complex<T>
    tan(const complex<T> &*ob*);
	Retourne la tangente de *ob*.

Tableau 37-1   Fonctions définies pour la classe **complex** *(suite)*

Fonction	Description

template <class T>
    complex<T>
       tanh(const complex<T> &*ob*);
	Retourne la tangente hyperbolique de *ob*.

Tableau 37-1   Fonctions définies pour la classe **complex** *(suite)*

Voici un programme mettant en jeu des objets de type **complex** :

```cpp
// Exemple d'utilisation des complexes.
#include <iostream>
#include <complex>
using namespace std;

int main()
{
  complex<double> cmpx1(1, 0);
  complex<double> cmpx2(1, 1);

  cout << cmpx1 << " " << cmpx2 << endl;

  complex<double> cmpx3 = cmpx1 + cmpx2;
  cout << cmpx3 << endl;

  cmpx3 += 10;
  cout << cmpx3 << endl;

  return 0;
}
```

La trace d'exécution obtenue est la suivante :

```
(1,0) (1,1)
(2,1)
(12,1)
```

Classe valarray

Le fichier d'en-tête **<valarray>** définit un certain nombre de classes correspondant à des tableaux de valeurs numériques. La classe principale, nommée **valarray**, est un tableau à une dimension. Il existe une grande variété d'opérateurs et de fonctions membres définis pour cette classe, mais également un nombre important de fonctions non membres. Bien que la description sommaire de la classe **valarray** proposée ici sera suffisante pour la majorité des développeurs, ceux qui sont particulièrement intéressés dans les traitements numériques voudront sans doute obtenir de plus amples détails. Un dernier point pour terminer : la classe **valarray** est très riche, mais la plupart des définitions qu'elle propose restent intuitives.

La classe **valarray** est spécifiée sous forme de template comme suit :

```
template <class T> class valarray
```

Les constructeurs suivants sont disponibles :

```
valarray();
explicit valarray (size_t num);
valarray(const T &v, size_t num);
valarray(const T *ptr, size_t num);
valarray(const valarray<T> &ob);
valarray(const slice_array<T> &ob);
valarray(const gslice_array<T> &ob);
valarray(const mask_array<T> &ob);
valarray(const indirect_array<T> &ob);
```

Le premier constructeur crée un objet vide, le deuxième construit un objet **valarray** de taille *num*. La troisième forme crée un objet de type **valarray** de taille *num*, et dont les éléments sont initialisés à *v* ; la forme suivante crée un objet **valarray** de taille *num*, mais l'initialise avec les éléments pointés par *ptr*. La cinquième forme crée un objet par copie de *ob*. Les quatre constructeurs suivants créent un objet **valarray** depuis un objet dont le type est une des classes sur lesquelles se fonde **valarray**. Ils sont donc rarement utilisés par vos programmes, et sont seulement invoqués automatiquement lorsque certaines opérations ont lieu.

Les opérateurs suivants sont définis pour la classe **valarray** :

+	−	*	/
−=	+=	/=	*=
=	==	!=	<<
>>	<<=	>>=	^
^=	%	%=	~
!	|	|=	&
&=	[ ]		

Ces opérateurs sont surchargés de nombreuses fois : l'ensemble de ces formes surchargées sont récapitulées dans le tableau qui suit.

Les fonctions membres et les opérateurs définis par la classe **valarray** sont listés dans le tableau 37-2. Les fonctions non membres définies pour la classe **valarray** sont, elles, indiquées dans le tableau 37-3. Les fonctions principales de **valarray** sont récapitulées dans le tableau 37-4.

Fonction	Description
valarray<T> apply(T *func*(T)) const; valarray<T> apply(T *func*(const T &*ob*)) const;	Applique *func*() sur les éléments du tableau invoquant, et retourne un tableau contenant les résultats.
valarray<T> cshift(int *num*) const;	Effectue une rotation circulaire gauche de *num* places du tableau invoquant. Retourne un tableau contenant le résultat.
T max( ) const;	Retourne la plus grande valeur contenue dans le tableau invoquant.
T min( ) const;	Retourne la plus petite valeur contenue dans le tableau invoquant.
valarray<T> &operator=(const valarray<T> &*ob*);	Affecte les éléments de *ob* aux éléments correspondants dans le tableau invoquant. Retourne une référence sur le tableau invoquant.
valarray<T> &operator=(const T &*v*);	Initialise à *v* les éléments du tableau invoquant. Retourne une référence sur ce dernier.
valarray<T> &operator=(const slice_array<T> &*ob*);	Initialise uniquement une partie du tableau invoquant. Retourne une référence sur ce dernier.
valarray<T> &operator=(const gslice_array<T> &*ob*);	Initialise uniquement une partie du tableau invoquant. Retourne une référence sur ce dernier.
valarray<T> &operator=(const mask_array<T> &*ob*);	Initialise uniquement une partie du tableau invoquant. Retourne une référence sur ce dernier.
valarray<T> &operator=(const indirect_array<T> &*ob*);	Initialise uniquement une partie du tableau invoquant. Retourne une référence sur ce dernier.
valarray<T> operator+( ) const;	Opérateur d'addition unaire appliqué à chacun des éléments du tableau invoquant. Retourne le tableau résultat.

Tableau 37-2   Fonctions membres de la classe valarray

Fonction	Description
valarray<T> operator-( ) const;	Opérateur de soustraction unaire appliqué à chacun des éléments du tableau invoquant. Retourne le tableau résultat.
valarray<T> operator~( ) const;	Masque bit-à-bit NOT, appliqué à chacun des éléments du tableau invoquant. Retourne le tableau résultat.
valarray<T> operator!( ) const;	Opérateur NOT, logique et unaire, appliqué à chacun des éléments du tableau invoquant. Retourne le tableau résultat.
valarray<T> &operator+=(const T &v) const;	Ajoute v à chacun des éléments du tableau invoquant. Retourne une référence sur ce dernier.
valarray<T> &operator-=(const T &v) const;	Soustrait v de tous les éléments du tableau invoquant. Retourne une référence sur ce dernier.
valarray<T> &operator/=(const T &v) const;	Divise par v chaque élément du tableau invoquant. Retourne une référence sur ce dernier.
valarray<T> &operator*=(const T &v) const;	Multiplie par v chaque élément du tableau invoquant. Retourne une référence sur ce dernier.
valarray<T> &operator%=(const T &v) const;	Affecte à chaque élément du tableau invoquant la valeur du reste de sa division par v. Retourne une référence sur le tableau invoquant.
valarray<T> &operator^=(const T &v) const;	Applique l'opérateur OU Exclusif à chacun des éléments du tableau invoquant. Retourne une référence sur ce dernier.
valarray<T> &operator&=(const T &v) const;	Applique l'opérateur ET à chacun des éléments du tableau invoquant. Retourne une référence sur ce dernier.

Tableau 37-2   Fonctions membres de la classe valarray *(suite)*

Fonction	Description
valarray\<T> &operator|=(const T &*v*) const;	Applique l'opérateur OU à chacun des éléments du tableau invoquant. Retourne une référence sur ce dernier.
valarray\<T> &operator\<\<=(const T &*v*) const;	Décale de *v* places à gauche chacun des éléments du tableau invoquant. Retourne une référence sur ce dernier.
valarray\<T> &operator\>\>=(const T &*v*) const;	Décale de *v* places à droite chacun des éléments du tableau invoquant. Retourne une référence sur ce dernier.
valarray\<T> &operator+=(const valarray\<T> &*ob*) const;	Les éléments équivalents de *ob* et du tableau invoquant sont ajoutés l'un à l'autre. Retourne une référence sur le tableau invoquant.
valarray\<T> &operator−=(const valarray\<T> &*ob*) const;	Les éléments équivalents de *ob* et du tableau invoquant sont soustraits l'un de l'autre. Retourne une référence sur le tableau invoquant.
valarray\<T> &operator/=(const valarray\<T> &*ob*) const;	Chaque élément du tableau invoquant est divisé par l'élément équivalent de *ob*. Retourne une référence sur le tableau invoquant.
valarray\<T> &operator*=(const valarray\<T> &*ob*) const;	Chaque élément du tableau invoquant est multiplié par l'élément équivalent dans *ob*. Retourne une référence sur le tableau invoquant.
valarray\<T> &operator%=(const valarray\<T> &*ob*) const;	Chaque élément du tableau invoquant est divisé par l'élément équivalent de *ob*. Le reste de cette division est enregistré, et une référence sur le tableau invoquant est retournée.
valarray\<T> &operator^=(const valarray\<T> &*ob*) const;	L'opérateur OU Exclusif est appliqué à chaque élément du tableau invoquant et à son équivalent dans *ob*. Retourne une référence sur le tableau invoquant.

Tableau 37-2 Fonctions membres de la classe valarray *(suite)*

Fonction	Description
valarray<T> &operator&=(const valarray<T> &*ob*) const;	L'opérateur ET est appliqué à chaque élément du tableau invoquant et à son équivalent dans *ob*. Retourne une référence sur le tableau invoquant.
valarray<T> &operator|=(const valarray<T> &*ob*) const;	L'opérateur OU est appliqué à chaque élément du tableau invoquant et à son équivalent dans *ob*. Retourne une référence sur le tableau invoquant.
valarray<T> &operator<<=(const valarray<T> &*ob*) const;	Les éléments du tableau invoquant sont déplacés vers la gauche du nombre de places spécifié par l'élément équivalent dans *ob*. Retourne une référence sur le tableau invoquant.
valarray<T> &operator>>=(const valarray<T> &*ob*) const;	Les éléments du tableau invoquant sont déplacés vers la droite du nombre de places spécifié par l'élément équivalent dans *ob*. Retourne une référence sur le tableau invoquant.
T &operator[ ] (size_t *indx*) ;	Retourne une référence sur l'élément trouvé à l'indice spécifié.
T operator[ ] (size_t *indx*) const;	Retourne la valeur de l'élément trouvé à l'indice spécifié.
slice_array<T> operator[ ](slice *ob*);	Retourne le sous-tableau défini en paramètre.
valarray<T> operator[ ](slice *ob*) const;	Retourne le sous-tableau défini en paramètre.
gslice_array<T> operator[ ](const gslice &*ob*);	Retourne le sous-tableau défini en paramètre.
valarray<T> operator[ ](const gslice &*ob*) const;	Retourne le sous-tableau défini en paramètre.
mask_array<T> operator[ ](valarray<bool> &*ob*);	Retourne le sous-tableau défini en paramètre.
valarray<T> operator[ ](valarray<bool> &ob) const;	Retourne le sous-tableau défini en paramètre.

Tableau 37-2 Fonctions membres de la classe valarray *(suite)*

Fonction	Description
indirect_array<T> operator[ ](const valarray<size_t> &*ob*);	Retourne le sous-tableau défini en paramètre.
valarray<T> operator[ ](const valarray<size_t> &*ob*) const;	Retourne le sous-tableau défini en paramètre.
void resize(size_t *num*, T *v* = T( ));	Redimensionne le tableau invoquant. Si des éléments doivent être ajoutés, ils sont initialisés avec la valeur de *v*.
size_t size( ) const;	Retourne la taille (i.e. le nombre d'éléments) du tableau invoquant.
valarray<T> shift(int *num*) const;	Déplace de *num* places les éléments du tableau invoquant. Retourne un tableau contenant le résultat.
T sum( ) const;	Retourne la somme des valeurs contenues dans le tableau invoquant.

Tableau 37-2   Fonctions membres de la classe valarray *(suite)*

Fonction	Description

template <class T> valarray<T>
    operator+(const valarray<T> *ob*,
            const T &*v*);
	Ajoute *v* à tous les éléments de *ob*. Retourne un tableau contenant le résultat.

template <class T> valarray<T>
    operator+(const T &*v*,
            const valarray<T> *ob*);
	Ajoute *v* à tous les éléments de *ob*. Retourne un tableau contenant le résultat.

template <class T> valarray<T>
    operator+(const valarray<T> *ob1*,
            const valarray<T> &*ob2*);
	Ajoute à chaque élément de *ob1* l'élément qui lui équivaut dans *ob2*. Retourne un tableau contenant le résultat.

template <class T> valarray<T>
    operator–(const valarray<T> *ob*,
            const T &*v*);
	Soustrait *v* de chacun des éléments de *ob*. Retourne un tableau contenant le résultat.

template <class T> valarray<T>
    operator–(const T &*v*,
            const valarray<T> *ob*);
	Soustrait *de v* chacun des éléments de *ob*. Retourne un tableau contenant le résultat.

Tableau 37-3   Opérateurs non membres de la classe valarray, mais définis pour elle

Fonction	Description

template <class T> valarray<T>
   operator−(const valarray<T> ob1,
         const valarray<T> &ob2);
	Soustrait de chacun des éléments de *ob1* l'élément qui lui équivaut dans *ob2*. Retourne un tableau contenant le résultat.

template <class T> valarray<T>
   operator*(const valarray<T> ob,
         const T &v);
	Multiplie chacun des éléments de *ob* par *v*. Retourne un tableau contenant le résultat.

template <class T> valarray<T>
   operator*(const T &v,
         const valarray<T> ob);
	Multiplie chacun des éléments de *ob* par *v*. Retourne un tableau contenant le résultat.

template <class T> valarray<T>
   operator*(const valarray<T> ob1,
         const valarray<T> &ob2);
	Multiplie chacun des éléments de *ob1* par l'élément qui lui équivaut dans *ob2*. Retourne un tableau contenant le résultat.

template <class T> valarray<T>
   operator/(const valarray<T> ob,
         const T &v);
	Divise chacun des éléments de *ob* par *v*. Retourne un tableau contenant le résultat.

template <class T> valarray<T>
   operator/(const T &v,
         const valarray<T> ob);
	Multiplie chacun des éléments de *ob* par *v*. Retourne un tableau contenant le résultat.

template <class T> valarray<T>
   operator/(const valarray<T> ob1,
         const valarray<T> &ob2);
	Divise chacun des éléments de *ob1* par l'élément qui lui équivaut dans *ob2*. Retourne un tableau contenant le résultat.

template <class T> valarray<T>
   operator%(const valarray<T> ob,
         const T &v);
	Stocke le reste de la division de chacun des éléments de *ob* par *v*. Retourne un tableau contenant le résultat.

template <class T> valarray<T>
   operator%(const T &v,
         const valarray<T> ob);
	Stocke le reste de la division de chacun des éléments de *ob* par *v*. Retourne un tableau contenant le résultat.

template <class T> valarray<T>
   operator%(const valarray<T> ob1,
         const valarray<T> &ob2);
	Divise chacun des éléments de *ob1* par l'élément qui lui équivaut dans *ob2*, et stocke le résultat dans un tableau que la fonction retourne.

template <class T> valarray<T>
   operator^(const valarray<T> ob,
         const T &v);
	Effectue un OU Exclusif entre chacun des éléments de *ob* et *v*. Retourne un tableau contenant le résultat.

Tableau 37-3 Opérateurs non membres de la classe valarray, mais définis pour elle *(suite)*

Fonction	Description

template <class T> valarray<T>
  operator^(const T &v,
    const valarray<T> ob);
	Effectue un OU Exclusif entre chacun des éléments de *ob* et *v*. Retourne un tableau contenant le résultat.

template <class T> valarray<T>
  operator^(const valarray<T> ob1,
    const valarray<T> &ob2);
	Effectue un OU Exclusif entre chacun des éléments de *ob1* et l'élément qui lui équivaut dans *ob2*. Retourne un tableau contenant le résultat.

template <class T> valarray<T>
  operator&(const valarray<T> ob,
    const T &v);
	Effectue un ET entre chacun des éléments de *ob* et *v*. Retourne un tableau contenant le résultat.

template <class T> valarray<T>
  operator&(const T &v,
    const valarray<T> ob);
	Effectue un ET entre chacun des éléments de *ob* et *v*. Retourne un tableau contenant le résultat.

template <class T> valarray<T>
  operator&(const valarray<T> ob1,
    const valarray<T> &ob2);
	Effectue un ET entre chacun des éléments de *ob1* et l'élément qui lui équivaut dans *ob2*. Retourne un tableau contenant le résultat.

template <class T> valarray<T>
  operator|(const valarray<T> ob,
    const T &v);
	Effectue un OU entre chacun des éléments de *ob* et *v*. Retourne un tableau contenant le résultat.

template <class T> valarray<T>
  operator|(const T &v,
    const valarray<T> ob);
	Effectue un OU entre chacun des éléments de *ob* et *v*. Retourne un tableau contenant le résultat.

template <class T> valarray<T>
  operator|(const valarray<T> ob1,
    const valarray<T> &ob2);
	Effectue un OU entre chacun des éléments de *ob1* et l'élément qui lui équivaut dans *ob2*. Retourne un tableau contenant le résultat.

template <class T> valarray<T>
  operator<<(const valarray<T> ob,
    const T &v);
	Décale à gauche les éléments de *ob* du nombre de places spécifié par *v*. Retourne un tableau contenant le résultat.

template <class T> valarray<T>
  operator<<(const T &v,
    const valarray<T> ob);
	Décale à gauche *v* du nombre de places spécifié par les éléments de *ob*. Retourne un tableau contenant le résultat.

template <class T> valarray<T>
  operator<<(const valarray<T> ob1,
    const valarray<T> &ob2);
	Décale à gauche chacun des éléments de *ob1* du nombre de places défini par l'élément de *ob2* qui lui équivaut. Retourne un tableau contenant le résultat.

Tableau 37-3   Opérateurs non membres de la classe valarray, mais définis pour elle *(suite)*

Fonction	Description

template <class T> valarray<T>
    operator>>(const valarray<T> *ob*,
        const T &*v*);
	Décale à droite les éléments de *ob* *d*u nombre de places spécifié par *v*. Retourne un tableau contenant le résultat.

template <class T> valarray<T>
    operator>>(const T &*v*,
        const valarray<T> *ob*);
	Décale à droite *v* *d*u nombre de places spécifié par les éléments de *ob*. Retourne un tableau contenant le résultat.

template <class T> valarray<T>
    operator>>(const valarray<T> *ob1*,
        const valarray<T> &*ob2*);
	Décale à gauche chacun des éléments de *ob1* du nombre de places défini par l'élément de *ob2* qui lui équivaut. Retourne un tableau contenant le résultat.

template <class T> valarray<bool>
    operator==(const valarray<T> *ob*,
        const T &*v*);
	Parcourt le tableau *ob*, et teste l'égalité de l'élément courant avec *v*. Retourne un tableau de booléens correspondant au résultat de chaque test.

template <class T> valarray<bool>
    operator==(const T &*v*,
        const valarray<T> *ob*);
	Parcourt le tableau *ob*, et teste l'égalité de l'élément courant avec *v*. Retourne un tableau de booléens correspondant au résultat de chaque test.

template <class T> valarray<bool>
    operator==(const valarray<T> *ob1*,
        const valarray<T> &*ob2*);
	Parcourt le tableau *ob1*, et teste l'égalité de l'élément courant avec l'*é*lément équivalent dans *ob2*. Retourne un tableau de booléens correspondant au résultat de chaque test.

template <class T> valarray<bool>
    operator!=(const valarray<T> *ob*,
        const T &*v*);
	Parcourt le tableau *ob*, et teste l'inégalité de l'élément courant avec *v*. Retourne un tableau de booléens correspondant au résultat de chaque test.

template <class T> valarray<bool>
    operator!=(const T &*v*,
        const valarray<T> *ob*);
	Parcourt le tableau *ob*, et teste l'inégalité de l'élément courant avec *v*. Retourne un tableau de booléens correspondant au résultat de chaque test.

template <class T> valarray<bool>
    operator!=(const valarray<T> *ob1*,
        const valarray<T> &*ob2*);
	Parcourt le tableau *ob1*, et teste l'inégalité de l'élément courant avec l'*é*lément équivalent dans *ob2*. Retourne un tableau de booléens correspondant au résultat de chaque test.

Tableau 37-3   Opérateurs non membres de la classe valarray, mais définis pour elle *(suite)*

Fonction	Description

template <class T> valarray<bool>
    operator<(const valarray<T> *ob*,
        const T &*v*);
	Parcourt le tableau *ob*, et teste si l'élément courant est plus petit que *v*. Retourne un tableau de booléens correspondant au résultat de chaque test.

template <class T> valarray<bool>
    operator<(const T &*v*,
        const valarray<T> *ob*);
	Parcourt le tableau *ob*, et teste si *v* est plus petit que l'élément courant. Retourne un tableau de booléens correspondant au résultat de chaque test.

template <class T> valarray<bool>
    operator<(const valarray<T> *ob1*,
        const valarray<T> &*ob2*);
	Parcourt le tableau *ob1*, et teste si l'élément courant est plus petit que *l'*élément équivalent dans *ob2*. Retourne un tableau de booléens correspondant au résultat de chaque test.

template <class T> valarray<bool>
    operator<=(const valarray<T> *ob*,
        const T &*v*);
	Parcourt le tableau *ob*, et teste si l'élément courant est plus petit ou égal à *v*. Retourne un tableau de booléens correspondant au résultat de chaque test.

template <class T> valarray<bool>
    operator<=(const T &*v*,
        const valarray<T> *ob*);
	Parcourt le tableau *ob*, et teste si *v* est plus petit ou égal à l'élément courant. Retourne un tableau de booléens correspondant au résultat de chaque test.

template <class T> valarray<bool>
    operator<=(const valarray<T> *ob1*,
        const valarray<T> &*ob2*);
	Parcourt le tableau *ob1*, et teste si l'élément courant est plus petit ou égal à *l'*élément équivalent dans *ob2*. Retourne un tableau de booléens correspondant au résultat de chaque test.

template <class T> valarray<bool>
    operator>(const valarray<T> *ob*,
        const T &*v*);
	Parcourt le tableau *ob*, et teste si l'élément courant est plus grand que *v*. Retourne un tableau de booléens correspondant au résultat de chaque test.

template <class T> valarray<bool>
    operator>(const T &*v*,
        const valarray<T> *ob*);
	Parcourt le tableau *ob*, et teste si *v* est plus grand que l'élément courant. Retourne un tableau de booléens correspondant au résultat de chaque test.

Tableau 37-3   Opérateurs non membres de la classe valarray, mais définis pour elle *(suite)*

Fonction	Description

template <class T> valarray<bool>
   operator>(const valarray<T> ob1,
      const valarray<T> &ob2);
	Parcourt le tableau *ob1*, et teste si l'élément courant est plus grand que *l'*élément équivalent dans *ob2*. Retourne un tableau de booléens correspondant au résultat de chaque test.

template <class T> valarray<bool>
   operator>=(const valarray<T> ob,
      const T &v);
	Parcourt le tableau *ob*, et teste si l'élément courant est plus grand ou égal à *v*. Retourne un tableau de booléens correspondant au résultat de chaque test.

template <class T> valarray<bool>
   operator>=(const T &v,
      const valarray<T> ob);
	Parcourt le tableau *ob*, et teste si *v* est plus grand ou égal à l'élément courant. Retourne un tableau de booléens correspondant au résultat de chaque test.

template <class T> valarray<bool>
   operator>=(const valarray<T> ob1,
      const valarray<T> &ob2);
	Parcourt le tableau *ob1*, et teste si l'élément courant est plus grand ou égal à *l'*élément équivalent dans *ob2*. Retourne un tableau de booléens correspondant au résultat de chaque test.

template <class T> valarray<bool>
   operator&&(const valarray<T> ob,
      const T &v);
	Pour tout i, effectue *ob*[i] && *v*. Retourne un tableau de booléens correspondant au résultat de chaque test.

template <class T> valarray<bool>
   operator&&(const T &v,
      const valarray<T> ob);
	Pour tout i, effectue *v* && *ob*[i]. Retourne un tableau de booléens correspondant au résultat de chaque test.

template <class T> valarray<bool>
   operator&&(const valarray<T> ob1,
      const valarray<T> &ob2);
	Pour tout i, effectue *ob1*[i] && *ob2*[i]. Retourne un tableau de booléens correspondant au résultat de chaque test.

template <class T> valarray<bool>
   operator||(const valarray<T> ob,
      const T &v);
	Pour tout i, effectue *ob[i]* || *v*. Retourne un tableau de booléens correspondant au résultat de chaque test.

template <class T> valarray<bool>
   operator||(const T &v,
      const valarray<T> ob);
	Pour tout i, effectue *v* || *ob*[i]. Retourne un tableau de booléens correspondant au résultat de chaque test.

template <class T> valarray<bool>
   operator||(const valarray<T> ob1,
      const valarray<T> &ob2);
	Pour tout i, effectue *ob1*[i] || *ob2*[i]. Retourne un tableau de booléens correspondant au résultat de chaque test.

Tableau 37-3 Opérateurs non membres de la classe valarray, mais définis pour elle *(suite)*

Fonction	Description
template<class T> valarray<T> abs(const valarray<T> &*ob*);	Calcule la valeur absolue de chacun des éléments de *ob*, et retourne un tableau contenant les résultats.
template<class T> valarray<T> acos(const valarray<T> &*ob*);	Calcule l'arccosinus de chacun des éléments de *ob*, et retourne un tableau contenant les résultats.
template<class T> valarray<T> asin(const valarray<T> &*ob*);	Calcule l'arcsinus de chacun des éléments de *ob*, et retourne un tableau contenant les résultats.
template<class T> valarray<T> atan(const valarray<T> &*ob*);	Calcule l'arctangente de chacun des éléments de *ob*, et retourne un tableau contenant les résultats.

template<class T> valarray<T>
    atan2(const valarray<T> &*ob1*,
        const valarray<T> &*ob2*);
	Calcule pour tout i, l'arctangente de *ob1*[i] / *ob2*[i], et retourne un tableau contenant les résultats.

template<class T> valarray<T>
    atan2(const T &*v*,
        const valarray<T> &*ob*);
	Calcule pour tout i, l'arctangente de *v*/*ob*[i], et retourne un tableau contenant les résultats.

template<class T> valarray<T>
    atan2(const valarray<T> &*ob*,
        const T &*v*);
	Calcule, pour tout i, l'arctangente de *ob[i]*/*v*, et retourne un tableau contenant les résultats.

template<class T> valarray<T> cos(const valarray<T> &*ob*);	Calcule le cosinus de chacun des éléments de *ob*, et retourne un tableau contenant les résultats.
template<class T> valarray<T> cosh(const valarray<T> &*ob*);	Calcule le cosinus hyperbolique de chacun des éléments de *ob*, et retourne un tableau contenant les résultats.
template<class T> valarray<T> exp(const valarray<T> &*ob*);	Calcule l'exponentielle de chacun des éléments de *ob*, et retourne un tableau contenant les résultats.
template<class T> valarray<T> log(const valarray<T> &*ob*);	Calcule le logarithme naturel de chacun des éléments de *ob*, et retourne un tableau contenant les résultats.

Tableau 37-4   Fonctions principales de la classe valarray

Fonction	Description
template<class T> valarray<T> log10(const valarray<T> &ob);	Calcule le logarithme base 10 de chacun des éléments de *ob*, et retourne un tableau contenant les résultats.
template<class T> valarray<T> pow(const valarray<T> &ob1, const valarray<T> &ob2);	Calcule, pour tout i, $ob1[i]^{ob2[i]}$, et retourne un tableau contenant les résultats.
template<class T> valarray<T> pow(const T &v, const valarray<T> &ob);	Calcule, pour tout i, $v^{ob[i]}$, et retourne un tableau contenant les résultats.
template<class T> valarray<T> pow(const valarray<T> &ob, const T &v);	Calcule, pour tout i, $ob[i]^{v}$, et retourne un tableau contenant les résultats.
template<class T> valarray<T> sin(const valarray<T> &ob);	Calcule le sinus de chacun des éléments de *ob*, et retourne un tableau contenant les résultats.
template<class T> valarray<T> sinh(const valarray<T> &ob);	Calcule le sinus hyperbolique de chacun des éléments de *ob*, et retourne un tableau contenant les résultats.
template<class T> valarray<T> sqrt(const valarray<T> &ob);	Calcule la racine carrée de chacun des éléments de *ob*, et retourne un tableau contenant les résultats.
template<class T> valarray<T> tan(const valarray<T> &ob);	Calcule la tangente de chacun des éléments de *ob*, et retourne un tableau contenant les résultats.
template<class T> valarray<T> tanh(const valarray<T> &ob);	Calcule la tangente hyperbolique de chacun des éléments de *ob*, et retourne un tableau contenant les résultats.

Tableau 37-4   Fonctions principales de la classe valarray *(suite)*

Le programme suivant utilise quelques fonctionnalités parmi toutes celles proposées par la classe **valarray**.

```
// Exemple d'utilisation de la classe valarray
#include <iostream>
#include <valarray>
#include <cmath>
using namespace std;
```

```
int main()
{
  valarray<int> v(10);
  int i;

  for(i=0; i<10; i++) v[i] = i;

  cout << "Original contents: ";
  for(i=0; i<10; i++)
    cout << v[i] << " ";
  cout << endl;

  v = v.cshift(3);

  cout << "Shifted contents: ";
  for(i=0; i<10; i++)
    cout << v[i] << " ";
  cout << endl;

  valarray<bool> vb = v < 5;
  cout << "Those elements less than 5: ";
  for(i=0; i<10; i++)
    cout << vb[i] << " ";
  cout << endl << endl;

  valarray<double> fv(5);
  for(i=0; i<5; i++) fv[i] = (double) i;

  cout << "Original contents: ";
  for(i=0; i<5; i++)
    cout << fv[i] << " ";
  cout << endl;

  fv = sqrt(fv);

  cout << "Square roots: ";
  for(i=0; i<5; i++)
    cout << fv[i] << " ";
  cout << endl;

  fv = fv + fv;
  cout << "Double the square roots: ";
  for(i=0; i<5; i++)
    cout << fv[i] << " ";
  cout << endl;
```

```
  fv = fv - 10.0;
  cout << "After subtracting 10 from each element:\n";
  for(i=0; i<5; i++)
    cout << fv[i] << " ";
  cout << endl;

  return 0;
}
```

La trace d'exécution obtenue est la suivante :

```
Original contents: 0 1 2 3 4 5 6 7 8 9
Shifted contents: 3 4 5 6 7 8 9 0 1 2
Those elements less than 5: 1 1 0 0 0 0 0 1 1 1

Original contents: 0 1 2 3 4
Square roots: 0 1 1.41421 1.73205 2
Double the square roots: 0 2 2.82843 3.4641 4
After subtracting 10 from each element:
-10 -8 -7.17157 -6.5359 -6
```

Classes slice et gslice

Le fichier d'en-tête **<valarray>** définit les classes d'utilitaires **slice** et **gslice**. Elles permettent de prendre uniquement en charge une partie d'un tableau, et sont donc utilisées avec l'opérateur [ ] de la classe **valarray**.

La classe **slice** est définie comme suit :

```
class slice {
public:
  slice();
  slice(size_t start, size_t len, size_t interval);
  size_t start() const;
  size_t size() const;
  size_t stride();
};
```

Le premier constructeur crée un objet **slice** vide. Le deuxième construit un objet dont le premier élément est spécifié, ainsi que le nombre d'éléments compris, et l'intervalle entre chacun d'eux (on l'appelle en anglais le *stride*). Les fonctions membres retournent la valeur de cet intervalle.

Voici un programme impliquant la classe **slice** :

```
// Exemple d'utilisation de la classe slice
#include <iostream>
#include <valarray>
using namespace std;

int main()
{
  valarray<int> v(10), result;
  int i;

  for(i=0; i<10; i++) v[i] = i;

  cout << "Contents of v: ";
  for(i=0; i<10; i++)
    cout << v[i] << " ";
  cout << endl;

  result = v[slice(0,5,2)];

  cout << "Contents of result: ";
  for(i=0; i<result.size(); i++)
    cout << result[i] << " ";

  return 0;
}
```

La trace d'exécution obtenue est :

```
Contents of v: 0 1 2 3 4 5 6 7 8 9
Contents of result: 0 2 4 6 8
```

Comme vous pouvez le voir, le tableau résultat contient 5 éléments de **v**, commençant à 0, l'écart entre deux éléments étant 2.

Voici maintenant la classe **gslice** :

```
class gslice {
public:
  gslice();
  gslice()(size_t start, const valarray<size_t> &lens,
           const valarray<size_t> &intervals);
  size_t start() const;
  valarray<size_t> size() const;
  valarray<size_t> stride() const;
};
```

Le premier constructeur crée un objet **gslice** vide. Le deuxième construit un objet, en prenant en paramètre son premier élément, un tableau définissant le nombre d'éléments qu'il comprend, et un tableau définissant l'intervalle entre chaque couple d'éléments (on l'appelle en anglais le *stride*). La taille des deux tableaux doit être la même. Les fonctions membres retournent ces paramètres. La classe **gslice** est utilisée pour créer des tableaux à plusieurs dimensions, depuis un objet de type **valarray** (qui, lui, correspond toujours à un tableau à une dimension).

Voici un programme impliquant la classe **gslice**.

```cpp
// Exemple d'utilisation de la classe gslice()
#include <iostream>
#include <valarray>
using namespace std;

int main()
{
  valarray<int> v(12), result;
  valarray<size_t> len(2), interval(2);
  int i;

  for(i=0; i<12; i++) v[i] = i;

  len[0] = 3; len[1] = 3;
  interval[0] = 2; interval[1] = 3;

  cout << "Contents of v: ";
  for(i=0; i<12; i++)
    cout << v[i] << " ";
  cout << endl;

  result = v[gslice(0,len,interval)];

  cout << "Contents of result: ";
  for(i=0; i<result.size(); i++)
    cout << result[i] << " ";

  return 0;
}
```

La trace d'exécution obtenue est la suivante :

```
Contents of v: 0 1 2 3 4 5 6 7 8 9 10 11
Contents of result: 0 3 6 2 5 8 4 7 10
```

Classes sous-jacentes

Les classes numériques se fondent sur des classes sous-jacentes que votre programme n'instanciera jamais directement : **slice_array**, **gslice_array**, **indirect_array** et **mask_array**.

Algorithmes numériques

Le fichier d'en-tête **<numeric>** définit quatre algorithmes numériques, pouvant être utilisés pour effectuer des traitements sur des conteneurs. Chacun d'eux est examiné ici.

Algorithme accumulate

L'algorithme **accumulate( )** calcule la somme de tous les éléments compris dans une certaine partie d'un tableau, et retourne le résultat. Ses différents prototypes sont :

```
template <class InIter, class T> T accumulate(InIter start, InIter end, T v);
template <class InIter, class T, class BinFunc>
            T accumulate(InIter start, InIter end, T v, BinFunc func);
```

T définit ici le type de valeur avec lequel le calcul s'effectue. La première forme permet de sommer tous les éléments compris entre l'indice *start* et *end*. La deuxième version applique la fonction désignée par le paramètre *func* pour calculer la somme des éléments (*func* spécifie donc la façon dont la somme est calculée). La valeur de *v* précise une valeur de départ, qui s'ajoute à la somme. Voici un programme impliquant l'algorithme **accumulate( )**.

```cpp
// Exemple d'utilisation de l'algorithme accumulate()
#include <iostream>
#include <vector>
#include <numeric>
using namespace std;

int main()
{
  vector<int> v(5);
  int i, total;

  for(i=0; i<5; i++) v[i] = i;

  total = accumulate(v.begin(), v.end(), 0);

  cout << "Summation of v is: " << total;

  return 0;
}
```

La trace d'exécution est la suivante :

```
Summation of v is: 10
```

Algorithme adjacent_difference

L'algorithme **adjacent_difference( )** construit une nouvelle séquence de valeurs, chacune d'elles étant égale à la différence entre l'élément courant et son élément adjacent dans une séquence d'origine (le premier élément dans la nouvelles séquence est toujours le même que celui d'origine). Les prototypes de l'algorithme **adjacent_difference( )** sont :

```
template <class InIter, class OutIter>
    outIter adjacent_difference(InIter start, InIter end, OutIter result);
template <class InIter, class OutIter, class BinFunc>
    outIter adjacent_difference(InIter start, InIter end, OutIter result,
                                                     BinFunc func);
```

start et *end* sont des itérateurs désignant respectivement le premier et le dernier éléments de la séquence d'origine. Le résultat est stocké dans une séquence pointée par *result*. Dans la première forme, le n^{ième} élément est soustrait du n+1ème. Dans la seconde version, la fonction binaire désignée par *func* est appliquée entre deux éléments adjacents. Un itérateur placé à la fin de la séquence résultat *result* est renvoyé. Voici un programme mettant en œuvre l'algorithme **adjacent_difference( )**.

```cpp
// Exemple d'utilisation de adjacent_difference()
#include <iostream>
#include <vector>
#include <numeric>
using namespace std;

int main()
{
  vector<int> v(10), r(10);
  int i;

  for(i=0; i<10; i++) v[i] = i*2;
  cout << "Original sequence: ";
  for(i=0; i<10; i++)
    cout << v[i] << " ";
  cout << endl;

  adjacent_difference(v.begin(), v.end(), r.begin());

  cout << "Resulting sequence: ";
  for(i=0; i<10; i++)
    cout << r[i] << " ";

  return 0;
}
```

La trace d'exécution obtenue est la suivante :

```
Original sequence: 0 2 4 6 8 10 12 14 16 18
Resulting sequence: 0 2 2 2 2 2 2 2 2 2
```

Comme vous pouvez le constater par vous-même, la séquence résultat contient la différence entre les valeurs adjacentes de la séquence d'origine.

Algorithme inner_product

L'algorithme **inner_product( )** calcule la somme des produits effectués entre deux éléments positionnés au même indice, dans deux séquences différentes, et retourne le résultat. Il existe trois prototypes :

```
template <class InIter1, class InIter2, class T>
    T inner_product(InIter1 start1, InIter1 end1, InIter2 start2, T v);
template <class InIter1, class InIter2, class T, class BinFunc1, class BinFunc2>
    T inner_product(InIter1 start1, InIter1 end1, InIter2 start2, T v,
                    BinFunc1 func2, BinFunc2 func2);
```

start1 et *end1* sont des itérateurs respectivement positionnés en début et en fin de séquence. L'itérateur *start2* désigne, lui, le début de la deuxième séquence. *v* est une valeur initiale, à laquelle s'ajoute le total calculé. Dans la deuxième version, *func1* définit la fonction binaire à utiliser pour calculer le total, alors que *func2* désigne la fonction binaire à employer pour multiplier entre eux les éléments des différentes séquences.

Voici un programme mettant en œuvre l'algorithme **inner_product( )**.

```cpp
// Exemple d'utilisation de l'algorithme inner_product()
#include <iostream>
#include <vector>
#include <numeric>
using namespace std;
int main()
{
  vector<int> v1(5), v2(5);
  int i, total;

  for(i=0; i<5; i++) v1[i] = i;
  for(i=0; i<5; i++) v2[i] = i+2;

  total = inner_product(v1.begin(), v1.end(),
                        v2.begin(), 0);

  cout << "Inner product is: " << total;

  return 0;
}
```

La trace d'exécution obtenue est la suivante :

```
Inner product is: 50
```

Algorithme partial_sum

L'algorithme **partial_sum( )** effectue la somme d'une séquence de valeurs, et place le total courant de la somme à l'élément courant dans une nouvelle séquence (une séquence est ainsi créée, donnant l'évolution de la somme totale des éléments de la séquence d'origine). Le premier élément de la séquence résultat est le même que le premier élément de la séquence d'origine. Les prototypes de **partial_sum( )** sont :

```
template <class InIter, class OutIter>
     OutIter partial_sum(InIter start, InIter end, OutIter result);
template <class InIter, class OutIter, class BinFunc>
     OutIter partial_sum(InIter start, InIter end, OutIter result,
                                          BinFunc func);
```

start1 et *end1* sont des itérateurs respectivement positionnés en début et en fin de la séquence d'origine. L'itérateur *result* désigne quant à lui le premier élément de la séquence résultat. Dans la deuxième version, *func* définit la fonction binaire déterminant comment la somme courante est calculée. Un itérateur désignant le dernier élément de la séquence résultat est retourné.

Voici un programme mettant en œuvre l'algorithme **partial_sum( )**.

```cpp
// Exemple d'utilisation de l'algorithme partial_sum()
#include <iostream>
#include <vector>
#include <numeric>
using namespace std;

int main()
{
  vector<int> v(5), r(5);
  int i;

  for(i=0; i<10; i++) v[i] = i;
  cout << "Original sequence: ";
  for(i=0; i<5; i++)
    cout << v[i] << " ";
  cout << endl;

  partial_sum(v.begin(), v.end(), r.begin());
```

```
  cout << "Resulting sequence: ";
  for(i=0; i<5; i++)
    cout << r[i] << " ";

  return 0;
}
```

La trace d'exécution obtenue est la suivante :

```
Original sequence: 0 1 2 3 4
Resulting sequence: 0 1 3 6 10
```

CHAPITRE 38

Gestion d'erreurs et classes diverses

Ce chapitre décrit les classes impliquées dans la gestion des erreurs, ainsi que deux autres classes d'intérêt divers que sont **auto_ptr** et **pair**. Enfin, il dresse un bref aperçu de la bibliothèque prenant en charge les options régionales et linguistiques.

Exceptions

La bibliothèque standard C++ intègre deux fichiers d'en-tête relatifs à la gestion des erreurs : il s'agit de **<exception>** et de **<stdexcept>**. Les exceptions sont exploitées pour rapporter les problèmes soulevés lorsqu'une condition ne peut pas être respectée. Chacun de ces deux fichiers d'en-tête est repris ici.

Fichier d'en-tête <exception>

Le fichier **<exception>** définit les types et les fonctions relatifs à la gestion d'exceptions. Les classes spécifiées au sein de **<exception>** sont indiquées ci-dessous.

```
class exception {
public:
  exception() throw();
  exception(const bad_exception &ob) throw();
  virtual ~exception() throw();

  exception &operator=(const exception &ob) throw();
  virtual const char *what(() const throw();
};

class bad_exception: public exception {
public:
  bad_exception() throw();
  bad_exception(const bad_exception &ob) throw();
  virtual ~bad_exception() throw();

  bad_exception &operator=(const bad_exception &ob) throw();
  virtual const char *what(() const throw();
};
```

exception est la classe primitive pour toutes les exceptions définies par les bibliothèques standard C++. La classe **bad_exception** correspond au type d'exception soulevé par la fonction **unexpected( )**. Dans chacune d'elles, la fonction membre **what( )** retourne un pointeur sur une chaîne de caractères, terminée par un caractère **null**, et décrivant l'exception.

Plusieurs autres classes importantes sont dérivées d'**exception**. La première est la classe **bad_alloc**, type d'erreur soulevé lorsque l'opérateur **new** échoue. La classe **bad_typeid** est impliquée lorsqu'une instruction incorrecte, incluant un **typeid**, est exécutée. Enfin, un objet de type **bad_cast** est soulevé lorsqu'un transtypage dynamique incorrect est effectué. Toutes ces classes ont les mêmes membres que la classe **exception**.

Les types définis par le fichier d'en-tête **<exception>** sont :

Type	Signification
terminate_handler	typedef void (*terminate_handler) ( );
unexpected_handler	typedef void (*unexpected_handler) ( );

Les fonctions déclarées dans **<exception>** sont listées dans le tableau 38-1.

Fonction	Description
terminate_handler set_terminate(terminate_handler *fn*) throw( );	Fixe la fonction désignée par *fn* pour prendre en charge la terminaison d'un programme. Un pointeur sur l'ancienne fonction ayant ce rôle est renvoyé.
unexpected_handler set_unexpected(unexpected_handler *fn*) throw( );	Fixe la fonction désignée par *fn* comme étant la fonction prenant en charge une erreur inattendue. Un pointeur sur l'ancienne fonction ayant ce rôle est renvoyé.
void terminate( );	Invoque la fonction prenant en charge la terminaison d'un programme lorsqu'une exception fatale n'est pas gérée. Exécute **abort()** par défaut.
bool uncaught_exception( );	Retourne **true** si une exception n'est pas récupérée.
void unexpected( );	Invoque la fonction prenant en charge une erreur inattendue lorsqu'une fonction soulève une erreur inconnue. Par défaut, exécute la fonction **terminate()**.

Tableau 38-1 Fonctions définies dans le fichier d'en-tête <exception>

Fichier d'en-tête <stdexcept>

Le fichier d'en-tête **<stdexcept>** définit plusieurs exceptions standard, pouvant être soulevées par les fonctions de la bibliothèque C++ et/ou son environnement d'exécution. Il existe deux types génériques d'exceptions, définis par le fichier d'en-tête **<stdexcept>** : les erreurs logiques et les erreurs d'exécution. Les premières surviennent à cause d'erreurs dues au programmeur. Les secondes sont elles soulevées à cause d'une erreur dans la bibliothèque de fonctions ou dans l'environnement d'exécution. Ces dernières sont donc hors de portée du programmeur.

Les exceptions standard définies par le langage C++, et correspondant à une erreur logique, sont dérivées da la classe de base **logic_error**. Ces exceptions sont récapitulées ici.

Exception	Signification
domain_error	Une erreur de domaine est survenue.
invalid_argument	Un argument incorrect est utilisé dans l'appel d'une fonction.
length_error	L'objet que vous tentez de créer est de trop grande taille.
out_of_range	Un argument de la fonction dépasse les plages de valeurs définies.

Les erreurs d'exécution suivantes sont dérivées da la classe de base **runtime_error**.

Exception	Signification
overflow_error	Un dépassement de capacité par le haut est survenu.
range_error	Une erreur interne relative à une plage de valeurs est survenue
underflow_error	Un dépassement de capacité par le bas est survenu.

Classe auto_ptr

Déclarée dans le fichier d'en-tête **<memory>**, la classe **auto_ptr** est très intéressante. Un objet de type **auto_ptr** correspond à un pointeur, mais également à l'objet pointé. La propriété de l'objet peut être « transférée » à un autre objet de type **auto_ptr**, mais certains objets **auto_ptr** conservent toujours la propriété de l'objet pointé. L'intérêt principal de cette logique est d'assurer que les objets alloués dynamiquement sont détruits correctement dans n'importe quel contexte (c'est-à-dire que le destructeur de l'objet concerné est toujours correctement exécuté). Par exemple, lorsqu'un objet de type **auto_ptr** est affecté à un autre, seul l'objet à qui l'on affecte la valeur doit posséder l'objet. Lorsque les pointeurs sont détruits, l'objet ne sera ainsi détruit qu'une seule fois, lorsque l'indicateur de propriété du pointeur sera lui-même détruit. L'avantage principal de cette approche est qu'un objet alloué dynamiquement peut être détruit même si une erreur est soulevée.

La spécification sous forme de template de la classe **auto_ptr** est la suivante :

```
template <class T> class auto_ptr
```

T définit le type de pointeur stocké par **auto_ptr**.

Les constructeurs disponibles pour un objet de type **auto_ptr** sont :

```
explicit auto_ptr(T *ptr = 0) throw();
auto_ptr(const auto_ptr &ob) throw();
template <class T2> auto_ptr(const auto_ptr<T2> &ob) throw();
```

Le premier constructeur crée un objet de type **auto_ptr** depuis l'objet désigné par *ptr*. La seconde forme permet la construction d'une copie de l'objet désigné par *ob*, et de transférer la propriété de celui-ci à l'objet nouvellement créé. Le dernier constructeur convertit *ob* en type T (si c'est possible) et transfère également la propriété de l'objet à celui créé.

La classe **auto_ptr** définit les opérateurs =, * et –>, ainsi que les deux fonctions membres suivantes :

```
T *get() const throw();
T *release() const throw();
```

La fonction **get( )** retourne un pointeur sur l'objet en mémoire. La fonction **release( )** enlève à l'objet de type **auto_ptr** invoquant la propriété de l'objet en mémoire, pour retourner un pointeur sur ce dernier. Après un appel à **release( )**, l'objet concerné n'est plus automatiquement détruit lorsqu'il aurait dû l'être.

Voici un court programme impliquant un objet de type **auto_ptr**.

```cpp
// Exemple d'utilisation d'un objet de type auto_ptr.
#include <iostream>
#include <memory>
using namespace std;

class X {
public:
  X() { cout << "constructing\n"; }
  ~X() { cout << "destructing\n"; }
  void f() { cout << "Inside f()\n"; }
};

int main()
{
  auto_ptr<X> p1(new X), p2;
```

```
    p2 = p1; // Transfert la propriété de l'objet
    p2->f();

    // Affectation à un pointeur normal possible
    X *ptr = p2.get();
    ptr->f();

    return 0;
}
```

La trace d'exécution laissée par ce programme est la suivante :

```
constructing
Inside f()
Inside f()
destructing
```

Notez bien que la fonction **f( )** membre de l'objet **X** peut être invoquée soit grâce à un objet de type **auto_ptr**, soit grâce à un pointeur « normal » retourné par la fonction **get( )**.

Classe pair

La classe **pair** est utilisée pour contenir une paire d'objets, comme ils auraient pu l'être dans un conteneur associatif. La classe a la spécification sous forme de template suivante :

```
template <class Ktype, class Vtype> struct pair {
  typedef Ktype first_type;
  typedef Vtype second_type;
  Ktype first;
  Vtype second;

  // Constructeurs
  pair();
  pair(const Ktype &k, const Vtype &v);
  template<class A, class B> pair(const<A, B> &ob);
}
```

La valeur de **first** représente généralement une clé, alors que **second** contient la valeur qui lui est associée.

Les opérateurs suivants sont définis pour des objets de type **pair** : ==, !=, <, <=, > et >=.

Vous pouvez construire un objet de type **pair** en utilisant soit un des constructeurs de la classe, soit la fonction **make_pair( )**, qui attend en paramètre le type de donnée des objets formant la paire. **make_pair( )** est une fonction générique dont le prototype est :

```
template <class Ktype, class Vtype>
   pair<Ktype, Vtype> make_pair(const Ktype &k, const Vtype &v);
```

Comme vous pouvez le constater, la fonction retourne une paire d'objets comprenant une valeur de type *Ktype* et une de type *Vtype*. L'avantage de **make_pair( )** est que les types des objets mémorisés sont automatiquement déterminés par le compilateur, au lieu d'être explicitement spécifiés.

La classe **pair** et la fonction **make_pair( )** requièrent le fichier d'en-tête **<utility>**.

Options régionales

Le langage C++ standard fournit une bibliothèque supplémentaire de classes, prenant en charge les options régionales et linguistiques. Ces classes permettent à une application de fixer ou d'obtenir des informations relatives à l'environnement géopolitique dans lequel elle s'exécute. Ainsi, l'application peut définir des paramètres globaux, tels que le format monétaire, l'heure et la date. Cela sert également pour la classification des caractères. Cette bibliothèque exploite le fichier d'en-tête **<locale>**. Elle fonctionne grâce à une série de classes définissant des « facettes » (bits d'information correspondant à un de ces paramètres globaux). Ces facettes sont dérivées de la classe **facet**, elle-même sous-classe de la classe **locale**.

En réalité, cette bibliothèque est très grande et complexe. Une description de ses fonctionnalités dépasse la cadre de cet ouvrage. La plupart des programmeurs n'utilisent pas directement cette bibliothèque. Seule votre éventuelle implication dans le développement d'un programme international vous amènera à explorer ces fonctionnalités.

Autres classes intéressantes

Voici quelques autres classes intéressantes de la bibliothèque standard :

Classe	Description
type_info	Utilisée avec l'opérateur **typeid**. Elle est entièrement décrite dans le chapitre 22. Requiert le fichier d'en-tête **<typeinfo>**.
numeric_limts	Comprend différentes limites numériques. Requiert le fichier d'en-tête **<limits>**.

Classe	Description
raw_storage_iterator	Permet l'allocation d'une mémoire non initialisée. Requiert le fichier d'en-tête **\<memory\>**.

PARTIE V

Exemples d'applications en C++

La partie V de cet ouvrage fournit deux exemples d'applications C++. L'objectif de cette section est double. Tout d'abord, les exemples illustrent les avantages de la programmation orientée objet. Ensuite, ils montrent comment le C++ peut être appliqué pour résoudre deux types de problèmes complètement différents.

CHAPITRE 39

Intégration de nouvelles classes : une classe string personnalisée

C e chapitre conçoit et implémente une classe chaîne simple. Comme vous le savez, le Standard C++ fournit déjà une classe chaîne **basic_string** puissante et complète fonctionnellement. L'objectif de ce chapitre n'est donc pas de développer une alternative à cette classe, mais plutôt de vous donner un aperçu de la facilité d'intégrer un nouveau type de donnée à l'environnement C++. La création de la classe chaîne est l'exemple par excellence de ce procédé. Par le passé, de nombreux programmeurs ont amélioré leur compétence en programmation orientée objet en créant leurs propres classes chaîne. Nous allons en faire autant dans ce chapitre.

Bien que l'exemple développé ici soit beaucoup plus simple que celui proposé par le Standard C++, il présente un avantage : celui de vous rendre maître de la façon dont les chaînes sont implémentées et manipulées. Cela pourra s'avérer utile dans certaines situations.

La classe StrType

Notre classe chaîne prend approximativement pour modèle celle fournie par la bibliothèque standard. Bien entendu, elle n'est pas aussi étendue ni aussi sophistiquée que celle-là. La classe chaîne définie ici doit satisfaire les critères suivants :

● Les chaînes peuvent être manipulées à l'aide de l'opérateur d'affectation.

● Aussi bien les objets chaînes que les chaînes entre guillemets peuvent être affectés aux objets chaînes.

● La concaténation de deux objets chaînes peut s'effectuer à l'aide de l'opérateur +.

● La suppression de sous-chaîne peut s'effectuer grâce à l'opérateur -.

● Les comparaisons sont réalisées avec les opérateurs relationnels.

● Les objets chaînes peuvent être initialisés par le biais d'une chaîne entre guillemets ou d'un objet chaîne.

● Les chaînes doivent avoir une longueur arbitraire et variable. Cela implique que le stockage de chaque chaîne est alloué dynamiquement.

● Une méthode de conversion des objets chaînes vers les chaînes terminées par **null** doit être fournie.

Bien que notre classe chaîne soit, de manière générale, moins puissante que la classe chaîne standard, elle inclut une fonctionnalité non définie par la classe **basic_string** : la suppression de sous-chaînes *via* l'opérateur -.

La classe qui gère les chaînes est appelée **StrType**. Sa déclaration est présentée ici :

```
class StrType {
  char *p;
  int size;
public:
  StrType();
  StrType(char *str);
  StrType(const StrType &o); // Constructeur par copie

  ~StrType() { delete [] p; }

  friend ostream &operator<<(ostream &stream, StrType &o);
  friend istream &operator>>(istream &stream, StrType &o);

  StrType operator=(StrType &o); // affecte un objet StrType
  StrType operator=(char *s); // affecte une chaîne entre guillemets

  StrType operator+(StrType &o); // concatène un objet StrType
  StrType operator+(char *s); // concatène une chaîne entre guillemets
  friend StrType operator+(char *s, StrType &o); /*  concatène
                une chaîne entre guillemets à un objet StrType */

  StrType operator-(StrType &o); // soustrait une sous-chaîne
  StrType operator-(char *s); // soustrait une sous-chaîne entre guillemets

  // opérations relationnelles entre objets StrType
  int operator==(StrType &o) { return !strcmp(p, o.p); }
  int operator!=(StrType &o) { return strcmp(p, o.p); }
  int operator<(StrType &o) { return strcmp(p, o.p) < 0; }
  int operator>(StrType &o) { return strcmp(p, o.p) > 0; }
  int operator<=(StrType &o) { return strcmp(p, o.p) <= 0; }
  int operator>=(StrType &o) { return strcmp(p, o.p) >= 0; }

  /* opérations entre objets StrType et chaînes entre guillemets */
  int operator==(char *s) { return !strcmp(p, s); }
  int operator!=(char *s) { return strcmp(p, s); }
  int operator<(char *s) { return strcmp(p, s) < 0; }
  int operator>(char *s) { return strcmp(p, s) > 0; }
  int operator<=(char *s) { return strcmp(p, s) <= 0; }
  int operator>=(char *s) { return strcmp(p, s) >= 0; }

  int strsize() { return strlen(p); } // retourne la taille de la chaîne
  void makestr(char *s) { strcpy(s, p); } // crée une chaîne entre guillemets

  operator char *() { return p; } // conversion en char *
};
```

La partie privée de la classe **StrType** ne contient que deux éléments : **p** et **size**. Quand un objet chaîne est créé, la mémoire contenant la chaîne est allouée dynamiquement à l'aide de **new**, et un pointeur sur cet emplacement mémoire est stocké dans **p**. La chaîne pointée par **p** est un tableau de caractères normal, terminé par une valeur **null**. Bien que cela ne soit pas techniquement indispensable, la taille de la chaîne est stockée dans **size**. Dans la mesure où la chaîne pointée par **p** est terminée par une valeur **null**, il serait aisé de calculer sa taille à chaque fois que nécessaire. Toutefois, comme vous allez le voir, cette valeur est exploitée si souvent par les fonctions membres de **StrType** que des appels répétés à **strlen( )** ne se justifient pas.

Les prochaines sections détaillent le fonctionnement de la classe **StrType**.

Fonctions constructeur et destructeur

Un objet **StrType** peut être déclaré de trois manières différentes : sans initialisation, initialisé avec une chaîne entre guillemets, ou initialisé avec un objet **StrType**. Les constructeurs reconnaissant ces trois opérations sont présentés ici :

```
// Pas d'initialisation explicite.
StrType::StrType() {
  size = 1; // réserve la place pour le terminateur null
  try {
    p = new char[size];
  } catch (bad_alloc xa) {
    cout << "Erreur d'allocation\n";
    exit(1);
  }
  strcpy(p, "");
}


// Initialise avec une chaîne entre guillemets.
StrType::StrType(char *str) {
  size = strlen(str) + 1; // réserve la place pour le terminateur null
  try {
    p = new char[size];
  } catch (bad_alloc xa) {
    cout << "Erreur d'allocation\n";
    exit(1);
  }
  strcpy(p, str);
}
```

```
// Initialise avec un objet StrType.
StrType::StrType(const StrType &o) {
  size = o.size;
  try {
    p = new char[size];
  } catch (bad_alloc xa) {
    cout << "Erreur d'allocation\n";
    exit(1);
  }
  strcpy(p, o.p);
}
```

Quand un objet **StrType** est créé sans initialiseur, il lui est affecté une chaîne nulle. Bien que la chaîne ait pu être laissée indéfinie, le fait de savoir que tous les objets **StrType** contiennent une chaîne valide, terminée par une valeur **null**, simplifie le fonctionnement de plusieurs autres fonctions membres.

Quand un objet **StrType** est initialisé avec une chaîne entre guillemets, la taille de celle-ci est d'abord déterminée. Cette valeur est stockée dans **size**. Puis, la mémoire nécessaire est allouée par **new**, et la chaîne d'initialisation est copiée dans la mémoire pointée par **p**.

Quand un objet **StrType** est créé à partir d'un autre, la démarche est similaire à l'utilisation d'une chaîne entre guillemets. La seule différence est que la taille de la chaîne est connue, et n'a pas à être recalculée. Cette version est le constructeur par copie de la classe **StrType**. Celui-ci sera invoqué à chaque fois qu'un objet **StrType** est utilisé pour initialiser un autre. Cela signifie qu'il intervient quand des objets temporaires sont créés et quand des objets de type **StrType** sont passés à des fonction (consultez le chapitre 14 pour une analyse des constructeurs par copie).

Étant donné les trois constructeurs décrits, les déclarations suivantes sont autorisées :

```
StrType x("my string"); // use quoted string
StrType y(x); // use another object
StrType z; // no explicit initialization
```

La fonction constructeur de **StrType** se contente de libérer la mémoire pointée par **p**.

E/S sur des chaînes

Dans la mesure où il est très fréquent d'écrire ou de lire des chaînes, la classe **StrType** surcharge les opérateurs << et >>, comme présenté ici :

```
// Ecrit une chaîne.
ostream &operator<<(ostream &stream, StrType &o)
{
  stream << o.p;
  return stream;
}

// Lit une chaîne.
istream &operator>>(istream &stream, StrType &o)
{
  char t[255]; // taille arbitraire - change si nécessaire
  int len;

  stream.getline(t, 255);
  len = strlen(t) + 1;

  if(len > o.size) {
    delete [] o.p;
    try {
      o.p = new char[len];
    } catch (bad_alloc xa) {
      cout << "Erreur d'allocation\n";
      exit(1);
    }
    o.size = len;
  }
  strcpy(o.p, t);
  return stream;
}
```

Comme vous pouvez le constater, l'écriture est très simple. Toutefois, vous noterez que le paramètre **o** est passé par référence. Dans la mesure où les objets **StrType** peuvent avoir une taille importante, il est plus efficace de les passer par référence que par valeur. Pour cette raison, tous les paramètres de type **StrType** sont passés par référence (toute fonction que vous créerez qui prend un objet **StrType** en paramètre devrait en faire autant).

La lecture d'une chaîne est un peu plus compliquée que l'écriture. Tout d'abord, la chaîne est lue avec la fonction **getline( )**. La taille limite d'une chaîne lue est de 254 caractères, auxquels est ajouté le caractère de fin. Comme l'indiquent les commentaires, vous pouvez changer cette valeur si vous le souhaitez. Les caractères sont lus jusqu'à ce qu'une nouvelle ligne soit rencontrée. Une fois que la chaîne a été lue, si la taille de la nouvelle chaîne dépasse celle actuellement contenue dans **o**, la mémoire est libérée et une taille plus grande est allouée. La nouvelle chaîne est alors copiée dans **o**.

Fonctions d'affectation

Il existe deux façons d'affecter une chaîne à un objet **StrType**. Vous pouvez lui affecter, d'une part, un autre objet **StrType** et, d'autre part, une chaîne entre guillemets. Les deux fonctions **operator=( )** surchargées sont présentées ici :

```cpp
// Affecte un objet StrType à un autre objet StrType.
StrType StrType::operator=(StrType &o)
{
  StrType temp(o.p);

  if(o.size > size) {
    delete [] p; // libère l'ancienne mémoire
    try {
      p = new char[o.size];
    } catch (bad_alloc xa) {
      cout << "Erreur d'allocation\n";
      exit(1);
    }
    size = o.size;
  }

  strcpy(p, o.p);
  strcpy(temp.p, o.p);

  return temp;
}

// Affecte une chaîne entre guillemets à un objet StrType.
StrType StrType::operator=(char *s)
{
  int len = strlen(s) + 1;
  if(size < len) {
    delete [] p;
    try {
      p = new char[len];
    } catch (bad_alloc xa) {
      cout << "Erreur d'allocation\n";
      exit(1);
    }
    size = len;
  }
  strcpy(p, s);
  return *this;
}
```

Ces deux fonctions vérifient tout d'abord si la mémoire actuellement pointée par **p** de l'objet cible **StrType** est de taille suffisante pour contenir ce qui va y être copié. Si ce n'est pas le cas, l'ancienne mémoire est libérée, et la nouvelle mémoire est allouée. La chaîne est ensuite copiée dans l'objet, et le résultat est retourné. Ces fonctions permettent donc les instructions d'affectation suivantes :

```
StrType x("test"), y;

y = x; // objet StrType vers objet StrType

x = "new string for x"; // chaîne entre guillemets vers objet StrType
```

Chaque fonction d'affectation doit retourner la valeur affectée (autrement dit, la valeur de droite) de telle sorte que les affectations multiples soient admises :

```
StrType x, y, z;

x = y = z = "test";
```

Concaténation

La concaténation de deux chaînes est réalisée par le biais de l'opérateur +. La classe **StrType** autorise les trois types de concaténations suivants :

- Concaténation d'un objet **StrType** à un autre objet **StrType**.
- Concaténation d'un objet **StrType** à une chaîne entre guillemets.
- Concaténation d'une chaîne entre guillemets à un objet **StrType**.

Utilisé dans ces situations, l'opérateur + renvoie un objet **StrType** résultant de la concaténation de ses deux opérandes. Il ne modifie aucun des deux opérandes.

Les fonctions **operator+( )** surchargées sont présentées ici :

```
// Concatène deux objets StrType.
StrType StrType::operator+(StrType &o)
{
  int len;
  StrType temp;

  delete [] temp.p;
  len = strlen(o.p) + strlen(p) + 1;
  temp.size = len;
```

```
  try {
    temp.p = new char[len];
  } catch (bad_alloc xa) {
    cout << "Erreur d'allocation\n";
    exit(1);
  }
  strcpy(temp.p, p);

  strcat(temp.p, o.p);

  return temp;
}

// Concatène un objet StrType et une chaîne entre guillemets.
StrType StrType::operator+(char *s)
{
  int len;
  StrType temp;

  delete [] temp.p;

  len = strlen(s) + strlen(p) + 1;
  temp.size = len;
  try {
    temp.p = new char[len];
  } catch (bad_alloc xa) {
    cout << "Erreur d'allocation\n";
    exit(1);
  }
  strcpy(temp.p, p);

  strcat(temp.p, s);

  return temp;
}

// Concatène une chaîne entre guillemets et un objet StrType.
StrType operator+(char *s, StrType &o)
{
  int len;
  StrType temp;

  delete [] temp.p;

  len = strlen(s) + strlen(o.p) + 1;
  temp.size = len;
```

```
  try {
    temp.p = new char[len];
  } catch (bad_alloc xa) {
    cout << "Erreur d'allocation\n";
    exit(1);
  }
  strcpy(temp.p, s);

  strcat(temp.p, o.p);

  return temp;
}
```

Le fonctionnement primitif de ces trois fonctions est le même. Tout d'abord, un objet **StrType** temporaire appelé **temp** est créé. Cet objet contiendra le résultat de la concaténation, et sera retourné par les fonctions. Ensuite, la mémoire pointée par **temp.p** est libérée. La raison en est que, lors de la création de **temp**, seul 1 octet de mémoire est alloué, car il n'y a pas d'initialisation. Puis, la mémoire nécessaire pour accueillir le résultat de la concaténation est allouée. Enfin, les deux chaînes sont copiées dans la mémoire pointée par **temp.p**, et **temp.p** est retourné.

Soustraction de sous-chaîne

Une fonction chaîne utile, et qui n'est pas présente dans **basic_string**, est la *soustraction de sous-chaîne*. Comme elle est implémentée par la classe **StrType**, la soustraction de sous-chaîne supprime d'une chaîne toutes les occurrences de la sous-chaîne spécifiée. Cette manipulation s'effectue grâce à l'opérateur -.

La classe **StrType** reconnaît deux cas de soustractions de sous-chaînes. L'un permet de soustraire un objet **StrType** d'un autre objet **StrType**. L'autre permet de supprimer une chaîne entre guillemets d'un objet **StrType**. Les deux fonctions **operator-( )** sont présentées ici :

```
/* Soustrait une sous-chaîne d'une chaîne à l'aide d'objets StrType. */
StrType StrType::operator-(StrType &substr)
{
  StrType temp(p);
  char *s1;
  int i, j;

  s1 = p;
  for(i=0; *s1; i++) {
    if(*s1!=*substr.p) { // si ce n'est pas la première lettre
                         // de la sous-chaîne
```

```
      temp.p[i] = *s1;  // alors copie dans temp
      s1++;
    }
    else {
      for(j=0; substr.p[j]==s1[j] && substr.p[j]; j++) ;
      if(!substr.p[j]) { // c'est la sous-chaîne, donc suppression
        s1 += j;
        i--;
      }
      else { // ce n'est pas la sous-chaîne, donc la copie continue
        temp.p[i] = *s1;
        s1++;
      }
    }
  }
  temp.p[i] = '\0';
  return temp;
}

// Soustrait une chaîne entre guillemets d'un objet StrType.
StrType StrType::operator-(char *substr)
{
  StrType temp(p);
  char *s1;
  int i, j;

  s1 = p;
  for(i=0; *s1; i++) {
    if(*s1!=*substr) { // si ce n'est pas la première lettre de la sous-
chaîne
      temp.p[i] = *s1; // alors copie dans temp
      s1++;
    }
    else {
      for(j=0; substr[j]==s1[j] && substr[j]; j++) ;
      if(!substr[j]) { // c'est la sous-chaîne, donc suppression
        s1 += j;
        i--;
      }
      else { // ce n'est pas la sous-chaîne, la copie continue
        temp.p[i] = *s1;
        s1++;
      }
    }
  }
  temp.p[i] = '\0';
  return temp;
}
```

Ces fonctions copient le contenu de l'opérande de gauche dans **temp**, tout en supprimant toutes les occurrences de la sous-chaîne spécifiée par l'opérande de droite. L'objet **StrType** résultant est renvoyé. Il faut comprendre qu'aucun des opérandes n'est modifié pendant l'opération.

La classe **StrType** autorise alors les instructions suivantes :

```
StrType x("J'aime le C++"), y("aime");
StrType z;

z = x - y; // z contient alors "J' le C++"

z = x - "C++"; // z contient alors "J'aime "

// plusieurs occurrences sont supprimées
z = "ABCDABCD";
x = z -"A"; // x contient alors "BCDBCD"
```

Opérateurs relationnels

La classe **StrType** reconnaît tout l'éventail des opérations relationnelles qui peuvent s'appliquer aux chaînes. Les opérateurs relationnels surchargés sont définis dans la déclaration de la classe **StrType**. Ils sont répétés ici pour plus de commodité.

```
// opérations relationnelles entre objets StrType
int operator==(StrType &o) { return !strcmp(p, o.p); }
int operator!=(StrType &o) { return strcmp(p, o.p); }
int operator<(StrType &o) { return strcmp(p, o.p) < 0; }
int operator>(StrType &o) { return strcmp(p, o.p) > 0; }
int operator<=(StrType &o) { return strcmp(p, o.p) <= 0; }
int operator>=(StrType &o) { return strcmp(p, o.p) >= 0; }

// opérations entre objets StrType et chaîne entre guillemets
int operator==(char *s) { return !strcmp(p, s); }
int operator!=(char *s) { return strcmp(p, s); }
int operator<(char *s) { return strcmp(p, s) < 0; }
int operator>(char *s) { return strcmp(p, s) > 0; }
int operator<=(char *s) { return strcmp(p, s) <= 0; }
int operator>=(char *s) { return strcmp(p, s) >= 0; }
```

Les opérations relationnelles sont très simples ; vous ne devriez avoir aucun problème à comprendre leur fonctionnement. Toutefois, vous devez garder à l'esprit que la classe **StrType** implémente des fonctions de comparaison entre objets **StrType**, et des fonctions de comparaison ayant une chaîne entre guillemets comme opérande droit et un objet **StrType** comme opérande gauche. Si vous voulez pouvoir inverser l'ordre des opérandes, vous devez créer de nouvelles fonctions relationnelles.

Étant donné les opérateurs relationnels définis par la classe **StrType**, les comparaisons de chaînes suivantes sont autorisées :

```
StrType x("un"), y("deux"), z("trois");

if(x < y) cout << "x est inferieur a y";

if(z=="trois")  cout << "z vaut trois";

y = "u";
z = "n";
if(x==(y+z)) cout << "x vaut y+z";
```

Diverses fonctions de chaînes

La classe **StrType** définit trois fonctions qui permettent aux objets **StrType** de s'intégrer complètement à l'environnement de programmation C++. Il s'agit de **strsize( )**, de **makestr( )** et de la fonction de conversion **operator char *( )**. Ces fonctions sont définies dans la déclaration de la classe **StrType**, et présentées ici :

```
int strsize() { return strlen(p); }

// retourne la taille de la chaîne
void makestr(char *s) { strcpy(s, p); }

// crée une chaîne entre guillemets
operator char *(){ return p; } // conversion en char *
```

Les deux premières fonctions sont aisées à comprendre. Comme vous le voyez, la fonction **strsize( )** retourne la taille de la chaîne pointée par **p**. Dans la mesure où la taille de la chaîne peut être différente de la valeur stockée dans **size** (par exemple, suite à l'affectation d'une chaîne plus courte), la longueur est calculée par un appel à **strlen( )**. La fonction **makestr( )** copie la chaîne pointée par **p** dans un tableau de caractères. Cette fonction est utile si vous voulez obtenir une chaîne terminée par une valeur nulle à partir d'un objet **StrType**.

La fonction de comparaison **operator char *( )** retourne **p**, qui est un pointeur sur la chaîne contenue dans l'objet. Cette fonction permet d'utiliser un objet **StrType** partout où une chaîne terminée par une valeur nulle peut l'être.

Par exemple, ce morceau de code est correct :

```
StrType x("Bonjour");
char s[20];

// copie un objet chaîne à l'aide de la fonction strcpy()
strcpy(s, x); // conversion automatique en char *
```

Rappelons qu'une fonction de conversion est automatiquement exécutée quand un objet est impliqué dans une expression pour laquelle une conversion est définie. Dans le cas présent, dans la mesure où le prototype de la fonction **strcpy( )** indique au compilateur que son second argument est du type **char ***, la conversion de **StrType** vers **char *** est effectuée automatiquement, provoquant le retour d'un pointeur sur la chaîne contenue par **x**. Ce pointeur est ensuite utilisé par **strcpy( )** pour copier la chaîne dans **s**. Grâce à la fonction de conversion, il est possible d'utiliser un objet **StrType**, à la place d'une chaîne terminée par une valeur nulle, comme argument de n'importe quelle fonction prenant un **char *** en argument.

Note. La conversion en **char *** contourne l'encapsulation, car une fois qu'une fonction dispose d'un pointeur sur la chaîne de l'objet, il est possible pour elle de modifier directement la chaîne, en passant outre les fonctions membres de **StrType**, et sans connaissance de l'objet. Pour cette raison, vous devez utiliser la conversion en **char *** avec précaution. L'absence de l'encapsulation est ici compensée par l'augmentation de l'intégration aux fonctions existantes de la bibliothèque. Cependant, une telle transaction n'est pas toujours garantie.

Classe StrType complète

Voici le code de la classe **StrType** complète, accompagné d'une courte fonction **main( )** présentant ses fonctionnalités :

```
#include <iostream>
#include <new>
#include <cstring>
#include <cstdlib>
using namespace std;

class StrType {
  char *p;
  int size;
public:
  StrType();
  StrType(char *str);
  StrType(const StrType &o); // constructeur par copie

  ~StrType() { delete [] p; }
```

```
    friend ostream &operator<<(ostream &stream, StrType &o);
    friend istream &operator>>(istream &stream, StrType &o);

    StrType operator=(StrType &o); // affecte un objet StrType
    StrType operator=(char *s); // affecte une chaîne entre guillemets

    StrType operator+(StrType &o); // concatène un objet StrType
    StrType operator+(char *s); // concatène une chaîne entre guillemets
    friend StrType operator+(char *s, StrType &o); /* concatène
                une chaîne entre guillemets à un objet StrType */

    StrType operator-(StrType &o); // soustrait une sous-chaîne
    StrType operator-(char *s); // soustrait une sous-chaîne entre guillemets

    // opérations relationnelles entre objets StrType
    int operator==(StrType &o) { return !strcmp(p, o.p); }
    int operator!=(StrType &o) { return strcmp(p, o.p); }
    int operator<(StrType &o) { return strcmp(p, o.p) < 0; }
    int operator>(StrType &o) { return strcmp(p, o.p) > 0; }
    int operator<=(StrType &o) { return strcmp(p, o.p) <= 0; }
    int operator>=(StrType &o) { return strcmp(p, o.p) >= 0; }

    /* opérations entre objets StrType et chaîne entre guillemets */
    int operator==(char *s) { return !strcmp(p, s); }
    int operator!=(char *s) { return strcmp(p, s); }
    int operator<(char *s) { return strcmp(p, s) < 0; }
    int operator>(char *s) { return strcmp(p, s) > 0; }
    int operator<=(char *s) { return strcmp(p, s) <= 0; }
    int operator>=(char *s) { return strcmp(p, s) >= 0; }

    int strsize() { return strlen(p); } // retourne la taille de la chaîne
    void makestr(char *s) { strcpy(s, p); } // chaîne terminée par une valeur
nulle
    operator char *() { return p; } // conversion en char *
};

// Pas d'initialisation explicite.
StrType::StrType() {
  size = 1; // réserve la place pour le caractère de fin
  try {
    p = new char[size];
  } catch (bad_alloc xa) {
    cout << "Erreur d'allocation\n";
    exit(1);
  }
  strcpy(p, "");
}
```

```cpp
// Initialise à l'aide d'une chaîne entre guillemets.
StrType::StrType(char *str) {
  size = strlen(str) + 1; // réserve la place pour le caractère de fin
  try {
    p = new char[size];
  } catch (bad_alloc xa) {
    cout << "Erreur d'allocation\n";
    exit(1);
  }
  strcpy(p, str);
}

// Initialise à l'aide d'un objet StrType.
StrType::StrType(const StrType &o) {
  size = o.size;
  try {
    p = new char[size];
  } catch (bad_alloc xa) {
    cout << "Erreur d'allocation \n";
    exit(1);
  }
  strcpy(p, o.p);
}

// Ecriture d'une chaîne.
ostream &operator<<(ostream &stream, StrType &o)
{
  stream << o.p;
  return stream;
}

// Lecture d'une chaîne.
istream &operator>>(istream &stream, StrType &o)
{
  char t[255]; // taille arbitraire - change si nécessaire
  int len;

  stream.getline(t, 255);
  len = strlen(t) + 1;

  if(len > o.size) {
    delete [] o.p;
    try {
      o.p = new char[len];
    } catch (bad_alloc xa) {
      cout << "Erreur d'allocation\n";
```

```
      exit(1);
    }
    o.size = len;
  }
  strcpy(o.p, t);
  return stream;
}

// Affecte un objet StrType à un autre objet StrType.
StrType StrType::operator=(StrType &o)
{
  StrType temp(o.p);

  if(o.size > size) {
    delete [] p; // libère l'ancienne mémoire
    try {
      p = new char[o.size];
    } catch (bad_alloc xa) {
      cout << "Erreur d'allocation \n";
      exit(1);
    }
    size = o.size;
  }

  strcpy(p, o.p);
  strcpy(temp.p, o.p);

  return temp;
}

// Affecte une chaîne entre guillemets à un objet StrType.
StrType StrType::operator=(char *s)
{
  int len = strlen(s) + 1;
  if(size < len) {
    delete [] p;
    try {
      p = new char[len];
    } catch (bad_alloc xa) {
      cout << "Erreur d'allocation\n";
      exit(1);
    }
    size = len;
  }
  strcpy(p, s);
  return *this;
}
```

```
// Concatène deux objets StrType.
StrType StrType::operator+(StrType &o)
{
  int len;
  StrType temp;

  delete [] temp.p;
  len = strlen(o.p) + strlen(p) + 1;
  temp.size = len;
  try {
    temp.p = new char[len];
  } catch (bad_alloc xa) {
    cout << "Erreur d'allocation\n";
    exit(1);
  }
  strcpy(temp.p, p);

  strcat(temp.p, o.p);

  return temp;
}

// Concatène un objet StrType et une chaîne entre guillemets.
StrType StrType::operator+(char *s)
{
  int len;
  StrType temp;

  delete [] temp.p;

  len = strlen(s) + strlen(p) + 1;
  temp.size = len;
  try {
    temp.p = new char[len];
  } catch (bad_alloc xa) {
    cout << "Erreur d'allocation\n";
    exit(1);
  }
  strcpy(temp.p, p);

  strcat(temp.p, s);

  return temp;
}

// Concatène une chaîne entre guillemets et un objet StrType.
StrType operator+(char *s, StrType &o)
{
  int len;
```

```
  StrType temp;

  delete [] temp.p;

  len = strlen(s) + strlen(o.p) + 1;
  temp.size = len;
  try {
    temp.p = new char[len];
  } catch (bad_alloc xa) {
    cout << "Erreur d'allocation\n";
    exit(1);
  }
  strcpy(temp.p, s);

  strcat(temp.p, o.p);

  return temp;
}

/* Soustrait une sous-chaîne d'une chaîne à l'aide d'objets StrType. */
StrType StrType::operator-(StrType &substr)
{
  StrType temp(p);
  char *s1;
  int i, j;

  s1 = p;
  for(i=0; *s1; i++) {
    if(*s1!=*substr.p) { // si ce n'est pas la première lettre d'une sous-
chaîne
      temp.p[i] = *s1;  // alors copie dans temp
      s1++;
    }
    else {
      for(j=0; substr.p[j]==s1[j] && substr.p[j]; j++) ;
      if(!substr.p[j]) { // c'est la sous-chaîne, donc suppression
        s1 += j;
        i--;
      }
      else { // ce n'est pas la sous-chaîne, la copie continue
        temp.p[i] = *s1;
        s1++;
      }
    }
  }
  temp.p[i] = '\0';
  return temp;
}
```

```
// Soustrait une chaîne entre guillemets d'un objet StrType.
StrType StrType::operator-(char *substr)
{
  StrType temp(p);
  char *s1;
  int i, j;

  s1 = p;
  for(i=0; *s1; i++) {
    if(*s1!=*substr) { // si ce n'est pas la première lettre de la sous-
chaîne
      temp.p[i] = *s1; // alors copie dans temp
      s1++;
    }
    else {
      for(j=0; substr[j]==s1[j] && substr[j]; j++) ;
      if(!substr[j]) { // c'est la sous-chaîne, donc suppression
        s1 += j;
        i--;
      }
      else { // ce n'est pas la sous-chaîne, la copie continue
        temp.p[i] = *s1;
        s1++;
      }
    }
  }
  temp.p[i] = '\0';
  return temp;
}

int main()
{
  StrType s1("Exemple utilisant les objets chaine.\n");
  StrType s2(s1);
  StrType s3;
  char s[80];

  cout << s1 << s2;

  s3 = s1;
  cout << s1;

  s3.makestr(s);
  cout << "Convertit en chaine : " << s;

  s2 = "Ceci est une nouvelle chaine.";
  cout << s2 << endl;

  StrType s4(" Ceci aussi.");
```

```
s1 = s2+s4;
cout << s1 << endl;

if(s2==s3) cout << "Les chaines sont egales.\n";
if(s2!=s3) cout << "Les chaines ne sont pas egales.\n";
if(s1<s4) cout << "s1 est inferieure a s4\n";
if(s1>s4) cout << "s1 est superieure a s4\n";
if(s1<=s4) cout << "s1 est inferieure ou egale a s4\n";
if(s1>=s4) cout << "s1 est superieure ou egale a s4\n";

if(s2 > "ABC") cout << "s2 est superieure a ABC\n\n";

s1 = "un deux trois un deux trois\n";
s2 = "deux";
cout << "Chaine initiale: " << s1;
cout << "Chaine après suppression de deux: ";
s3 = s1 - s2;
cout << s3;

cout << endl;
s4 = "Salut!";
s3 = s4 + " Les chaines C++ sont sympa\n";
cout << s3;
s3 = s3 - "Salut!";
s3 = "Ne trouvez vous pas que les " + s3;
cout << s3;

s1 = s3 - "Les ";
cout << s1;
s3 = s1;

cout << "Saisissez une chaine: ";
cin >> s1;
cout << s1 << endl;
cout << "s1 contient " << s1.strsize() << " caracteres.\n";

puts(s1); // convertit en char *

s1 = s2 = s3;
cout << s1 << s2 << s3;

s1 = s2 = s3 = "Bye ";
cout << s1 << s2 << s3;

return 0;
}
```

Le programme précédent génère l'affichage suivant :

```
Exemple utilisant les objets chaine.
Exemple utilisant les objets chaine.
Exemple utilisant les objets chaine.
Convertit en chaine: Exemple utilisant les objets chaine.
Ceci est une nouvelle chaine.
Ceci est une nouvelle chaine. Ceci aussi.
Les chaines ne sont pas egales.
s1 est superieure a s4
s1 est superieure ou egale a s4
s2 est superieure a ABC

Chaine initiale: un deux trois un deux trois
Chaine après suppression de deux: un trois un trois

Salut! Les chaines C++ sont sympa
Ne trouvez vous pas que les chaines C++ sont sympa
Ne trouvez vous pas que les chaines C++ sont sympa
Saisissez une chaine: J'aime le C++
s1 contient 13 caractères.
J'aime le C++
Ne trouvez vous pas que les chaines C++ sont sympa
Ne trouvez vous pas que les chaines C++ sont sympa
Ne trouvez vous pas que les chaines C++ sont sympa
Bye Bye Bye
```

Cet affichage suppose que l'utilisateur a saisi la chaîne « J'aime le C++ ».

Pour disposer de la classe **StrType**, supprimez la fonction **main( )** et placez le reste du code précédent dans un fichier nommé STR.H. Vous n'avez ensuite plus qu'à inclure ce fichier en en-tête des programmes dans lesquels vous voudrez utiliser **StrType**.

Utilisation de la classe StrType

Pour conclure ce chapitre, deux courts exemples sont proposés pour illustrer la classe **StrType**. Comme vous allez le constater, grâce aux opérateurs définis pour elle, et à sa fonction de conversion en **char ***, la classe **StrType** est pleinement intégrée à l'environnement de programmation C++. Autrement dit, elle peut être utilisée comme n'importe quel autre type défini par le Standard C++.

Le premier exemple crée un simple dictionnaire à l'aide d'objets **StrType**. Il crée tout d'abord un tableau à deux dimensions d'objets **StrType**. Au sein de chaque paire de chaînes, la première contient le mot clé qui peut être recherché. La seconde contient une liste de mots équivalents, ou simplement liés au précédent. Le programme demande à l'utilisateur de saisir un mot ; si celui-ci est dans le dictionnaire, les mots équivalents sont affichés. Ce programme est très simple et vous remarquerez à quel point la gestion de chaîne est propre et claire, grâce à l'utilisation de la classe **StrType** et de ses opérateurs.

```cpp
#include "str.h"
#include <iostream>
using namespace std;

StrType thesaurus[][2] = {
  "livre", "volume, tome",
  "stock", "marchant, boutique, entrepot",
  "pistolet", "revolver, arme de poing, arme à feu",
  "courir", "jogging, trottiner, course",
  "penser", "muse, contempler, reflechir",
  "", ""
};

int main()
{
  StrType x;

  cout << "Saisissez un mot : ";
  cin >> x;

  int i;
  for(i=0; thesaurus[i][0]!=""; i++)
    if(thesaurus[i][0]==x) cout << thesaurus[i][1];

  return 0;
}
```

L'exemple suivant exploite un objet **StrType** pour vérifier s'il existe une version exécutable du programme dont on fournit le nom de fichier. Pour utiliser le programme, spécifiez le nom de fichier sans extension dans la ligne de commande. Le programme tente ensuite à plusieurs reprises de trouver un fichier exécutable portant ce nom en y ajoutant une extension, en essayant d'ouvrir ce fichier puis en reportant les résultats (si le fichier n'existe pas, il ne peut pas être ouvert). Après chaque extension testée, celle-ci est soustraite du nom du fichier, et une nouvelle extension est ajoutée. Une fois encore, la classe **StrType** et ses opérateurs rendent les manipulations de chaînes propres et simples à suivre.

```cpp
#include "str.h"
#include <iostream>
#include <fstream>
using namespace std;
```

```
// extensions exécutables de fichier
char ext[3][4] = {
  "EXE",
  "COM",
  "BAT"
};

int main(int argc, char *argv[])
{
  StrType fname;
  int i;

  if(argc!=2) {
    cout << "Utilisation: fname\n";
    return 1;
  }

  fname = argv[1];

  fname = fname + "."; // ajout d'un point
  for(i=0; i<3; i++) {
    fname = fname + ext[i]; // ajoute l'extension
    cout << "Essai " << fname << " ";
    ifstream f(fname);
    if(f) {
      cout << "- Existe\n";
      f.close();
    }
    else cout << "- Non trouve\n";
    fname = fname - ext[i]; // soustrait l'extension
  }

  return 0;
}
```

Par exemple, si ce programme s'appelle ISEXEC, et en supposant que TEST.EXE existe, la ligne de commande **ISEXEC TEST** produit l'affichage suivant :

```
Essai TEST.EXE - Existe
Essai TEST.COM - Non trouve
Essai TEST.BAT – Non trouve
```

Notez à propos de ce programme qu'un objet **StrType** est utilisé par le constructeur de **ifstream**. Cela fonctionne car la primitive de conversion en **char *** est invoquée automatiquement. Comme l'illustre cette situation, en exploitant avec précaution les fonctionnalités du C++, vous pouvez réaliser une intégration réussie entre types standard du C++ et les types que vous créez.

Généralités sur la création et l'intégration de nouveaux types

Comme l'a démontré la classe **StrType**, il est en fait très facile de créer et d'intégrer de nouveaux types de données dans l'environnement C++. Pour cela, il suffit de suivre les étapes suivantes :

1. Surchargez tous les opérateurs, y compris ceux d'E/S.

2. Définissez les fonctions de conversions appropriées.

3. Fournissez les constructeurs permettant de créer facilement des objets dans toutes sortes de situations.

La puissance du C++ est en grande partie due à son caractère extensible. N'hésitez donc pas à profiter de cet avantage.

Challenge

Voici un challenge intéressant qui pourrait vous plaire : essayer d'implémenter **StrType** en utilisant la STL. Autrement dit, utilisez un conteneur pour stocker les caractères qui constituent une chaîne, utilisez les itérateurs pour accéder aux chaînes, et utilisez les algorithmes pour effectuer les diverses manipulations sur celles-ci.

CHAPITRE 40

Interpréteur d'expressions algébriques orienté objet

B ien que le langage C++ soit relativement vaste, certaines fonctionnalités lui manquent encore. Ce chapitre propose d'examiner l'une d'entres elles : un *interpréteur d'expressions*. Un tel outil permet d'évaluer une expression algébrique, telle que (10 - 8) * 3, et s'intègre dans le cadre d'un grand nombre d'applications. C'est également l'une des tâches de programmation les plus insaisissables. Pour de nombreuses raisons, les procédures utilisées par un interpréteur d'expressions ne sont que rarement enseignées et peu répandues. Beaucoup de programmeurs, mêmes confirmés, découvrent encore avec perplexité les processus d'interprétation d'une expression.

Ces traitements sont pourtant simples et directs, restant sous de nombreux aspects plus simples à programmer que de nombreuses autres fonctions. Cela s'explique par le fait que les règles de fonctionnement sont clairement définies, et suivent strictement celles de l'algèbre. Ce chapitre va permettre de développer ce qui est communément appelé un *interpréteur par récursions descendantes*, en proposant toutes les routines nécessaires à l'évaluation d'expressions numériques. Trois versions de l'interpréteur seront développées, les deux premières n'étant pas, à l'inverse de la troisième, génériques. La version générique pourra ainsi être utilisée avec n'importe quel type de données numériques. Mais, avant de passer au développement, il est nécessaire d'avoir une vue globale des expressions numériques, d'une part, et du processus d'interprétation d'autre part.

Expressions

Dans la mesure où l'interpréteur développé dans ce chapitre sert à évaluer des expressions algébriques, il est important de comprendre quelles sont les parties constituant l'une d'elles. Bien qu'une expression puisse être composée de tous types d'informations, ce chapitre ne traite que les expressions numériques. Dans ce contexte, les composants suivants peuvent entrer en jeu :

● Des nombres

● Les opérateurs +, −, /, *, ^, %, =

● Des parenthèses

● Des variables

Dans le cadre de l'interpréteur, l'opérateur ^ permet d'élever un nombre à la puissance n (et non pas d'effectuer un OU Exclusif, comme habituellement en C++). L'opérateur = représente quant à lui l'opérateur d'affectation. Ces composants peuvent être combinés dans des expressions selon les règles générales de l'algèbre. Voici quelques exemples :

```
10 − 8
(100 − 5) * 14/6
a + b − c
10^5
```

Considérez les règles de précédence suivantes pour chacun des opérateurs :

Précédence la plus forte	+ − (unaire)
	^
	* / %
	+ −
Précédence la plus faible	=

Les opérateurs ayant le même niveau de précédence sont évalués de gauche à droite.

Dans les exemples de ce chapitre, toutes les variables sont de simples lettres (en d'autres mots, 26 variables, de **A** à **Z**, seront utilisées). Les variables ne respectent pas la casse (**a** et **A** sont considérées comme deux variables équivalentes). Dans le cadre de la première version de l'interpréteur, toute valeur numérique est transformée en **double**, bien que vous puissiez facilement adapter les fonctions pour accepter d'autres types de valeurs. Enfin, pour garder une démarche facile à comprendre, seul un nombre réduit d'erreurs sera vérifié.

Problématique des processus d'interprétation

Si vous n'avez pas réellement réfléchi à la manière dont se déroule l'interprétation d'une expression, et aux problèmes que cela peut entraîner, vous pouvez penser qu'il s'agit d'une procédure simple. Pour mieux prendre conscience de la problématique, essayez d'évaluer l'expression suivante :

10 - 2 * 3

Vous savez que le résultat attendu est 4. Bien que vous puissiez aisément créer un programme calculant le résultat exact pour cette expression *en particulier*, la question reste de comprendre comment créer un programme capable de donner le résultat correct pour une expression *arbitraire*. Dans un premier temps, une routine ressemblant à celle-ci peut vous venir à l'esprit :

```
A = get first operand
while(operands present) {
    op = get operator
    b = get second operand
    a = a op b
}
```

Ce code récupère le premier et le deuxième opérandes, ainsi que l'opérateur pour effectuer la première opération ; il prend ensuite en compte l'opérateur et les opérandes suivants pour effectuer l'opération suivante, et ainsi de suite. En appliquant cette approche primitive, l'expression 10 - 2 * 3 produit pour résultat 24 (correspondant à 8 * 3) au lieu de 4, parce que la procédure néglige les règles de précédence des opérateurs. Vous ne pouvez pas prendre les opérandes et les opérateurs dans leur ordre d'apparition de gauche à droite : les règles de l'algèbre imposent que la multiplication soit effectuée avant la soustraction. Certains débutants peuvent penser que ce problème peut être facilement résolu, ce qui est le cas, il est vrai, pour des scénarios connus d'avance. Mais le problème ne fait que s'empirer lorsque vous ajoutez des parenthèses, des puissances, des variables, des opérateurs unaires...

Bien qu'il existe différentes façons d'écrire une routine évaluant des expressions, celle choisie ici est la plus accessible, mais également la plus commune : il s'agit d'un interpréteur par *récursions descendantes*. Le nom de cette méthode sera expliqué au cours de ce chapitre (d'autres méthodes exploitées pour développer des interpréteurs se fondent sur des tableaux complexes devant être générés par d'autres programmes ; on parle alors d'interpréteurs « *table-driven* », pour reprendre le terme anglais).

Interpréter une expression

Il existe différentes manières pour analyser syntaxiquement une expression, et ensuite l'évaluer. Dans le cadre d'un interpréteur par récursions descendantes, vous devez considérer une expression comme *une structure de données récursive* – c'est-à-dire définie selon des termes qui la composent. Si, pour le moment, nous supposons que les expressions ne peuvent utiliser que +, −, *, / et les parenthèses, toutes peuvent être définies selon les règles suivantes :

```
expression -> terme [+ terme] [- terme]
terme -> facteur [* facteur] [/ facteur]
facteur -> variable, nombre ou (expression)
```

Les crochets désignent un élément optionnel, la flèche -> signifiant « *se compose de* ». Les règles sont *des règles de production* formant ce qui est appelée une *grammaire*. Vous pouvez ainsi définir un *terme* de la façon suivante : « Un terme se compose d'un facteur fois un autre facteur ou d'un facteur que divise un autre facteur ». Remarquez bien que les règles de précédence des opérateurs sont implicites dans la manière où une expression est définie.

L'expression

10 + 5 * B

comprend deux termes : 10 et 5 * B. Le second terme se compose de deux facteurs : 5 et B, représentant respectivement un nombre et une variable.

Dans le cas suivant, l'expression :

14 * (7 – C)

se compose de deux facteurs : 14 et (7 – C), représentant respectivement un nombre et une autre expression entre parenthèses. Cette dernière comprend à nouveau deux termes : un nombre et une variable.

Ce processus de décomposition forme la base d'un interpréteur par récursions descendante. Il est mis en œuvre grâce à un ensemble de fonctions mutuellement récursives, implémentant les règles de production prédéfinies. À chaque étape, l'interpréteur effectue les opérations spécifiées, en respectant les règles de précédence de l'algèbre. Pour comprendre comment la grammaire est exploitée lors de l'interprétation d'une expression, travaillons sur cette expression :

9/3 - (100 + 56)

Voici l'ordre dans lequel les étapes s'effectuent :

1. Récupération du premier terme : 9/3.

2. Récupération de chacun des facteurs, et calcul de la division des deux entiers. Le résultat obtenu est 3.

3. Récupération du deuxième terme : (100 + 56). À ce stade, appel récursivement l'interpréteur pour analyser la seconde sous-expression.

4. Récupération de chaque terme et calcul de l'addition. Le résultat obtenu est 156.

5. Retour de l'appel récursif et calcul de la soustraction 3 - 156. Le résultat final est -153.

Ne vous inquiétez pas si tout n'est pas clair à ce stade de l'explication. Le concept reste relativement complexe, et cela peut prendre un certain temps avant de s'y habituer. Deux points sont à garder en mémoire, en rapport avec ce principe de récursion. D'abord, les règles de précédence des opérateurs sont implicites dans la grammaire prédéfinie. Enfin, cette méthode d'analyser et d'évaluer les expressions est très proche de celle utilisée par l'homme pour évaluer des expressions mathématiques.

La suite de ce chapitre développe trois versions de l'interpréteur. La première analyse et évalue des expressions mettant en jeu des nombres à virgules flottantes (type **double),** et comprend seulement des valeurs constantes. Ensuite, l'interpréteur est amélioré pour prendre en charge l'utilisation de variables. Enfin, dans la troisième version, l'implémentation est faite sous forme de classes templates, pouvant être utilisées pour analyser des expressions intégrant n'importe quel type de données.

Classe Parser : classe principale de l'interpréteur

L'interpréteur se fonde sur la classe **parser**. La première version de cette classe est proposée ci-dessous. Les versions suivantes reposent également sur cette classe.

```
class parser {
  char *exp_ptr;  // désigne l'expression à évaluer
  char token[80]; // contient l'élément syntaxique courant
  char tok_type;  // contient le type de cet élément

  void eval_exp2(double &result);
  void eval_exp3(double &result);
  void eval_exp4(double &result);
  void eval_exp5(double &result);
  void eval_exp6(double &result);
  void atom(double &result);
  void get_token();
  void serror(int error);
  int isdelim(char c);
public:
  parser();
  double eval_exp(char *exp);
};
```

La classe **parser** comprend trois variables membres, privées. L'expression à évaluer est stockée dans une chaîne délimitée par un caractère **null**, et désignée par le pointeur **exp_ptr**. De cette façon, l'interpréteur évalue des expressions qui sont représentées par des chaînes de caractères ASCII standard. Par exemple, les chaînes suivantes correspondent à des expressions que l'interpréteur est capable d'évaluer :

```
"10 - 5"
"2 * 3.3 / (3.1416 * 3.3)"
```

Lorsque l'exécution de l'interpréteur débute, **exp_ptr** doit pointer sur le premier caractère de la chaîne représentant l'expression. Au fil de l'exécution, les éléments syntaxiques sont récupérés de cette chaîne, jusqu'à la rencontre du caractère **null** de fin de chaîne.

La signification des deux autres variables membres, **token** et **tok_type**, sont présentées dans la section suivante.

Le point d'entrée de l'interpréteur correspond à la fonction **eval_exp( )**, qui doit être exécutée avec un pointeur sur l'expression à analyser. Les fonctions allant de **eval_exp2( )** à **eval_exp6( )**, ainsi que **atom( )**, forment ce qui est appelé la méthode par récursions descendantes. Elles implémentent les règles de production qui sont présentées précédemment. Dans les versions suivantes, une fonction appelée **eval_exp1( )** sera également ajoutée.

La fonction **serror( )** gère les erreurs syntaxiques rencontrées dans les expressions. Les fonctions **get_token( )** et **isdelim( )** sont utilisées pour décomposer l'expression en ses différents éléments syntaxiques, comme la section suivante s'attache à le décrire.

Décomposition d'une expression

Pour évaluer des expressions, vous devez être capable de décomposer une expression en ses différents constituants. Dans la mesure où cette opération est fondamentale pour l'interpréteur, étudions-la avec attention, avant d'examiner l'interpréteur lui-même.

Chaque composant est appelé un *élément syntaxique* (token en anglais). Par exemple, l'expression :

A * B - (W + 10)

Contient les éléments syntaxiques A, *, B, -, (, W, +, 10 et). Chacun d'eux représente une unité indivisible de l'expression. De manière générale, il est nécessaire d'avoir une fonction qui retourne séquentiellement chaque élément syntaxique de l'expression. La fonction doit également être capable d'ignorer les espaces et les tabulations, ainsi que de détecter la fin de l'expression. La fonction que nous exploiterons pour effectuer cette opération est appelée **get_token( )** et correspond à une fonction membre de la classe **parser**.

En plus de l'élément syntaxique lui-même, vous aurez également besoin de savoir le type d'élément retourné. Pour l'interpréteur développé dans ce chapitre, seulement trois types vous sont utiles : **VARIABLE**, **NUMBER** et **DELIMITER** (**DELIMITER** est à la fois utilisé pour désigner les opérateurs et des parenthèses).

La fonction **get_token( )** est présentée ci-dessous. L'élément syntaxique suivant est récupéré depuis l'expression pointée par **exp_ptr**, et placé dans la variable membre **token**. Le type de l'élément est placé dans la variable membre **tok_type**.

```
// Récupère l'élément syntaxique suivant.
void parser::get_token()
{
  register char *temp;

  tok_type = 0;
  temp = token;
  *temp = '\0';
```

```cpp
  if(!*exp_ptr) return; // Au cas où la fin de l'expression
                        // est atteinte

  while(isspace(*exp_ptr)) ++exp_ptr; // Ignore les espaces

  if(strchr("+-*/%^=()", *exp_ptr)){
    tok_type = DELIMITER;
    // Avance sur le caractère suivant
    *temp++ = *exp_ptr++;
  }
  else if(isalpha(*exp_ptr)) {
    while(!isdelim(*exp_ptr)) *temp++ = *exp_ptr++;
    tok_type = VARIABLE;
  }
  else if(isdigit(*exp_ptr)) {
    while(!isdelim(*exp_ptr)) *temp++ = *exp_ptr++;
    tok_type = NUMBER;
  }

  *temp = '\0';
}

// Retourne true si c est de type DELIMITER.
int parser::isdelim(char c)
{
  if(strchr(" +-/*%^=()", c) || c==9 || c=='\r' || c==0)
    return 1;
  return 0;
}
```

Étudions avec attention les fonctions précédentes. Après quelques initialisations, **get_token( )** vérifie que le caractère **null** de fin de chaîne, et donc la fin de l'expression, n'est pas atteint. Cela s'effectue en vérifiant la valeur du caractère pointé par **exp_ptr**. Dans la mesure où **exp_ptr** est un pointeur sur l'expression analysée, si ce dernier désigne un caractère **null**, la fin de l'expression a été atteinte. Si des éléments syntaxiques sont encore présents dans l'expression, **get_token( )** ignore dans un premier temps les espaces de début de chaîne. Une fois ces espaces sautés, **exp_tpr** pointe soit un nombre, soit une variable, soit un opérateur, ou encore un **null** si l'expression se termine par une suite d'espaces. Si le caractère suivant est un opérateur, cet élément est retourné sous forme de chaîne de caractères dans la variable **token**, et **DELIMITER** est placé dans la variable membre **tok_type**. S'il s'agit d'un caractère, ce dernier est supposé appartenir à une variable.

Il est également retourné sous forme de chaîne dans la variable **token,** et **VARIABLE** est affecté à **tok_type**. Si le caractère suivant est un chiffre, le nombre entier est lu, et placé dans une chaîne pour former la variable **token**. Le type de l'élément est initialisé à **NUMBER**. Enfin, si le caractère suivant ne correspond à aucun des types précédents, la fonction suppose que la fin de l'expression a été atteinte. Dans ce cas, **token** a une valeur nulle.

Comme précédemment signalé, pour garder le code de cette fonction propre, certaines vérifications ont été omises, et certaines suppositions ont été faites. Par exemple, un caractère quelconque non reconnu est considéré comme délimitant la fin de l'expression. Dans cette version, les variables peuvent avoir n'importe quelle longueur, mais seule la première lettre est significative. Vous pouvez ajouter d'autres vérifications d'erreurs ou d'autres spécificités si votre application le nécessite.

Pour mieux comprendre le processus de décomposition en éléments syntaxiques, étudions ce qui est retourné pour chacun des éléments de l'expression suivante :

```
A + 100 - (B * C) /2
```

Élément syntaxique	Type de l'élément syntaxique
A	VARIABLE
+	DELIMITER
100	NUMBER
–	DELIMITER
(	DELIMITER
B	VARIABLE
*	DELIMITER
C	VARIABLE
)	DELIMITER
/	DELIMITER
2	NUMBER
Null	Null

Souvenez-vous que la variable membre **token** contient toujours une chaîne délimitée par un caractère **null**, même si elle contient juste un simple caractère.

Interpréteur d'expressions simples

Voici la première version de l'interpréteur. Elle permet d'évaluer des expressions comprenant uniquement des constantes, des opérateurs et des parenthèses. Les variables ne sont pas encore acceptées.

```cpp
/* Ce module définit un interpréteur par récursions descendantes ne
supportant pas l'utilisation de variables.
*/

#include <iostream>
#include <cstdlib>
#include <cctype>
#include <cstring>
using namespace std;

enum types { DELIMITER = 1, VARIABLE, NUMBER};

class parser {
  char *exp_ptr;  // Désigne l'expression à évaluer
  char token[80]; // Contient l'élément syntaxique courant
  char tok_type;  // Contient le type de cet élément

  void eval_exp2(double &result);
  void eval_exp3(double &result);
  void eval_exp4(double &result);
  void eval_exp5(double &result);
  void eval_exp6(double &result);
  void atom(double &result);
  void get_token();
  void serror(int error);
  int isdelim(char c);
public:
  parser();
  double eval_exp(char *exp);
};

// Constructeur de l'interpréteur
parser::parser()
{
  exp_ptr = NULL;
}
```

```cpp
// Point d'entrée de l'interpréteur.
double parser::eval_exp(char *exp)
{
  double result;

  exp_ptr = exp;

  get_token();
  if(!*token) {
    serror(2); // Aucune expression
    return 0.0;
  }
  eval_exp2(result);
  if(*token) serror(0); // Le dernier élément doit être une

                        // caractère nul

  return result;
}

// Ajoute ou soustrait deux termes.
void parser::eval_exp2(double &result)
{
  register char op;
  double temp;

  eval_exp3(result);
  while((op = *token) == '+' || op == '-') {
    get_token();
    eval_exp3(temp);
    switch(op) {
      case '-':
        result = result - temp;
        break;
      case '+':
        result = result + temp;
        break;
    }
  }
}

// Multiplie ou divise deux facteurs.
void parser::eval_exp3(double &result)
{
  register char op;
  double temp;
```

```cpp
    eval_exp4(result);
    while((op = *token) == '*' || op == '/' || op == '%') {
      get_token();
      eval_exp4(temp);
      switch(op) {
        case '*':
          result = result * temp;
          break;
        case '/':
          result = result / temp;
          break;
        case '%':
          result = (int) result % (int) temp;
          break;
      }
    }
  }

  // Process an exponent
  void parser::eval_exp4(double &result)
  {
    double temp, ex;
    register int t;

    eval_exp5(result);
    if(*token== '^') {
      get_token();
      eval_exp4(temp);
      ex = result;
      if(temp==0.0) {
        result = 1.0;
        return;
      }
      for(t=(int)temp-1; t>0; --t) result = result * (double)ex;
    }
  }

  // Évalue un des opérateurs unaires + ou -.
  void parser::eval_exp5(double &result)
  {
    register char  op;

    op = 0;
```

```cpp
    if((tok_type == DELIMITER) && *token=='+' || *token == '-') {
      op = *token;
      get_token();
    }
    eval_exp6(result);
    if(op=='-') result = -result;
}


// Traite une expression entre parenthèses.
void parser::eval_exp6(double &result)
{
  if((*token == '(')) {
    get_token();
    eval_exp2(result);
    if(*token != ')')
      serror(1);
    get_token();
  }
  else atom(result);
}


// Récupère la valeur d'un nombre.
void parser::atom(double &result)
{
  switch(tok_type) {
    case NUMBER:
      result = atof(token);
      get_token();
      return;
    default:
      serror(0);
  }
}


// Affiche une erreur syntaxique.
void parser::serror(int error)
{
  static char *e[]= {
      "Syntax Error",
      "Unbalanced Parentheses",
      "No expression Present"
  };
  cout << e[error] << endl;
}
```

```cpp
// Récupère l'élément syntaxique suivant.
void parser::get_token()
{
  register char *temp;

  tok_type = 0;
  temp = token;
  *temp = '\0';

  if(!*exp_ptr) return; // Fin de l'expression atteinte

  while(isspace(*exp_ptr)) ++exp_ptr; // Ignore les espaces

  if(strchr("+-*/%^=()", *exp_ptr)){
    tok_type = DELIMITER;
    // advance to next char
    *temp++ = *exp_ptr++;
  }
  else if(isalpha(*exp_ptr)) {
    while(!isdelim(*exp_ptr)) *temp++ = *exp_ptr++;
    tok_type = VARIABLE;
  }
  else if(isdigit(*exp_ptr)) {
    while(!isdelim(*exp_ptr)) *temp++ = *exp_ptr++;
    tok_type = NUMBER;
  }

  *temp = '\0';
}

// Retourne true si c est de type DELIMITER.
int parser::isdelim(char c)
{
  if(strchr(" +-/*%^=()", c) || c==9 || c=='\r' || c==0)
    return 1;
  return 0;
}
```

Cette version de l'interpréteur gère les opérateurs **+**, **-**, *****, **/**, **%** en plus de **^**, pour élever un entier à la puissance n, et du moins unaire. Elle prend également en charge les parenthèses. L'évaluation d'une expression s'effectue dans cette version par des appels récursifs et mutuels entre les fonctions allant de **eval_exp2( )** à **eval_exp6( )**, en plus d'**atom( )** qui retourne la valeur d'un nombre. Les commentaires en début de chaque fonction décrivent le rôle de chacun d'elles dans le processus d'interprétation.

La fonction **main( )** qui suit est très simple, et montre comment utiliser l'interpréteur.

```
int main()
{
  char expstr[80];

  cout << "Enter a period to stop.\n";

  parser ob; // instanciation de la classe Parser

  for(;;) {
    cout << "Enter expression: ";
    cin.getline(expstr, 79);
    if(*expstr=='.') break;
    cout << "Answer is: " << ob.eval_exp(expstr) << "\n\n";
  };

  return 0;
}
```

Voici la trace d'exécution :

```
Enter a period to stop.
Enter expression: 10-2*3
Answer is: 4

Enter expression: (10-2)*3
Answer is: 24

Enter expression: 10/3
Answer is: 3.33333

Enter expression: .
```

Comprendre le fonctionnement de l'interpréteur

Pour comprendre exactement comment l'interpréteur évalue une expression, suivons le traitement de l'expression suivante (supposez que **exp_ptr** pointe sur le début de l'expression).

> 10 - 3 * 2

Lors de l'appel de la fonction **eval_exp( )**, point d'entrée du traitement, le premier élément syntaxique est récupéré. Si cet élément est **null**, la fonction affiche le message **No Expression Present**, et se termine. Dans l'exemple suivant, l'élément correspond au nombre **10**, il n'est pas nul ; un appel à **eval_exp2( )** est donc lancé. **eval_exp3( )** est ensuite invoquée par **eval_exp2( )**, puis c'est au tour d'**eval_exp4( )** d'être exécutée par **eval_exp3( )** et, enfin,

eval_exp5( ). Cette fonction vérifie d'abord si l'élément correspond à un plus ou à un moins, ce qui n'est pas le cas ici ; donc **eval_exp6( )** est invoquée. À ce stade, **eval_exp6( )** exécute récursivement **eval_exp2( )** si des parenthèses sont rencontrées, ou invoque **atom( )** pour trouver la valeur d'un nombre. Puisqu'il ne s'agit pas ici d'une parenthèse ouvrante, **atom( )** est exécutée, et la valeur 10 est affectée à **result**. La deuxième étape commence par la récupération du deuxième élément syntaxique, et continue par l'appel en chaîne des mêmes fonctions. Puisque l'élément courant est maintenant un opérateur -, les fonctions d'évaluation rendent la main à **eval_exp2( )**.

Ce qu'il se passe alors est très important. Dans la mesure où l'élément est un -, il est sauvegardé dans **op**. L'interpréteur passe alors à l'élément syntaxique suivant, en l'occurrence **3** et les appels en chaîne recommencent. Comme auparavant, **atom( )** rentre en jeu, et la valeur 3 est retournée dans **result**. Le signe * est ensuite lu, causant le retour dans la chaîne des appels à la fonction **eval_exp3( )** où le dernier élément 2 est lu. C'est à ce stade que la première opération arithmétique est effectuée – la multiplication entre 2 et 3. Le résultat est retourné à **eval_exp2( )**, où la soustraction est calculée, donnant pour réponse 4. Bien que le processus puisse paraître compliqué dans un premier temps, travaillez d'autres exemples pour vous assurer par vous-même que cette méthode fonctionne correctement dans tous les cas.

Cet interpréteur conviendrait pour le fonctionnement d'une calculette de bureau. Mais, avant qu'il puisse être intégré dans un langage informatique, dans une base de données, dans une calculatrice plus complète, il doit pouvoir gérer des variables. C'est par conséquent le sujet de la section suivante.

Prise en charge des variables

Tous les langages de programmation, la plupart des calculatrices et des tableurs impliquent des variables pour stocker des valeurs réutilisées par la suite. L'interpréteur doit donc évoluer pour prendre en charge des variables. Pour ce faire, plusieurs éléments doivent être ajoutés et, avant tout, les variables elles-mêmes. Comme nous l'avons déjà signalé, nous utiliserons les lettres allant de **A** à **Z**. Ces variables seront stockées dans un tableau au sein de la classe **parser**. Chaque variable possède une place dans un tableau de 26 éléments de **double**s. Ajoutez par conséquent l'instruction suivante dans la classe **parser** :

```
double vars[NUMVARS]; // Gère les valeurs des variables
```

Vous aurez également besoin de changer le constructeur de la classe **parser** comme suit :

```
// Constructeur de la classe Parser
parser::parser()
{
  int i;

  exp_ptr = NULL;

  for(i=0; i<NUMVARS; i++) vars[i] = 0.0;
}
```

Comme vous pouvez le constater, les variables sont initialisées à 0 pour faciliter le travail de l'utilisateur.

Vous aurez également besoin d'une fonction pour rechercher la valeur d'une variable donnée. Puisque les variables sont désignées par une lettre de l'alphabet, elles peuvent aisément être utilisées pour indexer la tableau **vars**, en soustrayant la valeur ASCII de la lettre **A** de celle du nom de la variable. La fonction membre **find_var( )**, présentée ci-dessous, effectue cette tâche :

```
// Retourne la valeur d'une variable.
double parser::find_var(char *s)
{
  if(!isalpha(*s)){
    serror(1);
    return 0.0;
  }
  return vars[toupper(*token)-'A'];
}
```

Telle qu'elle est écrite, la fonction va accepter les variables ayant des noms longs, mais seule la lettre sera significative. Vous pouvez modifier ce comportement pour l'adapter à vos besoins.

Vous pouvez également adapter la fonction **atom( )** pour qu'elle gère à la fois les nombres et les variables. Voici la nouvelle version correspondante :

```
// Récupère la valeur d'un nombre ou d'une variable.
void parser::atom(double &result)
{
  switch(tok_type) {
    case VARIABLE:
      result = find_var(token);
      get_token();
      return;
```

```
    case NUMBER:
      result = atof(token);
      get_token();
      return;
    default:
      serror(0);
  }
}
```

Techniquement, ces modifications suffisent pour que l'interpréteur prenne en charge les variables. En revanche, il n'est pas encore possible de leur affecter une valeur. Cela est généralement mis en œuvre en dehors du programme correspondant à l'interpréteur, mais il est également possible de modifier l'opérateur égal pour qu'il permette l'affectation (qui correspond au rôle normal de cet opérateur en C++) et de l'intégrer dans le code. Cela peut être fait de différentes manières. Une méthode consiste à ajouter une autre fonction membre à la classe **parser**, appelée **eval_exp1( )**. Cette dernière sera alors le point d'entrée pour les appels récursifs descendants, ce qui signifie que ce n'est plus **eval_exp2( )** qui doit être invoquée par **eval_exp( )** pour lancer l'évaluation. **eval_exp1( )** est proposée ci dessous :

```
// Permet l'affectation d'une valeur à une variable.
void parser::eval_exp1(double &result)
{
  int slot;
  char ttok_type;
  char temp_token[80];

  if(tok_type==VARIABLE) {
    // Enregistre l'ancien élément syntaxique
    strcpy(temp_token, token);
    ttok_type = tok_type;

    // Calcule l'index dans le tableau correspondant à la

    // variable
    slot = toupper(*token) - 'A';

    get_token();
    if(*token != '=') {
      putback(); // Retourne l'élément syntaxique courant
      // Ré-initialise l'ancien élément syntaxique – Sans

      // affectation
      strcpy(token, temp_token);
      tok_type = ttok_type;
    }
```

```
    else {
      get_token(); // Récupère l'élément syntaxique suivant
      eval_exp2(result);
      vars[slot] = result;
      return;
    }
  }

  eval_exp2(result);
}
```

Comme vous pouvez le constater, la fonction a besoin d'effectuer une vérification pour déterminer s'il s'agit réellement d'une affectation. Cela tient au fait que le nom de la variable précède toujours l'opérateur d'affectation, et que le nom seul ne suffit pas à assurer qu'une instruction d'affection suit. Ainsi, l'interpréteur analysera A = 100 comme une opération d'affectation, mais sera de même capable de savoir que A/10 n'en n'est pas une. Pour effectuer cette vérification, **eval_exp1( )** lit l'élément syntaxique suivant dans l'expression. Si ce dernier ne correspond pas au signe égal, l'élément est « replacé » dans l'expression pour ne pas affecter la suite du traitement en appelant **putback( )**. Cette fonction doit également être intégrée dans la classe **parser**, comme ci-dessous :

```
// Replace un élément syntaxique dans l'expression.
void parser::putback()
{
  char *t;

  t = token;
  for(; *t; t++) exp_ptr--;
}
```

Après avoir effectué tous ces changements, l'interpréteur aura la forme suivante.

```
/* Ce module définit un interpréteur par récursions descendantes permettant
l'utilisation de variables.
*/
#include <iostream>
#include <cstdlib>
#include <cctype>
#include <cstring>
using namespace std;

enum types { DELIMITER = 1, VARIABLE, NUMBER};

const int NUMVARS = 26;
```

```cpp
class parser {
  char *exp_ptr;  // Pointe l'expression à évaluer
  char token[80]; // Contient l'élément syntaxique courant
  char tok_type;  // Contient le type de cet élément
  double vars[NUMVARS]; // Contient les valeurs des variables

  void eval_exp1(double &result);
  void eval_exp2(double &result);
  void eval_exp3(double &result);
  void eval_exp4(double &result);
  void eval_exp5(double &result);
  void eval_exp6(double &result);
  void atom(double &result);
  void get_token();
  void putback();
  void serror(int error);
  double find_var(char *s);
  int isdelim(char c);
public:
  parser();
  double eval_exp(char *exp);
};

// Constructeur de la classe Parser
parser::parser()
{
  int i;

  exp_ptr = NULL;

  for(i=0; i<NUMVARS; i++) vars[i] = 0.0;
}

// Point d'entrée de l'interpréteur.
double parser::eval_exp(char *exp)
{
  double result;

  exp_ptr = exp;

  get_token();
  if(!*token) {
    serror(2); // Aucune expression à évaluer
    return 0.0;
  }
```

```
    eval_exp1(result);
    if(*token) serror(0); // le dernier élément syntaxique doit
                          // être nul
    return result;
}

// Permet l'affectation d'une valeur à une variable.
void parser::eval_exp1(double &result)
{
    int slot;
    char ttok_type;
    char temp_token[80];

    if(tok_type==VARIABLE) {
        // Enregistre l'ancien élément syntaxique
        strcpy(temp_token, token);
        ttok_type = tok_type;

        // Calcule l'index dans le tableau correspondant à la

        // variable
        slot = toupper(*token) - 'A';

        get_token();
        if(*token != '=') {
            putback();// Retourne l'élément syntaxique courant
            // Ré-initialise l'ancien élément syntaxique – Sans

            // affectation
            strcpy(token, temp_token);
            tok_type = ttok_type;
        }
        else {
            get_token(); // Récupère l'élément syntaxique suivant
            eval_exp2(result);
            vars[slot] = result;
            return;
        }
    }

    eval_exp2(result);
}
```

```cpp
// Ajoute ou soustrait deux termes.
void parser::eval_exp2(double &result)
{
  register char op;
  double temp;

  eval_exp3(result);
  while((op = *token) == '+' || op == '-') {
    get_token();
    eval_exp3(temp);
    switch(op) {
      case '-':
        result = result - temp;
        break;
      case '+':
        result = result + temp;
        break;
    }
  }
}

// Multiplie ou divise deux facteurs.
void parser::eval_exp3(double &result)
{
  register char op;
  double temp;

  eval_exp4(result);
  while((op = *token) == '*' || op == '/' || op == '%') {
    get_token();
    eval_exp4(temp);
    switch(op) {
      case '*':
        result = result * temp;
        break;
      case '/':
        result = result / temp;
        break;
      case '%':
        result = (int) result % (int) temp;
        break;
    }
  }
}
```

```cpp
// Élève un nombre à la puissance spécifiée
void parser::eval_exp4(double &result)
{
  double temp, ex;
  register int t;

  eval_exp5(result);
  if(*token== '^') {
    get_token();
    eval_exp4(temp);
    ex = result;
    if(temp==0.0) {
      result = 1.0;
      return;
    }
    for(t=(int)temp-1; t>0; --t) result = result * (double)ex;
  }
}

// Évalue un + ou un - unaire.
void parser::eval_exp5(double &result)
{
  register char  op;

  op = 0;
  if((tok_type == DELIMITER) && *token=='+' || *token == '-') {
    op = *token;
    get_token();
  }
  eval_exp6(result);
  if(op=='-') result = -result;
}

// Évalue une expression entre parenthèses.
void parser::eval_exp6(double &result)
{
  if((*token == '(')) {
    get_token();
    eval_exp2(result);
    if(*token != ')')
      serror(1);
    get_token();
  }
  else atom(result);
}
```

```cpp
// Récupère la valeur d'un nombre ou d'une variable.
void parser::atom(double &result)
{
  switch(tok_type) {
    case VARIABLE:
      result = find_var(token);
      get_token();
      return;
    case NUMBER:
      result = atof(token);
      get_token();
      return;
    default:
      serror(0);
  }
}

// Replace un élément syntaxique dans l'expression.
void parser::putback()
{
  char *t;

  t = token;
  for(; *t; t++) exp_ptr--;
}

// Affiche une erreur syntaxique.
void parser::serror(int error)
{
  static char *e[]= {
      "Syntax Error",
      "Unbalanced Parentheses",
      "No expression Present"
  };
  cout << e[error] << endl;
}

// Récupère l'élément syntaxique suivant.
void parser::get_token()
{
  register char *temp;

  tok_type = 0;
  temp = token;
  *temp = '\0';
```

```
  if(!*exp_ptr) return; // Fin de l'expression atteinte

  while(isspace(*exp_ptr)) ++exp_ptr; // Ignore les espaces

  if(strchr("+-*/%^=()", *exp_ptr)){
    tok_type = DELIMITER;
    // Avance au prochain caractère
    *temp++ = *exp_ptr++;
  }
  else if(isalpha(*exp_ptr)) {
    while(!isdelim(*exp_ptr)) *temp++ = *exp_ptr++;
    tok_type = VARIABLE;
  }
  else if(isdigit(*exp_ptr)) {
    while(!isdelim(*exp_ptr)) *temp++ = *exp_ptr++;
    tok_type = NUMBER;
  }

  *temp = '\0';
}

// Retourne true si c est de type DELIMITER.
int parser::isdelim(char c)
{
  if(strchr(" +-/*%^=()", c) || c==9 || c=='\r' || c==0)
    return 1;
  return 0;
}

// Retourne la valeur d'une variable.
double parser::find_var(char *s)
{
  if(!isalpha(*s)){
    serror(1);
    return 0.0;
  }
  return vars[toupper(*token)-'A'];
}
```

Pour tester cette version plus évoluée de l'interpréteur, vous pouvez utiliser la même fonction
main( ) que celle de la version précédente. En revanche, vous pouvez maintenant saisir une
expression du type :

    A = 10/4
    A - B
    C = A * (F - 21)

Intégrer des vérifications syntaxiques

Avant de se lancer dans la version générique de l'interpréteur, regardons rapidement les vérifications syntaxiques possibles. Dans l'analyse d'une expression, une erreur de syntaxe correspond au cas où l'expression saisie n'est pas conforme aux règles définies par l'interpréteur. La plupart du temps, il s'agit d'une erreur de frappe de l'utilisateur. Par exemple, les expressions suivantes ne sont pas correctes :

```
10 ** 8
(10 – 5) * 9)
/8
```

La première comprend deux opérateurs consécutifs, une parenthèse fermante à été oubliée dans la deuxième expression, et la dernière débute par un opérateur. Dans la mesure où ces erreurs syntaxiques peuvent entraîner des résultats erronés, vous devez mettre en place un moyen de les détecter.

En parcourant le code des différentes versions, vous avez probablement noté la présence de la fonction **serror( )**, qui intervient dans certaines situations. Contrairement à de nombreux autres interpréteurs, la méthode des récursions descendantes rend la vérification syntaxique facile à mettre en œuvre car, dans la plupart des cas, elle s'effectue dans les fonctions **atom( )**, **find_var( )**, ou **eval_exp6()**, lorsque des parenthèses sont rencontrées. Le seul problème restant à gérer est l'affichage d'un message d'erreur approprié parmi tous ceux qui existent.

La meilleure façon d'implémenter la fonction **serror( )** consiste à lui faire exécuter une sorte de réinitialisation globale du programme. Tous les compilateurs C++ comprennent par exemple les fonctions **setjmp( )** et **longjmp()**. Elles permettent à un programme d'effectuer un saut pour que l'exécution reprenne à partir d'une *fonction différente*. **serror( )** peut par conséquent utiliser une instruction comprenant un **longjmp( )** pour forcer l'exécution de votre programme à reprendre sur une fonction extérieure à l'interpréteur.

Selon l'objectif que vous voulez remplir avec votre interpréteur, vous pouvez également trouver que les mécanismes de gestion d'erreurs du C++ (implémentés grâce aux instructions **try**, **catch** et **throw**) peuvent convenir à cette vérification syntaxique.

En laissant le code tel qu'il est proposé ici, de nombreuses erreurs syntaxiques seront vérifiées, et des messages appropriés seront affichés. Cela peut être ennuyeux dans certaines situations, mais s'avérer très utile, étant donnée la diversité des vérifications opérées. De manière générale, vous désirerez de toutes les façons améliorer cette vérification syntaxique avant d'intégrer cet interpréteur dans une application commercialisée.

Développer une version générique de l'interpréteur

Les deux versions de l'interpréteur précédemment présentées prenaient uniquement en charge des expressions numériques dans lesquelles toutes les valeurs étaient censées être de type **double**. Bien que cela suffise dans le cadre d'applications utilisant ce type de données, cela reste certainement excessif pour celles n'impliquant par exemple que des **int**. En codant en dur le type de valeurs à évaluer, le champs d'application de l'interpréteur est inutilement réduit. L'utilisation d'une classe template est une manière efficace de rendre générique l'interpréteur et d'admettre n'importe quel type de données qu'une expression algébrique peut comprendre. Une fois cela accompli, l'interpréteur peut être utilisé avec des types primitifs, mais également avec tout autre type numérique que vous pouvez créer.

Voici la version générique de l'interpréteur :

```
// Version générique de l'interpréteur.

#include <iostream>
#include <cstdlib>
#include <cctype>
#include <cstring>
using namespace std;

enum types { DELIMITER = 1, VARIABLE, NUMBER};

const int NUMVARS = 26;

template <class PType> class parser {
  char *exp_ptr;  // Désigne l'expression à évaluer
  char token[80]; // Contient l'élément syntaxique courant
  char tok_type;  // Contient le type de cet élément
  PType vars[NUMVARS]; // Contient les valeurs des variables

  void eval_exp1(PType &result);
  void eval_exp2(PType &result);
  void eval_exp3(PType &result);
  void eval_exp4(PType &result);
  void eval_exp5(PType &result);
  void eval_exp6(PType &result);
  void atom(PType &result);
  void get_token(), putback();
  void serror(int error);
  PType find_var(char *s);
  int isdelim(char c);
```

```cpp
public:
  parser();
  PType eval_exp(char *exp);
};

// Constructeur
template <class PType> parser<PType>::parser()
{
  int i;

  exp_ptr = NULL;

  for(i=0; i<NUMVARS; i++) vars[i] = (PType) 0;
}

// Parser entry point.
template <class PType> PType parser<PType>::eval_exp(char *exp)
{
  PType result;

  exp_ptr = exp;

  get_token();
  if(!*token) {
    serror(2); // Aucune expression à evaluer
    return (PType) 0;
  }
  eval_exp1(result);
  if(*token) serror(0); // le dernier élément syntaxique doit
                        // être nul
  return result;
}

// Permet l'affectation d'une valeur à une variable.
template <class PType> void parser<PType>::eval_exp1(PType &result)
{
  int slot;
  char ttok_type;
  char temp_token[80];

  if(tok_type==VARIABLE) {
    // Enregistre l'ancien élément syntaxique
    strcpy(temp_token, token);
    ttok_type = tok_type;
```

```
      // Calcule l'index dans le tableau correspondant à la
      // variable
      slot = toupper(*token) - 'A';

      get_token();
      if(*token != '=') {
        putback();// Retourne l'élément syntaxique courant
        // Ré-initialise l'ancien élément syntaxique – Sans

        // affectation
        strcpy(token, temp_token);
        tok_type = ttok_type;
      }
      else {
        get_token();// Récupère l'élément syntaxique suivant
        eval_exp2(result);
        vars[slot] = result;
        return;
      }
    }

  eval_exp2(result);
}

// Ajoute ou soustrait deux termes.

template <class PType> void parser<PType>::eval_exp2(PType &result)
{
  register char op;
  PType temp;

  eval_exp3(result);
  while((op = *token) == '+' || op == '-') {
    get_token();
    eval_exp3(temp);
    switch(op) {
      case '-':
        result = result - temp;
        break;
      case '+':
        result = result + temp;
        break;
    }
  }
}
```

```
// Multiplie ou divise deux facteurs.
template <class PType> void parser<PType>::eval_exp3(PType &result)
{
  register char op;
  PType temp;

  eval_exp4(result);
  while((op = *token) == '*' || op == '/' || op == '%') {
    get_token();
    eval_exp4(temp);
    switch(op) {
      case '*':
        result = result * temp;
        break;
      case '/':
        result = result / temp;
        break;
      case '%':
        result = (int) result % (int) temp;
        break;
    }
  }
}

// Élève un nombre à la puissance spécifiée
template <class PType> void parser<PType>::eval_exp4(PType &result)
{
  PType temp, ex;
  register int t;

  eval_exp5(result);
  if(*token== '^') {
    get_token();
    eval_exp4(temp);
    ex = result;
    if(temp==0.0) {
      result = (PType) 1;
      return;
    }
    for(t=(int)temp-1; t>0; --t) result = result * ex;
  }
}
```

```cpp
// Évalue un + ou un - unaire.
template <class PType> void parser<PType>::eval_exp5(PType &result)
{
  register char  op;

  op = 0;
  if((tok_type == DELIMITER) && *token=='+' || *token == '-') {
    op = *token;
    get_token();
  }
  eval_exp6(result);
  if(op=='-') result = -result;
}


// Évalue une expression entre parenthèses.
template <class PType> void parser<PType>::eval_exp6(PType &result)
{
  if((*token == '(')) {
    get_token();
    eval_exp2(result);
    if(*token != ')')
      serror(1);
    get_token();
  }
  else atom(result);
}


// Récupère la valeur d'un nombre ou d'une variable.
template <class PType> void parser<PType>::atom(PType &result)
{
  switch(tok_type) {
    case VARIABLE:
      result = find_var(token);
      get_token();
      return;
    case NUMBER:
      result = (PType) atof(token);
      get_token();
      return;
    default:
      serror(0);
  }
}
```

```cpp
// Replace un élément syntaxique dans l'expression.
template <class PType> void parser<PType>::putback()
{
  char *t;

  t = token;
  for(; *t; t++) exp_ptr--;
}

// Affiche une erreur syntaxique.
template <class PType> void parser<PType>::serror(int error)
{
  static char *e[]= {
      "Syntax Error",
      "Unbalanced Parentheses",
      "No expression Present"
  };
  cout << e[error] << endl;
}

// Récupère l'élément syntaxique suivant.
template <class PType> void parser<PType>::get_token()
{
  register char *temp;

  tok_type = 0;
  temp = token;
  *temp = '\0';

  if(!*exp_ptr) return; // Fin de l'expression atteinte

  while(isspace(*exp_ptr)) ++exp_ptr; // Ignore les espaces

  if(strchr("+-*/%^=()", *exp_ptr)){
    tok_type = DELIMITER;
    // Avance au prochain caractère
    *temp++ = *exp_ptr++;
  }
  else if(isalpha(*exp_ptr)) {
    while(!isdelim(*exp_ptr)) *temp++ = *exp_ptr++;
    tok_type = VARIABLE;
  }
  else if(isdigit(*exp_ptr)) {
    while(!isdelim(*exp_ptr)) *temp++ = *exp_ptr++;
    tok_type = NUMBER;
  }

  *temp = '\0';
}
```

```
// Retourne true si c est de type DELIMITER.
template <class PType> int parser<PType>::isdelim(char c)
{
  if(strchr(" +-/*%^=()", c) || c==9 || c=='\r' || c==0)
    return 1;
  return 0;
}

// Retourne la valeur d'une variable.
template <class PType> PType parser<PType>::find_var(char *s)
{
  if(!isalpha(*s)){
    serror(1);
    return (PType) 0;
  }
  return vars[toupper(*token)-'A'];
}
```

Comme vous pouvez le constater, le type de données avec lequel l'interpréteur fonctionne est spécifié par le type générique **PType**. La fonction **main( )** suivante est un exemple d'utilisation de la version générique de l'interpréteur.

```
int main()
{
  char expstr[80];

  // Spécialisation pour les nombres à virgule flottante.
  parser<double> ob;

  cout << "Floating-point parser.  ";
  cout << "Enter a period to stop\n";
  for(;;) {
    cout << "Enter expression: ";
    cin.getline(expstr, 79);
    if(*expstr=='.') break;
    cout << "Answer is: " << ob.eval_exp(expstr) << "\n\n";
  }
  cout << endl;

  // Spécialisation pour les entiers.
  parser<int> Iob;

  cout << "Integer parser.  ";
  cout << "Enter a period to stop\n";
  for(;;) {
    cout << "Enter expression: ";
    cin.getline(expstr, 79);
```

```
    if(*expstr=='.') break;
    cout << "Answer is: " << Iob.eval_exp(expstr) << "\n\n";
  }

  return 0;
}
```

Voici une trace d'exécution, donnée à titre d'exemple :

```
Floating-point parser.  Enter a period to stop
Enter expression: a=10.1
Answer is: 10.1

Enter expression: b=3.2
Answer is: 3.2

Enter expression: a/b
Answer is: 3.15625

Enter expression: .

Integer parser.  Enter a period to stop
Enter expression: a=10
Answer is: 10

Enter expression: b=3
Answer is: 3

Enter expression: a/b
Answer is: 3

Enter expression: .
```

Améliorations possibles

Comme nous l'avons déjà mentionné dans ce chapitre, la gestion d'erreurs mise en place est minimale. Vous pouvez décider d'ajouter une gestion plus fine, pour obtenir des descriptions d'erreurs plus détaillées. Vous pouvez, par exemple, essayer de mettre en surbrillance l'endroit dans l'expression où l'erreur a été détectée. Cela permettrait à l'utilisateur de trouver et de corriger l'erreur syntaxique rapidement.

Tel qu'il est proposé, l'interpréteur est seulement capable d'évaluer des expressions numériques. En y apportant seulement quelques modifications, il serait possible de lui faire interpréter d'autres types d'expressions, telles que des chaînes, des coordonnées spatiales ou des nombres complexes. Pour permettre l'évaluation de chaînes, vous devez par exemple intégrer les modifications suivantes :

1. Définir un nouveau type d'élément syntaxique appelé STRING.

2. Faire évoluer la fonction get_token( ) pour qu'elle reconnaisse ce type d'élément.

3. Ajouter un nouveau cas dans la fonction atom( ) gérant la type STRING.

Après cela, l'interpréteur pourra évaluer des expressions comme celles qui suivent :

a = "one"

b = "two"

c = a + b

La résultat placé dans **c** devrait correspondre à la concaténation de **a** et de **b**, c'est-à-dire "onetwo".

Un très bon exemple d'utilisation de cet interpréteur est de créer une mini-calculatrice simplifiée, acceptant une expression tapée par l'utilisateur, et affichant le résultat. Un tel programme proposerait une fonctionnalité supplémentaire appréciable dans le cadre de nombreuses applications commerciales. Si vous programmez dans un environnement Windows, ce développement s'avèrerait particulièrement facile.

Index

P

Imprimé en France
par Gibert Clarey S.A. (n° 02020085)
Dépôt légal : Mars 2002

Dans la collection
Référence complète

Mise à niveau et
dépannage des réseaux
65 3332 7
49,90 €

Java 2
65 3315 2
49,90 €

C++
65 3316 0
49,90 €

SQL
65 3317 8
49,90 €

Windows XP
65 3312 9
44,90 €

Pour connaître les nouvelles parutions dans vos collections favorites, retournez votre **Fiche Lecteur** et recevez gratuitement le catalogue **Livres d'informatique** des Éditions **First Interactive**.

À mon avis, « Référence Complète C++ » est

❏ Excellent   ❏ Satisfaisant   ❏ Moyen   ❏ Insuffisant

Ce que je préfère dans ce livre

_____
_____
_____

Mes suggestions pour l'améliorer

_____
_____
_____

J'ai acquis ce livre

❏ En librairie   ❏ Dans une grande surface   ❏ Autre
❏ Par correspondance   ❏ Par Internet   _____

Je recherche un livre de la collection « Référence Complète » sur les sujets suivants :

_____
_____

Nom _____ Prénom _____
Rue _____
_____
Ville _____ Code postal _____
Pays _____

Fiche Lecteur à découper ou à photocopier. Adresse au verso.

Editions First Interactive
33, avenue de la République
75011 Paris
France